CATALOGUE

MÉTHODIQUE

DE LA

BIBLIOTHÈQUE COMMUNALE

DE LA

VILLE D'AMIENS.

BELLES - LETTRES.

AMIENS.
IMPRIMERIE DE DUVAL ET HERMENT, PLACE PÉRIGORD, 3

1854.

CATALOGUE

MÉTHODIQUE

DE LA

BIBLIOTHÈQUE COMMUNALE

DE LA

VILLE D'AMIENS.

BELLES-LETTRES.

CATALOGUE

MÉTHODIQUE

DE LA

BIBLIOTHÈQUE COMMUNALE

DE LA

VILLE D'AMIENS.

BELLES-LETTRES.

AMIENS.
IMPRIMERIE DE DUVAL ET HERMENT, PLACE PÉRIGORD, N.º 3.
1854.

A Monsieur le Maire

et Messieurs les Membres du Conseil municipal de la ville d'Amiens.

Messieurs,

La Bibliothèque d'Amiens reçoit chaque année de nouveaux accroissements. Vous y avez pourvu par une subvention inscrite au budget ; nous devons quelques ouvrages à la générosité de nos concitoyens, et l'Etat nous fait une part assez large dans la répartition des ouvrages qu'il encourage par ses souscriptions.

Vous avez compris qu'il ne suffisait pas d'augmenter vos richesses, et qu'un dépôt scientifique qui comprend aujourd'hui plus de 50,000 volumes, ne serait qu'un magasin inutile ou d'un usage trés-restreint, un livre plein de savantes recherches, mais sans table, comme on l'a dit souvent, si un catalogue ne faisait connaître aux hommes d'études les ressources qu'il lui peut offrir. Vous avez voulu que la Bibliothèque fût le plus utile possible, et vous avez décidé que le catalogue en serait imprimé.

Voici un nouveau volume de ce travail, dont l'impression peut maintenant se continuer sans interruption.

Puissiez-vous y trouver la preuve de mon zèle dans l'accomplissement des devoirs que m'impose la garde du dépôt que vous m'avez confié, et l'assurance que j'apporterai, pour les parties qui doivent suivre, la même activité et la même patience.

Le Conservateur de la Bibliothèque,
J. GARNIER.

Amiens, 15 janvier 1854.

CATALOGUE

DE LA

BIBLIOTHÈQUE COMMUNALE

D'AMIENS.

BELLES - LETTRES.

INTRODUCTION A L'ÉTUDE DES BELLES-LETTRES. —
TRAITÉS GÉNÉRAUX.

1. — L'Homme de Lettres. Où l'on traite de la nature de l'Homme de Lettres, du principe fondamental de toutes les sciences, de la culture des esprits, de l'utilité des Gens de Lettres, des récompenses Littéraires et de l'influence réciproque des Lettres sur le Gouvernement et du Gouvernement sur les Lettres. Par M. GARNIER.
   Paris 1764. Panckoucke. 1 vol. in-12.
2. — L'homme de lettres, par le P. *Daniel* BARTOLI. Ouvrage traduit de l'italien, augmenté de Notes historiques et critiques, par le P. DELIVOY, *Barnabite*.
   Paris 1769. Hérissant Fils. 3 vol. in-12.
3. — Obstetrix animorum. Hoc est brevis et expedita ratio docendi, studendi, conuersandi, imitandi, iudicandi, componendi. (Par *Edmond* RICHER).
   Parisiis 1600. Apud Amb. Drouart. 1 vol. in-8°.

4. — Magistris scholarum inferiorum Societatis Jesu, de ratione discendi et docendi, ex decreto Congregationis Generalis XIV. Auctore *Josepho* JUVENTIO Soc. Jesu. Edit. secunda.

Florentiæ 1708. Apud Mich. Nestenium. 1 vol in-8.º

5. — Traité du choix et de la méthode des études. Par Mᵉ *Claude* FLEURY.

Paris 1687. Pierre Aubouin. 1 vol. in-12.

6. — Même ouvrage. Nouv. édit. corr.

Paris 1740. Martin. 1 vol. in-12.

On trouve à la suite un discours sur Platon, une traduction d'un fragment du Théétète de Platon (comparaison d'un philosophe et d'un homme du monde), et deux lettres en vers latins, l'une sur l'estime dont jouissent les savants, l'autre sur les défauts des études mal dirigées. Les deux pièces de vers ne sont point dans l'édition précédente, n.º 5.

7. — Traité sur la manière de lire les Auteurs avec utilité. (Par BARDOU DUHAMEL).

Paris 1747-1751. Lottin et Butard. 3 vol. in-12.

8. — De la manière d'enseigner et d'étudier les Belles-Lettres, par raport à l'esprit et au cœur. Par M. ROLLIN. (Nouv. édition).

Paris 1755. Les Frères Estienne. 4 vol. in-12.

9. — De la manière d'enseigner et d'étudier les Belles-Lettres, par rapport à l'esprit et au cœur, par ROLLIN. Ed. stéréot, précédée de la Vie de l'Auteur, accompagnée de Notes historiques, et suivie d'une Table générale. (Par MM. GUENEAU et *Amb.* RENDU).

Paris 1825. Veuve Dabo Butschert. 4 vol. in-12.

10. — Abrégé du traité des études de M. Rollin, ou de la manière d'enseigner et d'étudier les Belles-Lettres par rapport à l'Esprit et au Cœur, par M. P. B. A. C. D. N. *(Pierre* BOIS, ancien curé de Noyers, diocèse de Sisteron).

Avignon 1754. Louis Chambeau. 1 vol. in-12.

11. — Cours de Belles-Lettres, ou Principes de la Littérature. Nouvelle édition. (Par *l'abbé* BATTEUX).
   Paris 1763. Desaint et Saillant. 4 vol. in-12.
12. — Principes de la Littérature. Par M. *l'abbé* BATTEUX. Nouvelle édition.
   Paris 1764. Desaint et Saillant. 5 vol. in-12.
13. — Même ouvrage.
   Lyon 1802. Am. Leroy. 6 vol. in-12.
   Le 6.e volume a pour titre : Traité de l'arrangement des mots, traduit du grec de DENYS *d'Halicarnasse*; avec des Réflexions sur la Langue Française, comparée avec la Langue Grecque.
14. — Elémens de littérature, Extraits du Cours de Belles-Lettres de M. *l'abbé* BATTEUX. Par un professeur.
   Paris. 1773. Saillant et Noyon. 2 vol. in-12.
15. — Elémens de Littérature, Extraits du Cours de Belles-Lettres de *l'abbé* BATTEUX. Nouv. édit. rév. corr. et aug. par M.
   Avignon 1834. Veuve Fischer-Joly. 2 vol. in-12.
16. — Ecole de littérature, tirée de nos meilleurs Écrivains. (Par M. *l'abbé* DE LA PORTE).
   Paris 1764. Babuty. 2 vol. in-12.
17. — Introduction générale à l'étude des Sciences et des Belles-Lettres, en faveur des personnes qui ne savent que le François. (Par BRUZEN de la MARTINIÈRE).
   La Haye 1731. Isaac Beauregard. 1 vol. in-12.
18. — Le Lycée de la jeunesse, ou les études réparées; nouveau Cours d'Instruction à l'usage des Jeunes-Gens de l'un et de l'autre Sexe, et particulièrement de ceux dont les Etudes ont été interrompues ou négligées. Par M. MOUSTALON.
   Paris 1786. Servière. 2 vol. in-12.
19. — Même ouvrage. 4.e édition. Corr. et augm. d'une nouvelle partie relative à la Philosophie.
   Paris 1823. Boulland. 2 vol. in-12. Portrait.
** — Grammaire et littérature. (Par DUMARSAIS, BEAUZÉE, MARMONTEL). 3 vol. in-4°.
   Voyez *Encyclopédie méthodique*.

** — Eléments de littérature par Marmontel.
Voy. *OEuvres*. 1819. Tom. xii, xiii, xiv, xv.
— 1828. Tom. vii, viii, ix, x.

** — Cours de littérature (Grammaire, Orthographe, Rhétorique, Poëtes grecs et latins). 14 vol. in-18.
Voy. *Bibliothèque universelle des Dames*. 3.ᵉ classe.

** — Mélanges de Grammaire, de Philosophie etc. par Dumarsais.
Voy. *OEuvres* 1797. Tom. iv et v.

** — Lettres de Mentor à un jeune Seigneur traduites de l'Anglois par l'abbé Prévost
Voy. *OEuv*. Tom. xxxiv.

20. — Répertoire de littérature ancienne et moderne, contenant: 1.º le Lycée de La Harpe, les Eléments de littérature de Marmontel, un Choix d'articles littéraires de Rollin, Voltaire, Batteux, etc.; 2.º des Notices biographiques sur les principaux auteurs anciens et modernes, avec des jugements par nos meilleurs critiques; 3.º des Morceaux choisis avec des notes.
Paris 1824-1825. Castel de Courval. 30 vol. in-8º.

Selon la Biographie des Contemporains, M. Descuret serait l'éditeur de ce répertoire, dont il a été l'un des rédacteurs principaux avec MM. Patin et Taviand.

1.ʳᵉ CLASSE.

LINGUISTIQUE.

1. ORIGINE ET FORMATION DES LANGUES.

** — *Briani* Waltoni, de linguarum naturà, origine, divisione, numero, mutationibus et usu.
Vid. *Proleg. Bibliæ polyglottæ, et Apparatus Biblicus*.

21. — בָּבֶל sive Discursus de confusione linguarum, tum Orientalium: Hebraicæ, Chaldaicæ, Syriacæ, Scripturæ Sa-

mariticæ, Arabicæ, Persicæ, Æthiopicæ: tùm *Occidentalium*, nempe, Græcæ, Latinæ, Italicæ, Gallicæ, Hispanicæ, statuens *Hebraicam* omnium esse primam, et ipsissimam Matricem, concinnatus à M. *Christoph.* CRINESIO.
 Noribergæ 1629. Halbmayer. 1 vol. in-4º.

22. — Thresor de l'histoire des langves de cest univers, Contenant les Origines, Beautez, Perfections, Decadences, Mutations, Changements, Conversions et Ruines des Langues. Par M. *Claude* DURET. (2.ᵉ édition).
 Yverdon 1619. Société Helvetiale Caldoresque. 1 v. in-4º.

23. — Recherches cvrievses svr la diversité des Langves et Religions, en toutes les principales parties du Monde. Par *Ed.* BREREVVOOD. Et mises en François par *I.* DE LA MONTAGNE. (Dernière édition).
 Savmur 1662. Jean Lesnier. 1 vol. in-8º.

24. — Même ouvrage.
 Saumur et Paris 1663. O. De Varennes. 1 vol. in-8º.

25. — Théorie nouvelle de la parole, et des langues. Contenant une Critique abregée de tous les Grammairiens anciens et Modernes. (Par *Cl. S.* LE BLAN).
 Paris 1750. Mérigot. 1 vol. in-12.

26. — Traité de la Formation méchanique des Langues, et des Principes physiques de l'Etymologie. (Par *le président* DE BROSSES).
 Paris 1765. Saillant. 2 vol. in-12

27. — Les élémens primitifs des Langues, découverts par la comparaison des racines de l'Hébreu avec celles du Grec, du Latin et du François. Ouvrage dans lequel on examine la manière dont les Langues ont pu se former, et ce qu'elles peuvent avoir de commun. Par M. BERGIER.
 Paris 1764. Brocas et Humblot. 1 vol. in-12.

28. — Monde primitif, analysé et comparé avec le monde moderne; considéré dans son génie allégorique et dans les allégories auxquelles conduisit ce génie; précédé du plan

général des diverses parties qui composeront ce monde primitif; avec des figures en taille-douce. Par M. Court de Gebelin.

Paris 1773-1782. Veuve Duchesne. 9 vol. in-4°.

Cet ouvrage est distribué ainsi qu'il suit :

Tom. i.^{er} — Plan général et raisonné de l'ouvrage. — Allégories orientales ou le fragment de Sanchoniaton qui contient l'histoire de Saturne suivie de celles de Mercure et d'Hercule, et de ses douze travaux, avec leur explication. — Du génie allégorique et symbolique de l'antiquité. — Lettre à l'auteur anonyme de deux prétendus extraits publiés contre le plan de l'ouvrage.

Tom. ii. — Grammaire universelle et comparative.

Tom. iii. — Origine du langage et de l'écriture.

Tom. iv. — Histoire civile, religieuse et mythologique du calendrier, ou origine de l'almanach.

Tom. v. — Dictionnaire étymologique de la langue françoise.

Tom. vi-vii. — Dictionnaire étymologique de la langue latine.

Tom. viii. — Essai d'histoire orientale. — Des symboles, des armoiries et du blason des anciens. — Des noms de familles. — Du bouclier d'Achille. — Du jeu des tarots. — Essai sur les langues d'Amérique, etc.

Tom. ix. — Dictionnaire étymologique de la langue grecque.

** — Réflexions philosophiques sur l'origine des langues et la signification des mots. — Dissertation sur les différents moyens dont les hommes se sont servis pour exprimer leurs idées. Par Maupertuis.

Voy. *OEuvres.* Tom. i et iii.

** — De l'origine, de la formation et de la variété des langues, de leurs progrès et de leur déclin. Dissertation lue à l'Académie française par M. Andrieux.

Voy. *OEuvres.* Tom. vi.

2. GRAMMAIRE GÉNÉRALE ET MÉLANGES DE GRAMMAIRE.

** — P. Rami grammaticarum scholarum libri XX.

  Vid. *Rami Scholæ liberales.*

29. — Grammaire generale et raisonnée. Contenant les fondemens de l'art de parler; expliquez d'une manière claire et naturelle; les raisons de ce qui est commun à toutes les langues, et des principales différences qui s'y ren-

contrent ; et plusieurs remarques nouvelles sur la Langue Françoise. (Par Arnauld et Lancelot, de Port-Royal).
Paris 1660. P. Le Petit. 1 vol. in-12.
Le privilége indique l'ouvrage comme étant du sieur De T. abréviation de De Trigny, pseudonyme plusieurs fois emprunté par Lancelot.

30. — Même ouvrage. 4.ᵉ édition.
Paris 1780. Durand, neveu. 1 vol. in-12.
On trouve à la suite : Réflexions sur les fondemens de l'art de parler, pour servir d'éclaircissemens et de Supplément à la Grammaire générale et raisonnée; Recueillies des Auteurs qui ont le mieux approfondi la Science grammaticale. Nouv. édit. rev. corr. et aug. Par M. l'Abbé Fromant

** — Remarques sur la Grammaire générale par Duclos.
Voy. OEuvres. édit. 1821. Tom. II.

31. — Traité des Langues, ou l'on donne des Principes et des Regles pour juger du mérite et de l'excellence de chaque Langue, et en particulier de la Langue Françoise. Par M. Frain du Tremblay.
Paris 1703. J.ⁿ-B.ᵗᵉ Delespine. 1 vol. in-12.

32. — Explication de l'art de la Grammaire, ou Mémoires de ce qu'il faut sçavoir pour enseigner et pour apprendre les Langues avec Méthode et avec facilité.
Strasbourg 1702. Al. Spoor. 1 vol. in-8.º

33. — Le manuel des grammairiens. Divisé en trois parties. Dans la première, l'Ecolier apprendra les Principes de l'Elegance, et l'ordre qu'il faut garder dans la disposition des mots Latins. — Dans la seconde, les Formaisons des Verbes Grecs, les Accens et la Syntaxe.— Dans la Troisième, la Quantité Latine, et la façon de retourner et faire des Vers. (Par *Nic*. Mercier). Nouvelle édition.
Paris 1718. J. Barbou. 1 vol. in-12.

34. — Même ouvrage. Nouv. édit. rev. corrig. et aug. Par M.***
Paris 1746. Thiboust. 1 vol. in-12.

35. — Même ouvrage. Nouv. édit. (Rev. par *Ph*. Dumas).
Paris 1763. Brocas et Humblot. 1 vol. in-12.

36. — Essai-pratique de Grammaire raisonnée, contenant la Grammaire Générale, la Grammaire Françoise et la Grammaire Latine; avec un Discours préliminaire et des Notes critiques. Par le P. François-Xavier.
Rouen 1779. Laur. Dumesnil. 1 vol in-12.

** — Grammaire. Par Condillac.
Voy. OEuvres. Edit. 1798, tom. v.
Edit. 1822, tom. vi.

37. — Hermès, ou recherches philosophiques sur la grammaire universelle, ouvrage traduit de l'anglois, de *Jacques* Harris, avec des remarques et des additions; par *François* Thurot.
Paris an iv. Imprimerie de la République. 1 vol. in-8.º

38. — Théorie des signes, pour servir d'introduction à l'étude des langues, où le sens des mots, au lieu d'être défini, est mis en action. Par M. *l'abbé* Sicard.
Paris 1818. Treuttell et Wurtz. 2 vol. in-8º.
Cet ouvrage a eu d'abord pour titre: Eléments de Grammaire générale appliquée à la langue françoise.

** — Grammaire. Par Destutt de Tracy.
Voyez: *Eléments d'Idéologie.* Tom. ii.

39. — Précis de grammaire générale, servant de base à l'analyse de chaque langue particulière, et d'introduction à ma grammaire allemande. Par M. Simon.
Paris 1819. Eberhart. 1 vol. in-8º.

40. — Grammaire générale ou Philosophie des langues, présentant l'analyse de l'art de parler, considéré dans l'esprit et dans le discours, au moyen des usages comparés des langues hébraïque, grecque, latine, allemande, anglaise, italienne, espagnole, françoise et autres; par M. Albert-Montémont.
Paris 1845. Moquet. 2 vol. in-8º.

** — Discours sur l'étude philosophique des langues. Par Volney.
Voy. *OEuvres*, 1826. Tom. i.

41. — Notions élémentaires de linguistique, ou histoire abrégée de la parole et de l'écriture, pour servir d'introduction à l'alphabet, à la grammaire et au dictionnaire. Par *Charles* Nodier. (*Tome* xii *des OEuvres complètes*).
Paris 1834. Eug. Renduel. 1 vol. in-8º.

3. Comparaison des langues.

42. — Mithridates. De differentiis lingvarvm tvm vetervm tvm quæ hodie apud diuersas nationes in toto orbe terrarum in usu sunt, *Conradi* Gesneri *Tigurini* Observationes.
Tiguri 1555. Froschoverus. 1 vol. in-8º.

43. — L'harmonie étymologiqve des langves, Hebraïque, Chaldaïque, Syriaque, Greque, Latine, Françoise, Italienne, Espagnole, Allemande, Flamende, Angloise, etc., par Mᵉ *Estienne* Gvichard.
Paris 1606. Guill. le Noir. 1 vol. in-8.º

44. — La Méthode d'étudier et d'enseigner Chrestiennement et utilement la Grammaire ou les Langues, par rapport à l'Ecriture Sainte en les réduisant toutes à l'Hebreu. Par le P. L. Thomassin.
Paris 1693. Roulland. 2 vol. in-8.º

Le tome second contient deux Glossaires, l'un Grec et l'autre Latin, l'un et l'autre réduits à l'Hebreu.

** — Réflexions générales sur les rapports des langues Egyptienne, Phénicienne et Grecque. Par l'abbé Barthélemy.
Mém. de l'Acad. des Inscr. xxxii.

45. — Parallèle des langues de l'Europe et de l'Inde, ou étude des principales langues romanes, germaniques, slavonnes et celtiques comparées entre elles et à la langue sanscrite, avec un essai de transcription générale; par F. G. Eichhoff.
Paris 1836. Imprimerie Royale. 1 vol. in-4º.

46. — Du verbe substantif et de son Emploi comme Auxiliaire, dans les Conjugaisons Sanscrite, Grecque et Latine, à la voix active. Par J. B. F. Obry.
(Extrait des mém. de l'Acad. du départ. de la Somme).
Amiens 1835. R. Macbart. 1 vol. in-8º.

SECTION I.

LANGUES ORIENTALES.

Introduction à l'étude de ces Langues. — Grammaires et Dictionnaires polyglottes.

47. — Paradigmata de quatuor linguis orientalibus præcipuis, Arabica, Armena, Syra, Æthiopica. *Petro Victore* Cajetano Palma authore.
Parisiis 1596. Steph. Prevosteau. 1 vol. in-4º.

48. — Essai sur l'Ecriture Sainte, ou Tableau historique des Avantages que l'on peut retirer des Langues Orientales, pour la parfaite intelligence des Livres Saints; par M. *l'abbé* Du Contant de la Molette.
Paris 1775. Crapart. 1 vol. in-12.

** — Mémoire historique et critique sur les Langues orientales. Par M. de Guignes.
Mém. de l'Acad. des Inscr. xxxvi.

** — L'Alfabet européen appliqué aux langues asiatiques. Par C. Volney.
Voy. Œuvres. Tom. viii.

49. — Lexicon heptaglotton, Hebraicum, Chaldaicum, Syriacum, Samaritanum, Æthiopicum, Arabicum, conjunctim; et Persicum separatim. Cui accessit brevis, et harmonica (quantum fieri potuit) grammaticæ, omnium præcedentium Linguarum Delineatio. Authore *Edmundo* Castello.
Londini 1669. Roycroft. 2 vol. in-fol.

1. Langue Hébraïque.

Introduction. — Alphabet. — Accents.

50. — Brevis ac facilis introductio ad Linguam Sanctam. In qua omnia necessaria ad illius intelligentiam, clarè, methodicè, et compendiosè traduntur. Auctore R. P. F. *Andrea* REAL *Occitano*, Ord Min.
Lugduni 1646. Champion. 1 vol. in-8°.

51. — *Joannis* CHIFFLETII Apologetica parænesis ad Linguam Sanctam.
Autuerpiæ 1642. Off. Plantin. B. Moreti. 1 vol. in-8°.

52. — *Wilhelmi* SCHICKARDI Horologium Ebræum, sive consilium, quomodo Sancta Lingua spacio XXIV Horarum, ab aliquot Collegis sufficienter apprehendi queat.
Ultrajecti 1661. Johan. à Sambix. 1 vol. in-8°.

53. — Grammaire sacrée, ou Règles pour entendre le sens littéral de l'Ecriture Sainte. Par M. HURÉ.
Paris 1707. Veuve Delaulne. 1 vol. in-12.

54. — Introduction à la langue hébraïque, par l'examen des différens systèmes dont se servent les Professeurs, pour faciliter l'intelligence de l'Écriture Sainte.
Amsterdam 1764. 1 vol. in-12.

55. — Alphabetum hebraicum. — De pronuntiatione literarum Heb. — Decem verba, id est, decem Domini præcepta, Hebraicè et Latinè. — Numeri Hebræorum.
Parisiis 1539. Rob. Stephanus. 1 vol. in-8°.

56. — באותיות ובנקודות ובשאר דברים פדקי אליחו בבלליס קצדים Capitula cantici, specierum, proprietatum, et officiorum, in quibus scilicet agitur de literis, punctis, et quibusdam accentibus Hebraicis. — Opus est incomparabile, et sine quo feliciter Hebraicari non possis : autore *Elia* LEVITA æditum, et per *Sebast.* MUNSTERUM jam pridem Latine juxta Hebraismum versum.
Basileæ 1527. Froben. 1 vol. in8°.

57. — שלשלת המקרא Catena Scripturæ Tractatus novus, in quo Ratio accentuum, quibus Hebræus S. Scripturæ contextus interpungitur, nunc primum inventa, luculentâ methodo accuratissimè exponitur. Autore M. *Caspare* Ledebuhrio.

Lugd. Bat. 1647. Jo. Maire. 1 vol. in-8°.

** — Dissertation critique sur l'époque de la Ponctuation Hébraïque de la Massore, etc., par M. Fourmont.

Mém. de l'Acad. des Inscrip. xiii.

** — Dissertation philologique et critique sur les Voyelles de la langue Hébraïque et des langues Orientales, par M. Dupuy.

Ibid. xxxvi.

Grammaires.

58. — Grammatica *Rabbi* Mosche Kimhi, juxta Hebraismum per *Seb.* Munsterum versa. — Accessit et utilissimum in eandem *Eliæ* Levitæ commentarium, hactenus Latinis non visum.

Basileæ 1531. Apud Cratandum. 1 vol. in-8°.

59. — ספר הדקדוק Grammatica hebræa Eliæ Levitæ Germani, per *Seb.* Munsterum versa, et scholiis illustrata. — Item Institutio elementalis Munsteri, cum Tabula omnium coniugationum, et libello Hebræorum accentuum.

Basileæ 1543. Froben, 1 vol. in-8°.

60. — Ex variis libellis Eliae grammaticorum omnium doctissimi, huc fere congestum est opera *Joannis* Campensis, quidquid ad absolutam grammaticen Hebraicam est necessarium.

Parisiis 1539. Apud Christ. Wechelum. 1 vol. in-8°.

61. — *Francisci* Stancari Mantuani, ebreæ grammaticæ institutio. In qua omnes octo Orationis partes summa diligentia ita traduntur, ut nihil ad hanc rem desiderandum sit.

Basileæ 1547. 1 vol. in-8°.

62. — לוּחַ הַדִּקְדּוּק Tabula in Grammaticen Hebræam autore *Nicolao* CLENARDO.
Parisiis 1545. Christ. Wechelus. 1 vol. in-8°.

63. — לוּחַ הַדִּקְדּוּק Tabulæ in grammaticam Hebraeam, auctore *Nicolao* CLENARDO. A *Jo.* ISAAC nunc recens correctæ et unà cum ejusdem et *Joan* QUINQUARBOREI adnotationibus.
Coloniæ 1555. Hær. Arn. Birckmann. 1 vol. in-8°.

64. — Idem opus. (3.ª edit.)
Coloniæ 1561. Hær. Arn. Birckmann. 1 vol. in-8°.

65. — Institutiones in Hebraeam Linguam (auctore *J.* QUINQUARBOREO).
Parisiis 1533. Christ Wechelus. I vol. in-8°.

66. — Institutiones in linguam hebraicam, sive epitome operis de re grammatica Hebræorum. Per *Joannem* QUINQUARBOREUM.
Parisiis 1559. Martinus Juv. 1 vol. in-4°.

67. — Linguæ hebraicæ institutiones absolutissimæ, *Johanne* QUINQUARBOREO authore. Cum Annotationibus *Petri* VIGNALII et vocum Heb. quæ in hoc Opere reperiuntur Latinà interpretatione. — Accessit *Gilb.* GENEBRARDI Tractatus de Syntaxi et Poëtica Hebræorum. — Insuper *Rob.* BELLARMINI Exercitatio Grammatica in Psal. XXXIIII.
Lutetiæ 1621. Lebè, 1 vol. in-8°.

68. — De re grammatica Hebraeorum opus, in gratiam studiosorum Linguæ Sanctæ methodo quàm facilima conscriptum, Auctore *Johanne* QUINQUARBOREO. — Accessit liber de Notis Hebræorum ab eodem QUINQUARBOREO.
Parisiis 1582. Martinus Juv. 1 vol. in-4°.

69. — Linguæ Sanctæ Canones grammatici. Autore *Wigando* HAPPELLIO. Præ cæteris omnibus necessarii et utiles: his præsertim, qui viva docentis institutione destituti, suo marte illam addiscere conantur.
Basileæ 1561. Thom. Guerinus, 1 vol. in-8°.

70. — Grammatica hebraea, absolutissima, in duos libros dis-

tincta, necnon in ordinem studiosis commodiorem digesta, authore *Johanne* Isaaco. (Quarta editio).
Antuerpiæ 1564. Christ Plantinus. 1 vol. in-4°.

71. — Globus Canonum et Arcanorum Linguæ Sanctæ, ac Divinæ Scripturæ. F. Ludovico S. Francisci, Min.
Romæ. 1586. Barth. de Grassis. 1 vol. in-4°.

72. — *Fr.* Junii Grammatica hebraeae linguæ, justæ methodo quam accuratissimè brevissimèque fieri potuit conformata, etc. Accessit artificiosa in secundum caput Prophetæ Jonæ interpretatio. (Tertia editio).
Genevæ 1596. Hæred Wecheli. 1 vol. in-8°.

73. — *Petri* Martinii *Morentini* Grammatica Hebræa, ad ultimam Auctoris recensionem accuratè emendata; brevibus que insuper Notis illustrata a *Gul.* Coddæo. — Accessit hac editione *Technologia*, qua rerum atque ordinis ratio redditur.—Item Grammatica Chaldæa, quatenus ab Hebræa differt.
Basileæ 1612. Off. Plant. Raphelengii. 1 vol. in-8°.

74. — *Roberti* Bellarmini Institutiones linguæ Hebraicæ, postremò recognitæ, ac locupletatæ. Huic editioni accesserunt Tabulæ duæ, quarum prima Hebraicæ linguæ elementa præcipua, altera verò omnium coniugationum tam analogarum quam anomalarum varietatem comprehendit : Item Linguæ Syriacæ Jesu-Christo vernaculæ Elementa prima, Syriacis characteribus edita.
Coloniæ Allobrogum 1618. Pet. De la Rouiere 1 vol. in-8°.

75. — *Roberti* Bellarmini Institutiones linguæ Hebraicæ. — Ejusdem exercitatio in Psalmum XXXIV. — Unâ cum *Simeonis* MuisI annotationibus. — Accedet Sylva Radicum, autore I.B.M. è *Soc. Jesu.* — Omnia per eundem Muisium recognita.
Parisiis 1622. Seb. Cramoisy. in-8°.

76. — M. *Joa.* Row Institutionnes Linguæ ebrææ compendiosis-

simæ et facillimæ : in usum præcipue Studiosorum Theologiæ editæ.

Amsterodami 1649. Jo. Jassonius. 1 vol. in-12.

77. — Institutiones linguæ hebraicæ in sex partes distributæ. Quibus accessit exercitatio Grammatica in Jonam prophetam. Operâ *Georgii* MAYR , è *Soc. Jesu.*

Lugduni 1649. Ant. Jullieron. 1 vol. in-8°.

78. — Idem opus. Edit. tertia.

Herbipoli 1695. Joan. Zieger. 1 vol. in-8°.

79. — *Johannis* BUXTORFI Thesaurus grammaticus linguæ sanctæ Hebrææ. — Adjecta prosodia metrica, sive poeseos hebræorum dilucida tractatio. Quinta edit.

Basileæ 1651. Hær. Ludovici Regis. 1 vol. in-8°.

80. — *Johannis* BUXTORFI Epitome Grammaticæ Hebrææ. Autoritate et decreto Nobilissimorum D.D. Curatorum Academiæ Franekeranæ emendata, et ex Thesauro Gramm. aucta. — Additi sunt Propheta Obadja et Ecclesiastes Schelomonis, Hebraicè et Latinè. Operâ et studio *Johannis* TERENTI.

Franekeræ 1665. Wellens. 1 vol. in-8°.

81. — *Johannis* BUXTORFI de abbreviaturis hebraicis Liber novus et copiosus : Cui accesserunt operis Talmudici brevis recensio. Item Bibliotheca rabbinica nova, ordine alphabetico disposita

Basileæ 1613. Conrad Waldkirch. 1 vol. in-8°.

82. — Linguæ hebraicæ opus grammaticum. Copia, brevitate, methodo, absolutum. Cum Hortulo Sacrarum Radicum. Accedit exercitatio Rabinica , *ad lectionem sine punctis;* cum opusculo *de arcanis, ziphrisq; Mysticis Hebræorum.* Authore F. *Thoma* DUFOUR , *ord S. Bene.*

Parisiis 1642 Sonnius. 1 vol. in-8°.

83. — Grammatica hebraica brevi et novâ methodo concinnata. Qua citò , facilè , solidè , Linguæ Sanctæ rudimenta

addisci possunt. Auctore R. P. *Edwardo* Slaughter, soc. Jes.

Amstelodami 1699. Allard Aaltsz. 1 vol. in-8°.

84. — Grammatica hebraica à punctis aliisque inventis Massorethicis libera. (Autore Masclef, can. amb.) (1).

Parisiis 1716. Collombat. 1 vol. in-12.

85. — *Francisci* Masclef presbyteri. canon. Ambian. Grammatica hebraica à punctis aliisque inventis Massorethicis libera. Accesserunt in hâc secundâ edit. tres Grammaticæ, Chaldaica, Syriaca et Samaritana ejusdem instituti. — (*Sequuntur* Novæ Grammaticæ Argumenta et Vindiciæ).

Parisiis 1731. Vid. Pauli Du Mesnil 2 vol. in-12.

La dissertation ayant pour titre : Novæ Grammaticæ Argumenta ac Vindiciæ, est dirigée contre D. Guarin et le P. Didace de Quadros; elle a été achevée par l'abbé La Bletterie.

86. — Grammaire hébraïque, à l'usage des écoles de Sorbonne. Avec laquelle on peut apprendre les Principes de l'Hébreu, sans le secours d'aucun Maître. Par M. l'abbé Ladvocat.

Paris 1755. Vincent. 1 vol. in-8°.

** — L'Hébreu simplifié par la méthode alfabétique de C. F. Volney, contenant un premier essai de la grammaire et un plan du dictionnaire écrits sans lettres hébraïques, etc.

Voy. *OEuvres*, 1826, tom. viii.

87. — La langue hébraïque restituée, et le véritable sens des mots hébreux rétabli et prouvé par leur analyse radicale. Par Fabre D'Olivet.

Paris 1815 et 16. Barrois l'aîné, 2 v. ou 2 p. rel en 1 v. in-4°.

Cet ouvrage comprend :

1.° Une dissertation introductive sur l'origine de la parole et l'étude des langues qui peuvent y conduire. — 2.° Une Grammaire hébraïque. — 3.° Une série de Racines hébraïques. — 4.° Un Discours préliminaire. — 5.° Une traduction en français des dix premiers chapitres du Sépher, contenant la Cosmogonie de Moyse.

---

(1) François Masclef né à Amiens en 1662, chanoine de la Cathédrale en 1702, mourut le 14 novembre 1728.

Racines Hébraïques.

88. — *Philippi* AQUINI primigeniæ voces, seu Radices breves linguæ sanctæ. Cum thematum investiganda ratione.
   Lut. Parisiorum 1620. Seb. Cramoisy. 1 vol. in-16.

** — Sylva radicum hebraicarum quæ radices omnes, et aliquot derivata ordine Alphabetico continet. (*Joan. Bap.* MARTIGNAC).
   Parisiis 1622. Seb. Cramoisy. 1 vol. in-8°.
   Vide n.° 75.

89. — אֶלֶף הַדְּבָרִים ΧΙΛΙΑΣ hebraica: seu Vocabularium continens præcipuas radices Linguæ Hebrææ, numero 1000. Cui accessit Index Alphabeticus Propriorum etc. supra 1200. Item Rudimenta Pietatis Hebraicè descripta cum interpretatione. A. M. *Jo.* Row.
   Glasguæ. 1644. G. Anderson. in-18.
   Vide n.° 76.

90. — Racines hebraïques sans points-voyelles, ou Dictionnaire hebraïque par racines, où sont expliquez, suivant les Anciens et Nouveaux Interpretes, touts les Mots Hebreux et Caldaïques du Texte Original des Livres Saints. (Par HOUBIGANT.)
   Paris 1732. Cl. Simon. 1 vol. in-8°.
   On trouve à la suite: Origines greqües, latines, françoises, espagnoles, italiennes, etc. ou mots grecs, latins, françois, espagnols, italiens etc. dérivés de l'Hebreu.

Dictionnaires.

91. — עִם בְּגַוָּיו סְפֵי הַשּׁוֹשִׁים Dictionarium hebraicum, jam ultimo ab autore *Sebastiano* MUNSTERO recognitum, et ex Rabinis, præsertim ex Radicibus *David* KIMHI, auctum et locupletatum.
   Basileæ 1539. Froben. 1 vol. in-8°.

92. — Dictionarium hebraicum, è Concordantiis Hebræis, à M. *Anthonio* REUCHLINO Latinitate donatis, ea fide et diligentia excerptum, ut neque dictio Hebraica ulla,

neque significatio vocabuli (modo in concordantiis contineatur) desideretur.— Habentur præterea in hoc libello: Compendium Hebraicæ Grammaticæ, unà cum modo investigandi Radicem seu Thema. etc. *Lucas* OSIANDER D.

    Basileæ 1569. Samvel Regius. 1 vol. in-8º.

93. — אוֹצָר לְשׁוֹן חָקֳשׁ Hoc est, Thesaurus linguæ Sanctæ, Sive Lexicon hebraicum, *authore Sancte* PAGNINO, ord. Prædic. auctum ac recognitum, opera *Joan.* MERCERI.

    Genevæ 1614. Pet. de la Rouiere. 1 vol. in-fol.

94. — אוֹצָר לְשׁוֹן הַקֹּדֶשׁ קֻצָּר Hoc est, Epitome thesauri linguæ sanctæ, *auctore Sancte* PAGNINO *Lucensi*.

    Antuerpiæ 1570. Ch. Plantin. 1 vol. in-8º.

95. — Epitome thesauri linguæ sanctæ. *Auctore Sancte* PAGNINO *Lucensi. Fr.* RAPHELENGIUS, compluribus locis auxit, emendavit, et Appendicem dictionum Chaldaicarum addidit. — Accessit hac editione Index Dictionum Latinarum, sive Lexicon Latino-Hebraicum.

    Antuerpiæ 1609. Ex off. Plant. Raphelengii. 1 vol. in-8º.

96. — Idem opus.

    Antuerpiæ 1616. Ex off. Plant. Raphel. 1 vol. in-8º.

97. — Dittionario novo Hebraico, molto copioso, Dechiarato in tre lingue; con bellissime annotationi, et con l'indice latino, e volgare; de tutti li suoi significati. — Lexicon novum haebraicum; locupletissimum quantum nunquam antea; triplici lingua perspicuè explanatum. *David* de POMIS, *medico autore*.

    Venetiis 1587. Joan. de Gara. 1 vol. in-fol.

98. — Dictionarium hebraicum, una cum interpretatione Latina, et Vulgari. Ad scripturæ Sacræ intelligentiam apprimè, commodum. Ex variis doctissimisque Authoribus congestum, et æditum à R. P. *Doct.* F. MARIO CALASIO, Ord. Min.

    Romæ 1617. Steph. Paulinus. 1 vol. in-4º.

2. Langues Hébraïque, Chaldéenne, Syriaque, Araméenne.

** — *Petri* Martinii Chaldæa grammatica quatenus ab Hebræa differt.
Basileæ 1611. Off. Plantiniana. 1 vol. in-8°.
Vide n.° 73.

99. — *Joannis* Morini *Blesensis*, opuscula Hebræo - Samaritica.— I. Grammatica Samaritana.— II. Adnotationes in translationem Pentateuchi Hebræi Samariticam. — III. De Samariticis Legis sectionibus. — IV. Quæ veterum Grammaticorum de punctorum Autoribus sententia. — V. Variæ Lectiones ex antiquis textus Hebræo-Samaritani Codicibus collectæ. — VI. Lexicon Samaritanum.
Parisiis 1657. Meturas, 1 vol. in-12.

100. — Nouvelle méthode pour apprendre facilement les langues Hébraïque et Chaldaïque. Avec le dictionnaire des racines Hébraïques et Chaldaïques, et de leurs dérivez. (Par le P. *Jean* Renou, ouvrage posthume, publié par le P. Lelong.)
Paris 1708. Jac. Collombat. 1 vol. in-8°.

** — Masclef. Grammatica Chaldaïca a punctis libera.
Vide n.° 85.

** — Masclef. Grammatica Samaritana.
Vide n.° 85.

101. — Grammatica Hebraica et Chaldaica, ex optimis, quæ hactenus prodierunt, nova facilique methodo concinnata. Auctore *Domno Petro* Guarin, ord. S. Ben.
Lutetiæ 1724. Jac. Collombat, 2 vol. in-4°.

102. — Lettre de l'auteur de la Nouvelle Méthode pour apprendre l'Hébreu sans points (Masclef); à M. (de Bacq), ancien Recteur de l'Université, sur quelques endroits du premier tome de la Grammaire Hébraïque du R. P. Guarin.
Paris 1725. Quillau. Broch. in-12.

103. — Dictionarium absolutissimum complectens alphabetico or-

dine, et facili methodo omnes voce Hebræas, Chaldæas, Talmudico-Rabinicas, etc. Authore *Philippo* AQUINATE.

Lutetiæ Par. 1629. Ant. Vitray. 1 vol. in-fol.

104. — *Johannis* BUXTORFI Manuale hebraicum et chaldaicum. Quo significata omnium vocum, tam primarum, quam derivatarum, quotquot in Sacris Bibliis, Hebræâ et partim Chaldæâ linguâ scriptis, extant. Edit. quinta.

Basileæ 1631. Köning. 1 vol. in-18.

105. — *Johannis* BUXTORFI Lexicon hebraicum et chaldaicum: complectens omnes voces, tam Primas quàm Derivatas, quæ in Sacris Bibliis Hebræâ, et ex parte Chaldæâ linguâ scriptis extant.—Accessit Lexicon breve Rabbinico-Philosophicum, communiora vocabula continens, quæ in Commentariis passim occurrunt. Edit. octava.

Basileæ 1676. Joh. König. 1 vol. in-8º.

106. — Idem opus. Editio decima.

Basileæ 1698. Plater. 1 vol in-8º. Portrait.

107. — Idem opus. Editio undecima.

Basileæ 1710. Hær. Richter. 1 vol. in-8º. Portrait.

108. — Lexicon Hebraicum et Chaldæo-biblicum, in quo non solum voces primigeniæ, seu radicales, verùm etiam derivatæ, cum omnibus earum *accidentibus*, ordine Alphabetico disponuntur; et Latinis earum interpretationibus, quas exhibent optima, quæ hactenus prodierunt, Vocabularia Hebraïca et Chaldaïca, præmittuntur Grecæ, quas suppeditant LXX. Interpretum translatio, et, quæ supersunt, Aquilæ, Symmachi, Theodotionis, V, VI et VII Editionum fragmenta. Auctore D. *Petro* GUARIN.

Lutetiæ 1746. Collombat. 2 vol. in-4º.

109. — Lexicon manuale hebraicum et chaldaicum in quo omnia librorum veteris testamenti vocabula necnon linguæ sanctæ idiomata explanantur. Auctore *J. B.* GLAIRE.

Lutetiæ Paris. 1830. Eberhart. 1 vol in-8º.

110. — *Guilielmi* Gesenii Thesaurus philologicus criticus linguae Hebraeae et Chaldaeae veteris testamenti.
Lipsiæ 1829-42. G. Vogel. 3 vol. in-4º.

111. — עָרוּךְ Dictionarium chaldaicum, non tā ad Chaldaicos interpretes q̄ŏ Rabbinorū intelligenda cōmentaria necessarium : per *Sebastianum* Munsterum ex baal, Aruch et Chal. bibliis atque Hebræorū peruschim congestū.
Basileæ 1527. Froben. 1 vol. in-4º.

112. — מְתוּרְגְּמָן Lexicon chaldaicum *Authore Eliia* Levita, quo nullum hactenus à quoquam absolutius æditum est, omnibus Hebrææ linguæ studiosis, imprimis et utile et necessarium.
Isnæ 1541. 1 vol. in-fol.

113. — *Johannis* Buxtorfii P. Lexicon Chaldaicum, Talmudicum et Rabbinicum, nunc demum, post *Patris* obitum, in lucem editum a *Joh.* Buxtorfio filio.
Basileæ 1640. König. 1 vol. in-fol.

114. — Institutio linguæ syræ, ex optimis quibusque apud Syros scriptoribus, in primis *Andrea* Masio, collecta a *Casparo* Wasero *Tigurino*.
Lugduni Batav. 1594. Off. Plant. 1 vol. in-4º.

115. — *Johannis* Buxtorfi Grammaticæ chaldaicæ et syriacæ libri III.
Basileæ 1615. Conrad Waldkirch. 1 vol. in-8º.

116. — Schola syriaca unà cum synopsi chaldaica et Dissertatione de Literis et Lingua Samaritanorum. *Authore Johanne* Leusden. Edit. secunda.
Ultrajecti 1672. Greg. à Poolsum. 1 vol. in-8º.

117. — *Caroli* Schaaf Opus Aramæum, complectens Grammaticam chaldaico-syriacam: selecta Targumin, cum versione latina, et annotationibus: Lexicon Chaldaicum, Libris V. T. Chaldæis; item Selectis Targumicis accomodatum.
Lugd-Batav. 1686. Jord. Luchtmans. 1 vol. in-8º.

** — Prima elementa Syriacæ Jesu-Christo vernaculæ. Quibus adjecta sunt exercitia quædam ad lectionem Syriacam necessaria, cum verversione interlineari. Per *Joh.* Gasbarum.
    Coloniæ Allob. 1616. P. de la Roviere.
    Vide *n.*° 74.

** — Masclef. Grammatica Syriaca a punctis libera.
    Vide *n.*° 85.

** — Réflexions sur l'Alphabet et sur la Langue dont on se servait autrefois à Palmyre. Par M. l'abbé Barthélemy.
    Mém. de l'Acad. des Inscr. xxvi,

3. Langue Arabe.

118. — Simplification des langues orientales, ou Méthode nouvelle et facile d'apprendre les langues Arabe, Persane et Turque, avec des caractères Européens; par C. F. Volney.
    Paris, an III. Imprimerie de la République. 1 vol. in-8°.

** — Traité sur l'orthographe primitive de l'Alcoran, par *Sylvestre* de Sacy.
    Notices des MSS., tom. viii.

** — Traité de la Prononciation des lettres Arabes, par le même.
    Ibid. ix.

119. — Grammatica arabica dicta Gjarumia, et Libellus centum regentium (auctore Abdel-Caher Aldjordjany) ; cum versione Latina et Commentariis *Thomæ* Erpenii.
    Leidæ 1617, Erpenius. 1 vol. in-4.°

120. — *Thomæ* Erpenii rudimenta linguæ arabicæ. Accedunt ejusdem Praxis Grammatica ; et Consilium de studio *Arabico* feliciter instituendo.
    Lutetiæ Paris. 1638. Ant. Vitray. 1 vol. in-8°.

121. — *Matthiæ* Wasmuth *Holsati* Grammatica arabica, singulari facilitate, tàmque succinctè et perspicuè Præcepta Linguæ complexa, ut menstruô spatiô, pauculas indies horas impendens, propriô Marte in ea penetrare, et feliciter memoriâ comprehendere queat.
    Amstelodami 1654. Joan. Janssonius. 1 vol. in-4°.

122. — Grammaire de la langue arabe vulgaire et littérale; ouvrage posthume de M. Savary, traducteur du Coran, augmenté de quelques contes arabes, par l'éditeur (M. Langlès).
Paris 1813. Imp. impériale. 1 vol. in-4°.

123. — Alphabet arabe, accompagné d'exemples, écrit par *Ellious* Bocthor. Lithographié par F. Demanne. Décemb. 1820.
Paris 1820. Demanne. Broch. in-4°.

124. — *Francisci* Raphelengii lexicon arabicum.
Leydæ 1613. Ex officinâ Auctoris. 1 vol. in 4°.
Exemplaire chargé de notes manuscrites.

125. — Dictionnaire français-arabe, par *Ellious* Bocthor, égyptien; revu et augmenté par A. Caussin de Perceval.
Paris 1828-29. Firmin Didot père et fils. 2 vol. in-4°.

126. — Même ouvrage. (2.ᵉ édition).
Paris 1848. Firmin Didot Frères. 1 vol. in-8°.

M. le Marquis A. de Clermont-Tonnerre auquel nous devons cet ouvrage et l'édition précédente, y a ajouté la note suivante :

L'auteur du Dictionnaire Français-Arabe *Ellious Bocthor Essiouthy* avait donné son manuscrit à M. de Clermont-Tonnerre comme gage d'amitié et aussi pour l'indemniser des sommes importantes que M. de Clermont lui avait avancées pour l'aider à achever cet ouvrage désiré depuis longtemps par tous ceux qui se livraient à l'étude des langues orientales. — A la mort d'Ellious, ses créanciers réclamèrent le Dictionnaire. M. de Clermont le remit aussitôt et l'acheta ensuite à la vente, puis il prit avec M. Caussin de Perceval les arrangements nécessaires pour le revoir, l'augmenter et rendre ce précieux travail le plus complet possible.

Amiens, 19 mai 1849.

127. — Vocabulaire français-arabe, suivi de dialogues à l'usage de l'armée d'expédition d'Afrique; par M. Vincent. Imprimé par ordre de Son Exc. le Ministre de la Guerre.
Paris 1830. Firmin Didot. 1 cah. in-8.° oblong.

128. — Vocabulaire français-arabe des dialectes vulgaires afri-

cains; d'Alger, de Tunis, de Marok et d'Egypte, par J.J. Marcel.
Paris 1837. Hingray. 1 vol. in-8°.

4. Langue Arménienne.

129. — Grammaticæ et logicæ institutiones linguæ literalis armenicæ, Armenis traditæ a D. *Clemente* Galano. Addito armeno-latino dictionario omnium Scholasticarum dictionum.
Romæ 1645. Typis Cong. de Propag. fide. 1 vol. in-4°.

130. — Grammaire de la langue arménienne; où l'on expose les principes et les règles de la langue, d'après les meilleurs grammairiens, et les auteurs originaux et suivant les usages particuliers de l'idiome Haïkien; rédigée par *J. Ch.* Cirbied.
Paris 1823. Evérat. 1 vol. in-8°.

5. Langues Persanes.

131. — Gazophylacium linguæ Persarum, triplici linguarum clavi Italicæ, Latinæ, Gallicæ, nec non specialibus præceptis ejusdem linguæ reseratum. Authore R. P. Angelo a S. Joseph Carm.
Amstelodami 1684. Off. Jans. Waesbergiana. 1 v. in-fol.

6. Langue Turque.

132. — Dictionnaire turc-français à l'usage des agents diplomatiques et consulaires, des commerçants, des navigateurs et autres voyageurs dans le levant. Par *J. D.* Kieffer et *T. X.* Bianchi.
Paris 1835-1837. Imp. Royale. 2 vol. in-8°.

7. Langues de l'Inde.

133. — Rapport sur les travaux philologiques de M. E. Burnouf, relatifs à la Langue Zende, Extrait des mémoires de l'Académie d'Amiens. (Par J. B. F. Obry).
   Amiens 1835. R. Machart. brochure in-8°.
** — Recherches sur les anciennes Langues de la Perse (*Zend, Pa-Zend, Pehlvi, Parsi* et *Deri*). Par M. Anquetil-Duperron.
   Mém. de l'Acad. des Inscr. xxxi.

8. Langue Chinoise.

** — Recherches sur l'origine et la formation de l'écriture chinoise. Par M. *Abel* Rémusat.
   Mém. de l'Acad. des Inscrip., viii.
** — De la langue des Chinois, par Fréret.
   Voy. *OEuvres*, 1786. Tom. vi.

134. — Dictionnaire chinois, français et latin, publié d'après l'ordre de Sa Majesté l'Empereur et Roi Napoléon-le-Grand; par M. de Guignes.
   Paris 1813. Imp. Impériale. 1 vol in-fol.

135. — Supplément au dictionnaire chinois-latin du P. Basile de Glemona (imprimé en 1813, par les soins de M. de Guignes), publié d'après l'ordre de Sa Majesté le roi de Prusse Frédéric-Guillaume III, par *Jules* Klaproth.
   Paris 1819. Imp. Royale. 1 vol. in-fol.

9. Langues Tartares.

136. — Recherches sur les langues tartares, ou mémoires sur différents points de la grammaire et de la littérature des Mandchous, des Mongols, des Ouigours et des Tibetains; par M. *Abel* Rémusat. Tom. 1.er
   Paris 1820. Imp. Royale. 1 vol. in-4°.
   Le second volume de cet ouvrage, longtemps annoncé, n'a point paru.

** — Notice sur le dictionnaire intitulé : Miroir des langues Mandchoue et Mongole, par *Abel* Rémusat.
Not. des MSS., tom. xiii.

SECTION II.

LANGUES AFRICAINES.

137. — *Athanasii* Kircheri *Soc. Jesu.* Prodromus coptus sive ægyptiacus.
Romæ 1636. S. Cong. de propag. Fide. 1 vol. in-4°.

** — *Thomæ* Reineisii Ιστορουμενα Linguæ Punicæ : errori populari, Arabicam et Punicam esse eandem, opposita.
Vide *Syntag. variar. dissert. ex Musæo Grævii.*

** — Renaudotii dissertatio de lingua coptica.
Vide *Liturgiarum orient. collectio.* Tom. i.

SECTION III.

LANGUES AMÉRICAINES.

** — Essai sur les langues d'Amérique, par Court de Gebelin.
Voy. n.° 28, tom. viii.

138. — Grammar of the language of the Lenni Lenape or Delaware indians. By *David* Zeisberger. Translated from the german manuscript of the author, by *Peter Stephen* Du Ponceau.
Philadelphia 1827. James Kay. 1 vol. in-4°.

** — Vocabulaire de la langue des Miamis, par Volney.
Voyez *OEuvres.* Tom. iv.

SECTION IV.

LANGUES EUROPÉENNES.

COMPARAISON DES LANGUES.

139. — De Foenicum literis, seu de prisco latine et grece lingue

charactere, ejusq; antiquissima origine et usu, commentatiuncula, *Guillielmo* Postello authore.

Parisiis 1552. Apud Viv. Gaultherot. 1 vol. in-8º.

** — Macrobii de differentiis et societatibus græci latinique verbi epitome.

Vide. *Macrobii opera.*

** — G. Leibnitii collectanea etymologica, illustrationi Linguarum Veteris Celticæ, Germanicæ, Gallicæ, aliarumque inservientia.

Vide. *Leibnitii opera.* Tom. vi.

140. — *J. A.* Comenii Janua linguarum reserata, cum Græca versione *Theodori* Simonii *Holsati*, secunda hac edit. recognita, et innumeris in locis emendata: et Gallica nova *Stephani* Curcellæi.

Amstelodami 1643. Apud Lud. Elzevirium. 1 vol. in-8º.

141. — *J. A.* Comenii Janua linguarum reserata quinque linguis. Sive compendiosa Methodus Latinam, Gallicam, Italicam, Hispanicam et Germanicam Linguam perdiscendi, etc. A *Nathanaele* Duesio, in Idioma Gallicum et Italicum translata, et in hac Tertia Editione accuratè emendata atque correcta. Cum interpretatione Hispanica G. R.

Amstelodami 1661. Apud L. et Dan. Elzevirios. 1 v. in-8º.

142. — *J. A.* Comenii Janua linguarum reserata aurea; sive Seminarium Linguarum, et scientiarum omnium. — Dat is de Gulden ontslote Deure der Taelen.

Amstelodami 1662. Apud J. Janssonium. 1 vol. in-8º.

143. — *Joannis Amos* Comenii Janua linguarum cum versione anglicana; novissimè ab ipso Authore recognita.—Janua linguarum translated into *English*, and Printed according to J. A. Comenius his last Edition. Illustrated and adorned with copper prints.

London 1670. Redmayne. 1 vol. in-8º.

144. — Dictionnaire, colloques ou dialogues en quatre langues, Flamen, François, Espaignol, et Italien. Avec les Con-

jugaisons, Regles, et Instructions. Ensemble la manière de bien prononcer, et lire les langues susdites.
Anvers 1573. Nic. Soelmans. 1 vol. in-12 oblong.

145. — Gemmulæ linguarum, Latinæ, Gallicæ, Italicæ et Hispanicæ. Studio et opera *Philippi* GARNERII, *Galli.* LUCÆ DONATI, *Itali*; et M. FERNANDEZ, *Hispani.*
Amstelodami 1656. Lud. Et Dan. Elzevirii. 1 vol. in-8°.

146. — Tresor en trois langues, Françoise, Alemande, Latine, contenant douze entretiens familiers, un Traité de la civilité françoise, et une Instruction morale d'un père à son fils, qui part pour un long voyage: avec une Grammaire et une Nomenclature, etc.
Basle 1679. Widerhold. 1 vol. in-12.

1. Langue Grecque.

Alphabet.

** — Mémoire sur l'origine des Lettres Grecques. Par M. l'*abbé* RENAUDOT.
Mém. de l'*Acad. des Inscrip.*, II.

147. — Alphabetum græcum tribus partibus distinctum, primis linguæ Græcæ rudimentis perdiscendis perquam utile et necessarium. — Prima, *Jani* LASCARIS, de veris Græcarum literarum apud antiquissimos formis et causis. — Secunda, De expedita legendi ratione, aliisque Grammatices elementis. — Tertia, *Jacobi* CERATINI, de recta Græcarum literarum pronunciatione.
Parisiis 1536. Joa. Lodoicus. I vol. in-8°.

148. — Alphabetum græcum. — Precatio dominica. — Salutatio Angeli. — Symbolum sanctorum patrum, quod aliter dicitur Symbolum Nicenum et Constantinopolitanum. — Decalogus. — Integra oratio Manassæ regis Juda. — Græcè et Latinè omnia.
Parisiis 1539. Rob. Stephanus. 1 vol. in-8°.

149. — Alphabetum græcum una cum multis aliis, quæ expeditum aliquem reddunt ad Grammaticam Græcam capessendam. Cui hæc adjecta sunt: Precatio dominica, Salutatio angelica, Symbolum Apostolicum, decem præcepta Christi servatoris apud Matthæum decreta, et hoc genus alia, et Græcè et Latinè.

Parisiis 1540. Apud Ch. Wechelum. 1 vol. in-8°.

150. — Alphabetum græcum regiis tribus generum characteribus postremò excusum.

Lutetiæ 1550. Rob. Stephanus. 1 vol. in-8°.

Grammaires Anciennes.

** — Grammaire de Denis *de Thrace*, tirée de deux Manuscrits Arméniens de la Bibliothèque du Roi, publiée en grec, en arménien et en français, et précédée de considérations générales sur la formation progressive de la science glossologique chez les anciens et de quelques détails historiques sur Denis, sur son ouvrage et sur ses commentateurs, par M. Cirbied.

Mém. de la Soc. des Antiq. de France, vi.

** — Dionysii *Thracis* Ars Grammatica.

Vide Fabricii *Bibliotheca græca*, vii. 26.

151. — Τοῦ Θείου καὶ Μεγάλου ΒΑΣΙΛΕΙΟΥ περὶ γραμματικῆς γυμνασίας. — Magni Basilii de Grammatica exercitatione Libellus linguæ Græcæ studiosis maximè necessarius.

Lutetiæ 1585. Apud. Fed. Morellum. 1 vol. in-8°.

Cette grammaire n'est point de St.-Basile, mais de *Manuel* Moschopulus qui l'a composée au xv.ᵉ siècle. Voy. Fabricii, *Bibl. græc.*, tom. vii, p. 35, et Schoell, *Hist. de la litt. grecq.*, tom. vi, p. 258.

152. — *Emanuelis* Chrysolorae *Byzantini*, Græcæ Grammaticæ institutiones. Latina è regione opposita sunt Græcis, ita ut versus versui, imò verbum verbo, quoad commodè fieri licuit, respondeat, *Dominico* Sylvio interprete.

Parisiis 1539. Apud Ch. Wechelum. 1 vol. in-8°.

153. — *Constantini* Lascaris *Byzantini* Grammaticæ Compendium, Græcæ linguæ studiosis aptissimum. Adjectis ad calcem quibusdam Opusculis. Atque hæc omnia cum latina interpretatione. — Hebraicæ præterea linguæ perutilis institutio.

Basileæ 1547. Joan. Oporinus. 1 vol. in-8°.

Les opuscules à la suite sont :

De græcarum proprietate linguarum ex scriptis de arte Joannis Grammatici.—Ex iis quæ à Corintho decerpta. — Plutarchi, de iis quæ apud Homerum, linguis. — Cebetis tabula. — De literis græcis ac diphthongis, et quemadmodum ad nos veniant. — De potestate literarum Græcarum. — Item quare Christus et Jesus sic scribimus IH̄S xp̄Σ. — Cur in alphabeto ypsilon a quibusdam fio dicitur. — Oratio dominica, et salutatio ad beatiss. Virginem. — Symbolum Apostolorum.— Euangelicum divi Ioannis euang.— Carmina aurea Pythagoræ.—Phocylidis poema ad bene beateque vivendum.—De verbis in μί tractatus, ex Urbano.—Omnia cum interpretatione latinà.

154. — *Theodori* Gazae institutionis grammaticæ libri quatuor, addita versione Latina, iterum exactius à quodam Græcè doctiss. collati.

Parisiis 1539. Apud Christ. Wechelum. 1 vol. in-8°.

Grammaires Modernes.

155. — Tabulæ, monstrantes viam qua itur recta in Græciam, nimirum paucis complectentes summam universæ literaturæ Græcorum, etc. *Renato* Guillonio auctore.

Parisiis 1567. Apud Joan. Benenatum. 1 vol. in-4°.

156. — Urbani *Bellunensis* (Bolzani) Institutionum Linguæ Græcæ, libri duo. Quorum primo, quæ ad simpliciorem Octo partium Orationis rationem : Secundo, quæ ad accuratiorem earundem pertinent explicationem omnia emendatè continentur.—Accesserunt de passionibus dictionum tractatus, ex Tryphone grammatico.—Item, de Spiritibus, ex Theodorito et aliis autoribus probatissimis.

Basileæ 1561. Henric. Petri. 1 vol. in-8°.

157. — *Francisci* Vergaræ de Græcæ Linguæ Grammatica, lib. V. Adjecta sunt per auctorem tribus libris mediis Scholia non pœnitenda. — Item admonitio de operis ordine etc.
Parisiis 1557. Apud Guil. Morelium. 1 vol. in-8º.

158. — Institutiones absolutissimæ in linguam graecam, per *Nicolaum* Clenardum. — Annotationnes in nominum verborumque difficultates. Investigatio thematis in verbis anomalis, cum Indice. — Compendiosa et luculenta Syntaxεως ratio. — Adjectæque ab *Renato* Guillonio adnotatiunculæ apprimè necessariæ.
Parisiis 1541. Apud Ch. Wechelum. 1 vol. in-8º.

159. — N. Clenardi institutiones in linguam græcam. Cum Notis *Ren.* Guillonii.
Le Titre manque. 1 vol. in-8º.

160. — Institutiones ac meditationes in Græcam Linguam, N. Clenardo authore. Cum Scholiis et Praxi P. Antesignani *Rapistagnensis*. Accesserunt perbreves in Clenardum annotationes, per *Tuss.* Berchetum.
Parisiis 1581. Hen. Le Bé. 1 vol. in-4º.

161. — Institutiones ac meditationes in Græcam Linguam, N. Clenardo auctore: cum Scholiis et Praxi P. Antesignani *Rapistagnensis*. Omnia à *Friderico* Sylburgio recognita.
Hanoviæ 1617. Typis Wechelianis. 1 vol. in-4º.

162. — *Nicolai* Clenardi Institutionum linguæ græcæ libri IV. Auxit et digessit P. F. *Nicasius* Baxius *Augustinianus*.
Antuerpiæ 1618. Apud H. Verdussium. 1 vol. in-8º.

163. — *Nicolai* Clenardi Grammatica græca, a *Stephano* Moquoto è *Soc. Jesu* recognita et aucta. Nunc verò primùm pro captu discentium in Tres Partes tributa, meliori quàm antehac ordine digesta, etc. Opera et studio P. L. B. S. I.
Parisiis 1556. Apud Joan. Henault. 1 vol. in-8º.

164. — Meditationes græcanicæ in artem grammaticam : etc. *Nicolao* CLENARDO auctore.
   Parisis 1579. Apud And. Wechelum. 1 vol. in-8°.

165. — Abrégé de la grammaire-greque, de CLENARD, avec les accens et la syntaxe. Peu de Préceptes, mais beaucoup de lecture, de réfléxion, et d'exercice. Nouv. édition.
   Paris 1711. Nion. 1 vol. in-8°.

166. — P. RAMI Grammatica Græca, quatenus à Latina differt.
   Parisiis 1560. Apud And. Wechelum. 1 vol. in-4°.

167. — Universa grammatica græca, ex diversis auctoribus per *Alexandrum* SCOT, prius constructa : Nunc ejusdem auctoris secunda cura facta politior etc.— Operi accesserunt indices duo, iis qui prius in editionibus *Antesignani* habebantur multo copiosiores : Rerum unus, alter verborum, tyronibus omnino necessarii. Et in eorundem gratiam annectitur *Petri* ANTESIGNANI libellus de praxi præceptorum Grammaticæ.
   Coloniæ Allobrogum 1613. Gab. Carterius. 1 vol. in-8°.

168. — Idem opus. Editio tertia.
   Lugduni 1614. Pillehotte. 1 vol. in-8°.

169. — *Jacobi* GRETSERI *Soc. Jesu* institutionum linguæ græcæ libri III. Edit. octava. Cui accessit Index Græco-Latinus.
   Parisiis 1609. Joa. Libert. 1 vol. in-8°.

   L'ouvrage est divisé de la manière suivante : Lib. I, de octo partibus orationis. Lib. II, de recta partium orationis constructione. Lib. III, de syllabarum dimensione.

170. — Idem opus. Editio nona.
   Parisiis 1618. J. Libert. 1 vol. in-8°.

** — Rudimenta linguæ Græcæ ex primo libro Institutionum *Jacobi* GRETSERI *soc. Jesu*, in usum Studiosorum secundæ classis Grammatices ejusdem societatis.
   Duaci 1744. willerval. in-12.
   Vide ALVARI *Grammatica latina*.

** — *Hieronymi* CARDANI Elementa græca.
   Vide *Cardani opera* tom x.

171. — Nouvelle méthode de la grammaire grecque pour apprendre aux Enfans qui commencent, à décliner, marquer les accens, composer, et expliquer facilement, par la liaison des Noms avec le Verbe Ειμι, et l'application de peu de Règles de la Syntaxe, dans deux compositions artificielles, Grecque et Latine. — Avec les mots Racines des huit premières Lettres de l'Alphabet.
Paris 1692. Veuve Claud. Thiboust. 1 vol. in-8°.

172. — Nouvelle méthode pour apprendre facilement la langue grecque contenant les Règles des Déclinaisons, des Conjugaisons, de l'Investigation du Theme, de la Syntaxe, de la Quantité, des Accens, des Dialectes, et des Licences poëtiques. Mises en françois dans un ordre très clair et très abrégé. (9.ᵉ édition). (Par *Cl.* Lancelot, Arnauld et Nicole, de Port-Royal).
Paris 1696. Du Puis. 1 vol. in-8.°

173. — Abregé de la nouvelle méthode pour apprendre facilement et en peu de temps les principes de la langue Greque. (Par *Cl.* Lancelot, de Port-Royal).
Paris 1655. Ant. Vitré. 1 vol. in-8°.

174. — Compendiaria græcæ grammatices institutio in usum Seminarii Patavini suprema hac editione cura, atque studio castigata, et adaucta.
Patavii 1705. Typis Seminarii. 1 vol. in-8°.

175. — Nouvel abrégé de la grammaire gréque. Plus ample, plus méthodique, plus clair, et imprimé en plus beaux Caractères que ceux qui ont paru jusqu'ici. (Par Furgault). (1.ʳᵉ édition).
Paris 1754. Jean Aumont. 1 vol. in-8°.

176. — Nouvelle grammaire grecque, à l'usage des Ecoles centrales, par le C. Gail.
Paris an VII. Baudelot et Eberhart. 1 vol. in-8°.

177. — Nouvelle grammaire grecque, à l'usage des colléges et autres écoles; par *J. B.* Gail. (9.ᵉ édit. rev. corr.)
Paris 1818. A. Delalain. 1 vol. in-8°.

178. — Méthode pour étudier la langue grecque, adoptée par l'Université de France; par *J. L.* BURNOUF. (3.º édit.)
Paris 1816. Delalain. 1 vol. in-8º.

179. — A grammar of the greek language; translated from the french of *J. L.* BURNOUF, by *Edward* DAMPHOUX.
Baltimore 1825. F. Lucas jun. 1 vol. in-8º.

180. — Grammaire raisonnée de la langue grecque par *Aug.* MATTHIÆ; traduite en français sur la seconde édition, par *J. Fr.* GAIL et *E. P. M.* LONGUEVILLE.
Paris 1833-36. Delalain. 2 vol. en 3. in-8º.

Accents. — Prononciation. — Prosodie.

181. — Regulæ accentuum et spirituum græcorum, novo ordine in faciliores et difficiliores, pro captu Scholasticorum, distributæ. Quibus additæ sunt nonnullæ Observationes omnibus Græcæ linguæ studiosis utilissimæ. Item Dialecti apud Oratores usurpatæ, a Poëticis sejunctæ, cum Syntaxi faciliori ac figurata, etc. Operâ P. *Philippi* LABBE.
Parisiis 1693. Vid. Sim. Benard. 1 vol. in-12.

** — Dissertation sur les accents de la langue grecque, par M. l'*abbé* ARNAUD.
Mém. de l'Acad. des Inscrip., XXXII.

182. — De recta Latini Graecique sermonis pronuntiatione *Des.* ERASMI *Roter.* Dialogus. — Ejusdem Dialogus cui titulus *Ciceronianus*, sive, De optimo genere dicendi. Cum aliis nonnullis quorum nihil est novum.
Parisiis 1528. Sim. Colinæus. 1 vol. in-8º.

Ces pièces sont : Joa. Emstedio deploratio mortis Frobenii. — Varia epitaphia. — *Rod.* AGRICOLÆ oratio in laudem Matthiæ Richili.

183. — Idem opus.
Lugduni 1528. Apud Seb. Gryphium. 1 vol. in-8º.

184. — De recta latini græcique sermonis pronuntiatione *Des.*

Erasmi *Roter.* dialogus. In hac novissimà æditione locupletatus.
> **Lutetiæ 1547. Rob. Stephanus. 1 vol. in-8.º**

** — De veteri ét recta Græcæ linguæ pronuntiatione.
> Vid. *n.*º 230 et seq.

185. — Calliope, ou Traité sur la véritable prononciation de la langue grecque. Par C. Minoïde Mynas.
> **Paris 1825. Bossange père. 1 vol. in-8º.**

186. — *Joannis* Varennii *Mechliniensis* περὶ προσῳδιῶν libellus, antehac nunquam excusus, planeque necessarius. — Εμμανουὴλ ΜΟΣΧΟΠΟΥΛΟΥ περὶ προσῳδιῶν. — De Dialectis Græcis collecta ex *Corintho, Joanne Gram., Plutarcho, Joan. Philopo.*, atque aliis ejusdem classis, per *Hadrianum* Amerotium, in gratiam illorum qui Poëtas Græcos intelligere cupiunt.
> **Parisiis 1555. Apud And. Wechelum. 1 vol. in-8º.**

187. — Γνωμων, id est norma, qua perpenditur, cujusque syllabæ quantitas in omnibus Græcis dictionibus, cui subnectuntur regulæ libertatis ac licentiæ Poëtarum omnium Græcorum, idque compendio quam fieri potuit maximo. *Renato* Guillonio auctore.
> **Parisiis 1567. Apud Jo. Benenatum. 1 vol. in-4.º**

188. — *Gulielmi* Baillii soc. Jesu. Libellus de quantitate syllabarum Græcarum. — Ejusdem Alter de Dialectis Græcorum libellus.
> **Parisiis 1622. Seb. Chappelet. 1 vol in-8º.**

** — Epitome de Poesi seu Prosodia Græcorum *Erasmi* Sidelmanni.
> Vid. *n.*º 245.

189. — Linguæ Græcæ prosodia, Dialecti, Epitheta: cum Thesauro prosodico Græco-Latino. Auctore P. *Philippo* Labbe, Soc. Jes.
> **Parisiis 1653-54. Seb. Cramoisy. 1 vol. in-8º.**
> C'est le titre commun des trois ouvrages suivants réunis en un volume, avec des titres particuliers.
> 1.º — Græca prosodia fusè ac compendio tradita, cum dialectis poeticis et scribentium Græca Carmina Asylo tutissimo.

2.° — Græcorum dialecti poeticæ, ab oratoriis sejunctæ, et novâ Methodo, compendioque facili traditæ. — Cum licentiis poeticis.

3.° — Elenchus sive Thesaurus prosodicus Græco-Latinus, in quo Quantitas Syllabarum Primarum Mediarumque novâ facilique Methodo declaratur.

190. — Idem opus.
Parisiis 1663. Seb. Cramoisy. 1 vol. in-8°.

191. — Traité de prosodie grecque, dans lequel on a profité des différentes observations de MM. les Commissaires particuliers, chargés par la Commission royale de l'Instruction publique de l'examen du manuscrit. Par M. *Ch. Jos.* Hubert. (1).
Paris 1819. A. Delalain. 1 vol. in-8°.

Racines Grecques.

192. — Τῆσ Ελλάδοσ φωνῆσ ἐπιτομή, seu græcæ linguæ breviarium quo radicum ejus, et optimi cujusque ex eis compositi usus ex auctoribus reipsa ostenditur. Auctore *Antonio* Laubegeois, *Duacensi*, è soc. Jesu.
Duaci 1626. Joan. Bogardus. 1 vol. in-8°.

193. — Tirocinium linguæ græcæ primigenias voces sive radices in quatuor partes facili methodo distributas complexum. Nova edit. Auctore *Philippo* Labbe.
Parisiis 1683. Sim. Benard. 1 vol. in-12.

194. — Idem opus.
Parisiis 1701. Vid. Sim. Benard. 1 vol. in-12.

195. — Le Iardin des Racines greques, mises en vers françois. Avec un Traitté des Prépositions, et autres Particules indéclinables, et un Recueil alphabétique de mots François tirez de la Langue Greque, soit par allusion, soit par étymologie. (2.ᵉ édition).
Paris 1664. P. Le Petit. 1 vol. in-12

---

(1) M. Charles-Joseph Hubert, docteur ès-lettres, recteur, est né à Cléry, (Somme), le 19 mars 1790.

196. — Le jardin des Racines greques. (3.ᵉ édit. rev. et corr.)
Paris 1674. P. Le Petit. 1 vol. in-12.

197. — Le jardin des Racines greques. (6.ᵉ édition).
Paris 1701. V.ᵉ Thiboust. 1 vol. in-12.

198. — Le jardin des Racines greques. (Nouvelle édition).
Paris 1716. Esclassan et Thiboust. 1 vol. in-12.

Dialectes.

199. — De dialectis diversis declinationum Græcanicarum tam in verbis, quam nominibus, ex *Corintho*, *Joa. Grammatico*, *Plutarcho*, *Joa. Philopono*, atque aliis ejusdem classis. Collectore *Hadriano* Amerotio, in gratiam illorum, qui poetas Græcos intelligere cupiunt. — Additus est Thersites è Secundo Iliados Homeri. Cum examine et scholiis Melanchthonis.
Parisiis 1536. Lod. Tiletanus. 1vol. in-8°.

** — *Gulielmi* Baillii, *societ. Jesu* de Græcorum dialectis Libellus.
Parisiis 1622. Chappelet. 1 vol. in-8°.
Vid. n.° 188.

** — Græcorum dialecti poeticæ, ab oratoriis sejunctæ, et novâ Methodo, compendioque facili traditæ. Cum Licentiis Poeticis. Operâ P. *Philippi* Labbe *soc. Jes.* (3.ᵃ edit).
Parisiis 1653. Seb. Cramoisy. in-8°.
Vid. n.° 189.

** — Idem opus. Cum Licentiis Poeticis et Græcorum Epithetorum nova delineatione. (4.ᵃ edit.)
Parisiis 1663. Seb. Cramoisy. in-8°.
Vid. n.° 190.

** — De dialectis.
Vid. n.° 226 et seq.

Syntaxe. — Verbes. — Idiotismes. — Particules. — Elégances. — Exercices.

200. — Commentarii linguae graecae *Gulielmo* Budaeo auctore.
Parisiis 1529. Jod. Bad. Ascensius. 1 vol. in-fol.

201. — Commentarii Linguæ Græcæ, *Gulielmo* BUDÆO auctore. Ab eodem accuratè recogniti, atque amplius tertia parte aucti.
   Parisiis 1548. Rob. Stephanus. 1 vol. in-fol.

202. — Syntaxis linguæ græcæ, *Joanne* VARENNIO *Mechliniensi* autore, unà cum Annotatiunculis paucis ad præcepta Syntaxis Varennianæ, per *Ioachimum* CAMERARIUM. — *Renatus* autem GUILLONIUS præcepta Syntaxεως multis in locis repurgavit multaque in illis annotavit. — Accessit prætereà opusculum perutile de Passionibus dictionum ex TRYPHONE Grammatico.
   Parisiis 1552. Apud Chris. Wechelum. 1 vol. in-8º.

203. — Syntaxis græca versibus conscripta brevique tum explicatione illustrata, tum Idiotismorum epitome locupletata. Accessit brevis et facilis accentuum explicatio. Opera P. *Caroli* PAIOT soc. Jesu. Tertia edit.
   Flexiæ 1641. Georg. Griveau. 1 vol. in-18.

204. — De verbis anomalis commentarius, in quo singula verba, aut anomala, aut alioqui difficilia ordine alphabetico ad sua themata revocantur. (Autore *G.* MORELIO).
   Parisiis 1558. Apud Guil. Morelium. 1 vol. in-8º.

205. — De præcipuis græcæ dictionis idiotismis. Ab uno ex Patribus soc. Jesu. (*Franc.* VIGERI).
   Parisiis 1627. Sebas. Cramoisy. 1 vol. in-12.

206. — Clef d'Homère, précédée de dissertations grammaticales, d'un tableau des verbes primitifs, d'une lettre à M. Bast, et d'observations sur plusieurs morceaux d'Homère. Par *J. B.* GAIL.
   Paris 1806. Gail. 1 vol. in-12.

207. — De l'emploi des conjonctions suivies des modes conjonctifs dans la langue grecque. (Par M. *Max.* SÉGUIER DE SAINT-BRISSON). (1)
   Paris 1814. Eberhart. 1 vol. in-8º.

---

(1) M. Séguier de Saint-Brisson, né à Beauvais en 1773, fut préfet du département de la Somme du 15 juillet 1815 au 20 mai 1816.

208. — *Angeli* Caninii *Anglarensis* ΕΛΛΗΝΙΣΜΟΣ, copiosissimi Græcarum Latinarumque vocum Indicis accessione per *Carolum* Haubœsium locupletatus.

Parisiis 1578. Apud Joan. Benenatum. 1 vol. in-8°.

209. — Calligraphia oratoria linguæ græcæ, ad proprietatem, elegantiam et copiam Græci sermonis parandam utilissima, concinnata à *Johanne* Posselio. Ab eodem denuo recognita, atque amplius tertia parte aucta.

Hanoviæ 1602. Typis Wechelianis. 1 vol. in-8°.

210. — Idem opus. — Accesserunt huic postremæ editioni cum Gallica præcipuorum verborum gemina interpretatione, frequentiores, nec non copiosæ ac pernecessariæ Græci sermonis formulæ.

Rothomagi 1620. Vid. Th. Daré. 1 vol. in-8°.

211. — Locutionum græcarum in communes locos per alphabeti ordinem digestarum volumen, per D. *Jacobum* Billium.

Rothomagi 1613. Rich. Allemanus. 1 vol. in-16.

212. — Educationis puerilis Linguae Græcæ, pro Schola Argentinensi, pars prima et altera, per *Theophilum* Golium. — Fabellæ quædam Æsopi Græcæ, ad puerilem educationem in Gymnasio Argentoratensi selectæ.

Argentinæ 1582. Josias Rihelius. 1 vol. in-8°.

Lexiques Généraux.

213. — ΕΤΥΜΟΛΟΓΙΚΟΝ ΜΕΓΑ κατὰ ἀλφάϐητον, πάνυ ὠφέλιμον.

Venetiis. Sumptibus Nicolai Blasti, opera Zachariæ Kalliergi 1499. 1 vol. in-fol.

Cette première édition de cet important travail est précédée d'une préface du célèbre Musurus, qui en surveilla l'impression. Voy. Schoell. Hist. de la litt. gr. tom. vi-294 et vii-331.

214. — ΜΕΓΑ ΕΤΥΜΟΛΟΓΙΚΟΝ. Magnum Etymologicum Græcæ

linguæ, nunc recens summa adhibita diligentia excusum, et innumerabilibus penè dictionibus locupletatum.

    Venetiis 1549. Apud Fed. Turrisanum. 1 vol. in-fol.

    Cette seconde édition, imprimée par Paul Manuce, fut soignée par F. Torrisani.

215. — ΣΟΥΙΔΑ.

    Basileæ 1544. Froben. 1 vol. in-fol.

216. — SUIDAE historica, cæteraque omnia quæ ulla ex parte ad cognitionem rerum spectant, solis verborum explicationibus (quæ quidem in vulgatis Lexicis passim extant) prætermissis: Opus jucunda rerum varietate et multiplici eruditione refertum: nunc primum liberalitate Magnif. et Gen. Viri D. Caroli Villingeri, Baronis à Schœneberg: opera verò ac studio *Hier.* WOLFII in latinum sermonem conversa.

    Basileæ 1564. Oporinus et Hervagius 1 vol. in-fol.

217. — ΣΟΥΪΔΑΣ. SUIDAS, nunc primum integer latinate donatus, et ex collatione multorum manuscriptorum codicum infinitis mendis purgatus, etc. Opera et studio *Æmilii* PORTI.

    Coloniæ Allob. 1630. Heredes Pet. De la Rouière 2 v. in-fol.

218. — ΗΕΣΥΧΙΟΥ Λεξικόν. HESYCHII Dictionarium lucupletiss. ea fide ac diligentia excusum, ut hoc uno, ad veterum autorum fere omnium, ac poetarum in primis lectionem, justi Commentarii vice, uti quivis possit, et plane nihil sit, quod ad rectam interpretationem desyderari hic queat.

    Venetiis 1513. Aldus Manutius. 1 vol. in-fol.

219. — Ιουλίου ΠΟΛΥΔΕΥΧΟΥΣ Ονομαστικόν εν βιβλίοισ δέκα. — *Julii* POLLUCIS Onomasticon, hoc est, instructissimum rerum ac synonymorum dictionarium, decem libris constans, summo studio et cura emendatum. Cum præfatione *Simonis* GRYNÆI ad Ludimagistros.

    Basileæ 1536. Robert Winter. 1 vol. in-4.º

220. — *Julii* Pollucis Onomasticon, nunc primum Latinitate donatum, *Rodolpho* Gualthero *Tigurino* interprete.
   Basileæ 1541. R. Winter. 1 vol. in-4°.
   Vide n.° 219

221. — *Rodolphi* Gualtheri *Tigurini*, in *Julii* Pollucis dictionarium annotationes: quibus Loci quidam obscuriores, et observatu digniores breviter exponuntur.
   Basileæ 1542. R. Winter. 1 vol. in-4°.
   Vide n.° 219.

222. — Cyrilli, Philoxeni, aliorumque Veterum glossaria Latino-Græca, et Græco-Latina, a *Carolo* Labbæo collecta, et in duplicem Alphabeticum ordinem redacta. Cum variis emendationibus ex MSS. Codd. petitis, Virorumque Doctorum castigationibus ac conjectaneis.—His accedunt Glossæ aliquot aliæ Latino-Græcæ ex iisdem Codd. MSS. quæ nunc primùm prodeunt. — Præterea Veteres Glossæ verborum juris, quæ passim in Basilicis reperiuntur, ex variis Codd. MSS. Bibl. Reg. erutæ et Notis illustratæ ab eodem *Carolo* Labbæo.
   Lut. Paris. 1682. Guignard. 1 vol. in-fol.

223. — Lexicopator etymon ex variis doctissimorum hominum lucubrationibus, per *Joan.* Chæradamum congestum.
   Parisiis 1543. Apud Guil. Rolant. 1 vol in-fol.

224. — Dictionarium græcum innumeris locis auctum, ac locupletatum, Impressum nunc primum in Gallia his elegantissimis typis. — Cyrilli opusculum de dictionibus, quæ accentu atque apice variant significatum. — Ammonius de similitudine ac differētia quarūdā dictionū. — De Re Militari ueterum, ac præfectorū nominibus libellus Græcus, Authore incerto. — Orbicij de Ordinibus exercitus.—Significata τοῦ ῆ.—Significata τοῦ ὣσ.—Dictionarium quo latina Græcis exponuntur. — Joannis Grammatici libellus de differentiis linguarum
   Lutecie 1521. Apud Petrum Vidovaeum. 1 vol. in-fol.

225. — Lexicon græco-latinum, cui quam plurimis locis emendato, et maxima vocum copia, tunc ex doctissimis quibusque, tunc ex Budæi Commentariis postremò editis locupletato accessit copiosissimus Index Latinarum dictionum et phraseon, quæ Græcis respondent, ut non modò Græcolatinum, sed etiam Latinogræcum Lexicon merito dici possit.

Lugduni 1553. Apud Jo. Frellonium. 1 vol. in-fol.

226. — Λεξικόν ελληνορωμαϊκον, hoc est, Dictionarium græcolatinum, supra omnes editiones postremò nunc hoc anno ex variis et multis præstantioribus linguæ Græcæ authoribus; commentariis, thesauris et accessionibus etc. locupletatum : per G. *Budaeum*, L. *Tusanum*, C. *Gesnerum*, H. *Junium*, R. *Constantinum*, Jo. *Hartungum*, Mar. *Hopperum*, Guil. *Xylandrum*.

Basileæ 1577. Off. Henricpetrina. 1 vol. in-fol.

Accedunt opuscula :

De verbis quæ difficiliora sunt ad investigandum, ad sua themata revocandis. — Cyrilli, dictionum collectio quæ accentu variant significatum.— Significationes particulæ ὡσ. — Choerobosci, de dictionibus quibus ν additur vel abjicitur. — Ejusdem, quòd verborum canones exactè investigari non possint. — De Græcarum linguarum proprietate, ex scriptis de arte *Joan*. Grammatici. — Plutarchi, de Dialectis quæ apud Homerum. — Corinthi, de Dialectis.— Orbicii, de exercitus ordinibus. —Significata τοῦ H. — Tryphonis Grammatici, de Passionibus dictionum. — De Inclinatis, et Encliticis, et Synencliticis.—Amerotii, de Græcorum notis Arithmeticis, ibidem. — De varia Mensium appellatione. — Omnia correcta et recognita.

227. — Lexicon graecolatinum *Rob*. Constantini. Secunda hac editione, partim ipsius authoris, partim *Francisci* Porti *et aliorum* additionibus auctum.

Genevæ 1592. Eust. Vignon. 2 vol. en 1. in-fol.

Les opuscules à la suite sont les mêmes que ceux du numéro précédent.

228. — Θησαυρὸσ τῆσ ἑλληνικῆσ γλώσσησ, Thesaurus græcæ linguæ, ab *Henrico* Stephano constructus. In quo præter alia plurima quæ primus præstitit, (paternæ in Thesauro Latino diligentiæ æmulus) vocabula in certas classes distribuit, multiplici derivatorum serie ad primigenia, tanquam ad radices unde pullulant, revocata.

Parisiis 1572. Hen. Stephanus. 4 vol. in-fol.

Le quatrième volume contient, avec l'appendice de tous les mots grecs par ordre alphabétique, les opuscules suivants :

De Græcæ linguæ dialectis, ex scriptis *Joannis* GRAMMATICI quæ τεχνικά fuerunt inscripta. — De dialectis à CORINTHO decerptis. — Ex PLUTARCHO excerpta de dialectis, de tropis, de Schematis et Homerico eorum usu. — De passionibus dictionum, ex TRYPHONE gram. — Συναγωγὴ τῶν πρὸσ διάφορον σημασίαν διαφόρωσ τονουμένων λέξεων, κατα στοιχεῖον. Collectio vocum quæ pro diversa significatione, accentum diversum accipiunt (CYRILLI sive potius PHILOPONI). — ΑΜΜΩΝΙΟΥ περὶ ὁμοίων καὶ διαφόρων λέξεων. AMMONII de similibus et differentibus vocabulis libellus. — Τάξισ παλαιά, καὶ ὀνομασίαι τῶν ἀρχόντων. — ΟΡΒΙΚΙΟΥ περὶ τῶν περὶ το στράτευμα τάξεων. — Verborum quorumdam themata, quæ magna ex parte sunt anomala, vel poetica, aut certe ejusmodi ut non obviam cuilibet habeant originem. — HERODIANI de notis numerorum tractatus. — De mensuris et ponderibus, libellus GALENI. — De mensuris et partibus earum, (diatriba H. STEPHANI).

229. — Θησαυρὸσ etc. Post editionem anglicam novis additamentis auctum, ordineque alphabetico digestum tertio ediderunt *Carolus Benedictus* HASE, G. R. *Lud. de* SINNER et *Theobaldus* FIX, secundum conspectum ab Academia regia inscriptionum et humaniorum litterarum die 29 mai 1829 approbatum.

Paris 1831. Didot... vol. in-fol. (non terminé).

230. — *Joan.* CRISPINI Lexicon græco-latinum. Nunc recens restitutum et auctum. Cui accessere novi et perutiles duo Indices, quorum Prior ex methodo ab *Henr. Steph.* observata, voces Simplices, Compositas et Derivatas, etc. exhibet. — Posterior est vocum Latinarum: quo tanquam Latino Græco Lexico studiosi uti poterunt.

Genevæ 1615. Joh. Vignon. 1 vol. in-4°.

Les opuscules placés à la suite de ce lexique et de ceux de Scapula n.ᵒˢ 231, 232, 233, 234 se trouvent tous à la suite du *Thesaurus* de Henri Estienne, n.° 228.

231. — Lexicon Græcolatinum denuo ultra præcedentes editiones, innumeris dictionibus, è probatis autoribus petitis locupletatum, *Joannis* SCAPULÆ. Accesserunt opuscula perquàm necessaria, de dialectis, de investigatione thematum et alia.
Aureliæ Allobrogum 1609. Apud Carterium. 1 vol. in-fol.

232. — Lexicon Græcolatinum, seu Epitome Thesauri græcæ linguæ ab *Henrico* STEPHANO constructi, quæ hactenus sub nomine *Joh.* SCAPULÆ prodiit.
Genevæ 1616. Apud. P. Aubert. 1 vol. in-4°.

233. — Idem opus.
Ebroduni 1623. Soc. Helv. Caldoriana 1 vol. in-4°.

234. — Lexicon græco-latinum novum in quo ex *Primitivorum* et *Simplicium* fontibus *Derivata* atque *Composita* Ordine non minus Naturali, quàm Alphabetico breviter et dilucidè deducuntur. *Joannis* SCAPULÆ opera et studio. Ultima editio, cum Auctuario Dialectorum omnium à *Jacobo* ZUINGERO.
Basileæ 1620. Off. Henricpetri. 1 vol. in-fol.

235. — *Cornelii* SCHREVELII Lexicon manuale græco-latinum et latino-græcum. Ad calcem adjecta sunt. Sententiæ Græco-Latinæ, quibus omnia primitiva Græca comprehenduntur. Item Tractatus duo: alter de resolutione verborum: alter de Articulis, utique perutilis. Edit. noviss.
Rotomagi 1705. Le Boullanger. 1 vol. in-8°.

236. — Idem opus. Juxta edit. Cantabrig. an 1685 operâ *Jos.* HILL.
Lut.-Paris. 1734. Vid. Le Mercier. 1 vol. in-8°.

** — Glossaire Grec réduit à l'Hebreu. Par THOMASSIN.
Voir *n.°* 44, tom. II.

** — Dictionnaire etymologique de la Langue Grecque. Par COURT de GEBELIN.
Voir *Monde Primitif*, tom. IX n.° 28.

237. — Dictionnaire grec-françois, composé sur l'ouvrage intitulé : *Thesaurus linguæ græcæ* de Henri Etienne, par J. Planche.
Paris 1809. Le Normand. 1 vol. in-8°.

238. — Dictionnaire grec-français composé sur un nouveau plan où sont réunis et coordonnés les travaux de *Henri Estienne*, de *Schneider*, de *Passow*, et des meilleurs lexicographes et grammairiens anciens et modernes, augmenté de l'explication d'un grand nombre de formes difficiles et suivi de plusieurs tables nécessaires pour l'intelligence des auteurs. Par C. Alexandre. (1) (11.ᵉ édit).
Paris 1850. Hachette. 1 vol. in-8°.

239. — Dictionnaire français-grec composé sur le plan des meilleurs dictionnaires français-latins et enrichi d'une table des noms irréguliers, d'une table très-complète de tous les verbes difficiles et d'un vocabulaire des noms propres, par MM. Alexandre, Planche et Defauconpret.
Paris. 1849. Hachette. 1 vol. in-8°.

Dictionnaires spéciaux pour l'intelligence de certains Auteurs.

---

240. — Lexicon homericum, seu accurata vocabulorum omnium quæ in Homero continentur, explanatio. Authore *Ludovico* Coulon.
Parisiis 1643. Sebast. Cramoisy. 1 vol. in 8°.

241. — Dictionnaire complet d'Homère et des Homérides, ouvrage où l'on a résumé, sous une forme succincte, tous les travaux de la critique, tant ancienne que moderne, sur Homère, ses poèmes, leur histoire et leur interprétation. Par *N.* Theil et *Hipp.* Hallez-d'Arros.
Paris 1841. Hachette. 1 vol. in-8°.

242. — Lexicon græco-latinum in novum domini nostri Jesu

---

(1) Alexandre (Constant-Adolphe), naquit à Amiens, le 4 juin 1797.

Christi testamentum. Ubi omnium Vocabulorum, tam *Appellativorum* Themata, quàm nominum *Propriorum* Etyma, exquisitè indicantur, et grammaticè resolvuntur.—Cum Indice Græcarum et Latinarum N.T. Vocum. Cui insuper nunc demum accesserunt tractatus duo: unus de Græcis N.T. *Accentibus*, alter de *Dialectis*. Autore *Georgio* Pasore..
Londini 1650. Griffin. 1 vol. in-8°.

243. — *Georgii* Pasoris Syllabus græco-latinus omnium Novi Testamenti vocum, quæ ordine alphabetico recensentur. Vocibus deficientibus auctus et annotatione Textuum Novi Testamenti ac distinctione vocum semel tantùm occurrentium illustratus a *Joh.* Leusden.
Amstelodami 1675. Boom. 1 vol. in-16.

Dictionnaires de Synonymes et d'Epithètes.

** — Lexique de Synonymes Grecs, publié d'après un manuscrit de la Bibliothèque Royale par M. *Boissonade.*
Voy. *Not. des MSS.* Tom. xiii.

244. — Synonymia latino græca D. *Martini* Rulandi, in duas partes conjunctas distincta. Olim ab illo congeri cœpta; nunc locupletata *Operâ Davidis* Hœschelii, Augustani.
Col. Allob. 1618. Jac. Stœr. 1 vol. in-8°.

245. — Epithetorum græcorum farrago locupletissima ; per *Conradum* Dinnerum *Acronianum* in lucem edita.—Accessit Epitome de poesi, seu prosodia Græcorum *Erasmi* Sidelmanni *Northusani.*
Hanoviæ 1605. Typis Wechelianis. 1 vol. in-8°.

Grec du Moyen-Age.

246. — *Joannis* Meursi Glossarium græco-barbarum. In quo præter Vocabula quinque millia quadringenta, Officia

atque Dignitates Imperii Constantinop. tam in Palatio, quam Ecclesia aut Militia, explicantur et illustrantur.
Lugd. Batav. 1614. Apud Lud. Elzevirium. 1 vol. in-4°.

247. — Glossarium ad Scriptores mediæ et infimæ græcitatis, in quo græca vocabula novatæ significationis, aut usus rarioris, Barbara, Exotica, Ecclesiastica, Liturgica, Tactica, Nomica, Iatrica, Botanica, Chymica explicantur etc. Accessit Appendix ad Glossarium mediæ et infimæ Latinitatis, unà cùm brevi Etymologico Linguæ Gallicæ ex utroque Glossario. Auctore *Carolo* Du Fresne, Domino Du Cange. (1).
Lugduni 1688. Apud Anissonios. 2 vol. in-fol.

Grec Moderne.

** — *Simonis* Porti Grammatica linguæ grecæ vulgaris.
Vid. Du Cange. Gloss. med. et inf. Græcitatis, n.° 247.

248. — Θεωρία περί τῆσ ἑλληνικῆσ γραμματικῆσ τε καί γλωσσῆς ὑπό Κ. ΜΙΝΩΙΔΟΥ ΜΗΝΑ. — Théorie de la grammaire et de la langue grecque, par *C.* Minoide Mynas.
Paris 1827. Bossange père. 1 vol. in-8°.

249. — Συνοπτικός παραλληλισμόσ τῆσ ἑλληνικῆσ και γραικικῆς ἤ ἁπλοελληνικῆς γλωσσησ, συντεθεισ ὑπό ΙΟΥΛΙΟΥ ΔΑΒΙΔ.
Ηαρισιοισ εκ τῆσ τυπ. Εϐεραρτου ΑΩΚ. 1 vol. in-8°.
Comparaison synoptique de la Langue Grecque ancienne et Grecque moderne ou Grecque vulgaire, par *Jules* David.
Paris. Eberart 1820.

2. Langue Latine.

Excellence de cette Langue. — Méthodes d'Enseignement.

250. — *Anastasii* Germonii Salensis Pomeridianæ sessiones, in

---

(1) Charles Du Fresne, sieur Du Cange, né à Amiens le 18 décembre 1610, mourut à Paris le 23 octobre 1688.

quibus Linguæ Latinæ dignitas adversus eos defenditur, qui cum ea Hethruscum idioma non modò conferre, sed et anteponere audent.

Augustæ Taurinorum 1580. Apud Jo. Varronem. 1 v. in-4º.

251. — Examen de la manière d'enseigner le Latin aux Enfans par le seul vsage.

Paris 1668. J.-B. Coignard. 1 vol. in-12.

252. — Nouvelle méthode pour apprendre la langue latine, par un sistême si facile, qu'il est à la portée d'un Enfant de 5. à 6. ans qui sait lire: et si prompt, qu'on y fait plus de progrès en 2 ou 3 années, qu'en 8 ou 10, en suivant la route ordinaire. Par M. DE LAUNAY.

Paris 1756. V.ᵉ Robinot. 4 vol. in-8'.

253. — Méthode facile pour apprendre le Latin. (Par RIVARD).

Paris 1760. Butard. 1 vol. in-12.

** — Exposition d'une Méthode raisonnée pour aprendre la Langue Latine. Par DUMARSAIS.

Voy. *OEuvres*, tom. I et II.

254. — Cornucopiæ seu Latinæ Linguæ Commentarii locupletissimi, *Nicolao* PEROTTO, *Sipuntino pontifice autore*, etc. cum ejusdem libello, in præfationem Plinii secundi, ad Titum Vespasianum, et rursum in eum ipsum libellum, *Cornelii Vitellii* annotationibus.—M. *Terentii* VARRONIS de Lingua Latina libri tres, et totidem de analogia. — *Sexti* POMPEI FESTI librorum XIX. fragmenta.—NONII MARCELLI compendiosæ doctrinæ ad filium, de proprietate sermonum, tractatus varii, et in hos omnes castigationes non pœnitendæ, opera *Michaelis* BENTINI nuper adjectæ. — Præterea index copiosissimus Græcarum et Latinarum dictionum quæ in toto volumine dispersæ erant.

Basileæ 1526. Apud Val. Curionem. 1 vol. in-fol.

255. — Idem opus.

Basileæ. 1532. Val. Curio. 1 vol. in-fol.

256. — Auctores Latinae Linguae in unum redacti corpus. — M. *Terentius* Varro de lingua Latina.—M. Verrii Flacci fragmenta. — Festi fragmenta à *Fulvio* Ursino edita.— Schedæ Festi à *Pomp.* Læto relictæ. — *Sext. Pomp.* Festus, Paulo Diacono coniunctus.—Nonius Marcellus. Fulgentius Plantiades. — Isidori Originum lib. XX.— Ex Veteribus Grammaticis qui de proprietate et differentiis scripserunt, exerpta. — Vetus Kalendarium Romanum.— De Nominibus et Prænominibus Romanorum.— Varii Auctores qui de notis scripserunt.— Notæ *Dionysii* Gothofredi J. C. Ad *Varronem*, *Festum*, et *Nonium*. Variæ lectiones in *Fulgentium* et *Isidorum*.
    Genevæ 1595. Apud Guill. Læmarium 1 vol. in-4°.

257. — Auctores Latinæ Linguæ in unum redacti corpus. Adjectis Notis *Dionysii* Gothofredi. J. C.
    Genevæ 1602. Apud J. Chouët. 1 vol. in-4°.
    Huic editioni accessère præter superiora jam antea edita *Liber Glossarum* ex variis Glossis, quæ sub Isidori nomine circumferuntur collectus. — *Excerpta Pythœana* ex veteribus Glossis. — Excerpta differentiarum *Bongarsii*.

Grammaires Anciennes.

258. — M. *Terentii* Varronis pars librorum quattuor et viginti de Lingua Latina. M. Vertranius *Maurus* recensuit.
    Lugduni 1563. Hæred. Seb. Gryphii. 1 vol. in-8°.

259. — M. *Terentii* Varronis Opera quæ supersunt. In lib. de ling. lat. Conjectanea *Josephi* Scaligeri.— In lib. de Re rust. Notæ ejusdem.— Alia in eundem scriptorem, trium aliorum, Turn. Vict. August.
    Parisiis 1585. Apud Joan. Gueffier. 1 vol in-8°.

260. — M. Verrii Flacci quæ extant. Et *Sex. Pompei* Festi de Verborum significatione, libri XX. Cum vetusto Bibliothecæ Farnesianæ exemplari Romæ nuper edito, collati: etc., etc. In eos libros *Ant.* Augustini annotationes, ex

editione Veneta. *Jos.* Scaligeri Castigationes recognitæ, ex Pariensiensi. *Ful. Ursini* notæ, ex Romana.
Parisiis 1584. De Marnef. 1 vol. in-8°.

261. — M. Verrii Flacci quæ extant. — *Sex. Pompei* Festi de verborum significatione libri XX. Et in eos *Josephi* Scaligeri *Jul. Caesaris filii* castigationes nunc primum publicatæ.
Apud Pet. Santandreanum 1675. 1 vol. in-8°.

** — *Sextus Pompeius* Festus. — De la Signification des Mots. Traduit pour la première fois en français par M. A. Savagner.
Paris 1846. Panckoucke. 1 vol. in-8°.
Voir *Bibl. lat. fr.* 2.ᵉ série.

262. — Prisciani *Grammatici Cesariensis* Opera a tergo huius, cum vita eius exprimenda, Aldina, dū adhuc vivebat, diligētia ad archetypum Gallicanū recognita, et ad eundem opera Ascensiana diligentius reposita.
Parisiis 1527. Typog. Badiana 1 vol. in-fol.

** — Excerpta Hrabani Mauri de arte Grammatica *Prisciani.*
Vide *Hrabani* opera T. i.

263. — *Terentiani* Mauri de literis, syllabis, pedibus et metris, tractatus insignis, suspiciendus antiquitate etiam reverenda, *Nicolao* Brissæo Montivillario commentatore et emendatore.
Parisiis 1531. Apud Sim. Colinæum. 1 vol. in-4°.

264. — *Terentianus* Maurus de litteris, syllabis, pedibus, et metris. — Item, ejusdem argumenti, Marii Victorini, Grammatici et Rhetoris, de Orthographia, et ratione carminum libri IIII.
1584. Ex Officina Sanctandreana 1 vol. in-8°.

** — La seconde partie du volume a pour titre:
MarI Victorini *Grammatici et Rhetoris*, de Orthographia, et ratione carminum libri IIII. — ServI *MarI Honorati*, de pedibus versuum, accentibus, et quantitate syllab. libri II.
Apud Pet. Sanctandreanum 1584. 1 vol. in-8°.

265. — Grammatice Sulpitiana cum textu Ascensiano recognito et in compluribus locis Aucto. Cui recentissime hec ad-

dita sunt. — Textus de graduū formatione suo loco positus. — Textus de generibus plurimis exemplis illustratus.—Textus de naturis et constructione graduum.— Textus de ordine seu constructu grāmaticali. — Textus trigenta regularū elegantie francisci nigri.—Regule compendiose de orthographia. — Que omnia diligētiori lima cruciata emissa sunt ex edibus Ascensianis in monte divi hilarij.
Parisiis 1506. Ascensius. 1 vol. in-4°.

266. — *Alexandri* Gramatici opus interpretatum a Uiro eruditissimo grāmatico Domino *Ludouico* de Gualchis.
Venetiis 1482. Die xv aprilis. 1 vol. in-4°.

267. — *Ælii* Donati Commentarii Grammatici tres. Ars prima. Ars secunda. De Barbarismo, Solœcismo, Metaplasmo, Tropis. — Sergii in utranque Donati artem commentarii. — Servii item Honorati in secundam artem interpretatio.
Parisiis 1543. Rob. Stephanus. 1 vol. in-8°.

268. — *Ælii* Donati de octo partibus orationis libellus, in Dialogi formam, Latinam et Gallicam redactus, cum suis accentibus, in gratiam Puerorum.
Parisiis 1573. Gab. Buon. 1 vol. in-8°.

269. — Nonius *Marcellus* de proprietate sermonis, et *Fulgentius* Placiades de prisco sermone.
Parisiis 1583. Ægid. Beys. 1 vol. in-8°.

** — Magistri *Alb. Flac.* Alchuini Grammatica.
   Vide *Alchuini opera.*

** — Isidori *Hispalensis* de Grammatica.
   Vide *Isidori opera.*

Grammaires Modernes.

270. — Grammatica *Nycolai* Perotti cū arte metrica ejusdē nuper emēdata ipressa. Cū summa ortogaphie et dip-

thongorum observatione : ab aliis prorsus neglecta. — Item GUARINUS *Veronensis* de arte dipthongandi nuper castigatus. — Item Regule de crescentiis genitivorum.

Parisiis 1496. Felix Baligault. 1 vol. in-4°.

271. — *Ælii* ANTONII *Nebrissensis* Grāmatica cū quarta ejus editiōe.

MVᶜ XIIII Die XVI Augusti. 1 vol. in-4°.

Cette édition de la grammaire de Lebrisca fut publiée de concert avec l'auteur par Crist. Escobar, comme on le voit par la lettre de ce dernier, datée de Methymne.

272. — Grammatices Latinae elementa per *Philippum* MELANCTHONEM. — Ejusdem Syntaxis : seu, de Constructione libellus : de Periodis : et Prosodia.

Lugduni 1543. Apud Seb. Gryphium. 1 vol. in-8°.

273. — Rudimenta Grāmatices *Thomæ* LINACRI, ex anglico sermone in Latinum versa, interprete *Georgio* BUCHANANO *Scoto*.

Parisiis 1543. Apud Jac. Bogardum. 1 vol. in-8°.

274. — Rudimenta Grammatices *Thomae* LINACRI, ex Anglico sermone in Latinum versa, *Georgio* BUCHANANO *Scoto* interprete.

Lugduni 1552. Apud Seb. Gryphium. 1 vol. in-8°.

275. — Grammatographia ad prompte citoque discendam grammaticen, tâbulas tum generâles, tum speciâles côntinens. (In gratiam Magdalenes Francisci I filiæ elaborata). (1)

Parisiis 1529. Apud Sim. Colinæum. 1 vol. in-4°.

276. — Principes et premiers elemens de la langue Latine, parmi lesquels tous jeunes enfaṇs seront facilement introduicts à la cognoissance d'icelle.

Parisiis 1573. Gab. Buon. in-8°.

---

(1) Cet ouvrage est attribué à Simon de Colines, né à Pont-à-Colines sur l'Authie, lequel épousa la veuve du célèbre Henri Estienne en 1520, contribua puissamment aux progrès de la typographie, et mourut en 1546.

277. — Principia, sive prima Linguæ Latinæ elementa, pueris facilè instituendis commodissima.

Parisiis 1557. Car. Stephanus. in-8°.

Cet ouvrage de R. Estienne, n'est que la traduction par l'Auteur lui-même du livre précédent.

278. — Rudimenta *Joánnis* DESPAUTERIJ *Ninivítæ* : Cum accentibus.

Parisiis 1573. Gab. Buon. 1 vol. in-8°.

279. — *Joannis* DESPAUTERII *Ninivítæ* Universa Grammatica in commodiorem docendi et discendi usum redacta. Adjecta est Gallica Versuum DESPAUTERII Interpretatio per *Joannem* BEHOVRT *Rothomag.*

Parisiis. 1666. Dion. Langlois. 1 vol. in-8°.

280. — *Joannis* DESPAUTERII *Ninivitæ* Renovatæ Grammaticæ Libri tres.

Parisiis 1653-54. Apud Carol. Savreux. 1 vol. in-8°.

281. — Rudiménta prima Latínæ Grammátices.—Modus examinándæ constructiônis in oratiône, *Joánne* PELLISSÔNE *Condriénsi* authôre. Cum accéntibus.

Lutetiæ 1560. Cár. Stephanus. 1 vol. in-8°.

282. — VILBONIUS, *Gymnasiarcha Confluentinus*, in DESPAUTERII Grammaticam. (Autore *Philiberto* MONNET).

Lugduni 1614. Apud L. Muguet. 1 vol. in-8°.

283. — Despauterius novus, seu *Joannis* DESPAUTERII *Ninivítæ* Latinæ Grammatices Epitome, Geographiæ, Antiquitatum, Chronologiæ, et Historiæ cùm Sacræ, tùm Prophanæ selectioribus ornamentis ad singulas ex ejusdem ordine regulas auctior, et quodammodo facta humaniorum literarum Clavis. *Operà P. Caroli* PAIOT soc. Jes.

Flexiæ 1650. Geo. Griveau. 1 vol. in-8°.

284. — Novi Despauterij pars prima et secunda Latino-Gallica. Ad usum Scholasticorum Collegii Ambianensis soc. Jesu.

Ambiani 1712. J.-B. Morgan. 2 vol. in-12.

285. — *Petri* RAMI *Veromandui* Grammaticæ Latinæ libri II, Nunc primùm hac manuali forma editi.
Spiræ 1597. Bern. Albinus. 1 vol. in-16.

286. — *Emmanuëlis* ALVARI Soc. Jesu Grammatica Latina, cui accedit institutionum Linguæ Græcæ liber secundus *Jacobi* GRETSERI ejusd. Soc.
Duaci 1744. J. Willerval. 1 vol. in-12.

287. — Les rudimens, ou premiers principes de la langue latine. Composez par le R. P. *Annibal* CODRET. Augmentez d'un Avis pour apprendre à Decliner, Comparer, Conjuguer etc., — Avec les Distiques de CATON, et l'Alphabeth Grec.
Paris 1669. Ant. de Rafflé. 1 vol. in-8º.

288. — Méthode curieuse de BRETONNEAU, pour la composition Latine. Divisée en deux parties ; dont la première contient les Observations sur la Langue Françoise. Et la seconde, les Remarques de la Langue Latine.
Paris 1684. Veuve Thiboust. 1 vol. in-12.

289. — Nouvelle Methode pour apprendre facilement et en peu de tems la Langue Latine : contenant les Rudiments, et les Regles des Genres, des Declinaisons, des Preterits, de la Syntaxe, de la Quantité et des Accens Latins. Mises en François, avec un ordre très clair et très abrégé. Avec un traitté de la Poësie Latine, et une brève instruction sur les Regles de la Poësie Française. (Par LANCELOT, ARNAULD et NICOLE, de Port-Royal). (3.e édition).
Paris 1653. Vitré. 1 vol. in-8º.

290. — Même ouvrage. (7.e édition).
Paris 1667 Le Petit. 1 vol. in-8º.

291. — Même ouvrage. (10.e édition).
Paris 1709. Mariette. 1 vol. in-8º.

292. — Abregé de la nouvelle Methode presentée au Roy, pour

apprendre facilement la Langue Latine. (Par LANCELOT). (Nouv. édit.)
Paris 1704. Du Puis. 1 vol. in-12.

293. — Même ouvrage.
Paris 1775. De Brocas 1 vol. in-12.

294. — Méthode courte et facile pour apprendre les langues latine et françoise, où l'on trouvera dans le parallèle que l'Auteur a fait de ces deux langues, plusieurs Observations nécessaires pour l'intelligence des Auteurs Latins, et pour lire avec plaisir ceux qui ont écrit en François. Par le *Sieur* FILZ. (Nouv. édit.)
Paris 1669. J.-B. Coignard. 1 vol. in-12.

295. — Regles pour la langue latine et françoise, divisées en cinq parties. Seconde partie. Méthode contenant les premiers principes pour traduire le François en Latin. Par M. GAULLYER et M. DE Q.....
Paris 1716. Nyon et Brocas. 1 vol. in-12.

296. — Regles pour la langue latine et françoise, divisées en cinq parties. Troisième partie. Règles d'élégances pour la prose latine. Par M. GAULLYER.
Paris. 1718. Brocas. 1 vol. in-12.

297. — Les rudimens nouveaux, ou les principes de la Grammaire (latine), par le R. P. *Jean* GAUDIN. (10.ᵉ édition).
Angoulême 1759. Jac. Rezé. 1 vol. in-8°.

298. — Le Postulant, ou introduction et essai de méthode, pour commencer l'étude de la Langue Latine par la Traduction, sans autre secours que celui du *Novitius*, ou Nouv. Dic. Lat. Fr. (Par *Louis-François* MAGNIEZ DE WOIMONT).
Paris 1722. Charles Huguier. 1 vol. in-8°.

299. — Rudimens nouveaux de la langue latine. Première et seconde partie. A l'usage des Ecoles d'Amiens. (Par l'*abbé* VALLART). Nouv. Edit.
Amiens 1760. V.ᵉ Godart. 1 vol. in-12.

300. — Les rudimens de la langue latine, divisés en deux parties. Par *Joseph* VALLART *prêtre*.
Paris 1735. Lottin. 1 vol. in-8°.
On trouve à la suite :

301. — Abregé de la grammaire latine, quatrième partie; contenant la Méthode pour la Traduction du François en Latin. Par *Joseph* VALLART, *prêtre*.
Paris 1736. Lottin. 1 vol. in-8°.

302. — Nouveau rudiment distingué par chapitres d'une manière courte et facile. Par M. MOUTURIER. Première et seconde partie.
Paris 1740. Nicolas Simart. 2 vol. in-12.

303. — Le rudiment réformé, corrigé et augmenté. Il contient les déclinaisons des noms et des pronoms, les conjugaisons des verbes, et les concordances plus amples, mises dans un meilleur ordre, etc.
Rouen 1766. Le Boullenger. 1 vol. in-8°.

304. — Leçons de Grammaire latine, à l'usage des Jeunes-Gens, précédées de quelques Leçons sur les principes généraux de la Grammaire, appliqués à la Langue Françoise. Par M. B. (BONNEAU).
Paris 1766. Samson. 1 vol. in-12.

305. — Principes de la Langue Latine, mis dans un ordre plus clair, plus précis et plus exact. 9.ᵉ édition. Refondue entièrement, par M. DE WAILLY. (1)
Paris 1773. J. Barbou. 1 vol. in-12.

306. — Nouvelle Méthode plus claire et plus détaillée, à l'usage des Colléges de l'Université de Paris. Par M. TRICOT.
Paris 1772. Jean Aumont. 1 vol. in-12.

307. — Eléments de la grammaire latine par Lhomond. (2) (Nouv. edit).
Paris 1848. Hachette. 1 vol. in-12.

---

(1) Noel-François de WAILLY naquit à Amiens le 31 juillet 1724 et mourut à Paris le 7 avril 1801.

(2) LHOMOND (Charles-François), né à Chaulnes en 1727, mourut à Paris, le 31 décembre 1794.

308. — Rudimens à l'usage de la Pension de Chaillot, par M. Lamaignere.
>>Paris 1777. Jorry. Brochure in-8.°<<

** — Les véritables Principes de la Grammaire ou nouvelle Grammaire raisonnée, pour aprendre la langue latine. Par Dumarsais.
>>Voir OEuvres, tom. i.<<

309. — Traité complet de la langue latine, par Leudière, principal du collége de Soissons.—1re liv. (Ouvrage inachevé).
>>Paris 1829. Hachette. 1 vol. in-8°.<<

310. — Méthode pour étudier la langue latine, par J. L. Burnouf. (8.e edit.)
>>Paris 1844. J. Delalain. 1 vol. in-8°.<<

311. — A short introduction of Grammar, generally to be used: compiled and set foorth, for the bringing up of all those that intend to attain to the knoledge of the Latine tongue.
>>London 1592. Flowar. 1 vol in-8°.<<
>>On trouve à la suite l'ouvrage suivant qui en est le complément.<<

312. — Brevissima institutio seu Ratio Grammatices cognoscendæ, ad omnium puerorum utilitatem perscripta, quam solam Regia Majestas (Elizabeth) in omnibus Scholis profitendam præcipit.
>>Londini 1592. Fr. Flora. 1 vol. in-8°.<<

313. — Informatorium of verklaer-boeck over het Theatrum Grammaticale Van *Henricus* Schoof.
>>Utrecht 1670. Gab. Hendricksz. 1 vol. in-8°.<<

Prononciation. — Orthographe.

** — *Justi* Lipsii de recta pronuntiatione latinæ linguæ dialogus.
>>Vide *Lipsii opera*, tom. i.<<

314. — Eruditæ pronuntiationis Catholici indices. Opus omnibus, qui vel ex scripto vel memoriter; ex plano vel suggestu; in Choro, Scholis, Triclinio; publicis privatisve con-

gressibus, Latine loqui, recitare ac perorare debent, omninò necessarium. Operâ *Philippi* LABBE.

Parisiis 1645. Mat. et Joa. Hénault. 1 vol. in-8°.

315. — Emendatæ pronuntiationis Catholici indices denuò recusi, aucti, castigati : cum erudito Sacræ Scripturæ lectore, gemino Indice vocum difficiliorum, et XLIII Dissertationibus Philologicis, sive Analectis Prosodicis R. P. *Philippi* LABBE opus.

Parisiis 1661. Seb. Cramoisy. 1 vol. in-8°.

316. — *Joannis* TORTELLII *Arretini* Commentariorum grammaticorum de orthographia dictionum e Graecis tractarum opus.

Vicentiæ 1479. Steph. Koblinger. 1 vol. in-fol.

** — *Aurelii* CASSIODORI de Orthographia liber.
Vide *Cassiodori opera*.

** — *Hieronymi* CARDANI liber de Orthographia.
Vide *Cardani opera*. Tom. I.

Racines. — Propriétés des Mots.

** — De causis amissarum quarundam Latinæ linguæ radicum, uti et multarum vocum derivatarum. *Christiani* DAUMI de latinæ linguæ analogia et usu commentationum Αποσπασματιον.
Vide *Syntag. variar. dissert. ex musœo Grævii*.

317. — Les racines de la Langue Latine, présentées à la Jeunesse, par *Jean-Maurice* DESUERE DUPLAN. Précédées d'un Discours de S. JEAN CHRYSOSTOME, grec et françois, sur l'Education des Enfants. Nouvelle édition.

Paris 1789. Barbou. 1 vol in-12.

** — ISIDORI *Hispalensis* de differentiis sive proprietate verborum.
Vide *Isidori opera*.

318. — JUNIANI MAII *Equitis neapolitani oratoris clarissimi*, Liber de priscorum proprietate verborum.

1490. Die XXIII Februarii. 1 vol. in-fol.

Syntaxe. — Style. — Recueil de Phrases.

319. — De octo orationis partium constructione libellus (*Desid.* Erasmi), cum Commentariis *Junii* Rabirij.
   Parisiis 1560 Gab. Buon. 1 vol. in-8°.

320. — Polyonymia *Horatii* Turselini Soc. Jesu, de particulis latinæ locutionis. Huic operi adjecta est sylva authoritatum sive exemplorum poeticorum etc., etc.
   Rothomagi 1661. Joan. de Manneville. 1 vol. in-16.

321. — Hadrianus T.T.S. *Chrysogoni,* S.R.E. *Presb. Card.* De Sermone Latino, et modis Latine loquendi. — Ejusdem Venatio ad Ascanium Card.—Item Iter Julii II Pont. Rom.
   Coloniæ 1524. Apud H. Alopecum. 1 vol. in-8°.

322. — Adrianus *titulo S. Chrysogoni Presb. et Cardin.* De modis latinè loquendi, et particulis quæ ad Elegantiam Orationis conferunt.
   Rothomagi 1673. Jac. Le Boullenger. 1 vol. in-12.

323. — *Thomae* Linacri Angli, de emendata latini sermonis structura sive de octo partibus libri sex.
   Parisiis 1543. Bogard. 1 vol. in-8°.
   Vide n.° 273.

324. — *Thomae* Linacri *Britanni,* De emendata structura Latini sermonis libri sex.
   Lugduni 1555. Apud Seb. Gryphium. 1 vol. in-8°.
   Vid. n.° 274.

325. — De corrupti sermonis emendatione libellus. (Per *Math.* Corderium).
   Lugduni 1540. Apud Seb. Gryphium. 1 vol. in-8°.

326. — *Gerardi Joannis* Vossii de vitiis Sermonis, et Glossematis Latino-Barbaris, libri quatuor.
   Amstelodami 1645. Apud Lud. Elzevirium. 1 vol. in-4°.

327. — *Augustini* Dathi *Senen.* libellus de elegantia cū comen-

tariis et additionibus solitis. Et alter de antiphrasi et floribus Ciceronis.
Parisiis 1524. Jehan Petit. 1 vol. in-4°.

328. — Idem opus.
Parisiis 1526. Jehan Petit. 1 vol. in-4°.

329. — *Laurentii* Valle de Elegantiis Lingue Latine opus Ascensianis per singula capita epitomatis illustratum, una cum Annotationibꝰ in Raudensem, atqꝫ Apologo in Pogium.
Parisiis 1519. Nic. de Barra. 1 vol. in-fol.

330. — *Laurentii* Vallæ de Latinæ Linguæ elegantia lib. VI. — De reciprocatione Sui et Suus lib. I. — Ejusdem in Antonium Raudensem annotationum libellus. — In Pogium Florentinum apologeticus et scenicus actus admodum festivus ac facetus. — *Jodoci* Badii *Ascensii* in sex de Latinæ Linguæ elegantia libros, et libellum de reciprocatione, postrema epitome.
Parisiis 1541. Rob. Stephanus. 1 vol. in-4°.

331. — *Laurentii* Vallæ de linguæ latinæ elegantia libri sex. — Ejusdem de Reciprocatione Sui et Suus, libellus apprime utilis. Unà cum epitomis *Jodoci* Badii *Ascensij*, nec non *Antonij* Mancinelli Lima. His accesserunt perdoctæ annotationes eruditiss. viri *Joannis* Theodorici *Bellovaci*.
Parisiis 1544. Apud Simon. Colinæum. 1 vol. in-4°.

332. — *Laurentii* Vallæ Elegantiarum libri, Carmine nuper perstricti. Cum brevissimis, iisdémque doctissimis Scholiis. *Joan. Roboamo* Raverino autore.
Parisiis 1549. Apud vid. Maurici a Porta. 1 vol. in-8°.

333. — *Laurentii* Vallæ Elegantiarum latinæ linguæ libri sex. — Ejusdem de Reciprocatione Sui, et Suus, libellus. Ad veterum denuò codicum fidem ab *Joanne* Rænerio emendata omnia.
Lugduni 1551. Apud Seb. Gryphium. 1 vol. in-8°.

334. — *Guidonis* Juvenalis *patria Cenomani*, in latine lingue

elegantias tȝ a Laurentio Valla qȝ a Gelio memorie proditas interpretatio dilucida thematis creberrime adhibitis noviter emendata impressaqȝ feliciter.
Parisiis 1496. Anth. Denidel. 1 vol. in-4°.

335. — *Guidonis* Juvenalis *patria Cenomani,* ī latine lingue elegantias tam a Laurentio Valla quam a Gellio memorie proditas interpretatio dilucida thematis creberrime adhibitis.
Parisiis 1524. Jehan Petit. 1 vol. in-4°.
Vide *n.°* 327.

336. — Paraphrasis, seu potius Epitome inscripta D. Erasmo *Roterod.* luculĕta, juxta ac brevis in Elegantiarum libros Laurentii Vallæ, ab ipso jam recognita. Cum gallica tum dictionum, tum locutionum expositione. — Cui addita est Farrago sordidorum verborum, sive Augiæ Stabulum repurgatū per *Cornelium* Crocum.
Parisiis 1545. Apud Sim. Colinæum. 1 vol. in-8°.

337. — Copiae Verborum et rerum D. Erasmi *Roter.* Libri duo. Cum indice duplici, ac scholiis præsertim Græcorum. —De ratione studii, deqȝ pueris instituendis Commentariolus.—De Laudibus literarie societatis Urbis Argentine Epistola.— De Puero Jesu Concio, et Carmina pluscula.
Parisiis 1522. Prelum Ascensianum. 1 vol. in-4°.

338. — *Des.* Erasmi *Roterodami,* de Duplici Copia Verborum ac Rerum Commentarii duo, multa accessione novisq; formulis locupletati. Una cum commentariis M. Veltkirchii, jam recens natis ac æditis.
Coloniæ 1538. Apud Joan. Gymnicum. 1 vol. in-8°.

339. — De duplici copia Verborum ac Rerum commentarii duo, *Des.* Erasmo *Rot.* autore.
Lugduni 1540. Apud Seb. Gryphium. 1 vol. in-8°.

340. — D. Erasmi *Rot.*, de duplici copia commentarii duo, multa capitum et formularum accessione locupletati, etc.
Parisiis 1539. Christ. Wechelus. I vol. in-8°.
Dans le même volume:

341. — Epitome libri de copia verborum Erasmi *Rot.* quâ ratio

variandæ orationis exemplis atque explanationibus paulò apertioribus traditur.

Parisiis 1542. Christ. Wechelus. 1 vol. in-8°.

342. — De duplici copia verborum *Des.* Erasmi *Rot.*, commentarii duo.

Lutetiæ 1546. Rob. Stephanus. 1 vol. in-8°.

On trouve à la suite :

** — *Petri* Mosellani tabulæ de schematibus et tropis. — In Rhetorica Philippi Melanchtonis tabulæ.—In Erasmi Rot. libellum De duplici copia.

Lutetiæ 1546. Rob. Stephanus. in-8°.

343. — *Des.* Erasmi *Rot.* de utraque Verborum ac Rerum copia libri II. Ad sermonem et stylum formandum utilissimi.

Amstelodami 1645. Apud Joan. Janssonium. 1 v. in-16.

344. — Aldi Manutii *Elegantiæ*, nunc primum à *Jacobo* Gaulterio Annonæensi, soc. Jesu, auctæ, Gallicæ factæ, et in accomodatiora Capita distributæ.

Antuerpiæ 1608. Apud H. Verdussium. 1 vol. in-12.

345. — Naturæ verborum quam emendatissimæ, incertis vulgaribus exemplorum interpretationibus, ad puerorum utilitatem.

Parisiis 1573. Gab. Buon. Brochure in-8°.

346. — De latinate falsò suspecta, Expostulatio *Henrici* Stephani. —Ejusdem de Plauti latinitate Dissertatio, et ad lectionem illius Progymnasma.

Parisiis 1576. Henr. Stephanus. 1 vol. in-8°.

Dans le même volume :

347. — Pseudocicero, dialogus *Henr.* Stephani. In hoc non solùm de multis ad Ciceronis sermonem pertinentibus, sed etiam quem delectum editionum ejus habere, quem cautionem in eo legendo debeat adhibere, lector monebitur.

Parisiis 1577. Henr. Stephanus. 1 vol. in-8°.

A la suite :

348. — Nizoliodidascalus, sive, Monitor Ciceronianorum Nizolianorum, dialogus *Henrici* Stephani.

Parisiis 1578. Henr. Stephanus. 1 vol. in-8°.

349. — Thesaurus ciceronianus linguæ latinæ : in usum et gratiam studiosæ juventutis collectus, per *Antonium* Schorum. Cum præfatione *Joan*. Sturmii.
   Argentorati 1586. Jos. Rihelius. 1 vol. in-8°.

350. — *And*. Schotti soc. Jes., Tullianarum quæstionum de instauranda *Ciceronis* Imitatione libri IIII.
   Antuerpiæ 1610. Apud Joan. Moretum. 1 vol. in-8°.

351. — Schorus digestus, hoc est, delectus latinitatis designatus rudiore exemplo, posteà edendus tanto cultior, et auctior, opera *Philiberti* Moneti, de soc. Jes. (5.ª edit.)
   Lugduni 1619. Ant. Pillehotte. 1 vol. in-12.

352. — Polyonyma ciceroniana, vario indice, ut diversarum nationum linguis servire possint, accommodatissimè conscripta, per *Christophorum* Uladeraccum *Ducissilvium*.
   Antuerpiæ 1588. Off. Christ. Plantini. 1 vol. in-8°.

353. — Polyonyma ciceroniana, conscripta a *Christophoro* Vladeracco *Ducissiluio :* ad commodiorem juventutis usum in Alphabeti ordinem distributa.
   Duaci 1611. Apud I. Bogardum. 1 vol. in-16

354. — Polyonyma ciceroniana. Auctore *Christophoro* Vladeracco. Accessit Lexicon omnium vocum Ciceronianarum.
   Rothomagi 1615. Th. Daré. 1 vol. in-12.

355. — Adverbiorum ciceronianorum connubium. Sive elegans adverbiorum applicatio, et mirificus usus, ex omnibus M. T. Ciceronis operibus locorum assignatione, etc. demonstratus.
   Lugduni 1621. Seb. Cramoisy. 1 vol. in-8°.

356. — Ornatus Latinæ Linguæ, seu ratio nitidè ornatèque scribendi. Opera et studio *unius è soc. Jes.*
   Parisiis 1633. Buon. 1 vol. in-8°.

357. — Petit trésor de la belle latinité. Puisé dans les meilleurs Auteurs, ou Recueil de diverses façons de parler de la Langue Françoise, suivies du tour Latin qui leur répond. (Par Alletz).
   Paris 1755. Brocas. 1 vol. in-12.

358. — Les délices de la langue latine, tirées de Cicéron, et des Auteurs les plus purs. (Nouv. édit.)
Paris 1761. Barbou. 1 vol. in-16.

359. — La maniere de tourner en langue françoise, les Verbes Actifs, Passifs, Gerondifs, Supins, et Participes, aussi les Verbes Impersonnels, avec le Verbe Substantif, nommé *Sum*, et le Verbe *Habeo*.
Paris 1573. Gab. Buon. Brochure in-8°.

360. — An introduction to the Making of latin. Comprising, after an easy, compendious Method, the substance of the latin syntax. To which is subjoined a succinct Account of the *Affairs* of *Ancient Greece* and *Rome*. By *John* CLARKE. (30.th edit.)
London 1769. Woodfall. 1 vol. in-12.

361. — Introduction à la syntaxe latine, pour apprendre aisément à composer le latin : à quoi l'on a ajouté un Abrégé de l'histoire Grecque et Romaine, par *Jean* CLARKE. Traduit sur la 6.e édit. angloise, par M. DE WAILLY.
Paris 1773. Barbou. 1 vol. in-12.

Règles pour la Traduction.

362. — De la traduction, ou regles pour apprendre à traduire la langue Latine en la langue Françoise. Par le sieur DE L'ESTANG. (Pseudonyme de *Gaspard* de TENDE).
Paris 1660. Jean Le Mire. 1 vol. in-8°.

363. — Nouvelle méthode facile, pour la traduction du Latin en François, et du François en Latin. (Par ESCLASSAN).
Paris 1665. Cl Thiboust. 1 vol. in-12.

364. — Les rapports de la langue Latine avec la Françoise, pour traduire elegamment, et sans peine. Avec un Recueil Etymologique et Methodique de cinq mille mots François tirez immediatement du Latin. (Par POULLAIN de la BARRE).
Paris 1672. Ve Thiboust. 1 vol. in-12.

365. — *Petri Danielis* Huetii de interpretatione Libri duo : quorum prior est de optimo genere interpretandi : alter, de claris interpretibus. (Nova editio).
    Parisiis 1680. Seb. Mabre Cramoisy. 1 vol. in-4º.

Dictionnaires Etymologiques.

---

366. — Isidori Hispalensis episcopi Originum libri vigenti ex antiquitate eruti. Et *Martiani* Capellæ de Nuptiis Philologiæ et Mercurij Libri novem. Uterque, præter *Fulgentium* et Veteres Grammaticos, variis lectionibus et scholiis illustratus Opera atque Industria *Bonaventuræ* Vulcanii Brugensis.
    Basileæ 1577. Pet. Perna. 1 vol. in-fol.

367. — *Joannis* Fungeri Originationum, seu Etymologici τρι-γλωττου Florilegium, dædaleo labore, summoque ingenii acumine, ex Hebræis, Græcis, Latinisque Auctoribus, tum ex Clariss. Jurisperitis ac Medicis decerptum.
    Lugduni 1628. Pet. Ravaud. 1 vol. in-4º.

368. — Lexicon philologicum, in quo primigeniæ vocum Hebræarum, Græcarum, et Latinarum origines; summo ingenii acumine investigatæ ex Authoribus omni literatura peritissimis ac probatissimis. A *Joanne* Fungero, Frisio.
    Lugduni 1658. Ant. Huguetan et Ravaud. 1 vol. in-4º.
    Cet ouvrage est le même que le précédent, le titre seul et les quatre premiers feuillets ont été changés.

369. — Lexicon philologicum, præcipuè Etymologicum, in quo latinæ et à Latinis auctoribus usurpatæ tum puræ tum barbaræ voces ex originibus declarantur, comparatione linguarum (quarum et inter ipsas consonantia aperitur) subinde illustrantur, etc. Auctore *Matthia* Martinio.
    Bremæ 1623. Typis Villerianis. 1 vol. in-fol.

370. — Lexicon philologicum, præcipuè etymologicum et sacrum, in quo latinæ, etc. Editio altera.
Francofurti ad Mœnum 1655. Th. Goetzeen. 1 v. in-fol.

371. — *Matthiæ* Martinii Lexicon philologicum etc. Accedit ejusdem Cadmus Græco-Phœnix, in quo explicantur et ad orientales fontes reducuntur principes Græcæ voces, et eæ, quæ cùm alibi tum maximè apud LXX Interpretes et in Novo Testamento videntur obscuriores, etc. — Præterea additur Glossarium Isidori cum Emendationibus et Notis *Joannis Georgii* Grævii. Quibus auctarium subjecit *Theod.* Janssonius ab Almeloveen. Præfixa est Operi *Joannis* Clerici dissertatio etymologica. Ed. nov.
Amstelodami 1701. Apud L. Delorme. 2 vol. in-fol.

372. — *Gerardi Joannis* Vossii, Etymologicon Linguæ Latinæ. Præfigitur ejusdem de literarum permutatione tractatus.
Amstelodami 1662. Apud L. et D. Elzevirios. 1 v. in-fol.

373. — Idem opus. — Et in fine adjectus est luculentus Index Vocabulorum extra Seriem.
Lugduni 1664. Gregoire. 1 vol. in-fol.

** — Dictionnaire étymologique de la Langue latine. Par Court de Gebelin.
Voir *Monde Primitif*, tom. vi et vii, n.° 28.

Glossaires Latins.

374. — Summa que vocatur catholicon edita a *fratre Johanne* de Ianua (Balbi ou de Balbis) ordinis fratrum predicatorum.
1470 ? 1 vol. in-fol.

375. — Summa que catholicon appellatur *fratris Johanis* Ianuēsis sacri ordinis fratrū predicatorū nuper parrhisiis diligēti castigatione emendata per prestantē virum magistrum *Petrum* egidiū in utroque jure licenciatum : una cum multis additionibus etc.
Lugduni 1506. Step. Gueynard arte F. Fradin. 1 v. in-f.

376. — Catholicon seu universale vocabularium ac summa grammatices F. *Johanis* Genuen nuper a *magistro* Petro Egidio ex parte auctum et recognitum : ac demum ab Jodoco Badio Ascesio accurata totius lucidarii ac mille vocabulorum accessione auctum.
Lugduni 1510. M. Boillon. Per Step. Baland. 1 v. in-fol.

377. — Idem opus.
Lugduni 1514. M. Boillon. Per Joa. de Platea. 1 v. in-f.

378. — F. *Ambrosii* Calepini Bergomatis professionis Eremitane Dictionariũ : Ex optimis quibusqʒ authoribus studiose collectũ : et rursus auctum. Et multo diligentius ab Ascensio repositum etc.
Paris 1526. Poncet Le Preux. 1 vol. in-fol.

379. — Thesaurus Linguæ Latinæ, seu Promptuarium dictionum et loquendi formularum omnium ad Latini Sermonis perfectam notitiam assequendam pertinentium : ex optimis auctoribus concinnatum. (A *Roberto* Stephano).
Lugduni 1573. Thingy. 4 vol. en 2 in-folio.

C'est la quatrième édition de ce remarquable travail publié par Robert Estienne en 1531. Il y manque le dernier feuillet contenant la fin des noms de Villes.

380. — Commentariorum Linguæ Latinæ *Stephano* Doleto Gallo Aurelio autore.
Lugduni 1536. Apud Gryphium. 2 vol. in-fol.

381. — *Joan.* Ravisii Textoris Nivernensis officina partim historiis, partim poeticis referta disciplinis, multo nunc, quàm prius, auctior, etc.
Parisiis 1532. Reg. Chauldiere. 1 vol. in-fol.

382. — Officinæ *Johannis* Ravisii Textoris epitome.
Lugduni 1551. Apud Seb. Gryphium. 2 vol. en 1 in-8°.

A la suite :

383. — Cornucopiæ *Jo.* Ravisii Textoris epitome. — Quæ res quibus orbis locis abundè proveniant, alphabetico ordine complectens.
Lugduni 1551. Apud Seb. Gryphium. in-8°.

384. — *Joannis* Ravisii Textoris, officina, nunc demum post tot editiones diligenter emendata, aucta, et in longè commodiorem ordinem redacta, per *Conradum* Lycosthenem *Rubeaquensem*. Cui accesserunt ejusdem Ravisii Cornucopiæ libellus, quo centinentur loca diversis rebus per orbem abundantia. — Ejusdem non vulgaris eruditionis epistolæ.
Basileæ 1562. Apud Nic. Bryling. 1 vol. in-4°.

385. — Idem opus.
Basileæ 1566. Hered. Bryling. 1 vol. in-4°.

386. — Thesaurus M. Tullii Ciceronis. (A *Car.* Stephano).
Parisiis 1556. Car. Stephanus. 1 vol. in-fol.
Ce volume que M. Renouard indique sous la date de 1557 (Ann. de l'imprim. des Estiennes I. p. 111) porte bien la date de 1556.

387. — Dictionarium seu Thesaurus Latinæ Linguæ nuper Venetiis impressus, omnibus mendis diligenter expurgatus, et locupletatus, per *Marium* Nizolium *Brixellensem*.
Venetiis 1551. Ex Sirenis Officina 3 vol. in-fol.

388. — Apparatus Latinæ locutionis, in usum studiosæ iuventutis. Post Marii Nizolii principia ex M. T. Ciceronis libris collectus. Auctore *Alexandro* Scot *Scoto*.
Parisiis 1622. Pet. Le Faucheur. 1 vol. in-4°.

389. — Idem opus.
Parisiis 1632. Apud Mat. Henault. 1 vol. in-4°.

390. — Totius latinitatis lexicon consilio et cura *Jacobi Facciolati* opera et studio *Aegidii* Forcellini lucubratum. — Secundum tertiam editionem, cujus curam gessit *Josephus* Furlanetto correctum et auctum labore variorum.
Lipsiæ 1839. Kollman. 4 vol. en 2. in-fol.

Dictionnaires latins polyglottes.

391. — *Ambrosii* Calepini dictionarium, quanta maxima fide ac diligentia fieri poterit accuratè emendatum multisque

partibus cumulatum. — Adjectæ sunt latinis dictionibus Hebrææ, Græcæ, Gallicæ, Italicæ, Germanicæ et Hispanicæ.
Lutetiæ 1576. Apud J. Macæum. 1 vol. in-fol.

392. — Idem opus.
Lugduni. 1581. Frellon. 1 vol. in-fol.

393. — *Ambrosii* CALEPINI *dictionarium undecim linguarum.* Respondent autem Latinis vocabulis, Hebraica, Græca, Gallica, Italica, Germanica, Belgica, Hispanica, Polonica, Ungarica, Anglica. — Onomasticon verò propriorum nominum, etc. (à D. *Conrado* GESNERO ex variis dictionariis collectum), seorsim adjunximus.
Basileæ 1605. Off. Henricpetri. 1 vol. in-fol.

394. — *Ambrosii* CALEPINI dictionarium octolingue in quo Latinis dictionibus Hebrææ, Græcæ, Gallicæ, Italicæ, Germanicæ, Hispanicæ, atque Anglicæ adjectæ sunt. Recensuit, defœcavit, auxitque multùm *Joannes* PASSERATIUS.
Coloniæ Allobrogum 1609. Caldoriana Societas 1 v. in-fol.

395. — Idem opus, quanta maxima fide ac diligentia accurate emendatum, ut jam Thesaurum linguæ Latinæ quilibet polliceri sibi audeat. Præter alia omnia, quæ in hunc usque diem etiam fuerunt addita, præcipuè à *Joanne* PASSERATIO accesserunt insignes modi loquendi etc., etc.
— Pro operis coronide adjectum est Supplementum ex Glossis ISIDORI, adornatum à R. P. *Joanne* LUDOVICO DE LA CERDA Soc. Jesu.
Lugduni 1663. Borde et Arnaud. 2 vol. in-fol.

396. — Idem opus.
Lugduni 1647-1667. P. Prost, Borde et Arnaud. 2 v. in-fol.

397. — *Ambrosius* CALEPINUS Passeratii, sive linguarum novem Romanæ, Græcæ, Ebraicæ, Gallicæ, Italicæ, Germanicæ, Hispanicæ, Anglicæ, Belgicæ dictionarium.
Lugd. Batav. s. d. Fr. Hack. 2 vol. in-4º.

398. — Nomenclator octilinguis, omnium rerum propria nomina

continens. Ab *Adriano* Junio, antehac collectus. Accessit huic postremæ editioni alter Nomenclator è duobus veteribus Glossariis. *Hermanni* Germbergii Opera et studio.
Parisiis 1606. Apud D. Douceur. 1 vol. in-fol.

399. — Idem opus.
Genevæ 1619. Typis Jac. Stoer. 1 vol. in-8º.

400. — Dictionarium latino gallicum, cui recens græcæ dictiones accesserunt. (A *Rob.* Stephano).
Lutetiæ 1560. Franc. Stephanus. 1 vol. in-fol.

401. — Amalthæum græcæ locutionis, sive Thesaurus linguæ Latinæ, Græcæ et Gallicæ post prima *Gulielmi* Morellii initia auctus et emendatus, editore R.D. *Spiritu* Aubert.
Lugduni 1612. Apud Cl. Morillon. 1 vol. in-4º.

402. — Thesaurus vocum omnium latinarum ordine alphabetico digestarum quibus Græcæ et Gallicæ respondent. Opera *Guillelmi* Morelii.
Genevæ 1615. Apud Pet. de La Roviere. 1 vol. in-4º.

403. — Dictionariolum latino-græco-gallicum. Jam recens post omnium editiones excusum. — Postremæ huic editioni permulta accessêre, tùm ad Etymologiam, tùm ad sermonis ornatum pertinentia, *Fed.* Morelli opera. Avec les mots François, selon l'ordre des Lettres, ainsi qu'il les faut escrire, tournez en Latin. — Plus un brief recueil d'aucuns vocables modernes et plus communs de plusieurs régions, villes et rivières du royaume de France, etc.
Rouen 1641. Berthelin. 1 vol. in-8º.

404. — Idem opus.
Rouen 1705. Besongne. 1 vol. in-8º.

405. — Thesaurus trium linguarum : Latinæ, Gallicæ, Græcæ; magno vocum, locutionumque ex optimis scriptoribus collectarum numero locupletatus. Operâ et studio *Joannis* Gaudini è soc. Jesu.
Lemovicis 1706. Pet. Barbou. 1 vol. in-4º.

406. — Dictionarium novum latino-gallico-græcum, authore R. P. *Carolo* Pajot, soc. Jes. Cum ad versionem autho-

rum latinæ locutionis in Gallicam Linguam, tum ad translationem Latinitatis in Hellenismum. Adjecta est ad calcem Appendix Verborum Anomalorum, et Græcæ Syntaxeos, ordine Alphabetico.

Rotomagi 1679. Rich-Lallemant. 1 vol. in-4°.

407. — Syllabus seu lexicum græco-latino-gallicum : in quo, facili juxta, brevique methodo, vocabula quæcumque Latina in usum venire solent inter loquendum aut scribendum, Græcè, Gallicèque redduntur. Operâ *unius de soc. Jesu*. (F. Pomey).

Lugduni 1678. Ant. Molin. 1 vol. in-8°.

408. — Novus apparatus græco-latinus, cum interpretatione gallica. Ex Isocrate, Demosthene aliisque præcipuis autoribus græcis concinnatus. Ab uno *è soc. Jesu*. (*Jos.* Juventio).

Parisiis 1687. Sim. Benard. 1 vol. in-4°.

409. — Dictionarium triglotton hoc est, tribus linguis, latina, græca, et ea qua tota hæc Inferior Germania utitur etc. *Joanne* Servilio, collectore et interprete.

Antuerpiæ 1573. Joa. Stelsius. 1 vol. in-8°.

410. — Idem opus.

Antuerpiæ 1605. Verdussen. 1 vol. in-8°.

411. — Λεξικον λατινικον, ρωμαικον και ελληνικον. Dictionarium Latinum, Græco-barbarum, et Litterale. In quo dictionibus latinis suæ quoque Græcæ linguæ Vernaculæ, nec non étiam Litteralis voces respondent. Auctore *Simone* Portio.

Lutetiæ 1635. Societ. typograph. 1 vol. in-4°.

Dictionnaires Latins-Français et Français-Latins.

---

412. — Dictionarium latino-gallicum, jam indè post multas editiones plurimum adauctum. (A *Rob.* Stephano).

Lutetiæ 1561. Car. Stephanus. 1 vol. in-fol.

413. — Abrégé du parallele des langues françoise, et latine, rapporté au plus pres de leurs proprietez. Par le P. *Philibert* Monet.
Rouen 1637. J. B. Behourt. 1 vol. in-4º.

414. — Le grand dictionnaire françois-latin, augmenté outre infinies Dictions Françoises, des mots de Marine, Venerie, et Faulconnerie etc. Avec un abrégé de la prononciation et Grammaire Françoise etc. Recueilly des observations de plusieurs hommes doctes: entr'autres de M. Nicod.
Paris 1618. François Gueffier. 1 vol. in-4º.

415. — Dictionaire nouveau françois-latin. Composé et recueilly par le P. *Charles* Pajot.
Rouen 1654. La Société. 1 vol. in-8º.

416. — Dictionaire nouveau françois-latin, augmenté de plus du tiers, de mots simples, de noms propres, et de nouvelles façons de parler Françoises. Par le R. P. *Charles* Pajot.
La Flèche 1659. Griveau. 1 vol. in-4º.

417. — Thesaurus novus, seu delectus elegantioris ex uno quantùm potuit Cicerone puriorisque Latinitatis, ampliùs tertiæ partis accessione locupletatus. *Ab uno soc. Jes.* (*Ch.* Pajot.)
Flexiæ 1652. Geo. Griveau. 1 vol. in-8º.

418. — Officina latinitatis, seu novum dictionarium latino-gallicum.—Nouveau dictionaire pour la traduction du latin en françois. (Nouv. édit.).
Parisiis 1681. V.ᵉ Cl. Thiboust. 1 vol. in-4º.

419. — Officina latinitatis, seu dictionarium latino-gallicum, cum novo dictionario geographico ad veterum et recentiorum Scriptorum Latinorum intelligentiam.
Rotomagi 1735. R. et N. Lallemant. 1 vol. in-8º.

420. — Dictionarium latino-gallicum nunc recens post omnium editiones excusum.
Genevæ 1667. Pet. Chouet. 1 vol. in-8º.

421. — Indiculus universalis, rerum ferè omnium quæ in Mundò sunt, Scientiarum item, Artiùm que Nomina, aptè, brevitérque colligens. L'Univers en abrégé, par le P. F. P. (POMEY) de la comp. de Jes. (3.ᵉ édit.)
Lyon 1679. Ant. Molin. 1 vol. in-12.

422. — Indiculus universalis, ou l'Univers en abrégé, du P. F. POMEY de la comp. de Jesus. Nouvelle édit. corr. aug. et mise dans un nouvel ordre par M. l'*abbé* DINOUART.
Paris 1756. J. Barbou. 1 vol. in-12.

423. — Le dictionaire royal, augmenté de nouveau, et enrichi d'un grand nombre d'expressions elegantes, de quantité de mots François nouvellement introduits, et de cinquante Descriptions, comme aussi d'un petit Traité de la Venerie et de la Fauconnerie, composé par le P. *François* POMEY.
Lyon 1684. Ant. Molin. 1 vol. in-4º.

424. — Dictionarium novum latino gallicum præcipuis linguæ latinæ Scriptoribus, Grammaticis, Oratoribus, Historicis, Medicis, Juriconsultis, Philosophis et aliis concinnatum. Autore G. TACHART.
Parisiis 1693. And. Pralard. 1 vol. in4º.

425. — Idem opus. Seren. Duci Burgundiæ dicatum.
Parisiis 1757. Jos. Barbou. 1 vol. in-4º.

426. — Magnum dictionarium latinum et gallicum, ad pleniorem planioremque scriptorum latinorum intelligentiam, collegit, digessit, ac nostro vernaculo reddidit M. *Petrus* DANETIUS, jussu christianiss. regis ad usum Ser. Delphini.
Parisiis 1691. Apud Vid. Cl. Thiboust. 1 vol. in-4º.

427. — Idem opus.
Parisiis 1704. Apud Vid. Cl. Thiboust. 1 vol. in-4º.

428. — Idem opus.
Lyon 1712. Nic. De Ville. 1 vol. in-4º.

429. — Nouveau dictionnaire françois et latin, enrichi des meilleures façons de parler en l'une et l'autre langue;

composé par l'ordre du Roy pour Mgr. le Dauphin, par M. l'*abbé* Danet.
Paris 1703. V.ᵉ Thiboust. 1 vol. in-4º.

430. — Grand dictionnaire françois et latin. (Même ouvrage).
Lyon 1737. Deville 1 vol. in-4º.

431. — Novitius, seu dictionarium latino-gallicum, schreveliana methodo digestum ; ou dictionnaire latin-françois suivant la méthode de Schrevelius. (Par *Nicolas* Magniez).
Lutetiæ-Parisiorum 1721. Car. Huguier. 2 vol. in-4º.

432. — Trésor des langues françoise et latine, tiré des auteurs originaux et classique de l'une et l'autre langue, par le P. *Jean* Gaudin. Ou Dictionnaire françois et latin etc.
Limoges 1730. Jean Barbou. 1 vol. in-4º.

433. — Dictionnaire universel françois et latin, tiré des meilleurs auteurs, dédié à Mgr. le duc de Bourgogne, par le R. P. Le Brun. (3.ᵉ édit.)
Rouen 1770. Rich. Lallemant. 1 vol. in-4º.

434. — Dictionarium universale latino-gallicum, ex omnibus latinitatis auctoribus summa diligentia collectum : cum variis multarum, quæ vulgò Synonymæ videntur, latinarum vocum differentiis. Ad usum Ser. Dombarum Principis. (A P. N. Blondeau et J. Boudot). (4.ª edit).
Parisiis 1715. Apud vid. Boudot. 1 vol. in-8º.

435. — Idem opus. (Juxta exemplar.) 8.ª edit. (Curante Rondet).
Parisiis 1754. J. Boudot. 1 vol. in-4º.

436. — Idem opus. 13.ª edit. (Curantibus *L. Et.* Rondet et Jouanneaux).
Rotomagi 1760. N. et R. Lallemant. 1 vol. in-8º.

437. — Idem opus. Editio aucta et emendata.
Parisiis 1777. Barbou. 1 vol. in-8º.

438. — Dictionnaire universel François-Latin, dédié à Mgr. le Dauphin, par MM. Lallemand. Ouvrage composé sur le modèle du Dictionnaire Latin-François de M. Boudot. (4.ᵉ édit.) (Par MM. Lallemant).
Rouen-Paris 1779. Barbou. 1 vol. in-8º.

439. — Dictionarium latino gallicum. Dictionnaire latin-français, composé sur le plan de l'ouvrage intitulé : Magnum totius latinitatis lexicon, de Facciolati. Par *Fr.* NOEL. (2.ᵉ édit.)

Paris 1808. Le Normant. 1 vol. in-8°.

440. — Nouveau Dictionnaire Latin-Français, comprenant tous les mots des différents âges de la langue latine, leurs sens propres et figurés, leurs étymologies et acceptions, justifiées par de nombreux exemples contenant en outre les synonymes de chaque mot, d'après Gardin, et suivi d'un dictionnaire complet de noms propres d'hommes, de peuples, de contrées, de villes, etc., tant anciens que modernes. Par M. *Alfred* DE WAILLY. (2.ᵉ édit.)

Paris 1830. Guyot et Scribe. 1 vol. in-8°.

441. — Même ouvrage. (8.ᵉ édit.)

Paris 1839. Guyot et Scribe. 1 vol. in-8°.

442. — Nouveau Dictionnaire François-Latin, où se trouvent : 1.° la définition des mots français, leur sens propre et figuré ; et leurs acceptions diverses, rendues en latin par de nombreux exemples choisis avec soin et vérifiés sur les originaux ; — 2.° un vocabulaire des noms propres d'hommes, de peuples, de contrées, de villes, etc., tant anciens que modernes ; — 3.° l'explication du calendrier, des chiffres, des monnaies, des poids, et des mesures de longueur et de capacité en usage chez les Grecs et les Romains, avec des tables où l'on a calculé le rapport de ces différentes valeurs avec l'ancien et le nouveau système métrique français ; — 4.° la traduction de chaque mot français en langue grecque, anglaise et allemande. Par M. *Alfred* DE WAILLY.

Paris 1832. Guyot et Scribe. 1 vol. in-8°.

443. — Même ouvrage. (5.ᵉ édit.)

Paris 1839. Guyot et Scribe. 1 vol. in-8°.

Dictionnaires de la Moyenne et de la Basse Latinité.

---

444. — *Josephi* Laurentii *Lucensis*, Amalthea onosmastica; in qua voces universæ, abstrusiores, sacræ, profanæ, antiquæ, antiquatæ, usurpatæ, usurpandæ; è Latinis, Latino-Græcis, Latino-Barbaris, Criticis etc. authoribus, quibusque indicatis, excerptæ, et italice interpretatæ.
Lugduni 1664. Anisson. 1 vol. in-fol.

445. — Glossarium archaiologicum: continens latino-barbara, peregrina, obsoleta, et novatæ significationis *vocabula;* quæ post labefactas à Gothis Vandalisque res Europæas, in ecclesiasticis, profanisque scriptoribus etc. occurrunt. Authore *Henrico* Spelmanno.
Londini 1664. Al. Warren. 1 vol. in-fol.

446. — Glossarium ad Scriptores mediæ et infimæ latinitatis, in quo latina vocabula novatæ significationis, aut usus rarioris, Barbara et Exotica explicantur, eorum Notationes et Originationes reteguntur. Auctore *Carolo* Du Fresne *domino* Du Cange.—Accedit dissertatio de Imperatorum Constantinopolitanorum, seu de inferioris ævi vel Imperii, uti vocant, numismatibus.
Lutetiæ-Paris. 1678. Billaine. 3 vol. in-fol.

447. — *Caroli* Dufresne *Domini* Du Cange, Glossarium ad Scriptores mediæ et infimæ latinitatis etc. Accedit dissertatio de Imperatorum Constantinopolitanorum, seu de inferioris ævi, vel Imperii, uti vocant, Numismatibus.
Francofurti ad Mœnum 1681. Zunner. 3 vol. in-fol.

448. — Glossarium ad Scriptores mediæ et infimæ latinitatis, auctore *Carolo* Dufresne, *Domino* Du Cange. — Editio nova locupletior et auctior, opera et studio Monachorum ordinis S. Benedicti.
Parisiis 1733-36. Osmont. 6 vol. in-fol.

449. — Glossarium novum ad Scriptores medii ævi, cum latinos tum gallicos; seu Supplementum ad auctiorem Glossarii

Cangiani editionem.—Subditæ sunt, ordine alphabetico, voces gallicæ usu aut significatu obsoletæ quæ in glossario et supplemento explicantur. His demum adjecta est Cangii dissertatio de inferioris ævi aut imperii numismatibus.—Collegit et digessit D. P. Carpentier, ord S. B.
>**Paris 1766. Le Breton. 4 vol. in-fol.**

450. — Glossarium mediæ et infimæ latinitatis conditum à *Carolo* Du Fresne, *Domino* Du Cange auctum a Monachis ordinis S. Benedicti cum supplementis integris D. P. Carpenterii et addimentis Adelungii et aliorum digessit G. A. L. Henschel.
>**Paris 1840-1850. F. Didot. 7 vol. in-4°.**

Le 7.e volume comprend, outre le Glossaire français, les extraits des Observations sur l'histoire de S. Louis, écrite par Joinville, divers Index, et des Dissertations ou Réflexions sur l'histoire de S. Louis et sur les Monnaies du Bas-Empire.

3. Langue Italienne.

Grammaires. — Recueils de Phrases.

451. — Regole grammaticale della volgar lingua dopo ogni altra impressione di quelle in qualunque locho fatta, nuovamente reviste, et con summa diligentia emendate. *(Da Francesco* Fortunio).
>**Venetiis 1538. Dom. Zio. 1 vol. in-8°.**

452. — Fondamenti del parlar thoscano. *(Da Rinaldo* Corso).
>**Vinegia 1549. Trino da Monsferrato. 1 vol. in-8°.**

453. — Institution de la langue florentine et toscane. Pour apprendre promptement, et facilement, la langue Italienne. Par *Françoys* Guedan.
>**Paris 1602. J. Gesselin. 1 vol. in-8°.**

454. — L'unique méthode par laquelle on peut de soi-mesme en peu de temps apprendre la prononciatiō, lecture et

intelligence de la langue Italienne, le tout sans reigles de grammaire. Par *L.* Douët.
Paris 1614. Douët. 1 vol. in-8°.

455. — Le Guidon de la langue italienne, par *Nathanael* Dhuez, avec 3 dialogues familiers Italiens et François : La Comédie de la Moresse; Des Complimens italiens; Et une Guirlande de Prouerbes.
Leyde 1641. Bonav. et Abrah. Elseviers. 1 vol. in-8°.

456. — Fax linguæ italicæ tyronibus in hujus obscuritate versantibus non inutile lumen præferens. Accensa à *Laurentio* Franciosino *Florent*.
Venetiis 1646. Apud Juntas. 1 vol. in-12.

457. — Nuova grammatica italo-gallica del *signor* Salerno, nella quale i Francesi potranno apprender da sè stessi la Lingua Italiana, e gl' Italiani la Lingua Francese.
(Paris 1659). 1 vol. in-8°.

458. — Nouvelle méthode pour apprendre facilement et en peu de temps la langue italienne. (Par Lancelot).
Paris 1660. P. Le Petit. 1 vol. in-12.

Voir *n.°* 29.

459. — Grammaire italienne, mise et expliquée en François, par *César* Oudin. Rev. corr. ; outre un traicté de l'Accent Italien, par *Antoine* Oudin.
Lyon 1664. Ant. Beaujollin. 1 vol. in-8°.

460. — Instruction à la langue italienne, contenant deux parties, dans la première il est traitté de tout ce qui regarde la parfaite connaissance de cette Langue. Et la seconde est un Recueil de Chansons Italiennes, accompagnées aux Airs François de ce temps. Par le sieur *Placide* Catanusi.
Paris 1668. Est. Loyson. 1 vol. in-12°.

461. — Grammaire italienne accomplie et très-parfaite. Composée et expliquée en François, par *J.-B.* Lardiani.
Lyon 1678. Ant. Cellier. 1 vol. in-8°.

462. — Nouvelle méthode pour apprendre la Langue Italienne dans sa dernière perfection. Divisée en deux parties. Par M. Lanfredini. (4.ᵉ édit.)
Paris 1680. l'Auteur. 1 vol. in-12.

463. — Le maître italien, ou nouvelle méthode pour apprendre facilement la Langue Italienne. Divisée en deux Parties. Par le s.ʳ Veneroni.
Paris 1678. Loyson. 1 vol. in-12.

464. — Le maître italien dans sa dernière perfection. Par le sieur de Veneroni. (12.ᵉ édit.)
Lyon 1714. De la Roche. 1 vol. in-12.

465. — Maître italien ou grammaire françoise et italienne de Vénéroni, contenant tout ce qui est nécessaire pour apprendre facilement la Langue Italienne. Nouv. édit., mise en meilleur ordre, aug. etc. Par *C. M.* Gattel.
Lyon an VIII (1800). Bruyset aîné et Cᵉ. 1 vol. in-8°.

466. — Grammaire des grammaires italiennes, élémentaire, raisonnée, méthodique et analytique; ou Cours complet de langue italienne, par *J.-Ph.* Barberi.
Paris 1819. Eymery. 2 vol. in-8°.

467. — Cours théorique et pratique de langue italienne. Par S. Podesta.
Rouen 1837. Megard. 1 vol. in-8°.

468. — Nomenclature Françoise et Italienne, ou les noms appellatifs de toutes les choses. Par *Antoine* Oudin.
Paris 1643. Ant. de Sommaville. 1 vol. in-16.

469. — Petit recueil de phrases adverbiales et autres locutions, qui ont le moins de rapport entre les deux Langues Italienne et Françoise. Par *Antoine* Oudin.
Paris 1646. Ant. de Sommaville. 1 vol. in-16.

Dictionnaires.

470. — Dittionario italiano e francese, nel quale si mostra come

i vocaboli Italiani si possino dire, e esprimere in lingua Francesa. Per M. *Pietro* CANALE.

Geneva 1603. Chouet. 1 vol. in-8°.

A la suite:

471. — Dictionaire françois et italien, corrigé et augmenté de plus du tiers, tant de mots que de phrases de l'une et de l'autre langue, depuis les precedentes editions, en faveur de tous ceux qui sont studieux de ces deux nobles langues. Par *Pierre* CANAL. D. M. (2.e édit.)

Genève 1603. Jacques Chouet. 1 vol. in-8°.

472. — Même ouvrage. (Dernière édit).

Genève 1634. Pierre et Jaques Chouet. 1 vol. in-8°.

473. — Même ouvrage.

Genève 1644. Pierre et Jaques Chouet. 1 vol. in-8°.

A la suite :

474. — Dittionario italiano e francese, per M. *Filippo* VENUTI.

Geneva. 1644. Pietro e Jacopo Chouet. 1 vol. in-8°.

C'est le même ouvrage que le n.° 470.

475. — Dictionnaire italien et françois. Contenant les Recherches de tous les mots Italiens expliquez en François, avec plusieurs Proverbes et Phrases, etc. Par *Antoine* OUDIN. Rev. et corrig. par *Laurens* FERRETTI.

Paris 1663. Ant. de Sommaville. 1 vol. in-4°.

476. — Dittionario italiano, e francese et Dictionaire françois-italien del signor *Giovani* VENERONI. Arrichito et meso in ordine etc. dal signor *Filippo* NERETTI.

Venetia 1698. Lor. Basegio. 2 vol. in-4°.

477. — Dictionaire italien et françois, et Dictionaire françois et italien, contenant tout ce qui se trouve dans les autres dictionnaires. Par le *sieur* VENERONI. (Nouv. édit.)

Paris 1710. Mich. David. 2 vol. en 1. in-4°.

478. — Dictionnaire italien, latin et françois, et Dictionnaire françois, latin et italien, contenant un abrégé du Dic-

tionnaire de la Crusca. Par M. l'*Abbé Annibal* ANTONINI. (Nouv. édit.)
Lyon 1760-1762. Les frères Duplain. 2 vol. in-4°.

479. — Grand dictionnaire français-italien et italien-français, rédigé sur un plan entièrement nouveau par *J. Ph.* BARBERI. Continué et terminé par MM. BASTI et CERATI.
Paris 1839. Rey et Gravier et J. Renouard. 2 vol. in-4°.

480. — Vocabulario Italiano et Greco, nel quale si contiene, come le voci Italiane si dicano in Greco volgare. Composto dal. P. *Girolamo* GERMANO soc. Jes.
Roma 1622. Her. di Bar. Zannetti. 1 vol. in-8°.

4. Langue Espagnole.

Grammaires.

481. — Advertencias y breve metodo, para saber leer, escrivir y pronunciar, la lengua Castellana, con buena ortografia.—Advertissements et brefve methode pour sçavoir bien lire, escrire et prononcer la langue Castillane, avec bonne orthographe. Compuesto por *Lorenço* de ROBLES.
Paris 1615. Fleury Bourriquant. 1 vol. in-8°.

482. — Gramatica de la lengua Española. Compuesta en español y Frances, por *Hieronymo de* TEXEDA. — Grammaire de la langue Espagnole. Composée en Espagnol et François par *Hierome* de TECHEIDE.
Paris 1619. Bourdin. 1 vol. in-16.

483. — Espeio general de la gramatica en dialogos, para saber la natural y perfecta pronunciacion de la lengua Castellana. Por *Ambrosio* de SALAZAR. — Le miroir général de la grammaire en dialogues, pour sçavoir la naturelle et parfaite prononciation de la langue Espagnole.
Rouen 1636. Ad. Ovyn. 1 vol. in-8°.

484. — Grammaire Espagnolle, recueillie, et mise en meilleur ordre qu'auparavant, avec l'explication d'icelle en François. Par *César* Oudin. (5.º édition).
Paris 1619. Ad. Tiffaine. 1 vol. in-8º.

485. — Grammaire Espagnole expliquée en françois. Par *César* Oudin. Augmentée en cette édition par *Antoine* Oudin.
Rouen 1675. Louis Cabut. 1 vol. in-8º.

486. — Grammaire Espagnole abregée. Dédiée à Mademoiselle d'Estampes de Valencey. (Par J. Doujat).
Paris 1644. Ant. Sommaville. 1 vol. in-12.

487. — Nouvelle méthode pour apprendre facilement et en peu de temps la langue espagnole. (Par M. de Trigny. Pseudonyme de Lancelot).
Paris 1670. P. Le Petit. 1 vol. in-12.
Voir n.º 29.

488. — Gramatica nueva española y francesa. Por *Francisco* Sobrino.— Grammaire nouvelle espagnolle et françoise. Par le sieur *François* Sobrino. Corrigée et augmentée en cette quatrième édition d'un petit dictionnaire françois espagnol et espagnol françois, par le même Auteur.
Bruxelles 1732. François Foppens. 1 vol. in-12.

489. — Même ouvrage. Nouv. édit. revue par une Personne fort versée dans les deux Langues.
Lyon 1772. Bruyset. 1 vol. in-12.

490. — Gramatica de la lengua castellana compuesta por la real academia española. Quinta edicion corregida y aumentada.
Madrid et Paris 1821. Th. Barrois. 1 vol. in-12.

Dictionnaires.

491. — Vocabulario de las dos lenguas Toscana y Castellana, de *Christoval* de las Casas. En que se contiene la declaracion de Toscano en Castellano, y de Castellano en Tos-

cano. Et accresciuto da *Camillo* CAMILLO di molti vocaboli.
Venetia 1582. Zenaro. 1 vol. in-8°.

492. — Diccionario muy copioso de la lengua española y francesa. Por el doctor *Joan* PALET. — Dictionaire très ample de la langue Espagnole et Françoise. Par *Jean* PALLET.
Paris 1604. Mat. Guillemot. 1 vol. in-8°.

493. — Tesoro de las dos lenguas francesa y española.—Thresor des deux langues françoise et espagnolle par *César* OUDIN.
Paris 1616. Marc Orry. 1 vol. in-4°.

494. — Même ouvrage.
Bruxelles 1625. Antoine Lomismo. 1 vol. in-4.°

495. — Nouveau dictionnaire espagnol-françois et latin, et Dictionnaire françois-espagnol, composé sur les dictionnaires des Académies royales de Madrid et de Paris. Par M. DE SEJOURNANT. (Nouv. édit.)
Paris 1775. Ch. Ant. Jombert. 2 vol. in-4°.

5. Langue Française.

Excellence de la Langue Française.

496. — La defense et illustration de la langue françoise, par *Joachim* DU BELLAY.
Paris 1568. Fed. Morel. 1 vol. in-8°.

497. — Proiect du livre intitulé de la precellence du langage François. Par *Henri* ESTIENE.
Paris 1579. Mamert-Patisson. 1 vol. in-8°.

498. — Deffence de la Langue Françoise, pour l'inscription de l'Arc-de-Triomphe. Par M. CHARPENTIER.
Paris 1683. V.ᵉ Bilaine. 1 vol. in-12.

499. — Essai sur l'universalité de la langue française, ses causes, ses effets, et les motifs qui pourront contribuer à la

rendre durable ; lu à l'Académie des Inscriptions, les 15 et 22 septembre 1826 ; par C. N. ALLOU.
Paris 1828. Firm. Didot. 1 vol. in-8°.

500. — Considérations philosophiques sur la langue française, suivies de l'esquisse d'une langue bien faite. Par P. M. LE MESL, *président d'un tribunal de commerce.*
Paris 1834. Hachette. 1 vol. in-8°.

Histoire et Origine de la Langue. — Langue Celtique et Romane.

501. — *Joachimi* PERIONII *Bened. Cormœriaceni* Dialogorum de linguæ Gallicæ origine, ejusque cum Græca cognatione, libri quatuor.
Parisiis 1555. Apud Seb. Nivellium. 1 vol. in-8°.

502. — Franco-gallia (sive collatio linguæ gallicæ et francicæ cum germanica) edita à *Joh. Henrico* OTTIO.
Basileæ 1670. Joh. Herm. Widerhold. 1 vol. in-12.

** — Recueil de l'origine de la Langue et Poësie Françoise, Ryme et Romans. Plus les noms et sommaire des œuvres de CXXVII Poëtes François, vivans avant l'an MCCC. Par *Cl.* FAUCHET.
Paris 1610. David-le-Clerc et J. de Heuqueville. 1 vol. in-4°.
Voir *ŒEuvres* de Claude Fauchet.

503. — Recherches sur les formes grammaticales de la langue française et de ses dialectes au XIII.ᵉ siècle, par *Gustave* FALLOT ; publiées par *Paul* ACKERMANN ; et précédées d'une notice sur l'auteur par M. B. GUÉRARD.
Paris 1839. Imp. royale. 1 vol. in 8°.

** — Etudes sur la langue française, à propos de l'ouvrage posthume de G. *Fallot*, par M. *Francis* WEY.
Bibl. de l'Ecole des Chartes. Tom. I.

504. — Des variations du langage Français depuis le XIIᵉ siècle, ou recherche des principes qui devraient régler l'orthographe et la prononciation. Par F. GÉNIN.
Paris 1845. Firmin Didot. 1 vol in-8°.
Voyez la critique de cet ouvrage par M. GUESSARD. *Bibliothèque de l'Ecole des Chartes.* 2.ᵉ sér. tom. II.

505. — Histoire des révolutions du langage en France par M. *Francis* WEY.
Paris 1848. Firmin Didot frères. 1 vol. in-8º.

** — De l'origine de nostre Vulgaire François, que les anciens appelloient Roman. Par *Est.* PASQUIER.
Voyez les *Recherches de la France.* Liv. VI.

** — Mémoire sur l'origine et les révolutions des langues celtique et française. Par DUCLOS.
Voyez *OEuv.* edit. 1802, tom. V, edit. 1821, tom. II.

** — Remarques sur la langue Françoise des XII.º et XIII.º siècles, comparée avec les langues Provencale, Italienne et Espagnole, dans les mêmes siècles. Par M. DE LA CURNE DE S.TE PALAYE.
Mem. de l'Acad. des Inscr. XXIV.

** — Grammaires romanes inédites du treizième siècle (*Donatus Provincialis* de *Hugues* FAIDIT ou *Hugues* le Banni et *La dreita maniera de trobar* de *Raymond* VIDAL) publiées par M. GUESSARD.
Bibl. de l'Ecole de Chartes. Tom. I.

** — *Advis et devis des lengues,* traité de philologie composé en 1563 par *François* de BONNIVARD; publié par M. BORDIER.
Bibl. de l'Ecole des Chartes. 2.ᵉ série. V.

506. — Glossaire de la langue Romane, rédigé d'après les Manuscrits de la Bibliothèque Impériale, et d'après ce qui a été imprimé de plus complet en ce genre; contenant l'étymologie et la signification des mots usités dans les XI, XII, XIII, XIV, XV et XVIᵉ siècles, avec de nombreux exemples puisés dans les mêmes sources; et précédé d'un Discours sur l'origine, les progrès et les variations de la Langue françoise. Par J.-B. B. ROQUEFORT.
Paris 1808-20. Waré, Chasseriau et Hécart. 3 vol. in-8º.

Le 3.ᵉ volume, qui forme le supplément, et fut publié 12 ans après les deux premiers, est précédé de deux dissertations inédites: l'une sur l'*Origine des François*, par M...; l'autre sur le *Génie de la Langue françoise* par M. AUGUIS, ou plutôt CLÉMENT.

507. — Lexique roman ou dictionnaire de la langue des troubadours, comparée avec les autres langues de l'Europe latine, précédé de nouvelles recherches historiques et

philologiques, d'un résumé de la grammaire romane, d'un nouveau choix de poésies originales des troubadours, et d'extraits de poëmes divers ; par M. RAYNOUARD.
>**Paris 1838-40. Sylvestre. 6 vol. in-8°.**
>Cet ouvrage a été terminé et publié en partie par M. *Just* PAQUET.

** — Du système de M. Raynouard sur l'origine de la langue romane, par M. FAURIEL.
>*Bibl. de l'Ecole des Chartes*, II.

508. — Mémoires sur la langue celtique, contenant : 1.° l'Histoire de cette Langue, et une indication des sources où l'on peut la trouver aujourd'hui. 2.° Une description étymologique des Villes, Rivières, Montagnes etc. 3.° Un Dictionnaire Celtique renfermant tous les termes de cette Langue. Par M. BULLET.
>**Dijon 1754. P.re Franç. Desventes père. 2 vol. in-fol.**

Grammaires.

---

509. — Exact et très-facile acheminement à la langue françoise, par *Iean* MASSET. Mis en latin par le mesme autheur, pour le soulagement des estrangers.
>**Paris 1606. David Douceur. 1 vol. in-fol.**
>Voir n.° 591.

510. — Grammaire et syntaxe françoise, contenant reigles bien exactes et certaines de la prononciation, orthographe, construction et usage de nostre langue etc. Par *Charles* MAUPAS. (2.° édit.)
>**Paris 1625. Adr. Bacot. 1 vol. in-12.**

511. — Grammaire françoise, rapportée au langage du Temps. Par *Antoine* OUDIN.
>**Rouen 1645. Jean Berthelin. 1 vol. in-8°.**

512. — Methode universelle pour apprandre facilement les langues, pour parler puremant et escrire nettemant en François. Recueillie par *le Sieur du* TERTRE. (Pseudonyme de J. MACÉ dit le P. LÉON, carme). (2.° édit.)
>**Paris 1651. Jean Jost. 1 vol. in-12.**

513. — Grammaire françoise. Avec quelques remarques sur cette langue, selon l'vsage de ce temps.
Lyon 1657. Michel Duhan. 1 vol- in-8°.

514. — Nouvelle methode pour apprendre facilement les principes et la pureté de la langue françoise contenant plusieurs Traitez. De la bonne prononciation de l'Orthographe, de l'Art d'Escriture, du Stile Epistolaire, des Regles de la belle Conversation, des Etymologies, et d'une Critique generale et naturelle. Par *Claude* Irson. (3.ᵉ edit.)
Paris 1667. Pierre Beaudouin fils. 1 vol. in-8°.

515. — Nouvelle méthode de la langue françoise; divisée en quatre Parties, dont la Première est, la Prononciation des Sons, en général. La Seconde est, la Prononciation en Lisant. La Troisième, la Grammaire. Et la Quatrième, l'Euphonie; ou Bonne Prononciation des Mots, en Parlant.
Paris 1674. Est. Michallet. 1 vol. in-12.

516. — Syntaxe françoise pour l'usage des escoliers des Colléges de la Compagnie de Jesus. Par un Pere de la Compagnie.
Amiens 1677. G. Le Bel. 1 vol. in-8°.

517. — Les véritables principes de la langue françoise pour la scavoir écrire et parler en peu de temps. 2.ᵉ édition. Rev. corr. et aug. de Remarques sur la Grammaire Françoise du P. Chifflet.
Paris 1685. De Laulne. 1 vol. in-12.

518. — Nouvelle et parfaite grammaire françoise. Ou l'on trouve en bel ordre tout ce qui est de plus necessaire, et de plus curieux pour la pureté, l'Ortographe et la Prononciation de cette Langue. Par le R. P. *L.* Chiflet. (Nouv. édit.)
Paris 1687. Jean Pohier. 1 vol. in-8°.

519. — Traité de la grammaire françoise. Par M. l'*Abbé* Regnier-Desmarais.
Paris 1706. J.-B. Coignard. 1 vol. in-4°.

On trouve à la suite :
Remarques sur l'article cxxxvii des Memoires de Trevoux touchant

le traité de la grammaire françoise de M. l'Abbé Regnier Desmarais. (Par *Regnier* DESMARAIS).

Paris 1706. J.-B. Coignard. in-4°.

520. — Grammaire françoise. Par M. l'*Abbé* REGNIER-DESMARAIS.

Paris 1706. J.-B. Coignard. 1 vol. in-12.

521. — L'art de bien parler françois, par M. DE LA TOUCHE. Qui comprend tout ce qui regarde la Grammaire, et les Façons de parler douteuses. 6.e édit., rev. exactement sur la Grammaire de M. l'*Abbé* Regnier-Desmarais etc.

Amsterdam 1747. Arkstée et Merkus. 2 v. in-12. Grav.

522. — Grammaire françoise, sur un plan nouveau ; avec un Traité de la prononciation des e, et un Abrégé des règles de la Poësie Françoise. Par le P. BUFFIER. (Nouv. édit.)

Paris 1731. Marc Bordelet. 1 vol. in-12.

523. — Méthode pour apprendre à lire le François et le Latin, par un sistême si aisé et si naturèl, qu'on y fait plus de progrès en trois Mois qu'en trois Ans, par la Méthode anciènne et ordinaire. — Contenant aussi un abrègé des sons èxacts de la Langue Françoise, les différentes dénominations et variations des lèttres et leurs usages. Un Traité des Accens et de la Ponctuation. — Avec des Rèflèxions sur la Mèthode du Bureau Tipographique : et un plan nouveau d'une Ortographe facile abrègée et régulière. (Par DELAUNAY).

Paris 1741. Ch. Moette. 1 vol. in-12.

524. — Principes généraux et raisonnés de la grammaire françoise, avec des observations sur l'Orthographe, les Accents, la Ponctuation et la Prononciation : et un Abrégé des regles de la Versification françoise. Par M. RESTAUT. (4.e édit.)

Paris 1740. Le Gras. 1 vol. in-12.

525. — Même ouvrage. (6.e édit.)

Paris 1750. Lottin et Butard. 1 vol. in-12.

526. — Abrégé des principes de la Grammaire françoise, dédié aux Enfants de France, par M. Restaut.
Paris 1780. Bollen. 1 vol. in-12.

527. — Grammaire françoise, par M. l'*Abbé* Vallart.
Paris 1744. Desaint et Saillant. 1 vol. in-12.

528. — Principes généraux et particuliers de la langue française, confirmés par des Exemples choisis, instructifs, agréables, et tirés des bons Auteurs. — Avec des Remarques sur les Lètres, la Prononciation, la Prosodie, les Accents, la Ponctuation, l'Orthographe et un Abrégé de la Versification Française. Par M. de Wailly. (Dernière édition).
Paris 1800. J. Barbou. 1 vol. in-12.

529. — Abrégé de la grammaire françoise, par M. de Wailly. 9.ᵉ édit., revue et augmentée.
Paris 1780. Barbou. 1 vol. in-12.

** — Grammaire et Logique par Marmontel.
Voyez *OEuvres*. Tom. xvi.

** — Grammaire française et Traité d'orthographe.
Voyez *Biblioth. Univ. des Dames*.

** — Grammaire par Condillac.
Voyez *OEuvres*. Tom. v.

** — Grammaire et Littérature.
Voyez *Encyclopédie Méthodique*.

530. — Eléments raisonés de la grammaire françoise; où l'on traite de la prononciation et de l'ortografe, de l'élocution, du tissu du discours, de l'art de traduire, du mécanisme des vers françois, de la poësie en général, des avantages et désavantages de la versification latine et françoise etc. Ouvrage élémentaire propre à initier les jeunesgens aus Beles-Letres et à la Rétorique. Par *Jh.* Roullé.
Paris an V. Lemaire. 3 vol. in-8°.

531. — Grammaire françoise simplifiée. Par M. Domergue. (Nouvelle édit.)
Paris 1782. Durand neveu. 1 vol. in-12.

532. — Cours de langue française, en six parties: Idéologie,

Lexigraphie, Prononciation, Syntaxe, Construction, Ponctuation; par *P. A.* LEMARE. (2.ᵉ édit.)
Paris 1819. Henry Grand. 2 vol. in-8º.

533. — Grammaire française de LHOMOND, revue, corrigée, et considérablement augmentée par *L.* ROBERDEAU.
Paris 1820. Picard Dubois. 1 vol. in-12.

534. — Grammaire des grammaires, ou analyse raisonnée des meilleurs traités sur la langue française. Par *Ch. P.* GIRAULT-DUVIVIER. (8.ᵉ édit.)
Paris 1834. Janet et Cotelle. 2 vol. in-8º.

535. — Nouveau cours de grammaire française, d'après les principes de l'Académie, par *Ad.* GUERRIER DE HAUPT, directeur de l'école normale du département de la Somme.
Amiens 1841. Caron-Vitet. 1 vol. in-12.

536. — Abrégé de la grammaire française, d'après les principes de l'Académie, avec Questionnaires, Exercices pratiques et Procédés; par *Ad.* GUERRIER DE HAUPT. Extrait du nouveau cours de grammaire, par le même auteur. .
Amiens 1842. Duval et Herment. 1 vol. in-12.

537. — La Grammaire selon l'Académie, par BONNEAU et LUCAN, revue par M. MICHAUD, *de l'Académie Franç.* (12.ᵉ édit.)
Paris 1844. (les Auteurs.) 1 vol. in-12.

538. — La Grammaire mise à la portée de l'enfance, par H. A. DUPONT. 1.ʳᵉ partie pour l'élève, contenant la conjugaison des verbes et des analyses grammaticales graduées.
Paris 1839. Ducrocq. 1 vol. in-12.

Traités généraux ou particuliers en différentes langues.

---

539. — De Gallica verborum declinatione.
Lutetiæ 1549. Rob. Stephanus. Broch. in-8º.

540. — *Philippi* GARNERI *Aurelianensis* præcepta Gallici ser-

monis ad pleniorem perfectiorem que eius lingue cognitionem necessaria etc. (Tertia edit.)
Parisiis 1625. Apud Ad. Bacot. 1 vol. in-12.
Voir n.° 510.

541. — The French schoole - maister. First collected by C. H. (*Claude* HOLLIBAND) and now corrected etc. by P. ERONDELLE.
London 1619. Richard Field. 1 vol. in-8°.
Dans le même volume.

542. — A treatise for declining of verbes, which may be called the second chiefest worke of the French tongue. Set forth by *Claudius* HOLLIBAND.
London 1613. Richard Field. 1 vol. in-8°.

543. — The compleat French-master, for ladies and gentlemen. By M. BOYER. (2.d edit.)
London 1699. John Nicholson. 1 vol. in-8°.

544. — La vraye introduction à la langue françoise, avec diverses Dialogues François et Flamans.—Dat is rechte inleydinge tot de fransche spraak, nevens verscheyde fransche en duytsche t' Samen-spraken.
Utrecht. 1671. Gisbers Van Zyll. 1 vol. in-8°.

545. — Grammatica gallica contracta, et ex celeberrimis Auctoribus recentioris ævi contexta. Opera et Studio I. L. à B.— Kurtze frantzosische Grammatica.
Basileæ 1679. J. Herm. Wiederhold. 1 vol. in-8°.
A la suite:

** — Nomenclator latino-gallico-germanicus, rerum omnium, nostro seculo potissimum usitatarum, propria et genuina nomina, ordine expedito exhibens.
Basileæ 1679. J. H. Wiederhold.

546. — *Nathanaël* DUEZ, neuvermehrte und verbesserte franzosische Grammatica, oder Spraach - lahr. Grammaire Françoise, corrigée et augmentée de nouveau; Et quatre excellens Dialogues François et Allemand; Avec une nouvelle Nomenclature.
Hanau 1671. Jacob Lasché. 1 vol. in-8°.

547. — Vollkommene Franzosische Grammatig. Parfaite grammaire françoise. Expliquée en langue allemande, et partagée en cinq Parties. Par *Antoine* PERGER.
Paris 1687. Thom. Guillain. 1 vol in-12.

548. — La parfaite grammaire royale Françoise et Allemande, Das ist : Vollkommene Königl. Französ. Teutsche Grammatica. Vom *Hrn* DES PEPLIERS. — Nach der allerneuesten sowohl Französisch - als Teutschen Schreib - Art eingerichtet vom Herrn *Pierre* RONDEAU.
Leipsick 1735.   1 vol. in-8º.

549. — Le Cellarius françois, ou methode tres-facile pour aprendre sans peine et en peu de temps les mots les plus necessaires de la langue Françoise. Der Frantzosische *Cellarius*, von *Georgio Philippo* PLATS.
Nuremberg 1727. P. Conrad Monath. 1 vol. in-8º.

550. — L'accent de la langue Françoise. Het accent der Franscher Tale. Door *J. van* DE GRAAF.
Rotterdam 1639. Pieter van Waesberge. 1 vol. in 8º.

Prononciation. — Orthographe.

551. — Les regles de la prononciation pour la langue françoise. Par M. B... (BILLECOCQ.)
Paris 1711. Sevestre. 1 vol. in-8º.

** — Traité de la prosodie françoise par l'abbé d'OLIVET.
Voyez *n.*º 581.

552. — Le mécanisme des mots de la langue française, ou méthode usuelle pour apprendre à parler, à lire et à écrire cette Langue en peu de temps. Par *P. H. A.* PAIN.
Paris 1801. Bailly. 1 vol in-8º.

553. — Réfutation de l'opinion émise par M. Napoléon Landais, sur L mouillé, dans son dictionnaire général et grammatical des dictionnaires français (1834). Par E. D. (DE-LAQUÉRIÈRE).
Rouen 1839. Lefebvre. Broch. in-8º.

554. — Traité de l'orthographe françoise, ou l'orthographe en sa pureté. (Par B. Desoule).
Paris 1692. Michallet. 1 vol. in-12.

555. — Méthode pour apprendre l'orthographe par principes sans sçavoir le Latin, et sans être obligé d'étudier de Mémoire. Par M. Jacquier. (2.ᵉ édit.)
Paris 1728. Nic. Le Clerc. 1 vol. in 8°.

** — Dissertation sur la prononciation et sur l'ortographe de la langue françoise, où l'on examine s'il faut écrire *français* au lieu de *françois*. Par Dumarsais.
Voyez OEuvres. Tom. III.

556. — Traité de l'orthographe françoise, en forme de dictionnaire. (Par Le Roy). Enrichi de notes critiques et de remarques, etc. Par M. Restaut. (4.ᵉ édit.)
Poitiers 1752. Felix Faulcon. 1 vol. in-8°.

557. — Même ouvrage. (Nouv. édit).
Poitiers 1764. Felix Faulcon. 1 vol. in-8°.

558. — Equivoques et bizarreries de l'orthographe françoise, avec les Moiiens d'y remédier. (Par l'*Abbé* Cherrier).
Paris 1766. Gueffier fils. 1 vol in-12.

559. — Theorie nouvelle et raisonnée des participes français. Par Bescher. (3.ᵉ édit.)
Paris 1821. Bechet. 1 vol. in-12.

560. — Traité des participes ou réforme des règles des participes. Par l'*Abbé* Mallet-Dufresne, *curé desservant de Saisseval.* (1)
Paris 1851. Hachette. Brochure in-8°.

561. — Etude historique et philologique sur le participe passé français, et sur ses verbes auxiliaires. Par *J. B. F.* Obry. (2)
Amiens 1851. Duval et Herment. 1 vol. in-8°.

---

(1) M. Mallet-Dufresne (*Charles-Nicolas-Gustave*), est né le 3 novembre 1799, à Bussy-les-Daours (Somme).

(2) M. Obry (*Jean-Baptiste-François*), juge au tribunal civil, est né à Villers-Bretonneux (Somme), le 17 septembre 1793.

562. — Traité de ponctuation basé sur l'analyse logique. Par *Ed.* Poupé. (1)
   Amiens 1845. Lenoël-Hérouart. 1 vol. in-12.

Epithètes. — Tropes. — Synonymes.

563. — Les épithètes françoises, rangées sous leurs substantifs. Par le R. P. Daire (2).
   Lyon 1759. Bruyset. 1 vol. in-8°.

564. — Des tropes ou des différens sens dans lesquels on peut prendre un même mot dans une même langue ; et de la construction oratoire. Ouvrage utile pour l'intelligence des Auteurs latins et françois, et qui peut servir d'introduction à la Rhétorique. Par M. Dumarsais et M. l'*Abbé* Batteux.
   Lyon 1817. Savy. 1 vol. in-12.

565. — Synonymes françois, leurs différentes significations, et le choix qu'il en faut faire pour parler avec justesse ; par M. l'*Abbé* Girard. Nouv. édit. aug. etc. par M. Beauzée ; suivie de la Prosodie Françoise, édit. de 1767, et des Essais de Grammaire par M. l'*Abbé* d'Olivet.
   Rouen 1786. V.ᵉ Dumesnil. 2 vol. in-12.

566. — Dictionnaire de synonymes françois. Nouvelle édition, revue et corrigée. (Par le P. de Livoy).
   Paris 1768. Saillant. 1 vol. in-8°.

567. — Synonymes français ; par l'*Abbé* Roubaud. Nouv. édit., par ordre Alphabétique, soigneusement corrigée et augmentée d'un très grand nombre de Synonymes.
   Paris 1796. Bossange. 4 vol. in-8°.

** — Synonymes par d'Alembert.
   Voir *OEuvres Posthumes.* Tom. ii.

---

(1) M. *Edmond* Poupé, conducteur des ponts et chaussées, est né à Amiens, le 2 avril 1815.

(2) *Louis-François* Daire, célestin, naquit à Amiens le 6 juillet 1713, et mourut à Chartres le 18 mars 1792.

568. — Dictionnaire universel des synonymes de la langue française, contenant les synonymes de *Girard*, de *Beauzée*, de *Roubaud*, de *Diderot*, de *d'Alembert*, de *Duclos* et d'autres écrivains modernes; nouv. édit., par J.E. J.F. BOINVILLIERS.
 Paris 1826. Delalain. 1 vol. in-8e.

Remarques et Observations critiques.

569. — Inventaire des particules françoises, et esclaircissement de leurs divers usages reduits au Parallele de la langue Latine. Par le P. *Roland* OGIER. De plus l'Epitome des Particules Latines du P. H. TURSELIN accommodées au François. (2.e édit.)
 La Flèche 1637. Geor. Griveau. 1 vol. in-12.

570. — Remarques sur la langue françoise utile à ceux qui veulent bien parler et bien escrire. (Par M. DE VAUGELAS). 3.e édit.
 Paris 1655. Aug. Courbé. 1 vol. in-4º.

571. — Remarques sur la langue françoise de M. de VAUGELAS. Utiles à ceux qui veulent bien parler et bien escrire. Nouv. édit. rev. et corr. avec des notes de T. CORNEILLE.
 Paris 1687. Girard. 2 vol. in-12.

572. — Obervations de l'Académie françoise sur les Remarques de M. de Vaugelas.
 Paris 1704. J.-B. Coignard. 1 vol. in-4º.

573. — Remarques nouvelles sur la langue françoise. (Par le P. BOUHOURS.) (3.e édit.)
 Paris 1682. Seb. Mabre Cramoisy. 1 vol. in-12.

574. — Suite des remarques nouvelles sur la langue françoise. (Par le BOUHOURS.)
 Paris 1692. George et Louis Josse. 1 vol. in-12.

575. — Doutes sur la langue françoise proposez à Messieurs de

l'Académie françoise par un gentilhomme de province. (Le P. Bouhours.) (2.ᵉ édit.)
Paris 1675. Seb. Mabre Cramoisy. 1 vol. in-12.

576. — Remarques sur les principales difficultez de la langue françoise, avec un recueil alphabétique de plusieurs Mots choisis, pour faciliter l'Orthographe et la Prononciation, qui peut servir de Dictionnaire. (Par M. Al. de Saint-Maurice.)
Paris 1673. Est. Loyson. 1 vol. in-12.

577. — Observations de M. Ménage sur la langue françoise.
Paris 1675-76. Barbin. 2 vol. in-12.

578. — Nouvelles observations sur la langue françoise. (Par Alemand).
Paris 1691. Langlois. 1 vol. in-12.

579. — La politesse de la langue françoise, pour parler puremant et ecrire nettemant. Par N. Fr. Predicateur (le P. Léon, carme). (4.ᵉ édit.)
Paris 1673. Mich. Bobin. 1 vol. in-12.

580. — Le génie, la politesse, l'esprit, et la délicatesse de la langue françoise. (Par Leven de Templery.)
Paris 1705. P. Cot. 1 vol in-12.

581. — Remarques sur la langue françoise, par M. l'*Abbé* d'Olivet.
Paris 1793. Barbou. 1 vol. in-12.

** — Remarques sur plusieurs articles de la *Nouvelle Encyclopédie* concernant l'ellipse et les supplémens qu'on emploie pour expliquer les phrases elliptiques; sur les complémens et les régimes; sur le supin et le participe; sur *qui, que, quoi, lequel*; sur *qui est-ce* ou *qu'est-ce*? par De Wailly.
Mém. de l'Institut Nat. Littérature et Beaux-Arts. tom. i.

** — Observations sur le pronom *soi*, par le cit. Lemonnier.
Ibid.

** — Mémoire sur la préposition grammaticale, par *Urbain* Domergue.
Ibid.

582. — Mélanges d'origines étymologiques et de questions grammaticales, par M. *Eloi* Johanneau.
Paris 1818. Béchet. 1 vol. in-8°.

583. — Dictionnaire grammatical, de la langue françoise, où l'on trouve rangées par ordre alphabétique toutes les Règles de l'Orthographe, de la Prononciation, de la Prosodie, du Régime et de la Construction, etc. (Par l'*Abbé* Feraud.)
    Avignon 1761. Ve Girard. 1 vol. in-8º.

584. — Examen critique des dictionnaires de la langue françoise, ou recherches grammaticales et littéraires sur l'orthographe, l'acception, la définition et l'étymologie des mots. Par *Charles* Nodier. (2.e édit).
    Paris 1829. Delangle frères. 1 vol. in-8º.

Dictionnaires étymologiques.

** — Etymologicon vocabulorum linguæ gallicæ, quorum origines pluribus reteguntur et illustrantur, etc. Auctore Du Cange.
    Vide *Gloss. med. et inf. Græcit. n.º* 247.

585. — Dictionnaire Etymologique, ou Racines des plus beaux mots que la Langue Françoise a empruntez des autres qui sont originelles. Par C. B.
    Geneve 1666. Herm. Widerhold. 1 vol. in-12.
    A la suite du *n.º* 502.

586. — Dictionaire général et curieux, contenant les principaux mots, et les plus usitez en la langue françoise, leurs définitions, divisions, et étymologies; etc. Par M. *Cesar* de Rochefort.
    Lyon 1685. Pierre Guillimin. 1 vol. in-fol.

587. — Les origines de la langue françoise. (Par Menage).
    Paris 1650. Aug. Courbé. 1 vol. in-4º.

588. — Dictionnaire étymologique de la langue françoise, par M. Ménage, avec les Origines Françoises de M. de Caseneuve, les Additions du R. P. Jacob, et de M. Simon de Valhebert, le Discours du R. P. Besnier sur la Science des Etymologies, et le Vocabulaire Hagiolo-

gique de M. l'Abbé CHASTELAIN. Nouv. édit. Le tout mis en ordre, corrig. et aug. par A. F. JAULT, doct. méd.
Paris 1750. Briasson. 2 vol. in-fol.

On trouve à la suite :

589. — Dictionnaire des termes du vieux françois, ou trésor de recherches et antiquités gauloises et françoises. Par M. BOREL. (Nouv. édit.)
Paris 1750. Briasson. 1 vol. in-fol.

** — Dissertations sur les principes de l'Etymologie par rapport à la langue Française. Par M. FALCONNET.
Mém. de l'Acad. des Inscrip., xx.

** — Dictionnaire étymologique de la Langue Française. Par COURT DE GEBELIN.
Voyez *Monde Primitif*, tom. v, n.° 28.

Dictionnaires généraux.

590. — Essai d'un dictionnaire historique de la langue française. (Par M. *Paulin* PARIS).
Paris 1847. Techener. 1 vol. in-4°.
Sept feuilles seulement de cet ouvrage ont été imprimées.

591. — Thresor de la Langue Françoyse, tant Ancienne que Moderne. Auquel entre autres choses sont les mots propres de Marine, Venerie, et Faulconnerie, cy devant ramassez par *Aimar* de RANCONNET. Rev. et aug. de plus de la moitié par *Jean* NICOT. Avec une Grammaire Françoyse et Latine et le recueil des vieux proverbes de la France. Ensemble le *Nomenclator* de IUNIUS, mits par ordre alphabetic etc.
Paris 1606. Dav. Douceur. 1 vol. in-fol.

592. — Nouveau dictionaire françois, contenant generalement tous les mots, anciens et modernes de la langue françoise etc., le tout tiré de l'usage, et des bons auteurs. Par *Pierre* RICHELET. Avec un abrégé de la vie des auteurs dont les exemples sont tirés.
Geneve 1710. de Tournes. 2 vol. in-4°.

593. — Dictionnaire de la langue françoise, ancienne et moderne, de *Pierre* RICHELET; augmenté de plusieurs additions d'histoire, de grammaire, de critique, de jurisprudence et d'un nouvel abregé de la vie des auteurs citez dans tout l'ouvrage. (Par *Pierre* AUBERT).
Lyon 1728. Duplain. 3 vol. in-fol.

594. — Dictionnaire universel, contenant generalement tous les mots françois tant vieux que modernes, et les Termes de toutes les sciences et des arts. Recueilli et compilé par feu M.ᵉ *Antoine* FURETIERE.
Lahaye 1690. Arnout et Reinier Leers. 3 vol. in-fol. Port.

595. — Même ouvrage. Seconde édit., rev. corr. et aug. par M. BASNAGE DE BAUVAL.
La Haye 1702. Arnoud et Leers. 2 vol. in-fol. Port.

596. — Même ouvrage. (Nouv. édit.)
Rotterdam 1708. Leers. 3 vol. in-fol. Port.

597. — Dictionnaire universel françois et latin *(dit de Trévoux)*, contenant la signification et la définition tant des Mots de l'une et l'autre Langue, avec leurs differens usages; que des Termes propres de chaque Estat et de chaque Profession : etc.
Trévoux 1704. Est. Ganeau. 3 vol. in-fol.

598 — Même ouvrage. Nouv. édit.
Paris 1752. Les Libraires associés. 7 vol. in-fol.

599. — Le grand Dictionnaire de l'Académie françoise, dédié au Roy. (2.ᵉ édit.)
Amsterdam 1695. Suivant la copie de Paris, chez J.-B. Coignard. 2 vol. in-fol.

600. — Le grand dictionnaire des Arts et des Sciences. Par M. de l'Académie françoise. (Th. CORNEILLE).
Paris 1696. Coignard. 2 vol. in-fol.
Cet ouvrage forme les tomes 3 et 4 du précédent.

601. — Dictionnaire de l'Académie française, rev. corr. et aug. par l'Académie elle-même. (5.ᵉ édit.)
Paris an VI (1798). Smits. 2 vol. in-4°.

602. — Institut de France. — Dictionnaire de l'Académie française. Sixième édition publiée en 1835.
Paris 1835. F. Didot frères. 2 vol. in-4º.

603. — Le grand vocabulaire françois. Par une société de gens de lettres. (GUYOT, CHAMFORT, DUCHEMIN, DE LA CHENAYE, etc.) 2.ᵉ édit.
Paris 1767-74. Panckoucke. 30 vol. in-4º.

604. — Dictionnaire portatif de la langue françoise, extrait du grand dictionnaire de Pierre *Richelet*. Nouv. édit., ref. et aug. par M. DE WAILLY.
Lyon 1775. Bruyset-Ponthus. 2 vol. in-8º

605. — Nouveau vocabulaire françois, où l'on a suivi l'orthographe du dictionnaire de l'Académie. Par MM. DE WAILLY. 8.ᵉ édit., rev. quant aux Termes de médecine, d'anatomie et d'histoire naturelle, par M. BOSQUILLON.
Paris 1819. Rémont et fils. 1 vol. in-8º.

606. — Supplément au dictionnaire de l'Académie, ainsi qu'à la plupart des autres lexiques français, contenant les termes appropriés aux arts et aux sciences, et les mots nouveaux consacrés par l'usage. (2.ᵉ édit.)
Paris 1827. Masson et fils. 1 vol. in-4º.

607. — Nouveau dictionnaire de la langue française. Par *J. Ch.* (THIÉBAULT DE) LAVEAUX, 2.ᵉ édit., rev., corr. et aug.
Paris 1828. Deterville. 2 vol. in-4º.

608. — Dictionnaire universel de la langue française, avec le latin et les étymologies, extrait comparatif, concordance, critique et supplément de tous ses dictionnaires; manuel encyclopédique, et de grammaire, d'orthographe, de vieux langage, de néologie, etc. Par *Pierre-Claude-Victor* BOISTE. *Pan-Lexique.* (7.ᵉ édit.)
Paris 1829. Verdière. 1 vol. in-4º.

609. — Même ouvrage. 8.ᵉ édit., rev. corr. et considérablement augmentée par *Charles* NODIER.
Paris 1836. F. Didot frères. 2 vol. in-4º.

610. — Nouveau dictionnaire de la langue française, enrichi d'exemples tirés des meilleurs écrivains des deux derniers siècles, etc. avec la solution de toutes les difficultés que présente notre langue; par M. Noël et M. Chapsal. (4.e édit.)
Paris 1833. Roret. 1 vol. in-8º.

611. — Monument élevé à la gloire de la langue et des lettres françaises.— Dictionnaire national ou dictionnaire universel de la langue française. Par M. Bescherelle aîné.
Paris 1846 Simon et Garnier. 2 vol. in-4º.

Dictionnaires spéciaux.

612. — Dictionnaire servant de bibliothèque universelle. Ou Recueil succinct de toutes les plus belles matières de la Théologie, de l'Histoire, du Droict, de la Poësie, de la Cosmographie, de la Chronologie, de la Fable, de la Médecine, de la Chirurgie et de la Pharmacie. Par *Paul Boyer.*
Paris 1649. Ant. de Sommaville. 1 vol. in-fol.

613. — Dictionnaire néologique, à l'usage des beaux Esprits du siècle. Avec l'éloge Historique de Pantalon-Phœbus. Par *un Avocat de Province.* (*l'Abbé* Desfontaines et J. Bel.) Nouv. édit.
Amsterdam 1748. Ch. Le Cene. 1 vol. in-12.

614. — Même ouvrage. (6.e édit.)
Amsterdam et Leipzic 1750. Arkstée et Merkus 1 v. in-8º.

615. — Dictionnaire des proverbes françois, et des façons de parler comiques, burlesques et familières etc. Avec l'explication et les étymologies les plus avérées. P. J. P. D. L. N. D. L. E. F. (*Joseph* Panckoucke).
Paris 1749. Savoye. 1 vol. in-8º.

616. — Dictionnaire comique, satyrique, critique, burlesque, libre et proverbial. Avec une explication très-fidèle de

toutes les manieres de parler Burlesques, Comiques, Libres, Satyriques, Critiques et Proverbiales, qui peuvent se rencontrer dans les meilleurs Auteurs, tant Anciens que Modernes. Le tout pour faciliter aux Etrangers, et aux François mêmes, l'intelligence de toutes sortes de Livres. Par *Philibert Joseph* LE ROUX. (Nouv. édit.)
Amsterdam 1750. Zach. Chastelain. 2 vol. en 1 in-8º.

617. — Dictionnaire raisonné des onomatopées françoises, par *Charles* NODIER. (2.ᵉ édit.)
Paris 1828. Delangle frères. 1 vol. in-8º.

Idiomes et Patois de France.

618. — Dictionnaire françois-breton-armorique, par le R. P. *Julien* MAUNOIR.
Kimper 1658. Jacq. Renault. 1 vol. in-8º.

619. — Dictionnaire du patois du Bas-Limousin (Corrèze), et plus particulièrement des environs de Tulle, ouvrage posthume de M. *Nicolas* BÉRONIE; mis en ordre, augm. et publié par M. *Jos. Anne* VIALLE, *avocat.*
Tulle (sans date). J. M. Drappeau. 1 vol. in-4º.

620. — Mémoire qui a remporté le prix de l'Académie des sciences, agriculture, commerce, belles-lettres et arts, du département de la Somme, le 16 août 1807; sur la question suivante, proposée par cette Compagnie: « Quelle
» est l'origine de la Langue Picarde ? A-t-elle des carac-
» tères qui lui soient propres ? Quels sont ces caractères,
» ainsi que ses rapports avec les langues qui l'ont
» précédée, et avec celles qui ont subsisté et qui subsis-
» tent encore, notamment avec la Langue Romance ? »
Par L. A. J. GRÉGOIRE D'ESSIGNY *fils, de Roye* (1).
Paris 1811. Sajou. 1 vol. in-8º.

---

(1) GRÉGOIRE D'ESSIGNY (Louis-Antoine-Joseph), né à Roye le 30 novembre 1787, est mort le 23 juillet 1822.

624. — Glossaire étymologique et comparatif du patois Picard, ancien et moderne, précédé de recherches philologiques et littéraires sur ce dialecte, par l'abbé *Jules* Corblet. (Ouvrage couronné par la Société des Antiquaires de Picardie, dans la séance publique du 19 août 1849).
   Amiens 1851. Duval et Herment. 1 vol. in-8°.
** — Notice du patois vendéen. Par M. Revellière-Lépeaux.
   Mém. de l'Acad. celtiq., III.
** — Vocabulaire de la langue rustique et populaire du Jura, par M. Monnier.
   Mém. de la Soc. des Antiq. de France, V, VI.
** — Extrait d'un Glossaire des différens patois en usage dans le département des Vosges; par M. Richard.
   Ibid VI.
** — Vocabulaire du patois usité sur la rive gauche de l'Allagnon, depuis Murat jusqu'à Molompise. Par M. l'abbé Labouderie.
   Ibid. II.
** — Mots du langage de la campagne du canton de Bonneval (Eure-et-Loir) recueillis par M. Desgranges.
   Ibid. II.
** — Vocabulaire des mots patois en usage dans le département de la Meuse. Par M. F. S. Cordier.
   Ibid. X.
** — Consultez encore les tomes II, VI, VII, VIII, IX, X.

6. Langue Allemande.

Grammaires.

622. — Analogies constitutives de la langue allemande avec le grec et le latin expliquées par le samskrit par C. Schœbel.
   Paris 1845. Imp. royale. 1 vol. grand in-8°.
** — Dissertation dans laquelle on entreprend de prouver que de toutes les Langues que l'on parle actuellement en Europe, la langue Allemande est celle qui conserve le plus de vestiges de son ancienneté. Par M. Tercier.
   Mém. de l'Acad. des Ins. XXIV.

623. — Nouvelle méthode complete et facile, pour apprendre la langue Allemande par le moyen de la Françoise.
    Strasbourg 1701. S. Fréd. Spoor. 1 vol. in-8º.
    Voyez n.º 32.

624. — Grammaire allemande et françoise. Composé par le s.ʳ Bense du Puis. (2.ᵉ édit.)
    Paris 1658. Pierre Beaudouin. 1 vol. in-8º.

625. — Le Maitre allemand ou nouvelle grammaire allemande méthodique et raisonnée, composée sur le modèle des meilleurs auteurs de nos jours, et principalement sur celui de M. le *Professeur* Gottsched. (Nouv. édit.)
    Strasbourg 1760. König. 1 vol. in-8º.

626. — Le Maitre de la langue allemande ou etc. Même ouvrage.
    Strasbourg 1766. König. 1 vol. in-8º.

627. — Même ouvrage. (8.ᵉ édit.)
    Strasbourg 1778. König. 1 vol. in-8º.

628. — Nouvelle grammaire allemande pratique, par *Jean-Valentin* Meidinger. (8.ᵉ édit.)
    Metz 1823. Devilly. 1 vol. in-8º.

629. — Grammaire allemande où l'auteur s'efforce de développer le mécanisme de cette langue dans son ensemble; à l'usage de S. A. S. M.gr le duc de Chartres. Cet ouvrage est précédé d'un Précis de grammaire générale, servant d'introduction à cette grammaire allemande. Par M. Simon.
    Paris 1819. Eberhart. 1 vol. in-8º.

630. — Grammaire allemande, à l'usage des colléges et des maisons d'éducation. Par M. Le Bas et par M. Regnier. (3.ᵉ édit.)
    Paris 1834. Ch. Hingray. 1 vol. in-12.

631. — Parlement nouveau, ou centurie interlinaire de devis facetieusement serieux et serieusement facetieux, comprenans sous des Tiltres de Professions, Charges, Artifices, Mestiers et autres Estats tous les mots et phrases necessaires en la conversation humaine, et par ainsi ser-

vant de Dictionnaire et Nomenclature aux amateurs de deux langues, Françoise et Allemande. Par *Daniel* MARTIN.
Strasbourg 1637. Her. Lar. Zetzner. 1 vol. en 6 in-8º.

632. — Même ouvrage. (Dernière édit.)
Strasbourg 1660. Zetzner. 1 vol. in-8º.

633. — L'interprete des avantures de Télémaque, fils d'Ulysse, qui s'occupe à enseigner aux Allemands et aux François, la Quantité des mots et des Phrases des deux Langues, et la manière d'expliquer les Auteurs François.— Ausleger derer Begebenheiten des Telemacs, Sohns des Ulysses, welcher sich bemuhet die Teutschen und Frantzosen, die so sehr verlangte Copiam verborum et phrasium in beyden Sprachen. Von *Georgio Philippo* PLATS.
Frankfurt am Mayn 1732. Mossern. 1 vol. in-8º.

Dictionnaires.

634. — Der curiose deutsch und frantzosische Dollmetscher. (Le curieux interprête français et allemand).
Sans titre. 1 vol. in-8º.

635. — Biglotton sive dictionarium teuto-latinum novum omnibus hactenus editis ejusdem generis Dictionariis multò perfectius compositum. Operâ *Martini* BINNART.
Amstelodami 1652. Jac. Schipper. 1 vol. in-8º.

636. — Dictionnaire françois-allemand-latin et Dictionnaire allemand-françois-latin. Par *Nathanael* DUEZ.
Amsterdam 1664. Louys et Daniel Elzevier. 2 vol. in-4º.

637. — Nouveau dictionnaire françois-aleman, et aleman-françois, qu'accompagne le Latin, recueilli des plus celebres Autheurs, et enrichi de tous les mots et de toutes les manieres de parler que le bel usage authorise dans les deux Langues : avec un ample Vocabulaire Latin-François-Aleman. (2.ᵉ édit.)
Basle 1675. Jean Herm. Widerhold. 2 vol. in-8º.

638. — Nouveau dictionnaire françois-allemand , et allemand-françois, contenant tous les mots les plus connus et usités. Par *Pierre* Rondeau. Nouv. édit., par *Auguste J.* Buxtorf.
   Bâle 1739. V.e Conrad de Mechel. 2 vol. in-fol. Grav.
639. — Dictionnaire complet des langues française et allemande, composé d'après les meilleurs ouvrages anciens et nouveaux sur les sciences, les lettres et les arts. Par l'*Abbé* Mozin, MM. Guizot, Biber, Hoelder, Courtin et plusieurs autres collaborateurs. 3.e édit. rev. et aug. par A. Peschier.
   Stuttgard et Thubinge 1812. Cotta. 4 vol. in-4º.

7. Langue Flamande et Hollandaise.

640. — Grammaire flamende et françoise, pour facilement et promptement apprendre la Langue Flamende et Françoise. Par *Jean-Louis* d'Arsy.
   Rouen 1664. V.e Daré. 1 vol. in 8º.
641. — Dictionnaire portatif; en deux parties: I. François et Hollandois, et II. Hollandois et François; de feu M. *Pierre* Marin. 9.e édit, de nouveau rev. corr. et aug. par M. *Jean* Holtrop.
   Dort 1786-1787. Blusse et fils. 2 vol. in-8º.

8. Langue Anglaise.

Grammaires.

642. — Grammaire angloise, et françoise. Pour facilement et promptement apprendre la langue angloise et françoise. Revûë et corrigée tout de nouveau. Par E. A.
   Rouen 1674. Louis Cabut. 1 vol. in-8º.

643. — Nouvelle facile méthode pour Apprendre l'Anglois, contenant une parfaite Grammaire, avec une Nomenclature Françoise et Angloise; un Recueil d'expressions familieres etc. Par le s.ʳ *Guy* MIEGE.
Leyde 1692. Pierre Van der AA. 1 vol. in-8°.

644. — Grammaire angloise, expliquée par regles generales. Utile à ceux qui sont curieux d'aprendre l'Anglois. Par *Claude* MAUGER.
Londres 1699. John Edwark. 1 vol. in-8°.

645. — A guide to the english tongue in two parts. By *T.* DYCHE. (44 édit.)
London 1754. Rich. Ware. 1 vol. in-12.

646. — Grammaire angloise-françoise, par M.ʳˢ MIEGE et BOYER; rev., corr., reform. et aug. par M. MATHER FLINT.
Paris 1761. Briasson. 1 vol. in-8°.

647. — The elements of the english language, explained by Way of Dialogue. By *V. J.* PEYTON. — Les elemens de la langue angloise, dévélopés d'une Maniere nouvelle, facile et très concise, en Forme de Dialogues. Par *V. J.* PEYTON.
Londres 1765. Paul Vaillant. 1 vol. in-12.

648. — Même ouvrage.
Paris 1795. Théop. Barrois. 1 vol. in-12.

649. — Nouvelle grammaire angloise, contenant des regles sures pour apprendre facilement et en peu de temps à Lire, à Parler et à Ecrire l'Anglois. Par MM. ROBINET et DEHAYNIN. (Nouv. édit.)
Amsterdam 1774. Arkstée et Merkus. 1 vol. in-12.

650. — Elémens de la langue angloise, ou méthode pratique pour apprendre facilement cette Langue. Par M. SIRET.
Paris 1780. Théop. Barrois. 1 vol. in-8°.

651. — Méthode analytique pour apprendre la langue anglaise, divisée en trois parties, contenant : I. un Traité complet de la Prononciation ; II. l'Analyse des Elémens du dis-

cours; III. une Syntaxe très étendue, etc. Par *P. P* Bourgeois. (3.e édit.) (1).
Paris 1819. Baudouin. 1 vol. in-8°.

652. — Même ouvrage. (4.e édit.)
Paris 1828. Baudry. 1 vol. in-8°.

** — Traduction de la Préface du dictionnaire de Samuel *Johnson*. Par Stan. Andrieu.
Voyez *OEuvres de Stan. Andrieu*, tom. vi.

653. — Le Maître d'anglais, ou grammaire raisonnée de la langue anglaise, à l'usage des Français; par *William* Cobbett. Suivie des Elémens de la conversation anglaise, ou Dialogues familiers, en français et en anglais, par *J.* Perrin; et d'un choix des idiotismes de la langue anglaise, par Chambaud. Nouv. édit., aug. de notes explicatives, par le professeur Davies, de Londres. Rev. et corr. par M. Fain.
Paris 1823. L. Tenré. 1 vol. in-8°.

654. — Grammaire de la langue anglaise, à l'usage des Français; suivie d'un cours complet d'exercices, choisis dans les auteurs classiques. Par *John* Jump.
Paris 1829. Fayolle 1 vol. in-12.

655. — Eléments de la langue anglaise, ou méthode pratique pour apprendre facilement cette langue, par Siret. Nouv. édit., considérablement augmentée par M. Poppleton; rev. corr. et annot. Par *Alex.* Boniface.
Paris 1830. Baudry. 1 vol. in-8°.

656. — Prononciation de la langue angloise, avec un traité de son accent et de sa prosodie à l'usage des François. Par M. *Mather* Flint.
Paris 1754. Prault. 1 vol. in-12.

Dictionnaires.

657. — A dictionarie of the french and english tongues, newly

---

(1) Bourgeois (Pierre-Pascal), ancien professeur au collége, né à Amiens le 22 avril 1752, est mort le 8 avril 1841.

refined and amplified. By *Robert* SHERVWOOD. (Dictionnaire anglois-françois et françois-anglois.)

London 1660. Hunt. 2 vol. en 1 in-fol.

658. — A dictionary english-latin, and latin-english; containing all Things Necessary for the Translating of either Language into other. By *Elisha* COLES. (8.ᵉ édit.).

London 1716 Collins. 1 vol. in-8°.

659. — Grand dictionnaire français-anglais et anglais-français, rédigé d'après la 6.ᵉ édition du Dictionnaire de l'Académie française, le complément de ce dictionnaire, la dernière édition de *Chambaud, Garnier* et J. *Descarrières*, le Dictionnaire grammatical de *Laveaux* et le Lexique universel de *Boiste,* les dictionnaires anglais de *Johnson, Todd, Ash, Webster* et *Crabb*, et les principaux ouvrages technologiques de l'une et l'autre langue. Par MM. les professeurs FLEMING et TIBBINS.

Paris 1845. Firmin Didot. 2 vol. in-4°.

660. — Lexicon Tetraglotton, an English-French-Italian-Spanish dictionary : whereunto is adjoined a large Nomenclature of the proper Terms (in all the four) belonging to several Arts and Sciences, to Recreations, to Professions both Liberal and Mechanick, etc. Divided in Fiftie two Sections.— With another Volume of the Choicest Proverbs in all the said Toungs etc. By the Labours, and Lucubrations of *James* HOWELL.

London 1660. Cornelius Bee. 1 vol. in-fol.

9. Langue Slave.

** — Mémoire sur la langue et les mœurs des peuples Slaves. — Vocabulaire mésogothique d'ULPHILAS, vandale, slave et français. Par M. le comte de SORGO.

Mém. de l'Acad. Celt. II

10. Langue Francique.

661. — Langue et littérature des anciens Francs. Par G. Gley.
Paris 1814. Michaud. 1 vol. in-8º.

2.ᵉ CLASSE.

RHÉTORIQUE.

§. 1. RHÉTEURS.

Rhéteurs Grecs.

** — Dissertations sur l'origine et les progrès de la Rhétorique dans la Grèce. Par M. Hardion.
Mém. de l'Acad. des Inscr. IX, XIII, XV, XVI, XIX, XXI.

662. — ΑΡΙΣΤΟΤΕΛΟΥΣ τέχνησ ρήτορικῆσ Βιβλία γ. — Aristotelis Artis Rhetoricæ libri tres (græ. lat.); ab *Antonio* Riccobono Latine conversi. Ejusdem Rhetoricæ paraphrasis, interjecta rerum explicatione, et collata Riccoboni multis in locis conversione cum *Maioragii*, *Sigonii*, *Victorii* et *Mureti* conversionibus, separatim est edita.
Francofurdi 1588. Hered. And. Wecheli. 1 vol. in-8º.

663. — ΑΡΙΣΤΟΤΕΛΟΥΣ περὶ τέχνησ ρήτορικῆσ τοῦ αὐτοῦ περὶ ποιητικῆς.
— Aristotelis *Stagiritæ* Rhetoricorum libri tres. Ejusdem de Poetica liber unus. (Versio A. Riccoboni.)
Parisiis 1620. Libert. 1 vol in-8º.

664. — Aristotelis Rhetoricorum libri tres, *Hermolao* Barbaro Patricio Veneto interprete. — *Danielis* Barbari in eosdem libros Commentarii.
Basileæ 1545. Barth. Westhemerus. 1 vol. in-8º.

665. — Aristotelis Artis Rhetoricæ libri tres. Latinâ versione è regione Græci sermonis positâ. *Antonio* Riccobono interprete.
Parisiis 1648. Seb. Cramoisy. 1 vol in-8º.

666. — La Rhétorique d'Aristote. Les deux premiers Livres traduits du Grec en François par le feu Sieur *Robert* Estienne. Et le troisiesme par *Robert* Estienne son Nepveu.
Paris 1630. Rob. Estienne. 1 vol. in-8°.

667. — M. *Antonii* Maioragii in tres Aristotelis libros, de Arte Rhetorica, quos jpse Latinos fecit, Explanationes. Nunc primum à primo Comite, Auctoris Amitino, in lucem prolatæ.
Venetiis 1572. Apud Franc. Senensem. 1 vol. in-fol.
Il y manque quelques feuillets.

668. — Aristotelis *Stagiritæ* Topicorum Libri Octo, cum *Augustini* Niphi *medices Suessani* commentariis.
Venetiis 1569. Apud Hier. Scotum 1 vol. in-fol.

669. — Le génie ov l'esprit de la Rhétoriqve d'Aristote. Dédié à M. le Marquis de la Ferté Senectere. (Par de Lartigve).
Paris 1669. (l'Auteur). 1 vol. in-12.

** — Platonis Gorgias.
Vide *Platonis opera.*

** — Traité du sublime et du merveilleux dans le discours, traduit du grec de Longin. Par Boileau.
Voyez *OEuvres de Boileau*, tom. iii.

** — Réponse aux réflexions de M. Despréaux sur Longin, par St.-Evremont.
Voyez *OEuvres de St.-Evremont*, tom. ii.

** — ΔΙΟΝΥΣΙΟΥ ΑΛΙΚΑΡΝΑΣΣΕΩΣ τέχνη. — Dionysii Halicarnassis ars Rhetorica.
Vide *Dionysii Halicarnassis opera.* i.

670. — Aphthonii Progymnasmata id est præexercitationes Rhetorum et Luciani opusculum de componenda Historia nuper a *Ioanne Maria* Catanaeo latinitate donata.
Venetiis 1522. Greg. de Gregoriis. 1 vol. in 8°.

671. — ΑΦΘΟΝΙΟΥ Σοφιστοῦ Προγυμνάσματα καὶ Μῦθοι. — Aphthonii *Sophistæ* Progymnasmata. *Franc.* Scobario, interprete: cum Notis ex Commentariis *Hadamarij.* Ejusdem Aphthonii Fabulæ nunc primum in lucem prolatæ.
Parisiis 1621. Seb. Cramoisy. 1 vol. in-8°.

672. — Aphthonii progymnasmata, partim à *Rodolpho* Agricola, partim à *Iohanne Maria* Catanæo, latinitate donata. Cum Scholiis R. Lorichii. (Noviss. edit.)
Amsterodami 1655. Apud L. et D. Elzevirios. 1 v. in-8º.

673. — Idem opus.
Amsterodami 1665. Apud L. Elzevirium. 1 vol. in-18

674. — Candidatus Rhetoricæ. Seu, Aphthonii Progymnasmata. In meliorem formam, usumque redacta. Auctore P. *Francisco* Pomey è soc. Jesu.
Rothomagi 1671. Cl. Flores. 1 vol. in-12.

675. — Contenta in hocce libello. — Eloquentiæ encomium, autore Ph. Melanchthone. — De primis apud Rhetorem exercitationibus Præceptiones, autore *Petro* Mosellano. — Aphthonii Sophistæ græca Progymnasmata. — Eadem latina *Ioanne Maria* Catanæo interprete. — Libanii Sophistæ græcæ declamationes tres. — Eædem latinæ Erasmo Roter. interpret.
Coloniæ 1525. Apud Joan. Soterem. 1 vol. in-8º.

676. — Τοῦ σοφωτάτου καὶ λογιωτάτου Μανουήλου τοῦ ΜΟΣΧΟΠΟΥΛΟΥ περὶ σχεδῶν, *Manuelis* Moschopuli de ratione examinandæ orationis libellus
Lutetiæ 1545

677. — Theatrum veterum Rhetorum, Oratorum, Declamatorum, quos in Græcia nominabant Σοφιστας, expositum libris quinque. Auctore *Ludovico* Cresollio soc. Jes.
Parisiis 1620. Seb. Cramoisy. 1 vol. in-8º.

Rhéteurs Latins anciens.

678. — Rhetoricorū M. *Tullii* Ciceronis ad C. Herenniū libri quattuor cum eruditissimis elucidationibus *Fran. Maturantii* et *Ant. Mancinelli* presertim in primū librum : et cum familiari admodū *Jodoci Badii Ascensii* in omnes quattuor libros explanatione : Item ejusdem M. *Tullii*

Ciceronis de invētione libri duo a *Mario Fabio Victorino* rhetore expositi.
Parrhisiis 1508. Jehan Petit. 1 vol. in-fol.

679. — M. *Tullii* Ciceronis de oratore ad Quintum fratrem dialogi tres, *Audomari* Talæi explicationibus illustrati.
Parisiis 1553. Apud C. Perier. 1 vol. in-4°.

680. — M. *Tullii* Ciceronis libri rhetorici, Numeris Capitibusque distincti, et brevibus Argumentis per singula Capita illustrati.
Bellovaci (Parisiis) 1704. Apud J. Brocas. 1 vol. in-12.

681. — Idem opus.
Parisiis 1750. Apud Vid. Brocas. 1 vol. in-12.

682. — La Rhetorique de Cicéron, ou les trois livres du Dialogue de l'Orateur en latin et en françois. Nouv. traduction. (Par l'*Abbé* Cassagne).
Lyon 1692. Hor. Molin. 1 vol. in-12.

683. — La Rhetorique de Cicéron ou les trois livres de l'Orateur traduits en françois. (Même ouvrage).
Paris 1773. Billaine. 1 vol. in-12.

684. — Traduction du traité de l'Orateur de Cicéron, avec des notes. Par M. l'*Abbé* Colin.
Paris 1737. Debure. 1 vol. in-12.

On trouve à la suite trois discours de l'abbé Colin, qui ont remporté le prix d'éloquence par le jugement de l'Académie Françoise en 1705, 1714 et 1717.

685. — Le premier livre de l'Orateur de Cicéron: traduit par *François* Ioulet, *Sieur de Chastillon*.
Paris 1601. Abel l'Angelier. 1 vol. in-8°.

** — P. Rami Scholæ Rhetoricæ seu questiones Brutinæ in Oratorem Ciceronis.
Vide *Rami Scholæ liberales*.

686. — *Marci Antonii* Maioragii, in Oratorem M. T. Ciceronis ad M. Brutum, Commentarius: Nuper adeò in eloquentiæ studiosorum gratiam conscriptus, nuncque primùm in lucem editus.
Basileæ 1552. J. Oporinus. 1 vol. in-fol.

8.

687. — M. *Antonii* Maiobagii, commentarius in dialogum, seu lib. primum de Oratore ad Q. Fratrem M. *Tullii* Ciceronis. Nuper adeò in eloquentiæ studiosorum gratiam accurata *Jo. Petri* Ayroldi Marcellini opera atque industria in lucem prolatus. (Accedunt *Fabii* Paulini Utinensis Scholia.)
Venetiis 1587. Apud Fran. Senensem. 1 vol. in-4°.
On trouve à la suite:

688. — M. *Ant.* Moioragii, commentarius in dialogum de Partitione oratoria M. *Tullii* Ciceronis. Opera, atque studio *Io. Petri* Ayroldi Marcellini nunc primum in lucem editus.
Venetiis 1587. Apud Fr. Senensem. 1 vol in-4°.

689. — *Sebastiani* Corradi commentarius, in quo M. T. Ciceronis de Claris Oratoribus liber, qui dicitur *Brutus*, et loci penè innumerabiles quum aliorum scriptorum, tum Ciceronis ipsius explicantur.
Florentiæ 1552. Apud Laur. Torrentinum. 1 vol. in-fol.
Vide n.° 686.

690. — Idem opus.
Florentiæ 1552. Off. Laur. Torrentini. 1 vol in-fol.

691. — En habes lector in omnes de Arte Rhetorica M. *Tul.* Ciceronis libros, doctissimorum virorum commentaria, magno studio in Eloquentiæ candidatorum gratiam atque usum jam in unum veluti corpus redacta.
Basileæ 1541. Rob. Winter. 1 vol. in-fol.

692. — *Marci Tullii* Ciceronis ad C. Trebatium Topica.
Parisiis 1542. Apud G Le Bret. 1 vol. in-4°.

693. — In Topica Ciceronis ad Caium Trebatium Enarrationes *Bartholomæi* Latomi et *Phil.* Mel. (Melanchthonis) ac *Christophori* Hegendorph scholia. — *Severini* Boetii de differentiis Topicis libri quatuor.
Parisiis 1543. Mich. Vascosan. 1 vol. in-4°.

694. — M. *Fabii* Quintiliani oratoriarum institutionum libri XII.

Castigati ad fidem optimorum exemplarium, insignitàque lectionis distinctione etc. illustrati. — Ejusdem Declamationes diligenter recognitæ.

Parisiis 1541. Apud Sim. Colinæum. 1 vol. in-4°.

695. — M. *Fabii* Quintiliani Oratoris eloquentissimi, Institutionum oratoriarum Libri XII.

Parisiis 1542. Rob. Stephanus. 1 vol. in-4°.

696. — M. *Fabii* Quintiliani Institutionum oratoriarum libri XII. — Declamationum liber eiusdem.

Lugduni 1544. Apud Seb. Gryphium. 1 vol. in-8°.

697. — M. *Fabii* Quintiliani Institutionum oratoriarum Libri duodecim. Novæ huic Editioni adjecit Fabianarum Notarum Spicilegium subcisivum *Daniel* Pareus. Accesserunt etiam Quintilianorum declamationes.

Francofurti 1629. H. Robynson. 1 vol. in-8°.

La seconde partie contient: Quintiliani declamationes undevigenti, fragmenta alia, hoc est, quæ ex ccclxxxviij supersunt cxlv Declamationes. — Item Calpurni Flacci excerptæ x Rhetorum minorum lj. — Una cum Dialogo de Oratoribus sive de Causis corruptæ eloquentiæ. Omnia ex P. *Pithoei* bibliothecis prolata.

698. — M. *Fabii* Quintiliani de Institutione Oratoria libri XII, singulari cùm studio tum iudicio doctissimorũ virorum ad fidem vetustiss. codicũ correcti et emendati, argumentisque doctiss. viri *Petri* Gallandii elucidati. — Ejusdem Quintiliani Declamationum Liber. — L. *Annæi* Senecæ Declamationũ Liber unus, cum *Rod.* Agricolæ lucul. commentariis. — *Petri* Mosellani Annotationes in septẽ lib. priores. — *Joachimi* item Camerarii in Primum et Secundũ. — Commentarius *Antonii* Pini in Tertium.

Parisiis 1549. Apud Audoënum Parvum. 1 vol. in-fol.

** — *Marcus Fabius* Quintilianus de institutione oratoria ad codd. parisin. recensitus cum integris commentariis *Georg. Lud.* Spalding quibus novas lectiones et notas adjecit *Joan. Jos.* Dussault.

Paris 1821. Lemaire. 7 vol. in-8°.

Voyez *Bibl. class. lat.* de Lemaire.

8.*

699. — QUINTILIEN de l'institution de l'orateur. Avec les notes Historiques et Litterales, où les mots Barbares, Grecs, Anciens, et les plus difficiles passages sont expliquez. Par M. M. D. (*Michel* DE PURE).
Paris 1663. Fr. Clouzier. 1 vol. in-4°.

700. — QUINTILIEN, de l'institution de l'orateur, traduit par M. l'*Abbé* GÉDOYN. Nouv. édit., avec le texte latin, rev. corr. et augm. des passages omis par le traducteur, d'après un mémoire manuscrit de M. CAPPERONNIER. (Par M. ADRY).
Paris 1810. Volland frères. 6 vol. in-8°.

701. — Même ouvrage.
Lyon 1812. Am. Leroy. 6 vol. in-12.

** — Institution oratoire de QUINTILIEN. Traduction nouvelle par C. V. OUIZILLE.
Paris 1829-1835. Panckoucke. 6 vol. in-8°.
Voyez *Bibl. Lat. Franç.*

** — P. RAMI scholæ rhetoricæ in Quintiliani libros XII.
Vide *Rami scholæ liberales.*

** — Ad Quintiliani institutiones oratorias P. COLOMESII notæ.
Vide P. *Colomesii opuscula.*

702. — Epitome *Fabii* QUINTILIANI nuper summo et ingenio et diligentia collecta, qua possit studiosa iuventus, quidquid est Rhetoricæ institutionis apud ipsum authorem, breviore compendio et multo facilius assequi. Authore JONA *Philologo.*
Parisiis 1539. Apud Sim. Colinæum. 1 vol. in-8°.

** — De oratoribus sive de causis corruptæ eloquentiæ.
Vide P. *Corn. Taciti opera.*

** — Dialogue sur les orateurs, traduit par J. M. CHENIER, tom. II.
Voyez *OEuvres posth. de M. Chenier.*

703. — *Severini* BOETII de differentiis topicis libri quatuor.
Parisiis 1533. Io. Clauso Brunello. 1 vol. in-8°.

704. — *Severini* BOETII de differentiis topicis libri quatuor.
Parisiis 1537. Rob. Stephanus. 1 vol. in-8°.
Dans le même volume.

705. — In Topica Ciceronis *Anitii Manlii Severini* Boetii commentarius.
Parisiis 1540. Rob. Stephanus. 1 vol. in-8°.

706. — *Severini* Boetii de differentiis topicis libri quatuor, magna cum diligentia recogniti.
Parisiis. 1541. Off. Simonis Colinæi. 1 vol. in-8°.

707. — Boetii *Severini* de divisionibus et diffinitionibus libri, emendatiùs quàm antea editi. Additis scholiorum vice adnotationibus utilissimis.
Parisiis 1540. Off. Sim. Colinæi. 1 vol. in-8°.

** — *Magni Aurelii* Cassiodori de schematibus et tropis.
Vide *Cassiodori opera*. 1.

** — Isidori *Hispalensis* de Rhetorica et dialectica.
Vide *Isidori opera*.

** — *Alb. Fl.* Alchuini de Rhetorica et virtutibus dialogus.
Vide *Alchuini opera*.

Rhéteurs Latins modernes.

On trouve dans le même volume les n.°˙ 708 à 713 et en double les n.°˙ 714 et 718.

708. — *Joachimi Fortii* Ringelbergii *Andoverpiani* Rhetorica.
Lutetiæ 1548. Rob. Stephanus. 1 vol. in-8°.

709. — Rhetorica *Joannis* Cæsarii in septem libros sive tractatus digesta, universam fere ejus artis vim compendio complectens diligenter recognita.
Parisiis 1542. Apud Sim. Colinæum. 1 vol. in-8°.

710. — *Consulti Chirii* Fortunatiani Rhetoricorum libri III. Castigatiores jam redditi opera Petri Nannii *Alcmariani*.
Lovanii 1550. Apud. Mart. Rotarium. 1 vol. in-8°.

711. — Tabulæ breves et expeditæ *Georgii* Cassandri, in præceptiones Rhetorices. Ex postrema authoris recognitione.
Lutetiæ 1551. Rob. Stephanus. 1 vol. in-8°.

712. — *Audomari* Talæi Rhetorica, ad Carolum Lotharingum Cardinalem. (5.ᵃ edit.)
Lutetiæ 1552. Mat. David. 1 vol. in-8°.

713. — De elocutionis imitatione ac apparatu liber unus. Auctore D. *Jacobo* Omphalio J. C. His accesserunt *Jo. Francisci Pici Mirandulæ* ad Petr. Bembum et *Petr. Bembi* ad *Jo. Fr. Picum Mirandulam*, de Imitatione Epistolæ duæ.
Parisiis 1565. Apud Guil. Julianum. 1 vol. in-8°.

714. — Nomologia, qua eloquendi ac disserendi ratio ad usum forensem, civiliumque causarum procurationem, pergrata studiorum omnium utilitate, accommodatur. Autore *Jacobo* Omphalio J. C.
Parisiis 1536. Apud Sim. Colinæum. 1 vol. in-8°.

715. — De elocutionis imitatione ac apparatu liber unus. Auct. D. *Jac.* Omphalio J. C.
Parisiis 1537. Apud Sim. Colinæum. 1 vol. in-8°.

716. — Compendiosa formandæ orationis, concionisque ratio : seriatim delineata, ex optimis benè dicendi Magistris fideliter collecta ad sapienter, eruditè, et eloquenter dicendum. — Labore, et industria *Guillelmi* Coëffeteau.
Parisiis 1643. Apud Rob. Sara. 1 vol. in-8°.

717. — *Rob.* Britanni de ratione consequendae eloquentiae liber.
Parisiis 1542. Apud Lud. Grandinum. 1 vol. in-4°.

718. — Rhetorices elementa, Autore *Philippo* Melanchthone.
Lugduni 1533. Apud Seb. Gryphium. 1 vol. in-8°.

719. — *Joannis Ludovici* Vivis Rhetoricæ, sive de recte dicendi ratione libri tres. Ejusdem de Consultatione liber I.
Basileæ 1536. Balt. Lasius. 1 vol. in-8°.

720. — *Joachimi* Ringelbergii Antverpiani Rhetorica.
Lugduni 1542. Apud Seb. Gryphium. 1 vol. in-8°.

721. — *Joachimi Fortij* Ringelbergij *Antuerpiani* Rhetorica, nunc demum tertissimè emendata.
Parisiis 1545. Apud Sim. Colinæum. 1 vol. in-8°.

722. — *Petri* Mosellani tabulæ de schematibus et tropis. — In Rhetorica *Philippi* Melancthonis tabulæ. — In *Erasmi Rot.* libellum de duplici copia.
Lutetiæ 1546. Rob. Stephanus. 1 vol. in-8°.
Vid. n.° 342.

723. — *Antonii* Possevini soc. Jesu, Cicero collatus cum Ethnicis, et Sacris Scriptoribus. Quo agitur de ratione conscribendi Epistolas. De Arte Dicendi, etiam Ecclesiastica.
Lugduni 1593. Apud Joan. Pillehotte. 1 vol. in-16.

724. — *Emundi* Richerii de arte figurarum et causis eloquentiæ. Opus, non *Pueris* modò compendiosiùs, et faciliùs erudiendis, sed *Poetis*, atque *Oratoribus* imitandis, et *Sacris Scripturis* interpretandis necessarium.
Parisiis 1605. Pet. Pautonnier. 1 vol. in-8°.

725. — Libellus de pronunciatione rhetorica. Questiunculæ de pronunciatione in usum studiosae iuventutis propositae, a D. *Iodoco* Vuillich *Reselliano*.
Francofurti 1550. Eichorn. 1 vol. in-8°.

726. — Rhetoricorum *Simonis* Caulerii libri quinque. Editio tertia, præceptis auctior, illustrior exemplis, et epitome præclari iuvenis Poloni *Christophori* de Chalecz Chalecki luculentior.
Parisiis 1606. H. de Marnef. 1 vol. in-8°.

727. — F. *Andreæ* Valladerii ord. S. Ben. Partitiones Oratoriæ seu de Oratore perfecto. Opus ad sacrum etiam instituendum Concionatorem pernecessarium.
Parisiis 1621. P. Chevalier. 1 vol. in-8°.

728. — Eloquentiæ sacræ et humanæ parallela libri XVI. Auctore P. *Nicolao* Caussino. Soc. Jesu.
Flexiæ 1619. Sumptibus Seb. Chappelet. 1 vol. in-fol.

729. — *Nicolai* Caussini, è soc. Jesu, de eloquentia sacra et humana, libri XVI. (Edit 3.ª)
Lutetiæ-Paris. 1630. Mat. Henault. 1 vol. in-4°.

730. — Idem opus. (edit. 7.ª)
Lugduni 1657. Candy. 1 vol. in-4°.

731. — Tyrocinium eloquentiæ, sive Rhetorica nova, et facilior. Authore P. *Carolo* Paiot. Editio secunda.
Blesis 1648. De la Saugere. 1 vol. in-18.

732. — *Gerardi Joannis* Vossii commentariorum rhetoricorum,

sive oratoriarum institutionum libri sex, novâ hac editione auctiores, et emendatiores.
>Amstelodami 1633. P. et J Blaeu. 1 vol. in-fol.

733. — Idem opus. (4.ª edit.)
>Lugduni-Batavorum 1643. Maire. 1 vol. in-4º. Port.

734. — *Gerardi Joh.* Vossii de Logices et Rhetoricæ Natura et Constitutione libri II.
>Hagæ-Comitis 1658. Apud Adrianum Ulacq. 1 v. in-4º.

735. — *Gerardi Joannis* Vossii Rhetorices Contractæ, sive partitionum oratoriarum libri V. Editio ultima.
>Parisiis 1671. Vid. Cl. Thiboust. 1 vol in-12.

736. — Rhetor familiaris seu Ars Rhetoricæ paucis multa complectens per dialogos: Opusculum ut novum, ita forsan non inutile. Authore *Francisco* DE SIRIJANIS.
>Parisiis 1663. Alliot et Le Cointe. 1 vol. in-12.

637. — Ars Rhetorica auctore R. P. *Martino* DU CYGNE soc. Jesu. Secunda editio emendatior.
>Audomari 1660. Joach. Carlier. 1 vol. in-8º.

738. — Compendium totius artis bene dicendi. Ita concinnatum, ut omnibus Litterarum Cultoribus, sive Forum, sive Polum intuentibus, utilissimum fore judicetur. Authore P. F. *Jacobo* à S. DOMINICO, ord. Prædic.. (2.ª edit.)
>Lingonis 1668. Vid. Boudrot. 1 vol. in-12.

739. — Dissertationes academicæ de Oratoria, Historia et Poëtica. (Auctore *Pet.* OLIVIER, soc Jesu.)
>Parisiis 1672. Apud M. Le Petit. 1 vol. in-12.

740. — *Josephi* JUVENCII soc. Jes. Candidatus Rhetoricæ. Auctus et meliori ordine digestus.
>Parisiis 1725. Apud Fr. Barbou. 1 vol. in-12.

741. — Idem opus.
>Parisiis 1739. Apud J. Barbou. 1 vol. in-12.

742. — Præceptiones Rhetoricæ, variis exemplis illustratæ, una cum indice locupletissimo, accurate emendatæ. (Curantibus D. D. LANGLET, HERSAN et ROLLIN).
>Lutetiæ-Parisiorum 1737. Thiboust. 1 vol in-8º.

743. — Vacationes autumnales sive de perfecta oratoris actione et pronunciatione libri III. Auctore *Ludovico* Cresollio.
   Lutetiæ-Parisiorum 1620. Seb. Cramoisy. 1 vol. in-4°.

744. — R. P. *Famiani* Stradæ *Romani* e soc. Jesu eloquentia bipartita.
   Coloniæ Agrippinæ 1655. Apud J. Kinchium. 1 v. in-12.

745. — Speculum eloquentiæ, in quo nova et facili tabularum methodo Præcepta Rhetorices rediguntur. *Authore Cæsare* Egassio Buleo.
   Parisiis 1658. Apud Cl. Thiboust. 1 vol. in-12.

746. — Dormi secure: vel Cynosura professorum ac studiosorum eloquentiæ, in qua centum et viginti Themata Oratoria. Studio et industria D. *Matthæi* Timpii.
   Coloniæ-Agrip. 1626. Pet à Brachel. 1 vol. in-8°.

747. — Reginæ Eloquentiæ Palatium sive Exercitationes Oratoriæ. (Auctore *Gerardo* Pelletier).
   Lutetiæ-Paris. 1641. Vid. N. Buon. 1 vol. in-fol.

748. — Reginæ Eloquentiæ Palatium, sive Exercitationes oratoriæ X. Nunc autori suo restitutæ, R. P. *Gerardo* Pelletier, soc. Jesu.
   Parisiis 1663. Apud S. Benard. 1 vol. in-4°.

749. — Bibliotheca Rhetorum præcepta et exempla complectens, quæ tam ad oratoriam facultatem quam ad poeticam pertinent. Discipulis pariter ac magistris perutilis. Opus bipartitum. Auctore P. *Gab. Fr.* Le Jay, e soc. Jesu.
   Parisiis 1725. Greg. Dupuis. 2 vol. in-4°.

Rhéteurs Français.

---

750. — En lhonneur, gloire, et exultation de tous amateurs de lettres et signamment de eloquence. Cy ensuyt *le grant et vray art de pleine Rhetorique*. Utille, proffitable, et necessaire : à toutes gens qui desirent a bien elegāment

parler et escrire. Compille et compose par tres expert, scientifique, et vray orateur Maistre *Pierre* FABRI.
Rouen 1521. Thomas Rayer. 1 vol. in-4°.

751. — Le grand et vray art de plaine Rhetoricque. (Même ouv.)
Paris 1539. Estienne Caveiller. 1 vol. in-8°.

752. — La Rhetorique Françoise d'*Antoine* FOCLIN de *Chauny en Vermandois*.
Paris 1555. And. Wechel. 1 vol. in-8°.
Voir n.° 501.

753. — Tableau de l'Eloquence Françoise. Où se voit la maniere de bien escrire. Par le R. P. *Charles* DE SAINT-PAUL.
Paris 1632. s. n. 1 vol. in-8°.

754. — Les fleurs de la Rhetorique Françoise. Avec une conduite pour ceux qui se veulent former à l'Eloquence. Par J. SALABERT P. *Agenois*.
Paris 1639. Cl. Collet. 1 vol. in-8°.

755. — Le Parterre de la Rhetorique Françoise, émaillé de toutes les plus belles fleurs d'Eloquence qui se rencontrent dans les œuvres des Orateurs tant anciens que modernes. Ensemble le *Verger* de la Poësie, etc.
Lyon 1666. Simon Potin. 1 vol. in-12.

756. — L'Art de bien Discourir, ou la Methode pour former, établir, et multiplier le raisonnement dans la Chaire et dans le Barreau etc. Par le s.^r *Nic.* DE HAUTEVILLE.
Paris 1666. Jolly. 1 vol. in-12.

757. — L'Eloquence de la Chaire et du Barreau, selon les Principes les plus solides de la Rhetorique Sacrée et Profane. Par feu M. l'*Abbé* DE BRETTEVILLE. (2.° édit.)
Paris 1698. Den. Thierry. 1 vol. in-12.

758. — La Rethorique Françoise, ou les preceptes de l'ancienne et vraye Eloquence; accommodez à l'usage des conversations et de la Société civile: du Barreau: et de la Chaire. Par le *Sieur* LE GRAS.
Paris 1672. De Rafflé et Th. Girard. 1 vol. in-4°.

759. — La Rhetorique royale, contenant l'Art de bien dire, discourir et parler sur toute chose. Ou le chemin ouvert et racourcy pour arriver à la perfection de l'Eloquence. (Par BAUDUYN DE LA NEUFVILLE).
  Paris 1673. J.-B. Loyson. 1 vol. in-12.

760. — La Rhetorique Françoise ou pour principale augmentation l'on trouve les secrets de nostre langue. Par *René* BARY.
  Paris 1673. P.ʳᵉ Le Petit. 2 vol. in-12.

761. — Même ouvrage. (Nouv. édit.)
  Lyon 1676. Amaulry. 2 vol. in-12.

** — Avant discours de Rhétorique, ou traitté de l'Eloquence, par le card. DU PERRON.
  Voyez *OEuvres diverses du card. Du Perron.*

762. — L'Art de parler : avec un discours dans lequel on donne une idée de l'Art de Persuader. (Par le R. P. *Bernard* LAMY). (2.ᵉ édit.)
  Paris 1676. And. Pralard. 1 vol. in-12.

763. — La Rhetorique ou l'Art de parler. Par le R. P. *Bernard* LAMY. (4.ᵉ édit.)
  Paris 1701. André Pralard. 1 vol. in-12.

764. — Réfléxions sur l'Eloquence. (Par le P. LAMY.)
  Paris 1712. Jos. Mongé. 1 vol. in-12.

765. — Réflexions sur la Rhétorique, où l'on répond aux Objections du P. L'AMY (sic.) (Par *Balth.* GIBERT *professeur*).
  Paris 1705-1707. David et Thiboust. 1 vol. in-12.

** — Dialogues sur l'éloquence, par FÉNÉLON.
  Voyez *OEuvres*, édit. Lebel, tom. XXI. — Edit. 1820, tom. II.

766. — Traité général du stile, avec un traité particulier du stile épistolaire. Par l'Auteur des Remarques sur les Germanismes. (MAUVILLON, *secretaire du roi de Pologne.*)
  Amsterdam 1750. Pierre Mortier. 1 vol. in-8°.

767. — Essais d'Eloquence, de Critique et de Morale. — Dissertation sur les oraisons funèbres. Par M. l'*Abbé* DU JARRY.
  Paris 1706. D. Jollet. 1 vol. in-8°.

768. — De la Rhetorique selon les Préceptes d'Aristote, de Cicéron et de Quintilien. Avec des Exemples tirez des Auteurs

Sacrez et Profanes, tant Anciens que Modernes. Divisé en trois livres. (Par l'*Abbé* Breton).
Paris 1728. Grég. Dupuis. 1 vol. in-12.

769. — Rhétorique françoise, à l'usage des jeunes Demoiselles, avec des Exemples tirés, pour la plûpart, de nos meilleurs Orateurs et Poëtes modernes. (Par Gaillard, *avocat*). (3.ᵉ édit.)
Paris 1752. Barois. 1 vol. in-12.

770. — Même ouvrage. (6.ᵉ édit.)
Paris 1787. Libraires associés. 1 vol. in-12.

771. — L'Art de bien parler et de bien écrire en français; ou les Règles de l'Eloquence, développées par les Principes de la Rhétorique Latine, etc. Par M. Beauvais.
Paris 1773. Valade. 1 vol. in-12. Planch.

772. — L'art de parler, réduit en principes ; ou préceptes abrégés de Rhétorique, avec des exemples choisis, pour former l'esprit et le cœur de la Jeunesse de l'un et de l'autre sexe.
Paris 1777. V.ᶜ Savoye. 1 vol. in-12.

** — Mémoires sur les Nombres poëtiques et oratoires, par l'*Abbé* Le Batteux.
Mém. de l'Acad. des Inscrip., xxxv.

** — L'art d'écrire, par Condillac.
Voyez *OEuvres*, édit. 1798, tom. vii. — 1822, tom. v.

** — Lettre sur les sourds et muets, à l'usage de ceux qui entendent et qui parlent, où l'on traite de l'origine des inversions, de l'harmonie du style, du sublime de situation, de quelques avantages de la langue française sur la plupart des langues anciennes et modernes, et, par occasion, de l'expression particulière aux beaux-arts. Par Diderot.
Voyez *OEuvres*, tom. ii.

773. — Essai de Rhétorique, ou observations sur la partie oratoire des quatre principaux historiens latins. Par J. Naudet.
Paris 1813. Rémont père et fils. 1 vol. in-12.

774. — Traité du style. Par *Dieudonné* Thiébault. (Nouv. édit.)
Paris 1801. Lavillette. 2 vol. in-8º.

775. — Préceptes de rhétorique, suivis de conseils sur un cours de lecture et d'une série de questions à l'usage des aspirans au grade de bachelier-ès-lettres. Par M. C. Hubert.
Amiens 1827. Caron-Vitet. 1 vol. in-12.

776. — Précis de rhétorique, rédigé sur un nouveau plan, à l'usage des Colléges et autres Etablissemens d'Instruction Publique, par Le Bailly, profess. de Rhétoriq. au Collége Roy. d'Amiens.
Amiens 1835. R. Machart. 1 vol. in-8°.

** — De l'Eloquence françoise, et des raisons pourquoy elle est demeurée si basse. Par Du Vair.
Voyez *OEuvres de Du Vair.*

777. — Considerations sur l'Eloquence Françoise de ce temps. (Par F. de la Mothe Le Vayer).
Paris 1638. Seb. Cramoisy. 1 vol. in-8°.

** — La Rhétorique du Prince. Par F. de la Mothe Le Vayer.
Voyez *OEuvres de Le Vayer.* Tom. I.

778. — Réflexions sur l'usage de l'Eloquence de ce temps. (Par le P. Rapin. (3.ᵉ édit.)
Paris 1679. François Muguet. 1 vol. in-12.

779. — Réflexions sur l'Eloquence, en général, et sur celle de la Chaire en particulier. Par M. l'*Abbé* Trublet. Pour servir de suite aux Essais de Littérature et de Morale.
Paris 1762. Suivant la copie. 1 vol. in-12.

780. — Réflexions sur l'Eloquence des Prédicateurs. (Par *Ant.* Arnauld.)
Paris 1695. Fl. et P. Delaulne. 1 vol. in-12.

781. — Essai sur l'éloquence de la chaire, panégyriques, éloges et discours, par le cardinal *Jean Sifrein* Maury. Nouv. édit., publiée sur les manuscrits autographes de l'auteur, par *Louis Sifrein* Maury, son neveu.
Paris 1828. Am. Costes. 3 vol. in-12.

782. — De l'Eloquence du Barreau, par M. Gin.
Paris 1767. Hérissant fils. 1 vol. in-12.

** — Essai sur les éloges, par Thomas.
Voyez *OEuvres*, tom. IV.

783. — Traitté de l'Action de l'Orateur, ou de la Prononciation et du Geste. (Par *Michel* LE FAUCHEUR, publié par CONRART).
 Paris 1657. Aug. Courbé. 1 vol. in-12.

784. — Cours de lecture et de déclamation théorique et pratique, appliqué aux divers genres d'écrits, et particulièrement aux diverses espèces de poésies; à l'usage des Pensions de Demoiselles. Par M. SABATIER.
 Paris 1839. l'Auteur. 1 vol. in-8°.

Rhéteurs étrangers.

785. — Leçons de Rhétorique et de Belles-Lettres, traduites de l'Anglais de H. BLAIR, par J. P. QUÉNOT. (2.ᵉ édit.)
 Paris 1830. Ledentu. 3 vol. in-8°.

786. — Furori della gioventu Esercitij Rhettorici di *Gio. Battista* MANZINI.
 Geneva 1647. P. Auberto. 1 vol. in-16.

§. 2. ORATEURS.

Orateurs Grecs.

787. — LISIÆ opera omnia græcè et latinè, cum versione nova, triplici indice, variantibus lectionibus, et notis, edidit *Athanasius* AUGER.
 Parisiis 1783. Didot l'aîné. 2 vol. in-8°.

788. — Œuvres complètes de LYSIAS, traduites en françois par M. l'*Abbé* AUGER.
 Paris 1783. De Bure. 1 vol. in-8°.

789. — ΙΣΟΚΡΑΤΟΥΣ λόγοι — ΑΛΚΙΔΑΜΑΝΤΟΣ, κατα Σοφιστων. — ΓΟΡΓΙΟΥ, Ελενῆσ εγκωμιον — ΑΡΙΣΤΕΙΔΟΥ Παναθηναικοσ. Τοῦ αὐτοῦ Ρωμῆσ εγκωμιον. — ISOCRATIS orationes. — ALCI-

DAMANTIS contra dicendi magistros.—GORGIÆ de laudibus Helenae.—ARISTIDIS de laudibus Athenarum.—*Ejusdem* de laudibus urbis Romae (Græcè).
Venetiis 1513. Aldus. 1 vol. in-fol.

790. — ISOCRATES nuper accurate recognitus, et auctus. — ΙΣΟΚΡΑΤΗΣ — ΑΛΚΙΔΑΜΑΣ — ΓΟΡΓΙΑΣ — ΑΡΙΣΤΕΙΔΗΣ — ΑΡΠΟΚΡΑΤΙΩΝ. — ISOCRATES. — ALCIDAMAS. — GORGIAS. — ARISTIDES. — HARPOCRATION (Græcè).
Venetiis 1534. Hær. Aldi Manutii. 1 vol. in-fol.

791. — ΙΣΟΚΡΑΤΟΥΣ ἀπαντα. ISOCRATIS scripta, quæ quidem nunc extant, omnia, Græcolatina, postremò recognita: annotationibus novis et eruditis illustrata, castigationibusque necessariis expolita: *Hieronymo* WOLFIO interprete et auctore.
Basileæ 1570. Off. Oporiniana. 1 vol. in-fol.

792. — ΙΣΟΚΡΑΤΟΥΣ ἀπαντα. ISOCRATIS scripta, quæ quidem nunc extant, omnia, Græcolatina, postremò recognita: *Hieronymo* WOLFIO interprete.
Basileæ 1582. Officina Oporiana. 1 vol. in-8°.

793. — ΙΣΟΚΡΑΤΟΥΣ λόγοι καὶ ἐπιστολαὶ. ISOCRATIS orationes et epistolæ: Cum nova interpretatione, qua verbum de verbo expressum effertur: cura I. T. B. A. (Jo. TARINI.)
Parisiis 1621. Seb. Chappelet. 1 vol. in-8°.

794. — ISOCRATIS opera omnia græcè et latinè, cum versione nova, triplici indice, variantibus lectionibus, et notis, edidit *Athanasius* AUGER.
Parisiis 1782. Didot l'aîné. 3 vol. in-8°.

795. — OEuvres complettes d'ISOCRATE, auxquelles on a joint quelques Discours analogues à ceux de cet Orateur, tirés de *Platon*, de *Lysias*, de *Thucydide*, de *Xénophon*, de *Démosthène*, d'*Antiphon*, de *Gorgias*, d'*Antisthène* et d'*Alcidamas*; traduites en françois, par M. l'*Abbé* AUGER.
Paris 1781. De Bure. 3 vol. in-8°.

** — ΙΣΟΚΡΑΤΗΣ — Isocratis orationes et epistolæ. Recognovit J. G. Baiter. Græcè et latinè.

 Parisiis 1846. Amb. F. Didot. 1 vol. in-8°.

 Vide *Scriptorum Græcorum Bibliotheca*.

** — Isocratis oratio Areopagitica.

 Vide *Lud. Vivis opera*. 1.

** — Isocratis ad Nicoclem.

 Vide *Bern. Justiniani*. — *Lud. Vivis*. — *Erasmi opera*.

796. — Panegyrica oratio : Helenæ laudatio : et Busiridis item laudatio : tres ex orationibus Isocratis selectissimæ. Cum Latina interpretatione *Hieronymi* Wolfii.

 Lutetiæ-Parisiorum 1633. Apud F. Pelicanum. 1 v. in-8°.

797. — ΙΣΟΚΡΑΤΟΥΣ προσ Νηκοκλεα, περὶ τῆσ Βασιλείασ, λόγοσ. Isocratis ad Nicoclem, de Regno : oratio. Cum versione Latinâ interlineari, et Praxi Grammaticâ omnium vocum.

 Rothomagi 1660. Joan. de Manneville. 1 vol. in-8°.

798. — ΙΣΟΚΡΑΤΟΥΣ λόγοι κỳ επιστολαι, μετα σχολιων παλαιων. Οἷσ προσετέθησαν σημειώσεισ, καὶ τῶν Αὐτοσχεδίων στοχασμῶν περὶ τῆσ Ἑλληνικῆσ παιδείασ καὶ γλώσσησ ἀκολουθία. — Φιλοτίμῳ δαπάνῃ τῶν ΑΔΕΛΦΩΝ ΖΩΣΙΜΑΔΩΝ, παιδείασ ἕνεκα τῶν τὴν Ἑλλάδα φωνὴν διδασκομένων Ἑλλήνων. Μεροσ δευτερον.

 Εν Παρισιοισ, Εκ τῆσ τυπ. Φιρμινου Διδοτου. ΑΩΖ. 1 vol. in-8°.

 C'est le second volume de l'édition d'Isocrate donnée en 1807 par M. Coray, estimée l'une des meilleures.

799. — Cours de langue grecque, ou Extraits de différens auteurs, avec la Traduction interlinéaire Latine et Française, et des Notes grammaticales. Par *J. B.* Gail, 1.re partie. — ΙΣΟΚΡΑΤΟΥΣ προσ Δημονικον λόγοσ. Isocratis ad Demonicum oratio.

 Paris 1797. l'Auteur. 1 vol. in-8°.

800. — Demosthenis et Æschinis Principum Græciæ Oratorum opera, cum utriusque autoris vita, et Ulpiani Commentariis, ex postrema recognitione Græcolatina sex codicum tam impressorum, quàm manuscriptorum, à mendis re-

purgata, notisque doctissimis illustrata, per *Hieron.* Wolfium.

Aureliæ-Allobrog. 1607. P. de la Rouiere. 1 vol. in-fol.

801. — Demosthenis et Æschinis Principum Græciæ Oratorum Opera, cum utriusque autoris Vita, et Ulpiani Commentariis, novisq; Scholiis, ex Quarta, eaque postrema recognitione, Græcolatina : variis Lectionibus adaucta, Annotationib. illustrata : per *Hieronymum* Wolfium.

Basileæ 1572. Eus. Episcopus. 1 vol. in-fol.

** — Harangues de Démosthène et d'Eschine, traduites en françois, par M. de Tourreil.

Voyez *OEuvres de M. de Tourreil*, tom. i et ii.

802. — OEuvres complètes de Demosthène et d'Eschine, en grec et en français. Traduction de l'*Abbé* Auger. Nouv. édit. rev. et corr. par J. Planche. Ornée d'un portrait de Démosthène gravé d'après l'antique par M. Mécou.

Paris 1819-1821. Verdière. 10 vol. in-8º.

803. — ΔΗΜΟΣΘΕΝΟΥΣ λογῶν τμῆμα πρῶτον κỳ δεύτερον. Demosthenis orationum, nunc longe diligentiore quàm unquam hactenus recognitione emendatarum, pars prima et secunda. (Græcè.)

Basileæ 1507. Joan. Hervagius. 1 vol. in-8º.

** — ΔΗΜΟΣΘΕΝΟΥΣ τα σωζομενα. Demosthenis opera recensuit græce et latine cum indicibus edidit D.ʳ *Jo. Theod.* Voemelius.

Parisiis 1843. Amb-F. Didot. 1 vol. in-8º.

Vide *Scriptorum Græc. Bibl.*

804. — Demosthenis oratio contra Philippi epistolam, ejusdemque Philippi epistola versa à *Roberto* Britanno, adjectis aliquot locis, quos Cicero expressit ex Demosthene, aut certè adumbravit.

Parisiis 1543. Apud L. Grandinum. 1 vol. in-4º.

805. — Les oraisons et harangues de Demosthene, sur le faict et conseil des guerres contre Philippe Roy de Macedoine : Auec les argumens de Libanius Sophiste, sur icelles

Philippiques. Le tout traduict de Grec en François, par GERVAIS DE TOURNAY, *chanoine de Soissons.*
Paris 1579. Nic. Bonfons. 1 vol. in-8°.

806. — Traduction des Philippiques de DEMOSTHENE, d'une des Verrines de CICERON, avec l'Eutiphron, l'Hyppias du Beau, et l'Euthidemus, de PLATON. Par M. de MAUCROY.
Paris 1685. Cl. Barbin. 1 vol. in-12.

807. — ΔΗΜΟΣΘΕΝΟΥΣ περί στεφανου λόγοσ. DEMOSTHENIS oratio de corona.
Parisiis 1548. Seb. Cramoisy. 1 vol. in-8°.

808. — ΔΗΜΟΣΘΕΝΟΥΣ ὁ περί τῶν συμμοριῶν λόγος,
Parisiis 1542. Apud G. Le Bret. 1 vol. in-4°.

809. — ΔΙΩΝΟΣ τοῦ ΧΡΥΣΟΣΤΟΜΟΥ λόγοι Γ. DIONIS *Chrysostomi* orationes LXXX. Apposita est in extremo libro varietas lectionum, cum orationum indice.
Venetiis. s. d. Aldus. 1 vol. in-8°.

Première édition de cet auteur, imprimée aux frais de Fréd. Torrisani, sans date, en 1551. Voyez *Schoell.*, tom. IV, p. 225.

810. — ARISTIDIS opus. (Græcè.)
Florentiæ 1517. Sumptibus Philippi Juntæ. 1 v. in-fol.

811. — *Ælii* ARISTIDIS oratoris clarissimi orationum tomi tres. Interprete *Gulielmo* CANTERO *Ultrajectino.* Una cum indice duplici: altero gnomologiarum: altero rerum et verborum, eoque locupletissimo.
Genevæ 1604. Oliva Pauli Stephani. 3 vol. in-8°.

812. — ΛΙΒΑΝΙΟΥ Σοφιστοῦ Προγυμνάσματα καὶ Μέλεται. LIBANII Sophistæ præludia oratoria LXXII. Declamationes XLV et Dissertationes morales. *Federicus* MORELLUS nunc primùm edidit: idemque Latine vertit.
Parisiis 1606-1627. Cl. Morellus. 2 vol. in-fol.

813. — LIBANII Βασιλικοσ seu Panegyricus Constanti et Constantio Impp. nuper dictus. Speculum Imperatoriæ Majestatis et Regiarum virtutum omnium, oratorio et historico lepore conditum. Græca nunc primum è Vaticana Biblio-

theca prodeunt. *Fed.* Morellus recensuit, Latinè vertit.
Lutetiæ 1614. Apud Fed. Morellum. 1 vol. in-8°.
Dans le même volume, les 4 n.ᵒˢ suivants :

814. — ΛΙΒΑΝΙΟΥ Σοφιστοῦ πρόσ Θεοδόσιον λόγοι. Libanii Sophistæ ad Theodosium imp. orationes, pro Antiochenis, ob deiectas Impp. imagines. Græcè nunc primùm prodeunt. *Fed.* Morellus recensuit, Latinè vertit, notis illustravit.
Parisiis 1610. Apud Fed. Morellum. 1 vol. in-8°.

815. — ΛΙΒΑΝΙΟΥ Σοφιστοῦ λογὸσ πρὸσ τον Βασιλέα Ιουλιάνον κατὰ τῶν προσεδρευόντων τοῖσ ἄρχοισι. Libanii Sophistæ ad Julianum imp. Oratio adversus Adsessores magistratuum. Græcè nunc primum prodit. *Fed.* Morellus recensuit, Latiné vertit ac notis illustravit.
Parisiis 1610. Apud Fed. Morellum. 1 vol. in-8°.

816. — ΛΙΒΑΝΙΟΥ τοῦ Σοφιστοῦ Ιουλιανω προσφωνητικόσ. Libanii Sophistæ Panegyricus Iuliano Imp. dictus. *Fed.* Morellus Græca, quæ nunc primùm prodeunt, recensuit, Latinè vertit, et Notis illustravit.
Parisiis 1610. Apud Fed. Morellum. 1 vol. in-8°.

817. — Libanii Sophistæ de pactis, pro rectoribus et moderatoribus Scholarum oratio. Græca nunc primùm prodeunt. *Fed.* Morellus Latinè vertit, notulis illustravit.
Lutetiæ 1614. Apud Fed. Morellum. 1 vol. in-8°.

818. — ΙΟΥΛΙΑΝΟΥ αὐτοκράτοροσ λόγοι Γ. Juliani imperatoris orationes III. Panegyricæ. Ab eo, cum adhuc christianus esset, scriptæ. Quarum Priores duæ nondum editæ. *Dionysius* Petavius soc. Jes. Latina Interpretatione donavit, Notis atque emendationibus illustravit.
Flexiæ 1614. Apud Jac. Rezé. 1 vol. in-8°.

819. — ΘΕΜΙΣΤΙΟΥ λόγοι ΛΓ. Themistii Orationes XXXIII. E quibus tredecim nunc primum in lucem editæ. *Dyon.* Petavius Latine plerasque reddidit, ac fere vicenas Notis illustravit. Accesserunt in easdem XX orationes

notæ alternæ, ad reliquas tredecim perpetuæ Observationes *Johannis* HARDUINI.

    Parisiis 1684. Typographia Regia. 1 vol. in-fol.

820. — ΘΕΜΙΣΤΙΟΥ φιλοσόφου, τοῦ καὶ Ευφραδους ἐπικληθέντοσ λόγοι ἐξ βασιλικοὶ. — THEMISTI Philosophi Euphradæ ab eloquentia dicti, Orationes sex Augustales, ad Constantium, Jovianum, Valentem et Valentinianum II. Imper. Augg. habitæ, Græcè, et nunc primùm, Latinum in sermonem conversæ à *Georgio* REMO, cum ejusdem Notis.

    Ambergæ Palatin. 1605. Joh. Schonfeldius. 1 vol. in-4°.

Recueils de discours grecs

** — Oratores Attici, ANTIPHON, ANDOCIDES, LYSIAS, ISOCRATES, ISÆUS, LYCURGUS, ÆSCHINES, DINARCHUS, DEMADES, Declamationes GEORGIÆ et aliorum. Græce. Cum translatione refecta à *Carolo* MULLERO. — Accedunt Scholia, *Ulpiani* commentarii in Demosthenem, et index nominum et rerum absolutissimus.

    Parisiis 1847-51. Amb. Fir. Didot. 2 vol. in-8°.

    Vide *Scrip. Græc. Bibl.*

821. — Discours de LYCURGUE, d'ANDOCIDE, d'ISÉE, de DINARQUE, avec un fragment sous le nom de DEMADE, traduit en françois par M. l'*abbé* AUGER.

    Paris 1783. De Bure. 1 vol. in-8°.

822. — Les orateurs Athéniens, ou les harangues de LYCURGUE, d'ANDOCIDE, d'ISÉE, de DINARQUE, et de DÉMADE, traduites en français par M. l'*Abbé* AUGER.

    Paris 1792. Volland. 1 vol. in-8°.

    Cet ouvrage est le même que le précédent, le titre seul a été changé.

823. — Discours grecs choisis de divers orateurs, publiés par l'*Abbé* AUGER. Faisant partie de la Collection des Auteurs Grecs classiques, imprimés par ordre du Gouvernement.

    Paris 1788. Didot le jeune. 2 vol. in-8°.

824. — Harangues tirées d'HÉRODOTE, de THUCYDIDE, des Histoires grecques de XÉNOPHON, de sa Retraite des Dix

mille, et de sa Cyropédie. Traduites par M. l'*Abbé* Auger.
Paris 1788. Nyon. 2 vol. in-8º.

825. — Conciones, sive orationes, ex Græcis historicis excerptæ. Ex *Divo Chrysostomo*, ex *Herodoto*, ex *Thucydide*, ex *Xenophonte*, ex *Polybio*, ex *Arriano*, ex *Herodiano*. Exhibet *Joan. Mauricius* Suere du Plan.
Parisiis 1787. Diony. Pierres. 1 vol. in-12.

826. — Conciones sive Orationes ex Græcis Latinisque historicis excerptæ. Quæ ex Græcis excerptæ sunt, interpretationem Latinam adjunctam habent, nonnullæ novam, aliæ jam antea vulgatam, sed nunc demum plerisque in locis recognitam. Additus est index artificiosissimus et utilissimus, quo in rhetorica causarum genera, velut in communes locos, singulæ conciones rediguntur.
Parisiis 1570. Henr. Stephanus. 1 vol. in-fol.

Orateurs latins anciens.

827. — M. *Tullii* Ciceronis Orationes, diligētius recognite, et aptiore serie reposite, etc. Addita præterea est Invectiva C. *Crispi* Sallustii in Ciceronem et Ciceronis in eundem recriminatio.
Parisiis 1532. Johan. Parvus et Jo. Badius. 1 vol. in-fol.

828. — M. *Tullii* Ciceronis orationes omnes: perpetuis notis Logicis, Arithmeticis, Ethicis, Politicis, Historicis, Antiquitatis, illustratæ per *Joan. Thomam* Freigium.
Francofurti ad Mœnum 1653. Joan. Pressius. 3 vol. in-8º.

829. — M. *Tullii* Ciceronis orationes. Notis et Dissertationibus illustravit *Nicolaus* Desjardins.
Parisiis 1738. F. Giffard. 2 vol. en 1 in-4º.

830. — *Francisci* Hotomani commentariorum in orationes M. T. Ciceronis volumen primum.
Parisiis 1554. Oliva Rob. Stephani. 1 vol. in-fol.

Ce premier volume, le seul paru de ces remarquables commentaires, comprend 13 oraisons: Pro Q. Quinctio, S. Roscio, Q.

Roscio, in Verrem septem, pro M. Fonteio, pro A. Cæcina, et pro Lege Manilia.

831. — In omnes M. *Tullii* Ciceronis orationes, quot quidem extant, doctissimorum virorum Enarrationes. Accesserūt *Claudii* Baduelli in Milonianam et pro M. Marcello orationem annotationes. — Item *Cœlii Secundini* Curionis in omnes Philippicas Commētarii.

Lugduni 1554. Apud Joan. Tornaesium. 1 vol. in-fol.

832. — Q. Asconii *Paediani* in Orationes M. *Tullii* Ciceronis Enarrationes nuper qua licuit cura ac diligentia collatis, restitutæ ac recognitæ, cum *Georgii* Trapezuntii in eiusdem Ciceronis Orationem pro Q. Ligario Interpretatione, Adnotationibusq : ac Commentariis *Antonii* Lusci *Vincetini* in reliquas Ciceronis Actiones, etc.

Luteciæ 1520. Conrat Resch. in vol. in-fol.

833. — Q. Asconii *Pediani Patavini* commentationes in aliquot orationes M. *Tullii* Ciceronis. *Francisci Hotomani* studio et diligentia post omnes omnium editiones quam emendatissimæ. Ejusdem *Hotomani* expositiones suæ in *Asconium*.

Lugduni 1551. Apud Joan. Tornaesium. 1 vol. in-8º.

On trouve à la suite :

834. — *Hieronymi* Ferrarii ad Paulum Manutium emendationes in Philippicas Ciceronis. His adjecimus M. Tullii Ciceronis defensiones contra Cœlii Calcagnini Disquisitiones in ejus officia : per *Iacobum* Grifolum *Luciniacensem*.

Lugduni 1552. Gryphius. 1 vol. in-8º.

835. — *Nicolai* Abrami *è soc. Jesu* Commentarius in tertium volumen orationum M. T. Ciceronis.

Lutetiæ-Parisiorum 1631. Seb. Cramoisy. 2 vol. in-fol.

836. — M. *Tullii* Ciceronis orationum Analysis Rhetorica perpetua. Adjecto Indice Oratorio locupletissimo. Authore R. P. *Martino* du Cygne.

Parisiis 1704. Joan. Boudot. 1 vol. in-12.

837. — In Orationem M. *Tullii* Ciceronis pro A. Cluentio habitam F. Sylvii *Ambiani* (1) Commentarii.
>Parisiis 1530. Prelum Ascensianum. 1 vol in-4°.
>Dans le même volume les n.ᵒˢ 838 et 839.

838. — In Catilinarias M. *Tullii* Ciceronis invectivas F. Sylvii *Ambiani* Commentarii luculentissimi.
>Parisiis 1528. Prelum Ascensianum. 1 vol. in-4°.

839. — Philippicæ M. *Tullii* Ciceronis diligentissime ad exemplar fidelius repositæ : et tribus Commentariis, *Maturantii, Philippi Beroaldi, Geo. Trapezunti*, et scholiis *Ascensii*, etc. illustratæ.
>Parisiis 1529. Prelum Ascensianum. 1 vol. in-4°.

840. — Les oraisons de Cicéron contre L. Catilina. (Traduites par Du Ryer.)
>Paris 1652. Jean Bessin. 1 vol. in-16.

841. — M. *Tullii* Ciceronis Philippicæ orationes XIIII in M. Antonium, à *Caelio Secundo* Curione post omnes omnium castigationes diligentius emendatæ, etc. His accessere Orationes quatuor, ad Philippicarum argumentum pertinentes, ex Dione historico, eodem *Caelio Secundo* Curione interprete et explicatore.
>Basileæ 1551. Froben. 1 vol in-fol.
>A la suite de n.° 830.

842. — Les Philippiques de Cicéron. (Traduites par Du Ryer.)
>Paris 1639. Ant. de Sommaville. 1 vol. in-4°.

843. — Les oraisons de Cicéron, pour L. Corneliùs Balbus. Contre L. Calpurnius Pison. Pour T. Annius Milon. Pour C. Rabirius Postume. De la Version de P. Du Ryer.
>Paris 1650. A. de Sommaville. 1 vol. in-12.

844. — Les oraisons de Cicéron pour P. Sextius. Contre Vati-

---

(1) *François* Dubois, en latin Sylvius, frère du célèbre Jacques Sylvius, naquit à Lœuilly, et mourut vers 1530.

nius. Pour M. Celius Rufus. Touchant les Provinces Consulaires. De la Version de P. Du Ryer.

Paris 1651. A. de Sommaville. 1 vol. in-12.

845. — Oraisons choisies de Cicéron, en latin, et en françois. Traduction nouvelle (par *Estienne* Philippe). Avec des Notes Historiques, Critiques, Géographiques, et Chronologiques.

Paris 1723. Barbou frères. 1 vol. in-12.

846. — Oraisons choisies de Cicéron, Traduction (de Bourgoing de Villefore) rev. par M. De Wailly, avec le Latin à côté, sur l'Edition de M. l'Abbé *Lallemant*, avec des Notes.

Paris 1772 et 87. Barbou. 3 vol. in-12, rassortis.

** — Version des oraisons d'Appius contre Milon, et de Cicéron pour Milon, par Du Vair.

Voyez *OEuvres de Du Vair*.

** — Première oraison de Cicéron contre Verres, traduite par le card. Du Perron.

Voyez *OEuvres diverses du card. Du Perron*.

** — M. *Tullii* Ciceronis pro C. Rabirio perduellionis reo ad Quirites Oratio. In eandem Commentarius *Ad*. Turnebo auctore.

1696. Apud. H. Commelinum.

Vide *Turnebi Lucubrationes variæ*.

847. — M. F. Quintiliani Declamationes CXXXVII. Quæ ex CCCLXXXVIII supersunt diuque latuêre, nunc demùm P. Ærodii *Andegavi*, studio et diligentia castigatæ etc. ac in lucem postliminio revocatæ.

Parisiis 1563. Apud Fed. Morellum. 1 vol. in-4°.

848. — M. *Fab.* Quintiliani Declamationum liber. Cum ejusdem (ut nonnullis visum) dialogo de causis corruptæ eloquentiæ. Quæ omnia Notis illustrantur.

Oxonii 1675. E. Theatro Sheldoniano. 1 vol. in-8°.

849. — M. F. Quintiliani Declamationes quæ ex CCCLXXXVIII supersunt, CXLV. Ex vetere exemplari restitutæ. *Calpurnii* Flacci excerptæ X. Rhetorum minorum LI. Nunc

primùm editæ. Dialogus de oratoribus, sive de causis corruptæ Eloquentiæ. Ex bibliotheca P. Pithoei.
Heidelbergæ 1594. Apud. Ier. Comelinum. 1 vol. in-8º.

850. — Les grandes Declamations de QUINTILIEN, nouvellement traduites en François par le Sieur DU TEIL.
Paris 1658. J.-B. Loyson. 1 vol. in-4º. Port.

** — C. PLINII *Secundi* panegyricus liber : et ad eum *Justi* LIPSII commentarius pp.
Vide *Lipsii opera*, tom. IV.

851. — Panegyrique de Traian. Par PLINE *Second*. De la traduction de M. l'*Abbé* ESPRIT.
Paris 1677. P. Le Petit. 1 vol. in-12.

852. — Traduction du Panegyrique de PLINE. Par M. DELAISTRE.
Paris 1681. Jean Cusson. 1 vol. in-12.

853. — Panegyrique de Trajan, par PLINE *le Jeune*. Traduit par M. de SACY.
Paris 1709. Moreau. 1 vol in-12.

854. — Même ouvrage.
Paris 1772. Bailly. 1 vol. in-12.

Recueils de discours latins anciens.

855. — Orationes ex SALLUSTII, LIVII, CURTII et TACITI historiis collectæ, ad usum scholarum Universitatis parisiensis. Nova editio.
Parisiis 1760. Aumont et Brocas. 1 vol. in-12.

856. — Harangues choisies des historiens latins, traduites par M. l'*Abbé* MILLOT.
Lyon 1764. Les frères Périsse. 2 vol. in-12.

857. — XII Panegyrici veteres, ad antiquam, quà editionem quà scripturam, infinitis locis emendati, aucti ; Nuper quidem ope *Joh.* LIVINEII : nunc verò operâ *Jani* GRUTERI : præter quorum *notas*, accedunt etiam coniecturæ *Valentis Acidalii*, et *Conradi Rittershvsii*.
Francofurti 1607. Nic. Hoffmann. 1 vol. in-12.

858. — Panegyrici veteres. Interpretatione et notis illustravit *Jacobus* de la BAUNE soc. Jes. Jussu Christianiss. Regis, ad usum Serenissimi Delphini.
Parisiis 1676. Apud S. Benard. I vol. in-4º.

859. — Panegyrici diversorum nunc demum recogniti et in lucem editi. Per *Paulum* NAVIUM. Quibus addita sunt argumenta, ut Cuique facile sit, quæ voluerit, ea in Historiis, et in Cronicis posse reperire.
Venetiis 1576. Apud Gryphios. 1 vol. in-8º.

Orateurs latins modernes.

** — BENCII orationes.
Vide *Bencii orationes et carmina*.

** — *Cælii* CALCAGNINI orationes.
Vide *Calcagnini opera*.

** — CODRI orationes.
Vide *Codri orat. epist., etc.*

** — COSSARTII orationes.
Vide *Cossartii orat. et carm.*

860. — *Gabrielis* COSSARTII Orationes quædam.
1 vol. in-4º.

1. — Armando Borbonio scren. Prin. de Conty, gratiarum actio pro scholis Claromontanis Colleg. paris. soc. Jesu decenni commoratione ornatis, habita ad earumdem scholarum instaurationem III Kal. oct an MDCXLVII.
Parisiis 1647. Seb. Cramoisy.

2. — Orationes duæ. I. Adversus novitatem doctrinæ. II. Extemporalis defensio, adversus Satiram Franc. Dumonstier.
Parisiis 1651. Cramoisy.

3. — Panegyricus Ludovico XIV Regi pacifico dictus Lutetiæ-Parisiorum in Collegio Claromontano III non. oct. an MDCLIII.
Parisiis 1654. Cramoisy.

4. — Ludovico XIV regi christianiss. panegyricus kal. oct. an MDCXLV. In Collegio Paris. Claromont. soc. Jesu dictus coram Serenissimo principe de Conty eidemque dicatus.
Parisiis 1646. Cramoisy.

861. — Panegyricæ orationes septem. Addita est: Parænetica in

Henricum Bochorinck, Catholicæ Religionis Desertorem. Autore *Henrico* Cuyckio.
   Lovanii 1596. Apud Phil. Zangrium. 1 vol. in-8°.

862. — *Danielis* Heinsii orationes. Nunc primum omnes simul, nonnullæ etiam nunc primum editæ.
   Lugd.-Batav. 1612. Apud Lud. Elzeuirium. 1 vol. in-12.

** — *Bern.* Justiniani orationes.
   Vide B. *Justiniani opera.*

863. — *Josephi* Juvencii è soc. Jes. orationes.
   Parisiis 1701. Apud Vid. Sim. Benard. 2 vol. in-12.

864. — Idem opus. Editio nova.
   Parisiis 1714. Apud J. Barbou. 2 vol. en 1. in-12.

865. — *Christophori* Longolii orationes duæ pro defensione sua ab lesæ majestatis crimine.— Oratio una ad Luterianos. —Ejusdem Epistolarum Libri IV. — Epistolarū Bēbi et Sadoleti Liber unus.
   Parisiis 1533. J. Badius Ascensius. 1 vol. in-8°.

** — Pici Mirandulæ orationes.
   Vide *Pici Mirandulæ opera.*

866. — M. *Antonii* Mureti presb. orationes. Ejusdem interpretatio quinti libri Ethicorum Aristotelis ad Nichomachum. —Item *Caroli* Sigonii orationes.
   Parisiis 1588. Apud Steph. Valletum. 1 vol. in-12.

867. — M. *Antonii* Mureti orationum volumina duo. Quorum primum ante aliquot annos in lucem prodiit, secundum verò recens est editum. — Adjunximus etiam *Caroli* Sigonii orationes VII.— Seorsim quoque editi sunt ejusdem Mureti, Hymni sacri et Poëmata omnia.
   Rothomagi 1612. Apud Th. Daré. 2 vol. in-18.

868. — Idem opus.
   Cadomi 1684. Poisson. 1 vol. in-12.

** — Naugerii orationes.
   Vide *Naugerii orat. et carm.*

869. — *Joannis* Passeratii Orationes et Præfationes.
   Parisiis 1606. Dav. Douceur. 1 vol. in-8.°

870. — Paulini à S. Josepho *Lucensis* Orationes Recensuit praefatus est ac programma de caussis corruptae eloquentiae romanae hoc aevo adjecit Joan. *Erhardus* Kappius.
    Lipsiae 1628. Sam. Waltherius. 1 vol. in-8°.

871. — R. P. *Petri Joannis* Perpiniani *Valentini* soc. Jes. Orationes duo deviginti. Editio nova. Cui accesserunt Orationes quinque, à totidem ejusdem Societatis Presbyteris Romæ pridem dictæ; nunc primùm in Gallia excusæ.
    Rotomagi 1606. Apud Joan. Osmont. in-12.

872. — Idem opus.
    Rothomagi 1611. Apud R. Allemanum. 1 vol in-12.

873. — *Dionysii* Petavii soc. Jes. orationes. Editio tertia.
    Parisiis 1624. Seb. Cramoisy. 1 vol. in-8°.

874. — Idem opus. Editio ultima.
    Parisiis 1653. Seb. Cramoisy. 1 vol. in-8°.

** — Poggii orationes.
    Vide *Poggii opera*.

** — Rollini orationes.
    Voyez *Opuscules de Rollin*, tom. ii.

875. — *Marci Anthonii* Sabellici Oratoris prestantissimi Auree duodecim orationes egregiis passim referte hystoriis.
    Parisiis. s. d. Jehan Petit. 1 vol. in-4°.

** — Sadoleti orationes.
    Vide *Sadoleti opera*.

876. — Orationes *Caroli* Sigonii.
    Parisiis 1573. Apud Allardum Julianum. 1 vol. in-8°.
    Vide n.°ˢ 866 et 867.

** — *Thomæ* Stapletoni orationes academicæ et funebres.
    Vide *Stapletoni opera*, tom. ii.

** — L. Vivis orationes.
    Vide *Lud. Vivis opera*.

Discours sur divers sujets.

877. — Panegyricus Ludovico XIV regi pacifico dictus Lutetiæ

in Collegio Claromontano III Non. Oct. MDCLIII. A *Gabriele* Cossartio.

Parisiis 1654. Off. Cramoisiana. 1 vol. in-4°.

878. — Laudatio funebris Henrici Borbonii Principis Condæi. Dicta Parisiis IV. Id. Dec. a R. P. Bourdaloue MDCLXXXIII. E Gallico in Latinum conversa ab *Jos.* de Jouvancy.

Parisiis 1684. Seb. Mabre Cramoisy. 1 vol. in-12.

879. — Parisiensis ecclesiæ panegyricus dictus in regio Ludov. Mag. Collegio soc. Jesu, ad solemnem scholarum instaurationem. III. Id. Dec. an. MDCLXXXV. (A. J. de Jouvancy).

Parisiis 1686. Apud G. Martinum. 1 vol. in-12.

880. — Ludovico Magno regi christianissimo catholicæ et avitæ religionis vindici Panegyricus dictus in collegio Claromontano soc. Jesu, ad solennem scholarum instaurationem ab *Jos.* de Jouvancy III Kal. Oct. MDCLXXX.

Parisiis 1680. Apud Gab. Martinum. 1 vol. in-12.

881. — Galliam nunquam alias magis invictam, quàm hoc anno MDCXC. Nunquam vincere digniorem, fuisse. Oratio habita à P. *Jos.* de Jouvancy VIII. Id. Dec. MDCXC.

Parisiis 1691. Gab. Martin. 1 vol. in-12.

Dans le même volume les 2 n.°s suivants :

882. — *Josephi* de Jouvancy e soc. Jesu oratio habita in Collegio Lud. Mag. VII Kal. Dec. Res a Francis anno MDCXCII prospere gestas Virtuti Gallicæ deberi, non Fortunæ.

Parisiis 1692. s. n. 1 vol. in-12.

883. — Gallos hoc anno MDCXCVI dum nihil agere videntur, plus, quam annis superioribus, egisse. Oratio habita in Regio Ludovici Magni Collegio. VIII. Id. Dec. MDCXCVI à Patre *Josepho* de Jouvancy.

Parisiis 1696. Vid. Sim. Benard. 1 vol. in-12.

884. — Gentem gallicam unam omnium esse cui religio debeat plurimum, quæ plurimum religioni debeat. Oratio ha-

bita in Regio Ludovici Magni Collegio à P. *Josepho* Juvencio VII. Kal. Dec. MDCXCVIII.

Parisiis 1698. Vid. Sim. Benard. 1 vol. in-12.

885. — Hispanis et Gallis gratulatio, habita Parisiis, cùm Philippus Dux Andegavensis Hispaniarum Rex renuntiatus esset. Auctore *Andrea* Le Camus Soc. Jes.

Parisiis 1701. Vid. Sim. Benard. 1 vol. in-12.

886. — D. Thomas Aquinas, Salomoni par, et supra. Oratio habita die ipsius sacrâ Nonis Martii 1666. Montibus Hannoniæ, ab Ampliss. R. D. D. *Antonio* Le Waitte.

Parisiis 1699. Cramoisy. 1 vol. in-4°.

887. — *Christofori* Longuolii Oratio, de laudibus divi Ludouici atque Frācorum, habita Pyctavij in Cœnobio Fratrū minorū. Anno dn̄i 1510.

Parisiis 1510. Henr. Stephanus. 1 vol. in-4°.

888. — Galliæ Delphinatusque Panegyricus VI. Id. Dec. An. MDCLVIII dictus coram illustriss. Protopræside Delphinatus à R. P. F. *Claudio* Lyonnard.

Gratianopoli 1661. Jacob Petit. 1 vol. in-16.

889. — Serenissimi Alberti Belgarum principis elogium et funus. *Aubertus* Miræus Brux. publicabat.

Bruxellis 1622. Apud Joan. Pepermanum. 1 vol. in-8°.

Dans le même volume.

890. — Isabellæ sanctæ, Elisabetha Joan. Bapt. mater, Elisabetha Andr. Regis Hung. filia, Isabella Regina Portugalliæ, Isabella, S. Lud. Galliæ Regis soror. *Aubertus* Miræus, Isabellæ Claræ Eugeniæ, publicabat.

Bruxellis 1622. Apud Jo. Pepermannum. 1 vol. in-8°.

891. — Oratio concertatoria seu certamen panegyricum. Religionis, Scientiæ et Fortitudinis inter se disceptantium. Quibus principibus religiosisne, litteratis an fortibus seren. Sabaudiæ Ducum familia præstiterit. A Rev. D. *Petro Ludovico* Mounot *Burgundo* sacerd.

Bruxellæ 1635. Apud Joan. Pepermanum. 1 vol. in-4°.

892. — Publica gratulatio Academiæ bituricensis ob foelicem studiorum apolysin illustriss. principis Ludovici Borbonii Enguiennensium ducis. Authore *Jacobo* Noeto soc. Jes.

Parisiis 1636. Apud Claud. Sonnium. 1 vol. in-12.

893. — Triumphus quem D. Casimiro Principi Serenissimus ac Invictissimus Vladislaus IV Poloniæ et Sueciæ rex magnificâ ac piâ in augustum Paternæ liberalitatis Mausoleum anno MDCXXXVI Augusti 14 Vilnæ exhibuit panegyrico representatus a P. *Johanne* Rywocki.

Vilnæ 1637. Typis Soc. Jes. 1 vol. in-fol.

On trouve à la suite :

1. — Panegyricus invectiss. Poloniæ et Sueciæ Regi Vladislao IV, Vilnam urbem debellatis hostibus, pace constitutâ, ingredienti. Per *Stan. Flor.* Obrynski.

    Vilnæ 1634. Soc. Jesu.

2. — Theatrum gloriæ potentiss. atque invictiss. Vladislao IV ab Academia Vilnensi Soc. Jesu consecratum. Anno MDCXXXVI.

    Vilnæ 1636. Soc. Jesu.

3. — Monumentum gloriæ illustriss. D. D. Alberto Vladislao Radziwił anno MDCXXXVI. 13 Kal. sext. excitatum a Collegio Radiviliano soc. Jesu dedicatum.

    Vilnæ 1636. Typis Soc. Jesu.

4. — Monumentum gratæ testificationis quod Vladislao IV Academia Vilnensis soc. Jesu in animo erexit à R. P. *Joa.* Rywocki descriptum dedicatumque.

    Vilnæ 1639. Typis Academicis.

894. — *Caroli* Ruæi è soc. Jesu pro confecto feliciter bello panegyricus Ludovico Magno dictus Parisiis in Collegio Claromontano, VIII Kal. Dec. An. MDCLXXVIII.

Parisiis 1678. Apud S. Bernard. 1 vol. in-8º.

895. — Expeditio Rupellana, auspiciis et armis Ludovici Iusti Regis Christianissimi et inuictissimi confecta. Authore *Abelio* Sammarthano *Scævolæ* filio.

Parisiis 1629. Apud Fran. Pomeray. 1 vol. in-8º.

896. — Collegii Germanici et Ungarici panegyricus.

s. n. n. l. n. d 1 vol. in-8º.

Recueils de discours.

897. — Panegyrici Flexienses Ludovico XIII Francorum et Navarræ Regi Christianissimo dicti à P. *Ludovico* Cellotio.
Flexiæ 1629. Apud G. La Boe. 1 vol. in-4º.

898. — Orationes quibus pompam exequiarium atque funus *Henrici* Magni Galliæ et Navarræ Christianiss. Regis mœrens cohonestavit Collegium Rhedonense Soc. Jesu.
Rhedonis 1661. Apud Tit. Harenaeum. 1 vol. in-8º.

899. — Selectæ orationes panegyricæ patrum societatis Jesu.
Parisiis 1673. Sim. Benard. 2 vol. en 1. in-12.

900. — Rhetorum Collegii Porcencis, inclytæ academiæ Lovaniensis, Orationes in tres partes secundum tria causarum seu Orationum genera distributæ, sub Nicolao Vernulæo. Accessit Orationum Sacrarum Volumen singulare in Festa Deiparæ Virginis, et aliquorum Divorum. (Edit. 8ª.)
Coloniæ-Agrip. 1688. J. Wilhelmus-Friessen. 1 v. in-12.

901. — Orationes duæ : una quæ pro eligendo Provinciali Provinciæ Parisinæ, Ord. S. Augustini, die 14ª Maii anni 1718, in Sacrâ Æde Augustinianorum Andegavensium habita est : altera quæ in Commendationem ac Laudem Reverendorum Patrum, Fratrumque Carissimorum ejusdem Ordinis qui, à Comitiis Provincialibus Castelione ad Ingerem mense Maio anni 1721 habitis, ad sequentia comitia Biturigibus celebrata mense Maio, anni 1724 diem suum obierunt, in Templo Augustinianorum Bituricensium die 17ª Maii, anni ejusdem fuit pronunciata ab uno è Professoribus Augustinianorum Conventûs, in suburbio S. Germani Paris.
Parisiis 1725. Apud Vid. Lamesle et P Delormel. 1 v. in-8º.

902. — Religiosissimi doctrinæque et eloquentiæ laude clarissimi viri Petri Lalemantii, prioris sanctæ Genovefæ, memo-

ria, disertis per amicos, virosque clarissimos Encomiis celebrata.

Parisiis 1679. Ægid. Blaizot. 1 vol. in-4°.

903. — Marci Antonii Gourguei in supremo Burdigalensium Senatu Principis Parentalia, in Collegio Burdig., soc. Jes. celebrata, Productore *Leonardo* ALAMAY.

Burdigalæ 1629. Apud De la Court. 1 vol. in-4°.

904. — Orationum funebrium collectanea.

1 vol. in-8°.

1. — Oratio funebris rever. Patrum ac Fratrum Augustinianæ Parisiensis Provinciæ, qui a superioribus Comitiis die 7 mensis Maii 1694 Molinis habitis, ad proximè habita Rupellæ mensis Maii die 3 anni 1697 diem suum obierunt. Pronunciabat in templo Augustinianorum Rupellæ R. P. F. *Thomas* POUBEAU.

Ambiani 1697. N. Caron-Hubault.

2. — Elogium funebre R. R. Patrum ac Fratrum Aug. Par. Prov., qui ab ultimo provinciali Capitulo Montrobellæi celebrato anno 1691 ad Capitulum sequens Molinis habitum anno 1694 diem suum obierunt. Pronunciabat in conventu Molinensi R. P. F. *Mathias* VILLEPREUX.

Andegavi 1694. Apud. Ol. Avril.

3. — Elogium funebre R. R. Patrum ac Fratrum Aug. Par. Prov., qui ab ultimo Capitulo Montmorillii habito anno 1709 ad Capitulum sequens Pictavij habitum anno 1712 diem suum obierunt. Pronunciabat in templo August. Pictaviens. R. P. F. *Petrus* PREVOST

Ambiani 1712. J. B. Morgan.

4. — *N.°* 901.

905. — Orationum funebrium collectanea.

1 vol. in-4°.

1. — Eminentissimi cardinalis Ducis Richelii elogium funebre.

Parisiis 1642. Apud P. Targa.

2. — V. Cl. Henrici du Bouchet Maiorum gentium Senatoris memoria Elogio Academiæ Parisiensis Epicediis, aliorum, et laudatione funebri Eustachii BOUËTTE DE BLEMUR, celebrata. Testamentum ejusdem.

Parisiis 1654. Cramoisy.

3. — Oratio funebris in obitum Matthæi Molé senatoris parisiensis, etc. — Pronunciata à Fr. I. FRONTONE Universitatis Parisiensis Cancellario, die Ian. 28 A. D. 1656.

Parisiis 1656. Cramoisy.

4. — Panegyricus Henricæ Angliæ Aurelianensium Duci Dictus à *Lud. Philippo* LABBE soc. Jesu.

   Aureliæ 1670. Vid. F. Boyer.

5. — Serenissimi Principis Henrici a Turre Arverniæ vicecomitis Turennii laudatio funebris habita coram seren. princ. card. Bullonio Lutetiæ Paris. in Collegio Claromontano soc. Jesu Die VIII Kal. Dec. Anno MDCLXXV. ab *Emardo* LE CARON soc. Jesu.

   Parisiis 1676. Seb. Mabre Cramoisy.

6. — Oratio in recenti funere Michaelis Tellerii Galliarum Cancellarii etc. a *Marco Ant.* HERSAN pronunciata. VI Id Feb. an. MDCLXXXVI.

   Parisiis 1686. Apud Fr. Muguet.

7. — Laudatio funebris in obitum D. Matthæi Irsselii Antuerpiæ ad S. Michaëlis canonicorum ord. præmonstrat., abbatis, habita in eodem S. Michaele XII cal. aug. MDCXXIX. Auctore *Corn. Polycarpo* DE HERTOGHE.

   Antuerpiæ 1629. Gerard Wolsschat.

8. — Oratio funebris pro defunctis Patribus ac Fratribus Communitatis Augustinianæ Bitur. à Capitulo Provinciali in Conventu Oblincensi celebrato die 27 aprilis anni 1668 usque ad Capitulum tertium Montismoriliense die 24. aprilis an 1671. (Scripsit P. F. Cl. ARCHAMBAULT.)

   S. l. n. d.

9. — Ludovici Magni Franciæ et Navarræ regis laudatio funebris dicta ab Æ. A. *Xav.* de la SANTE soc. Jesu, in regio ejusdem societatis Collegio celeber. acad. Cadomensis, Die 28 Dec. anno 1715.

   Cadomi 1716. Cavelier.

10. — Lucovici Magni... laudatio funebris. Dicta in regio ejusdem Ludovici Magni Collegio à *Carolo* PORÉE è soc. Jesu. Prid. Id. Nov. An. 1715.

    Parisiis 1715. Apud St. Papillon.

11. — Seren. Principis Ludovici Franciæ Delphini laudatio funebris. Dicta IV. Nonas Junias, in Reg. Lud. Mag. Collegio soc. Jesu. A P. *Car.* PORÉE.

    Parisiis 1711. Apud St. Papillon.

12. — Oratio funebris Serenissimi Delphini Ludovici, nomine et jussu Universitatis habita in æde sacrâ F.F. Franciscanorum die mensis Martii decima, anno 1766. à M. *Fran. Nic.* GUERIN.

    Parisiis 1766. Thiboust.

13. — R. P. Francisci a Cœlico, Ordinis Minimorum nuper generalis, elogium funebre ab ejus studioso ex tempore conscriptum.

    Parisiis 1637. Seb. Cramoisy. in-8°.

14. — In funere Roberti Card. Bellarmini oratio *Tarquinii* Gallutii *Sabini* è soc. Jesu. habita Romæ, in Templo domus Professæ ejusd. soc. Idib. octob. an. 1621.
   Parisiis 1622. Seb. Cramoisy. in-8°.
15. — Oratio in exequiis Gregorii XIII Pont. Max. A *Steph.* Tuccio soc. Jesu habita in Vaticano ad Sacrum Collegium, XV Kal. Maii, MDLXXXV.
   Lutetiæ 1585. Fed. Morellus. in-8°.
16. — M. *Antonii* Mureti. J. C. et civis romani, oratio : habita Romæ in funere Caroli IX. Gallorum Regis.
   Parisiis 1574. F. Morellus.
17. — Oratio funebris, habita III. id. octob. cum Academia Parisiensis, in Æde reg. Navarræ, Christianissimæ Reginæ Mariæ Theresiæ Austriacæ solenni sacro parentaret. A *Nicolao* Tavernier, Academiæ Rectore.
   Parisiis 1683. Cl. Thiboust et P. Esclassan.

906. — Variarum Orationum collectanea.
   1 vol. in-8°.

1. — *Joannis* Mariæ Archiepiscopi Sipontini ad principes christianos oratio de pace.
   Parisiis 1536. Ol. Maillardus.
2. — Probi et Galliæ ac Poloniæ amantis viri, ad Gallos et Sarmatas oratio. Accessit insigne et peruetus vaticinium de liliorum et aquilæ septemtrionalis coniunctione.
   Basileæ 1575.
3. — *Mauritii* Bressu regii Lutetiæ mathematici, et ad Summum Pontificem Oratoris, Oratio, ad Sixtum V Pont. Op. Max. Romæ in aula Regum habita 11 die Sept. 1586. Cum illustrissimus princeps Franciscus Luxemburgus, Dux Pinei, Par Franciæ, eidem summo Pontifici, obedientiam Regis nomine, à quo legatus erat, prestaret.
   Parisiis 1586. Apud J. Richerium.
4. — *Mauritii* Bressu prof. reg. Oratio ad. S. D. N. Sixtum V. Pont. Max. habita 14. Martii, 1588. Cum, ob Beatum Bonaventuram in Doctorum Ecclesiasticorum numerum ab eodem Pont. Max. cooptatum, solenne sacrum fieret.
   Parisiis 1588. Apud. Mathurinum Prevotium.
5. — Panegyricus Ludivico XIII vindici Rebellionis, domitori Elementorum, æterno Triumphatori: pro fracta Britannia, pro subiugato Oceano, pro triumphata Rupella: dictus in collegio Burdigalensi soc. Jesu, à *Stephano* Petiot, ejusdem soc.
   Parisiis 1629. Apud Ant. Stephanum.

6. — Oratio synodalis habita Rothomagi coram illustriss. et reverendiss. principe D. Carolo à Borbonio Archiepiscopo, et ejus Clero. A. R. P. *Ægidio* CAMART ex ordine Minimorum.
Parisiis 1643. Blaizot.

7. — Juris canonici laudatio. (à *Petro* HALLÆO.)
Parisiis 1656. Apud Cl. Thiboust.

907. — Orationum variarum collectanea.

1 vol. in-4°.

1. — Sorbona instaurata, seu illustriss. card. D. Joanni Armando de Richelieu Provisori Sorbonæ. Actio gratiarum *Joannis* FILESACI, doct. th.
Parisiis 1629. Apud Cl. Sonnium.

2. — Excellentissimo heroi Matthæo Molé, supremi Galliarum senatus principi præsidi. Oratio gratulatoria, scripta et habita in Collegio Belvacensi, à *Nicolao* GUENÉE Presbytero, cùm suo, tum omnis Collegii nomine, quarto Idus Septembris.
S. l. 1642.

3. — Panegyricus Annæ Austriacæ Reginæ Augustiss. Galliarum regenti dictus. (A *Christophoro* de HENNOT *ex Harcuriano*.)
Parisiis 1644. Apud J. Jacquin.

4. — Oratio inauguralis de tradendis disciplinarum prænotionibus habita in regio Cameracensi auditorio a *Joan.* DOUJATIO.
Parisiis 1652. Le Cointe.

5. — *Henrici* BORNII oratio inauguralis de vera philosophandi libertate, dicta in splendidiss. et frequentiss. auditorio Lugduni Batav. die 11 Nov. Anni 1653.
Lugd. Batav. 1654. Joh. et Dan. Elsevier.

6. — *Hadriani* JORDANI è soc. Jesu panegyricus inaugurato regi christianiss. Ludovico Adeodato dictus Lutetiæ Parisiorum in Collegio Claromontano, ad solemnem scholarum instaurationem IV. Non Oct. an. 1654.
Parisiis 1654. Cramoisy.

7. — *Petri* de VALLONGNES è soc. Jesu panegyricus Ludovico XIV regi christianissimo dictus. Ad solennem scholarum instaurationem, in Collegio Claromontano 5. Non Oct. 1655.
Parisiis 1656. Cramoisy.

8. — S. Augustinus theologorum Aristoteles sive de S. Augustini in rebus theologicis auctoritate oratio dicta Lutet. Paris. VI. Non Oct. 1656. in aula Collegii Claromontani a Patre *Stephano* DECHAMPS soc. Jesu.
Parisiis 1656. Cramoisy.

9. — Oratio *Philippi* de BUISINE antecessoris, et decani juris canonici Facultatis Parisiensis. Quâ jurisprudentiæ studiosos ad legitimæ,

eanonicæque sanctionis studium adhortatur ; ac de pucifico regis Ludovici XIV reditu, Lut. Paris., et ipsi Academiæ gratulatur. Cui nonnulla subjungit ad Ius Civile , et ad Ius Canonicum pertinentia.

Parisiis 1656. Milles de Beavieu.

10. — *Hadriani* JORDANI è soc. Jesu de ratione comprimendæ doctrinarum novitatis oratio habita in scholarum parisiensium instauratione prid. Kalend. Oct. an. 1657 in sacello Collegii Claromontani.

Parisiis 1658. Cramoisy.

11. — Panegyricus illustriss. D. D. Guillelmo de Lamoignon de nuperrima ejusdem in Principem Senatûs Galliarum promotione. Dictus die undecima januarii an. 1659. Apud Maturinenses in majoribus comitiis Parisiensis Academiæ, ad ædem Deo sacram sub invocatione S. Pauli mox processuræ. A Mag. *Guillelmo* CAUVET.

Parisiis 1659. Apud J. Julien.

12. — Panegyricus Mariæ Theresiæ Reginæ Christianissimæ dictus a *Nic.* de HAROVYS soc. Jesu. V. Non Oct. an. 1660 Lut. Paris. in aula Collegii Claromontani.

Parisiis 1661. Cramoisy.

13. — Panegyricus Augustiss. Delphino dictus Lutetiæ Parisiorum in Collegio Claromontano Kal. Oct. an. 1662. A *Petro* BOUCHER soc. Jesu.

Parisiis 1662. Cramoisy.

14. — De summis et præcipuis linguæ Sanctæ ac Hebraicæ laudibus oratio publica. Ad ill. ac nob. D. D. J. B. Colbert , per M. J. BANNERET.

Parisiis 1664. Le Cointe.

15. — R. P. *Philippi* de MESEMACRE ord. minimorum in Belgio provincialis oratiuncula, habita ad reverendiss. P. R. P. Balthas. d'Avila jubileum ab ingressu Religionis annum agentem et celebrantem Insulis die XVIII Julii an. 1666.

Insulis 1666. N. de Rache.

16. — Ludovico XIV regi pacifico panegyricus. VI Kal. feb. an. 1669 in Colleg. Archi. Rothomagensi soc. Jesu dictus a *Carolo* de la RUE.

Rothomagi 1669. Rich. Lallemant.

17. — Oratio habita in scholis Sorbonæ die jovis 19 dec. an. 1669. Pronunciante, ad suas lectiones theologicas feliciter auspicandas, *Ed.* PIROT.

Parisiis 1670. Seb. Mabre Cramoisy.

18. — Oratio habita in synodo senonensi per F. J. F. REGNIER. 17 Kal. jan. anno 1673.

Senonis 1673. Prussurot.

19. — De perpetuitate regni gallici oratio dicta Kal. Oct. anno 1673 in Colleg. Paris. Clarom. soc. Jesu. A *Joan.* LUCAS.

Parisiis 1674. Seb. Mabre Cramoisy.

20. — Augustissimo Galliarum Senatui panegyricus dictus in regio Ludovici Magni collegio soc. Jesu à *Jacobo* de la Baune.
   Parisiis 1685. Gab. Martin.

21. — Irenicus seu dissertatio panegyrica de pace ad eminentiss. princip card. Mazarinum (A. *Nic.* Lemaistre prof. sorbonico).
   Parisiis 1660.

22. — Ludovico Magno panegyricus dictus ad scholarum Rothomagensium instaurationem. A P. *Jos.* d'Orleans S. J.
   Rothomagi 1693. Le Boullenger.

23. — Panegyricus Ludovico Magno Batavorum victori dictus Lutet. Paris. in Collegio Claromontano VI. Non. Oct. an. 1672. A *Jo. Bap.* Letrosne S. J.
   Parisiis 1673. Seb. Mabre Cramoisy.

24. — *Joannis* Doviatii de pace, a christ. reg. Ludovico XIV feliciter constituta, oratio panegyrica, auspicandis Regii Franciæ Collegii annuis prælectionibus habita, anno 1660.
   Parisiis 1660. D. Langlæus.

25. — Oratio panegyrica, per quam juris scientia omnes ad unam scientias contineri demonstratur. Authore P. Du Quesnoy.
   Parisiis 1657. De la Rocque.

26. — Illustr. Senatus principi Gulielmo Lamonio. Gratulatorium Panegyricum *Nic.* Guenée, procurator totius scolæ (Collegii Dormano-Bellovaci) nomine, offert et consecrat.
   Parisiis 1667.

27. — De arte parandæ famæ. Oratio adversus eos qui fraudibus ac dolis gloriam aucupantur. Dicta Rothomagi in aula collegii soc. Jesu. VIII dec. an. 1662 a *Jo.* Commirio S. J.
   Rothomagi 1663. Maurry.

28. — Primus Delphini annus apud Bituricenses panegyrico laudatus. A P. *Joanne* Zoccoly.
   Parisiis 1640. Seb. Cramoisy.

29. — Gratulatio de adventu Imperatoris Caroli eius nominis Quinti, per *Petr.* Nannium *Alcmarianum* apud Lovanienses in Collegio trilingui sive Buslidiano Latinum Professorem.
   Lovanii 1540. Off. Rutgeri Rescij.

30. — In anniversario die Leonis X Pont. Max. Laudatio *Jacobi Albani* Gibbesii, dicta IX Kal. Mart. MDCLIX inter honorarias optimi Parentis exequias.
   Romæ 1659. Typ. Jac. Dragondelli.

Orateurs Français.

Collections et Recueils de discours sur divers sujets et par divers Auteurs.

908. — Harengues militaires, et concions de princes, capitaines, embassadeurs, et autres manians tant la guerre que les affaires d'Estat. Recueillies et faictes Françoyses, par *Françoys* de BELLE-FOREST.
   Paris 1573. Nic. Chesneau. 1 vol. in-fol.

909. — Harangues celebres, et Remonstrances faites aux roys, aux princes et autres personne d'eminente condition, et quelque Oraisons funebres, des Illustres du Temps. Recüeillis par M.ᵉ L. G. (GILBAULT.)
   Paris 1655. Henry Le Gras. 1 vol. in-4°.

910. — Le Tresor des harangues et remonstrances, faites aux ouvertures du Parlement, et aux entrées des Roys, Reynes, Princes, Princesses, et autres personnes de condition. Par M. L. G. (GILBAULT.)
   Paris 1660. Mich. Bobin. 2 vol. in-4°.

911. — Le Tresor des harangues, faites aux entrées des rois, reines, princes, princesses, et autres personnes de condition. Par M. L. G. (GILBAULT), avocat au Parlement.
   Paris 1680. Mich. Bobin. 2 vol. in-12.

912. — Recueil choisy, de harangues, remonstrances, panegyriques, oraisons funebres, plaidoyers; et autres actions publiques les plus curieuses de ce Temps. (Par P. CUSSET.)
   Lyon-Paris 1656. Guil. De Luyne. 1 vol. in-4°.

913. — Recueil de diverses Oraisons funebres, Harangues, Discours, et autres Pieces d'Eloquence des plus celebres Auteurs de ce tems.
   A l'Isle 1695. Jean Henry. 4 vol. in-12.

914. — Recueil de diverses Oraisons funebres, Harangues, Discours, et autres Pieces d'Eloquence des plus celebres Auteurs de ce tems. Nouv. édit.
   Lille 1712. J. Henri. 6 vol. in-12.

915. — Exercice, en forme de plaidoyers prononcés par les rhétoriciens du collège de Louis-le-Grand, le 27 d'août 1756. (Par le P. J.-B. Geoffroy.)
Paris 1756. Thiboust. 1 vol. in-12.

916. — Nouveaux recueil de plaidoyers françois, auxquels on a joint plusieurs Recherches très-utiles aux jeunes Elèves de l'Eloquence. Par M. l'*Abbé* Lenoir du Parc.
Paris 1786. V.ᵉ Thiboust. 1 vol. in-12.

917. — Politicon ou choix des meilleurs discours, sur tous les sujets de politique, traités dans la première assemblée nationale de France; avec une analyse historique et critique des motions et opinions sur les mêmes sujets. Par L. S. de Balestrier-Canilhac.
Paris 1792. Laurent. 2 vol. in-8°. rel. en 1.

918. — Recueil de discours, harangues, éloges, etc.
1 vol. in-4°.

Ce volume contient :

1. — Harangue prononcée au Parlement, sur la présentation des lettres de M. Seguier, Chancelier de France. (Par *Ant.* Le Maistre.)
Paris 1636. Camusat.

2. — Harangue prononcée au Grand Conseil, sur la présentation des lettres de M. Seguier, Chancelier de France. (Par *Ant.* Le Maistre.)
Paris 1636. Camusat.

3. — Harangue prononcée en la Cour des Aydes, sur la présentation des lettres de M. Seguier. (Par le *même.*)
Paris 1636. Camusat.

4. — Harangue faite à M. le duc d'Orleans par M. Nicolai, premier Président en la Chambre des Comptes.
Paris 1649.

5. — Harangue prononcée le 9 avril 1651, sur la promotion de M. le premier Président à la charge de garde des seaux.
Paris 1651. P. Du Pont.

6. — Compliment fait à Mgr. l'éminentissime cardinal de Retz par M. Hedelin abbé d'Aubignac, portant la parole pour la congrégation de la propagation de la foy, le 18 mars 1652.
Paris 1652. Denys Langlois.

7. — Harangue faite au Roy, sur l'heureux succez des armes de Sa Majesté, ensuite de son sacre. Par M. le Recteur de l'Université. Le 14 septembre 1654.
    Paris 1654. D. Langlois.

8. — Harangue à la reyne Christine de Suede, faite au nom de l'Académie Françoise, par *Olivier* Patru.
    Paris 1656. Le Petit.

9. — Harangue faite à la Reine, à sa première entrée, dans l'église des Minimes de Paris, la reine-mère présente. (Par le P. d'Ormesson.)

10. — Panégyrique de la paix présenté au Roy, comme une expression véritable des grandes, et des saintes esperances, qui animent tous les cœurs depuis l'heure désirée du sacre de Sa Majesté. (Par le R. P. d'Ormesson.)
    Paris 1654. Seb. Cramoisy.

11. — La France resuscitée par la nouvelle de la paix. (Par le même.)
    Paris 1659. Seb. Cramoisy.

12. — Panegyriéme du roy Louis quatorziéme, prononcé dans l'Académie Françoise. (Par P. Pellisson Fontanier.)
    Paris 1671. Le Petit.

13. — Discours de coniouissance sur la naissance de l'infante de Portugal. Prononcé en portugais le jour mesme de cette Naissance, devant toute la Cour de Portugal. Par le R. P. *Ant.* Vieyra.
    Paris 1671. Seb. Cramoisy.

14. — Panegirique de la regence de Mme Royale Marie-Jeanne-Baptiste de Savoie prononcé dans l'Académie de Turin le 13 may 1680. Veille de la majorité de S. A. R. Par M. l'abbé de Saint-Real.
    Turin 1680. Zappate.

15. — Eloge sur le rétablissement de la santé du Roy : prononcée dans l'église des Pères Carmes du grand Convent de Roüen, par le R. P. Philippe de *Saint-Jacques*, Prieur ; le 2 février 1687.
    Rouen 1687. Machuel.

16. — Action de graces, pour remercier Dieu dès prospéritez de la France. (Par M. Brueys, de Montpellier.)
    Paris 1690. F. Muguet.

17. — Discours pour montrer qu'un Gentil-homme ne déroge point à sa noblesse, par la Charge de Notaire au Chastelet de Paris.

18. — Discours prononcé par M. de Chabannes, lieutenant-général de Tulles. (Nécessité de l'érudition pour un juge.)

19. — Discours de la defense de la Vérité. Composé et prononcé par M. L. MARAIS, en présence du Recteur et de toute l'Université, assemblée processionnellement en l'église St.-Jacques de la Boucherie, le 8 d'octobre 1666.
    Paris 1666. Promé.

20. — Discours de la Hiérarchie et des Mœurs de l'Eglise, prononcé le 8 octobre 1664. Par M. *Louis* MARAIS.
    Paris 1665. G. Desprez.

21. — Discours academique sur la comparaison entre Virgile, et Homère. Recité le 19 aoust 1667 dans l'Assemblée qui se fait chez M. le Premier President. (Par le P. RAPIN.)
    Paris 1668. T. Jolly.

22. — Eloge de la paix. Ouvrage d'éloquence et de politique. Par M. l'abbé de la BAUME.
    Paris 1736. Rollin.

23. — De l'autorité de l'usage sur la langue. Discours lu dans la séance publique de l'Académie Françoise, le 16 juin 1785. Par M. MARMONTEL.
    Paris 1785. Demonville.

24. — Eloge historique de Dom Mabillon lu dans l'assemblée publique de l'académie royale des inscriptions et médailles, le 17 avril 1708. Par M. GROS DE BOZE.
    Paris 1708. P. Cot.

25. — Eloge funèbre de M. Marie-Antoine Chivot, professeur d'humanités au collége de Montaigu, prononcé le jour de la rentrée des classes 1786. Par M. l'Abbé CROUZET.
    Paris 1787. V.ᶜ Thiboust.

26. — Ecole secondaire de médecine d'Amiens. Discours prononcé aux obsèques de M. Ladent, chirurgien en chef de l'Hôtel-Dieu, etc., le 2 juin 1825, par M. BARBIER, Directeur de l'école.
    Amiens 1825. Caron-Berquier.

27. — Institut royal de France — Académie royale des sciences. — Funérailles de M. le chevalier Delambre. (Discours prononcés le 21 août 1822 par M. le baron CUVIER, M. BIOT, M. ARAGO.)

28. — Eloge de Rollin, discours qui a remporté le prix d'éloquence décerné par l'Académie française, dans sa séance du 27 août 1818, par *Saint-Albin* BERVILLE.
    Paris 1818. F. Didot.

29. — Oraison de la paix, et les moyens de l'entretenir; et qu'il n'y a aucune raison suffisante pour faire prendre les armes aux Princes Chrestiens les uns, contre les autres. Aux tres magnanimes, et tres

puissants Henry, et Philippes Roys de France, et d'Espaigne. Par G. Aubert de Poitiers.
Paris 1559. Benoist Prevost.

30. — Discours sur les avantages et la nécessité de l'union, prononcé dans l'hôtel-de-Ville de Lyon, le 21 décembre 1730, jour de St.-Thomas, la première année de la Prévôté de M.ᵉ C. Perrichon. Par M.ᵉ A. G. Boucher d'Argis.
Lyon 1730. André Laurens.

Recueils de discours d'un même Auteur.

919. — Recueil de harangues faites par Messire *Pierre* Scarron Evesque et Prince de Grenoble.
Paris 1634. François Targa. 1 vol. in-8º.

920. — Discours academiques du Sieur de Rampalle.
Paris 1647. Aug. Courbé. 1 vol. in-8º.

921. — Les femmes illustres, ou les harangues heroïques, de M. de Scudery. Avec les veritables portraits de ces Heroïnes, tirez des Medailles antiques.
Rouen-Paris 1665. Aug. Courbé. 2 vol. in-4º.

922. — Harangues sur toutes sortes de sujets, avec l'art de les composer. Dédiées à Mgr. le Chancelier. (Par M. de Vaumorière.)
Paris 1687. Guignard. 1 vol. in-4º. Port.

923. — Harangues sur toutes sortes de sujets, avec l'art de les composer. Par feu M. de Vaumorière. 3.ᵉ édit. augmentée d'une dissertation sur les Oraisons funèbres, par M. l'*Abbé* Du Jarry.
Paris 1713. Guignard. 1 vol. in-4º.

924. — Discours et harangues de M. Hebert, Tresorier de France, de l'Académie de Soissons.
Soissons 1699. N. Hanisset. 1 vol. in-12.

925. — Discours académiques de M. de Maupertuis.
Dresde 1753.   1 vol. in-12.

926. — OEuvres de M. de Nesmond, archevêque de Toulouse.
Paris 1754. Durand. 1 vol. in-12.

927. — Plaidoyers littéraires, panégyriques et oraisons funèbres, par M. Le Boucq.
Paris 1788. Nyon le jeune. 2 vol. in 12.

928. — Discours choisis sur divers sujets de religion et de littérature. Par M. l'*Abbé* Maury.
Paris 1777. Lejay. 1 vol. in-12.
Voyez aussi :
OEuvres de d'Aguesseau — de P. André — de Baudory — de Chateaubriant, tom. xxiii — de M. J. Chenier, tom. iii et iv — de Du Vair (Actions et Traitez oratoires) — de Fléchier — de Fontanes, tom. ii — de *Michel* de L'hospital, tom. i et ii — de Mirabeau (Discours et Opinions) tom. i, ii, iii — Opuscules de Rollin — OEuvres de M. de Tourreil, tom. i.

Oraisons funèbres.

929. — Les oraisons et discours funebres de divers autheurs, sur le trespas de Henry-le-Grand, tres-chrestien, Roy de France et de Navarre ; par G. Du Peyrat.
Paris 1611. Robert Estienne. 1 vol. in-8°.

930. — Harangues et oraisons funebres de feu Messire Henry de Bourgneuf, marquis de Cucé, premier president au Parlement de Bretagne.
Rennes 1661. Jean Durand. 1 vol. in-fol.

931. — Oraisons funèbres composées par M. Fléchier. 4.e édit.
Paris 1699. Du Puis. 2 vol. in-12.

932. — Oraisons funèbres, prononcées par le P. De la Rue.
Paris 1740. Gissey. 1 vol. in-12.

933. — Recueil d'oraisons funèbres, prononcées par Messire *Antoine* Anselme.
Paris 1781. Louis Josse. 1 vol. in-12.

934. — Recueil des oraisons funèbres, prononcées par Messire *Jacques-Benigne* Bossuet. Nouv. édit.
Paris 1762. Desaint et Saillant. 1 vol. in-12.

935. — Même ouvrage. Nouv. édit.
Paris 1774. Saillant et Nyon. 1 vol. in-12.

936. — Recueil des oraisons funèbres prononcées par Messire *Jules* Mascaron. Nouv. édit.
Paris 1740. Jean Desaint. 1 vol. in-12.

937. — Oraisons funèbres de Bossuet, Fléchier, et autres ora-

teurs ; avec un discours préliminaire et des notices. Par M. Dussault (et M. Théry).

Paris 1820-1826. Janet. 4 vol. in-8°.

958. — Recueils d'Oraisons funèbres.

18 vol. in-4°.

Tom. I. — Contenant :

1. — Oraison funebre de Charles Paris d'Orléans, duc de Longueville, prononcée sur le corps dans l'église de Coulommiers le premier jour d'aoust 1672. Par M. l'Abbé Baüyn.

Paris 1672. Frédéric Léonard.

2. — Oraison funèbre de Charles d'Orléans, duc de Longueville, etc., prononcée en l'église des Célestins, le mardi 9 aoust 1672, jour de son enterrement, par M. *Gilbert* de Choyseul, Evesque de Tournay.

Paris 1672. Guillaume Desprez.

3. — Discours funebre pour Mme la duchesse d'Aiguillon ; prononcé à Paris dans la chapelle du Seminaire des missions étrangères, par le Sieur de Brisacier, le 13 may 1675. 2.e édit.

Paris 1675. Charles Angot.

4. — Oraison funebre de Marie-Thérèse d'Autriche, Reyne de France et de Navarre. Prononcée dans l'église des RR. PP. Cordeliers du grand Convent de Paris le 7 de septembre 1683. Par le R. P. David.

Paris 1683. Edme Couterot.

5. — Oraison funebre de Mme de Coeuvre. Prononcée en l'église des PP. Feuillants de Soissons, le 20 décembre 1684. Par M. Villette, chanoine de Laon.

Laon 1685. Renesson.

6. — Oraison funebre de Messire Michel Le Tellier, chancelier de France. Prononcée dans l'église des grands Augustins, le deuxième jour de mars 1686. Par M. l'Abbé Maboul.

Paris 1686. Jean de la Caille.

7. — Oraison funebre de M. Charles de Ste.-Maure, duc de Montausier. Prononcée dans l'église de Sainte-Croix de la Cité, le 23 aoust 1690. Par M. l'Abbé Jullard du Jarry.

Paris 1690. Antoine Dezallier.

8. — Oraison funebre de Marie-Anne-Christine de Bavière, Dauphine de France. Prononcée dans l'église de l'abbaye royale de Maubuisson, le 27 juin 1690. Par M. l'Abbé Du Jarry.

Paris 1690. Antoine Dezallier.

9. — Oraison funebre de Messire Alexandre de Boniface, chevalier, baron

du Boslehart. Prononcée en l'église paroissiale du Boslehart, le 28 février 1696. Par M. PLATEL, D.E.T., curé de Montérolier.

Rouen 1696. Nicolas Le Tourneur.

10. — Oraison funebre de Messire Mathiev Molé, garde des sceavx de France. Prononcée dans l'église de St.-Antoine des Champs, le 10 de feurier de l'année 1656. Par Messire *Antoine* GODEAU.

Paris 1656. Antoine Vitré.

Tom. II. — Contenant:

1. — Oraison funebre de Marie-Anne-Christine de Bavière, Dauphine de France. Prononcée dans l'église de Nôtre-Dame le 15 juin 1690. Par Messire *Esprit* FLÉCHIER, nommé à l'évêché de Nismes.

Paris 1690. Antoine Dezallier.

2. — Oraison funebre de M. Charles de Ste.-Maure, duc de Montausier. Prononcée dans l'église des Carmélites du fauxbourg St.-Jacques, le 11 aoust 1690. Par Messire *Esprit* FLÉCHIER.

Paris 1690. Antoine Dezallier.

3. — Oraison funebre de Henri de la Tour d'Auvergne, vicomte de Turenne. Prononcée à Paris dans l'église de St.-Eustache le 10 de janvier 1676. Par M. FLÉCHIER.

Paris 1676. Seb. Mabre Cramoisy.

4. — Oraison funebre de Marie-Thérèse d'Austriche, reine de France et de Navarre. Prononcée dans l'église de St.-Martin de Nevers, au service solemnel que Mgr. l'évêque y fit faire le 20 septembre 1683. Par le R. P. CHALLOPIN.

Paris 1683. Pierre Le Petit.

5. — Oraison funebre de Marie-Thereze d'Autriche, reyne de France et de Navarre. Prononcée dans l'église cath. d'Arras, le 17.e jour d'aoust 1683. Par le R. P. *Arcange* ENGUERRANT.

Paris 1684. Jean Couterot et Louis Guérin.

6. — Oraison funebre de Marie-Térèse d'Austriche, reine de France et de Navarre. Prononcée à Paris le 24.e jour de novembre 1683, en l'église des religieuses du Val-de-Grâce. Par M. FLÉCHIER.

Paris 1684. Seb. Mabre Cramoisy.

7. — Oraison funebre de M.me Anne Poussart de Fors, duchesse de Richelieu, dame d'honneur de M.me la Dauphine. Prononcée dans l'église des nouvelles Catholiques le 14 juillet 1684. Par M. le curé de St.-Symphorien.

Paris 1684. Denys Thierry.

8. — Oraison funebre d'Anne de Gonzague de Clèves, princesse palatine.

Prononcée dans l'église des Carmélites du fauxbourg St.-Jacques, le 9 aoust 1685. Par Messire *Jacques Benigne* Bossuet.

    Paris 1685. Seb. Mabre Cramoisy.

9. — Oraison funebre de Messire Michel Le Tellier. Prononcée dans l'église des Invalides, le 22 mars 1686. Par M. Fléchier.

    Paris 1686. Seb. Mabre Cramoisy.

10. — Oraison funebre de Louis de Bourbon, prince de Condé. Prononcée à Paris le 26 avril 1687, en l'église de la maison professe des PP. de la compagnie de Jésus. Par le P. Bourdaloue.

    Paris 1687. Estienne Michallet.

11. — Oraison funebre de Marie-Anne-Christine de Bavière, Dauphine de France. Prononcée à St.-Denis le 5 juin 1690, en présence de Mgr. le Duc de Bourgogne. Par M. P. de la Broue, Evesque de Mirepoix.

    Paris 1690. Ve Seb. Mabre Cramoisy.

Tom. III. — Contenant:

1. — Oraison funebre de Philippe, fils de France, frère unique du Roy, duc d'Orléans, de Chartres, etc. Prononcée dans l'église cathédrale de Chartres, le 22 aoust 1701, par M. Gontier.

    Paris 1701. Ve Dan. Horthemels.

2. — Oraison funebre de Jacques II, roy de la Grande-Bretagne. Prononcée dans l'église de la paroisse royale de St.-Germain en Laye, le 8 de novembre 1702. Par Messire *Antoine* Anselme.

    Paris 1702. Louis Josse.

3. — Oraison funèbre de Mme Gabriele-Marie de Bourbonne, abbesse de Juvigny, prononcée dans l'église de l'abbaye de Juvigny, le 3 d'avril 1705. Par un père de la compagnie de Jésus.

    Verdun 1705. Didier Fanart.

4. — Oraison funèbre de Mgr. Pierre du Cambout, cardinal de Coislin, evesque d'Orléans. Prononcée dans l'église cathédrale d'Orléans, le 19 mars 1706. Par M. Aleaume.

    Orléans 1706. Borde.

5. — Oraison funebre de dame Louise de Harlay, ancienne abbesse de Notre-Dame de Sens. Prononcée dans l'église de la même abbaye, le 28 may 1706. Par Me *Nicolas* Denise.

    Paris 1706. Josse.

6. — Oraison funebre de dame Françoise-Angélique d'Estampes de Valencay, abbesse des Clairets, prononcée dans l'église de l'abbaye des Clairets, le 7 septembre 1708. Par M. Gontier.

    Paris 1709. Guerin.

7. — Oraison funebre de Messire Paul de Godet des Marais, Evesque de

Chartres; prononcée dans l'église de Chartres, le 21 janvier 1710. Par M. l'Abbé Le Prevost.

Paris 1710. N. Pepie.

8. — Oraison funebre de Mgr. Louis Dauphin de France, fils unique de Louis-le-Grand, prononcée à Arras par le R. P. *Augustin* de Picquigny, le 15 juin 1711. 2.e édit.

Arras 1711. Cornu.

9. — Oraison funebre de Mgr. Louis Dauphin, prononcée dans l'église de Paris le 3 de juillet 1711. Par le R. P. Delarue.

Paris 1711. Papillon.

10. — Les oraisons funèbres de Mgr. Louis Dauphin, mort en 1711, et de Mgr. Louis Dauphin, et de Marie-Adélaïde de Savoye, son épouse. Par l'*Abbé* Du Jarry.

Paris 1712. N. Pepie.

11. — Oraison funebre de M. Louis Dauphin, et de Mme Marie-Adélaïde de Savoye, son épouse. Prononcée au Havre dans l'église de Nôtre-Dame, le 17 juin 1712. Par le P. *François* de Caudebec, Capucin.

Havre 1712. G. Gruchet.

12. — Oraison funebre de Diane-Henriette de Budos, duchesse de St.-Simon. Prononcé à ses obseques, en l'église cathedrale de Senlis, le 19 décembre 1670. Par M. Deslyons.

Paris 1671. Desprez.

Tom. IV. — Contenant :

1. — Oraison funèbre de Mgr. Louis de Bourbon, prince de Condé. Prononcée par Mgr. l'évêque et comte de Châlon-sur-Saône, dans son église cathédrale, le 6 février 1687. (H. F. de Tassy.)

Paris 1687. Antoine Dezallier.

2. — Oraison funèbre de dame Marie Mad. Gab. de Rochechouart de Mortemart, abbesse de Fontevrauld, prononcée dans la grande Eglise de l'Abbaye de Fontevrauld, le 6 novembre 1704, par Messire Anselme, abbé de St.-Séver.

Paris 1704. Josse.

3. — Oraison funèbre de Louis de Bourbon, prince de Condé, prononcée à Paris, le 26 d'avril 1687, en l'Eglise de la maison professe des Pères de la comp. de Jésus. Par le P. Bourdaloue.

Paris 1687. Estienne Michallet.

4. — Oraison funèbre de François-Louis de Bourbon, prince de Conty, prononcée dans l'Eglise de St.-André-des-Arcs, sa paroisse, le 21 juin 1709. Par le P. Massillon.

Paris 1709. Raymond Mazières.

5. — Description de la pompe funèbre faite dans l'église de St.-André-des-Arcs, à la mémoire du prince de Conty.
   Paris 1709. R. Mazières.
6. — Discours instructif sur la mort de Mgr., prononcé à Paris, le 26 avril 1711, dans la Chapelle de la Congrégation du noviciat des RR. PP. jésuites.
   Paris 1711. Frédéric Léonard.
7. — Serenissimi principis Ludovici Franciæ Delphini laudatio funebris. Dicta IV Nonas Junias, in Regio Ludovici Magni Collegio societatis Jesu. A P. *Carolo* Porée, è soc. Jesu.
   Parisiis 1711. Apud Stephanum Papillon.
8. — Oraison funèbre de Mgr. Louis, Dauphin. Prononcée dans l'église de l'abbaye royale de St.-Denis, le 18 juin 1711. Par Messire *Michel* Poncet de la Rivière, évêque d'Angers.
   Paris 1711. Raymond Mazières.
9. — Oraison funèbre de Mgr. Louis Dauphin. Prononcée dans l'église des Cordeliers du grand convent de Paris, le 13 d'aoust 1711. Par le P. Poisson, cordelier.
   Paris 1711. Jean-Baptiste Coignard.
10. — Oraison funèbre de Mgr. Louis Dauphin, et de Marie-Adélaïde de Savoye, son épouse. Prononcée dans l'église de l'abbaye royale de St.-Denis, le 18 avril 1712. Par Messire J. Maboul, évêque d'Alet.
    Paris 1712. Raymond Mazières.
11. — Oraison funèbre de Mgr. Louis Dauphin, et de Mme Marie-Adélaïde de Savoye, son épouse, prononcée dans l'église de Paris, le 10 may 1712. Par le P. Gaillard.
    Paris 1712. R. Mazières.
12. — Oraison funèbre de Mgr. Louis Dauphin, et de Mme Marie-Adélaïde de Savoye, son épouse. Prononcée dans la Ste.-Chapelle de Paris, le 24 de may 1712. Par le P. Delarue, de la comp. de Jésus.
    Paris 1712. Etienne Papillon.

Tom. V. — Contenant :

1. — Oraison funèbre d'Anne d'Autriche, infante d'Espagne, reine de France et mère du Roi, prononcée dans l'église des Martyrs à Montmartre le 6 mars 1666. Par M. l'Abbé de Fromentières.
   Paris 1666. Seb. Mabre Gramoisy.
2. — Oraison funèbre prononcée dans l'église des Augustins du grand convent de Paris, au service solemnel fait par l'assemblée générale du Clergé de France, le 13 mars 1666, pour la Reyne Mère du Roy. Par Mgr. *Hyacinthe* Serrony, Evesque de Mende.
   Paris 1666. Antoine Vitré.

3. — Oraison funèbre d'Anne infante d'Espagne, reine de France et mère du Roy. Prononcée en la présence de ses Domestiques dans l'église de St.-Eustache, par le R.P. *Jean-François* SENAULT.
  Paris 1666. Pierre Le Petit.

4. — Oraison funèbre d'Anne d'Austriche, reyne de France, et mère du Roy. Prononcée dans la Ste.-Chapelle de Paris, par M. J. BIROAT.
  Paris 1666. Edme Couterot.

5. — Oraison funèbre d'Anne d'Austriche. Prononcée au service solennel que Mgr. le Grand Maistre des Chevaliers de l'ordre royal du Mont-Carmel et de St.-Lazarre de Jérusalem, a fait célébrer dans l'église des Carmes des Billettes, le 27 de février 1666.
  Paris 1666. Estienne Mauoroy.

6. — Oraison funèbre d'Anne d'Autriche, reyne de France et mère du Roy. Prononcée dans l'église des Bénédictines de l'abbaye royale de St.-Julien-d'Auxerre. Par M. FERNIER.
  Paris 1666. George Josse.

7. — La Reyne très-chrestienne. Discours funèbre sur la vie et la mort d'Anne d'Austriche. Prononcé en l'église de St.-Sauveur à Paris, le 16 février 1666. Par M. *Antoine* FUIRON.
  Paris 1666. Jean Couterot.

8. — Oraison funèbre de Philippes IV, Roy d'Espagne, etc. Dédiée à la reine. Par M. *François* OGIER.
  Paris 1666. Pierre Le Petit.

9. — Oraison funèbre de Mgr. le Prince de Conty. Prononcée à Paris le 5 juin 1666. Au grand convent des Carmélites. Par Messire *Gilbert* de CHOYSEUL DU PLESSY-PRASLAIN, Evesque de Comenge.
  Paris 1666. Antoine Vitré.

10. — Oraison funèbre de Mgr. Dominique Seguier, Evesque de Meaux. Prononcée dans l'église cathédrale de Meaux le 10 de juin 1659. Par M. *Jacques* BIROAT.
  Paris 1659. Edme Couterot.

11. — Oraison funèbre de feuc très-haute princesse Mme Eléonor de Bergh, duchesse de Bouillon. Prononcée dans l'église de St.-Taurin d'Evreux, au jour anniversaire de sa mort. Par M. *Jacques* BIROAT.
  Paris 1663. Edme Couterot.

12. — Oraison funèbre de feu messire Abel Servien, marquis de Sablé, ministre d'Etat et surintendant des finances. Prononcée dans l'église de St.-Eustache le 24 mars 1659. Par M. *Jacques* BIROAT.
  Paris 1659. Edme Couterot.

13. — Oraison funèbre d'Anne d'Austriche, Reyne de France et mère du

Roy, prononcée dans l'église et paroisse royale de St.-Germain-de-l'Auxerrois, par le R. P. *Dom* Cosme, religieux Feüillent.

Paris 1666. François Muguet.

Tom. VI. — Contenant :

1. — Oraison funèbre d'Anne-Marie-Louise d'Orléans, souveraine de Dombes, duchesse de Montpensier, comtesse d'Eu. Prononcée à la ville d'Eu dans l'église St.-Laurent le 26 juin 1693. Par le R. P. Féjacq, Prieur de FF. Prêcheurs d'Amiens (1).

Paris 1693. V.ᵉ Pepingué.

2. — Oraison funèbre de Madame Marie-Catherine de Monluc de Balagny, abbesse de Ste.-Benoîte d'Origny. Prononcée dans l'église de cette maison, le 18 février 1666. Par le R. P. *Marc* Doufrère.

St.-Quentin 1666. Claude Le Queux.

3. — Oraison funèbre de Henri de la Tour d'Auvergne, vicomte de Turenne, etc. Prononcée à Paris dans l'église des Carmélites du fauxbourg St.-Jacques, le 30 octobre 1675. Par Messire *Jules* Mascaron.

Paris 1676. V.ᵉ Jean Dupuis.

4. — Oraison funèbre de Marie-Thérèse d'Austriche, reine de France et de Navarre, epouse du roi Louis-le-Grand. Prononcée dans l'abbaye de St.-Germain-des-Prez, par le R. P. *Dom Antoine* Gallois.

Paris 1683. Guillaume de Luyne.

5. — La Pompe funèbre et le service solennel qui s'est fait le 16 septembre 1683, dans l'abbaye royale de St.-Germain-des-Prez, pour la reine.

Paris 1685. G. de Luyne.

6. — Oraison funèbre de Henri de Montmorancy, duc de Luxembourg. Prononcée dans l'église de la maison de la comp. de Jésus, le 21 avril 1695. Par le P. Delarue.

Paris 1695. V.ᵉ Marchand.

7. — Oraison funèbre d'Elisabeth d'Orléans, duchesse de Guise. Prononcée dans l'église cathédrale de Chartres le 12 de may 1696. Par M. Mareschaulx.

Paris 1696. Florentin et Pierre Delaulne.

8. — Oraison funèbre de Philippe, fils de France, frère unique du Roy, duc d'Orléans. Prononcée à Paris dans l'église de la maison professe de la comp. de Jésus, le 18 aoust 1701. Par le P. Bretonneau.

Paris 1701. N. Pepie.

9. — Oraison funèbre du même. Prononcée dans l'église cathédrale de Chartres le 22 aoust 1701, par M. Gontier.

Paris 1701. V.ᵉ Daniel Horthemels.

---

(1) Féjacq *(Jacques)*, en religion *Hyacinthe*, né à Amiens, en 1647, mourut au mois de septembre 1715.

10. — Oraison funèbre de Jacques II, roy de la Grand'Bretagne. Prononcée le 19 de septembre 1702 dans l'église des religieuses de la Visitation de Chaillot. Par Messire *Henry-Emm.* de Roquette.

Paris 1702. Christophe Remy.

11. — Oraison funèbre de Louis-François duc de Boufflers, Pair et Mareschal de France, prononcée dans l'église des PP. Cordeliers de Beauvais, le 12 aoust 1712, pour l'anniversaire. Par le P. Poisson.

Paris 1712. Louis Guerin.

12. — Oraison funèbre de Louis XIV du nom, Roy de France et de Navarre, prononcée dans l'église cathédrale de Soissons le 11 décembre 1715. Par M. *J.-B. Zach.* Gosset.

Paris 1716. Pierre Witte. in-4o.

13. — Oraison funèbre de Mme Anne de Choiseul de Praslain, abesse de l'abaye royale de Nostre-Dame aux Nonnains de Troyes. Par le P. Gouyn.

Troyes 1688. Fevre.

Tom. VII. — Contenant :

1. — Oraison funèbre de Messire Charles-François de Monstiers de Mérinville, Evesque de Chartres, prononcée dans l'église de Chartres, le 15 avril 1747, par M. de la Voiepierre.

Chartres 1747. Ve J. Le Roux.

2. — Oraison funèbre de Louis d'Orléans, duc d'Orléans, premier prince du sang, prononcée dans l'église de l'abbaye royale de Ste.-Geneviève le 23 mars 1752. Par le P. Bernard.

Paris 1752. P. G. Simon.

3. — Oraison funèbre de Mgr. Scipion-Jérôme Bégon, évêque-comte de Toul, etc. Prononcée dans l'église cathédrale de Toul, le 30 janvier 1754. Par M. l'Abbé Clément.

Nancy 1754. Pierre Antoine.

4. — Oraison funèbre de Marie Leczinski, princesse de Pologne, reine de France et de Navarre, prononcée dans l'église des RR. PP. Cordeliers à Amiens. en présence de MM. de l'Académie, le 13 septembre 1768, par M. de Richery.

Paris. La Combe.— Amiens 1768. Ve Godart.

5. — Oraison funèbre de Louis XV le Bien-Aimé, roi de France et de Navarre, prononcée dans l'église de l'abbaye royale de St.-Denis, le 27 juillet 1774, par M. *J.-B. Ch. Marie* de Beauvais, évêque de Senez.

Paris 1774. Guillaume Desprez.

6. — Oraison funèbre de Louis XV, roi de France et de Navarre, pro-

noncée dans la chapelle du Louvre le 30 juillet 1774, en présence de MM. de l'Académie françoise. Par M. de Boismont.

Paris 1774. Demonville.

7. — Oraison funèbre de Mgr. Jean-François-Joseph de Rochechouart, cardinal, évêque duc de Laon, etc. Prononcée dans l'église cathédrale de Laon, le 17 juin 1777, par M. Gérault de Cambronne.

Laon 1777. V.e J. Calvet.

8. — Oraison funèbre de Mgr. Charles de Broglie, évêque - comte de Noyon. Prononcée dans l'église cathédrale de Noyon, le 7 juillet 1778. Par Messire J.-B. Ch. Marie de Beauvais, évêque de Senez.

Noyon 1778. Jean-Frédéric Devin.

9. — Eloge funèbre de Messire Claude Léger, curé de St.-André-des-Arcs, prononcé en l'église de cette paroisse, le 17 août 1781, par M. J.-B. Charles-Marie de Beauvais, évêque de Senez.

Paris 1781. Didot l'aîné.

10. — Eloge funèbre de Messire Jean Marduel, curé de St.-Roch, prononcé dans l'église de cette paroisse, le 9 novembre 1787, par M. l'Abbé Michel.

Paris 1787. Jean-Roch Lottin de St.-Germain.

11. — Oraison funèbre de Louis XIV. Prononcée le 27 novembre, dans l'église cathédrale de Chartres. Par M. Gontier.

Chartres (1716). André Nicolas.

Tom. VIII. — Contenant :

1. — Oraison funèbre de Guillaume-Egon de Furstemberg, évesque et prince de Strasbourg. Prononcée dans l'église de l'abbaye royale de St.-Germain des Prés, le 5 juin 1704. Par M. l'Abbé Le Prevost.

Paris 1704. V.e Simon Benard.

2. — Oraison funèbre de Louis-Joseph de Vendosme, duc d'Estampes. Prononcée à Estampes dans l'église collégiale de Nostre Dame le 13 de septembre 1712. Par le P. Gramain, de la comp. de Jésus.

Paris 1712. François Fournier.

3. — Oraison funèbre de Marie-Françoise de Clermont, marquise de Thoury. Prononcée dans l'église de Thoury en Sologne, le 10 juillet 1702. Par M. Etienne Duchemin.

Blois 1702. Jean Regnault.

4. — Oraison funèbre de Louis XIV. Prononcée le 13 novembre 1715, dans l'église de Beauvais. Par M. l'Abbé Le Prevost.

Paris 1715. Nicolas Pepie.

5. — Oraison funèbre de M.me Claudine Le Vergeur de St.-Souplet, abbesse de Nostre-Dame du Paraclet d'Amiens. Prononcée le 6 février

par un religieux de l'ordre de St.-Dominique. (Par *Gédéon* Coupey.)
    Amiens 1721. V.° Morgan.

6. — Oraison funèbre de Marie-Clémentine Sobieski, reine de la Grande-Bretagne, d'Ecosse et d'Irlande (Par M. Gallot.)
    Dijon 1737. De Fay.

7. — Oraison funèbre de Marie-Thérèse d'Autriche, infante d'Espagne, reine de France et de Navarre, prononcée le 20 de septembre 1683, dans l'église cathédrale d'Amiens. Par le R. P. de Ponssemothe de Lestoille, Chanoine et Abbé de St.-Acheul d'Amiens.
    Amiens 1684. G. Le Bel.

8. — Oraison funèbre de Messire Mathieu-Ysoré d'Hervault, archevêque de Tours. Prononcée le 15 février 1717, dans l'église métrop. de Tours. Par M. Foucher.
    Tours 1717. Jean Masson.

9. — Oraison funèbre des Martyrs de la Constitution, morts à Nancy le 31 août 1790; prononcée le 21 octobre 1790, dans l'église cathédrale d'Amiens, par M. l'Abbé *Joseph* Bellegueule.
    Amiens 1790. Fr. Caron-Berquier.

10. — Oraison funèbre de Marie-Thérèse-Antoinette-Raphaële, infante d'Espagne, dauphine de France. Prononcée au service fait par ordre du Roy, dans l'église primatiale de Nancy, le 26 septembre 1746. Par le R. P. *Louis-Antoine* Cuny.
    Nancy 1746. Pierre Antoine.

11. — Oraison funèbre de Maturin Savary, Evesque de Sées. Prononcée dans l'église N.-D. d'Alençon, le 24 septembre 1698. Par M. Morel.

Tom. IX. — Contenant :

1. — Oraison funèbre de S. E. Mgr. le cardinal de Fleury, ministre d'Etat, etc. Prononcée au service fait par ordre du Roi, dans l'église de Paris, le 25 mai 1743, par le R. P. de Neuville.
    Paris 1743. Jean-Baptiste Coignard.

2. — Lettre sur l'Oraison funèbre du card. Fleury. 3.° édit. rev. et corr. (Par Fréron.)

3. — Réfutation d'un écrit intitulé *Lettre sur l'Oraison funèbre du card. de Fleury*. Ou Défense du P. de Neuville adressée à M.me la marquise de B... (Par Meusnier de Querlon.)

4. — Oraison funèbre de Mgr. Louis Dauphin. Prononcée dans l'église cathédrale de Séez, le 19 août 1711. Par le P. Catualan.
    Paris 1711. Raymond Mazières.

5. — Oraison funèbre de messire François Daligre, abbé de St.-Jacques

de Provins. Prononcée dans l'église de cette abbaye le 19 avril 1712. Par le R. P. LENET.

Paris 1712. Jacques Etienne.

6. — Oraison funèbre de Louis I.ᵉʳ du nom, roy d'Espagne et des Indes, prononcée dans l'église de Paris le 15 décembre 1724. Par M. *Edme* MONGIN, Evêque de Bazas. 2.ᵉ édit.

Paris 1725. Jean-Baptiste Coignard.

7. — Oraison funèbre de Louis XIV. Prononcée à Metz dans l'église cathédrale, le 18 décembre 1715. Par M. l'Abbé FAVIER.

Metz 1715. Brice Antoine.

8. — Panégyrique funèbre de M. Pompone de Bellièvre, Premier Président du Parlement. Prononcé à l'Hostel-Dieu de Paris le 17 avril 1657. Par un chanoine rég. de la congrég. de France. (*Pierre* LALLEMANT.)

Paris 1657. Seb. Cramoisy.

9. — Oraison funèbre de Mgr. Louis Dauphin, et de M.ᵐᵉ Marie-Adélaïde de Savoye, son épouse. Prononcée dans l'église de Paris, le 10 may 1712. Par le P. GAILLARD, de la comp. de Jésus.

Paris 1712. Raymond Mazières.

Tom. X. — Contenant :

1. — Oraison funèbre sur le trépas de son altesse Mgr. Henry d'Orléans, duc de Longueville et d'Estouteville, etc. Prononcée à Caen, dans l'église de St.-Pierre, le 23 mai 1663. Par le P. *Guil*. LE PELLETIER.

Caen 1663. J. Cavelier.

2. — Oraison funèbre de très-haut et très-puissant prince Mgr. le duc de Vandôme. (Par N. L'ANGE doct. en th.)

Vandôme 1665. Seb. Hip.

3. — Le tableau de la vie et de la mort de M. de Rambures. Fait en l'église des religieux minimes du convent d'Abbeville, le 5 juin 1671. Par le R. P. *Robert* de St.-GILLES.

Abbeville 1671. Musnier.

4. — Oraison funèbre de très-haut et très-puissant prince Henry de la Tour d'Auvergne, vicomte de Turenne, etc. Prononcée à Rouen dans l'église de l'abbaye de St.-Oüen le 15 décembre 1675. Par le P. *Claude Fr.* MENESTRIER.

Paris 1676. Michallet.

5. — Oraison funèbre de feu haut et puissant seigneur Messire Antoine-Saladin d'Anglurre, du Bellay, de Savigny, etc., mareschal des camps et armées du Roy. Prononcée dans l'église paroissiale d'Etoges le

5 février 1676. Par M. de MERTRUS de St.-OÜAIN, Prieur de Loisy.
Paris 1676. Lambin.

6. — Oraison funèbre de Messire Pomponne de Bellièvre Premier Président au Parlement de Paris. Prononcée en l'église de St.-Germain-des-Prez, le 14 avril 1657. Par un religieux bénédictin. (*Cl.* MARTIN.)
Paris 1657. Savreux.

7. — Eloge funèbre de feu Messire Pompone de Believre, adressé à Mgr. de Mets. (Par le P. LE BOSSU, jés.)
Paris 1657. Cramoisy.

8. — Oraison funèbre pour Messire Abel Servien, ministre d'Estat et surintendant des finances. Prononcée en ses obsèques faites au nom de l'Académie Françoise en l'église des Carmes du St.-Sacrement des Billettes, le 5 avril 1659. Par M. *Ch.* COTIN.
Paris 1659. Le Petit.

9. — Oraison funèbre de M. de Lionne, prononcée dans l'église de St.-Roch de Paris. Par M. l'abbé de FROMENTIERE, le 8 octobre 1671.
Paris 1673. Nego.

10. — Oraison funèbre de Messire Pierre Seguier, chancelier de France et protecteur de l'Académie françoise. Prononcée dans l'hostel de Seguier, devant MM. de l'Académie françoise. (Par TALLEMANT.)
Paris 1672. Le Petit.

11. — Oraison funèbre de M. le Premier Président de Lamoignon. Prononcée à Paris dans l'église de St.-Nicolas du Chardonnet le 18 février 1679. Par M. FLÉCHIER.
Paris 1679. Seb. Mabre Cramoisy.

12. — Oraison funèbre de Messire Louis Boucherat, chancelier de France. Prononcée dans l'église de St.-Gervais. Par le R. P. de la ROCHE.
Paris 1700. Boudot.

13. — Harangue funèbre sur la mort de Messire Honoré d'Albert, duc de Chaulnes, prononcée dans l'église cathédrale d'Amiens, le 29 d'octobre 1650. Par le R. P. *Thomas* LE PAIGE.
Paris 1651. Rocolet.

Tom. XI. — Contenant :

1. — Oraison funèbre de Marie-Thérèse d'Austriche, infante d'Espagne, reine de France et de Navarre. Prononcée à Paris dans l'église de St.-Roch, le 30 septembre 1683. Par M. l'Abbé BAUYN.
Paris 1683. Josse.

2. — Oraison funèbre de Marie-Thérèse d'Austriche, infante d'Espagne, reyne de France et de Navarre. Prononcée dans l'église cathédrale de Meaux le 5 d'octobre 1683. Par M. BOBÉ.
Paris 1683. Denys Thierry.

3. — Oraison funèbre de Marie-Térèse d'Austriche, infante d'Espagne, reine de France et de Navarre. Prononcée à St.-Denis le 1.ᵉʳ septembre 1683. Par M.ᵉ *Jacques-Benigne* Bossuet.
   Paris 1683. Seb. Cramoisy.
4. — Oraison funèbre de Marie-Térèse d'Austriche. Prononcée dans la chapelle du Louvre le 24 janvier 1684, en présence de MM. de l'Académie françoise. Par M. l'Abbé de la Chambre.
   Paris 1684. Gab. Martin.
5. — Oraison funèbre de Marie-Thérèse d'Autriche, reine de France et de Navarre. Prononcée à Paris par M. de St.-Mars.
   Paris 1683. George Josse.
6. — Oraison funèbre de la Reyne. Prononcée le 4 septembre 1683 dans le monastère royal de St.-Louys de Poissy. Par M. Masson.
   Rouen 1684. Henri François Viret.
7. — Eloge funèbre de Marie-Thérèse d'Autriche, reine de France et de Navarre. Prononcé dans l'église de St.-Maurice de Chatillon-sur-Loire, le 26 octobre 1683. Par M.ᵉ P. Moenne.
   Orléans 1683. J. Boyer.
8. — Oraison funèbre sur le trépas de Marie-Thérèse d'Autriche, infante d'Espagne, reine de France et de Navarre. Prononcée et composée par le père Philippe de *Sainte-Thérèse*, relig. carme d'Arras.
   Paris 1683. Jean Lohen.

Tom. XII. — Contenant :

1. — Oraison funèbre de Louis XIV roy de France et de Navarre. Prononcée en l'église cathédrale d'Evreux le 7 novembre 1715. Par M. l'Abbé Aunillon.
   Paris 1715. Et. Papillon.
2. — Oraison funèbre du roy Louis XIV. Prononcée à Montpellier le 11 mars 1716, dans la Chapelle des Penitens. Par M. d'Aigrefeuille.
   Montpellier 1716. Martel.
3. — Oraison funèbre de Louis-le-Grand, roy de France et de Navarre. Par M. de Brossard. Prononcée à Tulle le 2 décembre 1715.
   Tulle 1716. Dalvy.
4. — Oraison funèbre de Louis XIV. Prononcée en l'église de l'abbaye royale de St.-Denys, le 23 octobre 1715. Par Messire *Hon.* de Quiqueran de Beaujeu, évêque de Castres.
   Paris 1715. Et. Papillon.
5. — Oraison funèbre de Louis XIV. Prononcée dans l'église cathédrale de Strasbourg, le 18 novembre 1715. Par le R. P. L. Laguille.
   Strasbourg 1715. M. Storck.
6. — Oraison funèbre de Louis XIV. Par le R. P. *Ignace* de Laubrussel.

Prononcée à Strasbourg pendant le service solemnel célébré dans l'église des Pères de la compagnie de Jésus, le 16 novembre 1715.

Strasbourg 1715. M. Storck.

7. — Oraison funèbre de très-haut et très-excellent prince Louis XIV, roy de France et de Navarre. Prononcée à Paris dans l'église de Nôtre-Dame, le 28 nov. 1715. Par M. *Jacq.* MABOUL, évêque d'Alet.

Paris 1715. Fournier.

8. — Oraison funèbre de Louis XIV. Prononcée dans l'église colégiale des Capucins de Bourg. Par le R. P. *Chrisotome* de MONISTROL.

Bourg 1715. Ravoux.

9. — Oraison funèbre de Louis XIV. Prononcée dans l'église cathédrale de Nismes, le 1.er septembre 1716. Par le P. *Jean-André* SENAUD.

Paris 1716. Et. Papillon.

10. — Oraison funèbre de Louis XV, roi de France et de Navarre. Prononcée le 10 juin 1774 dans l'église abbatiale et paroissiale de St.-Martin d'Epernay. Par M. de GERY.

Paris 1774. Pierres.

11. — Oraison funèbre de Louis XV, roi de France et de Navarre, surnommé le Bien-Aimé. Prononcée dans la chapelle du Louvre le 30 juillet 1774. Par M. l'Abbé de BOISMONT.

Paris 1774. Demonville.

Tom. XIII. — Contenant :

1. — Oraison funèbre de Messire Michel Le Tellier, chevalier, chancelier de France. Prononcée dans l'église paroissiale de St.-Gervais où il est inhumé, le 25 janvier 1686. Par Messire *Jacques-Ben.* BOSSUET.

Paris 1686. Seb. Mabre Cramoisy.

2. — Oraison funèbre de Mess. Michel Le Tellier. Prononcée dans l'église de l'hostel royal des Invalides, le 22 mars 1686. Par M. FLÉCHIER.

Paris 1686. Seb. Mabre Cramoisy.

3. — Traduction de l'éloge funèbre composé en latin par les religieux de l'abbaye de St.-Germain-des-Prez, à la mémoire de Messire Michel Le Tellier, à l'occasion du service solennel qu'ils firent pour luy dans leur église le 17 novembre 1685.

Paris 1686. Ant. Fournot.

4. — Sermon funebre presché aux obseques du R. P. Balthazar d'Avila, le 9 de février 1668, par le R. P. *Henry* de COMANS.

Bruxelles 1668. B. Vivien.

5. — Le sainct Aumosnier. Discours panégyrique et moral des vertus de feu Mgr. de la Rochefoucauld. Par le P. *Pierre* LE MOYNE.

Paris 1645. Seb. Cramoisy.

Tom. XIV. — Contenant :

1. — Eloge funèbre en forme d'épitaphe de Mme Magdelaine de Clermont

de Tonnerre, abbesse du royal monastère de Nostre-Dame de St.-Paul, près la ville de Beauvais. Composé par Mgr. l'évéque, comte de Noyon. (F. de CLERMONT-TONNERRE.)
   Noyon 1692. Louis Mauroy.
2. — Les devoirs funèbres rendus à l'heureuse mémoire de Mme Charlotte de Harlay, très-digne abbesse de Ste.-Perrine. Par un P. M. (Jean PARIS.)
   Paris 1662. Langlois.
3. — Oraison funèbre de feüe Mme Henriette de Lorraine d'Elbœuf, abbesse de Nostre-Dame de Soissons. Prononcée à son service solemnel en l'église de Nostre-Dame de Soissons, le 12 de mars 1669. Par M. l'Abbé Du PILLE.
   Soissons 1669. Nicolas Asseline.
4. — Oraison funèbre de Mme Suzanne Desfriches de Brasseuse, abbesse de N.-D. du Paraclit d'Amiens. Prononcée dans l'église de son abbaye, le 15 avril 1681. Par le R. P. de PONSSEMOTHE DE LESTOILLE.
   Amiens 1681. Guislain Le Bel.
5. — Eloge funèbre de dame Charlotte de Harlay, abbesse de l'abbaye de Ste.-Perrine à la Villette-lez-Paris. Prononcé dans l'église de la même abbaye le 17 février 1688. Par le R. P. *Ant.* PHELIPPES.
   Paris 1688. Pierre de Launay.
6. — Oraison funèbre de Mme Marguerite de Beaujeu, abbesse de Fervaques de St.-Quentin. Prononcée dans l'église de la même abbaye, le 28 juillet 1701. Par D. *Michel* GOURDIN.
   Amiens 1701. Nic. Caron-Hubault.
7. — Oraison funèbre de Mme Eléonore de Matignon, abbesse de N.-D. du Paraclit d'Amiens. Prononcée dans l'église de son abbaye le 30 octobre 1706. Par le R. P. LE GENDRE, Prieur des Augustins.
   Amiens 1706. Ch. Caron Hubault.
8. — Eloge de très-illustre dame Marie-Elizabeth Fouquet, abbesse du Parc-aux-Dames proche Crépy en Valois.
   Paris 1683. And. Cramoisy
9. — Oraison funèbre de feüe Mme Magdelaine de la Porte, abbesse de Chelles. Prononcée dans l'église de l'abbaye de Chelles. Par le R. P. *J.-Fr.* SENAULT.
   Paris 1671. Pierre Le Petit.
10. — Oraison funèbre de feue Mme Jeanne Baptiste de Bourbon, fille d'Henry-le-Grand, abbesse, chef et generale de Font-Evrauld. Prononcée le 27 février 1671. Dans l'église des Filles-Dieu de Paris. Par le R. P. VIRDOUX.
    Paris 1671. G. Josse.
    Tom. XV. — Comprenant :
1. — Discours funèbre à la mémoire de Messire Henry de Sponde,

evesque de Pamies. Faict dans l'église metropolitaine St.-Etienne de Tolose le 20 de mai 1643. Par le P. LISSENE, jesuite.
    Tolose 1643. Boude.

2. — Oraison funèbre de Mgr. Emery de Marc de la Ferté, evesque du Mans. Prononcée en l'eglise cathedrale du Mans, le 16 may 1648. Par le R. P. *J.-B.* de la BARRE.
    Au Mans 1648. Hierosme Olivier.

3. — Oraison funèbre de Messire Jean-Pierre Camus, evesque de Belley. Prononcée en l'église de l'hospital des Incurables, le 17 de may 1653. Par Messire *Antoine* GODEAU, evesque de Vence.
    Paris 1653. Vitré.

4. — Oraison funèbre de Mgr. Louis Doni d'Attichi, evesque d'Autun. Prononcée dans l'église des pères Minimes de Beaune, le 20 aoust 1664. Par le P. *Gérard* GUÉRIN.
    Chalon 1664. Ph. Tan.

5. — Oraison funèbre de feu Mgr. Victor Le Bouteiller, archevesque de Tours. Prononcée dans sa cathédrale le jour de ses obsèques. (Par le R. P. MARTEL, jés.)
    1670.

6. — Oraison funèbre de François Egon, Landgrave de Furstemberg, evesque et prince de Strasbourg. Prononcée dans l'église de Strasbourg le 6 juin 1682. Par *Dom Michel* GOURDIN.
    Strasbourg 1682. Dolhopff.

7. — Oraison funèbre de feu Jean-François de Gondy, premier archevesque de Paris. Prononcée par le sieur MAZURE, le 19 juin 1654.
    Paris 1654. Desprez.

8. — Oraison funèbre de M. Hardoüin de Perefixe de Beaumont, archevesque de Paris. Prononcée dans l'église de Paris, le 7 février 1671. Par M. de FROMENTIÈRES, Abbé de St.-Jean du Jard.
    Paris 1671. Frédéric Léonard.

9. — Oraison funèbre du même; prononcée à ses obsèques faites au nom de l'Académie françoise. Par M. l'Abbé CASSAGNES.
    Paris 1671. P. Le Petit.

10. — Oraison funèbre du même. Prononcée dans l'église de Sorbonne le 4 février 1671. Par M. GAUDIN.
    Paris 1671. Seb. Mabre Cramoisy.

11. — Oraison funèbre du même. Prononcée dans l'église du grand convent et collége royal des Carmes de Paris, le 28 février 1671. Par le R. P. AUGUSTIN de *St.-Nicolas.*
    Paris 1671. Chenault.

12. — Oraison funèbre de Charles de Bourlon évêque de Soissons. Pro-

noncée dans son église cathédrale le 26 nov. 1685 par M. RATOUIN.
>Soissons 1686. Louis Mauroy.

13. — Oraison funèbre de Messire Gilbert de Choiseul du Plessis Praslain, évêque de Tournay. Prononcée dans l'église des religieuses du Sauvoi près Laon. Par le R. P. *M.-B.* TABARY.
>Soissons 1690. Nicolas Hanisset.

14. — Oraison funèbre du même. Par M. DESQUEUX, doyen de Chrétienneté de Lille.
>Lille 1690. Fievet.

15. — Oraison funèbre de Mgr. illustriss. et révérend. François de Harlay, archevesque de Paris. Prononcée dans l'église de Paris, le 23 novembre 1695. Par le P. GAILLARD.
>Paris 1696. Muguet.

16. — Oraison funèbre de Messire Jacques-Benigne Bossuet, evesque de Meaux. Prononcée dans l'église cathédrale de Meaux, le 23 juillet 1704. Par le P. DELARUE.
>Paris 1704. V.ᵉ Benard.

17. — Oraison funèbre de Charles-Antoine de la Roche-Aymon, archevêque de Reims. Prononcée dans l'église de Reims, le 1.ᵉʳ avril 1778, par Messire *Pierre-Joseph* PERREAU, évêque de Tricomie.
>Reims 1778. Pierard.

18. — Oraison funèbre du pape Clément XIV (Ganganelli), prononcée par M. l'Abbé *Simon* MATTZELL, à Fribourg, le 15 novembre 1774. Traduit de l'allemand par M. de FONTALLARD.
>Fribourg 1775. Piller. — Paris. V.ᶜ Desaint.

Tom. XVI. — Contenant :

1. — Oraison funebre sur le trespas de feu Mgr. le duc d'Orléans, fils de France, oncle du Roy, etc. Prononcée par le R. P. *René-François* de FAVEROLLES, en l'église du collège des Jésuites de Blois, le 12 février 1660
>Blois 1660. Hotot.

2. — Oraison funèbre de Louis de Bourbon, prince de Condé. Prononcée dans l'église du collège de la comp. de Jésus, à Bourges. Par le R. P. *Isaac* MARTINEAU.
>Paris 1687. André Cramoisy.

3. — Les devoirs funebres rendus à Louis de Bourbon, prince de Condé. Au collége de Ste.-Marie, le 3 avril 1687.
>Bourges 1687. J. Cristo.

4. — Oraison funebre sur la vie et la mort de Mgr. Henry de Bourbon, prince de Condé. Prononcée à Bourges en l'église des mères Carmélites, par le R. P. *Dom* COSME *de St.-Michel*. 2.ᵉ édit.
>Paris 1647. G. Josse.

5. — Harangue funebre sur le trespas et les vertus éminentes de feu Mgr. Henry de Bourbon, prince de Condé. Prononcée à Dijon en la Ste.-Chapelle. Par le R. P. *Jacques* Nouet.
  Dijon 1674. Palliot.
6. — Oraison funèbre de Mgr. Louis Dauphin. Prononcée dans l'église patriarchale de Bourges le 1.er juin 1711. Par le P. Ducerceau.
  Bourges 1711. Cristo.
7. — Oraison funebre de ... Louis Dauphin. Prononcée à Montauban dans l'église cathédrale le 18 juin 1711, par le P. *André* Senaud.
  Montauban 1711. Descaussat.
8. — Panégyrique funèbre de feu Mgr. le prince Charles de Gonzague et de Clèves. Prononcé et composé par le P. Duchesne.
  Paris 1638. Targa.
9. — Les honneurs funèbres rendus à la mémoire de Charles-Amédée de Savoye, duc de Nemours, de Genevois et d'Aumale, etc. Avec la harangue par *Ch. Aug.* de Sales, évêque et prince de Genève.
  Annessy 1670. J. Clerc.

Tom. XVII. — Contenant :

1. — Oraison funebre sur la mort de Marie de Médicis, reine de France et de Navarre. Prononcée à Lagny, en l'église de St.-Sauveur, au mois d'aoust 1642. Par le sieur de la Lande.
  Paris 1643. François Piot.
2. — Oraison funebre de Anne d'Austriche, infante d'Espagne, reine de France, et mère du roy Louis XIV. (Par le R. P. d'Ormesson.)
  Paris 1667. Martin.
3. — Oraison funèbre de Henriette-Marie de France, reine de la Grand' Bretagne. Prononcée le 16 novembre 1669, en l'église des religieuses de Ste.-Marie de Chaillot. Par M. l'Abbé Bossuet.
  Paris 1669. Seb. Mabre Cramoisy.
4. — Même oraison funèbre. 2.e édit.
  Paris 1670. Seb. Mabre Cramoisy.
5. — Oraison funèbre de Henriette-Marie de France, reine de la Grande-Bretagne. Prononcée dans l'église de N..D. de Paris, le 25 novembre par le R. P. I. F. Senault.
  Paris 1670. P. Le Petit.
6. — Oraison funèbre sur la vie et la mort de M.me la princesse doüairière de Condé. Faicte par M. D. L. B. E.
  Paris 1650. Jacquard.
7. — Oraison funèbre de Henriette-Anne d'Angleterre, duchesse d'Orléans. Prononcée à St.-Denys, le 21 d'aoust 1670. Par Messire *Jacq. Bénigne* Bossuet.
  Paris 1670. Seb. Mabre Cramoisy.

8. — Panégyrique funèbre de M.me Charlotte-Marguerite de Montmorancy, veuve de Henry de Bourbon prince de Condé. Prononcé le 2 janvier 1651 en l'église des Filles de la Providence. Par M. *Fr.* Hédelin, Abbé d'Aubignac.
   Paris 1651. De Sercy.

9. — Oraison funèbre de M.me Anne-Marie Martinozzi princesse de Conty. Prononcée en l'église de St.-André-des-Arts, le 26 avril 1672. Par Messire *Gabriel* de Roquette, evesque d'Autun.
   Paris 1672. Desprez.

10. — Oraison funèbre de M.me Julie-Lucine d'Angennes de Rambouillet, duchesse de Montausier. Prononcée en l'église de l'abbaïe d'Hière, le 2 janvier 1672. Par M. Fléchier.
    Paris 1672. Seb. Mabre Cramoisy.

11. — Discours funèbre pour M.me la duchesse d'Aiguillon; prononcé à Paris dans la chapelle du séminaire des missions étrangères. Par un ecclésiastique du mesme séminaire, le 13 may 1675. (J.C. Brisacier.)
    Paris 1675. Angot.

12. — Oraison funèbre de M.me Marie de Wignerod, duchesse d'Aiguillon. Prononcée dans l'église des Carmélites le 12 aoust 1675. Par M. l'Abbé Fléchier.
    Paris 1675. Seb. Mabre Cramoisy.

13. — Oraison funèbre de Anne-Marie-Louise d'Orléans, souveraine de Dombes, duchesse de Montpensier, comtesse d'Eu. Prononcée à la ville d'Eu, dans l'église de St.-Laurent le 26 juin 1693. Par le R. P. Fejacq.
    Paris 1693. J. Lefebvre.

Tom. XVIII.. — Contenant :

1. — Récit des principales circonstances de la maladie de Mgr. le Dauphin.
   Paris 1766. Regnard.

2. — Oraison funèbre de Mgr. Louis, Dauphin; prononcée dans l'église de Paris le 1.er mars 1766. Par Messire *Charles* de Loménie de Brienne, archevéque de Toulouse.
   Paris 1766. Hérissant.

3. — Oraison funèbre de Stanislas I.er roi de Pologne, grand duc de Lithuanie, duc de Lorraine et de Bar. Prononcée dans l'église de Paris, le 12 juin 1766; par Messire *Jean de Dieu-Raymond* de Boisgelin de Cucé, évêque de Lavaur.
   Paris 1766. Hérissant.

4. — Oraison funèbre de très-haut prince Stanislas I.er roi de Pologne, grand duc de Lithuanie, duc de Lorraine et de Bar. Prononcée en

l'église paroissiale de St.-Roch de Nancy, le 26 mai 1766. Par M. l'Abbé Clément, Abbé de Marcheroux.

    Paris 1766. Delatour.

5. — Oraison funèbre de très-haute princesse Géneviève-Armande-Elisabeth de Rohan-Guémené, abbesse de Marquette, près de Lille en Flandres. Prononcée en l'église de ladite abbaye le 22 décembre 1766, par le P. *Emmanuel* Corsy.

    Lille 1767. Brovellio.

939. — Recueil d'Oraisons funèbres.

    1 vol. in-8°

1. — Oraison funèbre de Marie-Thérèse d'Autriche, reine de France et de Navarre. Prononcée dans l'église royale des RR. PP. Célestins d'Avignon, par le R. P. *Paul* d'Ubaye, le 4 septembre 1683.

    Avignon 1683. Lemolt.

2. — Discours funèbre sur le trépas de Maistre Michel Rocher, chanoine de Baieux. Prononcé en la chapelle des religieuses Ursulines de Baieux, le 18 novembre 1654. Par M. *Gilles* Buhot.

    Caen 1654. Poisson.

3. — Oraison funèbre de la très-chrestienne, très-illustre, très-constante Marie Royne d'Escosse, morte pour la Foy, le 18 février 1587, par la cruauté des Anglois heretiques, ennemys de Dieu. Sur le subject et discours de celle mesme qui fut faicte en mars, à Nostre-Dame de Paris, au jour de ses obseques et service, et lors prononcée par le R. P. Renauld de Beaulne, archevesque de Bourges.

    Paris 1588. G. Bichon.

4. — Oraison funèbre prononcée dans la congrégation du collége de Clermont de la comp. de Jésus, en la présence de Mgr. le Prince de Conty, au service que son Altesse y fit faire pour feu Mgr. le Prince, le 20 janvier 1647. Par le sieur de Voisin.

    Paris 1647. De Sercy.

5. — Oraison funèbre de Marguerite Chabot, duchesse douairière d'Elbeuf, comtesse d'Harcour, et de Paigny, etc. Prononcée au service solemnel fait dans l'abbaye royale de Nostre-Dame de Soissons. Par le P. *George* d'Amiens, capucin (1).

    Paris 1653. Jacquin.

6. — Oraison funèbre de Louis-François, duc de Boufflers, pair et maréchal de France. Prononcée à Paris, dans l'église des RR. PP. Minimes, le 17 déc. 1711. Par le R. P. Delarue, de la comp. de Jés.

    S. l. n. d.

---

(1) Godière *(Georges)*, dit le P. *Georges d'Amiens*, du lieu de sa naissance, mourut en 1657.

7. — Oraison funèbre de l'éminentiss. Charles-Thomas Maillard, cardinal de Tournon, légat apostolique dans la Chine et les Indes orientales. Prononcée dans la chapelle du Pape, le 27 novembre 1711, par M. *Ch.* Majel. — Avec des réflexions et explications, qui donnent une idée de la persécution et de la mort de ce pieux Cardinal.

Suivant la copie imprimée à Rome. 1712.

8. — Sermon funèbre fait aux obsèques de Henry IIII, Roy de France et de Navarre, le 22 de juin 1610, dans l'église de St.-Jacques de la Boucherie. Par M. *Jacques* Suares, Observantin portugais.

Paris 1610. N. Du Fossé.

940. — Recueils d'Oraisons funèbres de Louis XIII.

1 vol. in-4°.

Contenant :

1. — Harangues funebres de Louis le Juste, Roy de France et de Navarre, et de la Royne sa mere Marie de Médicis. Prononcées dans l'église cathédrale de Sainte Croix d'Orléans. Par le P. Senault.

Paris 1643. Camusat.

2. — Oraison funèbre prononcée dans l'église des Augustins de Paris, au service solemnel fait par le Clergé de France, le 1 juin 1643, pour le très-chrestien Roy de France et de Navarre, Louys le Juste. Par Messire *Nicolas* Grillié, évêque d'Uzez.

Paris 1642. Martin Durand.

3. — Harangue funèbre, prononcée aux obsèques de Louis le Juste XIII. du nom, Roy de France et de Navarre, en la grande église de Rouen. Par le R. P. *Charles* du Faur.

Rouen 1643. Viret.

4. — Oraison funèbre prononcée à Paris en l'église de la Magdelaine au service de Louis le Juste, Roy de France et de Navarre. Par le R. P. *Bernard* Guyard, le 15 juin 1643.

Paris 1643. Cotinet.

5. — Oraison funèbre du Roy Louis XIII, surnommé le Juste, prononcée en l'église de St.-Denis le xxii° jour de juin 1643. Par Mess. *Jean* de Lingendes.

Paris 1643. Ch. Savreux.

941. — Oraisons funèbres.

1 vol. in-8°.

Contenant :

1. — Oraison funebre prononcée en l'église de N. D. de Paris, aux hon-

neurs funebres du sérén. Prince, Cosme de Medicis, grand Duc de Toscane. Par M. *Arnault* Sorbin dit de Saincte Foy.

  Paris 1574. Chaudière.

2. — Oraison funebre de Madame Marguerite de France, Duchesse de Savoye, prononcée en l'église N. D. en Paris, le 29 mars 1575. Par M. *Arnauld* Sorbin.

  Paris 1575. Chaudière.

3. — Oraison funebre de tres vertueuse princesse Claude de France, fille de Henry second, sœur des Roys, Duchesse de Lorraine, prononcée à l'église N. D. en Paris, le 30 mars. Par M. *Arnauld* Sorbin.

  Paris 1575. Chaudière.

4. — Exhortation à la noblesse pour les dissuader et destourner des duels, et autres combats, contre le commandement de Dieu, devoir et honneur deus au Prince. Par *Arnauld* Sorbin.

  Paris 1578. Chaudière.

5. — Oraison funebre de noble Paul de Caussade, seig. de S. Maigrin, Maistre de camp de la cavallerie legere de France, prononcée en l'église St.-Paul, en Paris, le 15 juillet 1578. Par *A.* Sorbin.

  Paris 1578. Chaudière.

6. — Oraison funebre de tres haulte et vertueuse princesse Marie Isabeau de France, fille de Charles IX, amateur de toute Vertu etc: prononcée en l'église de N. D. en Paris, le 11 d'avril 1578. Par *A.* Sorbin.

  Paris 1578. Chaudière.

7. — Oraison funebre du tres hault, puissant, et tres chrestien Roy de Frāce, Charles IX, piteux et debōnaire, propugnateur de la Foy, et amateur des bons esprits: pronōcee en l'église Nostre-Dame en Paris, le XII juillet MDLXXIIII. Par *A.* Sorbin, dict de Saincte Foy.

  Paris 1579. Chaudière.

8. — Seconde Oraison funèbre (du même), prononcée en l'église Saint-Denys en France, le 13 juillet 1574. (Par le même).

  Paris 1579. Chaudière.

9. — Sermon funebre fait à Nancy aux obseques et funerailles de feu Monseig. M. François de Lorraine, Duc de Guyse, en l'Eglise des Cordeliers. Par *Bernard* Dominici.

  Rheims 1563. De Foigny.

10. — Oraison funebre prononcee aux obseques de très haute princesse ma Dame Elizabeth de France, Royne des Espagnes, prononcée en l'église N. D. de Paris, le 25 oct. 1568. Par M. *L.* Vigor.

  Paris 1568. C. Fremy.

11. — Oraison funebre sur le trespas. de Rev. P. en Dieu M.ᵉ Pierre

Danes Evesque de la Vaurs, prononcée à St.-Germain-des-Prez, le samedi 27 d'avril 1577. Par *D. G.* Genebrard.
<small>Paris 1577. Martin le jeune.</small>

942. — Oraisons funèbres.
1 vol. in-12.

Contenant:

1. — Oraison funèbre de Madame Tiquet. Composée par M. l'*Abbé* G***
<small>Cologne 1699. Pierre l'Enclume.</small>
Voyez n.° 969.

2. — Oraison funèbre de M. de Lamoignon. Par M. l'*Abbé* Flechier.
<small>Paris 1679. Seb. Mabre Cramoisy.</small>

3. — Oraison funèbre de Madame Julie-Lucine d'Angennes de Rambouillet, duchesse de Montausier, Par M. l'*Abbé* Flechier.
<small>Paris 1676. Seb. Mabre Cramoisy.</small>

4. — Oraison funèbre de Messire Louis Boucherat, chancelier de France; prononcée dans l'église de Saint Gervais sa paroisse. Par le R. P. de la Roche, prestre de l'Oratoire.
<small>Paris 1700. Jean Boudot.</small>

5. — Relation de quelques circonstances des dernières heures de la maladie et de la vie du T. R. P. Dom Armand Jean Le Boutillier de Rancé, Abbé et Réformateur de l'abbaye de la Trappe de l'étroite observance de Cisteaux.
<small>Paris 1701. François Muguet.</small>

6. — Eloge funèbre du T. R. P. Dom Armand-Jean Bouthillier de Rancé, abbé et réformateur du monastère de la Trappe. Par M. de Maupeou curé de Nonancour.
<small>Paris 1701. F. Muguet.</small>

943. — Oraisons funèbres.
1 vol. in-8°.

Contenant:

1. — Eloge funèbre de Louis XIV. Par M. de la Motte, de l'Acad. Franç.
<small>Lahaye 1716. du Sauzet.</small>

2. — Eloge de Marc-Aurele, par M. Thomas.
<small>Amsterdam-Paris 1775. Moutard.</small>

3. — Discours prononcez dans l'Académie Françoise, le jeudy 23 sept. 1706. A la réception de M. l'Abbé de Louvois, et de M. le Marquis de Saint Aulaire.
<small>Paris 1706. Coignard.</small>

4. — Oraison funèbre de Louis XV le Bien-Aimé, roi de France et de Na-

varre, prononcée dans l'église de l'abbaye royale de St.-Denis, le 27 juillet 1774. Par M. *Charles-Marie* DE BEAUVAIS, évêque de Senez.
Paris 1774. G. Desprez.

5. — Oraison funèbre de Charles-Emmanuel III, roi de Sardaigne; prononcée dans l'église de N. D. de Paris, le 25 mai 1773, par M⁶ *César-Guillaume* DE LA LUZERNE, évêque-duc de Langres.
Paris 1773. Desprez.

6. — Oraison funèbre de M.ᵉ Bathilde de Sainte-Aldégonde, Abbesse de l'abb. roy. de l'Honneur N. D. lez Flines du diocèse d'Arras; prononcée dans l'église de l'abb. roy. de Flines, le 1 decembre 1784, par M. l'*Abbé* OUVRAY.
Cambray 1785. Berthoud.

7.* — Discours sur l'éloquence, au sujet des Reflexions de M. Guerin sur l'Oraison funebre de Louis-le-Grand, par le R. P. Porée, à Mess. de l'Université. Par M. l'*Abbé* MASSON.
Paris 1716. Le Clerc et Mongé.

944. — Consolation envoyee à la Royne Mère du Roy et Regente de France, sur la mort déplorable de Henri IIII son Mary. Par *Louys* RICHEOME.
Paris 1610. Claude Rigaud. 1 vol. in-8°.

945. — Oraison funèbre sur le trespas de Henry-le-Grand, IIII du nom, Roy de France et de Navarre. Prononcée en l'église royale de S.-Aignan à Orléans, le 12 de juin 1610. Par F. *Pierre* d'AMOUR.
Paris 1610. Rolin Thierry. 1 vol. in-8°.

946. — Discovrs fvnebre svr la mort de Henry le Grand, Roy de France et de Navarre. Par Messire *Pierre* FENOLLIET.
Paris 1610. Rolin Thierry. 1 vol. in-8°.

947. — Oraison funebre faicte aux obseques de Henry IIII, Roy de France et de Navarre. Prononcée en l'église de Troyes, le 17 juin 1610. Par Maistre *Denis* LATRECEY doc. th.
Paris 1610. Ramier. 1 vol. in-8°.

948. — Oraison funèbre prononcée dans la grande église de Paris aux obsèques de Henry-le-Grand Roy très chrestien de France et de Navarre. Par Messire *Philippes* COSPEAU, Evesque d'Aire.
Paris 1610. Barth. Macè. 1 vol in-8°.

949. — Oraison funebre sur le trespas de Dom Philippe second, roy d'Espaigne. Prononcée en l'église N. D. de Tournay, le 26 octobre 1598. Par M. *Jehan* Boucher. (2.ᵉ édit.)
Anvers 1600. Jean Moretus. 1 vol. in-8°.

950. — Harangue funebre faicte et prononcée aux funerailles solennelles de l'Empereur Rodolphe II. Devant les Ser. Archiducs Albert et Isab. Clara Eugénia, infante d'Espagne, en leur chapelle royale à Bruxelles, le 11 mars 1612. Par *Paul* Boudot.
Arras 1612. Rob. Maudhuy. 1 vol. in-8°.

951. — Le Soleil éclipsé ou Discours sur la vie et mort du Ser. Archiduc Albert, à M.ᵐᵉ Isabelle Claire Eugénie, infante d'Espagne. Par Dom *Bernard* de Montgaillard.
Bruxelles 1622. Ant. Hubert. 1 vol. in-8°.

952. — Oraison funèbre de Louis XIII, roy de France et de Navarre, prononcée en l'Eglise de St.-Benoist, le premier jour de juillet 1643. Par M. *François* Ogier, prestre.
Paris 1643. Jean Camusat. 1 vol. in-4°.

953. — Oraison funèbre de M. Nicolas Cornet (1), grand maitre de collège de Navarre. Prononcée dans la chapelle du collège où il est inhumé, le 27 juin 1663. Par Messire *Jacques Benigne* Bossuet.
Amsterdam 1698. Henry Wetstein. 1 vol. in-12.

A la suite on trouve un autre éloge par M. *Charles-François* Cornet, seigneur de Coupel etc., avocat du Roy au bailliage d'Amiens, qui publia cette édition, et quelques pièces de vers en l'honneur du grand maitre, son oncle.

954. — Action funebre, faicte à Lyon en l'église des PP. Capucins, sur le corps du P. Ange de Joyeuse, provincial des Capucins de Paris. Par le R. P. *Irénée* d'Avallon.
Lyon 1609. Claud. Morillon. 1 vol. in-8°.

955. — Oraison funebre de Monseigneur le Cardinal Duc de

---

(1) Cornet (Nicolas) né à Amiens le 12 octobre 1592, mourut à Paris le 18 avril 1663 ; le neveu mourut le 21 septembre 1710.

Joyeuse, Archevesque de Roüen, Primat de Normandie, doyen du sacré collège. (Par *J.* DE MONTEREUL).

Paris 1616. Seb. Cramoisy. 1 vol. in-8°.

956. — Harangue funebre, prononcée sur la mort de Messire François de Sales, evesque et prince de Genève. Par M. DE LONGUE-TERRE.

Lyon 1623. Vincent de Cœursilly. 1 vol. in-8°.

957. — Tombeau dressé à la bien-heureuse mémoire du R. P. Claude de Montigny, supérieur de la Ste Congrégation de l'Oratoire d'Orléans, où il est décédé le 16 novembre 1624. Par M. *Jacques* LE VASSEUR.

Paris 1625. P.^{re} de Bresche. 1 vol. in-8°.

On trouve à la suite de l'oraison funèbre plusieurs pièces de vers en latin et en français, dues la plupart à des Noyonnais.

958. — Oraison funèbre pour Mgr. l'Evesque de Bazas (H. Listolfi Maroni). Prononcée dans l'église du grand convent des Augustins, le 24 nov. 1645. Par *Antoine* GODEAU.

Paris 1646. Vitré. 1 vol. in-4.°

959. — Oraison funèbre à la mémoire de feu Messire Vincent de Paul, instituteur, fondateur, et supérieur général des prestres de la Mission. Prononcée le 23 nov. 1660, dans l'église de St.-Germain-l'Auxerrois; par M. *Henry* DE MAUPAS DU TOUR, Evesque du Puy.

Paris 1661. Gaspar Meturas. 1 vol. in-4°.

960. — Discours funèbre sur la vie et la mort du R. P. Lejeune, appellé communement le P. Aveugle. Prononcé devant Mgr. l'Evesque de Limoges. Par M. *G.* RUBEN.

Limoges 1674. Mart. Barbou. 1 vol. in-8°.

961. — Sermon sur la vie exemplaire et la fin bien-heureuse de vénérable M. Bernard Bardon de Brun, prestre de Limoges, décédé le 19 janv. 1625. Prononcé en l'église de St.-Pierre du Queyroir. Par *Pierre* TALOIS.

Limoges 1626. Nic. Chapoulaud. 1 vol. in-8°.

962. — Oraison funebre, faicte sur le trespas de Damoiselle Marie

Dudrac, veuve de noble homme Maistre Jacques Aurillot, conseiller au Parlement de Paris. Par *F.* ÆSTIENNE.
Paris 1590. Jean Corbon. 1 vol. in-8°.

<small>A la suite se trouvent diverses épitres écrites par cette dame à ses amis et enfants spirituels.</small>

963. — Eloge funèbre de Madame Gabrielle de Bourbon Duchesse de la Vallette. Compris en trois Discours prononcez dans l'église cathédrale de St.-Estienne de Mets. Par le R. P. *Charles* HERSENT.
Paris 1627. Thom. Blaise. 1 vol. in-8°.

964. — Le sacré Mausolée, ou les parfums exhalants du tombeau de la princesse Isabelle, Claire, Eugénie, figuré sur le sepulchre du Roy David. Dédié à M. de Moncade. Par le R. P. Fr. *Jean Jacques* COURVOISIER.
Bruxelles 1634. François Vivien. 1 vol. in-8°.

965. — Oraison funèbre de la Reyne mère du Roy. Prononcée dans l'abbaye royale de St.-Denis en France, le 12 février de l'année 1666. Par Messire *François* FAVRE, Evesque d'Amiens.
Paris 1666. Antoine Vitré. 1 vol. in-4°.

966. — Oraison funèbre de Henriette-Marie de France, Reyne de la Grand'Bretagne, prononcée dans l'église de St-Denys en France, par Mgr. l'Evesque d'Amiens (*Franc.* FAURE).
Paris 1670. F. Muguet. 1 vol. in-4°.

967. — Panégyrique funèbre de très noble et très vertueuse Damoiselle Marie Lumague, veufve de Messire François Polaillon. Prononcé le 7 sept. 1657, à Paris, dans l'église des Filles de la Providence. Par le P. *Dominique* LE BRUN.
Paris 1658. Julien. 1 vol. in-4°.

968. — Oraison funèbre d'Anne d'Austriche, reine de France, mère du Roy, du tiers ordre de St.-François. Prononcée dans Orléans. Par le R. P. *Paschal* RAPINE DE STE-MARIE.
Orléans 1666. Hotot. 1 vol. in-4°.

969. — Oraison funèbre de Madame T. — Critique de l'oraison

funèbre par le Père C., docteur en théolog. de la Fac. de Paris.—Discours moral et chrétien sur le même sujet par le même. — Réponse à la critique, critique du Discours moral, et critique de l'Oraison funèbre par l'auteur.

S. l. n. n. n. d. 1 vol. in-8°.

Marie-Angélique Carlier, femme de M. Tiquet, conseiller au Parlement, fut décapitée en 1699, pour avoir fait assassiner son mari. Gastaux, avocat au Parlement de Provence, composa l'oraison funèbre et la réponse. Le P. Cauchemer, la critique et le discours moral. — La première composition n'est point sérieuse, et n'a de remarquable que la forme et la singularité.

970. — Oraison funèbre consacrée à l'heureuse mémoire de Dame Diane de Dommartin, princesse du St.-Empire, marquise de Havré. Par un Fr. Recollect.

Douai 1619. Marc Wyon. 1 vol. in-4°.

Panégyriques.

971. — Recueil de Panégyriques de St.-Louis.

1 vol. in-4°.

Contenant :

1. — Sermon panégyrique sur Saint Louis roi de France de l'*Abbé* BOUCHARD.
Rome 1640. Lune.

2. — Sermon de S.-Louis, roi de France, fait et prononcé devant le Roy et la Reyne régente sa mère, par Monseig. l'illustr. et révérend. F. *Paul* DE GONDY : à Paris dans l'église de St.-Louis des PP. Jésuites, au jour et feste dudit St.-Louis, l'an 1648.
Paris 1649.

3. — Panégyrique de St.-Louis, roi de France, prononcé le jour de sa feste XXV aoust 1689, dans la chapelle du Louvre, devant MM. de l'Académie Françoise. Par M. l'*Abbé* de RIQUETI.
Paris 1686. Am. Auroy.

4. — Panégyrique de St.-Louis etc., prononcé le 25 aoust 1691, par M. DE MONTELET.
Paris 1691. Couterot.

5. — Panégyrique de St.-Louis etc., prononcé le 25 aoust 1701, par M. l'*Abbé* MONGIN.
Paris 1701. Coignard.

6. — Panégyrique de St.-Louis etc., prononcé le 25 août 1723, par M. l'*Abbé* Charaud.
  Paris 1723. Coignard.

7. — Panégyrique de St.-Louis etc., prononcé le 25 août 1728, par M. l'*Abbé* de la Pause.
  Paris 1728. Coignard.

8. — Panégyrique de St.-Louis etc., prononcé le 25 août 1729, par M. l'*Abbé* Segui.
  Paris 1729. J.-B. Coignard.

9. — Panégyrique de St.-Louis etc., prononcé le 25 août 1743, par le R. P. Griffet.
  Paris 1743. Coignard.

10. — Panégyrique de St.-Louis etc., prononcé le 25 août 1746, par M. le Cousturier.
  Paris 1746. Quillau.

972. — Panégyrique de St.-Louis, roi de France, prononcé dans la chapelle du Louvre, en présence de MM. de l'Académie Françoise, le 25 août 1769. Par M. l'*Abbé* Le Cousturier, chan. de St.-Quentin.
  Paris 1769. V.e Coignard. broch. in-8.º

973. — Panégyrique de St.-Louis, roi de France, prononcé dans la chapelle du Louvre, en présence de MM. de l'Académie Françoise, le 25 août 1779. Par M. l'*Abbé* Talbert.
  Paris 1779. Demonville. 1 vol. in-8º.

974. — Remerciement. Avec une enseigne de treize pierres précieuses présentée au tres chrestien Roy de France et de Navarre Louis XIII. Pour avoir r'establi le collège de Clermont à Paris. Par *Louys* Richeome.
  Bourdeaus 1618. Sim. Millanges. 1 vol. in-8º.

975. — Tableau votif offert à Dieu pour le Roi très chrestien de France et de Navarre Louis XIII, sur ses guerres faites par luy, et ses victoires gaignées en ses païs d'Anjou, Poictou, Xainctonge, Gascongne, et Bearn, ces ans derniers 1620 et 1621. Par *Louys* Richeome.
  Bourdeaus 1622. Jac. Millanges. 1 vol. in-8º.

976. — Louys Dieu-donné. Panegyrique. (Par Personne).
  Paris 1663. Louis Billaine. 1 vol. in-12.

977. — Le panegirique de la victoire, présenté au Roy, par Messire *Jacques* Impins de Salcedo, *de Flandres*.
Paris 1679. Ch. Coignard. 1 vol. in-8º.

978. — Panégyriques et harangues à la louange du Roy. Prononcez dans l'Académie Françoise en diverses occasions. (Par P. Tallemant).
Paris 1680. P.re Le Petit. 1 vol. in-8º.

979. — Louis-le-Grand. Panegyrique. Par Messire *François* Faure, Evesq. d'Amiens.
Paris 1680. Franç. Muguet. 1 vol. in-4º.

980. — Panégyrique du Roy, prononcé dans l'église catédrale de Valence en Dauphiné, le 6 aoust 1690. Par le R. P. *André-François* de Tournon. (2.e édit).
Paris 1693. Franç. Muguet. 1 vol. in-8º.

981. — Les Monstres aux pieds d'Hercule. (Par Des Varennes).
Lyon 1624. Jean Lautret. 1 vol. in-8º.

982. — Panegyrique à M. le Cardinal Duc de Richelieu, sur le sujet du Philosophe indifférent.
Paris 1641. Courbé. 1 vol. in-4º.

983. — Le portrait d'Alexandre le Grand. Dédié à Monseigneur le Dauphin. Par le *Sieur* de la Serre.
Paris 1641. Jean Gesselin. 1 vol. in-8º.

984. — Le Portrait du Mareschal de Gassion. Dédié au Roi. (Par Duprat).
Paris 1664. Franç. Clouzier. 1 vol. in-12.

985. — Discours de *François* de Vitry, seigneur des Auteux, Premier en charge de la ville d'Amiens, durant l'année présente 1683, qu'il a prononcé à la tête du Corps de Ville à Mess. F. Faure, Evêque d'Amiens, pour le remercier de ce qu'il a prêché le Carême entier dans sa Cathédrale.
(*Extrait des Chartes de l'Hostel de Ville d'Amiens*).
S. l. s. d. 1 vol. in 8º.

986. — Panégyrique à Mgr. le comte de Harcourt, de ses victoires d'Italie. (Par *François* DE MEAULX).
 Paris 1643. Menard. 1 vol. in-4°.

Eloges historiques.

987. — Eloge de Maximilien de Béthune, duc de Sully, surintendant des finances etc. principal ministre de Henri IV. Discours qui a remporté le prix de l'Académie Françoise en 1763. Par M. THOMAS.
 Paris 1763. Regnard. 1 vol. in-4°.

988. — Eloge historique de Michel de l'Hospital, chancelier de France. (Par DE GUIBERT.) (Avec l'épigraphe).
Ce n'est point aux Esclaves à louer les grands Hommes.
 1777. in-8°.

989. — Eloge historique de Benoist XIV. Par le Marquis de CARACCIOLI.
 Liège 1766. Bassompierre. 1 vol. in-12.
 Voyez Recueil de pièces par le Marquis de Caraccioli.

990. — Eloge de Scipion de Dreux, marquis de Brézé, prononcé à la Chambre des Pairs le 19 mars 1846, par M. le *duc* DE NOAILLES.—Réflexions des divers organes de la Presse dans cette circonstance. — Souvenir, hommages, manifestations de la Presse au moment même de la mort de M. de Dreux-Brézé.
 Paris 1846. Journal la France. in-8°.

991. — Procès-verbal de rentrée de la Cour de cassation. — Discours de M. DUPIN, Procureur général. — Eloge de Lamoignon-Malesherbes. *(Audience du 8 novembre 1841).*
 Paris. 1841. Cosson. in-8°.

992. — Eloges lus dans les séances publiques de l'Académie Françoise, par M. d'ALEMBERT.
 Paris 1779. Panckoucke et Moutard. 6 vol. in-12 en 3.
 Ce titre est celui du premier volume, les autres portent:
Histoire des Membres de l'Académie Françoise, morts depuis 1770 jusqu'en 1771, pour servir de suite aux

Eloges imprimés et lus dans les séances publiques de cette Compagnie. Par M. d'ALEMBERT.

Amsterdam-Paris 1787. Moutard.

993. — Histoire des Membres de l'Académie royale de Médecine, ou recueil des Eloges lus dans les séances publiques par E. PARISET. Edition complète, précédée de l'éloge de Pariset, publiée sous les auspices de l'Académie, par E. F. DUBOIS (d'Amiens). (1)

Paris 1850. J.-B. Baillière. 2 vol. in-12.

994. — Recueils d'éloges historiques.

5 vol. in-8°.

Tom. I. — Contenant:

1. — Eloge de Louis XV, roi de France et de Navarre. Lu à la séance publique de l'Académie d'Arras, tenue le 25 juin 1774, par M. DENIS, Avocat.

Arras 1774. Nicolas.

2. — A la mémoire de Madame G. (*Geoffrin*. Par THOMAS).

1777.

3. — Eloge historique de Michel de l'Hospital, chancelier de France. (Par DE GUIBERT).

1777.

4. — Eloge de Louis, Dauphin de France, père du Roi; discours qui a remporté le prix proposé par une Société, Amie de la Religion et des Lettres. Par M. l'*Abbé* BOULOGNE.

Paris 1781. Merigot.

5. — Eloge de Madame de Maintenon. Discours prononcé à Saint Cyr, le second jour de la fête séculaire, en 1786. Par M. FRANÇOIS.

Paris 1787. Veuve Herissant.

6. — Eloge de J. J. Rousseau, qui a concouru pour le prix d'Eloquence de l'Académie Françoise, en l'année 1791. Par M. THIERRY.

Paris 1791. Potier de Lille.

Tom. II. — Contenant:

1. — Eloge du Maréchal de Catinat.

2. — Eloge de M. Alb. Haller, lu dans une assemblée de la Société Economique de Berne, le 25 mars 1778. Par M. V. B. TSCHARNER. Traduit de l'allemand.

Berne 1778. Soc. Typogr. Grav.

---

(1) DUBOIS (Eléonore-Frédéric) naquit à Amiens le 30 décembre 1797.

3. — Notice nécrologique sur Edme-Jean-Antoine Dupuget, associé de l'Institut national. Discours prononcé le 26 germinal an IX, lors de l'inhumation. Par *A. F.* Silvestre.
   Paris an IX. V.ᵉ Huzard.
4. — Eloge de M. d'Orléans de Lamotte, évêque d'Amiens; suivi de notes historiques. Par M. *N. S.* Guillon, chan. de Paris. Discours qui a remporté le prix à l'Académie des Sciences et Lettres d'Amiens, en 1809.
   Paris 1809. Arth. Bertrand.
5. — Eloge de Fénélon. Par M. Dumolard, Sous-Préfet de Cambray.
   Cambray (Aout 1804). Defremery.
6. — Notice historique sur feu M. le comte Dejean, prononcé au cimetière de l'Est, le 14 mai 1824, par M. le baron Haxo.
   Paris 1824. Fain.
7. — Eloge historique de M. Delambre, qui a obtenu l'accessit et une médaille d'or au concours de l'Académie d'Amiens; par *Vulfran Warmé.*
   Amiens 1824. Caron-Duquesne.
8. — Eloge de Louis-Joseph de Bourbon, prince de Condé. Par *E. N. F.* de Santeul.
   Paris 1818. Petit.

Tom. III. — Contenant :

1. — Eloge de Réné Descartes, discours qui a remporté le prix de l'Académie Françoise en 1765. Par M. Thomas.
   Amsterdam 1765. Hazrevelt.
2. — Eloge de Dom Luc d'Achery, avec des Notes historiques. Discours qui a remporté le prix d'éloquence au jugement de l'Académie d'Amiens, en 1775. Par M. Maugendre, l'aîné.
   Amiens 1776. V.ᶜ Godart.
3. — Saint Louis, roi de France, justifié par lui-même, au sujet des croisades.
   Cambray 1785. Dehon.
4. — Eloge de M. de Fontenelle, des trois Académies de Paris. Par M. Le Cat.
   Rouen 1759. Besongne.

Tom. IV. — Contenant :

1. — Eloge de Réné Descartes, par M. l'*Abbé* de Gourcy.
   Paris 1765. Regnard.
2. — Eloge funèbre de M. le Dauphin. Par M. Pujet de St.-Pierre.
   Paris 1766. Panokoucke.

3. — Eloge de Charles V, roi de France. Discours qui a remporté le prix de l'Académie Françoise en 1767. Par M. DE LA HARPE.
   Paris 1767. Regnard.

4. — Eloge de Henri IV. Discours qui a concouru pour le prix de l'Académie de La Rochelle en 1768. Par M. S. D. E. P. (LA COSTE).
   Aix-Paris 1769. Desaint.

5. — Eloge de Réné Duguay-Trouin, lieut. général des armées navales. Discours qui a remporté le prix de l'Académie Franç. en 1761. Par M. THOMAS.
   Paris 1761. Brunet.

Tom. V. — Contenant :

1. — Eloge de M. Capperonnier. (Par C. H. LE FEVRE DE ST.-MARC).
   S. n. n. l. n. d.

2. — Eloge historique de Stanislas I, Roi de Pologne. Prononcé le 11 mai 1766 en la séance publique de l'Académie de Nancy, par M. le chev.^r DE SOLIGNAC.
   Nancy 1766. Leseure.

3. — Portrait de feu Monseig. le Dauphin.
   Paris 1766. Lotin.

4. — Eloge de Louis Dauphin de France. Par M. THOMAS.
   Paris 1766. Régnard.

5. — Eloge de Fr. de Salignac de la Motte Fenelon, arch. de Cambray. Discours qui a remporté le prix de l'Académie Françoise, en 1771. Par M. DE LA HARPE.
   Paris 1771. Régnard.

6. — Eloge de Henri IV, Roi de France. Par M. DE LA HARPE.
   Amsterdam-Paris 1769. Lacombe.

Voyez aussi les OEuvres de CHAMFORT, de FONTENELLE, de THOMAS, de LA HARPE, et les Mélanges de M. VILLEMAIN.

Discours prononcés dans les Académies.

995. — Recueil des Harangues prononcées par MM. de l'Académie Françoise, dans leurs réceptions, et en d'autres occasions, depuis l'establissement de l'Académie jusqu'à present. (2.e édit).
   Paris 1714. Coignard. 3 vol. in-12.

996. — Recueil de discours de réception à l'Académie Française.
   1 vol. in-4.º
   Contenant :

1. — Discours prononcé dans l'Académie Françoise, à la réception de M.

l'Evesque de Condom (J. B. Bossuet), précepteur de M.gr le Dauphin, le 8 juin 1671. Par M. CHARPENTIER.
Paris 1671. Seb. Mabre Cramoisy.

2. — Discours prononcé au Louvre, le 2 may 1684. Par M. l'*Abbé* DE LA CHAMBRE, directeur de l'Académie Françoise, à la réception du Sieur de la Fontaine, en la place de feu M. Colbert.
Paris 1684. Gab. Martin.

3. — Discours prononcez à l'Académie françoise, le 2 janvier 1685.
(*Discours de Racine. — Remerciments de Corneille et Bergeret*).
Paris. 1685. Pierre le Petit.

4. — Discours prononcez dans l'Académie Françoise, le jeudi 12 novembre 1693. A la réception de M. Dubois
Paris 1693. V.ᵉ Coignard.

5. — Discours etc., le lundi 13 décembre 1694, par M.gr l'evesque comte de Noyon (de CLERMONT-TONNERRE) reçu en la place de M. Dancourt.
Paris 1694. Coignard.

6. — Discours etc., le samedy 27 juin 1699, par M. de VALINCOURT, lorsqu'il y fut reçu à la place de M. Racine.
Paris 1699. Coignard.

7. — Discours etc., le jeudy 7 sept. 1702, par M. CHAMILLART, Evesque de Senlis, lorsqu'il fut receu à la place de M. Charpentier.
Paris 1702. Coignard.

8. — Discours prononcez dans l'Académie Françoise, le jeudy 1.ᵉʳ mars 1708, à la réception de M. l'Abbé Mongin, précepteur de Son Altesse sérén. M.gr le duc d'Anguien, et de M. l'Abbé Fraguier, de l'Académie royale des Inscriptions et des Médailles.
Paris 1708. J.-B. Coignard.

9. — Discours prononcez dans l'Academie françoise, le samedy 8 février 1710. A la reception de M. Houdart de la Motte.
Paris 1710. Coignard.

10. — Discours etc., le lundy 28 juin 1728. A la réception de M. l'Abbé de Rothelin.
Paris 1728. Coignard.

11. — Discours etc., le jeudy 27 sep. 1731. A la récept. de M. de Crebillon.
Paris 1731. Coignard.

12. — Discours etc., le jeudy 6 mars 1732. A la réception de M. l'Evesque de Luçon (Roger de Bussy-Rabutin).
Paris 1732. Coignard.

13. — Discours prononcez dans l'Académie françoise, le jeudy 10 janvier 1737, à la réception de M. de Foncemagne.
Paris 1737. Coignard.

14. — Discours etc, le jeudi 6 mars 1738, à la réception de M. le duc de la Tremoille.
   Paris 1738. Coignard.
15. — Discours etc., le samedi 30 juin 1742, à la réception de M. l'Abbé Du Resnel.
   Paris 1742. Coignard.
16. — Discours etc., le lundi 4 février 1743, à la réception de M. le duc de Nivernois, et de M. de Marivaux.
   Paris 1743. Coignard.
17. — Discours etc., le mardi 29 décembre 1744, à la réception de M. l'Abbé Girard et de M. l'Abbé De Bernis.
   Paris 1745. Coignard.
18. — Discours etc., le lundi 9 mai 1746, à la réception de M. de Voltaire.
   Paris 1746. Coignard.
   (A la suite lettre à M. de V., sur son discours à l'Acad. Franç. 1746).
19. — Discours etc., le jeudi 15 septembre 1746, à la réception de M. l'Abbé De la Ville.
   Paris 1746. Coignard.
20. — Discours etc., le jeudi 26 janvier 1747, à la réception de M. Duclos.
   Paris 1747. Coignard.
21. — Discours etc., le jeudi 4 avril 1748, à la réception de M. de Paulmy et de M. Gresset.
   Paris 1748. Coignard.
22. — Discours etc., le lundi 30 juin 1749, à la réception de M. le Maréchal duc de Belle-Isle.
   Paris 1749. Brunet.
23. — Discours etc., le jeudi 25 septembre 1749, à la réception de M.gr l'évêque de Rennes (de Guérapin de Vauréal).
   Paris 1749. Brunet.
24. — Discours etc., le mardi 29 décembre 1750, à la réception de M. le comte de Bissy.
   Paris 1750. Brunet.
25. — Discours etc., le dimanche 25 août 1754, à la récept. de M. de Boissy.
   Paris 1754. Brunet.
26. — Discours etc., le jeudi 30 mai 1754, à la récept. de M. de Bougainville.
   Paris 1754. Brunet.
27. — Discours etc., le jeudi 19 décembre, à la récept. de M. d'Alembert.
   Paris 1754. Brunet.
28. — Discours prononcés dans l'Académie françoise, le jeudi 22 janvier 1767, à la réception de M. Thomas.
   Paris 1767. Regnard.

29. — Discours prononcés dans l'Académie Françoise, le jeudi xvi février 1775, à la réception de M. de Lamoignon de Malesherbes.
Paris 1775. Demonville.

30. — Discours prononcés dans l'Académie Françoise, le lundi 19 janvier 1778, à la réception de M. l'*Abbé* Millot.
Paris 1778. Demonville.

31. — Discours prononcés dans l'Académie Françoise, le jeudi 27 janvier 1785, à la réception de M. l'*Abbé* Maury.
Paris 1785. Demonville.

997. — Recueil des deux premières pièces d'Eloquence qui ont été imprimées par ordre de l'Académie Françoise, depuis l'année 1671 jusqu'à present. Avec quelques discours qui ont été prononcez dans l'Académie.
Rotterdam 1707. Reinier Leers. 2 vol. in-12.

998. — Pièces d'Eloquence qui ont remporté le prix de l'Académie Françoise, depuis 1671 jusqu'en 1748.
Paris 1750. Brunet. 2 vol. in-12.

999. — Discours prononcé à la séance publique de l'Académie des Sciences, Belles-Lettres et Arts d'Amiens, le 25 août 1774, par M. d'AGAY, Intendant de la Province, sur l'utilité des Sciences et des Arts.
Amiens 1774. V.e Godart. in-4.º

1000. — Discours prononcé dans la grand'salle de l'Hôtel-de-Ville, à la séance publique de l'Académie des Sciences, Belles-Lettres et Arts d'Amiens, le 25 août 1784. Par M. le *Président* ROLLAND.
Amiens 1788. J.-B. Caron. in-4.º

Discours académiques sur divers sujets.

1001. — L'erreur combatuë. Discours académique, où il est curieusement prouvé, que le monde ne va point de mal en pis. Par le sieur DE RAMPALLE.
Paris 1641. Augustin Courbé. 1 vol. in-8º.

1002. — Discours sur l'Education, prononcés au collège royal de Rouen, suivis de Notes tirées des meilleurs Auteurs

anciens et modernes ; auxquels on a joint des réflexions sur l'Amitié. Par M. AUGER.
    Rouen 1775. Le Boucher fils. 1 vol. in-12.

1003. — De l'éducation du Pauvre. Quelques mots sur celle du Riche. — Discours prononcé par le Président de la Société Royale d'Emulation d'Abbeville, dans la séance du 29 octobre 1841. (Par M. BOUCHER DE PERTHES).
    Abbeville 1842. Paillart. 1 vol. in-8°.

1004. — Du Patronage ou de l'influence par la Charité. Discours prononcé par le Président de la Soc. Roy. d'Em. d'Abbeville, dans la séance du 8 mai 1846. (Par M. BOUCHER-DE-PERTHES).
    Abbeville 1846. Jeunet. 1 vol. in-8°.

1005. — Recueil de discours sur divers sujets.
    1 vol. in-8°.
    Contenant :

1. — Combien un Empire se rend respectable, par l'Adoption des Arts étrangers. Discours prononcé devant la cour de Danemark, composé pour l'ouverture des leçons publiques, de Langue et Belles-Lettres Françoises, par M. DE MEHEGAN.
    Paris 1757. Brocas.

2. — De l'utilité des voyages, relativement aux sciences et aux mœurs, discours prononcé par M. l'*Abbé* GROS DE BESPLAS. A sa réception, en qualité d'Associé, à l'Académie de Bésiers, au mois d'Août 1762.
    Paris 1763. Berthier.

3. — Des malheurs de la guerre, et des avantages de la paix, discours qui a remporté le prix au jugement de l'Académie Françoise, au mois de janvier 1767. Par M. DE LA HARPE.
    Paris 1767. Régnard.

4. — Discours prononcé à l'Académie d'Arras, par M. GOSSE, pr. d'Ar. dans la séance publique, tenue le 5 avril 1777 (pour sa réception).
    Arras 1777. De la Sablonnière.

5. — Discours sur les qualités sociales. Couronné par l'Acad. roy. de Nancy, dans sa séance publique du 8 mai 1779. Par M. l'*Abbé* FEBVÉ, chan. de Vaudémont.
    Nancy 1779. Hæner.

6. — Discours prononcé à la R.·. L.·. de l'Amitié, à l'Orient de Paris,

le 25ᵉ jour du 12ᵉ mois de l'an de la vraie lumière 5786. Jour de la reception du F∴ le C*** Par le T∴ C∴ F∴ de G***, second surveillant de la R∴ L∴ de l'Amitié.
Paris 1787.

7. — Harangue au Roy, prononcée à Beziers le 20 juillet 1622. Par Mᵉ *Pierre* DE FENOLLET, Evesque de Montpellier. Au nom des Catholiques des trois ordres de la Ville et Dioceze de Montpellier.
Paris 1622. Taupinart.

8. — Discours prononcé par M. le Vicaire général, archidiacre du diocèse d'Amiens, au moment de la double installation de M. Duminy, curé de la cathédrale, et de M. Fertel, chanoine théologal etc.
Amiens. (1802) Caron l'ainé.

9. — Discours sur la nature et les effets du luxe. Par le P. G. B. (GERDIL *Barnabite*).
Turin 1768. Les Frères Reycends.

Orateurs Etrangers.

1006. — Recueil de Discours sur diverses matières importantes, traduits ou composez par *Jean* BARBEYRAC, qui y a joint un Eloge historique de feu M. Noodt.
Amsterdam 1731. P. Humbert. 2 v. in-12 reliés en 1.

1007. — Les Harangues ou Discours académiques de *Jean-Baptiste* MANZINI. (Traduits par G. DE SCUDERY).
Paris 1670. Est. Loyson. 1 vol. in-12.

1008. — Les Harangues de *Louys* GROTTO, Aveugle d'Hadrie admirable en éloquence. Par luy prononcées en plusieurs lieux, où il a esté envoyé Ambassadeur. Traduites de Latin et d'Italien et François, par *Barthélémy* DE VIETTE.
Paris 1628. Nicol. Bessin. 1 vol. in-8º.

1009. — Pe' solenni funerali di sua Eccellenza Jacopo Antonio Sanvitale, conte di Fontanellato et di Noceto, marchese di Medesano etc. orazione detta dal signor *Giuseppe Maria* PAGNINI. Con la relazione de'medesimi funerali.
Parma 1780. Della stamperia reale. 1 vol. in-4º. Pl.

1010. — Les séances de Hariri, publiées en arabe, avec un commentaire choisi, par M. le baron *Sylvestre* de Sacy.
Paris 1821 et 1822. Imp. Royale. 1 vol. in-folio.

Pour les Rhéteurs et les Orateurs de la chaire, nous renvoyons à la Théologie.—Pour les Orateurs du barreau, à la Jurisprudence.— On trouvera aussi des discours dans les œuvres de la plupart des polygraphes.

3.e CLASSE.

POÉSIE.

Art Poétique.

Traités généraux.

** — ΑΡΙΣΤΟΤΕΛΟΥΣ περὶ ποιητικῆς.
Vide *Aristotelis* opera.

1011. — La Poëtique d'Aristote, contenant les Regles les plus exactes pour juger du Poëme Héroïque, et des Pièees de Théâtre, la Tragédie et la Comédie. Traduite en françois, avec des remarques critiques sur tout l'ouvrage. Par M. Dacier.
Paris 1692. Cl. Barbin. 1 vol. in-12.

** — Poétique d'Aristote traduite par J. M. Chenier.
Voyez *OEuvres posthumes* II.

** — Aristote. La Poétique suivie d'extraits des problèmes avec traduction française et commentaire. Par M. E. Egger.
Voir *Essai sur l'histoire de la critique chez les Grecs.*

1012. — Réflexions sur la poëtique d'Aristote, et sur les ouvrages des Poëtes anciens et modernes. (Par le P. Rapin).
Paris 1674. Franç. Muguet. 1 vol. in-12.

** — Mémoires sur la poétique d'Aristote, par M. l'*Abbé* Batteux.
Mém. de l'Acad. des Inscrip. XXXIX, XLI.

** — Horatii de arte poetica.
Vide *Horatii* opera, et *OEuv. posthumes de M. J. Chenier.* II.

1013. — De Re metrica, Libri tres, *Jacobi* MICYLLI. Cum præfatione Phil. Mel. (Melanchton).
Francofurti 1539. Egen. 1 vol. in-8°.

1014. — *Julii Caesaris* SCALIGERI Poetices Libri septem : I Historicus, II Hyle, III Idea, IV Parasceve, V Criticus, VI Hypercriticus, VII Epinomis, ad Sylvium filium.
1581. Apud Pet. Santandreanum 1 vol. in-8°.

1015. — Ars Poetica sive institutionum artis Poeticæ Libri tres. Autore R. P. *Alexandro* DONATO.
Coloniæ Agrippinæ 1633. Joan. Kinchius. 1 vol. in-12.

1016. — *Gerardi Joannis* VOSSII de Artis Poeticæ natura, ac constitutione Liber. — Poeticarum Institutionum libri III.
Amstelodami 1696. Blaeu. 1 vol. in-fol.
Vide n.° 732.

1017. — *Laurentii* LE BRUN, e societ. Jesu, Eloquentia Poetica; Sive præcepta poëtica exemplis poëticis illustrata.
Parisiis 1655. Seb. Cramoisy. 2 vol. in-4°.

** — M. H. VIDÆ de arte poetica libri III.
Vide *M. H. Vidæ opera.*

** — Art poétique de BOILEAU.
Voyez *OEuvres de Boileau.*

1018. — Nouvelles Réflexions sur l'art Poëtique. Dans lesquelles, en expliquant quelles sont les causes du plaisir que donne la Poësie, et quels sont les fondemens de toutes les Regles de cet Art, on fait connoître en même têms le danger qu'il y a dans la lecture des Poëtes. (Par le P. LAMY).
Paris 1668. And. Pralard. 1 vol. in-12.

1019. — Principes pour la lecture des Poëtes. (Par l'*Abbé* MALLET).
Paris 1745. Durand. 2 vol. in-12.

** — Reflexions sur la Poésie par L. RACINE.
Voyez *OEuvres.* III. IV.

** — Traité de la langue poëtique par THOMAS.
Voyez *OEuvres posthumes.* II.

1020. — Des beautés poétiques de toutes les langues, considérées sous le rapport de l'accent, et du rhythme. Par l'*Abbé Ant.* SCOPPA.
Paris 1816. Firmin Didot. 1 vol. in-8°.

Traités des différentes sortes de Poémes.

1021. — Traité du poëme epique. Par le R. P. Le Bossu.
    Paris 1675. Mich. Le Petit. 1 vol. in-12.

1022. — Même ouvrage.
    Paris 1693. Pralard. 1 vol in-12.

** — Dissertation sur le poëme épique par M. De la Barre.
    Mém. de l'Acad. des Inscrip. ix.

** — Discours sur l'Elégie par l'*Abbé* Souchay.
    Ibid. vii. xvi.

** — Mémoire sur l'Elégie par l'*Abbé* Fraguier.
    Ibid. vi.

** — Dissertation sur l'Eglogue par l'*Abbé* Fraguier.
    Ibid. ii.

** — Discours sur la nature de l'Eglogue par Fontenelle.
    Voyez *OEuvres*. v.

** — Essai sur la Poésie légère par *Et.* Jouy.
    Voyez *OEuvres*. xvii.

1023. — Discours sur la poësie lyrique, avec les modeles du genre, tirés de Pindare, d'Horace, de Malherbe, de La Motte et de Rousseau. (Par *Jean-Bapt.* Gossart).
    Paris 1761. Brocas et Humblot. 1 vol. in-8°.

1024. — L'Art poëtique du Sieur Colletet. Où il est traitté de l'Epigramme. Du Sonnet. Du Poëme bucolique, de l'Eglogue, de la Pastorale et de l'Idyle. De la Poésie morale, et sententieuse. Avec un discours de l'Eloquence, et de l'Imitation des Anciens.
    Paris 1658. Ant. de Sommaville. 1 vol. in-12.

1025. — *Nicolai* Mercerii *Pisciaci*, de conscribendo Epigrammate. Opus curiosum in duas partes divisum. Quarum prior continet artificium et præcepta in Epigrammatum compositione usurpanda. Posterior verò delectum venustissimorum et acutissimorum quorumque Epigrammatum, ex Authoribus cùm veteribus, tùm recentibus, accuratissimè excerptorum.
    Parisiis 1653. Joan. de la Caille. 1 vol. in-8°.

1026. — *Francisci* Vavassoris, soc. Jes. de Epigrammate Liber et Epigrammatum Libri tres.
Parisiis 1669. Ed. Martin. 1 vol. in-8°.

Traités de la Poésie Hébraïque.

1027. — R. Davidis Iehaiæ, de Poetica Hebræorum, G. *Genebrardo* Bened. interprete. Adjecta sunt ad calcem, in obscuriores locos Scholia, et non nullorum Canticorum latina conversio.
Parisiis 1563. Apud G. Morelium. 1 vol. in-8°.

** — Dissertation sur l'Art Poëtique et sur les Vers des anciens Hebreux par M. Fourmont.
Mém. de l'Acad. des Inscrip. iv.

Poésie Grecque.

Traités de la Poésie grecque.

1028. — Thesaurus græcæ Poeseos, ex omnibus græcis Poëtis collectus. Auctore *Nicolao* Caussino, soc. Jes.
Parisiis 1612. Bom. de Beauvais. 1 vol. in-8°.

1029. — Elenchus Prosodicus Latino-Græcus, addito ad vulgarem Smetium altero Dictionum tanto; et detersis ejusdem, aliorumque innumeris maculis : cum Prolegomenis, lectore ad mensam, Smetio Græco etc.
Parisiis 1639. J. Camusat. 1 vol. in-12.

A la suite :

1030. — Tirocinium græcæ Poeseos cum Smetio, ut vocant, Græco.
Parisis 1639. Camusat. 1 vol. in-8°.

Ces deux ouvrages sont souvent réunis sous le titre suivant : Tirocinium utriusq. Poeseos Latinæ simul ac Græcæ concinnatum, ad usum Collegiorum.

Voyez pour la Prosodie *les n.*os 169, 172, 186 *à* 191.

** — ΗΣΙΟΔΟΥ Ποιήματα.   Hesiodi carmina.
ΑΠΟΛΛΩΝΙΟΥ Αργοναυτικά.   Apollonii Argonautica.
ΜΟΥΣΑΙΟΥ τα καθ' Ηρώ και Λέανδρον.   Musæi carmen de Herone et Leandro.
ΚΟΛΟΥΘΟΥ άρπαγή Ελενης.   Coluthi raptus Helenæ.
ΚΟΙΝΤΟΥ τα μεθ' Ομηρον.   Quinti posthomerica.
ΤΡΥΦΙΟΔΩΡΟΥ άλωσις Ιλιου.   Tryphiodori excidium Ilii.
ΤΖΕΤΖΟΥ προομηρικα. κ. τ. λ.   Tzetzæ antehomerica, etc.
Græce et Latine cum indicibus nominum et rerum edidit F. S. Lehrs. — Asii, Pisandri, Panyasidis, Choerili, Antimachi fragmenta cum commentaris aliorum et suis adjecit *Fridericus* Dübner.
Parisiis 1840. Amb. F. Didot. 1 vol. in-8°.
Ibid.

** — Fragments inedits d'anciens poëtes grecs, tirés d'un Papyrus appartenant au Musée Royal, avec la copie entière de ce Papyrus, suivis du texte et de la traduction de deux autres Papyrus appartenant au même Musée, publiés de nouveau, avec des additions, par M. Letronne.
Paris 1838. F. Didot. 1 vol. in-8°.
Ibid.

1055. — Poetæ Græci Christiani. Una cum Homericis centonibus, ex sanctorum Patrum operibus collecti, et utraque lingua seorsim editi. In usum gymnasiorum soc. Jesu.
Lutetiæ-Parisiorum 1609. Chapeletus. 1 vol. in-8°.

** — Poemata græca quæ de variis rerum theologicarum argumentis Poetæ christiani scripserunt.
Sibyllinorum oraculorum libri VIII.—Homerici centones de Christo Eudociæ adscripti. — Ezekieli fragmenta. — Apolinarii interpretatio græca Psalterii Davidis. — Nonovi *Panopolitani* conversio græca evangelii S. Joannis.— *Georgii* Pisidæ mundi opificium. — Joannis *Geometræ* hymni.
Vide *Bibl. Veter. Patrum.* viii.

1036. — Epigrammata aliquot Graeca veterum elegantissima, eademq; Latina, ab utriusque linguæ viris doctissimis versa, atque nuper etc. per *Jo.* Soterem collecta.
Coloniæ 1525. (J. Soter.) 1 vol. in-8°.

1037. — Epigrammatum Graecorum Libri VII. Annotationibus *Joannis Brodaei* illustrati, quibus additus est in calce operis rerum ac vocum explicatarum index etc.
Basileæ 1549. Froben. 1 vol. in-fol.

1045. — Parnasse des Dames. (Par *Edme* DE SAUVIGNY).
Paris 1773. Ruault. 1 vol. in-8°.
Cet ouvrage a 10 volumes. Ce premier comprend les poésies des femmes grecques, traduites ou plutôt arrangées en vers français.

1046. — Recueil de Poésies grecques.
1 vol. in-4°.
Contenant :

1. — Ἡ Βασιλικὴ ἀρετή Regia virtus. Carmen in demandatum à Justo Principe summum in principe Curia Magistratum Illustriss. viro Domino D. CAMPINIO.
Parisiis 1629. Libert.

2. — Orphée sur les bords du Tanaïs. — Ὀρφεὺς ἐπὶ τῷ Ταναΐδι ᾄδων τὴν ἀποδημίαν τοῦ τῆς Βορείου ἀρχῆς κληρονόμου.—Orphée sur les bords du Tanaïs, chante les Voyages d'un jeune Prince destiné à l'empire du Nord. (Par CHIVOT, *Prof. au collège Montaigu*). (1)
Paris 1782. F. Amb. Didot l'ainé.

3. — Εἰς Ἱπποκράναν ἐν τῷ τῶ Σεγρασίῳ καπῳ ἀνέρποισαν εἰδύλλιον. (Par le P. HONGNANT).
Cadomi 1692. J. Cavelier.

1047. — Recueil de Poésies grecques et latines.
1 vol. in-4°.
Contenant :

1. — Illustriss. viro D. D. de Richelieu lusionensi episcopo. *J.* DUCUATIUS. (In Bessum Transilvaniæ, seu Gabriellem Bethlenum. — In Palatinum principem).

2. — I. PEYRARDI *nob. Aquitani* Corollæ regiæ ad Sereniss. et Pot. Christinam Gothorum, Vandalorum et Suecorum Reginam.
Parisiis 1643. Camusat et P. Le Petit.

3. — Sereniss. Pincipi Duci Borbonio post acceptum a Rege christianiss. Ludovici nomen in solennibus sacri baptismatis ceremoniis in collegium Claromontanum redeunti, selecti e singulis scholis ejusdem collegii alumni recitabant. Anno MDCLXXX die XIV Kal. Feb.
Parisiis 1680. Benard.

4. — In funere Ludovici Borbonii Principis Condæi primi e Regio sanguine Principis Musarum luctus in Regio Ludovici Magni collegio Patrum societatis Jesu.
1687.

---

(1) CHIVOT (*Marie-Antoine-François*) né à Roye le 9 octobre 1752, mourut le 3 avril 1786.

5. — Academiæ ode gratulatoria Græco-Latina. (*Phil.* Ruxius).
1719.
6. — Μαιναγίου τύμβος. — Menagii tumulus. (F. Tarillon, J.)

Poëtes Grecs.

1048. — Homeri opera græcolatina, quæquidem nunc extant, omnia. Hoc est: Ilias, Odyssea, Batrachomyomachia, et Hymni. Præterea Homeri vita ex Plutarcho, cum Latina interpretatione. In hæc operam suam contulit *Sebastianus Castalio*.
Basileæ 1561. Brylinger. 1 vol. in-fol.

1049. — Idem opus. (Edit. 3.ª).
Basileæ 1567. Her. Nic. Brylinger. 1 vol. in-fol.

1050. — Homeri quæ extant omnia. Ilias, Odyssea, Batrachomyomachia, Hymni, Poematia aliquot cum Latina versione etc. perpetuis item justisque in Iliada simul et Odysseam *Jo. Spondani* commentariis. Pindari quinetiam Thebani Epitome Iliados Latinis versibus et Daretis *Phrygii* de bello Trojano libri, à *Corn.* Nepote eleganter latino versi carmine.
Aureliæ-Allobrogum 1606. Caldoriana Societas. 1 v. in-f.

1051. — Homeri poemata duo, Ilias et Odyssea, sive Ulyssea. Alia item carmina ejusdem. Cum interpretatione Lat. ad verbum, post alias omnes editiones repurgata, partim ab *Henrico Stephano*, partim ab aliis. — Adjecti sunt etiam *Homerici Centones* qui græcè Ομηροκεντρα.
Parisiis 1622. Apud Joan. Libert. 2 vol. in 8°.

** — ΟΜΗΡΟΥ ποιήματα καὶ τὰ τοῦ Κύκλου λείψανα. — Homeri carmina et Cycli epici reliquiæ. — Grecè et latine cum indice nominum et rerum.
Parisiis 1837. Amb. F. Didot. 1 vol. in-8°.
Vide *Script. Græc. Bibl.*

1052. — L'Illiade et l'Odyssée d'Homère. Nouvelle traduction. (Par de la Valterie).
Paris 1682. Cl. Barbin. 2 vol. in-12 Fig.

1053. — OEuvres d'Homère, avec des remarques ; précédées de réflexions sur Homère et sur la traduction des poètes, par P. J. Bitaubé.
Paris 1822. L. Tenré. 4 vol. in-8°. Port.

1054. — ΟΜΗΡΟΥ Ἰλιὰς κατὰ τὰς τοῦ Οὐολφίου καὶ Βοισσονάδου ἐκδόσεις. — L'Iliade d'Homère, traduite en français, par Dugas Montbel.
Paris 1828. Didot. 3 vol. in-8°.

1055. — Observations sur l'Iliade d'Homère, par Dugas Montbel.
Paris 1829. Didot. 2 vol. in-8°.

1056. — ΟΜΗΡΟΥ Ὀδυσσεία κατὰ τὰς τοῦ Οὐολφίου καὶ Βοισσονάδου ἐκδόσεις. — l'Odyssée d'Homère, traduite en français, par Dugas Montbel.
Paris 1833. Didot. 3 vol. in-8°.

1057. — Observations sur l'Odyssée d'Homère par Dugas Montbel.
Paris 1838. Didot. 1 vol. in-8°.

1058. — Les dix premiers livres de l'Iliade d'Homere, prince des poétes : traduictz en vers François, par M. *Hugues* Salel, Abbé de S. Chéron.
Paris 1545. Vincent Sertenas. 1 vol. in-fol.

1059. — L'Iliade poëme. Avec un discours sur Homere. Par M. de la Motte.
Amsterdam 1714. La Compagnie. 1 vol. in-12.

** — Chants i, iii, xiv, xxii, xxiv de l'Iliade trad. en vers par Millevoye. Voyez *OEuvres*. iii.

1060. — The Illiad of Homer ; translated by A. Pope.
London 1808. Walker. 1 vol. in-16.

1061. — Homeri Βατραχομυομαχία, seu bellum Ranarum in mures. Per *Elisium* Calentium latino sermone donata.
Parisiis 1508. Eg. Gormont. 1 vol. in-8°.

1062. — ΕΥΣΤΑΘΙΟΥ Ἀρχιεπισκόπου Θεσσαλονίκης παρεκβολαὶ εἰς τὴν ΟΜΗΡΟΥ Ἰλιάδα.
Romæ 1542. (Apud Ant. Bladum). 1 vol. in-fol.

1063. — ΔΙΔΥΜΟΥ τοῦ παλαιοτάτου εἰς τὴν Ὀδυσσείαν ἐξήγησις. — Didymi antiquissimi auctoris interpretatio in Odisseam.
Parisiis 1530 Collegium Sorbonæ. 1 vol. in-8°.

1064. — Hesiodi *Ascræi* opera, quæ quidem extant, omnia Græcè, cum interpretatione Latina. Adjectis iisdem latino carmine elegantiss. versis, et Genealogiæ deorum à *Pylade Brixiano* descriptæ, lib. V.—Accessit nunc demùm Herculis Scutum doctiss. carmine à *Joanne* Ramo conversum.
   Lipsiæ 1585 Ge. Defnerus. 1 vol. in-8°.

1065. — Hesiodi *Ascraei* poetae vetustissimi, opera et dies. *Nicolao* Valla interprete.
   Basileæ 1518. Froben. 1 vol. in 4°.

1066. — ΗΣΙΟΔΟΥ Ασκραίου τὰ εὑρισκόμενα. — Hesiodi *Ascræi* quæ extant. Cum Notis, ex probatissimis quibusdam Authoribus.—Accedit insuper *Pasoris* index. Opera et studio *Corn. Schrevelii.*
   Lugd.-Batav. 1650. Hackius. 1 vol. in-8°.

** — Poésies d'Hesiode traduites par Bergier.
   Voyez *Orig. des dieux du Paganisme.*

** — Les Travaux et les Jours, Poëme traduit ou imité du grec d'Hésiode, par Le Franc de Pompignan.
   Voyez *OEuvres de Pompignan.* iv.

1067. — A fragment of an ode of Sappho from Longinus : also an ode of Sappho from Dionysius Halicarn : edited by the honourable *Francis Henry* Egerton.
   Paris 1815. Eberhart. 1 vol. in-8°.

** — Orphei poetæ vetustissimi initia sive hymni sacri ad Musæum, versibus antiquis latinè expressi à J. Scaligero.
   Vide *Scaligeri opuscula.*

1068. — ΟΡΦΕΩΣ Ἀργοναυτικά. — Orphei quæ vulgo dicuntur Argonautica. Ex libris scriptis et coniecturis virorum doctorum suisque aucta et emendata interpretatus est *Joh. Gottlob* Schneider.
   Jenæ 1803. Frid. Frommann. 1 vol. in-8°.

1069. — Orphica. — Cum notis H. *Stephani A. Chr. Eschenbachii* I. M. *Gesneri* Th. *Tyrwhitti* recensuit *Godofredus Hermannus.*
   Lipsiæ 1805. Fritsch. 1 vol. in-8°.

1070. — ΑΝΑΚΡΕΟΝΤΟΣ Τηίου μέλη. — ANACREONTIS Teij odæ. Ab *Hen. Stephano* luce et latinitate nunc primùm donatæ.
   Lutetiæ 1554. Henr. Stephanus. 1 vol. in-4.º

1071. — Les Poesies d'ANACREON et de SAPHO, traduites du Grec en vers François, avec des remarques. (Par LONGEPIERRE).
   Paris 1684. Pierre Emery. 1 vol. in-12.

1072. — Odes d'ANACRÉON. Traduct. nouv. en vers. (Par ANSON).
   Paris 1795. Du Pont. 1 vol. in-12.

1073. — Traduction d'ANACRÉON en prose, par Madame *Céleste* VIEN, de l'Acad. de Bordeaux.
   Paris 1825. Urbain Canel. 1 vol. in-12.

1074. — Recueil de poésies d'ANACRÉON de Téos. Par J. E. HARDOUIN.
   Paris 1812. Fayolle. 1 vol. in-12.

   Dans ce recueil, le texte est accompagné de quatre traductions, en prose française, en prose latine, en vers latins, en vers français, et de remarques.

1075. — ΚΟΛΎΘΟΥ Ἑλένης ἁρπαγή. — L'enlèvement d'Hélène, poème de COLUTHUS, revu sur les meilleures éditions critiques, traduit en français; accompagné d'une version latine entièrement neuve, de notes philologiques et critiques sur le texte etc. par A. *Stanislas* JULIEN. Et suivi de quatre versions en italien, en anglois, en espagnol et en allemand (et d'un fac simile du MS.).
   Paris 1823. De Bure frères. 1 vol. in-8º.

1076. — ΠΙΝΔΑΡΟΥ Ὀλύμπια καὶ Πύθια. — PINDARI Olympia et Pythia.
   Parisiis 1535. Wechel. 1 vol. in-8º.

1077. — ΠΙΝΔΑΡΟΥ περίοδος. — Hoc est PINDARI Lyricorum Principis, plus quam sexcentis in locis emaculati, ut jam legi et intelligi possit, Ὀλυμπιονῖκαι, Πυθιονῖκαι, Νεμεονῖκαι, Ἰσθμιονῖκαι. — Illustrati versione nova fideli etc. Opera *Erasmi* SCHMIDII.
   Witebergæ 1616. Zach. Schurer. 1 vol. in-4º.

1078. — Le PINDARE *Thebain*, traduction de Grec en François meslee de vers et de prose. Avec les Figures qui repre-

sentent les principales fables des Odes Olympiques, Pythiques, Nemeaques et Isthmiques. (Par le Sr de Lagausie).
Paris 1626. Jean Lacquebay. 1 vol. in-8º.

1079. — OEuvres complètes de Pindare avec le texte en regard, et des notes à la fin de chaque ode, traduites par R. Tourlet.
Paris 1837. Garnot. 2 vol. in-8º.

** — Pindare. Traductions des odes et remarques par l'*Abbé* Massieu, l'*Abbé* Fraguier, l'*Abbé* Sallier et MM. de Chabanon, de Vauvillers et Bitaubé.

Mém. de l'Acad. des Inscrip. II, IV, V, VI, X, XXXII, XLVI.

1080. — ΘΕΟΚΡΙ΄ΤΟΥ εἰδύλλια, τουτέστι μικρὰ ποιήματα ἐξ κỳ τριάκοντα. — Theocriti Idyllia, hoc est parva Poemata XXXVI. Ejusdem Epigrammata XIX. Ejusdem Bipennis, et Ala.
Basileæ 1530. Cratander. 1 vol. in-8º.

1081. — Idem opus.
Venetiis 1539. Apud Salamandram. 1 vol. in-8º.
On trouve dans ce volume les n.ᵒˢ 1082 et 1085.

1082. — Theocriti *Syracusani* Eidyllia trigintasex, Latino carmine reddita, *Helio* Eobano *Hesso* interprete. — Accesserunt recens Theocriti genus, ac vita. De inventione, ac discrimine Bucolicorum carminum. — Item singulis Eidylliis singula argumenta. — A quodam græcè, latinèque erudito latinitate donata.
Basileæ 1531. Cratander. 1 vol. in-8º.

1083. — ΘΕΟΚΡΙ΄ΤΟΥ τοῦ Συρακουσίου Εἰδύλλια, Ἐπιγράμματα κỳ λείψανα. — Les Idylles de Theocrite, suivies de ses inscriptions, traduites en vers français, par *F.* Didot.
Paris 1833. F. Didot frères. 1 vol. in-8º.

1084. — OEuvres de Théocrite traduites en français avec le texte grec en regard revu et annoté par M. *L.* Renier.
Paris 1847. L. Hachette. 1 vol. in-12.

1085. — Σχόλια παλαιὰ εἰς τὰ ΘΕΟΚΡΙ΄ΤΟΥ εἰδύλλια ἐκ διαφόρων ἀντιγράφων συλλεχθέντα. — Commentaria vetera in Theocriti Eglogas, ex diversis exemplaribus collecta.
Venetiis 1539. Apud Salamadram. 1 vol in-8º.

** — Scholia in Theocritum. Auctiora reddidit et annotatione critica instruxit Fr. Dübner. — Scholia et paraphrases in Nicandrum et Oppianum partim nunc primum edidit, partim collatis cod. MSS. emendavit, annotatione critica instruxit et indices confecit U. Cats Bussemaker.
Parisiis 1849. Amb. Firmin Didot. 1 vol. in-8°.
Vide *Script. Græc. Bibl.*

1086. — ΒΑΒΡΙΟΥ μυθίαμβοι. — Babrii fabulæ iambicæ CXXIII jussu summi educationis publicae administratoris Abeli Villemain viri excell. nunc primum editae. *Joh. Fr.* Boissonnade recensuit, latine convertit, annotavit.
Paris 1844. F. Didot fr. 1 vol. in-8°.

1087. — Hymnes de Callimaque, nouvelle édition; avec une version française et des notes. Par M. de la Porte du Theil.
Paris an III. Gail. 1 vol. in-16.

1088. — ΑΡΑΤΟΥ Σολέως φαινόμενα. — Ciceronis in Arati Phænomena interpretatio. Accesserunt his Vergilii, *Germanici* Cæsaris, et *Rufi* Avieni Carmina, iis respondentia Arati, quæ à Cicerone conversa interciderunt. — Hæc autem latina omnia græcis ex altera parte respondent *Joachimi Perionii* opera etc..
Parisiis 1540. Apud Sim. Colinæum. 1 vol. in-4.°

1089. — Oppiani poetæ Alieuticon, sive de piscibus, libri quinque è græco traducti ad Antonium Imperatorem. Post Oppianum sequuntur Disticha ultra centum de rebus variis oppido quam elegantissima, authore *Laurentio* Lippio *Collensi*, interprete librorum quinque *Oppiani.*— C. Plinii *Secundi* naturalis historiæ libri duo, in quorum priori quidem tractat de naturis piscium, in altero vero de medicinis ex aquatilibus sive piscibus.— *Pauli* item Jovii de piscibus liber unus, qui est velut commentarius in priorem *Plinii* librum de piscibus, quemadmodum prior *Plinii* liber in *Oppianum*. — Hos non contemnendos authores *Joannes Cæsarius*, ad perpendiculum recognovit etc.
Argentorati 1534. Jac. Cammerlander. 1 vol. in-4°.

1090. — Oppiani poemata de Venatione et Piscatione cum interpretatione latina et scholiis. Accessit *Eutechnii* paraphrasis Ιξευτικων et *Marcelli* Sidetæ fragmentum de piscibus. — Ad quatuor Mss. codd. fidem recensuit et suis auxit animadversionibus *Jac. Nic. Belin de Ballu.*
   Argentorati 1786. Bibliopolium Acad. 1 v. in-8°.

1091. — La Chasse, poëme d'Oppien, traduit en françois par M. Belin de Ballu; avec des remarques : suivi d'un Extrait de la grande Histoire des Animaux d'Eldémiri (Par M. Sylvestre de Sacy).
   Strasbourg 1787. Librairie Académique. 1 vol. in-8°.

1092. — Τοῦ σοφωτάτου ΦΙΛΗ στίχοι ἰαμβικοὶ περὶ ζώων ἰδιότητος, μετὰ προσθήκης Ιωαχ. τοῦ ΚΑΜΕΡΑΡΙΑΔΟΥ. — Sapientissimi Phile Versus Iambici de Animalium proprietate, cum auctuario *Joach. Camerarii.* — Exposita eodem metro versuum Latinorum à *Gregor. Bersmano.*
   1596. Commelinus. 1 vol. in-8°.

** — *Em.* Phile carmen de Elephante.
   Vide *Fabricii Bibl. Græc.* vii.

1093. — ΛΥΚΟΦΡΟΝΟΣ τοῦ χαλκιδέως Ἀλέξανδρα. Εἰς αὐτὸ τοῦτο Ἰζακίου τοῦ ΤΖΕΤΖΟΥ ἐξήγημα. — Lycophronis *Chalcidensis* Alexandra. Cum eruditissimis *Isacii* Tzetzis commentariis, ex fide manuscripti emendatioribus factis. Adjuncta est interpretatio versuum Latina, ad verbum, per G. Canterum. Additæ sunt ejusdem G. *Canteri* Annotationes nec non Epitome Cassandræ Græcolatina, carmine Anacreontio.
   Parisiis 1601. Paulus Stephanus. 1 vol. in-4°.

1094. — Apollonii *Rhodii* Argonauticorum Libri quatuor, nunc primùm latinitate donati, atque in lucem editi. *Joan.* Hartungo interprete.
   Basileæ 1549. Oporinus. 1 vol. in-8°.

1095. — L'Expédition des Argonautes, ou la conquête de la toison d'or. Poëme en quatre Chants. Par Apollonius

de Rhodes. Traduit pour la première fois du Grec en François par J. J. A. Caussin. (1)
Paris an V. Moutardier. 1 vol. in-8°.

1096. — Gregorii *Episcopi Nazanzeni* carmina ad bene, beateque vivendum utilissima nuper e græco in latinum ad verbum fere tralata.
Venetiis 1514. Aldi. 1 vol. in-4°.

1097. — ΝΟΝΝΟΥ Πανοπολίτου μεταβολή τοῦ κατὰ Ἰωάννην ἁγίου Εὐαγγελίου. — Nonni *Panopolitani* paraphrasis sancti secundum Ioannem Evangelii. Accesserunt Notæ P. N. Abrami.
Parisiis 1623. Seb. Cramoisy. 1 vol. in-8°.

** — ΣΥΝΕΣΙΟΥ τοῦ Κυρηναίου Επισκόπου Ὕμνοι ἐν διαφόροις μέλεσι. Synesii hymni vario lyricorum versuum genere.
Vide *Synesii opera*.

** — Pauli *Silentiarii* descriptio magnæ ecclesiæ seu S. Sophiæ.
Vide *Du Cange. Cinnami hist.*

1098. — ΔΙΟΝΥΣΙΟΥ Ἀλεξανδρέως περιήγησις. Dionysii Alexandrini de situ orbis liber, interprete *Andrea* Papio.—ΜΟΥΣΑΙΟΥ τὰ καθ' Ἡρὼ καὶ Λέανδρου. Musæi Hero et Leander, eodem interprete.
Antuerpiæ 1575. Off. Plantini. 1 vol. in-8°.

** — Σχόλια χειρωνοσ περὶ ἰχθύων. — Marcelli Sidetæ medicina ex piscibus.
Vide *Fabricii Bibl. Græc.* I.

** — Empedoclis Sphoera, græce et latine.
Ibid.

** — Poeta vetus de viribus herbarum sacrarum cum versione et notis *J. Rendtorfii.*
Ibid. III.

** — Heliodori carmen de Chrysopeia.
Ibid. VI.

** — *Theodore* Prodrome. Notice et traduction par Laporte du Theil.
Not. des Manus. VI et VII.

** — Poëme moral de *George* Lapithes, publié par M. Boissonnade.
Not. des Manus. XII.

---

(1) Caussin de Perceval (Jean-Jacques-Antoine) né à Montdidier le 24 juin 1753, mourut à Paris le 29 juillet 1835.

1099. — Σιβυλλιακοι χρησμοι, hoc est, Sibyllina oracula. Ex vett. codd. aucta, renovata, et notis illustrata a D. *Joanne* Opsopœo *Brettano.* Cum interpretatione latina *Sebastiani* Castalionis et indice.
 Parisiis 1607. L'Angelier. 1 vol. in-8º.
 Dans ce même volume, les deux numéros suivants :

1100. — Oracula magica Zoroastris cum Scholiis *Plethonis* et *Pselli* nunc primum editi. Studio *Joannis Opsopoei.*
 Parisiis 1607. L'Angelier. 1 vol. in-8º.

1101. — Oracula metrica Jovis, Apollinis, Hecates, Serapidis, et aliorum deorum ac vatum tam virorum quam feminarum, à *Joanne Opsopoeo* collecta. Item *Astrampsychi* Oneirocreticon à *Jos. Scaligero* digestum et castigatum. Græce et latine.
 Parisiis 1607. l'Angelier. 1 vol. in-8º.

1102. — Σιβυλλιακοι χρησμοι, hoc est, sibyllina oracula, ex vet. cod. emendata, ac restituta et commentariis diversorum illustrata, opera et studio *Servatii Gallæi:* Accedunt etiam Oracula Magica *Zoroastris, Jovis, Apollinis,* etc. *Astrampsychi* Oneiro-Criticum, et Grece et Latine, cum Notis Variorum.
 Amstelodami 1689. H. et Th. Boom. 1 vol. in-4º.

1103. — Εξαημερον ητοι, Κοσμουργια, Γεωργιου του ΠΙΣΙΔΟΥ διακονου κ χαρτοφυλακος της μεγαλης του Θεου εκκλησιας. Του αυτου Ιαμβυα εις το ματαιον βιον. — Opus sex Dierum, seu, mundi opificium: *Georg.* Pisidæ Diaconi et Referendarii Constantinopolitanæ Ecclesiæ Poëma. Ejusdem Senarii de Vanitate vitæ. Omnia nunc primùm Græcè edita, et Latinis versibus expressa, per *Fed.* Morellum.
 Lutetiæ 1584. Fed. Morellus. 1 vol. in-4º.

1104. — Ιωαννου ΓΕΩΜΕΤΡΟΥ υμνοι πεντε εις την υπεραγιαν Θεοτοκον. Hymni V in B. Deiparam: e Græcis *Joannis* Geometræ latini facti per *Fed.* Morellum.
 Lutetiæ 1591. Morellus. 1 vol. in-8º
 Dans le même volume :

1105. — Εγκωμιον εις τον αγιον μεγαλομαρτυρα Παντελεημονα. —

Elogium sancti martyris Pantaleonis. Græcis Iambicis olim ab incerto Autore scriptum. A *F*. Morello express.
    Lutetiæ 1605. F. Morellus. 1 vol. in-8°.

** — Διονυσιου του ΠΕΤΑΒΙΟΥ Αυρηλιανεως του εκ της εταιρειας Ιησου ελληνικα επη παντοδαπα, μετα κȣ της λατινικης ερμενειας. *Dyonisii* Petavii *Aurelianensis*, soc. Jesu, Græca varii generis carmina, cum Latina interpretatione.
    Parisiis 1641. Seb. Cramoisy. 1 vol. in-8°.
    Vide *Dion. Petavii carmina*.

** — *Angeli* Politiani epigrammata græca cum interpretatione Tusani.
    Vide *Ang. Politiani opera*.

** — Αιγιου ΜΕΝΑΛΙΟΥ ποιηματα ελληνικα.
    Vide *Æg. Menagii poemata*.
    Vide etiam *Hensii, Huetii, et Commirii carmina*.

Poésie Latine.

Traités de la Poésie latine.

1106. — *Francisci* Sylvii Ambianatis Poetica.
    Parisiis 1520. J. Badius. 1 vol. in-4°.

1107. — *Pantaleontis* Bartelonæi *Raverini* de ratione Quantitatis syllabariæ Liber. De variis Carminum generibus, Comicorum autem præcipuè, lucubratio. — R. Vuidii *Tornodoræi* de Græcis Dialectis libellus. — Ars Versificatoria, ex libro X Epitomæ *Despaut.* auth. Peliss.
    Lugduni 1575. L. Cloquemin. 1 vol. in-16.

1108. — Latinæ Grammatices prosodia, qua versificandi ratio, congruenti ordine, breviter et perspicuè traditur : operà *Simonis* Verepæi.
    Antuerpiæ 1592. Off. Plantiniana. 1 vol. in-8°.

1109. — Prosodia, seu versificandi ratio, ex optimis quibusque hujus artis Auctoribus collecta, et facili ac perspicua methodo, in quatuor libros digesta. Per F. *Lud.* Cavalli.
    Parisiis 1630. Clod. Cottard. 1 vol. in-8°.

1110. — Janua Musarum reserata syllabarum quantitates et Artem metricam complectens. Per V. P. *Fr. Ludov.* Cavalli. Additum in calce Poëseos gallicæ Compendium.
Parisiis 1647. Ant. Bertier. 1 vol. in-8º.

1111. — Prosodia *Henrici* Smetii *Alostani* promptissima, quæ syllabarum positione et diphthongis carentium quantitates, sola veterum Poetarum auctoritate, demonstrat.
Genevæ 1647. Jac. et Pet. Chouet. 1 vol. in-8º.

1112. — Idem opus.
Lemovicis 1653. Vid. Barbou. 1 vol. in-8º.

1113. — *Joannis* Despauterii Prosodia de quantitate syllabarum, novà methodo et facili compendio in quatuor Partes digesta. Recognita, aucta etc. curâ R. P. *Philippi* Labbe.
Parisiis 1661. Guil. et Simon Benard. 1 vol. in-8º.

A la suite:

1114. — Enchiridion prosodicum, emendatæ pronunciationis certissima amussis; ex bibliotheca prosodica, aliisque libris R. P. *Philippi* Labbe soc. Jesu depromptum.
Parisiis 1661. Guil. et Sim. Benard. 1 vol. in-8º.

1115. — *Joannis* Despauterii Prosodia, seu de quantitate syllabarum. Cum perspicua exemplorum ex probatioribus Poëtis ad quamlibet regulam appositione.—Pars tertia.
Parisiis 1670. Sim. Benard. 1 vol. in-8º.

1116. — Amaltheum prosodicum. Sive brevis, et accurata vocum omnium Prosodia. Adjecta Urbium omnium, Populorum, Montium, ac Fluviorum apellatione. — 4.ª edit.
Lugduni 1684. Apud Ant. Molin. 1 vol. in-16.

On trouve à la suite:

1117. — Prosodia latina, regulis brevissimè comprehensa: Ab uno è soc. Jesu. (*Fr.* Pomey).
Lugduni 1691. Apud H. Molin.

1118. — La quantité du petit Behourt, ou du nouveau Despautere, troisième et dernière partie. Expliquée tant en Latin qu'en François.
Troyes 1710. Jacq. Le Febvre. 1 vol. in-8º.

1119. — Ars poetica complectens 1. Varia versuum et odarum genera; 2. Methodum facilem et brevem componendi versus ; 3. Universam quantitatem seu quæ regulis *Joa. Despauterii* continetur, seu quæ ex *Smetii* versibus colligitur; 4. Synonymorum ad singulas fere dictiones accommodatam lectionem; 5. Selectiores multorum Poetarum phrases, maximè Virgilii ; 6. Fabularum epitomen etc. Authore R. P. *Caroli* Pajot soc Jesu.
Flexiæ 1645. Geo. Griveau. 1 vol. in-8°.

** — *Georg.* Buchanani de Prosodia libellus. — De metris Buchananeis libellus.

Vide *Buchanani opera*. ii.

1120. — Les regles de la Prosodie et de la Versification Latine. Par Joseph Vallart.
Paris 1736. Nic. Lottin. 1 vol. in-12.

1121. — Traité élémentaire de la versification latine, par M. *André* de Poilly.
Abbeville 1819. H. Devérité. 1 vol. in-8°.

1122. — Traité de versification latine à l'usage des classes supérieures des lettres, par L. Quicherat. (12.e édit.)
Paris 1848. Hachette. 1 vol. in-12.

1123. — Le Guide des humanistes, ou premiers principes de gout, développés par des Remarques sur les plus beaux Vers de Virgile, et autres bons Poëtes latins et françois. (Par l'*Abbé* Tuet).
Paris 1780. Gogué. 1 vol. in-12.

1124. — *Joannis* Ravisii Textoris *Nivernensis* epithetorum opus absolutissimum. Ex recognitione ipsiusmet Autoris. Lexicon verè poeticum, ad imitationem Græcorum elaboratum, uberem, omnium et verborum copiam complectens.
Basileæ 1558. Nic. Brylinger. 1 vol. in-4°.

1125. — Phrases poeticæ, seu Sylvæ poeticarum locutionum uberrimæ. Quarum prima vestigia à M. Fundano posita, deinde ab A. S. I. T. auctiores factæ.
Rothomagi 1610. Apud J. Osmontium. 1 vol. in-12.

1126. — Parnassus Poeticus biceps, *Nicolai* Nomesseii *Charmensis* operâ maximâ primùm congestus. — Huic addita est, post *Sacram Poesim*, ad novem priores Musas decima.
Rothomagi 1622. Thom. Daré. 1 vol. in-8°.

1127. — Elegantiarum Poeticarum per locos communes digestarum flores. Ex optimis quibusque authoribus collecti, et tertia hac edit. locupletati operâ et studio *Joannis* Blumerel.
Rothomagi 1630. Apud Rich Allemanum. 1 vol. in-8°.

1128. — Novus apparatus Virgilii poeticus, Synonymorum, Epithetorum et Phrasium, seu Elegantiarum Poëticarum Thesaurum etc. complectens. Opus tum ex Virgilio, cæterisque Poëtis antiquis, tum ex aliis, Gallis, Batavis, Scotis, Italis etc. tum etiam ex collectionibus R. P. *Laurentii* Le Brun concinnatum.
Parisiis 1683. Sim. Benard. 1 vol. in-4°.

1129. — Novus elegantiarum poeticarum Thesaurus, in quo uno collectum est quidquid boni fuit in vulgaribus Elegantiis, Poeticis Phrasibus, Parnasso, Epithetis, et si qui id generis et argumenti libri hactenus editi sunt. Auctore R. P. B. (Briet) societatis Jesu.
Parisiis 1643. Gasp. Meturas. 1 vol. in-8°.

1130. — Magnus apparatus Poeticus: seu Epithetorum, Synonymorum et Phrasium Poeticarum opus absolutissimum etc. Authore *Carolo* Chaulmer.
Parisiis 1666. Joan. Hénault. 1 vol. in-4°.

1131. — Regia Parnassi, seu palatium Musarum, in quo Synonyma, Epitheta, Periphrases, et Phrases poëticæ, ex officinâ *Textoris*, delectu Epithetorum, Scalâ Parnassi, arte Poëtica, Thesauro Poëtico et Elegantiis Poëticis etc. excerptæ.—Editio novissima A. P. V. S. I. (Vaniere).
Parisiis 1689. Thiboust. 1 vol. in-8°.

1132. — Gradus ad Parnassum, sive novus synonymorum, epithetorum, phrasium poeticarum ac versuum Thesaurus etc. ab uno e societate Jesu. (*Paulo* ALER).

Parisiis 1721. Barbou. 1 vol. in-8º.

1133. — Idem opus.

Rotomagi 1752. N. Lallemant. 1 vol. in-8º.

1134. — Idem opus.

Lugduni 1758. Mauteville. 1 vol. in-8º.

Collections et extraits de Poétes latins anciens.

1135. — Poetarum latinorum HOSTII, LAEVII, C. LICINII CALVI, C. HELVII CINNAE, C. VALGII RUFI, DOMITII MARSI aliorumque vitae et carminum reliquiae.—Scripsit, collegit et edidit M. *Augustus* WEICHERT.

Lipsiae 1830. Teubner. 1 vol. in-8º.

** — Poetæ latini minores. (Ex recensione Wernsdorfiana). Notis veteribus ac novis illustravit N. E. LEMAIRE.

Parisiis 1824-26. Didot. 8 vol. in-8º.

Voyez *Lemaire. Bibl. class. lat.*

** — Poetæ minores. SABINUS, CALPURNIUS, *Gratius* FALISCUS, NEMESIANUS, *Valerius* CATO, *Vestritius* SPURINNA, *Lupercus* SERVASTUS, ARBORIUS, PENTADIUS, EUCHERIA, *Pervigilium Veneris.* Traductions nouvelles par M. CABARET-DUPATY.

Paris 1842. Panckoucke. 1 vol. in-8º.

Voyez *Bibl. lat. fr.* 2.ᵉ série.

** — Préceptes médicaux de SERENUS *Sammonicus.— Macer* FLORIDUS, des vertus des plantes.— MARCELLUS, de la médecine, poëme. Traduits pour la première fois en français par M. *Louis* BAUDET.

Paris 1845. Panckoucke. 1 vol. in-8º.

Voyez *Bibl. lat. fr.* 2.ᵉ série.

1136. — Viridarium illustrium Poetarum cum ipsorum concordantiis in Alphabetica tabula accuratissime contentis. (*Oct.* MIRANDULÆ opus).

Parisiis 1513. Denis Roce. 1 vol. in-8º.

1137. — Illustrium Poetarum flores per *Octavianum* MIRANDULAM collecti et in locos communes digesti: nunc verò ab

innumeris mendis repurgati, per *Theod*. Pulmanum.
Antuerpiæ 1568. Apud Joan. Bellerum. 1 vol. in-8º.

1138. — Sententiæ veterum Poetarum, per locos communes digestæ, *Georgio* Maiore collectore.— Sententiæ singulis versibus contentæ, ex diversis Poetis, pietatis studiosæ iuventuti accommodæ. De poetica virtute, libellus planè aureus. *Ant*. Mancinello authore.
Parisiis 1551. Car. Perier. 2 vol. in-16.

1139. — Epigrammatum delectus ex omnibus tum veteribus, tum recentioribus Poëtis accuratè decerptus, (à *Cl*. Lancelot). Cum dissertatione de vera pulchritudine etc. (à *P*. Nicole). Adjectæ sunt elegantes sententiæ ex antiquis Poëtis parcè sed severiori judicio selectæ.
Parisiis 1659. Car. Savreux. 1 vol. in-12.

1140. — Gemmæ Poetarum pars prima. Ex *Ovidio*, *Catullo*, *Propertio*, et *Tibullo*. A P. E. Du Boulay.
Parisiis 1662. Claud. Thiboust. 1 vol. in-8º.

1141. — Latini Sermonis exemplaria e scriptoribus probatissimis. Prima Poeticæ orationis excerptio, in quâ hæc habentur: I. *Plautii* et *Terentii* Fabulæ ad Christianæ Juventutis usum contractæ. II. Ex *Phedri*, *Ovidii*, *Virgilii* et *Horatii* libris nonnulla.
Lutetiæ 1744. Frat. Guérin. 1 vol. in-12.

Poëtes Latins anciens.

1142. — *Quinti* Ennii annalium libb. XVIII fragmenta. — Post *Pauli* Merulae curas iterum recensita, auctiora, reconcinnata, et illustrata. — Accedunt *Cn*. Naevii librorum de bello punico fragmenta collecta, composita et illustrata. Opera et studio E. S.
Lipsiae 1825. Sumtibus lib. Hahnianae. 1 vol in-8º.

** — Satires de Lucilius, fragments revus, augmentés, traduits et antés pour la première fois en français par E. F. Corpet.
Paris 1845. Panckoucke. 1 vol. in-8º.
Voyez *Bibl. lat. fr.* 2.ᵉ série.

1143. — In Carum Lucretium Commentarii à *Joanne Baptista* Pio editi : codice Lucretiano diligenter emendato : nodis omnibus et difficultatibus apertis : etc.
Parisiis 1514. Prelū Ascensianū. 1 vol. in-fol.

1144. — *Titi* Lucretii Cari de rerum natura libri sex à *Dionysio Lambino* innumerabilibus ex auctoritate quinque codicum manuscriptorum emendati etc.
Parisiis 1563. Gui. Rouillius. 1 vol. in-4°.

1145. — Les six livres de Lucrèce de la nature des choses. Traduits par *Michel* de Marolles, Abbé de Villeloin. 2ᵉ édit. rev corr. aug. de Tables et de Remarques nécessaires. A quoy sont adioustées les petites Nottes latines de *Gifanius*, et la vie d'*Epicure*, contenant la doctrine de ce philosophe tirée de *Diogene de Laerce*.
Paris 1659. Guill. de Luyne. 1 vol. in-8°.

1146. — Lucrèce, de la nature des choses; avec des remarques sur les endroits les plus difficiles. (Par J. Parrain, baron des Coutures).
Paris 1708. Henry Charpentier. 2 vol. in-12.

1147. — Lucrèce, de la nature des choses, traduit par LaGrange.
Paris an III. Bleuet. 2 vol. in-8°.

** — Lucrèce, de la nature des choses, poëme traduit en prose par de Pongerville. (1) Avec une notice littéraire et bibliographique par *Ajasson de Grandsagne*.
Paris 1829. Panckoucke. 2 vol. in-8°.
Voyez *Bibl. lat. franç.*

1148. — C. *Valerius* Catullus, pristino nitori restitutus, et ad optima Exemplaria emendatus. Cum Fragmentis C. Gallo inscriptis.
Lutetiæ-Parisiorum 1754. Jos. Barbou. 1 vol. in-12.

** — C. *Valerius* Catullus ex editione *Fred. Guill. Doeringii* cui suas et aliorum adnotationes adjecit *Jos. Naudet*.
Parisiis 1826. Didot. 1 vol. in-8°.
Voyez *Lemaire. Bibl. class. lat.*

(1(Sanson de Pongerville (Jean-Baptiste-Antoine-Aimé) naquit à Abbeville le 3 mars 1792.

1149. — Les poésies de Catulle de Vérone. En latin et en françois, de la traduction de M. D. M. (M. de Marolles).
Paris 1653. Guill. De Luyne. 1 vol. in-8°.

1150. — Traduction complète des Poésies de Catulle, suivies des Poësies de Gallus et de la *Veillée des fêtes de Vénus;* avec des notes grammaticales, critiques, littéraires, historiques et mythologiques, les parodies des Poëtes latins modernes, et les meilleures imitations des Poëtes français. Par *Fr.* Noël.
Paris an XI-1803. Crapelet. 2 vol. in-8°.

** — Poésies de C. V. Catulle. Traduction nouvelle par *Ch.* Heguin de Guerle.
Paris 1837. Panckoucke. 1 vol. in-8°.
Voyez *Bibl. lat. fr.*

** — *Albii* Tibulli quæ supersunt omnia opera; varietate lectionum, novis commentariis, excursibus, imitationibus gallicis, vita auctoris et indice absolutissimo instruxit *Phil. Amat.* de *Golbery.*
Paris 1826. Didot. 1 vol. in-8°.
Voyez *Lemaire. Bibl. class. lat.*

1151. — Elégies de Tibulle. Par Mirabeau. Avec 14 fig. (Suivi des baisers de *Jean* Second et de contes et nouvelles).
Paris 1798. Rue St-André-des Arts. 3 vol. in-8°.

** — Elégies de A. Tibulle. Traduction nouvelle par M. Valatour.
Paris 1836. Panckoucke. 1 vol. in-8°.
Voyez *Bibl. lat. fr.*

** — *Sexti Aurelii* Propertii elegiarum libri quatuor cum nova textus recensione, argumentisque et commentario novo, quibus accedunt imitationes et index verborum locupletissimus.
Paris 1832. Didot. 1 vol. in-8°.
Voyez *Lemaire Bibl. class. lat.*

1152. — Elégies de Properce, traduites par M. de Longchamps.
Amsterdam-Paris. 1772. Le Jay. 1 vol. in-8°.

** — Elégies de Properce. Traduction nouvelle par J. Genouille.
Paris 1834. Panckoucke. 1 vol. in-8°.
Voyez *Bibl. lat. fr.*

1153. — Passeratii professoris Commentarii in C. *Val.* Catullum, *Albium* Tibullum, et *Sex. Aur.* Propertium, cum

tribus accuratissimis rerum, verborum, autorum et emendationum indicibus.
Parisiis 1608. Cl. Morellus. 1 vol. in-fol.

1154. — *Publii* VIRGILII MARONIS Vatis Ementissimi Volumina hæc Vna cum *Servii* HORORATI Grammatici Commentariis ac ejusdem Poetæ Vita.
Venetiis Impressa. 1 vol. in-fol.

1155. — Opera Vergiliana docte et familiariter exposita : docte quidē Bucolica et Georgica a *Servio Donato, Mancinello:* et *Probo* nuper addito : cū adnotationibus Beroaldinis. Aeneis vero ab iisdem preter Mancinellum et Probum et ab *Augustino Datho*. Opusculorū preterea quædam ab *Domitio Calderino*. Familiariter vero oia tam opera q. opuscula ab *Jodoco Badio Ascensio*.
Parisiis 1515. François Regnault. 1 vol. in-fol.

1156. — Opera Vergiliana etc.
Lugduni 1517. Sachon. 1 vol. in-fol. Grav.

1157. — Opera Virgiliana etc.
Lugduni 1529. Crespinus. 1 vol. in-fol. Grav.

1158. — *Pvb.* VERG. MARO. Bucolica, Georgica, Aeneis, cum *Servii* commentariis. Addunturque *Probi* et *Mancinelli* in Bucolica et Georgica commentarii et *Donati* in Aeneida Fragmenta, cum Io. *Pierij* castigationibus, et lucida *Iodoci Badii* expositione. Adduntur quoque post Georgica statim omnia quæ reperiri potuerunt VERGILII opuscula. Additurque VERGILII duodecimo, Tridecimus *Mapphei Vegij* liber. etc.
Paris 1529. Amb. Girault. 1 vol. in-fol.

1159. — P. VIRGILII MARONIS opera. *Mauri Servii Honorati* grammatici in eadem commentarii, ex antiquis exemplaribus suæ integritati restituti. Castigationes et varietates Virgilianae lectionis, per *J. Pierium Valerianum*.
Parisiis 1532. Rob. Stephanus. 1 vol. in-fol.

1160. — *Publii* VIRGILII MARONIS *Mantuani* opera omnia, claris-

simorum virorum notationibus illustrata, opera et industria *Joannis à Meyen.*
Francofurti 1659. Joan. Wilhelm. 1 vol. in-8°.

1161. — P. Virgilius Maro, et in eum Commentationes, et Paralipomena *Germani Valentis Guellii.* Ejusdem Virgilii Appendix, cum *Josephi Scaligeri* commentariis et castigationibus.
Antuerpiæ 1575. Off. Chris. Plantini. 1 vol. in-fol.

1162. — P. Vergilii Maronis opera, quæ quidem extant, omnia : cum veris in Bucolica, Georgica et Aeneida Commentariis *Tib. Donati* et *Serv. Honorati*, summa cura ac fide à *Georg. Fabricio* emendatis. Quibus accesserunt etiam *Probi*, *Pomponii*, P. *Beroaldi*, J. *Hartungi*, J. *Willichii*, G. *Fabricii*, *Bonfinis*, J. *Lud. Vivis*, *Ad. Barlandi*, et aliorum Annotationes.
Basileæ 1575. Off. Henricpetrina. 1 vol. in-fol.

1163. — Pub. Virgilii Maronis Opera. *Pauli Manutii* annotationes brevissimæ in margine adscriptæ. Homeri loca magis insignia, quæ Virgilius imitatus est. *Georg. Fabricii* observationes Virgilianæ lectionis.
Lugduni 1585. Apud Gryphium. 1 vol. in-8°.

1164. — Symbolarum Libri XVII. Quibus P. Virgilii Maronis Bucolica, Georgica, Aeneis, ex probatissimis auctoribus declarantur, comparantur, illustrantur, per C. J. *Jacobum Pontanum.*
Lugduni 1604. Joan. Pillehotte. 1 vol. in-fol.

1165. — P. Virgilii Maronis Bucolica, Georgica et Æneis, *Nicolai Erythræi* opera in pristinam lectionem restituta. Additis ejusdem *Erythræi* Scholiis.
Francofurti 1613. Becker. 1 vol. in-8°.

1166. — P. Virgilii Maronis opera nunc emendatiora.
Lugduni-Batav. 1636. Elzevir. 1 vol. in 12.

1167. — P. Virgilii Maronis opera. Interpretatione et Notis illustravit *Carolus Ruæus.* soc. Jesu, jussu christianissimi Regis, ad usum Serenissimi Delphini.
Parisiis 1675. Sim. Benard. 1 vol. in-4°.

1168. — P. Virgilii Maronis opera, interpretatione et notis illustravit *Carolus Ruœus*, ad usum Serenissimi Delphini. Nova editio cui accessit Appendix ad Poëtarum cognitionem perutilis, à Pat. *Josepho* Juvencio.
Parisiis 1742. Barbou. 4 vol. in-12.

** — P. Virgilius Maro qualem omni parte illustratum tertio publicavit *Chr. Gottl. Heyne* cui *Servium* pariter integrum, et variorum notas cum suis subjunxit N. E. *Lemaire*. (Flore par M. Fée).
Parisiis 1819. Didot. 8 vol. in-8°.
Voyez *Lemaire. Bibl. class. lat.*

1169. — Les œuvres de Virgile traduites en prose; enrichies de Figures, Tables, Remarques, Commentaires, Eloges et Vie de l'Autheur. Par *Michel* de Marolles.
Paris 1649. Touss. Quinet. 1 vol. in-folio.

1170. — Les œuvres de Virgile. Traduction nouvelle. Avec des notes critiques et historiques. Par le P. F. Catrou.
Paris 1716. Barbou. 6 vol. in-12.

1171. — Même ouvrage.
Paris 1729. Barbou. 4 vol. in-12.

1172. — Les œuvres de Virgile en latin et en françois. Traduction nouvelle. (Par La Landelle de St.-Remy, retouchée par N. Lallemant).
Paris 1751. Brocas et Aumont. 4 vol. in-16.

** — OEuvres complètes de Virgile. Traduction nouvelle par MM. Vilnave, Charpentier et Amar. — (Géographie par M. *Valentin* Parisot. Flore par M. Fée).
Paris 1833-1835. Panckoucke. 4 vol. in-8°.
Voyez *Bibl. lat. franç.*

1173. — Traduction de l'Eneïde et Georgiques de Virgile, par M. de Segrais. Avec les remarques à la fin de chaque livre, pour l'intelligence de l'histoire. Nouv. edit. aug. de la lettre de M. *Bouchart* à M. de *Segrais*, ou Dissertation sur la question, si Enée a jamais été en Italie.
Lyon 1736 Les frères Bruyset. 2 vol en 1. in-8°.

1174. — Bucolica Virgilii cū familiarissimo cōmēto de recēti diligentissime castigata.
Parisiis 1494. Per Vuolfgangum. 1 vol. in-8°.

1175. — Les bucoliques de Virgile, traduction nouvelle en vers français. (Par le V.te de Carrière, ancien Sous-Préfet d'Abbeville).

Paris 1823. Trouvé. 1 vol. in-8".

** — Les Bucoliques de Virgile trad. en vers franç. par Millevoye. (1)
Voyez *OEuvres de Millevoye.* iii.

1176. — Georgica Virgilii.

149.. in-8°.

Ce volume incomplet porte la marque qu'à reproduite Brunet (Manuel du Libraire iii. 405); elle est inconnue à ce savant bibliophile.

1177. — Georgica Virgilii cum commento familiari.

Paris 1498. 1 vol. in-4°.

Ce volume qui se trouve à la suite du n.° 1174, porte au frontispice la marque d'André Bocard.

1178. — Les Géorgiques de Virgile, traduites en vers françois. Ouvrage posthume de M. de Segrais.

Paris 1711. Jacques Le Febvre. 1 vol. in-8°.

** — Les Géorgiques et le dixième libre de l'Enéide de Virgile, traduites en vers par Le Franc de Pompignan.
Voyez *OEuvres de Pompignan.* iv.

1179. — Les Géorgiques de Virgile, traduction nouvelle en vers françois, avec des notes; par M. Delille.

Paris 1770. Bleuet. 1 vol. in-16.

1180. — *Lamberti Hortensii* Montfortii Enarrationes doctiss. atque utiliss. in XII Libros P. Virgilii Maronis Æneidos. His accessit: *Nascimbaeni Nascimbaenii,* in priorem P. Virgilii Maronis epopoeiæ partem, id est in sex primos Aeneidos libros, erudita explanatio. Adjecimus *Christophori Landini* allegorias platonicas in XII libros Æneidos Virgilianæ olim conscriptas.

Basileæ 1577. Off. Henricpetrina. 1 vol. in-fol.

1181. — L'Eneide de Virgile, traduction nouvelle. (Par Tournay).

Paris 1648. Quinet. 1 vol. in-4°.

---

(1) Millevoye (Charles-Hubert) né à Abbeville le 24 décembre 1782, mourut le 12 août 1816.

1182. — L'Eneide de Virgile fidellement traduitte en vers heroiques avec les remarques à chaque livre pour l'intelligence de l'Histoire. Première partie contenant les six premiers libres. Par M. P. Perrin. (2.ᵉ edit).
Paris 1664. Loyson. 1 vol. in-12.

** — L'Enéide de Virgile, traduite en vers français par Delille.
Voyez *OEuvres de Delille.* iii, iv, v, vi.

1183. — L'Enéide de Virgile, traduite en prose, avec le texte en regard, par C. L. Mollevaut.
Paris 1818. Arthus Bertrand. 4 vol. in-16.

1184. — L'Enéide traduite en vers français par Barthélemy.
Paris 1835-37. Fournier. 4 vol. in-8º.

1185. — Deux livres de l'Eneide de Virgile, le quatrieme, et le sixieme, traduits en François par I. du Bellay. Avec autres traductions.
Paris 1568. Morel. 1 vol. in-8º.

1186. — Le Moucheron, poème de Virgile, traduit en vers français, enrichi du texte latin du cardinal *Bembo*, et de son Dialogue à Hercule Strozzi; suivi des Imitations poétiques de *Parmindo, Spencer* et *Voss*, accompagnées des commentaires de *Jos. Scaliger, Burmann* et *Heyne*, avec le *Culex probabiliter restitutus* de ce dernier, et des notes du traducteur-éditeur. Par M. le Cᵗᵉ de Valory.
Paris 1817. Michaud. 1 vol. in-8º.

1187. — L'Eneide di Virgilio, del commendatore *Annibal* Caro.
Venetia 1581. Giunti. 1 vol. in-4º.

1188. — *Julii* Pomponii Sabini Grammatici erud. in omnia quæ quidem extant P. Vergilii Maronis opera, Commentarii, varia multarum rerum cognitione referti, nuncque primum in lucem editi.
Basileæ 1544. Oporinus. 1 vol. in-8º.

1189. — Index in Virgilium (Editio Mettaire).
London 1715. Tonson. 1 vol. in-12.

1190. — P. Virgilii Maronis vocabulorum omnium index novo ordine dispositus, et cuilibet editioni accommodatus.
Rotomagi 1710. Lallemant. 1 vol. in-8º.

** — Poésies de *Cornelius* Gallus. Traduction nouvelle par M. *Jules* Genouille.
   Paris 1836. Panckoucke. 1 vol. in-8°.
   Voyez *Bibl. lat. fr.*

1191. — Q. Horatii Flacci opera cum quatuor commentariis, *Acronis, Porphyrionis, Ant. Mancinelli, Jodoci Badii,* anno MDXLIII repositis. Cunque adnotationibus *Matthæi Bonfinis*, et *Aldi Manutii* à Philologo recognitis etc. Adjectæ sunt in calce *Henrici Glareani* annotationes.
   Parisiis 1543. Joan. Roigny. 1 vol. in-fol.

1192. — Q. Horatius Flaccus, sex abhinc annos ex fide, atque auctoritate complurium librorum manuscriptorum, opera *Dyo. Lambini* emendatus etc.
   Lutetiæ 1567. Apud Joa. Macæum. 1 vol. in-fol.

1193. — Idem opus. Accesserunt *Adriani Turnebi* commentarii. Insuper et *Theodori Marcilii* lectiones.
   Lutetiæ 1604. Apud B. Macæum. 1 vol. in-fol.

1194. — Q. Horatii Flacci opera, cum variorum doctissimorum, tam neotericorum, quam antiquissimorum grammaticorum commentariis ac annotationibus, in unum opus collectis. Curà et studio *Nic.* Hönigeri.
   Basileæ 1580. Henricpetri. 1 vol. in-fol.

1195. — Prælectiones Petri *Gualterii Chabotii*; quibus *Quinti* Horatii Flacci Poemata omnia triplici artificio; Dialectico, Grammatico, et Rhetorico accuratè explicantur.
   Basileæ 1587. Leo. Ostenius. 1 vol. in-fol.

1196. — In Q. Horatium Flaccum, *Dyonysii Lambini* Commentarius. Additæ sunt *Henr. Stephani* diatribæ.
   Aureliæ-Allobrogum 1605. Crispinus. 1 vol. in-4°.

1197. — Q. Horatius Flaccus, cum erudito *Laevini Torrentii* Commentario, nunc primùm in lucem edito. Item *Petri Nannii Alcmariani* in Artem Poëticam.
   Antuerpiæ 1608. Off. Plantiniana. 1 vol. in-4°.

1198. — *Quintus* Horatius Flaccus. Accedunt nunc *Danielis*

HEINSII de Satyra Horatiana libri duo, in quibus totum Poëtæ institutum et genius expenditur.
Lugduni-Batav. 1629. Off. Elzevir. 1 vol. in-12.

1199. — *Quinti* HORATII FLACCI Poëmata, Scholiis sive Annotationibus instar Commentarii illustrata, à *Joanne Bond*.
Amstelodami 1676. Apud Dan. Elzevirium. 1 v. in-12.

1200. — *Quintus* HORATIUS FLACCUS cum notis marginalibus *Johannis Min-Ellii* et *Friderici Rappolti* Commentario, necnon L. *Joachimi Felleri* supplemento.
Lipsiæ 1680. Joh. Gross. 2 vol. in-8°.

1201. — Q. HORATII FLACCI carmina expurgata. Notis ac perpetuâ interpretatione illustravit *Jos. de Jouvancy*.
Parisiis 1696. Sim. Benard. 3 vol. in-12.

** — *Quintus* HORATIUS FLACCUS, cum variis lectionibus, argumentis, notis veteribus ac novis, quibus accedit index recens omniumque locupletissimus, curante et emendante N. E. *Lemaire*.
Paris 1829. Didot. 3 vol. in-8°.
Voyez *Lemaire. Bibl. class. lat.*

1202. — Toutes les œuvres d'HORACE, traduictes de latin en françois, par *Rob.* et *Ant.* le CHEVALIER d'AIGNEAUX frères.
Paris 1588. G. Auvray. 1 vol. in-8°.

1203. — HORACE de la traduction de M. DE MARTIGNAC. (3e édit.)
Paris 1696. Coignard 2 vol. in-12.

1204. — Remarques critiques sur les œuvres d'HORACE, avec une traduction nouvelle (par *André* DACIER).
Paris 1681 à 1689. Den. Thierry. 10 vol. in-12.

1205. — Œuvres d'HORACE en latin et en françois, avec des remarques critiques et historiques. Par M. DACIER. (3e éd.)
Paris 1709. Ballard. 10 vol. in-12.

1206. — Traduction des œuvres d'HORACE, par le P. TARTERON.
Paris 1740. S. Mariette. 2 vol. en 1. in-12.

1207. — Les Poésies d'HORACE, disposées suivant l'ordre cronologique, et traduites en françois, avec des remarques et des dissertations critiques. Par le R. P. SANADON.
Paris 1728. Guil. Cavelier. 2 vol. in-4°.

1208. — Les Poësies d'HORACE, avec la traduction françoise du R. P. SANADON. (Nouv. édit.)
Paris 1756. Comp. des Lib. 3 vol. in-12.

1209. — Les Poësies d'HORACE traduites en françois (par BATTEUX).
Paris 1750. Desaint et Saillant. 2 vol. in-16.

1210. — OEuvres complètes d'HORACE, traduites en françois par *Charles* BATTEUX. Edition augmentée d'un commentaire par N. L. *Achaintre.*
Paris 1823. Dalibon. 3 vol. in-8°.

** — OEuvres complètes d'HORACE. Traduites en prose par MM. *Amar, Andrieux, Arnault, Chasles, Dacier, Daru, Du Rozoir, Naudet, F. Panckoucke, E. Panckoucke, de Pongerville, Bignan, Charpentier, de Guerle, Féletz, L. Halevy, Liez, Ouizille, A. Trognon.*
Paris 1831-32. Panckoucke. 2 vol. in-8°.
Voyez *Bibl. lat. fr.*

1211. — Les œuvres d'HORACE traduites en vers françois, éclaircies par des notes. Avec un discours sur ce célèbre poëte, et un Abregé de sa Vie. Par M. l'*Abbé* PELLEGRIN.
Paris 1715. Witte. 2 vol. in-8°.

1212. — L'HORACE François, par le sieur BIENVENU.
Paris 1633. Rolin Baragnes. 1 vol. in-8°.

1213. — Traduction en vers des Odes d'HORACE avec le texte, des sommaires, et des notes, dédiée au Roi, par E. A. DE WAILLY. (2.ᵉ édit.)
Paris 1816. Didot l'aîné. 1 vol. in-16.

1214. — Les Sermons satiriques du sententieux Poëte HORACE, divisez en deux livres, interpretez en rime françoyse par *Françoys* HABERT de Berry. Avec aucunes Epistres dudict HORACE, non encores imprimées par cy devant.
Paris 1551. Michel Fezandat. 1 vol. in-8.°

1215. — Traduction en vers françois de l'Art Poétique d'HORACE, des Satyres IV et X de son premier livre; de la première Epitre de son livre II et de quelques autres endroits, qui regardent aussi les Poëtes et les Auteurs Anciens, et qui sont tirez tant du même Horace, que d'*Ovide,* de

Perse, de *Petrone,* de *Juvenal,* et de *Martial ;* avec des Notes à la suite de chaque partie. — Une dissertation sur les Auteurs Anciens et Modernes. Et un Traité de la Versification françoise.
Paris 1711. Guill. Aubert. 1 vol. in-12.

1216. — Satires d'Horace, traduites en vers français, par L. V. Raoul. (1.ʳᵉ édit.)
Tournay 1818. Castermann. 1 vol. in-8°.

1217. — Dictionnaire alphabétique de tous les noms propres qui se trouvent dans Horace, divisé en trois tables, pour l'intelligence de la Fable, de l'Histoire et de la Géographie.
Paris 1756. Comp. des Lib. 1 vol. in-12.

1218. — Commentaria in artem poeticam Horatii, authore *Jodoco* Vuillichio *Reselliano.*
Argentorati 1545. Apud C. Mylium. 1 vol. in-8°

1219. — Horace éclairci par la ponctuation. Par le Chev. Croft.
Paris 1810. Renouard. 1 vol. in-8°.

** — Sentences de *Publius* Syrus. Traduction nouvelle par M. *Jules* Chenu.
Paris 1835. Panckoucke. 1 vol. in-8°.
Voyez *Bibl. lat. fr.*

1220. — L'Etna de P. *Cornelius* Severus et les Sentences de *Publius* Syrus, traduits en françois avec des remarques, des dissertations critiques, historiques, etc. (Par J. Accarias de Serionne).
Paris 1736. Chaubert. 1 vol. in-12.

** — L'Etna de Lucilius *Junior,* suivi d'un fragment de *Cornelius* Severus sur la mort de Cicéron et du panégyrique de Pison par *Saleius* Bassus. Traduction nouvelle par *Jules* Chenu.
Paris 1843. Panckoucke. 1 vol. in-8°.
Voyez *Bibl. lat. fr.* 2.ᵉ série.

1221. — P. Ovidii Nasonis opera cum commentariis doctiss. virorum (et annotationibus J. Micylli).
Basileæ 1549-50. Hervagius. 3 vol. en 2. in-fol.

1222. — *Publii* Ovidii Nasonis opera ad optimas editiones collata. Præmittitur vita ab *Aldo Pio Manutio* collecta, cum notitia literaria. Studiis societatis Bipontinæ.
Biponti 1783. Typ. Societatis. 3 vol. in-8°.

** — *Publius* Ovidius Naso, ex recensione Heinsio-Burmanniana, cum selectis veterum ac recentiorum notis quibus suas addidit *J. A. Amar.*
Paris 1820. Didot. 10 vol. in-8°.
Voyez *Lemaire. Bibl. class. lat.*

** — OEuvres complètes d'Ovide. Traduction nouvelle par MM. *Th.* Burette, Chappuyzi, J. Charpentier, Gros, Heguin de Guerle, Mangeart, Vernade.
Paris 1833. Panckouke. 10 vol. in-8°.
Voyez *Bibl. lat. fr.*

1223. — *Publii* Ovidii Nasonis Sulmonensis metamorphoseos librorum XV. Opus auctum et recognitum.
Lugduni 1527. Guille. Boulle. 1 vol. in-4°. Grav.

1224. — P. Ovidii Nasonis Metamorphoseon libri XV.
Parisiis 1529. Apud S. Colinæum. 1 vol. in-8°.

1225. — *Pub.* Ovidii Nasonis Metamorphoseon libri XV, ad fidem editionum optimarum et codicum manuscriptorum examinati, animadversi, necnon notis illustrati. Operâ et studio *Thomæ Farnabii.*
Parisiis 1637. Apud Ægid. Morellum. 1 vol. in-fol.

1226. — *Publii* Ovidii Nasonis Metamorphoseωn Libri XV. Expurgati, et explanati. Cum Appendice de Diis et Heroibus Poëticis. Auctore *Jos.* Juvencio, soc. Jes.
Rotomagi 1705. R. Lallemant. 1 vol. in-12.

1227. — Les Metamorphoses d'Ovide, de nouveau traduittes en françois, contenans XV livre.
Rouen 1615. Reinsart. 1 vol. in-16. Grav.

1228. — Les Metamorphoses d'Ovide. De nouveau traduittes en françois. Avec XV discours. Contenans l'explication morale des fables. (Par *Nic.* Renouard).
Paris 1614. Mat. Guillemot. 1 vol. in-8°.

1229. — Les Metamorphoses d'Ovide traduites en prose françoise. Avec XV discours contenans l'explication morale et historique. De plus outre le Jugement de Paris, augmentées de la Metamorphose des Abeilles, traduite de Virgile, de quelques épistres d'Ovide, et autres divers traitez. (Par *N.* Renouard).
Paris 1619. V.ᶜ L'Angelier. 1 vol. in-fol. Grav.

1230. — Les Metamorphoses d'Ovide, traduites en françois par P. Du-Ryer. Avec des explications sur toutes les Fables.
Paris 1655. De Sommaville. 1 vol. in-4°.

1231. — Les Metamorphoses d'Ovide, traduites en françois, par M. Du-Ryer. Avec des explications à la fin de chaque fable. Augmentées du Jugement de Paris et de la Metamorphose des Abeilles.
Amsterdam 1718. Dav. Mortier. 3 vol. in-12. Fig.

1232. — Nouvelle traduction des Métamorphoses d'Ovide, par M. Fontanelle.
Lille 1772. J. B. Henry. 2 vol. in-8°. Fig.

1233. — Les Métamorphoses d'Ovide; traduction de J. G. Dubois Fontanelle, adaptée au texte latin du P. *Jouvenci*. Avec des notes. (Nouv. édit).
Paris 1806. Duprat-Duverger. 2 vol. in-12.

1234. — Métamorphoses d'Ovide, traduction nouvelle, avec le latin à côté. Par Barrett. Nouv. édit.
Paris an IV. Barbou frères. 2 vol. in-12.

1235. — Trois premiers livres de la Metamorphose d'Ovide, traduictz en vers François, le premier et secōd par C L. Marot, le tiers par B. Aneau. Mythologizez par Allegories historiales, naturelles et moralles, recueillies des bons Autheurs Grecz, et Latins.
Lyon 1556. Macé Bonhomme. 1 vol. in-8°.

1236. — Les quinze Livres de la Metamorphose d'Ovide interpretez en rime françoise, selon la phrase latine, par *François* Habert, et par lui présentez au Roy Henri II.
Paris 1557. Estienne Groulleau. 1 vol. in-8°.

1237. — Les Metamorphoses d'Ovide, mises en vers françois, par *Raimond* et *Charles* de Massac père et fils. Avec XV sommaires, chacun devant son livre.
Paris 1617. Fran. Pomeray. 1 vol. in-8°.

1238. — Les Metamorphoses d'Ovide, mises en vers françois par T. Corneille.
Paris 1697. Bart. Girin 1 vol. in-12. (Tome I er)

1239. — Les Métamorphoses d'Ovide, traduites en vers, avec des remarques. 3.ᵉ édit. rev. corr. aug. par Desaintange.
Paris 1808. Giguet et Michaud. 4 vol. in-12.

1240. — Di Ovidio le metamorphosi, cioe trasmutationi, tradotte dal Latino diligentemente in volgar verso, con le sue Allegorie, significationi, et dichiarationi delle Favole in prosa. (Da *Nicolao di* Agustini).
Milano 1538. Bern. di Bindoni. 1 vol. in-4°. Fig.

1241. — Le Metamorfosi di Ovidio, ridotte da M. *Gio. Andrea* dall' Anguillara in ottava rima. Con l'Annotationi di M. *Gioseppe Horologgi*, et con le nuove postille di M. *Francesco Turchi*.
Venetia 1592. B. Giunti. 1 vol. in-4°.

1242. — Epistole Ovidii cū cōmēto. — Epistole Heroides Publii Ovidii Nasonis, cōmentantibus *Antonio Volsco, Ubertino Cresentinate* et *A. Jano Parrhasio*, necnon *Jodoco Badio Ascensio*. — Liber seu epistola Sapphus cum enarrationibus *Domitii Calderini Veronensis, Georgii Merulę Alexandrini* et ipsius *Jodoci Badii Ascensii*. — Liber in Ibin cū diligētissimis interpretationibus *Domitij Calderini, Christophori Zaroti*, cunque perfamiliari *Jodoci Badii Ascensii* expositione.
Lugduni 1528. Joannes David. 1 vol. in-4°.

1243. — Heroides epistolae *Pub.* Ovidii Nasonis. Et *Auli Sabini* Responsiones: cum *Guidonis Morilloni* Argumentis ac Scholiis. His accesserunt *J. B. Egnatii* observationes.
Lugduni 1540. Gryphius. 1 vol. in-8°.

1244. — P. Ovidii Nasonis Amatoria — Heroidum Epistolæ.— *Auli Sabini*, ut creditur, epistolæ tres.—Elegiarum libri tres.—De arte amandi libri tres.—De remedio amoris libri tres. — In Ibin. — Ad Liviam, de morte Drusi.— De nuce. — De medicamine faciei. — Recens accessere fragmenta quædam ex epigrammatis *Nasonis*.—Carmen ad Pisonem incerti autoris.
Antuerpiæ 1546. Crinitus. 1 vol. in-8°.

1245. — L'Art d'aimer et les Remedes d'amour d'Ovide. 4.ᵉ edit. rev. et augm. des notes et des observations nécessaires; et où l'on a ajouté l'Art d'embellir le Visage, et autres Traitez curieux.
Paris 1696. Veuve Mabre Cramoisy. 2 vol. en 1. in-12.

1246. — Les œuvres galantes et amoureuses d'Ovide, contenant l'Art d'aimer, le Remède d'amour, les Epîtres et les Elégies amoureuses. Nouv. édit..
Amsterdam 1770. Du fonds des Elzevirs. 2 v. en 1. in-12.

1247. — L'Art d'aimer, d'Ovide, traduction en vers, avec des remarques. Par M. De Saintange.
Paris 1807. Giguet et Michaud. 1 vol. in-12.

1248. — Les Fastes d'Ovide. Traduction en vers, par F. de Saintange.
Paris 1809. G. Dufour. 1 vol. in-12.

1249. — Les Regrets d'Ovide, traduits en prose Françoise par I. Binard.
Paris 1625. Rob. Estienne. 1 vol. in-8°.

1250. — Les Elégies d'Ovide, pendant son exil, traduites en françois, avec des remarques critiques et historiques.
Paris 1724. d'Houry fils. 1 vol. in-12.

1251. — Le Livre d'Ovide contre Ibis. De la traduction de M. D.M.A.D.V. (M. de Marolles). Avec la vie du poëte et des remarques fort amples, où sont adjoustez plusieurs beaux vers latins de M. de Condé.
Paris 1661. Louys Billaine. 1 vol. in-8°.

1252. — M. Manilii Astronomicωn libri quinque. *Jos. Scaliger* recensuit, ac pristino ordini suo restituit. Ejusdem *Jos. Scaligeri* Commentarius in eosdem libros, et Castigationum explicationes.
Lutetiæ 1579. Apud M. Patissonium. 1 vol. in-8°.

1253. — M. Manili Astronomicon à *Jos. Scaligero* ex vetusto codice Gemblacensi infinitis mendis repurgatum. Eiusdem *Jos. Scaligeri* notæ.
Lugd.-Batav. 1600. Off. Plantiniana. 1 vol. in-4°.

1254. — *Marci* Manilii Astronomicon libri quinque; accessere *Marci Tullii* Ciceronis Aratæa, cum interpretatione gallica et notis: edente *Al. G.* Pingré.
    Parisiis 1786. Via et ædibus Serpenteis. 2 vol. in-8°.

1255. — Phædri Augusti Cæsaris liberti fabularum Æsopiarum libri quinque. Nova editio emendata; notis gallicis selectissimis, appendice ad ejusdem Fabulas, *Pub.* Syri, aliorumque veterum sententiis aucta.
    Parisiis 1753. Jos. Barbou. 1 vol. in-12.

  ** — Phædri fabularum Æsopiarum libri quinque, quales omni parte illustratos publicavit *Joan. Gottlob. Sam. Schwabe.* — Accedunt Romuli fabularum Æsopiarum libri quatuor quibus novas Phædri fabellas, cum notulis variorum et suis, subjunxit *Joan. Bapt. Gail.*
    Parisiis 1826. Didot. 2 vol. in.8°.
  Voyez *Lemaire. Bibl. class. lat.*

1256. — Les Fables de Phèdre, affranchi de César Auguste, divisées en quatre livres égaux, et traduites en français, par J. E. J. F. Boinvilliers, conformément à l'édition latine qu'il en a donnée.
    Paris 1809. Aug. Delalain. 1 vol. in-12.

  ** — Fables de Phèdre. Traduction nouvelle par M. *Ernest* Panckoucke.
    Paris 1834. Panckoucke. 1 vol. in-8°.
  Voyez *Bibl. lat. fr.*

1257. — Traduction en vers français des Fables complètes de Phèdre, et des trente-deux nouvelles Fables publiées d'après le manuscrit de *Perotti*; avec le texte en regard et des notes. (Par M. de Joly).
    Paris 1813. Duprat-Duverger. 1 vol. in-8°.

1258. — M. *Annei* Lucani *Cordubensis* præstantiss. poetæ ac historici bellum civile pharsalicum nuperrime sedula recognitum opera. — Cuius singulorū librorū iniciis litteratissimi viri *Sulpicii Verulani* argumenta preponuntur, cum quibusdam annotatiunculis partim in margine pro auditorum usu coaditis a Magistro *Nicolao Chappusoto.* Addidit præterea suis in locis *Ludovicus Thiboust* annotationes quasdam.
    Paris 1506. Jehan Petit. 1 vol. in-4°.

1259. — M. *Annei* Lucani *Cordubensis* Pharsalia diligentissime per G. *Versellanum* recognita. Cum commentariis *Joa. Sulp. Verulani*, *Phil. Beroaldi*, *Jodoci Badii Ascensii*. Cumque ad castigationem adnotatis ab *Ant. Sabellico, Jacobo Bononien, P. Beroaldo, Bap. Pio* et quibusdam aliis.
    Parisiis 1514. Jehan Petit. 1 vol. in-fol.

1260. — M. *Annei* Lucani de bello civili libri decem. — Ejusdem vita in fine operis.
    Lugduni 1542. Apud S. Gryphium. 1 vol. in-8°.

1261. — M. *Annei* Lucani *Cordub.* Pharsaliae libri X. — Cum *Lamberti Hortensii* explanationibus ad historias Rom. antiquas cognoscendas utilissimis, illustrati, innumerisque mendis repurgati etc. His adjecimus *Joan. Sulpitii Verulani* commentarios in eosdem Pharsaliæ libros.
    Basileæ 1578. Off. Henricpetri. 1 vol. in-folio.

1262. — M. *Annœi* Lucani Pharsalia, sive de bello civili Cæsaris et Pompeij libri X. Additæ sunt in fine *Hugonis Grotii* notæ et *Th. Farnabii.*
    Amsterodami 1643. Blaeu. 1 vol. in-12.

1263. — M. *Annaei* Lucani Pharsalia ex optimis exemplaribus emendata.
    Parisiis 1795. Didot ainé. 1 vol. in-fol.

** — M. *Annœi* Lucani Pharsalia, cum varietate lectionum, argumentis et selectis variorum adnotationibus quibus suas addidit P. A. *Lemaire.*
    Paris 1830. Didot. 3 vol. in-8°.
    Voyez *Lemaire. Bibl. class. lat.*

1264. — Les œuvres de Lucain, contenant l'histoire des Guerres civiles entre Pompée et César. Première edition de la nouvelle traduction. (Par M. de Marolles).
    Paris 1647. Toussainct et Quinet. 1 vol. in-8°.

1265. — La Pharsale de Lucain, ou les Guerres civiles de César et de Pompée, en vers françois, par M. de Brebeuf. 5.ᵉ édition.
    Paris 1666. Jean Ribou. 1 vol. in-12. Grav.

1266. — Même ouvrage.
    Paris 1682. Cochart. 1 vol. in-12.

** — La Pharsale de Lucain, traduite par Marmontel.
    Voyez *OEuvres de Marmontel.* xi.

** — Pharsale de M. A. Lucain. Traduction nouvelle. Livres I, II, III, par M. Ph. Chasles ; livres V, VI par M. Greslou ; livres VI à X par M. Courtaud-Divernéresse.
    Paris 1835-36. Panckoucke. 2 vol. in-8°.
    Voyez *Bibl. lat. fr.*

** — Pharsale. Chant I. Traduction libre et abrégée par le cit. Legouvé.
    Mém. de l'Inst. des Sc. et des Arts. iv.

** — Traduction libre et abrégée des livres I, II, VII, X de la Pharsale de Lucain par La Harpe.
    Voyez *OEuvres de La Harpe.* viii.

1267. — Syllius Italicus cū commentariis *Petri Marsi.*
    Venetiis 1495. Locatelli. 1 vol. in-fol.

1268. — Silii Italici clarissimi poetae de bello punico libri septem decim. — Cum argumentis *Hermanni Buschii* etc.
    Parisiis 1531. Apud Sim. Colinæum. 1 vol. in-8°.

1269. — In C. Silii Italici viri consularis Punica, seu de bello punico secundo libros XVII *Cl. Dausqueius.*
    Parisiis 1615. Douceur. 1 vol. in-4.°

** — *Caius* Silius Italicus. Punicorum libri septemdecim ad optimas editiones collati, cum varietate lectionum, perpetuis commentariis, præfationibus, argumentis et indicibus, curante N. E. *Lemaire.*
    Parisiis 1823. Didot. 2 vol. in-8°.
    Voyez *Lemaire. Bibl. class. lat.*

** — Silius Italicus. Les Puniques. Traduction nouvelle par M. E. F. Corpet, M. N. A. Dubois et Greslou.
    Paris 1836-38. Panckoucke. 3 vol. in-8°.
    Voyez *Bibl. lat. fr.*

1270. — L. Valerii Flacci *Setini Balbi* Argonauticon libri octo, cum eruditissimiis *Ægidii Maserii* commentariis.
    Parisiis 1514. Prelum Ascensianum. 1 vol. in-fol.

** — C. Valerii Flacci *Setini Balbi* Argonauticon libros octo, veteri novaque lectionum varietate, commentariis, excursibus, testimoniis, Argonautarum catalogo, indice nominum, rerum et verborum universo instructos et diligenter recensitos edidit N. E. *Lemaire.*
    Paris 1824. Didot. 2 vol. in-8°.
    Voyez *Lemaire. Bibl. class. lat.*

** — Valerius Flaccus. L'Argonautique ou la Conquête de la toison d'or, poëme traduit pour la première fois en prose par M. J. J. A. Caussin de Perceval.
    Paris 1829. Panckoucke. 1 vol. in-8°.
    Voyez *Bibl. lat. fr.*

** — Traduction en vers français de l'Expédition des Argonautes de Valerius Flaccus. Liv. I. Par François (de Neufchateau).
Mém. de l'Inst. des Sc. et des Arts. v.

1271. — *Auli* Flacci Persii poetae satirarum opus.
Venetiis 1482. Bap. de Tortis. 1 vol. in-fol.

1272. — *Auli* PersI Flacci satirarum liber. *Isaacus Casaubonus* recensuit, et commentario libro illustravit.
Parisiis 1555. Amb. Drouart. 1 vol. in-8°.

1273. — *Antonii* Foquelini *Veromandui*, in *Auli* Persii Flacci Satyras commentarius, ad Petrum Ramum.
Parisiis 1555. Apud And. Wechelum. 1 vol. in-4°.

1274. — *Auli* Persii Flacci Satyrae, cum antiquissimis commentariis qui *Cornuto* tribuuntur, collatis cum veteribus membranis, et auctis. *Eliæ Vincti* prefatio. P. *Pithoei* variæ lectiones et notæ. Th. *Marcilii* emendationes et commentarius. *Joan. Tornorupœi* notulæ. Acccesserunt indices rerum et verborum etc.
Lutetiæ 1601. Apud Cl. Morellum. 1 vol. in-4°.

1275. — *Auli* Persii Flacci Satyræ, omni obscoenitate expurgatæ, cum annotationibus.
Turonibus 1686. Masson. 1 vol. in-12.

** — A. Persius Flaccus, cum interpretatione latina, lectionum varietate, adnotationibusque novis; item Lucilii fragmenta, Satira Sulpiciæ; cum notis, excursibus, et indicibus, curante A. Perreau.
Parisiis 1830. Didot. 1 vol. in-8°.
Voyez *Lemaire. Bibl. class. lat.*

** — Satires de Perse, suivies d'un fragment de Turnus et de la Satire de Sulpicia. Traduction nouvelle par A. Perreau.
Paris 1832. Panckoucke. 1 vol. in-8°.
Voyez *Bibl. lat. fr.*

1276. — Satires de Perse, traduites en vers français, par L. V. Raoul. 2.ᵉ édit.
Tournay 1818. Casterman. 1 vol. in-8°.
Voyez n.° 1216.

1277. — *Junii* Juvenalis *Aquinatis* Satyrarum libri. Cum commentariis *Domitii Calderini*.
Taurini 1494. Nic. de Benedictis et J. Suigi. 1 v. in-fol.

1278. — Habenter in hoc volumine JUVENALIS hec. — *Domitii Calderini* Veronensis commentarium. — *Georgii Valle Placentini* commentarium in quo ex *Probo Birthio* multa cōperies. Addita sunt etiam nonnulla alia etc.
   Lugduni 1498. Jehàn de Vingle. 1 vol. in-4º.

1279. — *Junii* JUVENALIS Satyræ sexdecim, cum veteris scholiastæ et *Joan. Britannici* commentariis, quibus accesserunt *P. Pithœi*, *Cœlii Secundi Curionis*, et *Theodori Pulmanni* notæ et variæ lectiones.
   Lutetiæ 1613. Joan. Orry. 1 vol. in-4º.

1280. — *Decii* JUNII JUVENALIS Satyræ, cum notis ac perpetua interpretatione *Jos. Juvencii*.
   Parisiis 1700. Sim. Benard. 1 vol. in-12.

** — D. *Junii* JUVENALIS sexdecim Satiræ ad codd. Paris. recensitæ, cum interpretatione latina, lectionum varietate, notis Rupertianis, excursibus et indice absoluto quibus plurima subjunxit additamenta N. E. *Lemaire.*
   Paris 1823. Didot. 2 vol. in-8º.
   Voyez *Lemaire. Bibl. class. lat.*

1281. — Satires de JUVENAL, traduites par J. DUSAULX. Nouv. édit. aug. de notes et précédée de notices historiques sur la vie de Juvénal et sur celle de Dusaulx; par N. L. ACHAINTRE.
   Paris 1821. Dalibon. 2 vol. in-8º.

** — Satires de JUVÉNAL traduites par J. DUSAULX. Nouvelle édition rev. et corr. par *Jules Pierrot.*
   Paris 1825-26. Panckoucke. 2 vol. in-8º.
   Voyez *Bibl. lat. fr.*

1282. — Satires de JUVENAL, traduites en vers français par L. V. RAOUL. (2.ᵉ édit.)
   Amiens 1815. Caron Vitet. 1 vol. in-8º.

1283. — Même ouvrage. (3.ᵉ édit.)
   Tournay 1818. Casterman. 1 vol. in-8º.

1284. — *Junii* JUVENALIS et A. PERSII FLACCI Satyræ cum doctissimorum virorum commentariis atque annotationibus, omnium quorum in hūc diem aliquid editum extat. His accessere *Caelii Secundi Curionis* nova scholia.
   Basileæ 1551 Froben. 1 vol. in-fol.

1285. — A. Persii Satyrarum liber I.—D. *Junii* Juvenalis Satyrarum lib. V.—Sulpiciæ Satyra I. Cum veteribus commentariis nunc primum editis. Ex bibl. P. Pithoei etc.
    Lutetiæ 1585. Apud M. Patissonium. 1 vol. in-8º.

1286. — D. *Junii* Juvenalis et *Auli* Persii Flacci Satyræ: cum veteris scholiastæ et variorum commentariis. Accurante *Cornelio Schrevelio.*
    Lugd.-Bat. 1648. Hackius. 1 vol. in-8º.

1287. — Idem opus.
    Lugd.-Bat. 1664. Hackius. 1 vol. in-8º.

1288. — D. *Jun.* Juvenalis et *Auli* Persii Flacci Satyræ, cum annotat. *Th. Farnabii.*
    Amsterodami 1642. Apud Janssonium. 1 vol. in-12.

1289. — Idem opus.
    Amstelædami 1650. Blaeu. 1 vol. in-12.

1290. — *Decii Junii* Juvenalis ac A. Persii Flacci Satyræ. Notis novissimis ac perpetuâ interpretatione illustravit *Jos. Juvencius.* Cum appendice de Diis et Heroibus Poëticis.
    Parisiis 1739. Barbou. 1 vol. in-12.

1291. — Les Satires de Juvenal et de Perse, avec des remarques, en latin et en françois, de la traduction de M. D. M. (*Michel* de Marolles).
    Paris 1658. Guil. de Luynes. 1 vol. in-8º.

1292. — Traduction nouvelle des Satyres de Perse et de Juvenal. 2.e édit. (Par le P. Tarteron).
    Paris 1698. La Comp. des Libraires. 1 vol. in-12.

1293. — Même ouvrage. Nouv. édit.
    Paris 1729. La Comp. des Libr. 1 vol. in-12.

1294. — Même ouvrage. Nouv. édit.
    Paris 1737. La Comp. des Libr. 1 vol. in-12.

** — Terentianus Maurus de litteris, syllabis etc.
    Vide n.º 263 et 264.

1295. — Martialis Epigrammata.
    (Lugduni) 1512. Mense junii, die X. 1 vol. in-8º.

1296. — M. *Valerii* Martialis epigrammaton lectoris castimonia dignorum, liber: ubi omnia Veneris illius des-

puendæ quasi irritamenta, quibus passim sordidatus, lectorum nares corrugabat, accurata *Francisci Sylvii* Ambianatis diligentia, deletili spongia detersa sunt, et eluta. In fine Martialis vita ex *Petro Crinito.*
Parisis 1535. Jac. Kerver. 1 vol. in-4°.

1297. — M. *Valerii* Martialis Epigrammaton libri omnes, novis commentariis multa cura, studioque confectis, explicati, illustrati, rerumq. et verborum, lemmatum item, et communium locorum variis et copiosis indicibus aucti a *Mat. Radero.*
Ingolstadii 1602. A. Sartorius. 1 vol. in-fol.

1298. — M. *Valerii* Martialis Epigrammaton libri XII. — Xeniorum liber I. — Apophoretorum lib. I. — Curâ et studio M. *Raderi.*
Duaci 1622. Typ. B. Belleri. 1 vol. in-8°.

1299. — M. *Val.* Martialis epigrammata, cum notis *Th. Farnabii.*
Amsterdami 1644. Blaeu. 1 vol. in-12.

1300. — M. *Valerii* Martialis epigrammata cum notis *Farnabii* et variorum, geminoque indice tum rerum tum auctorum, accurante *Cornelio Schrevelio.*
Lugd.-Batav. 1656. Hackius. 1 vol. in-8°.

1301. — M. *Val.* Martialis Epigrammata demptis obscenis, cum interpretatione, ac notis.
Parisiis 1693. Benard. 1 vol. in-12.

1302. — M. *Valerii* Martialis Epigrammatum libri ad optimos codices recensiti et castigati.
Lutetiæ-Parisiorum 1754. Barbou. 2 vol. in-12.

** — M. *V.* Martialis Epigrammata ad codd. Paris. accurate recensita, variis lectionibus, notis veteribus et novis, græca interdum versione, notitia literaria, et indice locupletissimo illustraverunt quinque Parisiensis Academiæ professores.
Paris 1825. Didot. 3 vol. in-8°.
Voyez *Lemaire. Bibl. class. lat.*

** — Epigrammes de M. *Val.* Martial. Traduction nouvelle par MM. V. Verger, N. A. Dubois, J. Mangeart.
Paris 1834-35. Panckoucke. 4 vol. in-8°.
Voyez *Bibl. lat. fr.*

1303. — *Papinii Surculi* Statii opera que extant. *Placidi Lactantii* in Thebaida et Achilleida commentarius. Ex bibliotheca F. Pithoei, nunc primum edidit *Fr. Tiliobroga.*
Parisiis 1600. Had. Perier. 1 vol. in-4º.

1304. — *Publii Papinii* Statii opera, cum observationibus ac cum commentariis tam veterum quàm recentiorum interpretum. *Emericus Cruceus* recensuit et novo commentario Statii Sylvas illustravit.
Parisiis 1618. Th. Blaise. 1 vol. in-4º.

1305. — P. *Papinii* Statii opera denuo ac serio emendata. Iuxta exemplar Amsterodami.
Cenomanis,.... Apud H. Olivier. 1 vol. in-18.

1306. — P. *Papinii* Statii opera ad optimas editiones collata. Præmittitur notitia literaria studiis societatis Bipontinæ.
Biponti 1785.. Typ. Soc. 1 vol. in-8º.

** — P. *Papinii* Statii, quæ exstant opera, cum varietate lectionum et selectis variorum annotationibus quibus suas addiderunt J. A. Amar et N. E. *Lemaire.*
Paris 1829-32. Didot. 4 vol. in-8º.
Voyez *Lemaire. Bibl. class. lat.*

** — OEuvres complètes de Stace, traduites : les livres I et II des Silves par M. Rinn, les livres III, IV et V par M. Achaintre. La Thébaïde et l'Achilléide par MM. Achaintre et M. L. Boutteville.
Paris 1825-1832. Didot. 4 vol. in-8º.
Voyez *Bibl. lat. fr.*

1307. — Catonis Sēsa et Disticha cū scholiis Erasmicis et Bad. *Mimi Publiani* et Carmina Erasmica. — *Isocratis* Parenesis et *Eucherii* Lugdun. epl'a de philosophia christiana P. *Erasmū* illustrata.
Parisiis 1527. Badius Ascensius. 1 vol. in-8º.

1308. — Catonis Disticha moralia latinè et grecè, cum scholiis *Desiderii* Erasmi Roterod.
Lugduni 1545. Apud Joan. Pullonum. 1 vol. in-8º.

1309. — Disticha de moribus nomine Catonis inscripta cum Latina et Gallica interpretatione. Epitome in singula ferè

disticha. Dicta Sapientium, cum sua quoque interpretatiuncula.
>>Parisiis 1588. Charles Roger. 1 vol. in-8°.

1310. — Idem opus.
>>Parisiis 1651. Typ. Math. Davidis. 1 vol. in-8°.

** — *Rufus Festus* Avienus. — Description de la terre. — Les régions maritimes. — Phénomènes et pronostics d'Aratus et pièces diverses. Traduits par MM. E. Despois et *Ed.* Saviot.
>>Paris 1843. Panckoucke. 1 vol. in-8°.
>>Voyez *Bibl. lat. fr.* 2.ᵉ série.

** — Les Fables d'Avianus suivies des Distiques de *Denys* Caton. Traduction nouvelle par *Jules* Chenu.
>>Paris 1843. Panckoucke. 1 vol. in-8°.
>>Voyez *Bibl. lat. fr.* 2.ᵉ série.

1311. — *Cl.* Claudiani Poetae celeberrimi opera.
>>Lugduni 1551. Apud Theob. Paganum. 1 vol. in-8°.

1312. — *Cl.* Claudianus, *Th. Pulmani Craneburgii* diligentia et fide summa restitutus.
>>Rothomagi 1633. Apud Berthelin. 1 vol. in-18°

1313. — *Cl.* Claudiani quæ exstant. *Nic. Heinsius* recensuit ac notas addidit. — Accedunt quædam hactenus non edita.
>>Lugduni-Batav. 1650. Off. Elzevir. 1 vol. in-12.

1314. — *Cl.* Claudiani opera quæ extant, interpretatione et annotationibus illustravit *Gul. Pyrrho*, jussu Christianissimi Regis, in usum Delphini.
>>Parisiis 1677. Fred. Leonard. 1 vol. in-4°.

** — *Claudii* Claudiani opera omnia, ex optimis codd. et editionibus, cum varietate lectionum, selectis omnium notis et indice rerum ac verborum universo, recensuit N. L. *Artaud.*
>>Paris 1824. Didot. 2 vol. in-8°.
>>Voyez *Lemaire. Bibl. class. lat.*

** — OEuvres complètes de Claudien. Traduction nouvelle par MM. Heguin de Guerle et *Alph.* Trognon.
>>Paris 1830-33. Panckoucke. 2 vol. in-8°.
>>Voyez *Bibl. lat. franç.*

1315. — D. *Magni* Ausonii *Burdigalensis* poëtae opera, tertiæ ferè partis complemento auctiora, et diligentiore quàm hactenus, censura recognita. Cum indice rerum memorabilium.
>>Lugduni 1558. Apud Joan. Tornæsium. 1 vol. in-8°.

1316. — Ausonii *Burdigalensis* omnia, quæ adhuc in veteribus bibliothecis inveniri potuerunt, opera. Adhæc, *Symmachi*, et *Pontii Paulini* litteræ ad Ausonium scriptæ : tum *Ciceronis, Sulpiciæ*, aliorumque quorundam veterum carmina nonnulla, cuncta illustrata per *Eliam Vinetum*.
    Burdigalæ 1675. Millanges. 1 vol. in-4º. Grav.

1317. — D. *Magni* Ausonii *Burdigalensis* opera, ad optimas editiones collata. Præmittitur notitia literaria studiis societatis Bipontinæ.
    Biponti 1785. Typ. Societatis. 1 vol. in-8º.

** — OEuvres complètes d'Ausone, traduction nouvelle par E. F. Corpet.
    Paris 1842-43. Panckoucke. 2 vol. in-8º.
    Voyez *Bibl. lat. franç.* 2.ᵉ série,

1318. — *Griphi* Ausonii Enodatio per *Franciscū Sylviū* Ambianatem perq. eundem nuper recognita et aucta.
    Parisiis 1522. Badius. 1 vol. in-4º.

** — Poésies de Priscien. — La Périégèse. — Les poids et mesures. — Eloge d'Anastase. Traduits pour la première fois en français par E. F. Corpet.
    Paris 1845. Panckoucke. 1 vol. in-8º.
    Voyez *Bibl. lat. franç.* 2.ᵉ série.

** — Itinéraire de *Cl. Rutilius* Numatianus. Poëme sur son retour à Rome. Traduction nouvelle par M. E. Despois.
    Paris 1843. Panckoucke. 1 vol. in-8º.
    Voyez *Bibl. lat. franç.* 2.ᵉ série.

** — Poésies diverses sur l'Astronomie et la Géographie traduites par M. *Ed.* Saviot.
    Voyez *Bibl. lat. fr.* 2.ᵉ série.

Poètes Chrétiens.

** — OEuvres de Paulin *de Périgueux*, suivies du poëme de *Ven. Hon. Clem.* Fortunat sur la vie de saint Martin. Revus sur plusieurs manuscrits et traduits pour la première fois en français par E. F. Corpet.
    Paris 1849. Panckoucke. 1 vol. in-8º.
    Voyez *Bibl. lat. franç.* 2.ᵉ série.

1319. — Opera *Aurelii* Clemētis Prudētii.
    1 vol. in-4º. (1492 ?)

1320. — *Aureli* Prudenti Clementis V. C. opera: ex postrema doct. virorum recensione.
Amstelodami 1631. Apud J. Janssonium. 1 vol. in-18.

1321. — Commodiani instructiones adversus Gentium Deos. Pro christiana disciplina. Tempore Sylvestri P. R. sub Constantio Caes. compositae.
Tulli-Leucorum 1650. Apud S. Belgrand. 1 vol. in-4º.

1322. — Corippi *Africani* grammatici de laudibus Justini Augusti Minoris, heroico carmine, libri IIII. Nunc primùm è tenebris in lucem asserti; Scholiis etiam et Observationibus illustrati, per *Mich. Ruizium.*
Antuerpiæ 1581. Off. Plantini. 1 vol. in-8.º

1323. — Alcimi Aviti Viennensis episcopi poetae christianissimi libri sex. — De origine mundi. — De originali peccato. — De sententia dei. — De diluvio mundi. — De transitu maris Rubri. — De Virginitate.
Parisiis 1510. Ex edibus Ascensianis. 1 vol. in-8º.

1324. — Poeme de St.-Prosper contre les ingrats. Ou la Doctrine Catholique de la Grâce est excellemment expliquée, et soustenuë contre les erreurs des Pelagiens et des Semipelagiens. Traduit en François en vers et en prose. Avec les vers latins mis à costé des François. (Par Lemaistre de Sacy).
Paris 1647. V.ᵉ Martin Durand. 1 vol. in-4º.

1325. — Poëme de Saint Prosper contre les ingrats, traduit en Vers et en Prose. Nouvelle édition, en laquelle on a ajouté l'excellente lettre du même Saint à Ruffin ; avec un abrégé de toute sa doctrine touchant la Grace et le libre Arbitre, tiré de ses autres ouvrages. Le tout en Latin et en François. (Par le même).
Paris 1726. Desprez. 1 vol. in-12.

1326. — Même ouvrage.
Paris 1752. Desprez. 1 vol. in-12.

** — C. S. Apollinaris Sidonii carmina.
Vide *C. S. Apollinaris Sidonii opera.*

1327. — C. Juvenci, *Coelii* Sedulii, Aratoris Sacra Poesis. **Coloniæ-Allob. 1688. Apud J. Tornaesium. 1 v. in-16.**

** — Poematum latinorum quæ de variis rerum theologicarum argumentis poetæ christiani scripserunt, index. — *Aur.* Prudentii carmina. — Severi *Rhetoris* carmen bucolicum. — *Cl. Mar.* Victoris carmina. — *Alcimi* Aviti poematum de genesi libri V. — *Mar.* Victorini de fratribus Machabæis poema. — Juvenci evangelicæ historiæ poëmatum libri IV. — *Coelii* Sedulii operis paschalis libri IV. Christi vita. — D. Liberii de sedulio. — D. Belisarii de sedulio. — D. Honorii de apostolis. — Aratoris de apostolica historia libri II. — *Turcii* Ruffi Asterii veteris et novi testamenti collatio. — Amoeni poeticum veteris et novi test. enchyridion. — Rustici ad nonnullas vet. et nov. test. historias ternarii; de Christi beneficis carmen. — *Probæ* Falconiæ excerptum è Virgilii carminibus, ad testim. vet. et nov. test. — D. Cosmæ *Hieros.* in S. Christi theogoniam hymni. — D. Marci in magno sabbato hymnus. — D. Theophani in S. Deiparæ annunciationem hymnus. — *Drepanii* Flori carmina. — P. Apolloxii, Collatii, excidii hierosolymitani libri IV. — D. *Ven. Hon. Clem.* Fortunati carmina. — D. Dracontii poeticum hexaemeron. — Merobaudis de Christo carmen. — *Auctoris incerti* de Christi laudibus carmen. — S. Damasi aliquot Sanctorum poetica elogia. — S. Columbani contra avaritiam. — *Anonymi* de Bebiani baptismo et uxoris Apræ obitu. — D. Fulberti in die S. Paschatis hymnus. — *Anonymi* de Christi mysteriis hymni. — D. Theodulphi poetica quædam — Paulini Aquitani carmina. — Q. *Sep. Fl.* Tertuliani carmen de Jona et Ninive — S. Ambrosii disticha.

Vide *Bibl. Veterum Patrum.* viii.

** — S. Columbani, Metelli *Tegernseensis*, Salomonis, Waldrammi carmina.

Vide *Canisii Antiq. lect. antiq. mon.* i.

** — Poetica quædam. Bellesarii, Honorii, Venantii Fortunati, Alcuini, Theodulfi, Flori, Heirici, Haldoini, Ademari, Adelmanni carmina etc.

Vide *Veterum Analect.* i.

** — S. Orientii Commonitorium.

Vide *Martenne et Durand. Thes. nov. anecd.* v.

** — Hildeberti cenom. epis. versus de mysterio missæ.

Vide *De Divinis cath. eccl. officiis.*

** — Hymni ecclesiastici præsertim qui Ambrosiani dicuntur. Multis in locis recogniti et multorum hymnorum accessione locupletati. Cum scholiis opportunis in locis adjectis, et Hymnorum indice *Georg. Cassandri.* — Bedæ de metrorum generibus et de re metrica.

Vide *Georg. Cassandri opera.*

Vide etiam S. *Ambrosii*, S. *Anselmi*, *Bedæ*, *Boetii*, *Cypriani* S. *Damasii*, *Dracontii*, *Ennodii*, S. *Hilarii*, *Hrabani Mauri*, *Lactantii*, *Petri Damiani*, *Petri Blesensis*, *Tertuliani*, *Theodulphi*, etc. opera.

Poètes Latins modernes.—Collections et Extraits.

1328. — Auctores octo opusculorum cum commentariis diligentissime emendati: videlicet. Cathonis. Theodoli. Faceti (*Joannis* de Garlandia). Cartule: alias de contemptu mundi (*Joa.* de Garlandia). Thobiadis (Matthæi *Vindocinensis*). Parabolarum Alani. Fabularum Æsopi. Floreti (*Joan.* de Garlandia).
Lugduni 1495. Jehan de Vingle. 1 vol. in-4°.

1329. — Poetæ tres elegantissimi, emendati, et aucti, *Michaël* Marullus. *Hieronymus* Angerianus. *Ioannes* Secundus.
Parisiis 1582. Apud J. Dupuys. 1 vol. in-8°.

1330. — Tabula sacrorum carminum, piarumque precum enchiridion tribus libellis comprehensum, quorum I habet Cathemerina, II Litanias et Hymnos, III Solennia et festa. Omnia ex variis variorum scriptorum lucubrationibus in gratiam Christianæ pietatis undique decerpta, ac cōmodissimo ordine digesta, per F. *Petrum* Bacherium.
Duaci 1579. J. Bogard. 1 vol. in-8°.

1331. — Posthumum Calvini Stigma in tria lilia, sive tres libros dispertitum. A Rhetoribus collegii Societatis Jesu Bruxellis, anno 1611.
Bruxellis 1611. Velpius. 1 vol. in-8°.

1332. — Parnassus Marianus, seu flos hymnorum, et rhythmorum de SS. Virgine Maria; ex priscis tum missalibus, tum

breviariis plus sexaginta. Accessit Parnassus Jesu, seu mons myrrhæ, et paraphrasis aurea super Salve Regina. Collectore P. *Antonio* de BALINGHEM soc. Jesu.
Duaci 1624. Balth. Bellerus. 1 vol. in-8º.

1333. — Heroicæ poeseos deliciæ ad unius Virgilii imitationem. Ex summis Poëtis *Sannazario*, *Buchanano*, *Vida*, *Bembo*, *Naugerio*, *Castiliono*, *Flaminio*, *Fracastorio*, *Politiano*, *Sadoleto*, *Sammarthano*, *Barberino*, *Heinsio*, aliisque. Selegit, recensuit, emendavit *Ph*. LABBE.
Parisiis 1646. Meturas. 1 vol. in-12.

1334. — Sacrarum elegiarum deliciæ, in quibus Pia Desideria *Hermanni* HUGONIS, Heroum epistolas *Iacobi* BIDERMANI, Christum patientem *Caroli* MALAPERTIJ, Alexiadem *Francisci* REMONDI, ac similia aliquot lectissima Patrum soc. Jesu opuscula. Selegit, recensuit, emendavit *Ph*. LABBE.
Parisiis 1648. Meturas. 1 vol. in-12.

1335. — Parnassus societatis Jesu : hoc est, Poemata Patrum societatis, quæ in Belgio, Gallia, Germania, Hispania, Italia, Polonia etc. vel hactenus excusa sunt, vel recens elucubrata nunc primùm evulgantur : studiosè conquisita, et in aliquot Classes divisa : quarum I. continet Epica, seu Heroica. II. Elegias. III. Lyrica. IV. Epigrammata. V. Comica et Tragica. VI. Symbolica. VII. Sylvas, seu Miscellanea.
Francofurti 1654. J. God. Schonwetter. 1 vol. in-4º.

1336. — Carmina HUETII, FRAGUERII, OLIVETI et aliorum ex Academia Gallica Poëtarum.
Parisiis 1760. J. Barbou. 1 vol. in-12.

1337. — Recueils de Poésies latines.
4 vol. in-4º.

Tom. I. — Contenant :

1. — Sacerrimæ nobil. martyris Firmini memoriæ. Vigil. episcopo Henrico Feydeo de Brou successori dign. Hymnus. M. L. C. S. A.

2. 3. — Illustr. abbati Petro Desmaretz, cum theses philosophicas propugnaret in collegio Cardinalitio an. 1710. J. MARIE. — DE LA CROIX.

4. 5. — Ad ill. v. Nicolaum Desmaretz, cum filius philosophiæ laureâ donaretur. 1710. DE ST.-JEAN. — PESTEL.
6. — Collegium Cardinalitium carmen. J. MARIE. 1709.
7. — Apollinis judicium duos inter poëtas, quorum alter Burgundus, alter Campanus. Ecloga. (LE ROY). Græc. et lat.
   Parisiis 1712. Langlois.
8. — Ecloga. Lud. Pet. de Turgis, sub personâ Melybœi, cum Lycidâ pastore amico luget interitum illust. eccl. princ. Feydeau de Brou Amb. epis. sub nomine Thyrsidis. *Petrus* DE TURGIS.
9. — D. O. M. Rhythmus. (P. PESTEL).
   Paris 1712. Quillau.
10. — D. O. M. Trophæum. (P. PESTEL).
    Paris 1707. Quillau.
11. — Illust. P. Desmaretz pro agone philosophico. P. DE ST-JEAN. 1709.
12. — Regio Franciæ principi Franç. de Bourbon de Conti. (P. PESTEL).
    Paris 17.. Quillau.
13. — Philippica ad ampliss. Hispaniæ legatum, Albæ ducem. (P. PESTEL).
    Paris. Quillau.
14. — Ad ill. v. [Nic: Desmaretz cum filius ejus de universâ philosophiâ theses propugnaret (P. PESTEL).
    Paris. Quillau.
15. — J. Ant. de Mesmes cum illum rex supremi senatûs principem fecisset, Kal. Jan. 1712. *Fr.* GUERIN.
16. — Ad nob. abb. P. de Berulle, cum publicas de universa philosophia theses propugnaret. 1710. P. PESTEL.
    Parisiis 1710. Quillau.
17. — Piæ memoriæ illust. eccl. prin. D. H. Feydeau de Brou Ambian. episc. Ode. P. PESTEL.
    Paris 1706. Quillau.
18. — Ad pacem, ut corrigat mala, quæ, quandiu abfuit, in orbem invecta sunt. Ode. C. LONGUET DE PREFONTAINE.
    Paris 1714. Quillau.
19. — Nob. abbat. Petro Desmaretz cum theses logico-morales Kal. Aug. 1709 propugnaret. (F. PARMENTIER).
20. — Aqua. Ode. P. PESTEL. 1712.
21. — Ad rectorem. Ode. P. PESTEL.
    Parisiis 1709. Thiboust.
22. — Seculi ultimi prosopopoeia. P. PESTEL. (Manuscrit).
23. — Duci Burgundiæ carmen. J. MARIE.
    Paris 1709. Thiboust.

24. — Pax ad sereniss. princ. Maximilianum ducem Bavariæ. P. Pestel.
Paris 1714. Thiboust.
25. — Ecclesiastes. Carmen. Ad emin. card. Noallium. P. Pestel.
Paris 1711. F. Leonard.
26. — S. Waningo confessori, Hamensium patrono. Hymni. P. Pestel.
Paris 1711. Quillau.
27. — Pro felicibus et piis Ludovici Magni armis auxilia pecuniaria a Burgundiæ comitiis oblata. Santolius. (lat. franç.)
28. — Eccles. Ambian. ad illustriss. P. Sabatier episcop. sibi designatum. ut properet, epistola. J. Longueval. (1)
29. — Ill. D. P. Sabatier Amb. ep. cum primum suos in seminario clericos spem gregis Pastor bonus inviseret. *Lug.* Jante Abbav.
30. — In laudem illust. D. Petr. Sabatier Amb. episc. ecclesia Amb. respondet vicinis ecclesiis quærentibus, qualis est dilectus tuus? (*Joa.* Baron).
31. — Illus. Petro Sabatier Amb. episc. *Claude* Presteau Abbav.
Abbavillæ 1707. G. Artous.
32. — Ludovico magno parta victoriarum monumenta religionis gloriæ devoventi symbolum heroicum. G. de Segaud.
33. — In Sanctum Quintinum, debellata Calvinianorum hæresi, solo æquatâ synagogâ.
34. — Poeta mulctatus a Musis, quod vinum belnense Castaliis fontibus anteposuerit. S. V.
35. — Rev. D. D. Hier. Thumerelle insignis monasterii S. Joannis Valencenensis ord. S. Aug. abbati anagramma.
36. — In honorem Domini de Hangest doctoris Sorbonici ecclesiæ S. Jacobi (Ambiani) rectoris nuper electi. Le Normand. (Manuscrit).
37. — Epigrammata tres. (Manuscrit).
38. — Ad avunculum. (Trois pièces manuscrites).
39. — Ad brumam ut mansuescat Parisiis Ambianum redeunte ill. D. H. Feydeau de Brou Amb. ep. (*Henricus* de Belsunce).
40. — Illustr. eccles. prin. D. D. H. Feydeau de Brou Amb. epis. poema. (*Vincent* Couture, curé de Cérisy).
Ambiani 1692. Le Bel.
41. — Eidem in solemni ejus inauguratione.
42. — Populus Ambian. foelicitatem suam sibi gratulatur, et novo Pastori suo bene apprecatur. De Bailly.

---

(1) *Jacques* Longueval, né en Santerre le 18 mars 1680, mourut à Paris le 4 janvier 1735.

43. — Insigni eccl. Ambian. cum ill. D. D. H. Feydeau de Brou Ambian. episcopus designatus est. *Cl.* Prestrau.
    Parisiis 1687. Le Cointe.

Tom. II. — Contenant :

1. — Franc. Ridellii è soc. Jesu de Ludovici XIV inauguratione Panegyris, recitata in tertia schola Claramont. 5 non. oct. 1654.
    Parisiis 1654. Off. Cramoisiana.
2. — Soteria pro rege nuper ex difficili morbo recreato. Autore R. P. *Franc.* Papus soc. Jesu.
    Cadurci 1663. J. Bonnet.
3. — Hercules gallicus. (*Ant.* de la Bretonniere).
    Parisiis 1668. Seb. Mabre Cramoisy.
4. — Ludovico Magno, cum ejus filius S. Delphinus filio recens auctus esset, symbolum heroicum. Sol in duplici speculo se pingens.
5. — Regi ad exercitum ineunte vere proficiscenti ode. *Joan.* Lucas.
    Parisiis. Benard.
6. — Ludovico Magno de Valentianis, Cameraco, et Audomaropoli expugnatis, Picardiæ eucharisticum. (*Emardus* Le Caron).
    Parisiis 1677. Seb. Mabre Cramoisy.
7. — In Regem Victorem pacificum ode. J. C. S. J. (Commire).
    Parisiis 1684. Simon Benard.
8. — Ludovico Magno gratulatoria pro extincta hæresi calvin. laudatio.
    Atrebati 1686. Hudsebaut.
9. — Deo Opt. Max. ac Superis omnibus pro valetudine restituta regi Christianissimo Ludovico Magno Eucharisticum carmen.
10. — Pro restituta Ludovici Magni valetudine Musarum gratulatio in regio Ludovici Magni collegio soc. Jesu. Kalendis januarii anni 1687.
    Parisiis 1687. Gab. Martin.
11. — Collegii Parisiensis soc. Jesu pii luctus in funere Ludovici Magni fundatoris sui. (Margat, Brumoy, Deslandes, Dailly, De Limoges, Gaillard, Rigord, Chastillon, l'Arrivé, Perrin, Le Jay).
    Parisiis 1715. Sevestre.
12. — Ludovici Magni vita symbolis heroicis designata. Auct. *Gab. Fr.* Le Jay soc. Jesu.
    Parisiis 1715. Sevestre.
13. — Ludovico Magno epicedium. (De Sacy soc. Jesu).
    Parisiis. s. d. Sevestre.
14. — Ad Santolium de omissis Ludovici Magni laudibus Gallia.
15. — Nonæ septembres sive genethliacon Delphini. (*Joan.* Sirmondus).
    Parisiis 1638. Seb. Cramoisy.
16. — Delphini elogia. Auctore *Pet.* l'Abbé.
    Parisiis 1638. Camusat.

17. — Seren. principi Franciæ Delphino Xenia collegii Rothomag. soc. Jes.
   Rothomagi 1639. Le Boullenger.
18. — Ecclesiæ ad Galliam epistola de felicissimo Delphini ortu. (*Fr.* Le Caron è soc. Jesu).
   Fixæ Andecavorum. 1662. Laboe.
19. — Ludovici Galliarum Delphini epistola ad Mariam Annam Christianam Bavaram cum ad ejus nuptias aspiraret. Elegia. (Rapinus).
20. — Oratori Serenissimum Delphinum funebri laudatione prosecuturo in regio Ludovici Magni collegio soc. Jesu. (X. De la Sante soc. J.)
21. — Serenissimo Delphino carmen. (De Lenglet).
22. — Ad Sereniss. Delphinum. Ejus esse, Literas, dum pater regnum amplificat, promovere. (*Joan.* Lucas).
23. — Sereniss. ducis Britanniæ natalitia à Musis in regio Ludovici Magni collegio soc Jesu celebrata. (Hebert, Du Halde, G. de Segaud, Le Brun, Berruyer, Arthuis).
   Parisiis 1704. Sevestre.
24. — Ludovici XV liberalitas erga Paris. Academiam carmen. (Marie).
25. — Ad Augustissimum Regni regentem, ode. (*Alex.* Neez. 1719).
26. — Eugenius. Carmen. Ad Ser. Vindocini Principes. (*Pet.* Pestel).
   Parisiis 1703. Quillau.
27. — Eruditissimis regiæ Scientiarum Academiæ sociis, ut in suam societatem artem typorum cooptent. (*Lud.* Thiboust typogr.)
28. — Parisinæ urbis laus: cum ejus et Academiæ Parisiensis nomine panegyricum Ludovico Magno dicturus esset ejusdem Academiæ rector. Ode. (C. Rollin).
29. — Academiæ Parisiensi cùm C. Rollin, ejusdem jussu et nomine, gratuitam in ejus collegiis institutionem Ludovico XV publicâ oratione gratularetur. Die 19 decembris 1719. (*Joan.* Dupuis).
30. — Seculi ultimi prosopopoeia. Editio altera. (P. Pestel).
   Parisiis 1701. J. Moreau.
31. — Namurcum expugnatum. Ode. (J. Commire soc. Jesu).
32. — In pugnam Marsalicam ode. (*J. Ant.* Du Cerceau).
33. — De Ludovico XIIII Gallorum rege. Vaticinium. (*Em.* Thesaurus).
34. — Philippo Quinto, regi Catholico, novum cum regno seculum auspicanti. (F. I. Du Mons).
35. — Galliæ querela in Philippi V discessum. (J. D. L. M.)
36. — Ad aurigam regis Hispaniæ. Ode. (J. D. M. Du Mons soc. Jesu).
37. — Philippo V Hispaniarum Catholico regi, ode. P. L. C. (Le Coedic).
38. — Plausus provinciarum Galliæ cum Philippus V ad Hispaniæ regnum proficisceretur. — Hispaniarum regna Philippo V adventanti obsequia deferunt.

39. — Ad brumam ut abeunti Hispaniarum regi propitia sit. M. H. (HEBERT).
40. — Ecloga. Daphnis, Gallus; Corydon, Hispanus. (HEBERT soc. Jesu).
41. — Philippo V Europæ gratulatio F. J. D. M. (DU MONS).
42. — Pro felici ortu tertii Portugalliæ principis carmen ad excel. D. Marchionem de Cascaes legatum coronæ Lusitaniæ. (*Fr.* GILBERT).
43. — In expeditionem Britannicam principis Arausicani à ventis disturbatam. Epigramma.
44. — Principi Arausicano expeditionem Britannicam præparanti.
45. — Musarum festi plausus in regio Ludovici Magni collegio soc. Jesu ad nuptias Seren. Burgundiæ ducis et Adelaidis Victoris Amedei Seren. Sabaudiæ ducis filiæ. Anno 1697 idibus dec. (JUVENCIUS, *Ph.* d'INVILLE, J. *Ant.* DU CERCEAU, J. DE LA ROCHE, M. HEBERT, G. DE SEGAUD, *Jos.* DE COURBEVILLE, J. DE D'ESPINAY, SOC. Jesu).
   Parisiis 1697. Lambin.
46. — Ludovico Magno victori pacifico Gallia (J. DE L'ESPINAY).
47. — Ludovico Magno orbis pacatori. Ode (E. H. S. J.)
48. — Ludovico Magno victori pacifico parta victoriarum monumenta Europæ commodis devoventi symbolum heroicum. *Sol vapores tollens.* (G. DE SEGAUD).
49. — Delphinus Turcarum victor. Ode ad excell. virum Danielem Marcum Sum. Pontif. in Gallia nuntium. (J. COMMIRE).
50. — In funere Franc. Momorancii ducis Luxemburgici Paris et Marescalli Franciæ. Galliæ luctus. (J. DE L'ESPINAY).
   Paris 1695. Benard.
51. — Franc. Momorancii tumulus. (*J. B. Maur.* HAGUENIER).
52. — Franc. Momorancii ensis relatus inter astra. (F. TARILLON).
53. — Car. Franc. Frid. Momorancio Normanniæ proregi Rotomagum adventanti. Ode. (J. DU CERCEAU).
54. — Ad illust. eccles. principem Ludov. Ant. de Noailles arch. Paris. Ode V. (J. COMMIRE , DE JOUVANCY, P. CHAMPION, P. DE GOUILLE, DE L'ESPINAY).
55. — Catalaunensis ecclesiæ querelæ post evectum ad sedem Paris. Lud. Ant. de Noailles. (J. P. HERVIEU).
56. — Ecclesia Parisiensis Catalaunensem ecclesiam solatur de adempto præsule querentem. (J. P. HERVIEU).
57. — Ill. eccl. Prin. L. Ant. de Noailles Sequana et Matrona. (LE CAMUS).
58. — Eidem Symbola Heroica. (CLIGNET, CHARLEVAL, D'INVILLE).
59. — Musarum in regio Ludovici Magni convictu festi plausus cum eas inviseret illustr. eccl. principis Lud. Ant de Noailles. (P. TARILLON).

60. — Ad V. C. Petrum Langletum poetam emeritum, ut novum Parisiensi ecclesiæ pastorem gratulari debito carmine properet. (J. DE JOUVANCY).

61. — In funere Hier. Peleterii SANTOLII vict. lacrymæ.

62. — Illustriss. eccl. prin. Jac. Nic. Colbert Arch. Roth. pro recuperatâ valetudine. (J. DU CERCEAU).

Tom. III. — Contenant :

1. — Studiosis Sanctarum Scripturarum. Biblia Sacra in lectiones, ad singulos anni dies, per legem, prophetas et evangelium distributa; et quingentis vigenti novem carminibus mnemonicis comprehensa. Disponebat *Renatus* OUVRARD can. turon.
   Lutetiæ-Parisiorum 1768. Savreux.

2. — In singulas Genesis sacræ historias, quibus exemplar absolutissimum Nobilitatis perfectissimæ continetur, tetrastica elegiaca.(DE REBATU).

3. — Auctuarium novæ hymnorum editionis.

4. — Pro divo Martino episcopo Turonensi. Canebat et offerebat SANTOLIUS ad usum ecclesiæ parochialis S. Martini, civitatis Ambianensis.1688.

5. — Pro S. Victore martyre hymni tres. (SANTEUIL).

6. — Pro eodem. B. V.

7. — In Sanctum Rochum hymnus I, II, III. (*Benignus* GRENAN). 1715.

8. — D. Antonio Olyssiponensi, Patavinorum patrono, pro recuperatis ejus beneficio sacris reliquiis. Votum. J. C. soc. Jes.

9. — Soteria ad S. Genovefam urbis patronam. (D. PETAU). Græc. et lat.
   Parisiis 1619. Off. Nivelliana.

10. — Ad S. Genovefam urbis patronam saturum carmen *Dion.* PATAVINI.
    Parisiis 1652. Cramoisy.

11. — Divæ Genovefæ Parisiorum Patronæ votum. *Nat.* AUDRY soc. Jes.
    Parisiis 1684. Gab. Martin.

12. — Octo altaria in ecclesiæ divæ Genovefes ingressu; Jesus crucifixus, cum Eucharistico. Sanctus Paulus a cœlo prostratus.

13. — Versus panegyrici, in laudem et gloriam Sanctorum æternitatis candidatorum Walarici, Blithmundi, Wlganii, Sevoldi, et Rithberti, quorum reliquiæ in regio Sancti Vualarici monasterio ritè servantur. Illustriss. ac Rev. D. D. Joanni Bentivolo, abbati digniss. dicati consecratique, per D. *Adrianum* BLONDIN, Priorem, ac Officialem.
    Rothomagi 1653. J. Le Boullenger.

14. — Divi Francisci Borgiæ è Gandiæ duce soc. Jesu Præpositi generalis solennia poëtica. Altera editio. (*Antonius* VERJUSIUS soc. Jesu).
    Parisiis 1673. Seb. Mabre Cramoisy.

15. — De quam-beato in cœlum ingressu domini à Sancto Nicolao, manè

cujus obitus cœlo detonante præ gaudio, terræ fruges regiâ quâdam munificenciâ aspersæ convaluerunt; anagramma.

16. — Hymni. J. C. soc. Jes.
Parisiis 1689. S. Benard.

17. — Tom. I, n.° 39.

18. — Elogium funebre R. P. Jac. Bremant theolog. ord. min.

19. — Tom. I, n.° 34.

20. — Metamorphosis parasiti Becodiani.

21. — Ad Rev. et Ill. Card. Rettensem Herricum Gondium episc. Paris. nuper pilo Cardinalitio donatum. Carmen gratulatorium.(N.Ellain).
Parisiis 1618. Mettayer.

22. — Rev. in Christo Patr. P. Philippo Couplet soc. Jesu è Sinà in Urbem procuratori symbolis applaudunt et gratulantur scholæ soc. Jesu Cameracenses.

23. — *Guilielmi* Marcelli Rhetoris astræa triumphans, sive pax redux, ad illustriss. senatus principem. Anno 1649.

24. — Nobiliss. viri D. Joannis Bochart in curia prætoriana senatoris D. de Champigny et D. Mariæ Boyvin epithalamium. (Bourguignon).

25. — Illustriss. viro Petro Seguier Franciæ cancellario Εὐχαριστήριον. (*Petrus* Halley).

26. — In Sereniss. ducem Valesium, patre Franco ad Germaniam profecto, matre Germanâ Galliam incolente, feliciter natum. Vaticinatio. E. C. J.

27. — Ill. pot. D. D. Henrico de Matignon, in Neustria inferiore proregi, pro instaurata Academia carmen. (*Jacobus* Lair).
Cadomi 1675. J. Cavelier.

28. — Ill. doct. viro Petro Danieli Huetio abbati Alnetensi ven. necnon sereniss. Delphini magistro. (*Jacob.* Lair).
Cadomi 1681. Cavelier.

29. — Sereniss. Principi Franc. Armando abbati à Lotharingia, nuper laurea doctorali donato, ode in paranymphorum Sorbonicorum celebritate die 28 febr. anni 1688. (*Gatianus* de Galliczon).

30. — Ad Meldensium episcopum Jac. Benignum Bossuetium quòd Pomonæ, cum de re hortensi poëticè scriberet, vocem usurpasset; se excusat accusatus. (Santolius *Vict.*)

31. — Achilleo de Harlay senatus Principi carmen. (*Jessæus* Le Duc).

32. — Illustrissimo Senatus Principi (Lamoignon). (*Joan.* Lucas.
Parisiis. Benard.

33. — Celsiss. S. R. I. principi Ferdinando de Furstemberg episcopo

Monasteriensi et Paderbornensi, pro fundata missione sinensi Sina ipsa gratias agit. (J. DE LA BAUNE S. J.)
Parisiis 1683. Benard.

34. — Nobiliss. Juveni Joan. Bap. Petro de la Marteliere theses philosophicas in Harcurio propugnanti. 13 cal. sext.1627.(*Adr.Lud.*COMBART).
Parisiis 1687. Le Cointe.

35. — Sereniss. Principi Fr. Armando abbati à Lotharingia theses philosophicas in collegio Sorbonæ-Plessæo defendenti. Carmen.(*A.*HERSAN).
Parisiis 1682. Le Cointe.

36. — Illustriss. Nobiliss. que abbati Julio Adriano de Noailles cum theses philosophicas in collegio Sorbonæ-Plessæo propugnaret, ac laureâ artium donaretur. Die 27 julii 1707. (DE LA CROIX).

37. — Ill. ac pot. D. Lud. de Mailly, marchioni de Neelle et de Mailly, cum sub ejus auspiciis theses philosophicas propugnaret Car. Thomas, Nigellanus. Die 10 aug. 1762 in Cardinalitio. (P. PESTEL).

38. — Illustriss. nobiliss. que abbati Petro de Berulle, cum theses philosophicas propugnaret pro laureâ artium in Cardinalitio, 12 cal. aug. 1710. (*Pat.* DE S. JEAN).

39. — Illustriss. ecclesiæ principi Joanni de Montpezat de Carbon Senonensium archiep. carmen, cum sub ejus auspiciis theses propugnarentur à Cantiano Cheneville Stampano. (*Car.* HURÉ).

40. — Illustriss. eccles. principi Henrico de la Motte-Houdancourt, Rhedonensium episcopo, cum regiam suam Navarram magnus provisor inviseret. Endecasyllabon. (*Robertus* DE FRANCQUETOT).

41. — Clariss. et præcipuis artis medicinæ luminibus Nicolao Mathieu et Joan. Bap. Moreau. (N. TAVERNIER fidel. Picard. nationis procurator).

42. — Clariss. V. D. D. Joan. de Caumont redeunti ex æde Virgini matri sacra, ubi laureâ doctorali meritò donatus fuit. (*Mich.* GUILLOIS).

43. — Illustriss. ecclesiæ principi D. D. Nicolao Chouart Bellovacensium episcopo, ipso sacræ inaugurationis die. (*Nic.* TAVERNIER Bellov.)

44. — Illust. viro Claudio de Mesmes comiti d'Avaux, epænesis Eucharistica. (C. E. DU BOULAY).

45. — Eidem. Livonia Catholica. (*Pet.* MAMBRUNIUS. S. S.)

46. — Calendæ januariæ anno 1678 illustriss. viro Henrico Memmio dicatæ à *Joan.* PASSERATIO.

47. — Eidem. Mathiæ Casimiri Sarbievii Poloni, præstantissimi poetæ, luctus. (*Car.* OGERIUS).

48. — Ad Jac. Faverellum Elegia.(*Carol.* OGERIUS).— *Jac.* FAVERELLI ad Car. Ogerium ἀντίδωρον. 1657.

49. — Litteræ fiduciariæ Claudio Germano causidico Paris. III cal. nov. anni 1641. Datæ ad Jacobum Faverellum. (*Car.* OGERIUS).

50. — Ad ill. comitem Canopaskum, Palatinidem Culmensem.(*C.*Ogerius).
Parisiis 1640. Rob. Sara.
51. — Carmen sotericum pro salute illustriss. viri Renati de Longueil D. de Maisons, (A. Remy).
52. — Ad V. C. Petrum Lengletum poetam emeritum ut novum Parisiensi ecclesiæ pastorem gratulari debito carmine properet. (J. de Jouvancy. S. J.)
53. — Ad Jos. Juvencium summum Rhetorem et Poetam. Solam nov Parisiensis præsulis modestiam, fuisse in causâ cur à celebrandis ejus laudibus cæteri poetæ abstinuerint (*F. S.* Regnier Desmarais).
54. — Gallia ad juvenes suos. Ode parænetica *(Nic.* Thiberge).
55. — Academiæ Parisiensi super regio institutionis gratuitæ beneficio, Carmen. (L. Marin. 1719).
56. — Regium institutionis gratuitæ beneficium. Ode. (P. Fromentin).
57. — Illustriss. V. D. D. Andreæ Potier de Novion, collegium Dormano-Bellovacum, quod est in regimine ac tutelæ supremi senatûs, recentem honorem gratulatur. Ode. (J. B. L. Crevier).
Typis. Theobusteis.
58. — Illustr. V. D. D. Ant. Portail. (*Fr.* Guerin).
1724. Typis Theobusteis.
59. — Carmina a viris Academicis scripta cùm M. Carolus Rollin fundatam in Parisiensis Academiæ collegiis gratuitam institutionem Ludovico XV, nomine et jussu ejusdem Universatis, publicâ oratione gratularetur, die. 19 dec. 1719. (Guerin. — J. d'Herouville).
Lutetiæ-Parisiorum 1719. Thiboust.
60. — Musis, cum sereniss. princeps Amandus de Rohan-Vantadour, abbas et princ. Murbacensis, e morbo graviss. convalesceret.(*C.*LeRoy).
Parisiis 1740. Thiboust.

Tom. IV. — Contenant :

1. — Porticus Medicaea. Ad illustriss. Cardinalem Richelaeum. (Per *Barth.* Morisot).
Parisiis 1626. Targa.
2. — Epiniciorum à populo Christiano, post deletos acie Pragensi perduelles, deo, sanctis, Ferdinando Cæsari invictissimo, Maximiliano Bavariæ duci, cæterisque piæ militiæ, tam superstitibus, quàm fato functis bellatoribus, exhibendorum pegmata sacra. Opus ex Apocalypsi Bohemica jam ab anno edita prodiens, mirâ sanè reconditæ eruditionis varietate excultum, ad Dei, Fideique gloriam promovendam, et calamitates, quæ Bohemiæ et Germaniæ imminent, avertendas, perquàm utile, et summoperè necessarium. 1621.

3. — Naumachia seu descriptio navalis pugnæ habitæ xxvii octob. MDCXXII in Occeano Aquitanico, circa Rupellanum littus. Per *St.*Pascuasium.
   Parisiis 1633. Guerreau.
4. — Rupella capta. Ad illustriss. Armandum Cardinalem de Richelieu. Per S. A. G. M. (*Scipio* à Grandi Monte).
   Parisiis 1628. Ant. Stephanus.
5. — Epinicium Ludovico Francorum regi ob receptam Rupellam repulsam que Anglorum classem. (Urbanus VIII Pont. Max. auctor).
6. — In Hispanorum ab Aquitania fugam. (C. F.)
   Parisiis 1637. Rob. Sara.
7. — Illustriss. principi Ludovico Borbonio Enguiennensium Duci, fama laureata, expugnatam ab Enguiennensi duce Theodonis villam populis annuntians. (*Gab.* Cossart).
   Parisiis 1643. S. Cramoisy.
8. — Eidem post captum Limburgum et liberatam obsidione Hagenoam. (*Lucas* Vaubert soc. Jesu).
9. — Eidem post fusos ad Rocroyam hostes, expugnatam Theodonis villam etc. Parisios reduci, Lutetia gratulatrix (*G.* Leonardus. S. J.
   Parisiis 1643. Seb. Cramoisy.
10. — De capta Gravelinga, pæan ad invectissimum principem ac ducem Aurelianensem. (De la Croix du Maine).
    Paris 1644.
11. — Mommedii capti prosopopoeia (*Ph.* Labbe).
12. — Montes exgugnati. (De Lenglet).
    Parisiis 1691. F. Le Cointe.
13. — Emin. Card. Julio Mazarino regia Navarra bene precatur. (*E.* Bulæus).
14. — Ad Eminentiss. Card. D. D. Mazarinum. (De Cruce Cenomana).
15. — Julius Mazarinus utriusque fœderis et pacis et nuptiarum minister, cum Joan. Armando, collatus, et prælatus. Sive pompa regia in solemni augustissimæ reginæ ingressu. Authore *Petro* Buray.
    Parisiis 1660. P. Lamy.
16. — Eminentiss. ecclesiæ Principi Cardinali de Retz ode gratulatoria. (*Joan. et Lud.* de Valois fratres).
17. — Illustriss. viro Claudio Pellot Neustriaci Senatus principi. (*Ant.* de la Bretonniere).
    Rothomagi 1670. N. Lallemant.
18. — Illustriss. ecclesiæ principi Fr. Nesmondo Bajocensium episcopo, cum in Sancto Francisco Borgia viri tum aulici, tum religiosi, perfectam imaginem proponeret, emblema. (*Lucas* Vaubert soc. Jes.)
19. — Franciscus Borgia ad sanctiorem vitam conversus Isabellæ Augustæ funere conspecto. Symbolum. (M. Du Bois soc. Jes.).
    Rothomagi 1672. Le Boullenger.

20. — Illustriss. ecclesiæ principi Francisco Harlæo archiep. Parisiensi Symbola Heroica. (J. Martine, de Villiers, de la Baune, de la Rue, Jouvancy, Le Tellier.
   Parisiis 1672. Seb. Mabre Cramoisy.
21. — Joanni Casimiro regi Poloniæ et Sueciæ Rothomago transeunti. (*Ant.* de la Bretonniere).
   Rothomagi 1670. Lallemant.
22. — Joanni Casimiro regi Poloniæet Sueciæ Symbolum. (*C.* de la Rue).
23. — Encyclopædiæ funus, Dionysio Petavio, pro anniversario munere exequiarum (*Fr.* Vavasseur).
   Parisiis 1643. Officina Cramoisiana.
24. — Rev. Pat. P. Dionysio Petavio soc. Jesu, de tribus voluminibus novissimi ejus operis theologicorum dogmatum, ode theologica tripertita, in quâ enarrantur ea quæ singulis voluminibus præcipua continentur. (*Guill.* Leonardus soc. Jes).
25. — Academiæ Parisiensis pro assertione juris sui, adversus quandam mancipum factionem postulatio; ad ampliss. supremi senatus principem Pomponium Bellevræum; ejusdem res gestas, majorumque ipsius carmine panegyrico exponens. (N. Camus). 19 Kal. febr. 1658.
26. — Asinus in Parnasso ad Cl. V. Ægidium Menagium.
27. — Dementia amorem ducens. Fabula ad V. Cl. Ægidium Menagium.
28. — Conjuratio stellarum in solem. Fabula.
29. — Francisci arch. Rothomag. ad Urbanum VIII Pont. Max. Pontificalia, vel gratulatorium carmen, et Urbanus ecloga. Pro ejus felici inauguratione.
   Ex Typographia Gallionæa. 1643.
30. — Ludus poeticus in recentem cometam. Auctore P. *J.* de la Baune.
   Parisiis 1681. Benard.
31. — In Morbum Petri Gassendi. Ad Ægidium Menagium et Joannem Capelanum. Carmen. (*Carolus* Du Perier).
   Parisiis 1655. Jacquin.
32. — Carmelus an ingratus? Sive clarissimi et religiosissimi viri S. M. N. Joan. Coqueret, Virginum Carmeli superioris etc. epicedium: recenti feralis nuntii luctu ac dolore conscriptum à *Guil.* Marcello. 1655.
33. — Pomponio Bellevræo senatus Paris. principi parentalia. Ad illustr. D. Bellevræum mortui fratrem. P. S. L. B. soc Jes.
   Parisiis 1656. Off. Cramoisiana.
34. — In Obitum clariss. et doct. D. D. Ioannis Le Houx, ampliss. Par. Acad. rectoris. Elegia. (*Carolus* De Lignieres). 20 sep. 1659.
35. — In funere Christianiss. reginæ Annæ Austriacæ carmen recitatum. in aula collegii Clarom. soc. Jesu. xvii Kal. apr. 1666. (C. De la Rue).
   Parisiis 1666. Seb. Mabre Cramoisy.

36. — In funere Henricæ Angliæ Aurelianensium ducis carmen. Autore *Laurentio* LE LETIER soc. Jes.
Aureliæ 1670. Cl. et J. Borde.
37. — Iu funere Gabrielis Cossartii. (*Jac.* DE LA BAUNE soc. Jes.)
Parisiis 1675. Seb. Mabre Cramoisy.
38. — Gabrielis Cossartii e soc. Jesu tumulus. (SANTOLIUS).
Parisiis 1675. Seb. Mabre Cramoisy.
39. — In obitum celsiss. Principis Ferdinandi de Furstenberg episcopi Monasteriensis et Paderbornensis carmen, auctore *Jac.* DE LA BAUNE.
Parisiis 1684. S. Benard.
40. — Epitaphium sive elogium funebre illustrissimi Domini Marchionis de Montplaisir ab uno e soc. Jes.
Atrebati 1684. Hudsebaut.
41. — Eminentiss. Cardinalis Francisci de la Rochefoucauld elogium sepulcrale. P. C. soc. Jes.
42. — Cor Serenissimi Principis Condæi.
43. — In eximie doctum et antiquis virum moribus D. D. Renatum Benedictum, doct. Par. qui Henricum Quartum, ad fidem Christi Romanam excepit : Mnemosynon.
44. — In piam defuncti Juliani doct. Sorb. memoriam. (DE LA CROIX DU MAINE).
45. — Ad perpetuam ac foelicem memoriam Caroli de Bourlon Suessonum antistitis optimi. (*Paulus* MOREAU. Eccl. Suess. can.)
46. — In obitum Clar. viri Antonii Hallæi poetæ nobilis. Ode. (*J.* LAIR).
Cadomi s. d. J. Cavelier.
47. — Bustum D. D. Du Vallii et Gamachæi doctorum illustrium nullo aut parvo intermedio simul inhumatorum ; anagramma.
48. — D. Maglorii querimonia. (SANTOLIUS).
49. — De obitu Henricæ Stuart ducissæ Aurelianensis symbolum heroicum (*Ant.* DE LA BRETONNIERE).
Rothomagi 1670. N. Lallemant.
50. — In obitum Philippi ducis Andegavensis. (*Lucas* VAUBERT).
Rothomagi 1671. Lallemant.
51. — De baptismo sereniss. Delphini. (*Ant.* DE LA BRETONNIERE).
Parisiis 1668. Seb. Mabre Cramoisy.
52. — Domini Claudii De Vert epitaphium. (DU MESNIL).,
53. — Amplis. P. Gorgiæ senatori integerrimo, R. RAPINUS gratias agit ob receptam in ipsius villa, ad Autolium, post diuturnum morbum, valetudinem.
54. — Celsiss. Principi Ferdinando episcopo Monasteriensi et Paderbornensi acanthis Neuhusiano ejus in horto super lauro nidificans. Parodia Catulliana. (*Jo.* LUCAS).

55. — Acanthis Neuhusiana in lauro nidificans. Idyllium. Ad eumdem.
Parisiis 1683. S. Benard.

56. — Gallus soli sacer. Ad illustriss. virum Ludovicum de Boucherat Franciæ cancellarium. Fabula.
Parisiis 1689. Gab. Martin.

57. — In illustriss. Ecclesiæ principem Fr. Harlæum, Parisi. Archiepiscopum, S. R. E. Cardinalem designatum. (J. DE JOUVANCI).
Parisiis 1690. Gab. Martin.

58. — Emin. D. Tussano de Forbin de Janson, S. R. E. Cardinali, Bellovacorum episcopo et comiti.
Parisiis 1690. Gab. Martin.

59. — Sereniss. Principi Emm. Theodosio à Turre Arverniæ Cardinali Bullonio ode serenissimum principem Vicecomitem Turenium, dum viveret, laudis maxime fugitantem, post mortem ab omnibus certatim laudatum. (Joan. LUCAS).
Parisiis. Sim. Benard.

60. — Illustriss. eccles. principi Jacobo Benigno Bossuet Meldensium episcopo. In pestem theatralem carmen. (SOUCANYE S. Quintini ecclesiæ apud Viromanduos canonicus.)

1338. — Recueil de Poésies latines.
1 vol. in-8°.
Contenant :

1. — Libellus de moribus in mensa servandis, *Joanne* SULPICIO *Verulano* authore. Cum familiarissima, et rudi Iuventuti aptissima elucidatione Gallicolatina, *Gulielmi* DURANDI.
Parisiis 1560. Buon.

2. — *Michaelis* VERINI, Hispani poetæ, Disticha de moribus.
Parisiis 1562. Buon.

3. — Idem opus.
Parisiis 1573. Buon.

4. — *Theodori* MARCILII lusus de Nemine.
Parisiis. s. d. Prevosteau.

5. — *Ræmundi* MASSACI Pugeæ: seu de Lymphis Pugeacis libri duo.
Parisiis 1589. Apud Cl. Morellum.

6. — *Johannis* LEJAY epigrammata quadragesimalia.
Turoni 1607. Siffleau.

7. — In foelicissimum ser. ac pot. princ. Jacobi primi, Angliæ, Scotiæ, Franciæ et Hyberniæ Regis, Fidei orthodoxæ Defensoris, ad Anglicanæ Reipubl. gubernacula ingressum, Poema gratulatorium. (Ab *Fr.* HERING).
Amstelreodami 1608. Cornelius Nicolai.

8. — Poemata *Fr*. HERINGII med. Londinatis ab authore recognita. — Pietas pontificia seu conjurationis sulphureæ contra Jacobum Magnæ Britanniæ regem, Henricum principem, omnesque Regni ordines flagitiosissimè inite, et solâ virgulâ divinâ fœlicissimè patefactæ et dissipatæ Nonis Novembris 1606 narratio brevis poetica. — Accessit Venatio Catholica, sive secunda Historiæ pars, quæ à comprehenso falso, Proditorum res gestas, usque ad meritissimum exitum succinctè complectitur.
   Amstelreodami 1608. Corn. Nicolai.

9. — Urbis reparatæ et amplificatæ inscriptiones, Cl. Pelterio et Henrico Forcæo Prætoribus necnon Geofrido, Gayoto, Rufino et Sanguinerio ædilibus et Titonio Regis et Urbis procuratori, Mitanterio Scribæ, et Bocotio Quæstori. Auct. SANTOLIO *Victorino* anno 1687·

10. — *Leonardi* MATTHÆI poëmata.
    Lutetiæ-Parisiorum 1687. Ch. Ballard.

11. — Carmina in sacris supplicationibus a clero Ambianensi decantanda. Auctoritate illustr. D. D. epi. Ambian. Autore *Henrico* DELFAULT.
    Ambiani 1708. Caron Hubault.

12. — *Antonii* GIGANTIS *Forosemproniensis* appendix ad volumen poematum anno 1595 editum.
    Bononiæ 1598. Hæred. Rossii.

13. — *Scaevolae* SAMMARTHANI Pædotrophiæ, seu de puerorum educatione libri duo priores.
    On lit à la fin : Reliquos libros nondum author absolvit.

14. — *Franc*. CHAMPION soc. Jesu Stagna.
    Parisiis 1689. Apud Vid. S. Benard.

15. — *Jacobi* VANIERII columbæ.
    Parisiis 1688. Apud Vid. S. Benard.

1359. — Recueil de Poésies latines.

   1 vol. in-8°.

   Contenant :

1. — Vita et res gestæ Jacobi Piceni, ord. min. à *Joanne-Baptista* PETRUCCIO carmine heroico olim conscripta. Edidit, recensuit etc. F. *Lucas* WADRINGUS.
    Lugduni 1641. Laur Durant.

2. — Casallum bis liberatum, sive belli italici pro Mantuano duce feliciter confecti duplex expeditio. Authore *Petro* BERTHAULT.
    Parisiis 1631. Libert.

3. — *Petri* LANGLETI *Bellovaci* carmina.
    Parisiis 1676. Fr. Le Cointe.

1340. — Palmæ regiæ invictissimo Ludovico XIII a præcipuis nostri ævi poetis in trophæum erectæ.
Parisiis 1634. Cramoisy. in vol. in-4°.

Recueils de Poésies latines, grecques et françaises.

1341. — In anniversarium Henrici Magni obitus diem lacrymæ collegii Flexiensis regii soc. Jesu.
Flexiæ 1611. Jac. Rezé. 1 vol. in-12.

1342. — Pompa regia Ludovici XIII Franciæ et Navarræ regis. A Fixensibus musis in Henriceo soc. Jesu Gymnasio vario carmine consecrata.
Flexiæ 1614. Jac. Rezé. 1 vol. in-4°.

1343. — Ludovici XIII triumphus de Rupella capta, ab alumnis Claromontani collegii soc. Jesu vario carminum genere celebratus.
Parisiis 1628. Seb. Cramoisy. 1 vol. in-4°.

1344. — Musæ Flexienses Ludovico XIII de rebellione et perfidia triumphanti canunt Epinicium.
Flexiæ 1629. Laboe. 1 vol. in-4°.
Vide n.° 897.

Recueils de Poésies latines et françaises.

1345. — Musæ rhetorices, seu carminum libri sex, à selectis rhetorices alumnis in regio Ludovici Magni collegio elaborati et palam recitati, in argumenta ipsis proposita ab *Æg. Ann. Xaverio* DE LA SANTE soc. Jesu.
Lutetiæ-Parisiorum 1745. Joan. Barbou. 1 vol. in-12.

1346. — Hymnes latines et françoises sur le miracle opéré à la procession du très S. Sacrement dans la paroisse de Ste Marguerite, le 31 mai 1725.
Paris 1726. C. L. Thiboust. 1 vol. in-8°.

1347. — Recueil de Poésies latines et françaises.
2 vol. in-4°.
Tom. I. — Contenant :
1. — *Ad.* TURNEBI, J. AURATI, et doctorum aliquot aliorum virorum

epitaphia in *Fr. Duarenum* J. C. hujus memoriæ facilè principem.
Parisiis 1569. Apud F. Morellum.

2. — De immaturo Adr. Turnebi obitu, *Nathanis* Chytræi, nomine germanorum carmen. Additus est tumulus *Cornelii Graphæi*.
Parisiis 1565. Th. Richardus.

3. — In Adr. Turnebi obitum græcolatinogallica carmina, cum epigrammate ad Galliam. Auctore *Philiberto* Milesio.
Parisiis 1565. Th. Richardus.

4. — Complainte sur ceus qui se sont efforcez de violer la bonne renommee d'Adrian Turnebe, lecteur tres celebre du Roy, nagueres decedé. Par *Françoys* Le Picard de Caux.
Paris 1565. Th. Richard.

5. — De obitu Adriani Turnebi Naenia, autore *Francisco* Le Picard.
Parisiis s. d. Th. Richardus.

6. — Complaincte sur la mort du tres docte et tres regrete personnage Adrian Turnebe. Par I. Guersent. G.
Paris 1565. Th. Richard.

7. — De Adriani Turnebi Regii philosoph. prof. morte dialogismus. Autore *Michaele* Ripautio Parisiensi.
Parisiis 1565. Th. Richardus.

8. — *Jacobi* Prevosteau de obitu Adriani Turnebi elegia.
Parisiis 1565. Th. Richardus.

9. — *Symeonis* Malmediani Satyra in intempestivas epulas ad Iurisperitissimum virum Antonium Sævam in Senatu Parisiensi patronum. Ejusdem poculum metricum, et Scyphus pro Xenis.
Parisiis 1558. Ann. Briere.

10. — Heracliti ad Democritum de pace elegia.
Parisiis 1559. Briere.

11. — Chant de liesse au Roy. Par P. de Ronsard Vandomois.
Paris 1559. And. Wechel.

12. — Petri Costalii de pace carmen.
Parisiis 1559. Briere.

13. — *Huberti* Mori Ambiani de pace Carmen.
Parisiis 1559. Briere.

14. — Democriti ad Heraclitum tuba. *Nic.* Querculo Rhemo auctore.
Parisiis 1559. Briere.

15. — In illustrissimi principis Philiberti Emmanuelis Allobrogum Ducis, et sereniss. heroinæ Margaritæ Francisci quondam Galliarum Regis filiæ nuptias. *Leodegarii* à Quercu carmen.

16. — In Carolum nonum alterum Herculem Gallicum. (*Jo. Auratus, Jo. Curterius, Ja. Amyotus, Nic. Coulonius. Bapt. Fagus, N. Perrottus, J. Gassotus. J. Passertius, Ant. Mizaldus, Leod. à Quercu*). — Recueil de pièces françaises, latines et grecques.

17. — Le tombeau du feu Roy tres-chrestien Charles IX, prince tres-debonnaire, tres-vertueux et tres-eloquent. Par P. DE RONSARD.
Paris s. d. Fed. Morel.

18. — In Claud. Spencaei V. Cl. obitum *Dionysij* LAMBINI carmen.

19. — Exhortation au Roy, pour vertueusement poursuivre ce que sagement il a commencé contre les Huguenots, avec les Epitaphes de Gaspar de Colligny, iadis admiral de France, et de Pierre Ramus. Traduite du latin de M. LEGER DU CHESNE.
Paris 1572. Gab. Buon.

20. — Pæanes sive hymni in triplicem victoriam, felicitate Caroli IX Galliarum regis invictissimi, et Henrici fratris, Ducis Andegavensis, virtute partam. *Joann.* AURATO, et aliis doctis poëtis auctoribus. (Pièces en latin, en français et en grec par *Verget*, *Dorat*, P. de *Ronsard*, *Jamin*, *Belleau*, de *Baif*).
Lutetiæ 1569. Charron.

21. — Magnificentissimi spectaculi, à regina Regum matre in hortis suburbanis editi, in Henrici regis Poloniæ invictiss. nuper renunciati gratulationem, descriptio. J. AURATO autore.
Parisiis 1573. F. Morel. Fig.

22. — Ad amplissimos Polonorum legatos, Parisiorum urbem ingredientes, *Jo.* AURATI prosphonetici versus.
Parisiis 1573. Fed. Morel.

23. — Ad Beatiss. Virginem Mariam, Lutetiæ nomine apud Gallos cōsecratū, ovatio : ob felicem Henrici III. Galliæ regis invictiss. Henrico Guisio regii exercitus duce, victoriā. J. AURATO auctore.
Lutetiæ 1576. F. Morel.

24. — Chant de Ioye à Nostre Dame de Liesse, pour la victoire du tresheureux Roy Henry III. Henry duc de Guise chef de son armée. Par J. DORAT.
Paris 1576. Fed. Morel.

25. — In Henrici III Regis Galliæ et Poloniæ, fœlicem reditum, versus, in fronte Domus publicæ Lutetiæ urbis ascripti, quo die Supplicationes et Ignes solēnes publico conventu celebrati sunt : qui Dies fuit mensis septembris XIIII, anno MDLXXIIII. (DORAT).
Parisiis 1574. Fed. Morel.

26. — Ad Divam Cæciliam musicorum patronam, J. AURATI hymnus.
Lutetiæ 1575. Fed. Morel.

27. — Eglogue Latine et Françoise, avec autres vers, recitez devant le Roy au festin de Messieurs de la ville de Paris le VIe de février 1578. Ensemble l'Oracle de Pan, présenté au Roy, pour Estrénes. *Jean* DAURAT poete du Roy, *Clovis* DE HESTEAU Sieur de NUISEMENT, et J. *Ant.* DE BAYF aueteurs.
Paris 1578. F. Morel.

28. — Ad Erricum Galliæ et Poloniæ regem, in ejus fœlicem reditum, inaugurationem, et nuptias Panegyricus *Joannis* BONEFONTII.
    Parisiis 1575. Apud Th. Brumennium.

29. — Parasceve congratulatoria Populo Rhemensi nuncupata, ad optatiss. Caroli Cardin. a Lotharingia reditum. Per *Nic.* QUERCULUM.
    Rhemis 1564. F. de Foigny.

30. — Exhortation au peuple de Rheims, sur le retour du tres illustre Prince et Seigneur, Monsg. le Cardinal de Lorraine, tournée du latin de *Nic.* CHESNEAU en rhyme françoise, par *Nic.* PINTHEAU.
    Rheims 1564. de Foigny.

31. — Ode ad Guill. Gallandium gymnasiarchum Becodianum, authore *Claudio* ROILLETO Belnensi. Cui accessit ejusdem de obitu *Pet. Gallandii* elegia.
    Parisiis 1559. Cl. de Harsy.

32. — Odes sur l'heureux advenement et sacre de reverend pere en Dieu Messire Godefroy de la Martonie, Euesque d'Amiens. Par *Jean* DES CAURRES de Moroeul P. D. college d'Amiens.
    Paris 1577. Chaudière.

Tom. II. — Contenant :

1. — Hymne de la sagesse divine et de l'amour divin avec un discours de la poesie et d'autres Piéces sur diverses matières. Par le R. P. LE MOYNE.
    Paris 1641. Seb. Cramoisy.

2. — Lettre héroique et morale sur le temps, et sur l'inconstance des choses humaines. *Par le même.*
    Paris 1657. Courbé.

3. — Le Speculatif. Lettre héroique et morale. A Mgr. le Card. Ant. Barberin. *Par le même.*
    Paris 1657. Seb. et Gab. Cramoisy.

4. — In Jonæ prophetæ historiam paraphrasis. (J. COMMIRE).
    Rothomagi 1673. Typis Maurrianis.

5. — Ad diem XXII nov. Cæciliæ Virgini martyri sacrum, Steph. de Fieux abbate de Bello-loco. Ode. (J. COMMIRE).

6. — Ode sur Sainte Cécile à M. de Fieux. D. B. J. (DU BOIS soc. Jes.)

7. — Ad diem XII nov. Cæciliæ Virg. mart. sacrum, et Musico carmine solemnem. Car. Alex. de Ferrare principe. (DE LA RUE).

8. — Recueil des œuvres qui ont remporté les prix sur le Puy de l'immaculée Conception de la Vierge, en l'an 1650. Présentées à Mgr. le Marquis de Tury, Prince du Puy, année présente.
    Rouen 1650. D. Du Petit Val.

9. — In purissimum Deiparæ Virginis conceptum. Epigramma. Quod laurum meruit, Roth. anno 1670. (*St.* Du Bois soc. Jes).
10. — Anno 1671. (Le Derel soc. Jes.)
11. — Anno 1672. (De Meurdrac soc. Jes.)
    Rothomagi. Lallemant.
12. — Odes en l'honneur de l'immaculée conception de la Sainte Vierge.
    Paris 1671. S. Mabre Cramoisy.
    (L'une a remporté le prix de 100 jetons d'argent sur le Puy de Caen, l'an 1670; l'autre, la ruche d'argent à Rouen, la même année).
13. — Centum anagrammata prorsùs pura pro Deipara Virgine, quæ D. *Joannes Bap.* Agnensis, sola memoriæ vi eruit ex his Salutationis Angelicæ verbis: *Ave Maria, gratia plena*, *Dominus tecum.*
    Parisiis 1662. Henault.
14. — Sur l'immaculée Conception de la Sainte Vierge. Ode qui a remporté le prix des cent jettons d'argent, à Caen. (E. Du Boys soc. Jes.)
    Rouen 1673. Le Boullenger.
15. — Ad cels. prin. Ferdinandum episcop. Paderbornensem. J. Commire.
16. — Aureum numisma Ferdinandi episc. Paderb. J. Commire. 1674.
17. — Ad seren. ducem Aurelianensem uno, dum Batavos aggreditur, filio auctum. E. C. J. (*Emard* Caron. Traduction par Du Bois).
18. — Sur le tonnerre tombé auprès du Roy. Sonnets aux Hollandois. (Du Bois).
    Rouen. Le Boullenger.
19. — Ad serenissimum principem Condæum Rheni libellus supplex J. Commire. (Traduction par le P. de Vallongne).
20. — Gallus fabula. (Par le P. Commire). Traductions par le P. de Vallongne et M. de T. (de Timonneville).
    Rouen. R. Lallemant.
21. — Mosa ad Batavos trajecto excedentes. (Par le P. Jouvency).
    Cadomi 1678. J. Cavelier.
22. — Le Portrait du Roy.
23. — Odes aux Muses sur le Portrait du Roy. (Le Comte de Modene).
    Paris 1667. S. Mabre Cramoisy.
24. — Ode récitée à la louange du Roy par le Marquis de la Ferté.
    Paris 1670. Seb. Mabre Cramoisy.
25. — Eloge du Roy prononcé par l'Abbé de Gesvres. (Par M. de Villiers regent de 6.ᵉ à Paris).
    Paris 1671. E. Martin.
26. — Sur les conquestes du Roy. Ode. (Fléchier).
    Paris 1672. S. Mabre Cramoisy.
27. — Dialogue sur le Voyage du Roy dans la Franche-Comté. (Devizé).
    Paris 1668. Seb. Mabre Cramoisy.
28. — Hercules Gallicus. (*Ant. de* la Bretonnière).

29. — L'Hercule François : ou l'explication de la thèse dediée au Roy, par M. le Marquis de Seignelay. (FLECHIER, sur les vers latins du P. de la *Bretonnière*).
   Paris 1668. Seb. Mabre Cramoisy.
30. — Le Temple de l'Immortalité. Ode à Mgr. le Dauphin. (LE CLERC).
   Paris 1673. P. Le Petit.
31. — Sur la naissance de Mgr. le duc d'Anjou. Par M. DE VILLIERS. Avec 2 traductions latines.
   Paris. Benard.
32. — Fabula. Sol et Ranæ. (PHÆDRE). Avec 2 traductions, l'une de M. de VILLIERS.
   Paris 1672. G. de Luyne.
33. — La Fable du Soleil et des Grenouilles, avec divers sonnets sur le même sujet.
   Paris 1672. Loyson.
34. — Lettres patentes ou Règlement sur les revenus du Parnasse, en faveur des conquestes de l'invincible Louis XIV. (Par le R. P. S. R. de F.) Pièce mêlée de vers et de prose.
   Amiens 1672. R. Hubault.
35. — J. Casimiro regi Poloniæ et Sueciæ. C. DE LA RUE.
   Cadomi 1670.
36. — Ad ill. D. D. J. Colbertum cum liberos publicè in schola recitantes audiret. C. DE LA RUE.
37. — Ser. Em. Th. card. Bullonio ode quod acceptam nuper a Summo Pontifice purpuram sibi, meritisque suis unice debeat.
38. — In reginam regis Francorum matrem Annam Austriacam. De spe et modo convalescendi, 1676.
39. — Ser. prin. Turennæo catholicam religionem profitenti. F. VAVASSOR.
40. — Ill. prin. Lud. Borbonio Enguiennensium duci, de recepta sanitate gratulatio. G. L. soc. Jes.
41. — In J. B. Colbertum ob purgatas luto urbis vias.
42. — Ad ducem Montosierum Delphini educationi præfectum. RAPIN.
43. — In dedicationem portus S. Ludovici ad Cetæ promontorium, in Occitania à Ludovico XIV. Auth. J. BERTET.
   Nemausi, ... Apud J. Plasses.
44. — Prière à Nostre Seigneur faite en vers latins, par le P. LABBE, dans sa dernière maladie, peu de jours avant sa mort. Et traduite en vers françois, par un de ses amis.
   Paris 1667. Seb. Mabre Cramoisy.
45. — In nova translatione corporis SS. Patris Benedicti apud Floriacum in capsam argenteam. Carmen heroicum. Auct. *Hugone* VAILLANT.
   Parisiis 1663.

46. — Diogenes Gallicus, sive de inventione hominis Diogeniani. Varia Poemata.
    Parisiis 1626. Langlois.
47. — *Justi* Rycquii Parentalia ; in funere opt. et max. princ. Paulli V Burghesii Pont.
    Antuerpiæ 1621. Off. Plantiniana.
48. — Poeticè illus. et excel. princip. Burghesio ex incisa stemmatis imagine felicitatem precatur. (I. Sciarra).
    Romæ 1626. Corbelleti.
49. — *Ant.* Sanderi lacrymæ in funere Alberti Austriaci Belgarum princ.
    Antuerpiæ 1621. Offic. Plantiniana.
50. — *Justi* Rycquii pietas in funere Philippi III, Austriaci.
    Antuerpiæ 1621. Offic. Plantiniana.
51. — Rev. P. D. Johan. Mabillon epitaphia, cum aliquot epigrammatibus.
    Parisiis 1708. Imb. de Bats.
52. — Solitudo viri cl. D. de Sainct Amant, sexametris latinis conversa à P. F. P è soc. Jesu. (*Franc.* Papus).
    Tolosæ 1662. J. Boude.
53. — R. P. Philippi Labbe, soc. Jes. ægrotantis ad Christum oratio. (Traduction en vers françois par M. Oudin).
54. — Le triomphe de la ville de Bourges, sur la prise de Dunkerque, à Mgr. le duc d'Anguien. — (*Gougnon, Petit, Héméré, Taillon, Desfriches, Fougeron, Bonnet, Mercier, Le Begue, Tallier, Labbe, Destul, Merillius*).
    Bourges 1646. J. Cristo.
55. — Emblemata regia. Auctore C. D. L. R. è soc. Jes. (*Ch.* de la Rue).
    Parisiis 1668. Seb. Mabre Cramoisy.
56. — Ad sereniss. principem Condæum solo lacte ab annis aliquot victitantem. Ode. (Commire. Traduct. franç. de Fontenelle).
    Paris 1676. Seb. Mabre Cramoisy.
57. — Ludovico Magno gratulatoria pro induciis laudatio. Ab uno è soc. J.
    Atrebati 1684. Hudsebaut.
58. — Ad sereniss. principem Condæum Rheni libellus supplex.
59. — Poëme latin de M. de Santeuil de Saint Victor, pour le Roy. Traduit par M. Le Noble.
    Paris 1692. Mazuel.
60. — Julius Rospigliosus cardinalis creatus summus pontifex et Clemens nonus appellatus. — Sur l'exaltation de N. S. Père le Pape Clement IX. Sonnet. (Par M. de Bensserade).
    Lutetiæ-Parisiorum. 1667.
61. — Torrens et fluvius, fabula. Ad Carolum Sanctamauræum Montauserii ducem.

62. — Funebre carmen. — In mortem Augustiss. Mariæ Theresiæ Austriacæ, Rom. imper. Bohem. et Hungariæ reginæ. — Sur la mort de Marie-Thérèse, archiduchesse d'Autriche etc. (J. Fr. RIQUIER).
Paris 1781. V.ᵉ Thiboust.

63. — Ludovicus Magnus in quærenda gloria Alexandro Magno felicior. (J. COMMIRIUS soc. Jes. Traduct. de CHOMEL soc. Jes.)

1348. — Recueil de Poésies françaises et latines.
1 vol. in-8.º
Contenant :

1. — Complainte universelle des trois Estats sur la mort du tres-chrestien Roy de France : sçavoir l'Eglise, la Noblesse et la Iustice : avec la complainte de l'Vniversité. A tres-illustre Royne mere du Roy Regente en France.
Paris 1574. Buffet.

2. — Nihil. Nemo. Aliquid. — Quelque chose. Tout. Le moyen. Si peu que rien. On. Il. (Par PASSERAT).
Paris 1597. Presvosteau.

3. — Ostende.
S. l. 1504
(C'est la traduction en vers français, par 42 auteurs differents, de la prosopopée d'Ostende : Area parva ducum... attribuée à Scaliger.

4. — Tabellæ de vita et morte. E Gallico D. MATHÆI, historiographi regii, latino carmine religiosissimè redditæ a *Ludovico* LASCOUS *Martellensi* in Senatu Burdigalensi patronò. — Les Tablettes de la vie et de la mort. Faites Françoises par le sieur MATHIEU, historiographe du Roy : et mises en langue Latine par *Louis* LASCOUS.
Paris 1624. Hulpeau.

5. — Vers presentez au Roy à son retour de la guerre de Hollande le 2 aoust 1672. Par P. Corneille.
(Ce sont des inscriptions pour divers edifices).

6. — Carmen gratulatorium in novum Præsulem Leodiensem. D. Corneliũ a Bergē, Baronem Zeuenbergensem. Authore P. à MONFOORT.
Leydis 1539. P. Balenius.

Poètes Latins modernes, Français de nation.

1349. — Sacrarum Heroidum libri tres. (Quæ ad intelligendas veteris et novi Testamenti historias, et pietatis incrementum conferunt). Autore *Andrea* ALENO *Eburone*.
Lovanii 1574 Apud Velpium. 1 vol. in-8º.

1350. — *Hugonis* AMBERTANI *Colungiani* sylve celebratissimam Francisci magni Valesii in Helvetios victoriam cantatissima Caroli octavi et Ludovici duodecimi prelia etc. complexe.
Lutetiæ 1516. Apud Egid. Gormontium. 1 vol. in-8°.

1351. — *Publii Fausti* ANDRELINI *Foroliviensis* regii poete laureati. — De obitu Caroli octavi deploratio. — Ejusdem de eodem ad Guidonē Rupifortem epistola. — Ejusdem de eodem varia epitaphia. — Ejusdem carmē de Parrhisie urbis cōgratulatiōe in Petri Coardi primi frācie presidis electiōe.—Ejusdem carmen ad Laurentium Burellū.
Parisiis 1499. Jehan Petit. 1 vol. in-4°.

1352. — *Joannis* AURATI *Lemovicis* poetæ Poëmatia. Cum indicibus rerum et verborum locupletissimis.
Lutetiæ 1586. Linocerius. 1 vol. in-8°.

1353. — *Nicolai* BARPTHOLEMAEI *Lochiensis* Epigrammata. Momic. Eidyllia.
Parisiis 1534. Rob. Stephanus. 1 vol. in-8°.

1354. — Castra Compendiensia. Carmen. Authore P. D. B. C. R. J. C. N. E. P. E. P. (DE BASSONVILLE).
Noviomi 1699. And. Cabut. 1 vol. in-8°.

1355. — Casallum bis liberatum. Sive belli italici pro Mantuano Duce feliciter confecti duplex expeditio. Ad cardinalem ducem. Authore *Petro* BERTAULT cong. orat.
Parisiis 1631. Joa. Libert. 1 vol. in-8°.

** — Joan. BACHOTI Poemata.
Vide *Noctes Mormantinæ sive Bachoti opuscula.*

1356. — *Theod.* BEZÆ poemata. Psalmi Davidici XXX. Sylvæ. Elegiæ. Epigrammata, cùm alia varii argumenti, tum Epitaphia, et quæ peculiari nomine *iconas* inscripsit.
S. l. n. d. 1 vol. in-8°.

** — Varii generis poematia per *Adamum* BLACUODAEUM.
Vide *Blacuodaei opera.*

1357. — *Guilielmi* BLANCI jun. Hyacinthus: sive de beato Hyacintho Polono, in sanctorum numerum relato, libri duo.
Lutetiæ 1594. Apud F. Morellum. 1 vol. in-8°.

1358. — *Joannis* BONEFONII patris, *Arverni*, Opera omnia, tam Latino, quàm Gallico idiomate ab *Ægidio Durant* donata. Editio nova.
Amstelodami 1725. Off. Westeniana. 1 vol. in-12.

1359. — *Nicolai* BORBONII *Vandoperani* Nugæ.
Parisiis 1533. Apud Mich. Vascosanum. (1) 1 vol. in-8º.

1360. — *Nicolai* BORBONII Poëmatia exposita. Quibus accesserunt aliquot præfationes, et *Divi* CYRILLI archiepiscop. Alex. liber primus contra Julianum græcè nunc primum editus, eodem interprete.
Parisiis 1630. Rob. Sara. 1 vol. in-12.

1361. — *Joannis* DESCAURES *Ambianensis* (2) ad vulgarem, popularemque sensum accommodatæ enarrationes, in *Nicolai Borbonii* Vandoperani poëtæ clarissimi libellum de moribus, in puerorum gratiam. Ad illustr. card. de Crequy.
Parisiis 1571. Apud Joan. Benenatum. 1 vol. in-4.º

1362. — *Francisci* BOUSSUETI *Surregiani* de natura aquatilium carmen, in universam *Gulielmi Rondeletii*, quam de piscibus marinis scripsit historiam; cum vivis eorum imaginibus, opusculum nunc primum in lucem emissum.
Lugduni 1558. Mat. Bonhomme. 1 vol. in-4º.

1363. — *Joannis* BRUCHERII *Trecensis* commentarii in septem sapientum Græciæ apophthegmata, Ausonianis conscripta versibus. Ejusdem BRUCHERII tetrasticha parabolica, cum nonnullis aliis ipsius poematiis.
Parisiis 1528. Apud Sim. Colinæum. 1 vol. in-8º.

1364. — S. P. Benedicti vita et regula versibus expressæ à R. P. D. *Gabriele* BUGNOTIO.
Parisiis 1662. Lud. Billaine. 1 vol. in-12.

1365. — Sacra elogia SS. ord. Benedicti. Accedit ejusd. S. Patris regulæ et vitæ carminibus express. iterata editio. (Autore *Gab.* BUGNOTIO).
Parisiis 1665. Louis Billaine. 1 vol. in-12.

---

(1) *Michel* VASCOSAN, né à Amiens, mourut à Paris en 1576.
(2) *Jean* DES CAURES, né à Moreuil en 1540, mourut à Amiens le 17 mars 1587.

1366. — *Joannis* de Bussieres è soc. Jesu Scanderbegus, poema.
Paris 1662. Barbier. 1 vol. in-8°.

1367. — *Ægidii* Cambier è soc. Jesu carmina.
Duaci 1697. Mairesse. 1 vol. in-8°.

1368. — Solatium Camoenæ Ambianensis pia varietate delinitum studio magistri *Ludovici* Caustier. (1)
Ambiani 1695. Vid. Rob. Hubault. 1 vol. in-8°.

1369. — *Ludovici* Cellotii è soc. Jesu opera poetica.
Parisiis 1630. Seb. Cramoisy. 1 vol. in-8°.

1370. — Hymni ecclesiastici novo cultu adornati. (Autore *Martino* Clairé). (2)
Parisiis 1673. Seb. Mabre Cramoisy. 1 vol. in-8°.

1371. — Idem opus. 2.ª edit.
Parisiis 1676. Seb. Mabre Cramoisy. 1 vol. in-12.

1372. — Hymni sacri, auctore *Carolo* Coffin.
Parisiis 1736. Bibl. Par. 1 vol. in-12.

1373. — *Joannis* Commirii è soc. Jesu carmina. 3.ª editio.
Lutetiæ 1693. Sim. Benard. 1 vol. in-12.

1374. — Odae aliquot de præfiguratione, conceptione, nativitate, assumptione virginis matris Mariæ unà filii Jesu vitam complectentes per F. *Oliverium* Conradum. — Miraculum ejusdem Virginis in defendendo ab hostibus oppidulo, quod nunc pars est Aureliæ urbis per eundem. — Historia divi Sebastiani per eundem.
Aureliæ 1530. Fr. Gueiar. 1 vol. in-8°.

** — *Gabrielis* Cossartii carmina.
Vide *Gab. Cossartii orat. et carm.*

1375. — *Cæs. Aug.* Cottæ *Casteldunensis* poemata.
Parisiis 1604. Sam. Métayer. 1 vol. in-8°.

1376. — *Caroli* De la Rue è soc. Jesu idyllia.
Rothomagi 1669. Rich. Lallemant. 1 vol. in-12.

1377. — Idem opus. 3.ª edit.
Paris 1672. Benard. 1 vol. in-12.

---

(1) *Louis* Caustier, né à Amiens en 1637, mourut en 1712.
(2) *Martin* Clairé, né à St.-Valery en 1612, mourut à la Flèche en 1693.

1378. — *Caroli* Ruæi è soc. Jesu carminum libri quatuor. 5.ª ed.
Lutetiæ-Paris. 1688. Vid S. Benard. 1 vol. in-12.

1379. — Hymnus novemdialis in B. Petrum à Luxemburgo. Authore V. P. F. *Nicolao* De le Ville.
Rothomagi 1646. Jul. Philippe. 1 vol. in-8°.

1380. — P. F. *Nicolai* De le Ville *Atrebatis* poemata cælestina.
Lovanii 1646. Pet. Vanderheyden. 1 vol. in-8°.

1381. — P. F. N. De le Ville Elegiæ et commentarii in mysteria Incarnationis, Passionis, et Glorificationis Jesu Christi domini nostri, figuris præsignata et prænunciata prophetiis, Sive Ambitus claustri Heverlensis.
Lovanii 1647. And. Bouvet. 1 vol. in-8°.

1382. — *Francisci Josephi* Desbillons fabulæ Æsopiæ, curis posterioribus omnes ferè emendatæ; quibus accesserunt plus quam CLXX novæ. Quinta editio.
Parisiis 1769. J. Barbou. 1 vol. in-12.

1383. — *Antonii* Deslions soc. Jesu de cultu B. V. Mariæ elegiarum libri tres.
Antuerpiæ 1640. Off. Plantiniana. 1 vol. in-12.

1384. — Francisci Valesii Gallorum regis fata. Ubi rem omnem celebriorem à Gallis gestam nosces, ab anno Christi 1543 usque ad annum ineuntem 1539. *Stephano* Doleto autore.
Lugduni 1539. Dolet. 1 vol. in-4°.

A la suite, on trouve :

Genethliacum Claudii Doleti, Stephani Doleti filii. Liber vitæ communi in primis utilis, et necessarius. Autore patre (*Steph.* Doleto).
Lugduni 1539. Dolet. 1 vol. in-4°.

L'avant naissance de Claude Dolet, filz de Estienne Dolet : premierement composée en Latin par le pere : et maintenant par ung sien amy traduicte en langue Françoyse. Œuvre très utile, et necessaire à la vie commune : contenant, comme l'homme se doibt gouverner en ce monde.
Lyon 1539. Estienne Dolet. 1 vol. in-4°.

1385. — Miscellanea *Antonii* Droulini *Ambian.* opuscula ill. rev. dom. D. Franc. Le Fevre de Caumartin, Ambianensium episcopo dicata.
  Ambiani 1631. Ja. Hubault. 1 vol. in-8°.

1386. — Elogia Christi Salvatoris, necnon Virginis eius semper intemeratæ matris in utriusque latinias. Auctore *Antonio* Droulino Ecclesiæ Ambianensis propœnitentiario. (1)
  Ambiani 1633. J. Hubault. 1 vol. in-8°.

1387. — L'art de Peinture de C. A. Du Fresnoy, traduit en françois. Enrichi de remarques, rev. corr. et augm. par M. de Piles. 4.ᵉ édit.
  Paris 1751. C. A. Jombert. 1 vol. in-12.

1388. — Sacra regum historia heroico carmine expressa, et in XII libros redacta. Per R. P. *Gilbertum* Filholium. Cum notis et chronologia eiusdem auctoris.
  Parisiis 1587. Apud Ægid. Corbinum. 1 vol. in-8°.

** — Fléchier opera poetica,
  Voyez *OEuvres de Fléchier.*

1389. — *Leonardi* Frizon è soc. Jesu lectorum poëmatum editio nova, è variis carminibus, antèa ineditis aut seorsum excusis, concinnata.
  Lugduni 1666. Barth. Riviere. 1 vol. in-12.

1390. — *Andreæ* Frusii soc. Jesu Epigrammata in haereticos.
  Antuerpiæ 1599. Apud J. Trognæsium. 1 vol. in-16.

1391. — Elegiarum de tristi morte Henrici magni ad Ludovicum filium Galliæ et Navarræ regem christianissimum *Francisci* Garassi Liber singularis.—Ejusdem Ludovico XIII feliciter inaugurato, sacra Rhemensia, nomine collegii Pictaviensis.
  Augustoriti-Pictonum 1611. Ant. Mesnerius. 1 v. in-4°.

1392. — Facetus cum commento. (Auctore *Joa.* de Garlandia).
  Parisiis 1505. M. Le Noir. 1 vol. in-4°.
  A la suite :
  Floretus cum commento. (*Joan.* de Garlandia).
  Rotbomagi 1513. Le Forestier. 1 vol. in-4°.

---

(1) *Antoine* Droulin, fils d'un hortillon, comme Caustier, était pénitentier de l'église d'Amiens en 1631.

1393. — Hygiène ou art de conserver la santé; poëme latin d'*Etienne-Louis* Geoffroi, traduit en vers français, par Lequenne-Cousin.
    Cambrai 1832. Chanson. 1 vol. in-8º.

1394. — Poemata *Francisci* Hæmi *Insulani*.
    Cortraci 1630. Joa. Van Ghemmert. 1 vol. in-8º.

1395. — L'Astronomie, poëme didactique latin en huit livres, avec la traduction française en regard et des notes; par F. M. Haumont.
    Paris 1835. F. Didot. 1 vol. in-8º.

1396. — Cerastes in semita. Ad clerum Sanquintinianum. Descriptore *Claudio* Hemeræo.
    Parisiis 1632. Ant. De la Perrière. 1 vol. in-8º.
    A la suite:
    Phase utriusque fœderis. Auctore C. Hemeræo.
    Parisiis 1628. Jacquin. 1 vol. in-8º.

1397. — *Michaelis* Hospitalii Epistolarum seu sermonum libri sex.
    Lutetiæ 1585. Apud Mam. Patissonium. 1 vol. in-fol.

1398. — *Pet. Danielis* Huetii carmina. Quinta editio.
    Parisiis 1709. Jacob. Estienne. 1 vol. in-12.

1399. — *Federici* Jamotii *Medici Bethuniensis* Varia Poemata græca et latina. — Hymni. — Ode. — Idyllia. — Epigrammata. — Funera. — Anagrammata.
    Antuerpiæ 1593. Off. Plantiniana. 1 vol. in-4º.

1400. — Horatii christiani tripartitus in B. Francisci Salesii canonizationis inauguratione, fidei scilicet, spei et charitatis triumphus. Authore Fr. *Jacobo* Ladoreo *Turonensi*.
    Romæ 1662. De Lazaris. 1 vol. in-4.º

1401. — Virgilius Christianus. Eclogæ XII. — Psycurgicon sive de cultura animi XII. — Ignatiados lib. XII. — Opuscula selecta XII. Authore P. *Laurentio* Le Brun.
    Parisiis 1661. Sim. Piget. 1 vol. in-8º. Fig.

** — *Fr.* Le Jay varia carmina.
    Vide n.º 749.

1402. — Athenarum panorama seu Græciæ veteris encomium. P. *Aug.* Lemaire.
>Paris 1821. Rignoux. 1 vol. in-8°.

1403. — Ejusdem Carmen de bello hispanico 1823.
>Paris 1823. J. Didot. 1 vol. in-8°.

1404. — *Petri* Lengleti *Bellovaci* Carmina.
>Parisiis 1673. Franc. Le Cointe. 1 vol. in-8°.

1405. — Actio oratoris, seu de gestu et voce libri duo. Autore *Joanne* Lucas soc. Jesu.
>Parisiis 1675. Sim. Benard. 1 vol. in-12.

1406. — *Salmonii* Macrini *Juliodunensis* carminum libri quatuor.
>Parisiis 1530. Apud Sim. Colinæum. 1 vol. in-8°.

1407. — *Salmonii* Macrini *Juliodunensis* hymnorum libri sex.
>Parisiis 1537. Rob. Stephanus. 1 vol. in-8°.

1408. — Constantinus, sive idololatria debellata. Authore *Petro* Mambruno.
>Lutetiæ 1658. Dion Béchet. 1 vol. in-4°.

1409. — *Petri* Mambruni Eclogæ, et de cultura animi libri IV.
>Fixæ 1661. Gerv. Laboe. 1 vol. in-8°.

1410. — *Joannis* Maury Philosophia practica, sive excursus morales in proverbia Salomonis, ubi quæ ad vitam, cùm privatam, tùm publicam recte instituendam à Salomone sunt tradita.
>Parisiis 1672. J. B. Coignard. 1 vol. in-12.

1411. — *Joannis* Maury Stadium sapientiæ, sive excursus morales in sapientiam Salomonis, metricà paraphrasi ex mente Sanctorum Patrum.
>Parisiis 1674. Léonard. 1 vol. in-12.

A la suite:

Joannis Maury sylvæ regiæ sive varia ejus poemata in laudem Ludovici Magni.
>Parisiis 1672. Desprez. 1 vol. in-12.

1412. — *Ægidii* Menagii poemata. Tertia editio.
>Parisiis 1658. Aug. Courbé. 1 vol. in-8°.

1413. — *Antonii* Milliei, è soc. Jesu, Moyses viator: seu imago

militantis ecclesiæ Mosaicis peregrinantis Synagogæ typis adumbrata.
Lugduni 1636. Gab. Boissat. 1 vol. in-8°.

1414. — *Joannis Edoardi* Du Monin Beresithias, sive mundi creatio, ex Gallico G. *Sallustii du Bartas* Heptamero expressa. Accedit ejusdem *Edoardi* manipulus poëticus non insulsus.
Parisiis 1579. Hyl. Le Bouc. 1 vol. in 8°.

1415. — *Francisci* Montmorencii soc. Jesu Poetica canticorum sacrorum expositio ad S. D. N. Urbanum Papam VIII.
Duaci 1629. Off. Patteniana. 1 vol. in-4°.

1416. — *Fed.* Morelli carmina quædam. — Scutum christianum et Ogdoas, in A. S. 1598. — Vota. Enneas, ad An. Sal. 1599. — De numerorum historia, carmen φιλοσοφοθεολογοποιητιχοον. — Pro felici inauguratione Ludovici XIII, Rhemis celebrata 17 octobris 1610. — Ludovici XIII genethliacum, ad 5 cal. oct. — Alia quædam Idyllia et Epigrammata.
Parisiis 1598-1613. Apud Fed. Morellum. in vol. in-8°.

1417. -- *Jacobi* Mosanti *Briosii* Poemata.
Cadomi 1663. Joan. Cavelier. 1 vol. in-8°.

** — M. *Antonii* Mureti carmina.
Vide *A. Mureti. Epist. Hym. etc.*

1418. — Eidyllia sacra in utrumque testamentum libris XII comprehensa. Per *Robertum* Obrizium *Artesianum*.
Duaci 1587. Joan. Bogardus. 1 vol. in-8°

1419. — Natales urbis, Delphinatium reguli, et gloriæ. Ad Eminentissimum Cardinalem Ducem de Richelieu. Ex Amaltheo Marchiano. (Auctore *Phi.* Patenatio).
1639. 1 vol. in-4°.

1420. — Hymnus angelicus, sive doctoris angelici Summæ theologicæ rhythmica synopsis. Quest. 612. Art. 3120. Auctore P. F. *Francisco* Penon.
Parisiis 1651. Moreau. 1 vol. in-12.

1421. — Cantica pro capella regis. Latinè composita et Gallicis versibus reddita. Authore P. Perrin.
Parisiis 1665. Rob. Ballard. 1 vol. in-8°.

1422. — *Dionysii* Petavii opera poetica. Ultima editio plerisque carminibus aucta.
Parisiis 1642. Seb. Cramoisy. 1 vol. in-8º.

1423. — Idem opus. 3.ª edit.
Parisiis 1624. Seb. Cramoisy. 1 vol. in-8º.

1424. — *Petri* Petiti selectorum poematum libri duo. Accessit dissertatio de furore poetico.
Parisiis 1683. Joan. Cusson. 1 vol. in-8º.

1425. — Aeneis sacra continens acta Domini nostri Jesu Christi, et primorum martyrum qui passi sunt tempore persequutionis. Omnia Virgilio-centonibus conscripta, collecta per Fr. *Stephanum* Pleurreum.
Parisiis 1618. Adr. Taupinart. 1 vol. in-4º.

1426. — Anti-Lucretius, sive de Deo et Natura, libri novem; Emin. S. R. E. Card. *Melchioris* de Polignac opus posthumum; illustriss. Abbatis *Caroli d'Orléans de Rothelin* curâ et studio editioni mandatum.
Parisiis 1749. Guerin. 2 vol. in-12.

1427. — Idem opus.
Parisiis 1747. Guerin. 2 vol. in-8º. Port.

1428. — L'Anti-Lucrèce, poëme sur la religion naturelle, composé par M. le Cardinal de Polignac; traduit par M. de Bougainville.
Paris 1750. Guerin. 2 vol. in-12.

1429. — Même ouvrage.
Bruxelles 1772. Foppens. 2 vol. en 1. in-12.

1430. — *Francisci* Porti *Crespiensis Valesii*, medicique Parisiensis, libri III de Messiæ pugna, victoria, triumpho.
Parisiis 1621. Blageart. 1 vol. in-4º.

1431. — V. C. *Vidi Fabri* Pibracii præcepta moralia, heroicis expressa ab *Aug.* Prevotio.
Lutetiæ 1584. Apud Fed. Morellum. 1 vol. in-4º.
A la suite:

** — *Vidi Fabri* Pibracii tetrasticha Græcis et Latinis versibus expressa, Authore *Florente* Christiano.
Lutetiæ 1584. Apud F. Morellum.

1432. — Calvidii Leti (*Claude* Quillet) callipædia ; seu, de pulchræ prolis habendæ ratione. Poema didacticon ad humanam speciem belle conservandam apprimè utile.
Lugd.-Batav. (Paris). 1685, Th. Jolly. 1 vol. in-8°.

** — Rapini hortorum libri tres.
Voyez *OEuvres du P. Rapin.* II.

1433. — Borbonias *Abrahami* Remmii. Sive Ludovici XIII contra rebelles victoriæ partæ ac triumphi.
Parisiis 1623. Joan. Martinus. 1 vol. in-8°.
On y trouve une lettre manuscrite de l'auteur à M. Le Roy, seigneur de Jumelles, président au bailliage et siège présidial d'Amiens.

1434. — Heroica Ludovici XIII libris quatuor distincta. Per *Abr.* Remy.
Parisiis 1621. Apud L. Boulenger.

** — *Francisci* Remondi *carmina.*
Vide *F. Remondi carm. et orat.*

1435. — Apollo Gallicus in quo Henrici Magni præclare gesta breviter describuntur. Unaque epithalamium regium Ludovici XIII etc. à *Joanne* Rognantio *Parisiensi.*
Parisiis 1616. Joan. Lacquehay. 1 vol. in-8°.
A la suite :
L'Apollon françois etc. — Traduit du latin en françois par *Jean* Roguenant.
Paris 1616. Saugrain. 1 vol. in-8°.

** — C. Rollini carmina.
Voyez *Opuscules de Rollin.* II.

1436. — *Petri* Rosseti Christus, nunc primum in lucem æditus.
Parisiis 1534. Apud Sim. Colinæum. 1 vol. in-8°.

1437. — *Gulielmi* Rufi *Armorici* Nugæ poëticæ.
Parisiis 1605. Pet. Pautonnier. 1 vol. in-8°.

1438. — *Renati Michaelis* Rupe Mallei *Parisini* poematia.
Parisiis 1658. Vid. Henr. Sara. 1 vol. in-8°.

1439. — *Scaevolae* Sammarthani poemata.
Lutetiæ 1587. Apud Mam. Patissonium. 1 vol. in-8°.

1440. — *Natalis Stephani* Sanadonis carminum libri quatuor.
Parisiis 1754. Jos. Barbou. 1 vol. in 12.

1441. — *Joan. Baptiste* Santolii opera poëtica.
Parisiis 1694. Dion. Thierry. 1 vol. in-12.

1442. — *Joan. Bapt.* Santolii operum omnium editio secunda.
Parisiis 1698. Dion. Thierry. 1 vol. in-12.

1443. — Hymni sacri et novi. Autore Santolio *Victorino*. Editio novissima, in qua hymni omnes, quos Autor usque ad mortem concinuerat, reperiuntur.
Parisiis 1698. Dyon. Thierry. 1 vol. in-12.

1444. — Hymni novi tam ex breviario Parisiensi quàm ex Cluniacensi excerpti. (A Santolio *Vict.*)
Parisiis 1685. Le Petit. 1 vol. in-8º.

1445. — Hymni sacri nunc primum collecti, et ab Auctore (*Cl.* Santolio) recogniti.
Parisiis 1723. Coignard. 1 vol. in-8º.

1446. — Divæ Magdalenæ ignes sacri et piæ lacrymæ. Sive selecta de divâ Magdalenâ cum totidem Elegiis Epigrammatum Syntagmata. Autore P. *Petro Justo* Sautel.
Lugduni 1656. Mich. Duhan. 1 vol. in-16.

1447. — Lusus poetici allegorici, sive Elegiæ oblectandis animis et moribus informandis accommodatæ. In tres libros, aut decurias tributæ. Autore P. *Petro Justo* Sautel.
Parisiis 1665. Joan. Henault. 1 vol. in-12.

1448. — Annus sacer poeticus, sive selecta de Divis Cælitibus Epigrammata in singulos anni dies tributa, duobusque tomis partita. A R. P. *Petro Justo* Sautel.
Parisiis 1665. Joan. Henault. 2 vol en 1. in-12.

1449. — *Stephani* Simonini *Sequani* Sylvæ urbanianæ, seu gesta Urbani VIII Pontif. Opt. Max.
Antuerpiæ 1637. Off. Plantiniana. 1 vol. in-4º.

1450. — Moratæ poeseos volumina II. Auctore R. P. *Joan.* Surio.
Atrebati 1617. Typ. G. Riverii. 2 vol. in-8º.

1451. — Metaphrasis poetica librorum aliquot sacrorum, auctore *Jac. Aug.* Thuano.
Cæsar.-Turon. 1592. Apud Jam. Messorium. 1 v. in-8º.

1452. — Hieracosophioy, sive de re accipitria libri III. (Authore *Jac. Aug.* Thuano).
Lutetiæ 1587. Apud Mam. Patissonium. 1 vol. in-8º.

** — *Adriani* Tornebi variarum poematum sylva.
Vide n.º 1538.

1453. — Fasti sacri, sive Epigrammatum, quibus sanctorum elogia per totius anni dies canuntur, libri XII. Auctore *Hugone* Vaillant.
   Parisiis 1674. Guill. Desprez. 2 vol. in-12.

1454. — *Valerandi* Varanii (1) Carmen de expugnatione genuensi cum multis ad gallicam historiam pertinentibus.
   Parisii 1597. N. de Pratis.
   A la suite :
   (Ejusdem) Decertatio fidei et heresis.
   Parisiis. Rob. Gourmont.
   (Ejusdem) De gestis Joanne Virginis France egregie bellatricis Libri quattuor.
   Parisii 1516. Joan. de Porta. 1 vol. in-4º.

1455. — *Jacobi* Vanierii soc. Jesu prædium rusticum.
   Lut.-Parisiorum 1707. Joan. Le Clerc. 1 v. in-12. Grav.

1456. — Æconomie rurale, traduction du Poëme du P. Vaniere, intitulé *Prædium Rusticum*, par M. Berland.
   Paris 1756. Estienne. 2 vol. in-12.

1457. — *Francisci* Vavassoris soc. Jesu Epicorum liber cui ode duplex, et aliquot epigrammata accedunt.
   Parisiis 1661. Seb. Cramoisy. 1 vol. in-4º.

1458. — Sylvæ Regiæ *Balthasaris* de Vias Nob. Massiliensis, ad Ludovicum Iustum. Quibus selecti Francorum Annalium et politioris literaturæ flores inseruntur.
   Lutetiæ 1623. Nic. Buon. 1 vol. in-4º.

1459. — Funus Emin. S.R.E. Card. Francisci de la Rochefoucauld. Per unum è. Canonicis regul. seminarii Sylvanectensis.
   Parisiis 1646. Seb. Cramoisy. 1 vol. in-4º.

Poètes Latins modernes, Italiens et Espagnols.

1460. — *Hierony.* Angeriani *Neopolitani* ερωτοπαιγνιον.
   Parisiis. Vatellus. 1 vol. in-4º.

1461. — *Hieronymi* Angeriani *Neopolitani* ερωτοπαιγνιον.
   Parisiis 1582. Div. Duvallius. 1 vol. in-16.
   Vide n.º 1329.

---

(1) Valeran de la Varane, né à Abbeville, florissait sous Louis XII.

1462. — *Maphaei* BARBERINI S. R. E. Card. nunc URBANI VIII Papæ Poemata.
   Parisiis 1642. Topographia Regia. 1 vol. in-fol.

1463. — Idem opus. 2.ª edit.
   Lutetiæ-Paris. 1623. Ant. Stephanus. 1 vol. in-4°.

1464. — Idem opus.
   Antuerpiæ 1634. Off. Plantiniana. 1 vol. in-4°.

1465. — *Pauli* BELMISSERI *Pontremulani* opera poetica.
   1534. 1 vol. in-8°. Fig.

** — *Fran.* BENCII carmina.
   Vide *Bencii orat. et carm.*

1466. — Les Eclipses, poëme en six chants, par M. l'*Abbé* BOSCOVICH ; traduit en françois par M. l'*Abbé* DE BARRUEL.
   Paris 1779. Valade. 1 vol. in-4°.

1467. — PHILOMATHI (*Fabii* CHIGI posteà ALEXANDRI VII Papæ) Musæ Juveniles. Editio novissima.
   Parisiis 1656. Typographia Regia. 1 vol. in-fol.
   Vide n.° 1462.

** — CODRI Silve, Satyre, Egloge, Epigrammata.
   Vide *Codri opera.*

** — *Petri* CRINITI poematum libri II.
   Vide *Petri Criniti opera.*

1468. — Syphilis ou le mal vénérien, poëme latin de *Jerome* FRACASTOR, avec la traduction en françois, et des notes. (Par MM. *Macquer* et *Lacombe*).
   Paris 1753. J. T. Quillau. 1 vol. in-8°.

** — L. G. GYRALDI carmina quædam.
   Vide *Gyraldi opera.* II.

1469. — *Vincentii* GUINISII *Lucensis* soc Jesu Poesis.
   Antuerpiæ 1633. Cnobbaert. 1 vol. in-16.

1470. — Innocentii X Pontificis maximi columba gemens militans ecclesia. (Autore *Thoma* LEONARDI).
   Antuerpiæ 1645. Off. Platiniana. 1 vol. in-fol.

1471. — *Aloysii* JUGLARIS *Niciensis* è soc. Jesu Christus Jesus hoc est dei hominis Elogia.
   Lugduni 1642. Du Creux. 1 vol. in-4°.

1472. — *Joan. Bapt.* LAURI *Perusini* Poemata.
   Romæ 1624. Typ. And. Phei. 1 vol. in-12.

1475. — Fratris *Baptiste* Mantuani opus insigne : vitā et martyriū sancte Catharine virginis martyrisq. complectens : nuperq. emēdate impressum.

Paris 1496. Joa. Philip. Alemanus. 1 vol. in-4°.

1474. — *F. Baptiste* Mantuani Bucolica seu Adolescentia in decem Aeglogas divisa. Ab Iodoco Badio Ascensio familiariter exposita.

Parisiis 1582. Jehan Petit. 2 vol. in-8°.

A la suite :

De calamitatibus temporum seu contra peccatorum monstra Aureum *Baptiste* Mantuani Poema familiariter ac succincte declaratum.

Parisiis 1506. Denis Roce.

Sylvarū F. *Baptiste* Mantuani sex opuscula que prima ad nos perlata Carmē panegyricū in Robertū Sanseverinatē. Somniū romanū : de cede et exitu eiusdē. Elegia de morte contēnēda de integro castigata. Varia ad Falconē Sinibaldū Epigrammata. Carmē Saphicū divū Albertū Carmelitam et Carmē elegiacū in divi Ludovici Bononiēsis vitam : transitū ac miracula : cum commento.

Parisiis 1503. Jehan Petit.

F. Baptistae Mantuani de fortuna Francisci Gōzage Poematiōn cum diligētissimis *Ioānis* Brucherij explanationibus.

Parisiis 1512. Jehan Petit.

Dionisius *Baptiste* Mantuani.

Parrhisius 15.. Denis Roce.

Ejusdem de patiētia aurei libri tres cum indicibus et vocabulorum difficiliorū explanatione ab *Ascēsio* recens recognita.

Parisiis 1519 Jehan Petit.

Ejusdem Aureum contra īpudice scribētes opusculum ab *Ascensio* familiariter explicatum : nuper autem a *Joanne Vatello* fideliter restitutum.

Parisiis 1499. N. de Barra.

1475. — *Marcelli* Palingenii Zodiacus vitæ: hoc est, de hominis vita, studio, ac moribus optimè instituendis libri XII.
Lugduni 1599. Tornaesius. 1 vol. in-16.

1476. — Idem opus. Additis, quæ nusquam hactenus inveniebantur, singulorum librorum summariis.
Francofurti 1704. Ch. Liebezeitius. 1 vol. in-8º.

1477. — *Francisci* Petrarchae Bucolica, Africa, Epistolae.
Basileæ 1558. 1 vol. in-8º.

** — Pici Miranduli heroicum carmen de mysterio divinæ crucis.
Vide *Pici Miranduli opera*. Tom. II.

** — *Angel.* Politiani poemata varia.
Vide *Ang. Politiani opera*.

1478. — *Angeli* Politiani Sylva cui titulus est Rusticus cum docta elegantissimaq. *Nicolai Beraldi* interpretatione.
Parisiis 1492. Ascensius. 1 vol. in-fol.

1479. — *Joan. Joviani* Pontani Carminum, quæ quidem extant, omnium, pars prima: in qua, Urania. Meteororum lib. I. De Hortis Hesperidum lib. VI. Lepidina, Bucolica.
Basileæ 1531. Apud Cratandrum. 1 vol. in-8º.

1480. — *Constantii* Pulcharellii Carminum libri quinque. His adjecti Dialogus de vitiis Senectutis, et Homericæ Iliados libri duo è greco in latinum conversi.
Flexiæ 1619. Georg. Griveau. 1 vol. in-8º.

1481. — *Jo. Fr.* Quintiani Stoae poetae facundissimi īgeniosa disticha in omneis fabulas P. Ovidii Nasonis Metamorphoseon. — Ejusdem Elegia qua deflet Philip. Beroaldum cui et subnectitur lachrymabilis monodia.—Ejusdem in immaturū Regine Anne fatum Threnos etc.
Parisiis 1514. Gourmont. 1 vol. in-4º.

1482. — Poema M. *Antonii* Sabellici.
Genethliacum Venetæ urbis. — De apparatu Venetæ urbis. Poema unum. — De Vicetiæ ortu et vetustate seu Vicentius Crater. Poema unum.— De Italiæ tumultu. — De domus deflagratione. — De munitione sontiaca. — De cæde sontiaca— De incendio carnico. — De Barionæ cymba.— De Hunnii origine.— De inventoribus artium.— De laudibus dive Virginis. Elegiæ XIII.
Venetiis 1502. Alb. de Lisona 1 vol. in-fol.

1483. — *Jacobi* Sannazarii opera omnia.
   Lugduni 1569. Griphius. 1 vol. in-18.

1484. — Les Couches sacrées de la Vierge, poëme héroique de Sannazar. Mis en François, par Colletet.
   Paris 1634. Jean Camusat. 1 vol. in-12.

1485. — Les Couches sacrées de la Vierge. Poëme héroique de Sannazar. Mis en prose françoise par le sieur Colletet. Reveu de nouveau, et corrigé sur le latin par R.P.P.L.I.
   Paris 1646. Meturas. 1 vol. in-12.

1486. — *Julii Caesaris* Scaligeri Lacrymæ. Prosopopoeia christianiss. Francorum Regis Francisci Valesii. Deflet Carolum ducem à Longavilla, qui ad Ticinum interfectus fuit.
   Parisiis 1534. Apud Mich. Vascosanum. 1 vol. in-8º.

1487. — *Julii Caesaris* Scaligeri Heroes.
   Lugduni 1539. Apud Seb. Gryphium. 1 vol. in-4º.

1488. — *Julii Caesaris* Scaligeri Poemata omnia in duas partes divisa.—Sophoclis Ajax lorarius stylo tragico à *Josepho* Scaligero Julii F. translatus.
   1600. In Bibliopolio Commeliniano. 1 vol. in-8º.

1489. — Theodolus Cum commento.
   Rothomagi 1515. Robinet Mace. 1 vol. in-4º.

1490. — *Emanuelis* Thesauri Cæsares; et ejusdem Varia carmina: quibus accesserunt nobilissimorum Orientis et Occidentis Pontificum elogia, et varia opera poëtica.
   Oxonii 1637. L. Lichfield. 1 vol. in-8º.

   A la suite :

   Patriarchæ, sive Christi servatoris Genealogia, per mundi ætates traducta, à D. *Emanuele* Thesauro.
   Rothomagi 1654. Joan. de Manneville. 1 vol. in-8º.

1491. — Idem opus.
   Rothomagi 1667. de Manneville. 1 vol. in-8º.

1492. — *Michaelis* Verini Disticha de Moribus.
   Parisiis 1573. Gab. Buon. 1 vol. in-8º.

1493. — *Marci Hieronymi* Vidæ *Cremonensis* opera.
   Lugduni 1566. Apud Gryphium. 1 vol. in-16.

1494. — La Cristiade de *Marc Hierosme* Vida, traduite en vers.
Amiens 1699. Caron Hubault. 1 vol. in-8º.

Poètes Latins modernes, Allemands.

1495. — Poesis osca, sive drama Georgicum in quo belli mala, pacis bona, ex occasione currentis anni quadragesimi septimi descripta repræsentantur carmine Anteiquo, Attellano, Osco, Casco. Autore *Jacobo* Balde.
Monachii 1647. Straub. 1 vol. in-8º.

1496. — Hymnus paschalis Christi resurgentis, H. Eobano *Hesso* autore, nuper inventus, et æditus in schola Marpurgensi. Epistola de vera nobilitate etc. Sylva sacrarum Elegiarum universam Christi vitam complexa. *Nicolao Asclepio* Barbato autore. Odæ Davidici Psalterii tres.
Martispurgi 1542. 1 vol. in-8º.

1497. — *Jacobi* Bidermani soc. Jesu Epigrammatum libri tres.
Duaci 1620. Joan. Bogard. 1 vol. in-16.

1498. — *Joachimi* Camerarii Opuscula aliquot elegantissima: nempe, Erratum, sive ὑπὲρ πταίσματος. — Æolica, hoc est, de Ventis. — Phaenomena, syderum et stellarum historia. — Prognostica. — Planetæ ac mensis duplices. — Disticha.
Basileæ 1536. Lasius. 1 vol. in-8º.

1499. — *Euricii* Cordi opera poëtica omnia.
Francofurti 1550. 1 vol. in 8º.

1500. — Divini *Hippocratis* aphorismorum et prognosticorum, id est selectarum maximeque ratarum sententiarum paraphrasis poëtica: auctore *Andrea* Ellingero.
Francofurti 1599. And. Wechel. 2 vol. en I. in-8º.

1501. — *Vincentii* Fabricii Poemata. 2.ᵃ editio; accessit Pransus paratus, sive Satira in Poetas, et eorum contemptores.
Amstelodami 1638. Janssonius. 1 vol. in-12.

1502. — D. J. Ern. Hebenstreit de homine sano et ægroto carmen sistens physiologiam, pathologiam, hygienem,

therapiam, materiam medicam, præfatur de antiqua medicina carmen : subnectuntur similes poetarum sententiæ, accedunt singula quædam carmina.
Lipsiæ 1753. Typ. Lankisiani. 1 vol. in-8°.

1503. — Rudimentorum Cosmographicorum *Joan.* Honteri *Coronensis* libri III, cum tabellis geographicis elegantissimis.
Antuerpiæ s. d. Richard. 1 vol. in-8°.

1504. — Ars versificatoria *Hulderici* Huteni.
Parisiis 1534. Rob. Stephanus. 1 vol. in-8°.

1505. — Stultifera navis mortalium, in qua fatui affectus, mores, conatus atque studia, quibus vita hæc nostra scatet, cunctis Sapientiæ cultoribus depinguntur. Olim à clariss. viro D. *Sebastiano* Brant Germanicis rhythmis conscriptus, et per *Jacobum* Locher Latinitati donatus.
Basileæ 1572. Off. Henricpetri. 1 vol. in-8°. Grav.

1506. — Melissi Schediasmata poetica. 2.ª edit.
Lutetiæ-Paris. 1586. Apud Am. Sittartum. 1 vol. in-8°.

1507. — Eidyllia quædam lyrica strenarum nomine calendis ianvariis ad varios tum principes, tum etiam doctrina insignes viros missa. Per *Godefridum* Mylandrum.
Aureliis 1578. Elig. Gibierius. 1 vol. in-4°.

1508. — F. *Ludovici* à S. Malachia *Viennensis* piorum carminum libri quinque. Item de poesi ad res honestas et potissimum sacras conferenda Lucubratiuncula.
Parisiis 1610. Boulliette. 1 vol. in 8°.

1509. — *Matthiæ Casimiri* Sarbievii è soc. Jesu Carmina.
Parisiis 1759. J. Barbou. 1 vol. in-12.

1510. — Poëmata *Sebastiani* Schefferi.
Francofurti ad Moenum 1572. Bassee. 1 vol. in-8°.

Poètes Latins modernes, Belges et Hollandais.

1511. — Navis stultifere collectanea ab *Jodoco* Badio Ascensio vario carminum genere non sine eorumdem familiari explanatione conflata.

Parisiis 1507. De Marnef. 1 vol. in-4º.

1512. — Idem opus.

Parisiis 1515. De Marnef. 1 vol. in-4º.

1513. — *Bernardi* BAUHUSII è soc. Jesu Epigrammatum selectorum libri V.

Antuerpiæ 1616. Off. Plantiniana. 1 vol. in-16.

1514. — Peanes quinque ferrorū dive Virginis Marie et quidā alii eiusdē hymni : à magistro *Petro* BURRO Ambianēsi canonico et viro disertissimo editi. Et ab *Ascēsio* perq. familiariter expositi.

Parisiis in ædibus Ascensianis. 1 vol. in-4º.

1515. — Moralium Magistri *Petri* BURRI carminū libri novem cum argumentis et vocabulorum minus vulgariū compendiosa explanatione.

Parrhisiis. 1523. De Marnef. 1 vol. in-4º.

1516. — *Andreæ* CATULLI septuplex gladius sive Deiparæ Virginis septem dolores.

Lovanii 1613. Christ. Flavius. 1 vol. in-4º.

1517. — *Jani* DOUZÆ a *Noortwyck* poemata pleraque selecta. *Petrus Scriverius* ex auctoris schedis et liturariis magnam partem descripsit, sparsa collegit, ac iunctim edidit. Accedunt *Jos. Scaligeri, J. Lipsii* aliorumque ad Douzam carmina.

Lugd.-Batavorum 1609. Thom. Basson. 1 vol. in-8º.

** — D. ERASMI carmina.

Vide *Erasmi opera*

1518. — Pia hilaria variaque carmina R. P. *Angelini* GAZÆI.

August.-Pictonum 1621. Ant. Mesnier. 1 vol. in-12.

1519. — *Antoni* GAZÆ ethica poesis. Hoc est moralia documenta ad rectè, et cautè vivendum percommoda, et utilia, distichis latinis ac rythmis italicis enucleata : suisque sub capitibus alphabetico ordine digesta.

Veronæ 1648. Apud fratres Merlos. 1 vol. in-8º.

1520. — *Hugonis* Grotii Poemata, collecta et magnam partem nunc primùm edita à fratre *Guilielmo Grotio.*
Lugduni-Batav. 1657. Apud Clouquium. 1 vol. in-8°.

1521. — *Jani* Gruteri numerius : hoc est, elegiarum libri V.
Heidelbergæ 1587. 1 vol. in-8°.

1522. — *Danielis* Heinsii poematum editio nova. Accedunt præter alia libri, de Contemptu mortis, antehac una non editi.
Lugduni-Batav. 1679. Elzevirii. 1 vol. in-16.

1523. — *Danielis* Heinsii Poemata emendata locis infinitis et aucta. Editio quarta.
Lugduni-Batavorum 1613. Orlers et Maire. 1 v. in-8°.

1524. — *Sidronii* Hosschii è soc. Jesu Elegiarum libri sex. Item *Guilielmi* Becani ex eâdem societate Idyllia et Elegiæ.
Parisiis 1723 Barbou. 1 vol. in-12.

1525. — *Caroli* Malapertii è soc. Jesu Poemata.
Antuerpiæ 1616. Off. Plantiniana. 1 vol. in-12.

1526. — *Benedicti* Ariæ Montani Poemata in quatuor tomos distincta.
Antuerpiæ 1589. Off. Plantini. 1 vol. in-16.

1527. — Noctuæ speculum. Omnes res memorabiles, variasque et admirabiles, Tyli Saxonici machinationes complectens, planè novo more nunc primùm ex idiomate Germanico latinitate donatum, adjectis insuper elegantissimis iconibus veras omnium historiarum species ad vivum adumbrantibus. Authore *Ægidio* Periandro.
Francofurti 1567. 1 vol. in-8°. Grav.

1528. — *Johan.* Pincieri Ænigmatum libri tres, cum solutionibus.
Hagæ-Comitum 1655. Ad. Vlacq. 1 vol. in-18.

** — Pugna porcorum per P. Porcium. (J. L. Placentium).
Niverstadii 1720. Apud G. Myrrheum. 1 vol. in-16.

** — Idem opus.
1648. Apud Neminem. 1 vol. in-16.
Vide *Nugæ Venales.*

1529. — *Justi* RyckI *Gandensis* praeludia poetica. Odæ, Elegiæ, Funera, Anagrammata, Epigrammata, Corollarium.
Duaci 1606. Car. Boscardus. 1 vol. in-4°.

** — *Joannis* Secundi *Hagiensis* poetæ opera emendata et aucta.
Parisiis 1582. Apud D. Duvallium. 1 vol. in-16.
Voyez n.° 1329 et 1151.

** — *Caroli* Utenhovij Xenia.
Vide n.° 1538.

1530. — R. P. *Joan.* Vincartii Sacrarum heroidum Epistolæ.
Tornaci 1653. Vid. Quinqué. 1 vol. in-12. Fig.

1531. — Applausus Scholæ publ. Mechl. PP. Orat. Dramate bucolico exhibitus rev. nob. ac per-ill. D. Joanni de Wachtendonck episcopo Namurcensi.
Mechliniæ 1654. Joan. Jaye. 1 vol. in-4°.

1532. — Sancti Norberti Canonicorum Præmonstratensium patriarchæ vita lyrica, dramatica, epigrammatica cum aliis Poematis. Pangebat D. F. *Petrus* de Waghenare.
Duaci 1636. Balt. Bellerus. 1 vol. in-8°.

1533. — Sanctus Norbertus Canonicorum Præmonstratensium patriarcha in se, et Suis vario carmine celebratus à Venerando D. F. *Petro* de Waghenare.
Duaci 1650. Balth. Bellerus. 1 vol. in-8°.

1534. — Beati Hermanni-Joseph, ord. Præmonstratensis vita metrica ad Alexandrum VII Pont. Max. Authore V. D. F. *Petro* de Waghenaer.
Coloniæ Agrippinæ 1656. Apud J. Buseum. 1 vol. in-8°.

1535. — *Jacobi* Wallii è soc. Jesu Poematum libri novem. 3.ª ed.
Antuerpiæ 1669. Off. Plantiniana. 1 vol. in-12.

1536. — Idem opus. Edit. nova.
Parisiis 1723. Barbou. 1 vol. in-12.

1537. — P. F. *Jacobi* Zevecotii ord. Erem. Poëmata. 2.ª editio.
Gandavi 1622. Jud. Dooms. 1 vol. in-8°.

Poètes Latins modernes, Anglais.

1538. — *Georgii* Buchanani *Scoti* Franciscanus et fratres, quibus accessere varia eiusdem et aliorum Poëmata.
Basileæ-Raur. 1566. Th. Guarinus. 1 vol. in-8°.

1539. — *Georgii* Buchanani *Scoti* Poemata quæ extant.
    Lugduni-Batav. 1628. Off. Elzeviriana. 1 vol. in-16.

1540. — Idem opus.
    Amstelodami 1676. Apud Dan. Elzevirium. 1 v. in-18.

1541. — Daretis *Phrygii* de bello trojano libri sex a *Cornelio Nepote* latino carmine donati.
    Antuerpiæ 1608. Apud J. Trognæsium. 1 vol. in-8º.

On sait que ce poëme latin est l'ouvrage d'un poëte anglais de la fin du xii.ᵉ siècle, nommé tantôt *Joseph Davonius,* parce qu'il était d'Exeter dans le Devonshire, tantôt *Iscanus*, d'après l'ancien nom de cette ville qui est *Isca*.

1542. — Sereniss. principi Carolo Secundo Mag.Brit.Fran.et Hib. Regi votum candidum *Vivat Rex*. (*Maur.* Neóportus).
    London 1665. Rob. Viti. 1 vol. in-4º.

1543. — Epigrammatum *Joannis* Oveni et *Alberti* Ines è soc. Jesu, Acroamatum epigrammaticorum editio postrema.
    Amstelodami 1679. Apud Elzevirium. 1 vol. in-16.

** — *Thomæ* Bicartonis *Scoti* poemata.
    Vide *Bicartonis miscellanea*.

** — Poemata *Annæ Mariæ* a Schurman.
    Vide *A. M. a Schurman opuscula*.

Poëtes Macaroniques.

1544. — *Merlini* Cocalii (*Theophili* Folengi. Ord. S. Ben.) Poetæ Mantuani Macaronicorum poemata.
    Venetiis 1552. 1 vol. in-12.

1545. — *Merlini* Cocai poetæ Mantuani Macaronicorum opus. Totum in pristinam formam per me Magistrum *Acquarium Lodolam* optime redactum. — *Zanitonella*, quæ de amore Tonelli erga Zaninam tractat. — *Phantasiæ* Macaronicon, divisum in vigenti quinque Macaronicis, tractans de gestis magnanimi, et prudentissimi Baldi.— *Moscheæ* Facetus liber in tribus partibus divisus, et tractans de cruento certamine Muscarum et Formicarum. — Libellus epistolarum, et Epigrammatum, ad varias personas directarum.

Venetiis 1573. Apud J. Variscum. 1 vol. in-12. Grav.

1546. — *Antonius* DE ARENA *Provencialis*. Ad suos compagnones studiantes, qui sunt de persona friantes, bassas Dansas et Branlos practicantes, nouvellos quam plurimos mandat.

Stampatus in Stampatura Stampatorum. 1670. 1 v. in-12.

On trouve à la suite :

Nova novorum novissima, sive poemata stylo Macaronico conscripta; quæ faciunt crepare lectores ob nimium risum, et saltare capras et semias, res nunquam antea visa: composita etc. per *Bartholomeum* BOLLAM etc. Accesserunt ejusdem auctoris Poëmata italica, sed ex valle Bergamascorum.

Stampatus in Stampatura Stampatorum. 1670.

1547. — Idem opus.

Londini 1758. (Parisiis. Barbou). 1 vol. in-12.

Poésie Italienne.

1548. — Opere del divino poeta DANTHE con suoi comenti : recorrecti et con ogne diligentia novamente in littera cursiva impresse.

Venetia 1512. Stagnino da Trino. 1 vol. in-4°.

1549. — DANTE con l'espositione di *Christoforo Landino*, e di *Alessandro Vellutello*, sopra la sua Comedia dell'Inferno, del Purgatorio, e del Paradiso. Ridotto alla sua vera lettura, per *Francesco Sansovino*.

Venetia 1564. G. M. Sessa. 1 vol. in-fol.

1550. — Le Paradis, l'Enfer et le Purgatoire, poëmes du DANTE, traduits de l'italien. Précédés d'une introduction, de la Vie du Poète; suivis de notes explicatives pour chaque chant etc. (Par M. ARTAUD).

Paris 1811-12-13. Crapelet. 3 vol. in-8°.

1551. — Il Petrarca con l'espositione di M. *Alessandro Velutello*. Di nuovo ristampato con le figure a i trionfi, con le apostille, et con piu cose utili aggiunte.
Venetiis 1568. Bevilacqua. 1 vol. in-4°.

1552. — Rime di F. Petrarca col comento di G. *Biagioli*.
Parigi 1821. Dondey-Dupré. 3 vol. in-8°.

1553. — Choix de poésies de Pétrarque, traduites de l'italien par M. Levesque. Nouv. édit.
Venise(Paris) 1787. Hardouin et Gattey. 2 v. en 1. in-18.

1554. — Orlando furioso di M. *Lodovico* Ariosto, revisto et ristampato, sopra le correttioni di *Ieronimo Ruscelli*.
Lyone 1579. Guil. Rovillio. 1 vol. in-32.

1555. — Orlando furioso di M. *Lodovico* Ariosto, nuovamente ricorretto; con nuovi Argomenti di M. *Lodovico Dolce*:— Con la vita dell'Autore di M. *Simon Fornari* : — Le nove Allegorie, et Annotationi di M. *Tomaso Porcacchi* etc.
Venetiis 1580. Dom. Farri. 1 vol. in-4°.

1556. — Orlando furioso di M. *Lodovico* Ariosto. Con gli Argomenti in ottava rima di M. *Lodovico Dolce*, e con le Allegorie di *Thomaso Porcacchi*.
Venetiis 1604. Nic. Misserino. 1 vol. in-32.

1557. — Roland furieux, poëme héroïque de l'Arioste; traduction nouvelle, par M. Cavailhon.
Paris 1777. Duchesne. 3 vol. in-18.

1558. — Roland furieux, traduit de l'Arioste, par le Comte de Tressan. Edit. rev. corr. et aug. de notes.
Paris 1822. Nepveu. 3 vol. in-8°. Grav.

1559. — Gelosia del Sole. Opera volgare di *Girolamo* Britonio di Sicignano intitolata Gelosia del Sole.
Venetiis 1531. Marchio Sessi. 1 vol. in-8°.

1560. — L'Italia liberata da' Goti di *Giangiorgio* Trissino. Parte prima, riveduta, e corretta per l'Abbate *Antonini*.
Parigi 1729. Cailleau. 1 vol. in-8°.

1561. — Gerusalemme liberata del *Sig*. Torquato Tasso. — Aggiunti à ciascun Cāto sono gli Argomēti del Sig. *Oratio Ariosti*.
Lione 1581. Marsilii. 1 vol. in-32.

1562. — La Gerusalemme liberata di Torquato Tasso, colle osservazioni di *Niccolo Cianculo*, e di *Scipio Gentili* etc.
Nimes 1764. Mich. Gaude. 2 vol. in-8º.

1563. — La Hierusalem du S.ʳ Torquato Tasso, rendue françoise par B. D. V. B. (*Blaise* de Vigenere).
Paris 1595. Abel l'Angelier. 1 vol. in-4.º

1564. — Godefroy ou la Jerusalem délivrée. Poëme héroique en vers François. Par Sablon.
Paris 1659. D. Thierry. 2 vol. in-16. (le 2.ᵉ vol).

1565. — Jérusalem délivrée, poëme héroique du Tasse, nouvellement traduit en François, (par Mirabaud).
Paris 1724. Barois. 2 vol. in-12.

1566. — Jérusalem délivrée; poëme du Tasse, traduit de l'italien (par Le Brun). Nouv. édit.
Paris 1782. Clousier. 2 vol. in 12.

** — Jérusalem délivrée. Les huit premiers chants traduits en vers par La Harpe.
Voyez OEuvre de La Harpe. viii.

1567. — Rime, et Prose del S. Torquato Tasso. Di novo reviste, et corrette.
Ferrara 1583. Vassallini. 1 vol. in-12.

1568. — Opere poetiche di *Cesare* Caporali.
Venetia 1608. Giunti. 1 vol. in-12.

1569. — La Sampogna del *Cavalier* Marino, divisa in idilly, favolosi, et pastorali.
Parigi 1620. Pacardo. 1 vol. in-12.

1570. — L'Adone, poema del *Cavalier* Marino. Con gli argomenti del Conte *Fortuniano Sanvitale*, et l'allegorie di don *Lorenzo Scoto*.
In Parigi 1623. Oliviero di Varano. 1 vol. in-fol.

1571. — La Secchia rapita. Le Seau enlevé. Poëme héroïcomique du Tassoni. Nouvellement traduit d'Italien en François.
Paris 1678. J. B. Coignard. 2 vol. en 1. in-12.

1572. — Rime di *Michelagnolo* Buonarroti *il Vecchio*, col comento di G. *Biagioli*.
Parigi 1821. Dondey-Dupré. 1 vol. in-8º.

1573. — La Croce racquistata poema heroico di *Francesco* Bracciolini libri XXXV.
Venetia 1611. Ber. Giunti. 1 vol. in-4º.

1574. — Theatro Christiano, o vero rime spirituali sopra alli principali misteri della Passione di nostro Signore Giesu Christo. Composte dal R. P. Fra *Matteo* Baccellini.
Parigi 1605. P. Cavalieri. 1 vol. in-8º.

1575. — Les animaux parlans, poëme épique en vingt-six chants par J. B. Casti. Traduit en français et en prose, par M. P. P. (Paganel).
Liége 1818. Latour. 3 vol. in-18.

1576. — Même ouvrage. Traduit librement de l'italien en vers français, par L. Mareschal.
Paris 1819. Brissot-Thivars. 2 vol. in-8º. Port.

** — Poésies diverses de Machiavel.
Voyez *OEuvres*. II.

1577. — La battaglia di Jena, versi estemporanei di *Francesco* Gianni. Tradotti dal signor *Juone* Guiraud.
Parigi 1806. Gratiot. 1 vol. in-8º.

Poésie Espagnole.

1578. — Delicias del Parnaso, en que se cifran todos los Romāces liricos, amorosos, burlescos, glosas, y decimas satiricas del regosijo de las musas el prodigioso don *Luis* de Gongora.
Barcelona 1640. P. Lacavalleria. 1 vol. in-12.

1579. — Arcadia. Prosas y versos, de Lope de Vega. Con una esposicion de los nombros historicos y poëticos.
Anveres 1605. Mart. Nucio. 1 vol. in-16.

1580. — La feliz campaña y los dichosos progressos que tuuieron las Armas de su Magestad Catolica el Rey Don Phelipe quarto en estos Payses Bajos el anno de 1642, siendo

gouernadas por el Exmo señor Don Francisco de Mello Marques de Tordelaguna. Compuesta por *Gabriel* DE LA VEGA.
1643. 1 vol. in-4º.

Poésie Portugaise.

1581. — La Lusiade du CAMOENS. Poëme héroique, sur la découverte des Indes Orientales. Traduit du portugais, par M. DUPERRON DE CASTERA.
Paris 1735. Clousier. 3 vol. in-12. Fig.

** — La Lusiade de *Louis* CAMOENS, poëme héroïque en dix chants, traduit du portugais, avec des notes et la vie de l'Auteur, par LA HARPE.
Voyez *OEuvres de La Harpe.* VIII.

Poésie Française.

Traités sur la Poétique française.

1582. — Art poétique François. Pour l'instruction des ieunes studieus, et encore peu avancez en la Poësie Françoise. (Par *Th.* SIBILET).
Paris 1548. Gilles Corrozet. 1 vol. in-8º.

1583. — L'Académie de l'art poétique. Où par amples raisons, démonstrations, nouvelles recherches, examinations et authoritez d'exemples, sont vivement esclaircis et deduicts les moyens par où l'on peut parvenir à la vraye et parfaicte connaissance de la Poësie Françoise. Par le Sieur DE DEIMIER.
Paris 1610. Jean de Bordeaulx. 1 vol. in-8º.

1584. — L'escole des Muses, dans laquelle sont enseignées toutes les Reigles qui concernent la Poësie Françoise. Recueillies par le sieur C. (COLLETET).
Paris 1656. Champhoudry. 1 vol. in-12.

1585. — Traité de la poësie françoise. (Par le P. Morgues).
Paris 1685. Guill. De Luyne. 1 vol. in-12.

1586. — L'art de la poësie françoise et latine, avec une idée de la musique sous une nouvelle méthode. En 3 parties. Par le Sieur De la Croix.
Lyon 1704. Thom. Amaulry. 1 vol. in-12.

1587. — Connoissance des beautez et des défauts de la poésie et de l'éloquence dans la langue française, à l'usage des jeunes gens, et surtout des étrangers, avec des exemples, par ordre alphabétique. Par M. D. (Voltaire).
Londres 1749. 1 vol. in-12.

1588. — Elémens de poësie françoise (par M. l'*Abbé* Joannet).
Paris 1752. La Comp. des Libraires. 3 vol. in-12.

1589. — Les vrais principes de la versification développés par un examen comparatif entre la langue italienne et la française. Par *Ant.* Scoppa.
Paris 1811. Courcier. 3 vol. in-8º.

1590. — Traité de versification française où sont exposées les variations successives des règles de notre poésie et les fonctions de l'accent tonique dans les vers français, par L. Quicherat. 2.ᵉ édit.
Paris 1850. Hachette. 1 vol. in-8º.

1591. — Le grand dictionnaire des rimes françoises, selon l'ordre alphabétique: avec l'interprétation et origine des mots plus rares du Palais, de la Milice, Vénerie, et autres. En oultre trois traictez, de la Conjugaison, de l'Orthographe, des Epithètes, tirés des œuvres de *Guillaume de Salluste* S.ʳ *du Bartas*. (Par P. de la Noue).
Cologny 1624. Berjon. 1 vol. in-8º.

1592. — Nouveau dictionnaire de rimes: corrigé et augmenté (par P. Richelet).
Paris 1667. Thom. Joly. 1 vol. in-12.

1593. — Dictionnaire de rimes dans un nouvel ordre, où se trouvent: I. Les mots et le genre des noms. II. Un

abrégé de la versification. III. Des remarques sur le nombre de sillabes de quelques mots difficiles, etc. par P. RICHELET. Nouv. édit.
Paris 1702. Les frères Delaulne. 1 vol. in-12.

1594. — Nouv. édit. augm. d'un grand nombre de mots françois et de tous les mots latins, par M. D. F. (DU FRESNE).
Paris 1729. V.ᵉ Delaulne. 1 vol. in-8º.

Voyez aussi les n.ᵒˢ 523, 524, 528 et 563.

Collections et Extraits.

1595. — Fabliaux et Contes des poëtes françois des XII, XIII, XIV, et XV.ᵉ siècles, tirés des meilleurs Auteurs. (Par BARBAZAN).
Paris 1766. Vincent. 3 vol. in-12.

1596. — Fabliaux ou Contes du XII et du XIII.ᵉ siècle, traduits ou extraits d'après divers manuscrits du tems; avec des Notes historiques et critiques, et les imitations qui ont été faites de ces Contes depuis leur origine jusqu'à nos jours. (Par LE GRAND D'AUSSY. (1).
Paris 1779-1781. Eug. Onfroy. 4 vol. in-8º.

Le quatrième volume a pour titre : Contes dévots, Fables ou Romans anciens ; pour servir de suite aux Fabliaux. Par M. LE GRAND.

** — Nouveau choix de poésies originales des Troubadours, par M. RAYNOUARD.
Voyez n.º 507.

1597. — Les poètes françois, depuis le XII.ᵉ siècle jusqu'à Malherbe, avec une notice historique et littéraire sur chaque poète. (Par M. P. R. AUGUIS).
Paris 1824. Crapelet. 6 vol. in-8º.

** — Petits poètes français, depuis Malherbes jusqu'à nos jours, avec des notices biographiques et littéraires sur chacun d'eux, par M. *Prosper* POITEVIN.
Paris 1838. Desrez. 2 vol. in-8º.

Voyez *Panthéon littéraire.*

---

(1) LE GRAND D'AUSSY (*Pierre-Jean-Baptiste*) né à Amiens le 13 juin 1737, mourut à Paris le 5 décembre 1800.

1598. — Nouveau recueil des plus beaux vers de ce tems. (Duperron, Bertault, Malherbe, Motin, De la Picardière,
d'Avity, de Lingendes, de l'Espine, de Rosset, et divers autres).
Paris 1609. Toussaint DuBray. 1 vol. in-8º.

1599. — Le parnasse des plus excellens poètes de ce temps. 1618.
(Par d'Espinelle).
Lyon 1618. Bart. Ancelin. 1 vol. in-16.

1600. — Le Parnasse Royal, où les immortelles actions du très-
chrestien et très-victorieux monarque Louis XIII sont
publiées par les plus célèbres Esprits de ce temps. (Par
Bois-Robert).
Paris 1635. Sebastien Cramoisy. 1 vol. in-4º.

1601. — Recueil des plus beaux vers de Messieurs de Malherbes,
Racan, Maynard, Bois-Robert, Montfuron, Lingendes,
Touvant, Motin, de l'Estoile, et autres divers Auteurs
des plus fameux Esprits de la Cour.
Paris 1638. Pierre Métayer. 1 vol. in-8º.

1602. — Poésies choisies de MM. Maleville, Maynard, de l'Es-
toile, de Rampale, Cotin, de Marigny, Bardou, de
Montereuil, de Ligniers, Baralis, Le Clerc, de
Laffemas, Boissiere, Le Vavasseur et plusieurs autres.
Paris 1658. De Sercy. 1 vol. in-12.

1603. — Les délices de la poésie galante, des plus célèbres Autheurs du Temps, dédiées à M. le marquis de Coislin.
Paris 1664. Ribou. 1 vol. in-12.

1604. — Recueil de diverses poésies, choisies des Sieurs La Ménardière, Brebeuf, Segrais, Ru-Ryer, Rotrou, Bensserade, Scaron, Cottin, Chevreau, Rampale, et autres.
Paris 1666. Bobin. 2 vol. in-12.

1605. — Nouveau recueil des Épigrammatistes françois, anciens
et modernes. Avec la vie des auteurs, des notes historiques et critiques etc. par M. B. L. M. (Bruzen de la
Martinière).
Amsterdam 1720. Les frères Westein. 1 vol. in-12.

1606. — Poésies sur la Constitution Unigenitus. Recueillies par par le Chevalier de G.
A Villefranche 1724. Philalete Belhumeur. 2 v. in-12.

1607. — Le porte-feuille d'un homme de gout, ou l'esprit de nos meilleurs poëtes. Nouv. édit. (Par l'*Abbé* DE LA PORTE).
Amsterdam (Paris) 1770. Delalain. 3 vol. in-12.

1608. — Etrennes du Parnasse. Choix de poésies. (J. B. MILLIET).
Paris 1774. Fetil. 1 vol. in-12.

1609. — Le jardin des fleurs célébrées par les poètes anciens et modernes, suivi des emblêmes des fleurs et des plantes.
Paris 1818. Didot jeune. 2 vol. in-12. Grav.

1610. — Recueil de Poésies françaises.
2 vol. in-4°.
Tom. I. — Contenant :

1. — Le Calvaire françois ou la Passion de Jésus-Christ mise en vers et en prose. Par le sieur SERVIEN.
Paris. F. Noel.
2. — La topographie ou description du Prieuré de Rameru.
3. — Idylles en l'honneur de Mgr Michel Le Pelletier Evesque d'Angers. (Par le P. PREMARRE).
La Flèche. Griveau.
4. — Le dernier triomphe de Louys le Juste ou le discours de son Ange touchant sa mort. (PAR DE NEUFVILLE).
Paris. Henault.
5. — Sur l'heureuse entrée de la Reyne à Paris.
Paris. Henault.
6. — Nouvelle épitaphe. Cy gist Armand Jean du Plessis, cardinal duc de Richelieu etc. A sa mémoire.
Paris 1642. J. Brunet.
7. — Les illustres argumens de l'inconstance du monde. En forme de tombeau. Sur la mort de M. le cardinal de Richelieu. (Par ROBYNET).
Paris 1645.
8. — Ode à Mgr. le cardinal de Rets. (Par ROBYNET).
Paris 1644. J. Bessin.
9. — La véritable suite du Parlement burlesque de Ponthoise, contenant les noms et les éloges de quatre nouveaux Renegats, et la Harangue faite par Mazarin à son départ. 1652.
10. — A Mgr. le duc de Sainct Symon sur son retour. (C. D'ASOUCY).
11. — A Mgr. le comte d'Harcourt. (C. D'ASOUCY).
12. — Le Voyage d'Olympe et d'Herminie à Fontainebleau.
Paris 1642. Camusat.

13. — A Mgr. l'émin. card. duc de Richelieu. Sur son retour à Paris. (ROBYNET).
14. — Cupidon courier envoyé à Mgr. le duc de Bourgogne par M.ᵉ la princesse de Savoye. Traduit des vers latins du comte de Crecy.
15. — Elégie. (Par BOYER).
  Paris 1692. J. B. Coignard.
16. — Vers à la louange du Roy pour être recitez à la fin de la tragédie qui sera représentée au collège de Louis-le-Grand.
17. — Sur la mort de Mgr. le Prince de Condé.
18. — Epitre au Roy. Sur la prise de Namur. (Par DE LA GRANCHE).
  Paris 1692. Coignard.
19. — Sur la prise de Namur. Au Roy. (Par BOYER).
  Paris 1692. Coignard.
20. — A la louange de Philippe V Roi d'Espagne.
21. — Ambassade de Mercure au Roy d'Espagne. Pour servir de préface. (DE LANGURDOC soc. Jes.) 1701.
22. — A son Altesse Royale Mgr. le duc d'Orléans, régent de France. Sur la chambre de justice. Epistre par M. D.
  Paris 1707. Valleyre.
23. — Lettre à S. A. R. Mgr. le duc d'Orléans, régent du royaume.
  Paris. L. Coignard.
24. — Le Te-Deum des poëtes françois. En actions de graces de ce qu'il a plû à Dieu tirer le Roy d'une maladie courte, mais dangereuse, et luy rendre une santé parfaite. Présenté au Roy le 27 août 1721 par M. DE MARCONVILLE.
  Paris 1721. Collombat.
25. — A Mgr. l'Evéque de Frejus, sur l'heureux rétablisssement de la santé de Sa Majesté.
  Paris. Fournier.
26. — L'éloquence, Ode à M. l'abbé Seguy, auteur de l'oraison funebre de M. le Maréchal de Villars. Par M. PESSELIER.
  Paris 1735. Prault.
[27. — Ode au Roy, sur la Paix. (Par PORTES *chan. de Laon*).
  Paris 1736. Mesnier.
28. — Essai d'un chant de la Loüisiade, poëme héroïque. Par M. PIRON.
  Paris 1745. Prault.
29. — La bataille de Fontenoy, poëme. (Par VOLTAIRE).
  Amiens 1745. Ch. Caron.
30. — Réflexions sur un imprimé intitulé: *la Bataille de Fontenoy*, poëme: dédiées à M. de Voltaire. (Par M. DE RONGOL). 1745.
31. — Epitre du sieur Rabot, maître d'école de Fontenoy, sur les vic-

toires du Roy, 2.ᵉ, 3.ᵉ, 4.ᵉ, 5.ᵉ, 6,ᵉ, 7.ᵉ et dernière édition. Augmentée d'une complainte à l'Apollon de la France. (Par ROBBÉ).
A Fontenoy.

32. — Le Roy victorieux à Fontenoy et à Tournay. Poëme à Sa Majesté.
Noyon 1745. Rocher.

33. — Requeste du curé de Fontenoy au Roy. (Par M. MARCHAND).

34. — Vers sur la bataille de Fontenoy par les vicaire, magister ou maître d'école dudit Fontenoy. — Ode sur les victoires du Roy, par un enfant de chœur de la paroisse de Fontenoy. — Epitre au Roy par Gros-Jean, bedeau, carillonneur et fossoyeur de la paroisse de Fontenoy.
A Fontenoy 1745.

35. — Néant sur la requête du curé de Fontenoy et son vicaire. Par Phebus le capucin du lieu.
A Fontenoy 1745.

36. — Lettre en vers au curé de Fontenoy, en forme de critique sur sa requeste. Par un Curé de ses voisins.
Paris 1745. J. Chardon.

37. — Au Roy à son retour de Metz.

38. — Vers sur la bataille de Fontenoy par le Vicaire du lieu.
Fontenoy 1745.

39. — Les Anglais vaincus par les François, poëme. (Par LE ROY).
Paris 1745. Merigot.

40. — Le Bouclier, poëme à Mgr. le Dauphin,
Noyon 1745. P. Rocher.

41. — Epitre au Roy par Gros Jean, bedeau, carillonneur et fossoyeur de la paroisse de Fontenoy. 2.ᵉ édit.
Fontenoy 1745.

42. — Les habitants de Versailles sur la maladie et la convalescence du Roy.

43. — Requête au Roy par les décroteurs de la ville et faubourgs de Paris et leurs Adjoints.
Paris. Robustel.

44. — Vers au Roy sur ses conquestes, avec deux autres pièces de vers dont l'une est à Vénus sur le poëme du Bouclier, l'autre en vers latins sur Fontenoy, et la même pièce latine traduite en vers françois. Par M. R. P. CORDIER, curé Desmenils Saint Nicaise, diocèse de Noyon.
Noyon 1745. Rocher.

45. — La ville de Berg-op-zoom au beau sexe.
Berg-op-zoom 1747. Honslow.

46. — Ode au Roy sur la guerre présente. (Par GRESSET). (1).
Rouen 1733. Lallemant.

---

(1) GRESSET *(Jean-Baptiste-Louis)* né à Amiens le 29 août 1709, mourut le 16 juin 1777.

47. — Idylle sur la paix générale. (Par P. C. Chappe de Ligny).
Paris 1714. Quillau.
48. — Ode présentée au Roy sur la paix générale. (Par le *même*).
49. — Satire contre les visites du jour de l'an. 1747. (Par Le Picard, directeur des fermes d'Amiens).
50. — Ode composée à Leipzig à l'occasion du mariage de la princesse Marie Josephe de Saxe avec Mg. le Dauphin, par le sr de Mauvillon.
51. — Satires nouvelles du sieur D. (De Losme de Monchenay).
Paris 1698. Osmont.
52. — Epistres nouvelles du sieur D. (Epistres x, xi, xii de Boileau).
Paris 1698. D. Thierry.

Tom. II. — Contenant :

1. — Ode sur le mariage du Roy. (Par *Alex*. Bouteroue).
Paris 1612.
2. — Au Roy, sur la prise de la Rochelle. Par le marquis de Breval.
Paris 1628. Ant. Estienne.
3. — Après la défaite des Allemans, chant d'allégresse. (Traduit du latin par le P. J. de Blot).
Lyon. Certé.
4. — Sur la reprise de Corbie. Stances. (du 17 novembre 1636).
5. — Les plaintes funebres de Paris, pour la mort de Louis le Juste. Témoignées ensuitte de ses démonstrations de ioye pour la réception de Louis XIIII.
Paris 1643. Est. Mirault.
6. — Sur la prise de Dunkerque par Mgr. le duc d'Anguyen. Poëme. (Par H. de Picou).
7. — A Mgr. le Dauphin après la prise de Philisbourg. Traduction de l'ode du P. Jouvency. (Par C. Buffier soc. J.)
Paris. G. Martin.
8. — Anagrammes sur l'auguste nom de Sa Majesté très chrétienne Louys quatorsième du nom, roy de France, et de Navarre. Dédiées à la Reyne. Par *Jean* Dovet, escuyer, sieur de *Rom-Croissant*.
Paris 1649. Fr. Noel.
9. — Ode au Roy sur son sacre chantée sur le théâtre du collège de Reims de la comp. de Jésus le » juin 1654.
Reims 1654. V.e Bernard.
10. — Au Roy, sur l'heureuse guérison de sa maladie. Sonnets. (Bordier).
11. — Héroïque au Roy, sur ses heureux progrez dans la Hollande. (Grolleau, Auxerrois).
Paris 1673. Le Mercier.

12. — Sur le tonnerre tombé auprès du Roy. Sonnet aux Hollandois. D.B.J.
   Rouen. Le Boullenger.
13. — Sur la prise de Maëstric. Fable. Le Coq et le Lion. (DE VERSILLI).
   Paris 1673. De Luyne.
14. — Au Roi sur l'amour-que S. M. a pour les lettres et les armes. C.D.P.
15. — Ode au Roy sur la conqueste de la Franche-Comté, présentée à Sa Majesté, le 19 juin, au chasteau d'Arc-sur-Tille. (DE LA MONNOYE).
   Paris 16.. Seb. Mabre Cramoisy.
16. — Ode pour le Roi sur ses conquestes de cette campagne. (GENEST).
   Paris 1672. V.ᶜ E. Martin.
17. — Au Roy sur son départ pour l'armée en 1676.
18. — Au Roy sur ses conquestes. (P. J. d'ORLÉANS soc. J.)
   Paris 1672. V.ᶜ E. Martin.
19. — Epistre au Roy. (Par L. DE SANLECQUES).
   Versailles 1688. F. Muguet.
20. — Au Roy, sur son voyage. (G. ROUSSELET, princ. du coll. de Noyon).
   Noyon. L. Mauroy.
21. — Epistre au Roy sur la prise des ville et chasteau de Namur. (G. ROUSSELET).
   Noyon. Mauroy.
22. — Epistre au Roy. (DE SANLECQUE).
23. — La même, autre édition.
24. — Sur les victoires du Roy en l'année 1677.
25. — Sur le parfait rétablissement de la santé du Roy. (C. BUFFIER, sur le latin du P. COMMIRE).
26. — Pièce qui a remporté le prix de poësie par le jugement de l'Académie d'Angers, en l'année 1689, sur la jonction des deux mers. (Par MAUMENET). — Avec un discours sur la jonction des deux mers.
   Paris 1689. Chenault.
27. — Le Portrait de Louis le Grand. (A. MAGNIN).
   Versailles 1687. Muguet.
28. — Le cœur de Louis le Grand. Ode. (Le P. BRUMOY).
29. — Ode sur la mort de Louis le Grand. (Nic. INGOULT).
30. — Le deuil de la France. Ode. (HOUDART DE LA MOTTE).
   Paris 1712. Dupuis.
31. — A Monsieur Maubois, tourneur pour le Roy. (Satyre contre le P. Plumier qu'il accuse d'avoir copié l'œuvre de Maubois).
32. — Les estreines de la Cour pour l'année 1689. Par le sieur LAURENT.
   Versailles 1688. Muguet.
33. — Lettre héroique envoyée à M. le Prince en Catalogne par le P. LE MOINE de la Comp. de Jésus.
   Paris 1648. J. Camusat.

34. — L'Hercule françois : ou l'explication de la thèse dédiée au Roy, par M. le Marquis de Seignelay. (Par FLECHIER, sur les vers latins du P. DE LA BRETONNIÈRE).
    Paris 1668. Seb. Mabre Cramoisy.
35. — A Mgr. le Dauphin. (Par ABEILLE).
36. — Autre édition.
37. — Pour la naissance de Monsieur, duc de Bourgogne. Idylle de Madame DES HOULIÈRES.
38. — A Mgr. le Dauphin sur la naissance de Monsieur le duc de Bourgogne. Devise héroique.
39. — Au Roy sur la naissance de Monsieur le duc de Bourgogne. Devise héroique.
40. — Sur la naissance de Mgr. le Dauphin. Stances. (Par BORDIER).
41. — Sur la naissance de Mgr. le duc d'Anjou. Madrigal.
42. — Les pensionnaires du collège de Louis le Grand au Roy, sur la naissance de Mgr. le duc de Bretagne. (*Joseph* DE BLAINVILLE J.)
43. — Sur la mort de Mgr. le Prince de Condé.
44. — A Mgr. le cardinal de Richelieu. Anagramme par J. BRUNET, escrivain de la Rochelle.
45. — Aux Catholiques françois. Sur le livre de *Suprema Summi Pontificis in ecclesiam potestate*, nouvellement mis en lumière par maistre *André* DU VAL.
46. — Les justes et filiales acclamations d'honneur et de joye sur l'heureuse bénédiction du R. P. en Dieu Augustin le Scellier, général de l'ordre de Prémonstré. Présentées à sa R. en son collège de Prémonstré à Paris, le 18 juillet 1647, par F. P. BORÉE P. de S. Jean d'Amiens.
47. — La Maison de Ville de Lyon. (Par J. CHASTAIN).
    Lyon 1655. Champion et C. Fourmy.
48. — Eloge de la Ville de Rouen en vers françois. Où sont contenues plusieurs remarques curieuses sur les Antiquitez et les Privilèges autrefois accordez par nos Rois à cette Ville. Et où se voit aussi une petite description des effets de l'horrible et prodigieuse tempeste arrivée le 25 de juin 1683. Par P. D. L. E. S. D.
    Rouen 1685. Le Tourneur.
49. — Sonnet fait par un passant en l'honneur du chasteau archiépiscopal de Gaillon.
50. — Eglogue, ou poëme allégorique entre deux bergers de ce temps. Imité du Tityre de Virgile.
    Paris 1636. J. Martin.

51. — Paraphrase et traduction en vers du Psaultier de S. Augustin à sa mere Saincte Monique. Par *François* DE LOUVENCOURT sieur DE VAUCHELLES. (1).
Amiens 1627. J. Hubault.

52. — Stances à la Vierge. (Par BOIS-ROBERT, Abbé de CHATILLON).
Paris 1642. J. Camusat.

53. — Le triomphe de Sainte Geneviève.
Paris 1694. Coignard.

54. — Paraphrase du Pseaume CIII.

55. — Paraphrase du Pseaume CVIII.

56. — Paraphraze du Pseaume CXLII.
Paris 1639. Ant. de Sommaville.

57. — Traduction en vers de l'Apocalypse de S. Jean apostre, selon le sens litteral exprimé par la version latine appellée Vulgate, et par les autres versions françoises approuvées. Par *Michel* DE MAROLLES.
Paris 1677.

58. — La Sorbonne. Poëme. Par M. *Antoine* GODEAU.
Paris 1653. Le Petit.

59. — Contre la mauvaise morale du temps, aux evesques de l'église. (Par le *même*).

60. — Discours de M. GODEAU, évêque de Vence, contre la mauvaise morale du temps aux évêques de l'église. 1680.

61. — L'Hiver de Versailles, poëme de Mademoiselle D. S. A.
Paris 1679. Seb. Mabre Cramoisy.

62. — Elégie.

63. — Eloge en vers, repas en forme, ou trois louis d'or en espèce à gagner. l'*Abbé* D. C. D. l'E. d'A. et l'U. D. A. D. S.

64. — Idylle à Madame la Dauphine. Par P. BERNARD, S.r DE HAUTMONT).
Paris 1686. M. Jouvenel.

65. — La Religion. Ode à Madame Louise-Adélaïde d'Orléans, abbesse de Chelles. Par M. ASSELIN.
Paris 1720. Thiboust.

66. — Ode sur la prise de l'Isle de Minorque, par M. BARTHE. 1756.

67. — Ode sur la ruine de Lisbonne, par M. B. D. M. (BARTHE *de Marseille*. 1756.

68. — Epitre sur les Voyages, pièce qui a remporté le prix de l'Académie de Marseille en 1765. Par M. l'*Abbé* DELILLE, professeur de seconde au collège d'Amiens.
Amiens 1765. V.e Godart.

---

(1) FRANÇOIS DE LOUVENCOURT, né à Amiens en 1569, mourut le 4 août 1638.

69. — Ode sur la mort de J. J. Rousseau, qui a remporté le prix de l'Académie de la Rochelle en 1786. Par M. Duvigneau.
Bordeaux 1786. Racle.
70. — Réponse à Pasquin.
71. — L'Indépendance de l'homme de lettres, discours en vers qui a remporté le prix décerné par l'Institut national (classe de la langue et de la littérature françaises) dans sa séance publique du 2 janvier 1806, par *Ch.* Millevoye.
Paris 1806. Capelle et Renand.
72. — Consolation poétique, adressée à Son Altesse royale Madame, Duchesse d'Angoulême; traduite de l'anglais de M. Herbert Croft, par M. l'*Abbé* Gossin.
Paris 1814. Pillet.
73. — La nuit du treize février, ou la mort de S. A. R. Mgr. le duc de Berry, poëme; par M. de Talairat.
Paris 1820. Dupont fils.
74. — La matinée du vingt-neuf septembre, ou la naissance de S. A. R. Mgr. le duc de Bordeaux, Poëme; par M. de Talairat.
Paris 1820. Dupont.
75. — Le dévouement des médecins français et des sœurs de Saint-Camille, à l'occasion de la fièvre jaune de Barcelone; poëme dédié à Madame Delphine Gay, par le baron de Talairat.
Paris 1822. Delaunay.
76. — Elégies Savoyardes, par M. *Alex.* Giraud.
Paris 1823. Trouvé.
77. — L'Affranchissement des Grecs. Pièce qui a remporté le prix de poésie décerné par l'Académie française dans sa séance solennelle du 25 août 1827. Par *Aug.* Lemaire.
Paris 1827. F. Didot.
78. — Vers à Mgr. de Sartine, ministre de la marine. Par Mme Renard.
Amiens 1776. Ve Godard.

1611. — Recueil de Poésies françaises.
5 vol. in-8°.
Tom. I. — Contenant:
1. — Ode sur la mort de Marie, Royne d'Escosse, morte pour la Foy, le 18 febvrier 1587, par la cruauté des Anglois ennemys de Dieu.
Paris 1588. Bichon.
2. — Plaintes funèbres de Hierosme de Benevent, conseiller du Roy, et thresorier general de France, en la generalité de Berry, sur le deceds de François de Benevent, son père.
Paris 1608 Cl. Morel.
3. — N.° 3, Tom. III
Paris-Reims 1610. Simon de Foigny.

20.*

4. — La Chasse aux Anglois en l'île de Rez, et au Siége de la Rochelle, et la réduction de la dite ville à l'obéissance du Roy. Par *Marc* Lescarbot, escuier Seigneur de Wiencourt et de Saint-Audebert.
   Paris 1629. Fr. et Jul. Jacquin.
5. — Les espices, par le sieur Du Laurens.
6. — Ode à Monseigneur l'Evêque d'Amiens sur son premier synode général. Par Carneau, curé de Coullemelle.
7. — La misère des Clercs des Procureurs. (Par de Tournabons).
8. — L'himne des Princes. Par N. Frenicle.
9. — Le Banquet des Poètes. Par le S.ʳ Colletet.
   Paris 1646. Boisset.
10. — Les poésies chrestiennes de M. *Charles* Cotin. Première partie. Contenant les leçons de ténèbres en vers françois, ou imitation de Jérémie. Avec plusieurs sonnets chrestiens sur la Passion.
    Paris 1656. De Sercy.
11. — Le Portrait de la Cour, par M. Pouchot.
    Paris 1661. Promé.
12. — Lettre critique sur l'éloquence et sur la poësie.
    Paris 1703. Collombat.
13. — Vengeance des femmes contre les hommes. Satire nouvelle, contre les Petits-Maîtres et les Vieillards amoureux.
    Paris 1702. V.ᵉ Chardon.
14. — Epistre à M. de la Motte. Sur sa traduction de l'Iliade, par M. L.D.J.
    Paris 1714. Dupuis.
15. — Pour le Roy allant chastier la rebellion des Rochelois, et chasser les Anglois, qui estoient venus à leurs secours. (Par Malherbe).
    Lyon 1628. Cl. Armand dit Alphonse.
16. — L'enfer de l'advocat de Montauban. 1622.
17. — De l'Amitié, poëme divisé en 4 chants. Par M. l'*Abbé* de Villiers.
    Leyde 1692.
18. — Brevet de garde des manuscrits du régiment de la calotte en faveur de M. Berger de Charanci, évêque de Montpellier, du 26 oct. 1740.
    A Paris. A l'hôtel ordinaire du régiment, grande rue de Seve.
19. — Arrêt de la Cour du Parnasse pour les Jésuites, poëme, avec notes et figures. (Par Cauvin).
    A Delphes 1762. Chez Pagliarini.
20. — Chanson nouvelle, contenant le récit véritable et remarquable de ce qui est arrivé dans la ville de Reims à l'encontre des Gensinistres, sur l'*Air des Pendus*.

Tom. II. — Contenant:

1. — Epitres, Satires, Contes, Odes, et pièces fugitives du poète philo-

sophe, dont plusieurs n'ont point encore paru. Enrichies de Notes curieuses et intéressantes. (Par VOLTAIRE).
Londres 1771.

2. — Le Tableau de la Nature. Poëme.
Londres-Paris 1760. Humblot.

3. — La Nymphe Rémoise, au Roy. Présentée à Sa Majesté, par la Pucelle, en son entrée en la ville de Reims.
Paris 1610. Simon de Foigny.

4. — Les Saturnales du Parnasse ou le Dave littéraire. Etrennes à quelques journalistes, avec une épitre à mes vers pour servir de préface. Par F. M. CORNETTE. (1).
Paris 1816.

5. — Hier et Aujourd'hui. Satires. (Par DUPRÉ DE SAINT-MAUR).
Paris 1819. Delaunay.

6. — Epitre à Filou, petit chien du Roi, par l'*Abbé* DE LUY.***
Paris 1767. Sébastien Jorry.

7. — Les Jésuitiques, enrichies de notes curieuses, pour l'intelligence de cet ouvrage. (Par l'*Abbé* DU LAURENS et GROUBER DE GROUBENTAL).
Rome 1761. Aux dépens du général.

8. — Le retour à la Religion, poëme, suivi du sacre de Charles X, par M. BAOUR-LORMIAN.
Paris 1825. Dottin.

9. — La Villéliade ou la prise du chateau Rivoli. Poëme héroï-comique en 5 chants. Par MÉRY et BARTHÉLEMY.
Paris 1826. A. Barthélémy.

10. — Dioclétien aux catacombes de Rome, poëme dithyrambique sur les consolations de la religion, couronné par l'Académie d'Amiens, dans sa séance du 26 août 1824, par M. P. *Ch.* LIADIÈRES.
Paris 1824. Ladvocat.

Tom. III. — Contenant :

1. — Le Poëme de Fontenoy. 7.e édit. conforme à celle du Louvre etc. Avec le plan de la bataille. (Par VOLTAIRE).
Paris 1745. Prault.

2. — Epitre à un jeune Auteur sur l'abus des talens de l'esprit. (PESSELIER).
Paris 1750. Prault.

3. — Essais de poésies. Sur l'entrée de Mgr. le duc de Chaulnes, gouverneur de Picardie. (Par P. L. MONTAIGU).
Amiens 1753. T. Ch. Caron-Hubault.

---

(1) CORNETTE *(François-Maurice)*, né à Amiens le 22 septembre 1752, mourut le 15 septembre 1836.

4. — Le Citoyen. Poëme par M. Vallier, de l'Académie d'Amiens.
  Nancy (Paris) 1759. Jolly.

5. — Stances sur le sort des Jésuites. 1703.

6. — Le Point du Jour, poëme à Ariste, lu à la séance publique de la Société Littéraire d'Arras, le 30 mars 1765, par M.
  Arras 1765. Guy de la Sablonnière.

7. — Pièces fugitives, en vers et en prose ; dédiées à Mademoiselle de V. par un éditeur.
  Amiens 1771. L. Ch. Caron.

8. — Epitre à M. Gresset de l'Académie française.
  St.-Quentin 1775. Hautoy.

9. — La Vengeance de Vénus, allégorie par M. L. G.
  Amsterdam. 1779.

10. — Conches, poëme, suivi d'une épitre à M.
  Madrid et Paris 1779.

11. — A mon imagination, épitre, ou la jouissance imaginaire.
  Bizance. d'Hally Pifpouf. Dans la 3.ᵉ cour du Sérail.

12. — Ode sur la naissance de Mgr. le Dauphin. Présentée à Sa Majesté. Par M. le Chevalier de Dourlens.

  Tom. IV. — Contenant :

1. — Poëme sur le Globe par M. Luce de Lancival.
  Paris 1784.

2. — Le droit des Nations, ode par *Eusebe* Salverte.
  Paris an VII. Demonville.

3. — L'institution des enfans, ou conseils d'un père à son fils. Imité des vers que *Muret* a écrits en latin, pour l'usage de son neveu, et qui peuvent servir à tous les jeunes Ecoliers. Par N. François (de Neufchâteau).
  Paris an V. Agasse.

4. — Ode sur l'assassinat des plénipotentiaires de la République Française, au congrés de Rastadt, *Roberjot, Bonnier* et *J. Debry*, récitée à Liancourt dans la cérémonie funèbre qui fut célébrée en leur honneur le 20 prairial an VII, par le citoyen Crouzet. (1).
  Paris an VII. Quinquet.

5. — Quelques Fables par J.B. Deville, du département de la Somme.(2).
  Paris an VIII. Petit et Desenne.

6. — Napoléon Bonaparte, premier Consul de la République française,

---

(1) Crouzet *(Pierre)* né à Saint-Vast-en-Chaussée, le 15 novembre 1753, mourut à Paris, le 1.ᵉʳ janvier 1811.

(2) Deville *(Jean-Baptiste-Louis)* naquit à Amiens, le 20 août 1752.

avant la déclaration de la guerre, par *Ed. Victor* DECAIX-CHARDON, âgé de 80 ans. (1).

7. — La Terreur ou le Régime de 1793. Poëme par J. B. L. de V.
Paris 1803. Mayeur.

8. — L'Oiseleur; poëme allégorique sur l'éducation, par M. LAMAR, principal du collège de Montdidier, lu à la distribution des prix du 11 vendémiaire an XII. (4 oct. 1803).
Montdidier 1803. Radenez.

9. — Avénement de Bonaparte au trône impérial, prix extraordinaire proposé au lycée de Dijon par S. E. le président du Sénat-conservateur, *François (de Neufchâteau)* remporté par *Aimé* NANCY.
Paris an XII (1804). Bossange.

10. — La bataille d'Austerlitz, poëme, par *Ch.* MILLEVOYE.
Paris 1806. Renouard.

11. — Dialogue en vers par le cit. CROUZET, récité par les élèves du collège de St.-Cyr, le 27 thermidor an 9, à la distribution des prix.
Paris an X. Gillé.

12. — L'indépendance de l'homme de lettres, discours en vers qui a remporté le prix décerné par l'Institut national, dans sa séance publique du 2 janvier 1806, par *Ch.* MILLEVOYE.
Paris 1806. Collin.

13. — La bataille d'Essling et la mort de Montebello, poëme par Mademoiselle *Louise-Charlotte* GIRARD. 2.ᵉ édit.
Paris 1810. Laisney.

14. — Epitre à M. le prince de Poix, fils du maréchal de Noailles. (Par PRILLEUX, étudiant en droit. 1814).

15. — La Révolution. Par J.B.L. DE VILLE du collège élect. de la Somme.
Paris 1814. Dentu.

16. — L'Union des Lis. Cantate sur le mariage de L.A.R. le duc de Berry, et de la princesse Caroline de Naples; Paroles de M. LE JEY, musique de M. CASSEL; exécutée sur le théâtre d'Amiens le 16 juin 1816.
Amiens 1816 J. B. Caron.

17. — Epitre à un Electeur, par M. de***
Paris 1817. Renard.

18. — La France délivrée, ode; par M. OURRY.
Paris 1818. Eymery.

Tom. V. — Contenant:

1. — Satires du sieur de B*** (BOILEAU).
Cologne 1672. R. Vanel.

---

(1) DE CAIX-CHARDON *(Edouard-Victor)* né à Corbie le 17 mars 1724, mourut le 30 avril 1809.

2. — Satire XII de M. BOILEAU-DESPRÉAUX sur les équivoques. 1711.
3. — Les lettres d'Héloïse et d'Abailard, mises en vers françois. Par le sieur P. F. F. DE BEAUCHAMPS.
    Paris 1714. Estienne.
4. — Lettre de Dom Carlos à Elisabeth, suivie d'un passage de l'Aminte du TASSE, traduit en vers, et du poëme de la Nuit, imité de GESNER. (Par H. PANCKOUCKE).
    Paris 1768. Panckoucke.
5. — Rose et Sainval, ou le mariage d'inclination.
    Paris 1771.
6. — Du Théâtre et des causes de sa décadence : épitres aux comédiens françois et au parterre.
    Londres-Paris 1771. Valade.
7. — Thérèse Danet à Euphémie, héroïde, par M. IMBERT.
    Paris 1771. Delalain.
8. — Epitre sur les pédans de société, à M. l'abbé Ri... Par M. SELIS.
    Paris 1771. Quillau.
9. — Epitre à Messieurs la Baumelle, Fréron, Clément et Sabatier, suivie de la profession de foi, autre Epitre du même auteur. Par M. de...
    Paris 1771.
10. — Maximilien-Jules-Léopold duc de Brunswick-Lunebourg, poëme, par M. ROUCHER.
    Paris 1786. Quillau.
11. — Le désespoir d'un jeune Péruvien sur la destruction de l'Empire du Pérou.
    Imprimerie des Amis réunis.
12. — Un Voyage dans le Morvand, par le vicomte *Am.* DU LEYRIS.
    Paris 1842. Barba.
13. — Epitre au premier de nos producteurs, par MALVOISINE.
    Angers 1843. V. Pavie.
14. — Le sacre d'Angers, poëme héroï-comique en deux chants, par F. G. TOURNEBELLE. (1802).
    Paris 1846. Blondeau.

Poëtes Français : 1.er *âge, jusqu'à Clément Marot.*

1612. — La chanson de Roland ou de Roncevaux du XIIe siècle (par TUROLD), publiée pour la première fois, d'après le manuscrit de la bibliothèque Bodléienne à Oxford, par *Francisque* MICHEL.
    Paris 1837. Silvestre. 1 vol. in-8°.

1613. — Lettre sur les variantes de la chanson de Roland, (Edition de M. F. Génin). A M. Léon de Bastard, (Oxford 30 avril 1851), par F. Guessard.
   Paris 1851. Schneider. Broch. in-8°.

1614. — Le roman du Renart, publié d'après les manuscrits de la bibliothèque du Roi des xiiie, xive et xve siècles; par M. D. M. Méon.
   Paris 1826. Treuttel et Würtz. 4 vol. in-8°. Grav.

1615. — Le roman de Rou et des ducs de Normandie, par *Robert* Wace, poète normand du xiie siècle; publié pour la première fois, d'après les manuscrits de France et d'Angleterre; avec des notes pour servir à l'intelligence du texte, par *Frédéric* Pluquet.
   Rouen 1827. Edouard Frère. 2 vol. in-8°.

1616. — Observations philologiques et grammaticales sur le Roman de Rou, et sur quelques règles de la langue des Trouvères au douzième siècle. Par M. Raynouard.
   Rouen 1829. Frère. 1 vol. in-8°.

1617. — Le roman de Brut, par Wace, poète du xiie siècle, publié pour la première fois d'après les manuscrits des bibliothèques de Paris, avec un commentaire et des notes, par Le Roux de Lincy.
   Rouen 1836. Frère. 2 vol. in-8.°

1618. — Le Rommāt de la Rose (par *Guillaume* de Lorris et *Jehan* de Meung), nouuellemēt veu et corrigé oultre les precedētes īpressions.
   Paris 1538. (Jehan Longis). 1 vol. in-8°. Grav.
   Il y manque les deux premiers feuillets.

1619. — Le Roman de la Rose, par *Guillaume* de Lorris et *Jehan* de Meung : nouvelle édition, rev. et corr. sur les meilleurs et plus anciens manuscrits, par M. Méon.
   Paris 1814. P. Didot aîné. 4 vol. in-8°.

** — Les quatre livres des Rois, traduits en français du xiie siècle, suivis d'un fragment de moralités sur Job et d'un choix de sermons de *Saint Bernard*, publiés par M. Le Roux de Lincy.
   Paris 1841. Imp. Roy. 1 vol. in-4°.
   Voyez *Coll. de doc. inéd. sur l'hist. de France.*

1620. — Boece de consolacion. (En vers françois).

 S. l. n. d. 1 vol. in-4°.

 Voyez Brunet. (Man. du lib. II. 390). Le cahier *e* contient bien 8 f. comme ce bibliographe le pensait.

 On trouve à la suite:

 Lystoire de Melibée et de sa femme Prudence (par *Christine* DE PISAN).

** — Chronique des ducs de Normandie par BENOIT, trouvère anglo-normand du xii.ᵉ siècle, publiée pour la première fois d'après un manuscrit du musée britannique, par *Francisque* MICHEL.

 Paris 1837-46. Imprim. Roy. 3 vol. in-4°.

 Voyez *Coll. de doc. inéd. sur l'hist. de Fr.*

** — Le chevalier au Cygne et Godefroid de Bouillon, poëme historique, publié pour la première fois avec de nouvelles recherches sur les légendes qui ont rapport à la Belgique, un travail et des documents sur les Croisades; par le *Baron* DE REIFFENBERG.

 Bruxelles 1846-48. Hayez. 2 vol. in-4.°

** — Chronique rimée de *Philippe* MOUSKES; publiée par le Baron DE REIFFENBERG.

 Bruxelles 1836-38. Hayez. 2 vol. in-4°.

** — Roman en vers de *Gilles* de CHIN, seigneur de Berlaymont, publié par le Baron de REIFFENBERG.

 Bruxelles 1847. Hayez. 1 vol. in-4°.

** — Chronique de l'abbaye de Floreffe, de l'ordre des Prémontrés, dans l'ancien comté de Namur (par *Henri* D'OPPREBAIS). Publiée par le Baron de REIFFENBERG.

 Bruxelles 1848. Hayez. 1 vol. in-4°.

 Voyez pour ces 4 poëmes *Collect. de chron. Belg.*

** — Chronique de Bertrand Du Guesclin, par CUVELIER, trouvère du xiv.ᵉ siècle, publiée pour la première fois par *E.* CHARRIÈRE.

 Paris 1839. Firmin Didot. 2 vol. in-4°.

 Voyez *Coll. de doc. inéd. sur l'hist. de Fr.*

** — Histoire des guerres d'Italie par les Bretons, sous le pontificat de Grégoire XI, écrite en vers françois par *Guillaume* DE LA PERENE, qui y étoit présent. (1378).

 Voyez *Martenne. Thes. anecd.* III.

** — Les poësies de Maistre *Alain* CHARTIER.

 Voyez *OEuvres d'Alain Chartier.*

1621. — OEuvres de maistre *François* VILLON, corrigées et aug-

mentées d'après plusieurs manuscrits qui n'étoient pas connus, précédées d'un mémoire, accompagnées de variantes, par J. H. R. *Prompsault*.
Paris 1835. Ebrard. 1 vol. in-8°.

1622. — Les œuvres de *Guillaume* COQUILLART.
Reims 1847. Brissard-Binet. 2 vol. in-8°.

1623. — Le Roman du Chevalier de la Charrette par CHRÉTIEN DE TROYES, et GODEFROY DE LAIGNY.
Reims 1849. (P. Regnier). 1 vol. in-8°.

1624. — Le Roman D'AUBERY LE BOURGOING,
Reims 1849. (P. Regnier). 1 vol. in-8.°

1625. — Les œuvres de *Guillaume* DE MACHAULT.
Reims 1849. (P. Regnier). 1 vol. in-8°.

1626. — OEuvres inédites d'*Eustache* DESCHAMPS.
Reims 1849. (P. Regnier.) 2 vol. in-8°.

1627. — Les œuvres de *Philippe* DE VITRY.
Reims 1850. (P. Regnier). 1 vol. in-8°.

Ces six derniers ouvrages ont été édités sous le titre : Les Poètes de Champagne, par M. *Prosper* TARBÉ, de Reims.

2.e *âge, depuis Clément Marot jusqu'à Malherbe.*

1628. — OEuvres de *Clement* MAROT *de Cahors*, augmentees de deux liures Depigrammes, Et dung grand nombre daultres œuvres par ci devant non imprimes. Le tout songneusement par lui mesme reveu et mieulx ordonne.
Lyon 1539. Au logis de M. Dolet. 1 vol. in-8°.

1629. — Les œuvres de *Clément* MAROT, rev. et aug. de nouveau.
La Haye 1700. Moetjens. 2 vol. en 1. in-12.

1630. — Même ouvrage.
La Haye 1702. Moetjens. 2 vol. in-12.

1631. — OEuvres de *Clément* MAROT. Nouv. édit. revue sur toutes celles qui l'ont précédée ; avec des notes historiques et un glossaire des vieux mots ; par M. P. R. *Auguis*.
Paris 1823. Chantpie. 5 vol. in-18.

1632. — Les triumphes de la noble dame amoureuse, et l'art de honnestemēt aymer. Composé par le Travaseur des voyes perilleuses. (J. Bouchet).
Paris 1536. Guillaume de Bossorel. 1 vol. in-fol.

1633. — OEuvres de *Joachim* Du Bellay *Angevin*, c'est à scavoir, la Deffense et Illustration de la Langue Françoise. L'Olive augmentée. L'Anterotique de la vieille et ieune amye. Quelques vers Lyriques. La Musagneomachie. Le recueil de poësie. Et plusieurs autres œuvres poëtiques.
Paris 1552. L'Angelier. 1 vol. in-4º.

1634. — Recueil de poesies de J. Du Bellay.
Paris 1568. Morel. 1 vol. in-8º.

1635. — OEuvres poëtiques de *Estiene* Forcadel.
Paris 1579. Guill. Chaudière. 1 vol. in-8º.

1636. — OEuvres et mélanges poëtiques d'*Estienne* Jodelle.
Paris 1553. Chesneau. 1 vol. in-4º.

1637. — Les amours et nouveaux eschanges des pierres precieuses: vertus et proprietez dicelles. Discours de la vanité, pris de l'Ecclésiaste. Eglogues sacrées, prises du cantique des cantiques. Par *Remy* Belleau.
Paris 1576. Mamert Patisson. 1 vol. in-4º.

1638. — Les quatrains des sieurs Pybrac, Faure et Mathieu : ensemble les Plaisirs de la Vie Rustique.
Paris 1640. Ant. Robinot. 1 vol. in-8º. Fig.

1639. — Les quatrains du Seigneur de Pybrac. Avec les quatrains du Président Faure. Ensemble les quatrains de la vanité du monde. Le tout reveu, corrigé et augmenté des Tablettes ou Quatrains de la Vie et de la Mort, par P. Matthieu.
Charenton 1674. Vendosme. 1 vol. in-8º.

1640. — Le tableau de Cebes de Thebes, ancien philosophe et disciple de Socrates : auquel est paincte de ses couleurs, la vraye ymaige de la vie humaine et quelle voye l'homme doibt elire, pour parvenir à Vertu, et

perfaicte science. Premierement escript en Græc, et maintenant exposé en Rythme Françoyse, (par *Gilles* Corrozet).
Paris 1543. Gilles Corrozet. 1 vol. in-12. Grav.

1641. — Les prophéties de M. *Michel* Nostradamus reveües et corrigées sur la copie imprimée à Lyon par Benoist Rigaud en l'an 1568.
Troyes. P.^**re** **Du Ruau. 1 vol. in-8°.**

1642. — Les œuvres de P. de Ronsard, gentilhomme Vandomois. Revues, corrig. et augm. par l'Autheur.
Paris 1584. Gab. Buon. 1 vol. in-fol.

1643. — Les œuvres de *Pierre* de Ronsard, Prince des Poëtes François. Rev. et augm.
Paris 1609. Nic. Buon. 1 vol. in-fol.

1644. — Les œuvres de *Pierre* de Ronsard. Rev. augm. et illustrées de commentaires et remarques.
Paris 1623. Nic. Buon. 2 vol. in-fol.

1645. — Les œuvres de *Pierre* de Ronsard. Rev. et augm.
Paris 1617. Barthelemy Macé. 5 vol. in-8°.

1646. — Nouvelles œuvres de *Jan Edouard* Du Monin. Contenant Discours, Hymnes, Odes, Amours, Contramours, Eglogues, Elegies, Anagrames et Epigrames.
Paris 1582. Jean Parant. 1 vol. in-12.

1647. — Le quarème de *Jan Edouard* Du Monin, divisé en trois parties. La 1.re le triple Amour, ou l'Amour de Dieu, du monde angélique, et du monde humain. 2.e la peste de la peste, ou jugement divin, tragédie. 3.e la Consuivance du Quarème.
Paris 1584. Jean Parent. 1 vol. in-4°.

1648. — L'Amalthée de *Marc-Claude* de Buttet, Savoisien.
Lyon 1575. Benoist Rigaud. 1 vol. in-8°.

1649. — L'église triomphante; poëme héroïque, contenant les plus glorieux triomphes de l'église militante et triomphante; en la loy de nature, et celles de Rigueur et de Grace etc. Par *Claude* Billard, Sieur *de Courgeney*.
Lyon 1618. Cl. Morillon. 1 vol. in-8°.

1650. — La premiere, la seconde sepmaine et la suite des œuvres de *Guillaume* DE SALUSTE, *seigneur* du BARTAS.— En la quelle ont esté adjoustéz argument general, amples sommaires, et explications des principales difficultez du texte. Par S. G. S. (*Simon* GOULART).
Paris 1603. Perier. 2 vol. in-8°.

1651. — Les œuvres de G. DE SALUSTE S.ʳ DU BARTAS. Rev., corr. et augm. de nouveaux commentaires, annotations en marge, et embellie de figures sur tous les jours de la sepmaine.
Paris 1611. Claude Rigaud. 1 vol. in-fol.

1652. — OEuvres poëtiques du sieur de la VALLETTRYE.
Paris 1602. Estienne Vallet. 1 vol. in-12.

1653. — Six chants, des Vertus, ouvrage françois du *sieur* DE TRELON.
Paris 1587. Guill. Bichon. 1 vol. in-8.°

1654. — La muse guerrière. Dédiée à Monsieur le comte d'Aubijoux. (Par DE TRELON).
Lyon 1689. Ant. Martin. 1 vol. in-12.

1655. — Discours de *Michel* DE L'HOSPITAL, chancelier de France, sur le sacre de François II, contenant une instruction excellente, comme un Roy doit gouverner son Estat; Traduit en vers, par *Claude* JOLY, chanoine de Paris.
Paris 1825. Firm. Didot. 1 vol. in-8°. (Imitat. Elzévir.)

1656. — Recueil des plus notables sentences de la Bible, traduites par Quatrains en manière de Proverbes, à la consolation des dévots esprits, et nommément des Religieux etc. Par Fr. *Anselme* DU CHASTEL.
Paris 1577. Mamert Patisson. 1 vol. in-4°.

1657. — La saincte poesie par Centuries, traictant des principaux devoirs de l'homme Chrestien durant ceste vie : desquelles chacune a son propre suiect : le tout pris des meilleures sentences de l'Escriture Saincte tournées en Quatrains François. Par F. *Anselme* DU CHASTEL.
Paris 1590. Guill. Chaudiére. 1 vol. in-8°.

1658. — Les premières œuvres de *Philippe* Des-Portes.
Paris 1600. Mamert Patisson. 1 vol. in-8º.

1659. — Les œuvres poëtiques de M.ʳ Bertaut, *évesque de Seez*. Dernière édition. Augmentées de plus de moitié outre les précédentes impressions.
Paris 1633. Rob. Bertault. 1 vol. in-8º.

1660. — Les œuvres de M.ʳ Regnier contenant ses satyres et autres pièces de Poësie.
Amsterdam. s. d. Estienne Roger. 1 vol. in-8º.

1661. — Les satyres du Sieur Regnier. Dernière édition, revuë corrigée, et de beaucoup augmentée, tant par le Sieur de *Sigogne*, que de *Berthelot*.
Paris 1645. N. et J. De la Coste. 1 vol. in-8º.

1662. — Poësies chrestiennes. De Messire *Odet* de la Noue. Nouvellement mises en lumière par le sieur de *La Violette*. (*Jos.* Duchesne).
Paris 1594. Eust. Vignon. 1 vol. in-8º.

1663. — Les œuvres de *Scevole* de Sainte Marthe.
Paris 1579. Mamert Patisson. 1 vol. in-4º.

1664. — La Franciade ou histoire générale des Roys de France depuis Pharamond jusques à Louys le Juste à présent regnant. Mis en vers françois par le sieur Geuffrin.
Paris 1623. Ant. de Sommaville. 1 vol. in-8º.

1665. — Les œuvres de Théophile (Viaud), divisées en trois parties. La première contenant l'Immortalité de l'Ame, avec plusieurs autres pièces. La seconde les Tragédies. Et la troisiesme, les pièces qu'il a faites pendant sa prison jusques à présent.
Rouen 1629. J. De la Mare. 3 vol. in-8º.

1666. — Les œuvres du sieur Théophile. De plus est augmentée la lettre contre Balsac, avec la solitude du S.ʳ S. Amant.
Lyon 1645. Bailly. 1 vol. in-12.

1667. — Les œuvres de Théophile. Dernière édition.
Paris 1661. Ant. de Sommaville. 1 vol. in-8º.

1668. — Les œuvres satyriques du Sieur de Courval-Sonnet,

gentilhomme Virois. Dédiées à la Reine Mère du Roy.
Paris 1622. Rolet Boutonné. 1 vol. in-8º.

1669. — Les satyres du Sieur DE COURVAL, contre les abus et désordres de la France. Dédiées à la Reyne mère du Roy. Plus est adiousté *les exercices de ce temps.* D'une très-belle et gentille invention.
Rouen 1627. G. De la Haye. 1 vol. in-8º.

1670. — Les œuvres sainctes du S.ʳ AUVRAY. Desquelles la plus grande partie n'ont encor esté veuës ny imprimées.
Rouen 1626. Dav. Ferrand. 1 vol. in-8º.

3.ᵉ *âge, depuis Malherbe jusqu'au* XVIII.ᵉ *siècle.*

1671. — Poésies de MALHERBE.
Paris 1821. Menard et Desenne. 1 vol. in-18.

1672. — La muse catholique du Sieur DE LA CROIX-MARON. Sur la Saincte Eucharistie.
Bourdeaus 1607. Millanges. 1 vol. in-4º.

1673. — OEuvres poëtiques de *Maistre Adrian* DE LA MORLIÈRE, chanoine d'Amyens. Recueillies de diverses impressions, et dédiées à la royale maison d'Orléans.
Paris 1617. Denys Langlois. 1 vol. in-8º.

1674. — Sonnets spirituels, recueillis pour la pluspart des anciens Théologiens : tant Grecs que Latins avec quelques autres petits traictez poëtiques. Par M. *Jaques* DE BILLY.
Paris 1573. Nic. Chesneau. 1 vol. in-8º.

1675. — Les sentimens de Messire *Pierre* FORGET, Chevalier, Sieur de la *Picardière.*
Paris 1630. Guill. Citerne. 1 vol. in-fol.

1676. — Les œuvres de MAYNARD.
Paris 1646. Aug. Courbé. 1 vol. in-4º.

** — Poésies de SARRASIN.
Voyez *OEuvres.*

** — Poésies de VOITURE.
Voyez *OEuvres.*

1677. — Vers héroiques du S.ʳ Tristan (Lhermite).
Paris 1647. Pierre Des-Hayes. 1 vol. in-4º. Port.

** — Poésies de Scév. Sainte-Marthe,
Voyez OEuvres.

1678. — Le parnasse séraphique, et les derniers souspirs de la muse du R. P. Martial de Brives. Contenant les grandeurs de Dieu, de Jésus-Christ, de la Saincte-Vierge, de Dieu sur ses Saincts, les combats et victoires de Sainct-Alexis, et autres œuvres meslées.
Lyon 1660. F. Demasso. 1 vol. in-8º.

1679. — David, poëme heroïque. Par le Sieur Les Fargues.
Paris 1660. Pierre Lamy. 1 vol. in-12.

** — Poésies de Scarron.
Voyez OEuvres, tom. i, ii, iii.

1680. — Les œuvres du Sieur de Saint-Amant.
Paris 1642. Toussainct Quinet. 1 vol. in-4º.

1681. — Moyse sauvé, idile heroïque du Sieur de St.-Amant.
Paris 1660. Ant. de Sommaville. 1 vol. in-18.

1682. — Entretiens solitaires, ou prières et méditations pieuses, en vers françois. Par M. de Brebeuf. Nouv. édit.
Paris 1670. Ribou. 1 vol. in-12.

1683. — La démonstration de la quatriesme partie de Rien, et Quelque chose, et Tout. Avec la quintessence tirée du quart de Rien et de ses dépendances contenant les préceptes de la saincte Magie et dévote invocation de Démons. Pour trouver l'origine des maux de la France et les remèdes d'iceux, dediée à la ville d'Amiens. Par I. Demons, conseiller du Roy au Présidial d'Amiens (1).
Paris 1594. Est. Prevosteau. 1 vol. in-8º.

1684. — Les chants oraculeux, tant en acclamations d'honneurs, et louanges pastorales, sur dignes sujects : qu'en libres déclamations, et pures véritez de Dieu, des Saincts Pères

---

(1) Jean Demons était conseiller au présidial d'Amiens en 1587.

et d'autres grands autheurs : sur les abus, vanitez, et corruptions du monde. Par Essais de *Claude* DE MONS *Amienois*, Seigneur de Hédicourt (2).
Amiens 1627. Hubault. 1 vol. in-12.

1685. — Les blazons anagrammatiques tres-chrestiens et religieux du Hiérapolitain d'Amiens C. D. M. (*Claude* DE MONS), sur diverses fleurs personnelles de piété, de noblesse, de justice, et de litérature.
Amiens 1662. Jean Musnier. 1 vol. in-8°.

1686. — Le bref Idyliacq senil et contemplatif du Hiérapolitain d'Amiens C. D. M. (*Claude* DE MONS) mis, pour eulogie préalable, devant ses Blazons Anagrammatiques très-chrestiens et religieux.
Amiens 1663. Jean Musnier. 1 vol. in-8°.

1687. — Paraphrase et traduction en vers du psaultier de S. Augustin à sa mère Saincte Monique. Par Fr. de LOUVENCOURT, Sr *de Vauchelles*.
Amiens 1627. Jac. Hubault. 1 vol. in-4°.

1688. — Les épistres du Sieur de BOIS-ROBERT-METEL.
Paris 1647. Cardin Besongne. 1 vol. in-4°.

1689. — Les chevilles de Me ADAM (BILLAUT), menuisier de Nevers.
Paris 1644. Toussainct Quinet. 1 vol. in-4°.

1690. — Les poësies de GOMBAULD.
Paris 1646. Aug. Courbé. 1 vol. in-4°.

1691. — Nouvelles poësies, ou diverses pièces choisies, tant en vers qu'en prose, de Mademoiselle CERTAIN.
Paris 1665. Est. Loyson. 1 vol. in-12.

1692. — Alaric, ou Rome vaincuë, poëme heroïque. Par Mr de SCUDERY.
Rouen-Paris 1659. Aug. Courbé. 1 vol. in-12.

1693. — La muse dauphine adressée à Monseigneur le Dauphin, par le Sieur de SUBLIGNY.
Paris 1667. Cl. Barbin. 1 vol. in-12.

---

(2) DEMONS (*Claude*) fils du précédent, naquit à Amiens en 1591, il mourut le 7 mai 1677.

1694. — Les œuvres (Pseaumes) de M. *Honorat* DE BEUIL, Chevalier, Seigneur DE RACAN.
    Paris 1724. Coustelier. 1 vol. in-12.

1695. — Les Bergeries de Mre *Honorat* DU BUEIL, S.^r DE RACAN.
    Paris 1632. Toussainct Du Bray. 1 vol. in-8º.

1696. — Les poësies du P. *Pierre* LE MOINE.
    Paris 1650. Aug. Courbé. 1 vol. in-4.º

1697. — Les œuvres poëtiques du P. LE MOYNE.
    Paris 1671. Louis Billaine. 1 vol. in-fol.

1698. — Saint Louys ou la sainte couronne reconquise. Poëme heroïque. Par le P. *Pierre* LE MOYNE.
    Paris 1666. Thom. Jolly. 1 vol. in-12. Grav.

1699. — Les triomphes de Louys le Juste en la réduction des Rochelois et des autres rebelles de son royaume. Par un religieux de la compagnie de Jésus. (P. LE MOINE).
    Reims 1629. Nicolas Constant. 1 vol. in-4º.

1700. — OEuvres chrestiennes d'*Ant.* GODEAU, evesque de Grasse.
    Paris 1644. Camusat. 1 vol. in-16.
    A la suite:

1701. — Paraphrase des Pseaumes de David, en vers françois, par *Antoine* GODEAU. Et mis nouvellement en chant, par *Thomas* GOBERT. 5.e édit.
    Paris 1659. P. Le Petit. 1 vol. in-18.

1702. — Poësies chrestiennes et morales d'*Ant.* GODEAU.
    Paris 1660-1663. Le Petit. 3 vol. in-12.

1703. — Paraphrase des pseaumes de David, par *Ant.* GODEAU. 2e éd.
    Paris 1649. P.^{re} Le Petit. 1 vol. in-12.

1704. — Les fastes de l'église, pour les douze mois de l'année. Par feu Messire *Antoine* GODEAU, Evesque de Vence.
    Paris 1674. François Muguet. 1 vol. in-12.

** — Voyez *OEuvres de* MOLIÈRE, tom. IX.

1705. — La Pucelle ou la France délivrée, poëme héroïque. Par M. CHAPELAIN.
    Paris 1656. A. Courbé. 1 vol. in-fol. Grav.

1706. — Même ouvrage. 3.e édit.
    Paris 1657. Aug. Courbé. 1 vol. in-12. Grav.

1707. — Clovis, ou la France chrestienne. Poëme héroïque. Par J. Desmarests (de Saint-Sorlin).
Paris 1657. Aug. Courbé. 1 vol. in-4°. Grav.

1708. — Les quatre livres de l'Imitation de Jésus-Christ, traduits en vers par J. Desmarests.
Paris 1654. Le Petit. 1 vol. in-12.

1709. — Epithalame, ou chant nuptial des nopces de l'agneau. Divisé en douze chants. (Par V. Beaufils).
Paris 1682. Laisné. 1 vol. in-4°.

1710. — OEuvres meslées de M.r Cotin, contenant Enigmes, Odes, Sonnets, et Epigrammes.
Paris 1659. Ant. de Sommaville. 1 vol. in-12.

1711. — Henry le Grand au Roy. Poëme. (Par Cassagnes).
Paris 1661. Ant. Vitré. 1 vol. in-fol.

1712. — Poëme contenant la tradition de l'église sur le très-saint sacrement de l'Eucharistie. Par M. Le Maistre de Sacy.
Paris 1695. Guill. Desprez. 1 vol. in-12.

1713. — Le Théophraste en vers, ou les véritez sur les mœurs du siècle. Par M. Teissier.
Paris 1702. Aug. Brunet. 1 vol. in-12.

1714. — L'Imitation de Jésus-Christ. Traduite et paraphrasée en vers françois. Par P. Corneille.
Rouen 1658. Maurry. 1 vol. in-4°.

1715. — Même ouvrage. (1.re partie).
Rouen 1659. L. Maurry. 1 vol. in-12. Grav.

1716. — Même ouvrage.
Paris 1670. De Luyne. 1 vol. in-16. Grav.

1717. — Même ouvrage. Nouv. édit.
Brusselle 1704. Franç. Foppens. 1 vol. in-12. Grav.

1718. — Louanges de la Sainte Vierge. Composées en rimes Latines par S. Bonaventure. Et mises en vers François par P. Corneille.
Rouen-Paris 1665. Gab. Quinet. 1 vol. in-12.

** — Poésies diverses de P. Corneille.
Voyez OEuvres, tom. x, xi.

** — Voyez OEuvres de Quinault, tom. ii.

1719. — La Chartreuse ou la saincte solitude. 3.ᵉ édit. Reveuë par l'Autheur. (P. Perrin).
Paris 1655. R. Denain. 1 vol. in-18.

1720. — Le bienvenu en faveur de la paix, contenant les Moyens qui nous l'ont donnée. Les Graces de l'avoir obtenuës. Et les Manières de la conserver. Par le Sieur Lair.
Paris 1660. J. Julien. 1 vol. in-12.

1721. — La vie de Jésus et de Marie, en vers. Par le Sieur de Quennes.
Paris 1651. V.ᵉ Camusat. 1 vol. in-12.

1722. — L'Institution chrestienne avec d'autres ouvrages de piété, en vers françois. Par *Frère Claude* Rohault, prieur de Holnon.
Paris 1674. P. Le Petit. 1 vol. in-8º.

1723. — Satires ou réflexions sur les erreurs des Hommes, et les nouvellistes du temps. (Par *Denis* Benoimont).
Paris 1690. G. Quinet. 1 vol. in-8º.

1724. — Poésies diverses du Sieur Furetière. 2.ᵉ édit.
Paris 1664. Louis Billaine. 1 vol. in-12.

1725. — OEuvres chrestiennes de M.ʳ Arnauld d'Andilly. 6.ᵉ éd.
Paris 1644. Camusat. 1 vol. in-4º.

1726. — Même ouvrage. 9.ᵉ édit.
Paris 1659. Le Petit. 1 vol. in-12.

1727. — Poëme sur la vie de Jésus-Christ. Suivi d'une ode sur la solitude, et de stances sur diverses vérités chrétiennes. (Par Arnauld d'Andilly).
Sans frontispice. 1 vol. in-12.

1728. — Stances sur diverses veritez chrestiennes. 2.ᵉ édit. (Par Arnault d'Andilly).
Paris 1642. V.ᵉ J. Camusat. 1 vol. in-18.

1729. — Stances chrestiennes sur divers passages de l'Escriture Sainte et des Pères. (Par l'*Abbé* Testu).
Paris 1669. D. Thierry. 1 vol. in-8º.

1730. — Catechisme en vers dédié à Mgr. le Dauphin. Dans lequel les vérités chrétiennes sont expliquées d'une ma-

nière si intelligible et si exacte, que toutes sortes de personnes s'en pourront servir utilement. Avec des prières sur les sujets les plus importans. Par M. d'HEAUVILLE, Abbé de Chantemerle.
>> **Orléans 1702. Rouzeau. 1 vol in-12.**

** — Poésies françaises de MÉNAGE. Voyez n.° 1412.

1751. — Poésies de Madame et de Mademoiselle DESHOULIERES. Nouv. édit. augmentée d'une infinité de Pièces.
>> **Bruxelles 1745. Franç. Foppens. 2 vol. in-12.**

1732. — OEuvres de Madame et de Mademoiselle DESHOULIÈRES.
>> **Paris 1819. Dabo, Tremblay et Comp. 2 vol. in-18.**

1733. — OEuvres de LA FONTAINE. Nouv. édit., revue, mise en ordre, et accompagnée de notes, par C. A. *Walckenaer*.
>> **Paris 1822-23. Lefèvre. 6 vol. in-8°.**

1734. — Recueil de poësies chrétiennes et diverses. Dédiées à Monseigneur le prince de Conty. Par M. DE LA FONTAINE.
>> **Paris 1682. Jean Couterot. 3 vol. in-12.**

1735. — Poëme du Quinquina, et autres ouvrages en vers de M. DE LA FONTAINE.
>> **Paris 1682. D. Thierry. 1 vol. in-12.**

1736. — Contes et Nouvelles en vers. Par M. DE LA FONTAINE.
>> **Londres. s. d. 4 vol. in-8°. Grav.**

1737. — Contes et nouvelles en vers, de LA FONTAINE.
>> **Amsterdam 1776. 2 vol. in-8°.**

1758. — Contes de LA FONTAINE. Nouv. édit. rev., mise en ordre, et accompagnée de notes, par C. A. *Walckenaer*.
>> **Paris 1822. Lefèvre. 1 vol. in-8°. Grav.**

1759. — Le triomphe de la Croix, contenant les trois Etats de la perfection chrétienne. En vers. Par M. *Catherine* LEVESQUE, de *Perronne* (1).
>> **Paris 1669. P.re de Bresche. 1 vol. in-8°.**

** — Poésies diverses de J. RACINE. Voyez *OEuvres*, tom. v.

1740. — La nature naissante ou les merveilleux effets de la puis-

---

(1) *Catherine* LÉVESQUE ou l'EVESQUE, est née à Péronne vers le milieu du XVII.e siècle. Voyez l'Arrondissement de Péronne par M. P. Decagny, page 86.

sance divine dans la création du monde achevée en six jours, en vers françois. Par le S.ʳ DE ST.-MARTIN.
Paris 1667. Vincent Du Moutier. 1 vol. in-8°.

1741. — Le poëte sincère, ou les veritez du siècle : poëme héroï-comique. Divisé en treize Discours, et dix Chants. 1ʳᵉ éd. (Par B. DE BONNECORSE).
Anvers 1698. Jacques le Censeur, à la Vérité. 1 v. in-12.

·· — Poésies diverses de REGNARD.
Voyez *OEuvres*, tom. IV.

1742. — Satires du sieur D.... (BOILEAU DESPRÉAUX). (IXᵉ Sat.)
Paris 1668. Billaine et Cl. Barbin. 1 vol. in-4.°

1743. — OEuvres de *Nicolas* BOILEAU DESPRÉAUX. Nouv. édit.
Paris 1713. Billiot. 1 vol. in-4°. Port.

1744. — OEuvres de M.ʳ BOILEAU DESPRÉAUX. Avec des éclaircissemens historiques, donnez par Lui-même. (Recueillies et publiées par *Brossette*).
Genève 1716. Fabri et Barilliot. 2 vol. in-4°. Grav.

1745. — Même ouvrage.
Amsterdam 1717. C. et R. Westein. 4 vol. in-12.

1746. — Même ouvrage.
Amsterdam 1721. Brunel. 2 vol. in-8°. Gr.

1747. — Les œuvres de M. BOILEAU DESPRÉAUX, avec des éclaircissemens historiques. (Publiées par l'*Abbé Souchay*).
Paris 1740. V.ᵉ Alix. 2 vol. in-4°.

1748. — OEuvres de BOILEAU DESPRÉAUX, avec un commentaire par M. de *Saint-Surin*.
Paris 1821. Blaise. 4 vol. in-8°. fig.

1749. — OEuvres de BOILEAU, collationnées sur les anciennes éditions et sur les manuscrits; avec des notes historiques et littéraires, et des recherches sur sa vie, sa famille et ses ouvrages; par M. *Berriat-Saint-Prix*.
Paris 1830. Langlois. 4 vol. in-8.°

XVIII.ᵉ *siècle jusqu'à nos jours.*

1750. — OEuvres diverses de M. l'*Abbé* DE CHAULIEU. Nouv. édit.
Londres 1740. Jean Nours. 2 vol. in-8.°

1751. — OEuvres de Chaulieu, d'après les manuscrits de l'auteur.
La Haye 1777. Gosse. 2 vol. in-18. Port.

1752. — Poésies de Chaulieu.
Paris 1812. Belin. 1 vol. in-12.
On trouve à la suite :
Poésies choisies du *Marquis* de la Fare.

1753. — OEuvres de Vergier. Nouv. édit.
La Haye 1731. 2 vol. in-12.

1754. — Poésies de M. de la Monnoye, avec son éloge, publiées par M. de S.... (*Sallengre*).
La Haye 1716. Ch. Levien. 1 vol. in-8°.

— Voyez OEuvres d'Hamilton, tom. II.

1755. — Recueil de poësies diverses (par le P. Du Cerceau).
Amsterdam 1715. P. Humbert. 1 vol. in-8°.

1756. — Recueil de Poësies diverses (par le P. Du Cerceau). Nouv. édit. rev. et corr.
Paris 1733. V.° Estienne. 1 vol. in-12.

1757. — OEuvres de J. B. Rousseau. Nouvelle édition ; avec un commentaire historique et littéraire, précédé d'un nouvel essai sur la vie et les écrits de l'auteur (par *Ja. Amar*).
Paris 1820. Lefèvre. 5 vol. in-8°.

1758. — OEuvres choisies du S.ʳ Rousseau, contenant ses Odes, Odes sacrées de l'Edition de Soleure, et Cantates.
Rotterdam 1716. Fritsch et Bohm. 2 en 1 vol. in-12.

1759. — Le Poëte sans fard, ou discours satiriques sur toute sorte de sujets (par *Fr.* Gacon).
(Paris) 1701. 1 vol. in-12.

1760. — Anti-Rousseau, par le Poëte sans fard (*Fr.* Gacon).
Rotterdam 1712. Fristh et Bohm. 1 vol. in-12.

1761. — Poësies diverses de M. de G. (Willart de Grécourt). Nouv. édit. augm. d'un très-grand nombre de Pièces, et purgée de toutes celles qu'on a faussement publiées sous le nom de cet Auteur.
Lausanne 1756. M. Bousquet. 2 en 1 vol. in-12.

1762. — Les dons des enfants de Latone : la musique et la chasse du cerf, Poëmes dédiés au Roy. (Par J. DE SERRÉ).
Paris 1734. P. Prault. 1 vol. in-8°.

1763. — Clovis, poëme (par LIMOJON DE ST.-DIDIER).
Paris 1725. Pissot. 1 vol. in-8°.

1764. — Poësies pastorales de M. D. F. (DE FONTENELLES). Avec un Traité sur la nature de l'Eglogue, et une Digression sur les Anciens et les Modernes.
Paris 1688. Mic. Guerout. 1 vol. in-12.

1765. — La Religion, poëme. Par M. RACINE. Nouv. édit.
Paris 1742. J. B. Coignard. 1 vol. in-8°.

1766. — Poëme sur la Grâce, par M. R. (RACINE).
Amsterdam 1722. Marteau. 1 vol. in-4°.

1767. — Poëme sur la Grâce. (Par *Louis* RACINE).
Paris 1722. 1 vol. in-8°.
Examen du Poëme sur la Grâce. (Trois lettres par les P.P. BRUMOY, ROUILLÉ, et HONGNANT.)
Bruxelles 1723.

1768. — Poëme sur la Grâce, divisé en quatre chants. Par M. RACINE.
1722. 1 vol. in-8°.

1769. — Poëme sur la Grâce (par RACINE *fils*).
1722. 1 vol. in-12.

1770. — Epitre en vers à l'auteur du Poëme sur la Grâce. Par M. l'*Abbé*...
Paris 1724. 1 vol. in-8°.

1771. — Le bonheur, poéme en six chants. Avec des fragments de quelques épitres. Ouvrages posthumes de M. HELVETIUS. Nouv. édit.
Londres 1773. 1 vol. in-12.

1772. — La Ligue ou Henry le Grand, poëme épique. Par M. DE VOLTAIRE. Avec des additions et un recuëil de pièces diverses du même Auteur.
Amsterdam 1724. Fréd. Bernard. 1 vol. in-12.

1773. — La Henriade avec des variantes et des notes. Et l'Essai sur le Poëme épique. Nouv. édit. (Par VOLTAIRE).
Londres 1738. Innis. 1 vol. in-8°.

1774. — Voltarii Henriados libri decem, latinis versibus et gallicis; adposito duplici poemate, quod accuratè semper ad versum respondet. Edit. nov. Auct. Calcio-Cappavelle.
Parisiis 1777. La Porte. 1 vol. in-12.

.. — Poésies diverses de Voltaire.
Voyez OEuvres, tom. xi à xiv.

1775. — Poësies diverses du Roi de Prusse (Frédéric II).
Berlin. 1760. Woss. 2 en 1 vol. in-8°.

1776. — OEuvres du Philosophe de sans-souci (Frédéric II).
Postdam. Amsterdam 1760. Schneider. 2 en 1 v. in-8°.

1777. — OEuvres mélées de madame De Montegut (*Jeanne de Ségla*), recueillies par M. *De Montegut*, son fils.
Paris 1768. Desaint et Barbou. 2 vol. in-12. Port.

1778. — Les poésies de M. G. (Gresset).
Blois 1734. P. J. Masson. 1 vol. in-12.
Ce volume comprend Ode au Roy, Poësies pastorales, Eglogues de Virgile, Odes.

1779. — OEuvres de M. Gresset, Nouv. édit. Revue avec soin, et augmentée de nouvelles Pièces qui ont paru dans la dernière Edition de 1780, en deux volumes in-8°.
Tulle 1790. Chirac. 2 en 1 vol. in-12.

1780. — OEuvres de M. Gresset. Nouv. édit. rev., corr., augm. et donnée au Public par l'Auteur.
Londres 1765. Kelmarneck. 2 vol. in-12.

1781. — OEuvres de Gresset.
Paris 1811. Ant. Aug. Renouard. 2 vol. in-8°.
A la suite :

1782. — Le Parrain magnifique, poëme en dix chants, ouvrage posthume de Gresset.
Paris 1810. Renouard. 1 vol. in-8°.

1783. — Même ouvrage.
Paris 1824. Didot. 1 vol. in-32.

.. — Voyez OEuvres de du Belloy, tom. vi.

1784. — OEuvres de Bernard.
Paris 1818. Egron. 1 vol. in-18.

1785. — Poésies de Malfilatre.
Paris 1835. Berquet. 1 vol. in-18. Port.

1786. — OEuvres choisies d'*Alexis* Piron, précédées d'une notice historique sur la vie et les écrits de cet Auteur.
Paris 1806. Lib. économ. 3 vol. in-18.

1787. — OEuvres de Gilbert.
Paris 1817. Ménard et Desenne. 1 vol. in-18. Port.

1788. — OEuvres de M. le *Marquis* de Pompignan.
Paris 1784. Nyon l'ainé. 4 vol. in-8°.

1789. — Poësies sacrées et philosophiques, tirées des Livres Saints. Par M. Le Franc de Pompignan.
Paris 1763. Prault. 1 vol. in-4°.

** — Poésies de Thomas.
Voyez *OEuvres*, tom. v.

1790. — Les baisers, précédés du mois de mai. (Par Dorat).
La Haye-Paris 1770. Delalain. 1 vol. in-8°.

1791. — OEuvres de M. Léonard. 4.e édit.
Paris 1787. Prault. 2 vol. in-18. Fig.

1792. — OEuvres badines de Robbé de Beauveset.
Londres-Paris 1801. Lavillette. 2 vol. in-18.

1793. — OEuvres complètes de Bertin.
Paris 1826. Froment. 1 vol. in-18. Port.

** — Poésies diverses de Lemierre.
Voyez *OEuvres*, tom. iii.

** — Voyez OEuvres posthumes de Marmontel.

** — Id. de Florian, tom. vi.

** — Id. de Berquin, tom. viii.

1794. — OEuvres diverses de M. de Julien Scopon.
La Haye 1728. Charles Le Vier. 1 vol. in-8°.

1795. — Poésies du Chevalier de Pierres de Fontenailles.
Paris 1751. Gab. Martin. 1 vol. in-8°.

1796. — Les sept pseaumes de la pénitence paraphrasés en vers et dédiés à Mgr. l'Evêque d'Amiens, par M. Lepicart.
Amiens 1748. V.e Ch. Caron Hubault. 1 vol. in-4°.

1797. — Le balai, poëme héroï-comique en XVIII chants (par l'*Abbé* du Laurens).
Constantinople 1772. Impr. du Mouphti. 1 vol. in-8°.

1798. — Les narrations et autres poésies de M. Fourneaux.
Paris 1772. V.e Duchesne. 1 vol. in-8°.

1799. — OEuvres de *J. B. Robert* Boistel d'Welles (1), contenant Antoine et Cléopatre ; Irêne ; OEuvres diverses.
Amiens 1781. J. B. Caron. 1 vol. in-8°.

1800. — Le paradis terrestre, poëme imité de Milton. Par Mme D. B. (Du Boccage). Nouv. édit.
Amsterdam 1748. 1 vol. in-8°. Fig.

** — Voyez aussi OEuvres de M.^e Du Boccage, tom. II-III.

** — Voyez OEuvres de La Harpe, tom: III.

1801. — Le petit-neveu de Bocace, ou contes nouveaux en vers. Nouv. édit. (par M. Villemain d'Ablancourt).
Avignon 1781. 1 vol. in-8°.

1802. — Tableau des mœurs de ce siècle, en forme d'épitres. Epitre Ire et IIe suivies de plusieurs fragmens d'un Poëme intitulé : *Saint-Alme et Zélie ;* du *Tombeau et de l'Apothéose de J.J. Rousseau ;* Poëme ; d'une épitre *à la plus honnête des Femmes;* d'une *lettre sur une découverte célèbre,* et des Pièces fugitives. (Par M. Baumier).
Londres-Paris 1788. Le Tellier. 1 vol. in-8°.

1803. — Les mœurs, poëme on sept chants, avec des notes. (Par l'*Abbé* Duprat.
Amsterdam-Paris. 1786. Durand. 1 vol. in-8°.

1804. — OEuvres d'*André* de Chénier.
Paris 1822. Baudouin. 1 vol. in-18.

1805. — OEuvres de Saint-Lambert. Nouv. édit.
Paris 1813. Duprat. 2 vol. in-18. Grav.

1806. — Les Saisons, poëme par Saint-Lambert.
Paris 1825. Froment. 1 vol. in-24.

** — Voyez OEuvres de Collin d'Harleville.

1807. — OEuvres de *Ponce Denys* (Ecouchard) Le Brun, mises en ordre et publiées par *P. L. Ginguené*, et précédées d'une notice sur sa vie et ses ouvrages, rédigée par l'éditeur.
Paris 1811. Warée. 4 vol. in-8°.

---

(1) Boistel d'Welles (*Jean-Baptiste-Robert*) né à Amiens le 23 février 1717, mourut en 1778.

1808. — Poésies de M.J. Chénier, suivies de la poétique d'Aristote.
Paris 1822. Baudouin. 2 vol. in-18.

1809. — Le Mérite des Femmes, nouv. édit. augm. de poésies inédites; par Legouvé.
Paris 1830. L. Janet. 1 vol. in-18.

1810. — OEuvres choisies d'*Evariste* Parny; précédées d'une notice sur sa vie et ses ouvrages.
Paris 1826. Paris et Wercherin. 1 vol. in-8°.

1811. — La Guerre des Dieux, poème en dix chants par *E.* Parny.
Paris 1808. Debray. 1 vol. in-18.

1812. — Opuscules poétiques, par M. le Chevalier de Parny.
Amsterdam 1779. (Paris. Ve Duchesne). 1 v. in-8°. Fig.

** — Voyez OEuvres de Palissot, tom. ii.

** — Voyez OEuvres du *Ch.* de Boufflers, tom. i-iv.

1813. — OEuvres de *Jacques* Delille.
Paris 1819-21. Michaud. 18 vol. in-18.

1814. — OEuvres de J. Delille. Nouv. édit.
Paris 1824. Michaud. 16 vol. in-8°.

1815. — OEuvres de J. Delille, avec les notes de MM. *Parseval-Grandmaison*, de *Féletz*, de *Choiseul-Gouffier*, *Aimé-Martin*, *Descuret* etc. 3.e édit.
Paris 1834. Lefèvre. 1 vol. in-8°.

1816. — Les Jardins, ou l'art d'embellir les paysages. Poème. Par M. l'*Abbé* De Lille.
Paris 1782. Valade. 1 vol. in-8°.

1817. — OEuvres complètes de Millevoye, dédiées au Roi, et ornées d'un beau portrait.
Paris 1822. Ladvocat. 4 vol. in-8°.

1818. — Les œuvres complètes de Millevoye, précédées d'une notice biographique et littéraire. 3.e édit.
Paris 1827. Furne. 4 vol. in-8°. Port.

** — Voyez OEuvres de M. de Fontanes. tom. i.

1819. — La Gastronomie, poëme, par J. Berchoux, suivi des poésies fugitives de l'Auteur. 5.e édit. rev. et corr.
Paris 1819. Michaud. 1 vol. in-18.

1820. — Les Amours épiques, poëme en six chants, contenant la traduction des épisodes sur l'amour, composés par les meilleurs poëtes épiques; par F. A. PARSEVAL-GRANDMAISON. 2.ᵉ édit., rev., corr., augmentée de deux mille vers, précédée d'un discours préliminaire; suivis de plusieurs morceaux traduits d'HOMÈRE, de MILTON et de l'ARIOSTE.
Paris 1806. Dentu. 1 vol. in-8°.

1821. — Colomb dans les fers, à Ferdinand et Isabelle, après la découverte de l'Amérique; épitre qui a remporté le prix de l'Académie de Marseille, précédée d'un Précis historique sur Colomb. Par M. le Chevalier DE LANGEAC.
Londres-Paris 1782. Jombert. 1 vol. in-8°.

1822. — Le progrès des arts dans la République, poëme; précédé d'un discours sur le même sujet: suivi d'un autre poëme intitulé: Dieu et les Saints; de quelques vers sur les victoires de Buonaparté; des Doléances du Pape, et de nouveaux Hymnes civiques. Par M. P. D. (DORAT CUBIÈRES).
Paris an V. Marchand. 1 vol. in-8°.

1823. — Le Calendrier Républicain, poëme lu à l'assemblée du Lycée des Arts, le 10 frimaire an III, avec la traduction en italien; précédé d'une lettre du citoyen Lalande; suivi de trente-six Hymnes civiques pour les trente-six Décadis de l'année; d'une Ode au Vengeur, accompagnée d'une Lettre du citoyen Saint-Ange, et de plusieurs autres Poëmes; par CUBIÈRES.
Paris an VII. Mérigot. 1 vol. in-8°.

1824. — L'Industrie ou les Arts; ode publiée à l'occasion de la fête du 1.ᵉʳ vendémiaire an VII. Par P. CHAUSSARD.
Paris an VII. Didot aîné. 1 vol. in-folio.

1825. — Les Francs, poëme héroïque en dix chants; par C. L. LESUR.
Paris an V (1797). Maradan. 1 vol. in-8°.

1826. — La Luciniade ou l'art des accouchements, poëme didactique, par le cit. Sacombe.
Paris an I. Garnery. 1 vol. in-8°.

1827. — La Luciniade, poëme en dix chants, sur l'art des accouchemens, par le cit. Sacombe. 3.ᵉ édit.
Paris an VII. Courcier. 1 vol. in-12.

1828. — La Vénusalgie, ou les maladies de Vénus. Par le d.ʳ Sacombe.
Paris 1814. (l'Auteur). 1 vol. in-18.

1829. — Poëmes élégiaques, précédés d'un discours sur l'élégie héroïque, par M. Treneuil.
Paris 1817. Firmin Didot. 1 vol. in-8°.
A la suite :
Profanation des tombes royales de Saint-Denis en 1793. Poëme élégiaque. Par M.ᵉ de Vannoz, née Sivry.
Paris 1810. Michaud frères. 1 vol. in-8°.
Les Tombeaux de Saint-Denys, ou le retour de l'exilé, ode lue le 24 avril 1817, à la séance générale des quatre Académies composant l'Institut Royal de France. (Par de Fontanes).
Paris 1817. Lenormand. 1 vol. in-8°.

1830. — Le livre de Job, traduit en vers français, avec le texte de la Vulgate en regard; suivi de notes explicatives, ainsi que des variantes tirées des plus célèbres interprètes de la bible, et de quelques poésies françaises du traducteur, déjà imprimées, mais revues et corrigées avec soin. Par B. M. F. Levavasseur.
Paris 1826. Dentu. 1 vol. in-8°.

1831. — La Table ronde, poëme. (Par Creuzé de Lesser). 4.ᵉ éd.
Paris 1829. Gobin et Comp. 1 vol. in-8°.

1832. — Quelques vers nouveaux sur de vieux souvenirs, ou choix de contes, épigrammes, quatrains, fables, chansons, traductions, et autres fragmens, en vers et en prose, par E. A. (Anselin), membre d'une société littéraire
Paris 1820. Delaunay. (Amiens Maisnel fils). 1 v. in-12.

1833. — OEuvres complètes de M.ʳ ARNAULT. (Théâtre lyrique, cantates, poésies mêlées).
   Lahaye 1817. Impr. belgique. 4 vol. in-8º.

1834. — L'Immortalité de l'Ame ou les quatre âges religieux, poëme en quatre chants, par M.ʳ DE NORVINS. 2.ᵉ edit.
   Paris 1829. Lequien fils. 1 vol. in-8º. Fig.

1835. — Sapho, poëme en dix chants, par L. GORSSE.
   Paris 1805. Giguet et Michaud. 2 vol en 1. in-8º.

1836. — Fables, Poésies diverses et quelques Chansons du Chevalier COUPÉ DE SAINT-DONAT (1).
   Paris 1818. Alex. Eymery. 1 vol. in-12.

1837. — OEuvres de *Fr. G. J. Stanislas* ANDRIEUX, avec gravures d'après Desenne.
   Paris 1818. Nepveu. 4 vol. in-8º.

** — Voyez OEuvres de *Et.* JOUY, tom. XVII.
** — Id. de GIRODET.
** — Id. de CHATEAUBRIANT, tom. XXII.

1838. — Odes sacrées, tirées des 15 psaumes graduels, paraphrasés en vers français; du psaume CXIV, appliqué à la mort de M.gr d'Aviau, archevêque de Bordeaux; des hymnes *Vexilla* et *Pange lingua*. Par le C.ᵗᵉ de MARCELLUS.
   Paris 1827. Leclerc. 1 vol. in-18.

1839. — Odes sacrées, Idylles, et Poésies diverses, par le C.ᵗᵉ DE MARCELLUS. Dédié à S. M. Louis XVIII.
   Paris 1825. Ladvocat. 1 vol. in-18.

1840. — OEuvres de *Pierre* LEBRUN de l'Académie française.
   Paris 1844. Perrotin. 2 vol. in-8º.

1841. — Elégies de M. A. MAUGE. 2.ᵉ édit.
   Paris 1829. Lenormant. 1 vol. in-8º.

1842. — Adèle de Ponthieu, poëme historique, en six chants; par MONDELOT.
   Paris 1834. Dondey Dupré. 1 vol. in-8º.

---

(1) COUPÉ DE SAINT-DONAT (*Alexandre-Auguste-Magloire*) naquit à Péronne le 5 septembre 1775.

1843. — Rêves d'une jeune Fille. Poésies par Mlle *Elise* Moreau.
Paris 1837. Rolland. 1 vol. in-8°.

1844. — Ossian, barde du troisième siècle, poésies galliques en vers français, suivi des veillées poétiques; par Baour-Lormian. 5.e édit.
Paris 1827. Gayet. 1 vol. in-8°. Grav.

1845. — La couronne de cyprès et de roses, ou le deuil, la naissance, le baptême. Dédiée à M.gr le duc de Bordeaux, par P. H. Robert.
Paris 1821. Goujon. 1 vol. in-12.

1846. — Poésies morales et historiques; ou suite et seconde édition des loisirs d'un ancien Magistrat, par le vicomte de Villiers du Terrage. (1850 à 1856).
Paris 1836. F. Dufart. 2 vol. in-8°.

1847. — La divine Epopée, par *Alexandre* Soumet.
Paris 1840. Arth. Bertrand. 2 vol. en 1. in-8°.

1848. — OEuvres complètes de *Casimir* Delavigne, avec une notice par M. *Germain Delavigne*. Nouv. édit.
Paris 1846. Didier. 6 vol. in-8°. Grav.

1849. — Messéniennes de C. Delavigne. (16.e édit.)
Paris 1831. Dufey et Vezard. 1 vol. in-8°.

1850. — Bayart ou la conquête du Milanais, poème, par A. Dureau de la Malle.
Paris 1824. Gosselin. 2 vol. in-12.

1851. — Némésis par Barthélémy. 4.e édit.
Paris 1835. Perrotin. 2 vol. in-8°. Grav.

1852. — Douze journées de la Révolution, poèmes par Barthélémy.
Paris 1832. Perrotin. 1 vol. in-8°. Grav.

1853. — Napoléon en Egypte, Waterloo et le Fils de l'homme, par Barthélémy et Méry.
Paris 1835. Perrotin. 1 vol. in-8°. Grav.

1854. — Syphilis, poème en trois chants par Barthélémy, avec des notes par le d.r Giraudeau *de Saint-Gervais*.
Paris 1848. Martinon. 1 vol. in-18.

1855. — Poésies de Madame Desbordes-Valmore. 3.e édit.
Paris 1822. Grandin. 1 vol. in-12.

1856. — Les Chants prophétiques, ou morceaux choisis d'Isaïe, imités en vers français par *Cézaire* Du Bois.
Noyon 1829. Soulas Amoudry. 1 vol. in-8°.

1857. — La France pacifiée, poème en vingt-cinq chants; accompagné de notes historiques, par M. N. J. B. Montalan.
Paris 1824. Dondey-Dupré. 2 vol. in-8°.
Edit. de 1823, dont on n'a fait que changer le titre et enlever l'errata.

1858. — Œuvres d'*Alphonse* de Lamartine. (*Méditations Poétiques, dernier Chant du Pélérinage d'Harold, le Chant du Sacre*).
Paris 1826. Jul. Boquet. 2 vol. in-8°. Fig.

1859. — Harmonies poétiques et religieuses, par *Alphonse* de Lamartine. 4.ᵉ édit.
Paris 1830. Ch. Gosselin. 2 vol. en 1. in-8°.

1860. — La chûte d'un ange, épisode par *Alphonse* de Lamartine.
Paris 1838. Gosselin et Coquebert. 2 vol. in-8°.

1861. — Jocelyn. Episode. Journal trouvé chez un curé de village. Par *Alph.* de Lamartine.
Paris 1836. Gosselin et Furne. 2 vol. in-8°.

1862. — Recueillements poétiques par *Alph.* de Lamartine. 2ᵉ éd.
Paris 1839. Ch. Gosselin. 1 vol. in 8°.

1863. — Nouvelles Odes, par *Victor M.* Hugo.
Paris 1824. Ladvocat. 1 vol. in-12.

1864. — Les Orientales, par *Victor* Hugo. 2.ᵉ édit.
Paris 1825. Ch. Gosselin. 1 vol. in-12.

1865. — Les Orientales, par *Victor* Hugo. 7.ᵉ édit.
Paris 1829. Gosselin. 1 vol. in-8°.

1866. — Marie de Brabant, poëme en six chants, par M. Ancelot.
Paris 1825. Urbain Canel. 1 vol. in-8°.

1867. — Romances, Ballades et Légendes par M. Boucher de Perthes.
Paris 1830. Treuttel et Wurtz. 1 vol. in-8°.

1868. — Chants armoricains ou souvenirs de Basse-Bretagne, par M. Boucher de Perthes.
Paris 1831. Treuttel et Wurtz. 1 vol. in-8°.

1869. — Satires, Contes et Chansonnettes, par M. BOUCHER DE PERTHES.
Paris 1833. Treuttel et Wurtz. 1 vol. in-8º.

1870. — Chroniques de France par Mme *Amable* TASTU.
Paris 1829. Delangle. 1 vol. in-8º.

1871. — Poésies. Par Madame *Amable* TASTU. 6.e édit.
Paris 1838. Didier. 1 vol. in-18.

1872. — Poésies nouvelles. Par Madame *Amable* TASTU. 3.e édit.
Paris 1838. Didier. 1 vol. in-18.

1873. — Confessions poétiques; par *Gustave* DROUINEAU.
Paris 1834. Ch. Gosselin. 1 vol. in-8º.

1874. — Voyage du Roi au camp de St.-Omer, poème couronné par l'Académie d'Amiens dans sa séance publique du 25 août 1828. Par *Alex.* BOUTHORS (1).
Amiens 1828. Boudon Caron. 1 vol. in-4º. Vélin.

1875. — Heures de solitude: poésies, par Mme *Fanny* DENOIX.
Paris 1837. Ebrard. 1 vol. in-8º.

1876. — Heures de Solitude, poésies, par Mme *Fanny* DENOIX.
Paris 1838. Le Clere. 1 vol. in-8º.

1877. — Albert-Love, ou l'Enfer. Poème par *René* CLÉMENT. 2e éd.
Paris 1837. Ollivier. 1 vol. in-8º.

1878. — Esquisses parlementaires et politiques, Satires, Epitres, Chansons etc. insérées dans la *Gazette de Picardie*, depuis le mois de novembre 1832 jusqu'à la fin de 1835, par *Eugène* YVERT.
Amiens 1836. Caron Vitet. 1 vol. in-8º.

1879. — Esquisses parlementaires et politiques, 1836-1837. (Par *Eugène* YVERT).
Amiens 1837. Caron Vitet. 1 vol. in-8º.

1880. — Les Veillées Françaises, par M. (POIRIÉ SAINT-AURÈLE).
Paris 1826. Ch. Gosselin. 1 vol. in-8º.

1881. — Souvenirs poétiques de L. T. SEMET.
Lille 1833. Bronner-Bauwens. 1 vol. in-18.

---

(1) BOUTHORS (*Jean-Louis-Alexandre*) naquit au Valvion, dépendance de Beauquesne, le 9 messidor an V. (27 juin 1797).

1882. — Poésies (par L. T. Semet et Barrois).
Lille 1845. Durieux. 1 vol. in-18.

1883. — Poésies par L. T. Semet et J. Barrois.
Lille 1845.. Durieux. 1 vol. in-18.

1884. — Poésies par J. Barrois et L. T. Semet.
Lille 1846. Durieux. 1 vol. in-18.

1885. — Le Whist, poëme didactique en quatre chants, par M. Cléon G... D... (Galoppe d'Onquaire). 2.ᵉ édit. (1)
Paris 1841. Delloye. 1 vol. in-18.

1886. — Liasse comprenant :
Illusions par M. *Cléon* Galoppe d'Onquaire. OEuvre couronnée au concours de l'Académie des belles-lettres 1837.
Paris 1837. Les Marchands de nouv. littér. in-8º.
Le siège de la Sorbonne ou le triomphe de l'Université, poëme héroicomique, en six chants, par un Bedeau de Saint-Sulpice et revu par M. C. Galoppe d'Onquaire.
Paris 1844. Delavigne. in-8º.
Les Vendeurs du Temple. Satire réactionnaire par M. Galoppe d'Onquaire. 3.ᵉ édit.
Paris 1849. Martinon. 1 vol. in-8º.

1887. — Liasse comprenant :
A la garde nationale d'Amiens, vers lus à la séance publique de l'Académie d'Amiens le 27 août 1848. (Par *Aug.* Breuil) (2).
Amiens 1848. Eug. Yvert. in-4.º
Inauguration de la statue de Du Cange. Vers lus à l'occasion de cette solennité, le 19 août 1849, par M. A. Breuil.
Amiens 1849. E Yvert. in-4º. Vélin.
La Cathédrale d'Amiens. (Par A. Breuil).
Amiens 18 juillet 1852. E. Yvert. in-8º.

---

(1) Galoppe (*Jean-Hyacinthe-Adonis*) connu sous le nom de *Cléon* Galoppe d'Onquaire, naquit à Montdidier le 16 avril 1805.

(2) Breuil (*Guillain-Joseph-Auguste*) naquit à Amiens le 3 mars 1814.

1888. — Satires républicaines par E. Becquerelle (1).
   Amiens 1848-49. Alfred Caron. 1 vol. in-8°.
   Ces Satires au nombre de treize ont paru successivement sous les titres suivants : 1. Un Président. 10 décembre 1848. — 2. Odilon Barrot. 10 janvier 1849. — 3. L'Allemagne et l'Italie. 25 janvier. — 4. Barthélemy. 10 février. — 5. Bugeaud. 25 février. — 6. L'Idée. 10 mars. — 7. Le Théâtre. 25 mars. — 8. La Presse réactionnaire. 10 avril. — 9. Les Français en Italie. 25 avril. — 10. Aux Martyrs. 10 mai. — 11. Coup d'œil rétrospectif. 25 mai. — 12. Dupin. 15 juin. — 13. Thiers. 25 juin 1849.

1889. — Dix mois de révolution. Sylves politiques par *Ernest* Prarond (2) et *Gustave* Le Vavasseur.
   Paris 1849. Michel Lévy. 1 vol. in-18.

Cantiques, Noels et Chansons.

1890. — La vie de Jésus-Christ et de la Sainte-Vierge en cantiques. Propres à estre chantez et expliquez dans les catechismes, et dans les familles chrétiennes aux festes instituées en leur honneur. Par un Missionnaire.
   Troyes 1691. J. Febure. 1 vol. in-12.

1891. — Cantiques sur les principales obligations du christianisme. Notez sur des airs spirituels. A l'usage des missions des Frères Prescheurs.
   Paris 1697. Couterot. 1 vol. in-12.
   Voir n.° 1730.

1892. — Cantiques spirituels de l'amour divin, pour l'instruction et la consolation des Ames dévotes. Composez par le R. P. Surin. 4.° édit.
   Paris 1694. Robert Pepie. 1 vol. in-8°.

1893. — Les pseaumes de David, et les cantiques de l'ancien et du nouveau Testament. Mis en vers françois etc. Par M. l'*Abbé* Pellegrin.
   Paris 1705. Nic. Le Clerc. 1 vol. in-8°.

---

(1) Becquerelle (*Eugène-Toussaint*) est né à Abbeville le 30 avril 1807.
(2) Prarond (*Philippe-Constant-Ernest*) est né à Abbeville le 4 mai 1821.

1894. — L'Imitation de Jésus-Christ, mise en cantiques spirituels. Par M. l'*Abbé* PELLEGRIN.
 Paris 1727. Nic. Le Clerc. 1 vol. in-8°.

1895. — Cantiques spirituels sur plusieurs points importans de la religion et de la morale chrétienne. Pour les catéchismes et les missions. Par M. l'*Abbé* PELLEGRIN.
 Paris 1720. Le Clerc. 1 vol. in-12.

1896. — Cantiques spirituels, sur les points les plus importans de la religion, de la morale chrétienne, et sur les quinze mystères du Rosaire: accompagnés d'hymnes pour les principales fêtes de l'année etc. Par M. l'*Abbé* PELLEGRIN.
 Paris 1728. Nic. Le Clerc. 1 vol. in-8°.

1897. — Noels nouveaux sur les chants des noels anciens ; notez pour en faciliter le chant. Par M. l'*Abbé* PELLEGRIN.
 Paris 1735. Nic. Le Clerc. 1 vol. in-8°.

1898. — Hymnes de M. DE SANTEUIL, traduites en vers françois. Par M. l'*Abbé* SAURIN. Nouv. édit.
 Paris 1727. Horthemels. 1 vol. in-12.

1899. — Opuscules sacrés et lyriques, ou cantiques sur différens sujets de piété. Avec les airs notés. A l'usage de la jeunesse de la paroisse de Saint-Sulpice. (Par l'*Abbé* SIMON DE DONCOURT).
 Paris 1772. Nic. Crapart. 4 vol. in-8°.

1900. — Odes sacrées, sur les plus importantes véritez de la religion et de la morale. Avec deux discours en vers, et une lettre de *Jean Pic de la Mirandole* sur la manière de bien vivre, traduite en françois. Par M. B.
 Paris 1715. Jacq. Estienne. 1 vol. in-8°.

1901. — Cantiques spirituels sur les principaux mystères de notre religion pour les missions et les catechismes.
 Paris 1702. De Nully. 1 vol. in-12.
 Voir n.ºs 1730 et 1895.

1902. — Cantiques spirituels à l'usage des missions pour entretenir la piété dans les âmes.
 Bourges s. d. Cristo. 1 vol. in-12.

1903. — Cantiques spirituels que l'on chante avant la conférence qui se fait tous les dimanches, dans la chapelle du collège de Tours, rue Serpente, paroisse de S. Severin.
Paris 1752. Bullot. 1 vol. in-12.

1904. — Cantiques spirituels à l'usage des retraites que l'on fait pour tous les ouvriers des rues de Paris, à la Toussaint et à Paques, dans les paroisses de S.-Benoist, S.-Sulpice, S.-Roch, S.-Merry, S.-Sauveur et S.-Médard. Ces cantiques servent aussi pour les catéchismes que l'on fait pendant l'année, dans les mêmes paroisses, aux pauvres enfants des rues de Paris.
Paris 1760. Q. Berton. 1 vol. in-12.

1905. — Les chansonniers de Champagne au XIIe et XIIIe siècles. (Publiés par P. *Tarbé*).
Reims 1850. (P. Regnier). 1 vol. in-8º.

1906. — Brunetes ou petits airs tendres, avec les doubles et la basse continue; mêlées de chansons à danser; recueillies et mises en ordre par *Christophe* BALLARD.
Paris 1703-1711. Jean de Beauvais. 3 vol. in-12.

1907. — Nouvelles parodies bacchiques, melées de vaudevilles ou rondes de tables. Recueillies et mises en ordre par *Christophe* BALLARD.
Paris 1714. Jean de Beauvais. 3 vol. in-12.

1908. — Tendresses bacchiques, ou duo et trio melez de petits airs, tendres et à boire, des meilleurs auteurs; avec une capilotade, ou Alphabet de chansons en deux parties; recueillies et mises en ordre par *Christ.* BALLARD.
Paris 1712. Jean de Beauvais. 1 vol. in-12.

1909. — Nouveau recueil de chansons choisies. 3.e édit.
La Haye 1731-1736. Neaulme et Gosse. 7 vol. in-12.

1910. — Le petit chansonnier françois, ou choix des meilleures chansons, sur des airs connus. (Par SAUTREAU DE MARSY). 2.e édit.
Genève-Paris 1780. Ve Duchesne. 2 vol. in-12.

1911. — Nouvelle anthologie ou choix de chansons anciennes et modernes, publiées par L. Castel. 2.ᵉ édit.
Paris 1728. Libr. anc. et mod. 3 vol. in-18.

1912. — Poésies nationales de la révolution française, ou recueil complet des Chants, Hymnes, Couplets, Odes, Chansons patriotiques, accompagné d'un calendrier républicain.
Paris 1836. Michel et Bailly. 1 vol. in-8º. Fig.

1913. — OEuvres complètes de P. J. de Béranger. Edition unique revue par l'auteur.
Paris 1834. Perrotin. 4 vol. in-8º. Fig.

1914. — Chansons dédiées à A. P. J. de Béranger, par *Amédée* du Leyris.
Paris 1837. Delaunay. 1 vol. in-8º.

1915. — Marie, ou sept tableaux de la vie d'une Femme, par *Amédée* de Leyris.
Nevers 1840. Pinet. 1 vol. in-8º.

1916. — Trois coups de fouet, par *Amédée* du Leyris. 2.ᵉ édit.
Paris 1842. Barba. 1 vol. in-8º.

1917. — Chansons dédiées à P. J. de Béranger, par *Amédée* du Leyris. Nouv. édit.
Nevers 1839. Pinet. 1 vol. in-8º.

1918. — Chansons nouvelles par *Antoine* Clesse.
Mons 1848. Lelouchier. 1 vol. in-18.

Poésies gaillardes et burlesques.

1919. — Le faut mourir et les excuses inutiles qu'on apporte à cette nécessité. Le tout en vers burlesques. Par M. *Jacques* Jacques.
Rouen 1664. Cl. Mallasis. 1 vol. in-12.

1920. — Description de la ville d'Amsterdam, en vers burlesques. Selon la visite de six jours d'une semaine. Par *Pierre* Le Jolle.
Amsterdam 1666. Jacques Le Curieux. 1 vol. in-12.

1921. — Rome, Paris et Madrid ridicules (par M. de Saint-

AMANT). Avec des remarques historiques, et un recueil de poésies choisies. Par M. de B.
Paris 1713. Pierre Legrand. 1 vol. in-8º.

1922. — La Rome ridicule, du Sieur de SAINT-AMANT. — Roma contrafatta del Signore di SAINT-AMANT.
Sans frontispice. 1 vol. in-12.

1923. — Le Virgile travesty en vers burlesques, de M. SCARRON.
Paris 1648. Toussaint Quinet. 1 vol. in-4º.

1924. — Le Virgile travesty en vers burlesque, de M. SCARRON.
Paris 1668. 2 vol. in-12.

** — Voyez encore OEuvres de SCARRON, tom. III.

1925. — La Henriade travestie en vers burlesques. (Par M. FOUGERET DE MONTBRON) (1).
A Berlin. 1751. Aux dépens du public. 1 vol. in-12.

1926. — OEuvres de M. VADÉ (2), ou recueil des opéra-comiques, et parodies qu'il a donnés depuis quelques années. Avec les airs, rondes et vaudevilles notés; et autres ouvrages du même Auteur.
Paris 1755. Duchesne. 1 vol. in-12.

Poésies en patois de diverses provinces de France.

1927. — Discours du curé de Bersy. Faict à ses parroissiens en langue picarde. Avec le discours du très-excellent mariage de Jeannain et de Prigne. Où sont contenus les biens, tant de l'un que de l'autre, le bon ordre tenu en allant à l'église, le magnifique banquet, la belle danse et les devoirs du Marié et de l'Espousée tenue au lict. — Ledit discours envoyé d'un cousain à l'autre en langue picarde.
S. l. n. d. 1 vol. in-12.
On trouve à la suite, les quatre numéros suivants:

1928. — Suite du célèbre et honorable mariage de Jennain et

---

(1) FOUGERET DE MONTBRON né à Péronne en 1698, mourut à Paris en septembre 1761.

(2) VADÉ (*Jean-Bapt.*) né à Ham le ... janvier 1720, mourut le 4 juillet 1757.

Prignon. Belle histoire, représentant au naïf la soudaine grossesse de la dicte Prignon : son prodigieux accouchement, le Baptesme de son enfant, le sumptueux Banquet faict aux Parins et Marines. Ensemble les cérémonies et plusieurs discours, avec une belle Chanson à ce suject. Du plus fin Picard, qui soit au pays de Lyromfa, et en toute l'étendue du Beyéleu.
A St.-Quentin en Picardie 1648.

1929. — Pièces récréatives, ou le patois Picard. (Dialogue entre deux Picards concernant la ville et l'église d'Amiens).
A Gibitonne 1823. 1 vol. in-18.

1930. — Le plaisant prologue de la descente d'un Savoyard aux Enfers, avec le récit de son voyage, et de ce qu'il a veu. Représenté par un Balet par six Matelots, Gentilshommes Alemans.
S. d. 1 vol. in-8º.

1931. — Compliment d'un Poysan ed Boutrilly à nos Gouverneux.
S. l. n. d. in-4º.

1932. — Recueil de poësies, sermons et discours picards.
Abbeville an VI. Devérité. 1 vol. in-12.

1933. — Le ramelet moundi, long-tens a crescut d'un Broutou. Et de noubel d'un segoun Broutou, que ben de s'esplandi dins aquesto darniero impressiu. Le tout fayt par *Pierre* GOUDELIN *Toulousain*.
Toulouso 1637. A. Colomiez. 1 vol. in-12.

1934. — Noei Borguignon de GUI BAROZAI. Quatrième edicion. (Par *Bernard* DE LA MONNOYE, avec un Glossaire bourguignon-françois).
Ai Dioni 1720. Abran Lyron de Modène 1 v. in-12.

Poésies Anglaises,

1935. — Le paradis perdu, de MILTON. Poëme héroique traduit de l'anglois. (Par DUPRÉ DE SAINT-MAUR). Avec les re-

marques de M. *Addisson*. — (Le Paradis reconquis du même auteur traduit par le P. Mareuil , et des lettres critiques sur le Paradis perdu par le P. Routh). N.^e ed.
Paris 1753. Durand. 4 vol. in-12.

1936. — Le paradis perdu de Milton. Traduction nouvelle par M. de Chateaubriant.
Paris 1836. Gosselin. 2 vol. in-8º.

1937. — Même ouvrage. (Tom. xxxv et xxxvi des OEuv. compl.)
Paris 1837. Pourrat. 2 vol. in-8º.

** — Voyez aussi OEuvres de Delille , n.º 1813, tom. x-xi , et n.º 1814, tom. xiii, xiv, xv.

** — OEuvres de L. Racine, tom. iii-iv.

1938. — The works of Sir *John* Suckling , containing all his Poems, Love-Verses, Songs, Letters, and his Tragedies and Comedies.
London 1696. Bentley. 1 vol. in-8º.

1939. — Hudibras a poem written in the time of the civil wars. (By *Samuel* Butler).—Hudibras. Poëme écrit dans le tems des troubles d'Angleterre; et traduit en vers françois (par J. Tonwlay, publié par M. l'*Abbé T. Néedham*) avec des remarques (par P. H. *Larcher*) et des figures.
Londres 1757. 3 vol. in-12.

1940. — Les Chefs-d'œuvre de M. Pope, contenant les Essais sur l'homme, sur la Vie humaine, sur la Critique, la Boucle de cheveux enlevée et le Temple de la Renommée. Traduits de l'Anglois, en vers, par MM. Du Resnel, Marmontel et Mme Du Bocage.
Liége 1780. De Boubers. 1 vol. in-18.

1941. — Les principes de la morale et du gout, en deux poëmes, traduits de l'Anglois de M. Pope par M. Du Resnel.
Paris 1737. Briasson. 1 vol. in-12.

1942. — Essai sur l'homme. Par M. Pope. Traduit de l'anglois en françois par M. de S... (de Silhouette).
1736. 1 vol. in-12.

1943. — Essai sur l'homme de M. Pope. Traduction nouvelle en vers françois. (Par de Serré).
Londres 1739. Smith. 1 vol. in-8°.

** — Voyez OEuvres de Delille n.° 1813 tom. xvii et n.° 1814 tom. xv.

1944. — La boucle de cheveux enlevée. Poëme héroïcomïque de M. Pope. Traduit de l'anglois par M. (Desfontaines).
Paris 1728. Le Breton. 1 vol. in-12.

** — Voyez OEuvres de Marmontel, tom. x.

1945. — Les nuits d'Young, traduites de l'anglois par M. Le Tourneur. 3.ᵉ édit.
Paris 1770. Lejay. 2 vol. in-12.

1946. — Même ouvrage. Nouv. édit.
Paris 1821. Ledentu. 2 vol. in-18.

1947. — Léonidas par M. R. Glover, traduit de l'anglois (par *Jean* Bertrand).
La Haye 1739. J. Mart. Husson. 1 vol. in-12.

1948. — The seasons. By *James* Thompson. A new edition, revised by M.ʳ D.
Paris 1785. Stoupe. 1 vol. in-12.

1949. — The poetical works of *Olivier* Goldsmith, M. B. with a sketch of his life and writings (by J. *W. Lake*).
Paris 1827. Baudry. 1 vol. in-16.

1950. — The complete works of *Lord* Byron. With a biographical and critical notice. By J. *W. Lake.*
Paris 1825. J. Didot. 7 vol. in-8°.

1951. — OEuvres de *Lord* Byron, traduites de l'anglais. (Par A. Pichot et *Eusèbe* de Salle).
Paris 1819. Ladvocat. 10 vol. en 5. in-12.

1952. — OEuvres complètes de *Lord* Byron, avec notes et commentaires, comprenant ses mémoires publiés par *Thomas Moore*, traduction nouvelle par M. *Paulin* Paris.
Paris 1830. Dondey Dupré. 13 vol. in-8°.

** — Romans poétiques de *Walter* Scott.
Voyez *OEuvres*, tom. i-ii.

Poésies Allemandes.

1953. — Choix de poésies allemandes, par M. Huber.
   Paris 1766. Humblot. 4 vol. in-12.

1954. — C. H. V. H. (*Christian* ab Hofmans-Waldau). Deutsche Ubersetzungen und Getichte. Mitbewilligung dess *Autoris*. (Traductions et poésies allemandes de *Ch.* Hofmans-Waldau).
   Breszlau 1679. Esaias Fellgibel. 1 vol. in-8°.

1955. — Satyres de M. Rabener. Traduction libre de l'allemand par M. (Dujardin) de Boispréaux.
   Paris 1754. P. G. Simon. 4 vol en 2. in-12.

1956. — Mélanges amusans, récréatifs et satyriques de littérature allemande, traduits librement de M. Rabener par M. N. L. F.
   Leipsick-Paris 1776. Costard. 4 vol. en 2. in-12.
   Cet ouvrage est le même que le précédent, le titre et la préface seuls sont différents.

1957. — OEuvres complètes de Gessner. (Traduction par Huber, Turgot, Meister, Bruté de Loirelle et Diderot.
   Paris 1797. Crapelet. 3 vol. Pet. in-12. Grav.

1958. — La mort d'Abel, poëme en cinq chants, traduit de l'Allemand de Gessner, par M. Hubert. Nouv. édit.
   Paris 1693. Le Prieur. 1 vol. in-18. Fig.

Poésies Hollandaises.

1959. — De vier Wterste van de Doodt, van het Oordeel, van d'eeuwigh Leven, van de Pyne der Hellen.—Gheinventeert, ende Rethorijckelijck ghecomponeert by *Jehan-Baptista* Houwaert. — (Des quatre fins, de la mort, du jugement, de la vie éternelle et des peines de l'enfer).
   Amsterdam 1616. J. Marcusz. 1 vol. in-4°.

1960. — *Jac.* Cats werke.
   Utrecht 1644. ? 1 vol. in-8°.

1961. — I. Starters Friesche Lusthof. — (Jardin de plaisance de Frise par I. Starter).
1621 1 vol. in-4º.

Poésies Scandinaves.

1962. — Chefs d'œuvre littéraires (histoire, poésie, théâtre, romans etc.) traduits de diverses langues par Mlle R. du Puget. (Première série. Auteurs Suédois, Danois, Norwégiens et Islandais). *Les Eddas* (par Snorre-Sturleson et Saemund-le-Sage).
Paris 1844. Lenormant. 1 vol. in-8º.

Poésies Arabes.

1963. — Specimen arabicum quo exhibentur aliquot scripta arabica partim in *prosâ*, partim *ligatâ* oratione composita. Jam primum in Germania edita, versione latina donata etc., quibus accessit Judicium de soluto dicendi genere Arabum proprio. Ut et *Coronis* de poesi arabica etc. Omnia è curâ M. *Johannis* Fabrici.
Rostochii Richeliani 1638. 1 vol. in-4º.

1964. — Cantique de félicitation à Sa Majesté très-chrétienne Louis le Désiré, roi de France et de Navarre, composé en arabe par *Michel* Sabbâgh, et traduit en français par Grangeret de Lagrange.
Paris 1814. Imp. Royale. 1 vol. in-4º.

1965. — Le livre des Rois par Abou'lkasim Firdousi, publié, traduit et commenté par M. *Jules* Mohl.
Paris 1838-1846. Impr. Roy. 3 vol. in-fol.
Cet ouvrage fait partie de la Collection orientale.

Poésies Sanscrites.

1966. — Nalodaya. Sanscritum carmen Calidaso adscriptum una

cum *Pradschnacari Mithilensis* scholiis edidit, latina interpretatione atque annotationibus criticis instruxit *Ferdinandus* BENARY.
Berolini 1830. Ferd. Dümmler. 1 vol. in-4°.

1967. — Raghuvansa. CALIDASÆ carmen sanskrite et latine edidit *Adolphus Fridericus* STENZLER.
London 1832. John Murray. 1 vol. in-4°.

1968. — Le Bhâgavata Purâna ou histoire poétique de Krichna, traduit et publié par M. *Eugène* BURNOUF.
Paris 1840-47. Imp. Roy. 3 vol. in-fol.
Fait partie de la Collection orientale.

1969. — Rigveda-Sanhita, liber primus, sanskritè et latinè; edidit *Fridericus* ROSEN.
London 1838. H. Allen et Co. 1 vol. in-4°.

1970. — Rig-Veda ou livre des hymnes, traduit du sanscrit par M. LANGLOIS.
Paris 1849. Firmin Didot frères. 4 vol. in-8°.

4.ᵉ CLASSE.

ART DRAMATIQUE.

Traités sur l'art dramatique et sur l'art du comédien.

1971. — La pratique du théâtre. OEuvre très nécessaire à tous ceux qui veulent s'appliquer à la Composition des Poëmes Dramatiques, qui font profession de les réciter en public, ou qui prennent plaisir d'en voir les Représentations. (Par l'*Abbé* HÉDELIN D'AUBIGNAC).
Paris 1657. Ant. de Sommaville. 1 vol. in-4°.

1972. — La pratique du théâtre, par l'*Abbé* D'AUBIGNAC.
Amsterdam 1715. Bernard. 1 vol. in-12.

1973. — De la réformation du théâtre, par *Louis* RICCOBONI.
1743 1 vol. in 12.

1974. — Le Comédien. Ouvrage divisé en deux parties. Par M. *Remond* DE SAINTE ALBINE.

Paris 1747. Desaint et Saillant. 1 vol. in-8°.

** — Mémoires sur la poétique d'Aristote. — De la nature et des fins de la tragédie et de la comédie. Par M. l'*Abbé* BATTEUX.

Mém. de l'Acad. des Ins., tom. XXXIX.

** — Mémoires sur l'objet de la tragédie chez les Grecs. Par M. DE ROCHEFORT.

** — Mémoires sur Ménandre et sur l'art de la comédie ancienne. Par *le même*.

Ibid. XXXIX et XL.

** — Mémoires sur la tragédie et la comédie chez les Grecs, par l'*Abbé* VATRY.

Ibid. XV, XVI, XIX, XXI.

** — Trois discours de P. CORNEILLE. 1. Sur le poëme dramatique ; 2. Sur la tragédie ; 3. Sur les trois unités.

Voyez *OEuvres*, tom. X.

** — Traité de la poésie dramatique ancienne et moderne par L. RACINE.

Voyez *OEuvres de L. Racine*, tom. VI.

1975. — Lettre à M. Racine, sur le Théâtre en général, et sur les Tragédies de son Père en particulier. Par M. L. F. de P. (LE FRANC DE POMPIGNAN). Nouv. édit., suivie d'une pièce de vers du même auteur, et de trois lettres de *Jean* RACINE qui n'avoient point été imprimées.

Paris 1773. De Hansy. 1 vol. in-8°.

** — Mémoires sur les jeux scéniques des Romains et sur l'action théâtrale par DUCLOS.

Voyez *OEuvres diverses*, tom. V.

** — De la poétique dramatique par DIDEROT.

Voyez *OEuvres*, tom. IV.

** — Ebauche d'une poétique dramatique par CHAMFORT.

Voyez *OEuvres*, tom IV.

1976. — Cours de littérature dramatique, ou recueil par ordre de matières des feuilletons de GEOFFROY, précédé d'une notice historique sur sa vie et ses ouvrages (par *Et. Gosse*). 2.ᵉ édit.

Paris 1825. Blanchard. 6 vol. in-8°.

1977. — Recherches sur les costumes et sur les théâtres de toutes les nations, tant anciennes que modernes; ouvrage utile aux peintres, statuaires, architectes, décorateurs, comédiens, costumiers, etc. Avec 56 estampes dessinées par M. *Chéry*, et gravées par P. M. *Alix*. (Par J. Ch. Le Vacher de Charnois). 2.ᵉ édit.
Paris 1802. Droulin. 2 vol. en 1. in-4°. Fig.

Théâtre Indien.

1978. — Urvasia, fabula Calidasi. Textum sanscritum edidit, interpretationem latinam et notas illustrantes adjecit *Robertus* Lenz.
Berolini 1833. Ferd. Dümmler. 1 vol. in-4°.

1979. — La reconnaissance de Sacountala, drame sanscrit et pracrit de Calidasa, publié pour la première fois, en original, sur un manuscrit unique de la bibliothèque du Roi, accompagné d'une traduction françoise, de notes philologiques, critiques et littéraires, et suivi d'un appendice, par A. L. Chézy.
Paris 1830. Dondey-Dupré. 1 vol. in-4°.

Théâtre Chinois.

1980. — Le Pi-pa-ki, ou l'histoire du luth, drame chinois de Kao-tong-kia, représenté à Péking, en 1404, avec les changements de *Mao-tseu*, traduit sur le texte original par M. Bazin ainé.
Paris 1841. Imprimerie Royale. 1 vol. in-8°.

Théâtre Grec.

1981. — Le théâtre des Grecs, par le R. P. Brumoy.
Paris 1749. Ch. Robustel. 6 vol. in-12.

1982. — Le théâtre des Grecs; par le P. Brumoy. 2.ᵉ édit. complète, rev., corr. et augm. de la traduction d'un choix de fragmens des poëtes grecs, tragiques et comiques. Par M. *Raoul*-Rochette.
>Paris 1820-25. V.ᵉ Cussac. 16 vol. in-8°.

1983. — Tragœdiæ selectæ Æschyli, Sophoclis, Euripidis. Cum duplici interpretatione latina, una ad verbū, altera carmine. Ennianæ interpretationes locorū aliquot Euripidis.
>Parisiis 1567. H. Stephanus. 1 vol. in-18

** — ΑΙΣΧΥΛΟΣ και ΣΟΦΟΚΛΗΣ. — Æschyli et Sophoclis tragœdiæ et fragmenta. Græcè et latinè, cum indicibus.
>Parisiis 1842. Amb. F. Didot. 1 vol. in-8°.

Vide *Script. Gr. Bibl.*

1984. — ΑΡΙΣΤΟΦΑΝΟΥΣ κωμῳδίαι ἕνδεκα, ὧν αἱ μὲν ἐννέα μετὰ σχολίων παλαιῶν, καὶ νεωτερῶν πάνυ ὠφελίμων. — Aristophanis comœdiæ undecim, cum scholiis antiquis, quæ studio et opera nobilis viri *Odoardi Biseti* sunt emendata, et perpetuis scholiis illustrata. — (Græc. lat.)
>Aureliæ Allobrogum 1607. Caldoriana Societas. 1 v. in-f.

** — ΑΡΙΣΤΟΦΑΝΟΥΣ κωμῳδίαι καὶ κωμῳδίων ἀποσπασματία.— Aristophanis comœdiæ et perditarum fragmenta, ex nova recensione *Guilelmi Dindorf.* Accedunt Menandri et Philemonis fragmenta auctiora et emendatiora. Græcè et latinè, cum indicibus.
>Parisiis 1838. Amb. Firm. Didot. 1 vol. in-8°.

Vide *Script. Gr. Bibl.*

** — Scholia græca in Aristophanem cum prolegomenis grammaticorum, varietate lectionis optimorum codicum integra, ceterorum selecta, annotatione criticorum item selecta, cui sua quædam inseruit *Fr. Dübner.*
>Parisiis 1842. Amb. F. Didot. 1 vol. in-8°.

Vide *Script. Gr. Bibl.*

1985. — Théâtre d'Aristophane, avec les fragmens de Ménandre et de Philémon; traduit en français, par M. Poinsinet de Sivry. Nouv. édit.
>Paris 1790. Desray. 4 vol. in-8°.

1986. — Q *Septimii* Florentis in Aristophanis Irenam vel Pa-

cem Commentaria Glossemata : cum latina Græci dramatis interpretatione Latinorum Comicorum stylum imitata, et eodem genere versuum cum Græcis conscripta.
 Lutetiæ 1589. Hæred. G. Morelli. 1 vol. in-8°.

** — ΑΙΣΧΥΛΟΣ. — Eschyli tragœdiæ septem et perditarum fragmenta, editionem Lipsiensem G. *Dindorfii* recognovit, translationem latinam condidit, fragmenta post Welckerum et Hermannum disposuit et explicuit *E. A. I. Ahrens*. Additi sunt indices novi.
 Vide *Script. Gr. Bibl.*

1987. — Tragédies d'Eschyle. (Traduites par Le Franc de Pompignan).
 Paris 1770. Saillant et Nyon. 1 vol. in-8°.

1988. — Théâtre d'Eschyle, nouvelle traduction en vers par *Francis* Robin.
 Paris 1846. Hachette. 1 vol. in-12

1989. — ΣΟΦΟΚΛΕΟΥΣ τραγῳδίαι ἑπτά. — Sophoclis tragœdiæ septem.
 Λευκετίᾳ τῶν Παρησίων 1538. Παρὰ Σ. τῷ Κολιναίῳ. 1 v. in-8°

1990. — ΣΟΦΟΚΛΕΟΥΣ τραγῳδίαι. — ΔΗΜΕΤΡΙΟΥ τοῦ ΤΡΙΚΑΙΝΙΟΥ περὶ μέτρων οἷσ ἐχρήσατο Σοφοκλῆς, περὶ σχημάτων, σχόλια.
 Parisiis 1553. Typis Regiis. 1 vol. in-4°.

1991. — Commentarii in septem tragedias Sophoclis : quæ ex aliis ejus compluribus injuria temporum amissis solæ superfuerunt : Opus exactissimū rarissimūque, in gymnasio Mediceo Caballini mōtis recognitum.
 Romæ 1518. 1 vol. in-8°.

** — ΣΟΦΟΚΛΗΣ. — Sophoclis tragœdiæ septem et perditarum fragmenta, ex nova recensione *G. Dindorfii*. — Translationem latinam *Brunckii* reformavit L. *Benloew*, fragmenta post Welckerum disposuit et explicuit *E. A. I. Ahrens*.
 Vide *Script. Gr. Bibl.*

1992. — Tragœdiæ Sophoclis quotquot extant carmine latino redditæ, *Georgio* Ratallero interprete.
 Antuerpiæ 1570. Off. Guill. Silvii. 1 vol. in-8°.

1993. — Théâtre de Sophocle, traduit en entier, avec des remarques et un examen de chaque pièce; précédé d'un

discours sur les difficultés qui se rencontrent dans la traduction des Poëtes Tragiques grecs. Par M. DE ROCHEFORT.
> Avignon 1809. Seguin. 2 vol. in-12.

1994. — Antigone, tragédie de SOPHOCLE, en cinq actes. Avec des chœurs lyriques, traduit fidèlement en vers français, par M. *Eloi* JOHANNEAU.
> Paris 1844. l'Auteur. 1 vol. in-8°.

1995. — ΕΥΡΙΠΙΔΟΥ τραγῳδίαι ὀκτωκαίδεκα.
> Basileæ 1537. Apud Hervagium. 2 vol. in-8°.

** — ΕΥΡΙΠΙΔΗΣ. — Euripidis fabulæ. Recognovit, latinè vertit, in duodecim fabulas annotationem criticam scripsit, omnium ordinem chronologicum indagavit *Theobaldus Fix*. — Inest varietas codicum Parisinorum 2817 et 2887 accuratè excerpta.
> Parisiis 1842. Amb. Firm. Didot. 1 vol. in-8°.

Vide *Script. Gr. Bibl.*

** — Fragmenta EURIPIDIS iterum edidit, perditorum tragicorum omnium nunc primum collegit *Fr. Guil.* WAGNER. Accedunt indices locupletissimi. — Christus patiens, EZECHIELI et Christianorum Poetarum reliquiæ dramaticæ. Ex codicibus emendavit et annotatione critica instruxit *Fr. Dübner*.
> Parisiis 1846. Amb. Firm. Didot. 1 vol. in-8°.

Vide *Scrip. Gr. Bibl.*

1996. — ΕΥΡΙΠΙΔΟΥ Ἰφιγένεια ἡ ἐν Αὐλίδι. — EURIPIDIS Iphigenia in Aulide.
> Parisiis 1729. L. Thiboust. 1 vol. in-12.

1997. — ΕΥΡΙΠΙΔΟΥ Ἱππόλυτος στεφανηφόρος cum scholiis, versione latinâ, variis lectionibus, *Valckenari* notis integris, ac selectis aliorum VV. DD. quibus suas adjunxit *Fran. Hen. Egerton*.
> Oxonii 1796. Typog. Clarendoniano. 1 vol. in-4°.

1998. — ΕΥΡΙΠΙΔΟΥ Ἑκάβη. — EURIPIDIS Hecuba.
> Lovanii 1520. Apud Th. Martinum. 1 vol. in-4°.

1999. — Medea EURIPIDIS, BUCHANANO interprete.
> Parisiis 1544. Vascosan. 1 vol. in-8°.

Théâtre Latin.

2000. — Théâtre complet des Latins, par J. B. LEVÉE, et par

feu l'*Abbé* Le Monnier, augm. de disssertations par MM. *Amaury Duval* et *Alexandre Duval*.
>**Paris 1820-23. Chasseriau. 15 vol. in-8°.**

2001. — *Marci Actii* Plauti linguae latinae principis comoediae vigīti : vivis pene imaginibus recēs excultae. Novissime ex collatiōe Florētinae fidelioris īpressionis : et aliorum oīum : q̄ inveniri potuerūt : affatim recognitæ. Una cū luculētissimis cōmentariis *Bernardi Saraceni, Joannis Petri Vallae, Pyladis Brixiani*. Necnon observationibus *Pii Bononiensis, Agoleti et Grapaldi* scholia ; *Anselmi*que epiphyllidibus.
>**Venetiis 1518. M. Sessa et P. de Ravanis. 1 vol. in-fol.**

2002. — *M.* Plauti comœdiæ XX, ex antiquis, recentioribusque exemplaribus invicem collatis, diligentissime recognitæ.
>**Parisiis 1530. Off. Rob. Stephani. 1 vol. in-fol.**

2003. — *M. Accius* Plautus ex fide, atque auctoritate complurium librorum manuscriptorum opera *Dionys. Lambini* emendatus : ab eodemque commentariis explicatus etc.
>**Lutetiæ 1576. Apud T. Macæum. 1 vol. in-fol.**

2004. — Idem opus.
>**Lutetiæ-Paris. 1595. Apud Hær. E. Vignon. 1 v. in-4°.**

2005. — *Marci Accii* Plauti comœdiæ quæ supersunt.
>**Parisiis 1759. Barbou. 3 vol. in-12. Fig.**

2006. — *M. Accii* Plauti comœdiae superstites viginti ad optimas editiones collatæ. Accedit index rarioris et obsoletae latinitatis. Studiis societatis Bipontinæ.
>**Biponti 1779. Ex typ. Ducali. 4 vol. in-8°.**

** — *M. Accii* Plauti comœdiæ cum selectis variorum notis et novis commentariis, curante *J. Naudet*.
>**Parisiis 1830. F. Didot. 14 vol. in-8°.**

Voyez *Lemaire. Bibl. class. lat.*

** — Théâtre de Plaute, traduction nouvelle, accompagnée de notes, par J. Naudet.
>**Paris 1831-38. Panckoucke. 9 vol. in-8°.**

Voyez *Bibl. lat. fr.*

2007. — Terentius.
>**Parisiis 1529. Off. Rob. Stephani. 1 vol. in-fol.**

2008. — *P.* Terentii comœdiæ sex, tum ex *Donati* commentariis, tum ex optimorum præsertim veterum exēplarium collatione emendatæ. — *Elii Donati* aliorumque veterum in easdem commentarii. — *Calphurnii* in tertiam comœdiam doctiss. interpretatio. — Indicata sunt diligentius carminū genera, et in his incidentes difficultates etc., studio et opera *Des. Erasmi.*
Parisiis 1536. Off. Rob. Stephani. 1 vol. in-fol.

2009. — *Publii* Terentii *Aphri* comœdiæ: cōmentariis famatissimorū oratorum : videlicet *Donati* et *Guidonis Juvenalis.* Insuper expositio familiarissima *Jodoci Badii Ascen.*—Adjecta sunt et *Taurapis* in singulas comœdias argumenta. Ad hæc *Pauli Malleoli* adnotamenta.
Lugduni 1537. 1 vol. in-4°.

2010. — P. Terentii comœdiæ sex elegantissimæ. Scholiis marginalibus perquàm utilibus, et theatrorum figuris perelegantibus illustratæ.
Coloniæ-Allobrog. 1614. Apud J. Tornæsium. 1 v. in-8°.

2011. — *Publii* Terentii comœdiæ sex, post optimas editiones emendatæ. Accedunt *Ælii Donati* commentarius integer. Cum selectis *Guieti et Variorum* notis, multo auctioribus quam antehac. Accurante *Corn. Schrevelio.*
Lugd.-Batav. 1662. Apud F. Hackium. 1 vol. in-8°.

2012. — *Publii* Terentii comœdiæ expurgatæ, cum interpretatione ac notis.
Rotomagi 1686. Nic. Lallemant. 1 vol. in-12.

2013. — *Publii* Terentii *Carthaginiensis Afri* comœdiæ sex.
Londini 1713. Tonson. 1 vol. in-12.

** — *Publii* Terentii *Afri* comœdiæ ex optimarum editionum textu recensitæ, quas adnotatione perpetua, variis disquisitionibus et indice rerum locupletissimo illustravit *N. E. Lemaire.*
Parisiis 1827. F. Didot. 4 vol. in-8°.
Voyez *Lemaire. Bibl. class. lat.*

2014. — Andria Terentii ab *Antonio Goveano* denuo castigata.

— Accessit ejusdem Goveani in ōnes Terentii comædias præfatio, commentationesque quatuor longè utilissimæ : de Terentianis versibus una, de Ludis Megalensibus altera, tertia de Tibiis paribus et imparibus, de Cāticis et diverbiis quarta.
Parisiis 1542. Guil. Le Bret. 1 vol. in-4º.

2015. — Andria *P.* Terentii, omni interpretationis genere, in adolescentulorum gratiam facilior effecta etc.
Lugduni 1547. Apud G. Rouillium. 1 vol. in-8º.

2016. — *Pub.* Terentii Eunuchus, latinè et gallicè in studiosorum adolescentum gratiam enarrata, cum scholiis. Adjecimus *Jod. Vvillichii* commentariolum.
Lugduni 1561. Apud Th. Paganum. 1 vol. in-8º.

A la suite :

Pub. Terentii Heautontimorumenos, in studiosorum adolescentium gratiam quàm familiariter potuit fieri gallicè explicata, cum scholiis etc.
Lugduni 1559. Apud Th. Paganum. 1 vol. in-8º.

2017. — Therence en frãçois, Prose et Rime avecques le latin.
Paris. s. d. Anthoine Verard. 1 vol. in-fol. Grav.

La traduction en vers est d'*Octavien* de Saint-Gelais, la traduction en prose de *Nicolas* Oresme, ou de *Christine* de Pisan. Voyez Bibl. dram. de M. de Soleinne, tom. i, p. 19.

2018. — Les six comédies de Térence, avec les fleurs, phrases, sentences, et manière de parler, très-excellentes dudit Autheur. Le tout en Latin et François. (Par J. Bourlier).
Paris 1574. Claude Micard. 1 vol. in-16.

2019. — Les six comédies de Térence en latin et en françois, de la traduction de M. de Marolles. Avec des remarques nécessaires sur les lieux difficiles.
Paris 1659. P. Lamy. 1 vol. in-8º.

2020. — Comédies de Térence nouvellement traduites, avec le latin à costé : par M. de Martignac.
Paris 1686. Thiboust. 1 vol. in-12.

** — Les comédies de P. Térence, traduction nouvelle par M. Amar.
   Paris 1830. Panckoucke. 3 vol. in-8°.
   Voyez *Bibl. lat. fr.*

2021. — Tragedie Senece cum commento.
   Venetiis 1492. Iso. de Saviliano. 1 vol. in-fol.

2022. — *Martini Antonii* Delrii Syntagma tragoediæ latinæ in tres partes distinctum.
   Antuerpiæ 1593. Off. Plantini. 1 vol. in-4°.

2023. — L. et M. Annæi Senecæ tragœdiæ. Post omnium editiones recensionesque editæ denuò, et notis *Tho. Farnabii* illustratæ. Nunc primum in Gallia editæ.
   Parisiis 1625. Apud Sebas. Cramoisy. 1 vol. in-8°.

2024. — L.etM.AnnæiSenecætragœdiæ.Cumnotis.*Th.Farnabii.*
   Amsterdami. Apud J. Janssonium. 1 vol. in-12.

2025. — Idem opus.
   Amsterdami 1645. Apud J. Blaeu. 1 vol. in-12.

** — L. *Annæi* Senecæ pars tertia sive opera tragica.
   Voyez *Lemaire. Bibl. class. lat.*

2026. — L. *Annæi* Senecæ Hercules furens.
   Parisiis 1561. Cl. Thiboust. 1 vol. in-4°.

2027. — Les tragédies de Sénèque en latin et en françois, de la traduction de M. de Marolles.
   Paris 1660. P. Lamy. 2 vol. en 1. in-8°.

** — Tragédies de L.A. Sénèque, traduction nouvelle par M.E.Greslou.
   Paris 1834. Panckoucke. 3 vol. in-8°.
   Voyez *Bibl. lat. fr.*

Théâtre Latin moderne.

2028. — Selectæ PP. Soc. Jes. tragoediæ.
   Antuerpiæ 1634. Apud Cnobbarum. 2 vol. in-32.

2029. — Tragoediæ sacræ. Authore P. *Nicolao* Caussino.
   Parisiis 1620. Seb. Cramoisy. 1 vol. in-8°.

2030. — *Caroli* de Lignieres Alexius. Tragœdia nuper acta.
   Parisiis 1665. Apud Em. Langlois. 1 vol. in-12.

2031. — C. de Lignieres Agatha virgo et martyr, trag. christiana.
   Parisiis 1666. Car. Coignard. 1 vol. in-12.

2032. — Comoedia Acolasti, titulo inscripta de filio prodigo, authore *Gulielmo* GNAPHÆO; atque *Gabrielis Prateoli Marcossii* commentariis illustrata etc.
  Parisiis 1554. Apud V. Maur. à Porta. 1 vol. in-8°.

2033. — *Gregorii* HOLONII *Leodiensis* tragœdiæ tres. (Laurentias. Lambertias. Catharina).
  Antuerpiæ 1556. Bellerus. 1 vol. in-8°.

3034. — Tragœdiæ seu diversarum gentium et imperiorum magni principes. Auctore P. *Petro* MUSSONIO.
  Flexiæ 1621. Apud Geo. Griveau. 1 vol. in-8°.

2035. — *Josephi* SIMONIS *Angli*, è soc. Jesu, tragœdiæ.
  Romæ 1648. Corbelletti. 1 vol. in-8°.

2036. — Crispus tragœdia *Bernardini* STEPHONII soc. Jesu.
  Rotomagi 1610. Apud R. de Beauvais. 1 vol. in-16.

2037. — Flavia tragœdia *Bernardini* STEPHONII.
  Parisiis 1622. Seb. Cramoisy. 1 vol. in-16.

  Voyez encore n.°ˢ 749, 1335, 1345, 1369, 1378, 1422, 1450, 1467, 1495, 1520, 1525, 1532, 1537, 1539.

2038. — Recueil de programmes de Pièces latines jouées sur le théâtre des RR.PP. Jésuites, aux distributions des prix.
  1 vol. in-4°.

  Contenant :

1. — Adonias tragœdia. Dabitur in theatrum Colleg. soc. Jesu Bitur. Acad. die 17 feb.
  Avarici-Biturigum 1694. J. Cristo.
2. — Agathocles tragœdia dabitur in theatrum Collegii Claromontani 8 febr. 1668. (Autore *Car.* RUÆO).
3. — Alexander et Aristobulus tragœdia dabitur in theatrum Collegii regii Compendiensis, die 6 julii 1681. (Aut. DE LEUSTRE).
4. — Andronicus martyr, tragœdia. Colleg. Clarom. 11 aug. 1667.
5. — Baiasetus tragœdia. Coll. Turon. die 4 junii.
  Turonibus. Flosceau.
6. — Berenice tragœdia dabitur in Colleg. Ambian. die 13 feb. 1692.
  Ambiani 1692. G. Lebel.
7. — Boemundus restitutus, tragœdia, dabitur à secundanis in theatro regio Collegii Henricæi, Flexiensis, 28 feb.
  Flexiæ 1680. Griveau.

8. — Borgia seu mortis triumphus dabitur in Collegio Ambianensi soc. Jesu, die 31 Augusti. (Auct. DE SACHV).
   Ambiani 1672. V. Rob. Hubault.
9. — Catharina, tragœdia. Colleg. Clarom. die 3 aug. an.1672.(P.LUCAS).
10. — Celsus martyr, tragœdia. Colleg. Flex. die 12 febr.
    Flexiæ 1681. G. Griveau.
11. — Chosroës tragœdia. Coll. Ludovici Mag. (DE JOUVANCY).
    Parisiis 1696. Ant. Lambin.
12. — Dandolus drama-comicum. 27 jan. 1693. (P. LE QUET).
    Ambiani 1693. V. Hubaut.
13. — Daniel tragœdia. Colleg. Roth. soc. Jesu, die 20 aug. 1680.
    Rothomagi 1680. De Manneville.
14. — Daniel tragœdia. Coll. Flex. die apr. 1693.
    Flexiæ 1693. V. Griveau.
15. — Domitilla tragœdia. Colleg. Amb. soc. Jes. die 21 aug. 1691.
    Ambiani 1691. V. Hubault.
16. — Gigantomachia tragico-comœdia. Colleg. Amb. die febr. an. 1691.
    Ambiani. 1691 G. Le Bel.
17. — Bertrandus Guesclinius heros aremoricus Henrici coronæ vindex et assertor, tragœdia. Coll. Rhed. die 29 aug. 1685.
    Rhedonis 1685. F. Vatar.
18. — Gusmanus tragœdia. Coll. Claromont. Parisiis 3 aug. ann. 1666.
19. — Jonathas tragœdia. Coll. Claromont. (Aut. P. DIEZ). 6 aug. 1669.
20. — Jonathas tragœdia. Coll. Roth. die 19 aug. 1692. (DE HOUDETOT).
    Rotomagi 1692. N. Lallemant.
21. — Josephus fratres agnoscens tragœdia. Coll.Lud. Mag.1693.(LE JAY).
    Parisiis 1695. Lambin.
22. — Lusitania liberata tragœdia nova exhibebitur in theatro à selecta pube ex Athenæo Prælleo Bellovaco, die 3 aug.
23. — Lycurgus tragœdia. Coll. Rothom. die 3 feb. (P. VAUBERT).
    Rothomagi 1671. Lallemant.
24. — Maximianus sive Religio vindicata tragœdia. Colleg. Ambian.
    Ambiani 1664. Musnier.
25. — Orestes ab Iphigenia sorore agnitus, tragœdia. Coll. Bitur. 25 feb. ann. 1659. (P. CASTELET).
    Biturigibus 1659. Toubeau.
26. — Pandoræ pixis, seu punita curiositas. Tragi-comœdia. Coll. Ambian. die febr. 1689. (Aut. DE LESTOCQ).
    Ambiani 1689. G. Le Bel.
27. — Paris tragœdia. Coll. Arch. Rothom.
    Rotomagi 1686. N. Lallemant.
28. — Philadelphus, tragœdia. Coll. Amb. die aug. 1671. (P. TOURNÉ).

29. — Philedonus, sive Juvenis voluptarius à liberiore vitâ revocatus, drama comicum. Colleg. Ambian. die veneris 14 februari.
>Ambiani 1744. Vid. Godard.

(A la suite : Néophite, martyr, tragédie françoise).

30. — Polymestor tragœdia. Colleg. Ludovici Magni. die 17 aug.
>Parisiis 1689. Gab. Martin.

31. — Polyxena tragœdia. Colleg. Roth. die 24 febr. (P. DE BRETAGNE).
>Rothomagi 1672. De Manneville.

32. — Regulus tragœdia. Colleg. Roth. die aug. 12 1681. (HOSCUOTTE).
>Rotomagi. Le Boullenger.

33. — Rex unius diei. Drama ludicrum. Colleg. Ambian. die 26 jan. 1701. (P. DE LISLE DU GAST).
>Ambiani 1701. G. Lebel.

34. — Romulus tragœdia. Coll. Arch. Rotom. die 18 febr. (CONRADIN).
>Rotomagi 1684. Lallemant.

35. — Romulus et Remus tragœdia. Coll. Flex. die 23 febr.
>Flexiæ 166.. Griveau.

36. — Saul tragœdia. Coll. Ludov. Mag. die 18 feb. (P. CHAMILLART).
>Parisiis 1688. Thiboust.

37. — Sennacherib, tragœdia. Colleg. Ambian. die 11 aug. ann. 1681.
>Ambiani 1681. G. Le Bel.

38. — Stultus Sapiens, comœdia. Colleg. Ambian. (Aut. RENOUARD).
>Ambiani 1682. G. Le Bel.

39. — Taprobana christiana, tragœdia. Coll. Clarom. 3 non. aug. (COSSART).

40. — Tartaria christiana, trag. Coll. Clarom. 13 aug. 1657. (P. CASTELET).

41. — Theseus tragœdia. Coll. Clarom. 7 aug. 1683. (P. BOUCHER).

42. — Tribunal justitiæ clementis cui sistitur innocens reus. Drama.
>Catalauni 1664. Geoffroy.

43. — Tuchides seu filius agnitus tragi-comœdia. Die 8 aug. 1656.

44. — Victoria virgo et martyr tragœdia. Colleg. Amb. (M. MARCHANT).
>Ambiani 1675. Rob. Hubault.

Théâtre Français.

Histoire du Théâtre.

2039. — Dictionnaire des théâtres de Paris, contenant toutes les pièces qui ont été représentées jusqu'à présent sur les différens *Théâtres François*, et sur celui de l'*Académie*

Royale de Musique : les extraits de celles qui ont été jouées par les *Comédiens Italiens,* depuis leur rétablissement en 1716, ainsi que des *Opéra Comiques,* et principaux spectacles des Foires *Saint-Germain* et *Saint-Laurent.* Des faits anecdotes sur les Auteurs qui ont travaillé pour ces théâtres, et sur les principaux Acteurs, Actrices, Danseurs, Danseuses, Compositeurs de ballets, Dessinateurs, Peintres de ces spectacles etc. (Par les frères PARFAICT et d'ABGUERBE),

Paris 1756. Lambert. 7 vol. in-12.

2040. — Bibliotèque des théâtres, contenant le catalogue alphabétique des Pièces Dramatiques, Opera, Parodies, et Opera Comiques ; et le tems de leurs Représentations. Avec des anecdotes sur la plûpart des Pièces contenuës en ce recueil, et sur la vie des Auteurs, Musiciens et Acteurs. (Par MAUPOINT).

Paris 1733. P. Prault. 1 vol. in-8°.

2041. — Dictionnaire théatral, ou douze cent trente-trois vérités sur les directeurs, régisseurs, acteurs, actrices et employés des divers théâtres; confidences sur les procédés de l'illusion ; examen du vocabulaire dramatique ; coup d'œil sur le matériel et le moral des spectacles etc. 2.ᵉ édit., avec un supplément. (Par MM. HAREL et ......).

Paris 1825. Barba. 1 vol. in-12.

2042. — Anecdotes dramatiques ; contenant toutes les pièces de théatre qui ont été jouées etc., tous les ouvrages dramatiques qui n'ont été représentées sur aucun théâtre, mais qui sont imprimées ou en manuscrit etc., un recueil de ce qu'on a pu rassembler d'anecdotes, etc., les noms de tous les auteurs, poètes ou musiciens, etc., un tableau, accompagné d'anecdotes, des théatres de toutes les nations. (Par CLÉMENT et l'*Abbé* DE LA PORTE).

Paris 1775. V.ᶜ Duchesne. 3 vol. in-8°.

2043. — Lettres historiques sur tous les spectacles de Paris (par Boindin).
Paris 1719. Prault. 2 vol. en 1. in-12.

2044. — Lettres sur l'état présent de nos spectacles, avec des vues nouvelles sur chacun d'eux; particulièrement sur la *Comédie Françoise* et l'*Opéra*. (Par de la Dixmerie).
Amsterdam. Paris 1765. Duchesne. 1 vol. in-12.

2045. — Etat actuel de la musique de la chambre du Roy, et des trois spectacles de Paris. (Par Vente).
S. l. 1760.

2046. — Almanach des spectacles pour 1825. 4.e année. Contenant l'analyse des pièces nouvelles, l'indication des débuts, le personnel des théâtres de Paris, des départemens et de l'étranger, etc., le prix des places, l'ordonnance royale sur les théâtres des départemens, etc. (Par Camus, dit Merville).
Paris 1825. Barba. 1 vol. in-18.

2047. — Collection des mémoires sur l'art dramatique, publiés ou traduits par MM. *Andrieux, Barrière, Félix Bodin, Després, Evariste Dumoulin, Dussault, Etienne, Merle, Moreau, Ourry, Picard, Talma, Thiers* et *Léon Thiessé*.
Paris 1822-25. Ponthieu. 14 vol. in-8°.

Cette collection est ainsi composée: Tom. i, Mémoires de M.lle Clairon. ii-iii, de Miss Bellamy. iv, de Molière. v-vi, de Goldoni. vii, de Garrick et Macklin. viii, de Mlle Dumaisnil. ix, de Préville et Dazincourt. x, d'Iffland. xi-xii, de Brandes. xiii, de Molé. xiv, de Lekain.

2048. — Mémoires et anecdotes des plus célèbres comédiens de l'Europe.
Paris 1828-1829. Ledoux. 14 vol. in-8°.

Ce recueil est le même que le précédent, le titre et l'ordre des volumes seulement ont été changés.

Recueils de Pièces.

** — Théâtre français au moyen-âge, publié d'après les manuscrits de

la bibliothèque du Roi par MM. L. J. N. Monmerqué et *Francisque* Michel. xi.ᵉ-xiv.ᵉ siècles.
>Paris 1840. Desrez. 1 vol. in-8°.

Voyez *Panthéon litt.*

2049. — Théâtre françois, ou recueil des meilleures pièces de théâtre.
>Paris 1737. R. Gandouin. 12 vol. in-12.

2050. — Nouveau théâtre françois et italien, ou recueil des meilleures pièces de différents auteurs : représentées depuis quelques années par les Comédiens ordinaires du Roi.
>Paris 1758. N. B. Duchesne. 4 vol. in-8°.

2051. — Le théâtre italien de Gherardi, ou recueil général de toutes les comédies et scènes françoises jouées par les Comédiens Italiens du Roy, pendant tout le temps qu'ils ont été au service.
>Paris 1700. Cusson et Witte. 6 vol. in-12.

2052. — Répertoire général du Théâtre français, composé des tragédies, comédies et drames, des auteurs du premier et du second ordre, restés au Théâtre français ; avec une table générale.
>Paris 1828. Masson et Yonet. 67 vol. in-18.

2053. — Suite du répertoire du Théâtre français, avec un choix de pièces de plusieurs autres théâtres, arrangées et mises en ordre par M. *Lepeintre;* et précédées de notices sur les auteurs ; le tout terminé par une table.
>Paris 1822. V.ᵉ Dabo. 81 vol. in-18.

2054. — Fin du répertoire du Théâtre Français, avec un nouveau choix des pièces des autres théâtres, rassemblées par M. *Lepeintre.*
>Paris 1826. V.ᵉ Dabo. 45 vol. in-18.

2055. — Chefs-d'œuvre du Répertoire des mélodrames joués à différens théâtres.
>Paris 1825. V.ᵉ Dabo. 20 vol. in-18.

2056. — Collection de pièces de théâtre, accompagnées de commentaires anciens et de nouvelles remarques, de notices sur les auteurs, et d'examens des pièces; par plusieurs hommes de lettres.

Paris 1830. Tenré. 24 vol. in-8°.

2057. — Recueil de pièces de théâtre.

6 vol. in-4°.

Contenant :

1. (1) — Adrien, empereur de Rome, opéra en 3 act. Paroles de Hoffmann.
    Paris 1792. De Lormel.
6. — Airs du ballet de Psyché (par Quinault). 2.ᵉ édit.
    Paris 1673. Ballard.
5. — Alinde, tragédie de M. de la Mesnardière.
    Paris 1643. De Sommaville.
1. — Aline, reine de Golconde, Ballet héroïq. en 3 a. paroles de Sedaine.
    Paris 1766. De Lormel.
6. — Amadis, tragédie (par Quinault). 16 janv. 1684.
    Paris 1731. Ballard.
4. — Andromaque, tragédie lyrique en 3 actes. 6 juin 1780 (par Pitra).
    Paris 1780. De Lormel.
1. — Armide, tragédie en 5 actes. Paroles de Quinault.
    Paris an VIII. Ballard.
2. — Autre édit. **Paris 1686. Ballard.**
4. — Autre édit. **Paris 1777. Delormel.**
3. — Atis, tragédie. Paroles de Quinault.
    Paris 1747.
1. — Autre édit. **Paris 1776. Ballard.**
6. — L'Autel de Lyon, consacré à Louis Auguste et placé dans le temple de la Gloire. (Par le P. Menestrier).
    Lyon 1658. Molin.
3. — Le Ballet des Sens, par Roy. 1732.
    Paris 1751. De Lormel.
6. — Le Ballet des Voleurs, par le S.ʳ Bordier.
    Paris 1624. Sara.
6. — Le Ballet des Improvistes (par Bordier). 12 fév. 1636.
    Paris 1636. Sara.
6. — Les caractères de l'amour, ballet, (par Colin de Blamont). 1 av. 1738.
    Paris 1738. Ballard.
3. — Le carnaval du Parnasse, ballet, (par Fuzelier). 23 sept. 1749.
    Paris 1749.

---

(1) Les numéros placés en avant du titre, indiquent le volume dans lequel la pièce se trouve.

2. — Castor et Pollux, tragédie, (par Bernard). 9 juin 1770.
Paris 1770. Ballard.

6. — Circé, tragédie, (par T. Corneille).
Paris 1675. Bellin.

2. — Daphnis et Alcimadure, pastorale languedocienne. Par Mondonvile.
Paris 1768. De Lormel.

2. — Dardanus, tragédie (par Labruère). 19 novembre 1739.
Paris 1768. De Lormel.

5. — Didon, tragédie, par M. de Scudéry.
Paris 1637. Prault.

6. — Desseins de la Toison d'Or, tragédie, (par Corneille père).
Paris 1661. Courbé.

2. — Enée et Lavinie, tragédie, (par Fontenelle). 14 février 1758.
Paris 1768. De Lormel.

5. — Ercole amante, tragedia. — Hercule amoureux, tragédie. (Benserade).
Paris 1662. Ballard.

2-4. — Ernelinde, tragédie lyrique, par Poinsinet. 29 novembre 1767.
Paris 1767. De Lormel.

3. — L'Europe galante, Ballet, (par M. de la Motte). 24 octobre 1697.
Paris 1747.

6. — Les Fées des forêts de St.-Germain (par Bordier). 9 février 1625.
Paris 1625. Sara.

3. — Les fêtes d'Hébé ou les Talens lyriques, ballet (par Gaultier de Mondorge). 21 mai 1739.
Paris 1747.

1. — Les fêtes de l'Himen et de l'Amour, ou les Dieux d'Egypte, ballet. (Paroles de Cahusac). 15 mars 1747.
Paris 1765. De Lormel.

3. — Les fêtes Vénitiennes, ballet. (Paroles de Danchet). 17 juin 1710.
Paris 1750. De Lormel.

5. — Fiamella, pastorale di *Barth.* Rossi.
Parigi 1584. l'Angeliero.

1. — Fragments composés du prologue de Dardanus, (par. de Labruère). de l'acte d'Alphée et Aréthuse (par Danchet), et de la fête de Flore (par Razins de St.-Marc), pastorale en 1 acte.
Paris 1771. De Lormel.

2. — Hippolite et Aricie, tragédie, (paroles de Pellegrin). 1 octobre 1733.
Paris 1767. De Lormel.

3. — Hypermnestre, tragédie, (par De Lafont). 5 novembre 1716.
Paris 1746.

5. — Les illustres fous, comédie de Bays.
Paris 1652. Ol. de Varennes.

5. — Les innocens coupables, comédie, (par Brosse).
　　　Paris 1645. A. de Sommaville.
2-4. — Iphigénie en Aulide, op. en 3 actes (par DU ROLLET). 12 avril 1774.
　　　Paris 1774. De Lormel.
5. — Le Marc-Antoine ou la Cléopatre, tragédie de MAIRET.
　　　Paris 1637. A. de Sommaville.
5. — La mort de Chrispe ou les malheurs domestiques du grand Constantin. Par le S.ʳ TRISTAN L'HERMITE.
　　　Paris 1635. De Lormel.
6. — Omphale, tragédie, (par HOUDART DE LA MOTTE). 10 nov. 1701.
　　　Paris 1701. Ballard.
4. — Orphée et Euridice, dra. héro. en 3 a. (Paroles de MOLINE). 2 août 1774.
　　　Paris 1774. De Lormel.
5. — Panthée, tragédie de M. TRISTAN.
　　　Paris 1639. Courbé.
6. — Phaéton, tragédie, (paroles de QUINAULT). 6 janvier 1683.
　　　Paris 1730. Ballard.
6. — Polyxène, tragédie, (par DE LAFOSSE).
　　　Caen 1689. Cavelier.
4. — Roland, tragédie lyrique, (paroles de QUINAULT). 27 janvier 1778.
　　　Paris 1778. De Lormel.
2. — Sandomir, prince de Danemarck, trag. lyr. en 3 a., (par POINSINET).
　　　Paris 1769. De Lormel.
2. — Silvie, ballet, (paroles de LAUJON). 17 octobre 1765.
　　　Paris 1766. De Lormel.
3. — Tancrède, tragédie, (paroles de DANCHET). Novembre 1702.
　　　Paris 1750. De Lormel.
2. — Autre édit. 1764.
1. — Thésée, tragédie. (Paroles de QUINAULT). 11 janvier 1675.
　　　Paris 1729. Ballard.
2. — Autre édit. Paris 1767. De Lormel.
3. — Thétis et Pélée, tragédie, (par FONTENELLE). 1689.
　　　Paris 1750. De Lormel.
3. — Le triomphe de l'harmonie, ballet. (Par DE POMPIGNAN). 9 mai 1746.
　　　Paris 1746.
5. — Le triomphe des cinq passions, tragicomédie, par GILLET.
　　　Paris 1642. Quinet.
6. — Vers pour le ballet du Roi représentant les Bacchanales, par BORDIER.
　　　Paris 1683. Sara.
3. — Zaïs, ballet, (paroles de CAHUSAC). 29 février 1748.
　　　Paris 1748.

3. — Zoroaste, opéra, paroles de Cahusac. 2 décembre 1749.
Paris 1770. De Lormel.

3. — Autre édit. Paris 1749.

2058. — Recueil de pièces de théâtre. A.
15 vol. in-8°.
Contenant :

3. — Achmet et Almanzine, op. com. en 3 actes, de Le Sage et d'Orneval. Remis au théâtre par Anseaume, 25 octobre 1776.
Paris 1776. C. Ballard.

1. — L'Acte turc, quatrième entrée du ballet de l'Europe galante. (Par De la Motte). 11 octobre 1764.
Paris 1764. Ballard.

6. — Adélaïde du Guesclin, trag. donnée au public par Le Kain. (Voltaire).
Paris 1765. Duchesne.

1. — Æglé, ballet héroïque en 1 acte. (Par Laujon). 14 novembre 1776.
Paris 1776. Ballard.

5. — Alzire ou les Américains, tragédie par M. de Voltaire.
Avignon 1769. Chambeau.

10. — L'Amitié à l'épreuve, coméd. en 2 a. et en vers (par Favart). 1770.
Paris 1770. V.ᵉ Simon et fils.

14. — L'Amoureux de quinze ans, ou la double fête, comédie en 3 actes et en prose, mêlée d'ariettes, (par M. Laujon). 18 avril 1771.
Paris 1771. Duchesne.

13. — Les amours de Gonesse, com. en 1 acte mêlée d'ariettes par M... 1765.
Paris 1765. Duchesne.

10. — L'Anglois à Bordeaux, com. en 1 acte, par M. Favart. 14 mars 1763.
Paris 1763. Duchesne.

12. — Annette et Lubin, comédie en 1 acte, en vers ; mêlée d'ariettes et de vaudevilles par Madame Favart et M... 15 février 1762.
Paris 1762. Duchesne.

5. — Aristomène, tragédie par M. Marmontel. 30 avril 1749.
Paris 1750. Bastien.

5. — Athalie, tragédie en 5 actes, par M. Racine.
Avignon 1769. Chambeau.

6. — Azor ou les Péruviens, tragédie en 5 actes, par M. de Rozoi.
Paris 1770. Lesclapart.

4. — La Bagarre, opéra bouffon en 1 acte, par M. Poinsinet. 10 fév. 1763.
Paris 1763. Duchesne.

3. — La Bataille de Fontenoy, ou l'Apothéose moderne, opéra tragédie en 3 actes. Traduite du grec par un Ciclopédiste.
A Chambord 1768.

1. — La belle Arsène, com. féériq. en 3 act. mêlée d'ariettes (par Favart).
Paris 1773. Ballard.
2. — Bellérophon, tragédie en 4 actes, (par Fontenelle). 27 nov. 1773.
Paris 1773. Ballard.
3. — La Bergère des Alpes, pastorale en 3 actes et en vers, mêlée de chant, par M. Marmontel.
Paris 1766. Merlin.
14. — La Bergère des Alpes, com. en 1 a. et en vers lib.; par M. Desfontaines.
Paris 1766. Lesclapart.
15. — Le bourru bienfaisant, comédie en 3 actes et en prose de M. Goldoni.
Paris 1771. Duchesne.
12. — Le Bucheron, ou les trois souhaits, c. 1 a. par M. (Gastet et Guichard).
Paris 1763. Hérissant.
15. — Les Caquets, com. en 3 act. et en prose, par M. Riccoboni. 4 fév. 1761.
Paris 1761. Ballard.
3. — Cassandre aubergiste. Par l'auteur de Gilles, garçon peintre. (Poinsinet).
Londres 1765.
2. — Castor et Pollux, tragédie, (par Bernard). 9 juin 1770.
Paris 1770. Ballard.
11. — La Centenaire de Molière, com. en 1 acte, en vers et en prose; suivie d'un divertissement relatif à l'Apothéose de Molière: par M. Artaud.
Paris 1773. Duchesne.
2. — Céphale et Procris, ou l'amour conjugal, tragédie lyrique en 3 actes, (par M. Marmontel). 30 décembre 1773.
Paris 1773. Ballard.
9. — Charlot ou la comtesse de Givri. Pièce dramatique. (Par Voltaire).
Genève et Paris 1767. Merlin.
6. — Clitemnestre, trag. en 5 a. et en vers, (par de Lauragais et Malfilatre).
Paris 1761. Lambert.
11. — Le cri de la nature, comédie en vers, en 1 acte, par M. Armand. 1769.
Paris 1771. Duchesne.
2. — Dardanus, tragédie, (par Leclerc de Labruère). 9 novembre 1769.
Paris 1769. Ballard.
5. — Denys le tyran, tragédie par M. Marmontel. Février 1748.
Paris 1749. Jorry.
9. — Le Déserteur, dr. en 3 a. en prose, mêlé de musique, par M. Sedaine.
Paris 1769. Hérissant.
13. — Les deux avares, comédie en 2 actes, en prose, mêlée d'ariettes, par Fenouillot de Falbaire de Quingey. 27 octobre 1770.
Paris 1770. Ballard.
15. — Les deux cousines ou la bonne amie; comédie en 1 acte, mêlée d'ariettes, par M. Delaribadière. 21 mai 1763.
Paris 1763. Duchesne.

14. — L'Ecole de la jeunesse ou le Barnevelt françois, comédie en 3 actes, en vers, mêlée d'ariettes, par M. ANSEAUME. 24 janvier 1765.
Paris 1765. Duchesne.

8. — Eugénie, drame en 5 actes, en prose. Avec un essai sur le drame sérieux. Par M. DE BEAUMARCHAIS.
Paris 1767. Merlin. fig.

13. — Le Fat puni, comédie, (par le comte de PONT DE VESLE). 7 avril 1738.
Paris 1738. Prault fils.

11. — La fausse peur, comédie en 1 acte, (par MARSOLLIER). 18 juillet 1774.
Paris 1774. Valade.

14. — Les fausses infidélités, com. en 1 a. et en vers, par M. BARTHE. 1768.
Paris 1768. Prault.

3. — Les festes de la paix, divertissement en 1 acte ; à l'occasion de l'inauguration de la statue du Roi et de la publication de la paix. (Par FAVART).
Paris 1768. Duchesne.

3. — La fortune au village, parodie de l'acte d'Eglé, par M. FAVART. 1760.
Paris 1761. Duchesne.

7 — Gabrielle de Vergy, tragédie, par M. DE BELLOY.
Paris 1770. Ve Duchesne.

7. — Gaston et Bayard, tragédie, par M. DE BELLOY.
Paris 1770. Ve Duchesne.

15. — La Grippe, com. épisodique en prose, en 1 ac., suivie de réflexions curieuses et amusantes sur l'état actuel du théâtre françois. Par M. (NAU).
Paris 1776. Bastien.

7. — Guillaume-Tell, tragédie, par M. LE MIERRE. 11 novembre 1766.
Paris 1767. Vallat la Chapelle.

7. — Gustave Vasa, le libérateur de son pays ; tragédie par *Henri* BROOKE, traduite de l'anglois (par DUCLAIRON).
Paris 1764. S. Jorry.

13. — Le Guy de Chêne ou la feste des Druides, comédie en 1 acte et en vers libres, mêlée d'ariettes, par M. DE JUNQUIÈRES. 26 janvier 1763.
Paris 1763. Duchesne.

14. — L'heureuse rencontre, com. 1 a. pr, par Mmes R..(ROSET et CHAUMONT).
Paris 1771. Duchesne.

9. — L'honnête criminel, drame en 5 actes et en vers, par M. FENOUILLOT DE FALBAIRE.
Amsterdam-Paris 1767. Merlin.

12. — Le Huron, com. en 2. a. et en vers, (par MARMONTEL). 20 août 1768.
Paris 1768. Merlin.

15. — L'Indienne, com. en 1 a. mêlée d'ariettes. (Par FRAMERY). 31 oct. 1770.
Paris 1770. Duchesne.

3. — Iphis et Iante, ballet héroïque en 1 acte, (par Roy). 26 octobre 1769.
Paris 1769. Ballard.

15. — L'Isle des foux, comédie en deux actes. Parodie de l'*Arcifanfano* de Goldoni, par MM. Anseaume (et Bertin).
Paris 1762. Hérissant.

2. — Ismenor, dra. héroïque en trois actes, (par Desfontaines). 17 nov. 1773.
Paris 1773. Ballard.

1. — Issé, pastorale héroïque, (par De la Motte).
Paris 1773. Ballard.

4. — Le Jardinier et son Seigneur, opéra comique en 1 acte, en prose, mêlé de morceaux de musique, par M. Sedaine. 18 février 1761.
Paris 1761. Hérissant.

12. — La jeune Indienne, com. en 1 acte et en vers. Par M. de Chamfort.
Paris 1764. Cailleau.

9. — Kailar ou les jeunes sauvages, drame en 5 actes, (par *Ch.* Borde ?).
Londres-Paris 1770. Bleuet.

14. — Lucie ou les parens imprudens, comédie en 5 actes et en prose, par M. Collot d'Herbois. 14 mars 1773.

13-14.—Lucile, com. 1 acte, mêlée d'ariettes, (par Marmontel). 5 janv. 1769.
Paris 1769. Merlin.

15 — Le marchand de Smyrne, com. en 1 a. et en pr., par M. de Chamfort.
Paris 1770. Delalain.

4. — Le maréchal ferrant, op. com. 1 acte, par M. Quetant. 22 août 1761.
Paris 1761. Hérissant.

13. — Le mariage clandestin, com. en 5 actes, par MM. Garrick et Colman. Traduite de l'anglois sur la 3.ᵉ édition (par M.ᶜ Riccoboni).
Paris 1768. Jay.

5. — Mariamne, tragédie en 5 actes, par M. de Voltaire.
Avignon 1765. Chambeau.

8. — Mélanie, drame en 3 actes, en vers, par M. de la Harpe.
Amsterdam 1770. Van Harrevelt.

10. — Les mœurs du temps, com. en 1 act. en pr. (par Saurin). 22 déc. 1760.
Paris 1764. Duchesne.

12. — Les moissonneurs, com. en 3 a. en vers, par M. Favart. 27 janv. 1768.
Paris 1768. Duchesne.

6. — La mort de Socrate, trag. en 3 a. et en vers, par M. de Sauvigny. 1763.
Paris 1763. Prault.

5. — OEdipe, tragédie en 5 actes, par M. de Voltaire. Nouv. édit.
Genève 1765. Cramer.

4. — On ne s'avise jamais de tout, opéra comique en 1 acte et en prose, mêlé de morceaux de musique. Par M. Sedaine. 14 sept. 1761.
Paris 1761. Hérissant.

5. — L'orphelin de la Chine, tragédie, par M. DE VOLTAIRE.
Avignon 1766. Chambeau.

1. — Palmire, ballet héroïque en 1 acte, par M. DE CHAMFORT. 24 oct. 1765.
Paris 1765. Ballard.

10. — La partie de chasse de Henri IV, com. en 3 a. et en pr., par M. COLLÉ.
Paris 1767. Duchesne. Grav.

12. — Les pécheurs, com. 3 act. mêlée d'ar. (par DE LA SALLE). 7 juin 1766.
Paris 1766. Vente.

4. — Le peintre amoureux de son modèle, pièce en 2 actes, parodie del
Pittore innamorato. Par M. ANSEAUME. 20 juillet 1757.
Liège 1757. Desoer.

2. — Persée, tragédie, par QUINAULT. 17 mai 1770.
Paris 1770. Ballard.

11. — Le petit maitre en province, comédie en 1 acte et en vers, avec des
ariettes, par M. HARNY. 7 octobre 1765.
Paris 1766. Duchesne.

11. — Le philosophe sans le savoir, com. en 5 a. par M. SEDAINE. 2 nov. 1765.
Paris 1765. Didot.

1. — Prologue des festes grecques et romaines, (par FUZELIER). 11 oct. 1764.
Paris 1764. Ballard.

1. — Prologue du ballet des élémens, (par ROY). 8 novembre 1764.
Paris 1764. Ballard.

12. — La réconciliation villageoise, com. lyr. 1 a. par POINSINET. 17 juil. 1765.
Paris 1765. Duchesne.

3. — La ressource des théâtres, pièce en 1 a, par M. (FAVART). 31 janv. 1760.
Paris 1760. Duchesne.

12. — Le roi et le fermier, comédie en 3 actes, mêlée de morceaux de musique. Par M. SEDAINE. 22 novembre 1762.
Paris 1762. Hérissant.

8. — Le roi et le ministre, ou Henri IV et Sully, drame en 4 actes, en prose,
enrichi de notes historiques. Par M. le Chev. DU COUDRAY.
Paris 1775. Durand.

13. — Rose et Colas, com. 1 acte, prose et mus. (par SEDAINE). 8 mars 1764.
Paris 1764. Hérissant.

10. — La rosière de Salency, com. en 3 actes, par M. FAVART. 25 oct. 1769.
Paris 1770. V.ᵉ Duchesne.

4. — Les sabots, op. com. 1 a. Par M. C. (CAZOTTE) et SEDAINE. 26 oct. 1768.
Paris 1768. Hérissant.

11. — Le sage étourdi, com. en vers en 3 act., par M. DE BOISSY. Nouv. édit.

5. — Les Scythes, tragédie. Par M. DE VOLTAIRE. Nouv. édit.
Avignon 1767. Chambeau.

6. — Sémiramis, tragédie, par M. DE VOLTAIRE. 16 juillet 1749.
    Paris 1761. Le Mercier.
5. — Autre édition. Avignon 1765. Chambeau.
13. — Sylvain, com. en 1 acte. Par M. MARMONTEL. 19 février 1770.
    Paris 1770. Merlin.
1. — Sylvie, opéra en 3 actes, (par M. LAUJON). 17 octobre 1765.
    Paris 1765. Ballard.
3. — La soirée des boulevards, ambigu mêlé de scènes etc., (par FAVART).
    Paris 1758. Duchesne.
15. — Le sorcier, com. lyr., mêlée d'ar., en 2 a. (par POINSINET). 2 janv. 1764.
    Paris 1764. Duchesne.
1. — Théodore, ballet héroïque en 1 acte, (par M. LE MONNIER). 24 oct. 1776.
    Paris 1776. Ballard.
2. — Thétis et Pelée, tragédie en 5 actes, (par FONTENELLE). 10 octobre 1765.
    Paris 1765. Ballard.
1. — Titon et l'Aurore, pastor. hér., (par l'*Abbé* DE LA MARRE). 18 oct. 1764.
    Paris 1764. Ballard.
10. — Tom-Jones, comédie lyrique en 3 actes, imité du roman anglois de *Fielding*. Par M. POINSINET. 27 fév. 1765.
    Paris 1765. Duchesne.
4. — Le tonnelier, opéra comique, (par AUDINOT et QUETANT. 16 mars 1765.
    Paris 1765. Duchesne.
1. — La Tour enchantée, ballet figuré, mêlé de chants et de danses. (JOLIVEAU).
    Paris 1770. Ballard.
3. — Le triomphe de la jeunesse ou le tribut du cœur. Par MM. les officiers du régiment de Touraine. 22 septembre 1765.
11. — Le triomphe de la probité, comédie en 2 actes et en prose, imitée de l'*Avocat*, comédie de *Goldoni*. Par Me BENOIST. 2.e édit.
    Paris 1770. Regnard et Demonville.
1. — La vengeance de l'amour ou Diane et Endimion, pantomime hér. 3 act.
    Paris 1765. Ballard.
11. — La veuve, com. 1 acte en pr., composée en l'année 1756. (Par COLLÉ).
    Paris 1764. Duchesne.
5. — Zaïre, tragédie en 5 actes, par M. DE VOLTAIRE. 13 août 1752.
    Besançon 1765. Fantet.
1. — Zélindor, roi des sylphes, ballet, (par DE MONCRIF). 19 oct. 1769.
    Paris 1769. Ballard.
10. — Zémir et Azor, com. ballet en 4 actes, par M. MARMONTEL. 9 nov. 1771.
    Paris 1771. Ballard.
5. — Zulime, tragédie en 5 actes. (Par VOLTAIRE).
    Genève 1761.

2059. — Recueil de pièces de théâtre. B.

14 vol. in-8°. (Armes estampées sur le dos des volumes).
Contenant :

2. — Abufar ou la famille Arabe, trag. en 4 a., par Ducis. 23 germ. an III.
Paris an III. Barba.

4. — Les Acteurs déplacés, comédie en 1 acte, par M. l'Affichard.
Paris 1746. Clousier.

2. — Agamemnon, trag. en 5 actes, par le cit. L. Lemercier. 5 flor. an V.
Paris an V. Fayolle.

10. — Alexis et Justine, com. lyr., en 2 a., (par Monvel). 14 janv. 1785.
Paris 1785. Brunet.

13. — Les Amants généreux, com. en 5 actes, par Rochon de Chabannes.
Paris 1774. Duchesne.

8. — L'Amant muet, comédie en 1 acte et en prose, mêlée de vaud. par les cit. Pillon et Lambert. 27 floréal an VIII.
Paris an X. Hugelet.

10. — L'Amant statue, op. com. en 1 a. (par F. Desfontaines). 20 fév. 1781.
Paris 1781. Vente.

5. — L'Ami des loix, com. en 5 a., en vers, par le cit. Laya. 2 janv. 1793.
Paris 1793. Maradan.

10. — L'Amour et la Folie, op. com. 3 a. (par F. Desfontaines). 5 mars 1782.
Paris 1782. Brunet.

9. — Annette et Lubin, pastorale mise en vers, par Marmontel.
Paris 1762. Lesclapart.

10. — Arlequin tout seul, folie vaud. en 1 acte, par J. A. Gardy. vend. an X.
Paris an X. Fages.

13. — Armide et Renaud, tragédie. (Incomplet). (Par Devineau).

1. — Les Arts et l'Amitié, c. 1 a. en vers lib. Par M. Bouchard. 5 août 1788.
Paris 1788. Brunet.

1. — Les Auteurs d'almanachs, comédie en prose.

10. — Azémia ou les sauvages, comédie en 3 a. et en prose, mêlée d'ariettes. (Par Poisson de Lachabeaussière). 3 mai 1787.
Paris-Bruxelles 1789. De Boubers.

9. — La Bergère des Alpes, n.° 2058-3.

2. — La bisarrerie de la fortune, ou le jeune philosophe, comédie en 5 actes, en prose, par M. Loaisel Tréogate. 16 avril 1793.
Troyes 1793. Gobelet.

13. — La Bohémienne, pièce en 2 actes et en vers, mêlée d'ariettes, parodie de la *Zingara*. (Par Favart). 14 juillet 1755.
Paris 1755. Duchesne.

9. — La Bourbonnoise, farce bouffonne 1 acte, par M. (Baunoir). Nov. 1768.
Paris 1768. Hérissant.

4. — Le bourru bienfaisant, n.° 2058-15.

7. — Le bureau d'esprit, comédie en 5 actes et en prose, par P. M. L. C. N. G. A. (le Ch. DE RUTLIGE). 2.º édit.
Londres 1777.

7. — Le Cabaretier jaloux, ou la Courtille, com. (par CHAMOUX et FARDEAU).
Paris 1779. Cailleau.

2. — Caius Graccus, tragédie en 3 actes, par M. J. CHENIER. 9 février 1792.
Paris 1793. Moutard.

10. — Camille ou le souterrain, com. 3 a., par M. MARSOLLIER. 19 mars 1791.
Paris-Lille 1792. Roger.

5. — Catherine ou la belle fermière, comédie en 3 actes, parole et musique de *Julie* CANDEILLE. 27 novembre 1792.
Paris 1793. Maradan.

4. — Cécile, drame en 3 actes. (Par le Ch. DE BRUIX).
Londres-Paris 1776. Costard. Grav.

4. — Le Célibataire, com. en 5 act. et en vers, par M. DORAT. 20 sept. 1775.
Paris 1775. Delalain.

5. — Les Châteaux en Espagne, comédie en 5 actes et en vers, par M. COLLIN D'HARLEVILLE. 20 février 1789.
Paris 1790. Moutard.

4. — Childéric I.ᵉʳ, roi de France, dr. héroïque en 3 a. (Par M. MERCIER).
Londres-Paris 1774. Ruault.

8. — Les Comédiens ou le foyer, comédie 1 a., en prose, attribuée à l'auteur du Bureau d'esprit (le Ch. DE RUTLIGE). (Par MERCIER). 5 jan. 2440.
Paris 2440. Les succ. de la V.ᵉ Duchesne.

5. — Le Conciliateur ou l'homme aimable, com. en 5 a. en v. par DEMOUSTIER.
Paris 1771. Maradan.

3. — Le Confident par hasard, com. en 1 a., par le cit. FAUR. 18 th. an IX.
Paris an IX. Huet.

2. — Le Conteur ou les deux portes, com. en 3 act., par PICARD. 4 fév. 1793.
Paris 1793. Maradan.

1. — Coriolan, tragédie en 5 actes et en vers, par M. DE LA HARPE. 1784.
Paris 1784. Belin.

1. — La Cour plénière, héroï-tragi-comédie en 3 actes, en prose, jouée le 14 juillet 1788; par une société d'amateurs, dans un château aux environs de Versailles. Par l'*Abbé* DE VERMOND (DUVEYRIER).
Bavisle-Paris (Dieppe) 1788. V.ᵉ Liberté.

5. — Le Couvent ou les fruits du caractère et de l'éducation, comédie en 1 acte et en prose, (par M. LAUJON). 16 avril 1790.
Paris 1790. Duchesne.

3. — Défiance et malice, ou le prêté rendu, c. 1 a. par DIEULAFOY. 17 fr. an IX.
Paris an X. Barba.

— 378 —

10. — Les deux tuteurs, com. 2 a. en pr. mêlée d'ar. (par FALLET) 11 oct.1783.
   Paris 1784. Brunet.

12. — Les deux billets, com. en 1 a. en prose, (par FLORIAN). 9 février 1779.
   Paris 1780. Duchesne.

6. — Les deux gendres, com. 5 actes en vers, par M. ETIENNE. 11 août 1810.
   Paris 1810. Normand.

4. — Dom Pèdre, roi de Castille, tragédie, (par VOLTAIRE). Nouv. édit.
   Londres 1775.

3. — Duhautcours ou le contrat d'union, com. 5 a. par PICARD. 18 th. an IX.
   Paris an IX. Huet.

2. — Epicharis et Néron, ou conspiration pour la liberté, tragédie en 5 actes et en vers, par LEGOUVÉ. 15 pluv. an II.
   Paris an VIII. André.

8. — Ericie ou la Vestale, drame en 3 ac. et en vers, par DUBOIS FONTANELLE.
   Londres 1768.

9. — L'Eunuque ou la fidèle infidélité, parade, (par GRANDVAL fils).

11. — Les évènements imprévus, com. en 3 a., paroles d'HÈLE. 11 nov. 1779.
   Paris 1780. Duchesne.

3. — La fausse correspondance, com. en 1 acte, par LEGROS. 25 mess. an IX.
   Paris an IX. Fages.

8. — La fausse paysanne ou l'heureuse inconséquence, comédie en 3 actes et en vers, par M. DE PIIS. 26 mars 1789.
   Paris-Bruxelles 1789. De Boubers.

6. — Le faux Stanislas, comédie en 3 actes, par Al. DUVAL. 28 nov. 1809.
   Paris 1810. Vente.

14. — Les femmes et le secret, comédie en 1 acte, par QUETANT. 9 nov. 1767.
   Paris 1770. Cailleau.

1. — Féodor et Lisinka, ou Novogorod sauvée, dr. en 3 a., par M. DESFORGES.
   Paris-Bruxelles 1788. De Boubers.

9. — La Fille mal gardée, ou le pédant amoureux, parodie de la *Provençale*, (par FAVART).
   Paris 1768. Duchesne.

6. — Françoise de Foix, op. com. 3 a. par BOUILLY et DUPATY. 28 jan. 1809.
   Paris 1809. Barba.

1. — Le grand-bailliage, com. hist. en 3 actes, représentée à Rouen, depuis le 8 mai 1788, jusqu'au 9 octobre de la même année, par une troupe de Baladins, qui a été sifflée par tous les bons Citoyens.
   Harcourt-Rouen 1788. Chez Liberté, à la Justice triomphante.

1. — L'Habitant de la Guadeloupe, comédie en 3 actes, par M. MERCIER.
   Paris 1785. Poinçot.

6. — Hector, tragédie en 5 actes, par LUCE DE LANCIVAL. 1 février 1809.
   Paris 1809. Chaumerot.

7. — Henri IV à St.-Quentin, dr. en pr. 2 a., par M. Klairwal. 5 nov. 1779.
St.-Quentin 1779. Hautoy.

4. — L'heureux vieillard, drame pastoral, par l'auteur de l'élève de la nature. (*Gaspard* de Beaurieu).
Amsterdam 1768. Carré.

8. — Il faut croire à sa femme, com. en 1 acte et en vers, par Pigault.
Paris 1786. Dufour.

4. — L'Impertinent, com. en 1 acte et en vers, par Desmahis. 31 mars 1750.
Paris 1750. Prault.

8. — Les Intrigants ou assaut de fourberies, com. en 3 a. par M. Dumaniant.
Paris 1787. Cailleau.

9. — L'Isle sonnante, opéra comique en 3 actes, (par Collé). 4 janvier 1768.
Paris 1768. Hérissant.

7. — Jean qui pleure et Jean qui rit, com. 1 a. (par Dorvigny). 18 oct. 1782.
Paris 1784. Didot.

12. — Jeannot et Colin, com. en 3 actes et en pr. (par Florian). 4 nov. 1780.
Paris 1780. Duchesne.

6. — La jeunesse de Henri V, com. 3 a. en pr. par *Al.* Duval. 9 juin 1806.
Paris 1806. Vente.

3. — Le jugement de Salomon, mélodrame en 3 actes, mêlé de chants et de danses, par L. C. Caignez. 28 niv. an X.
Paris an X.

9. — Léandre Nanette ou le double quiproquo, parade en 1 acte.
Clignancourt 1756.

14. — Le mariage inattendu de Chérubin, com. en 3 act., par M.ᵉ de Gouges.
Séville-Paris 1786. Cailleau.

9. — Mazet, comédie en 2 actes et en vers, par Anseaume. 24 sept. 1761.
Paris 1771. Garrigan.

12. — La mère de famille, drame en 5 actes et en prose, par M. Suzemain.
Paris 1779. Cailleau.

9. — La Meunière de Gentilly, com. 1 a. par M. Le Monnier. 13 oct. 1768.
Paris 1768. Vente.

2. — Misanthropie et repentir, dr. 5 a. de Kotzbue, traduit par Bursay et arrangé à l'usage de la scène française par la citoyenne Molé. 7 niv. an VII.
Paris an VII.

2. — Le modéré, comédie en 1 acte et en vers, par Du Gazon. 17 brum. an II.
Paris an II. Maradan.

7. — Molière, drame en 5 actes, imité de *Goldoni,* par M. Mercier.
Amsterdam-Paris 1776.

5. — La mort de Louis XVI, trag. en 3 a. en v. (Par Aignan et Berthevin).

12. — OEdipe chez Admète, tragédie, par Ducis. 4 décembre 1778.
Paris 1778. Gueffier.

6. — Omasis, ou Joseph en Egypte, tragédie en 5 actes, par Baour-Lormian. 14 septembre 1806.
   Paris 1810. Vente.

5. — L'Optimiste ou l'homme content de tout, comédie en 5 actes et en vers, par Collin d'Harleville. 22 février 1788.
   Paris 1788. Prault.

8. — L'Orpheline, comédie en 3 actes et en prose, par Le Brun. 4 août 1789.
   Amsterdam 1790. Dufour.

3. — La petite ville, com. en 4 actes et en vers, par Picard. 18 flor. an IX.
   Paris an IX. Huet.

3. — Les Précepteurs, comédie en 5 actes et en vers. Ouvrage posthume de Fabre d'Eglantine. 1 compl. an VII.
   Paris an VIII. Imp. de la Répub.

3. — Le premier venu, ou six lieues de chemin, com. en 3 a. par Vial.
   Paris an IX. Huet.

8. — Le prisonnier ou la ressemblance, com. en 1 a. et en pr., par *Al.* Duval.
   Paris 1798.

10. — Les promesses de mariage, suite de l'épreuve villageoise, opéra bouffe en 2 actes et en vers, par M. Desforges. 4 juillet 1787.
    Paris-Bruxelles 1788.

7. — Prologue pour l'ouverture de la nouvelle salle des spectacles d'Amiens, par M. Klairwal, représenté le vendredi 21 janvier 1780.
   Amiens 1780. J. B. Caron.

13. — Les Racoleurs, opéra comique en 1 acte, par Vadé. 11 mars 1756.
    Paris 1756. Duchesne.

8. — Rodolphe ou le château des tourelles, drame héroïque en 3 actes, par MM. Pillon et Lambert. 25 novembre 1802.
   Paris 1802. Huet.

7. — Le Roi Léar, tragédie en 5 actes, par Ducis. 16 janvier 1783.
   Paris 1783. Gueffier.

1. — Le Sculpteur ou la femme comme il y en a peu, comédie en 2 actes, par M.e de Beaunoir. 14 janvier 1784.
   Paris 1786. Cailleau.

6. — Le secret du ménage, com. 3 a. v. (par Creuzé de Lesser). 25 mai 1809.
   Paris 1809. Vente.

10. — Les Solitaires de la Normandie, op. c. 1 a. par M. de Piis. 25 jan. 1788.
    Paris 1788. Valade.

10. — Stratonice, com. héroï. en 1 a. et en vers, par Hoffmann. 3 mai 1792.
    Paris 1792.

6. — Les Templiers, tragédie en 5 actes. par M. Raynouard. 14 mai 1805.
   Paris 1806. Giguet et Michaud.

— 381 —

9. — Toinon et Toinette, com. 3 a. en pr., (par Desboulmiers). 20 juin 1767.
   Paris 1768. V.ᵉ Duchesne.

8. — Tous les Niais de Paris, ou le catafalque de Cadet Roussel, bluette tragique en 5 a. en vers, par les cit. R. Perrin et Pillon. 24 pl. an IX.
   Paris an IX. Hugelet.

11. — Les trois Fermiers, com. en 2 a. et en pr. par Monvel. 16 mai 1777.
    Paris 1777. Vente.

6. — Le Tyran domestique, ou l'intérieur d'une famille, comédie en 5 actes et en vers, par *Al.* Duval. 16 février 1805.
   Paris 1806. Vente.

10. — Vadé chez lui, c. 1 a. en vaud., par le cit. Demautort (1). 16 th. an VIII.
    Paris an VIII. Michel.

11. — Les Vendangeurs ou les deux baillis, divertiss. en 1 acte, (par de Pus et Barré). 7 nov. 1780.
    Paris 1780. Vente.

2. — La Veuve du républicain, ou le calomniateur, comédie en 3 actes et en vers, par le cit. Lesur (et Loraux). 3 frimaire an II.
   Paris an II. Maradan.

5. — Les Victimes cloîtrées, dr. en 4 a. et en prose, par Monvel. Mars 1791.
   Bordeaux et Paris 1793.

2060. — Recueil de pièces de théâtres. C.
   40 vol. in-8°.
   Contenant :

13. — L'Abbé de l'Epée, com. en 3 actes, par J. Bouilly. 23 frim. an VIII.
    Paris an VIII. André.

34. — Adélaïde du Guesclin, n.° 2058-6.

15. — Adélaïde ou l'antipathie pour l'amour, comédie en 2 actes et en vers de dix syllabes, par M. Dudoyer. 10 juillet 1780.
    Toulouse 1780. Broulhiet.

32. — Agamemnon, trag. en 5 actes, n.° 2059-2.

28. — L'Ainé et le cadet, comédie en 2 actes, (par Collot d'Herbois).
    Paris 1792. Duchesne.

19. — Alceste, trag. op. en 3 actes, (par Du Rollet). 16 avril 1776.
    Paris 1776.

8. — L'Amant auteur et valet, com. 1 a., (par Cérou). fév. 1740. Nouv. édit.
   Paris 1796. Louis.

8. — L'Amant bourru, com. en 3 actes, en vers libres, par Monvel.
   Paris 1788. Duchesne.

---

(1) Demautort *(Jacques-Benoit)* né à Abbeville le 27 mai 1745, mourut à Paris le 13 octobre 1819.

22. — L'Amant femme de chambre, com. 1 a. par M. Dumaniant. 8 nov. 1787.
Paris 1787. Gastey.
32. — Les Amans malheureux ou le comte de Comminges, drame en 3 actes, (par Baculard d'Arnaud).
La Trappe-Paris 1794. L'auteur.
17. — L'Ami de la maison, comédie en 3 actes, par Marmontel.
Avignon an III. Alphonse.
31. — L'Amitié rivale, comédie en 5 actes, par Fagan. 16 novembre 1735.
Paris 1736. Chaubert.
21. — L'Amour et la folie, n.° 2059-10.
30. — Amour pour amour, comédie en 3 actes, par M. de la Chaussée.
Paris 1742. Prault.
19. — Anacréon chez Polycrate, opéra en 3 actes, paroles de M. Guy.
Paris an VII. Tiger.
35. — L'Andromaca, trag. del sig. Racine, transportata del francese in versi italiani da L. Riccoboni detto Lelio.
Paris 1725. Lemesle.
16. — L'Anglois à Bordeaux, n.° 2058-10.
8. — Les Arts et l'Amitié, n.° 2059-1.
26. — Les Artistes, pièce en 4 actes et en vers, par Collin d'Harleville.
Paris 1765. Munier.
17. — L'Assemblée de Famille, com. en 5 a., par M. Riboutté. 26 fév. 1808.
Paris 1808. Barba.
10. — Les Assemblées primaires, ou les élections, vaudeville en 1 acte, par le cit. Martainville. 29 ventôse an V.
Paris an V. Barba.
38. — L'Auberge de Bagnières, comédie en 3 actes, par Jalabert.
Paris 1807. Masson.
21-26.--Aucassin et Nicolette, ou les mœurs du bon vieux temps, comédie en 3 actes, paroles de Sedaine. 30 décembre 1779.
Paris 1782. Brunet.
6. — L'autre Tartuffe ou la mère coupable, dr. en 5 actes de Beaumarchais.
Paris an II. Sylvestre.
23. — L'Aveugle de Palmyre, com. 2 a. (par Desfontaines). 18 oct. 1776.
Paris 1776. Ballard.
4. — Azémia ou les sauvages, n.° 2059-10.
38. — Le baron d'Hilburghausen, ou le bal diplomatique, folie vaudeville en 2 actes, par MM. Mélesville, Brazier et Vanderburck. (8 nov. 1831).
Paris 1831. Barba.
3-19.—Le Barbier de Séville ou la précaution inutile, par Beaumarchais. N.e éd.
Paris 1782. Ruault.

31. — Béranger ou l'anneau de mariage, vaudev. en 1 acte, par La Fortelle.
    Paris 1809. Fages.
27-34.—Beverlei, tragédie bourgeoise, imitée de l'anglois, en 5 actes et en vers libres. Par Saurin. 7 mai 1768.
    Paris 1768-1774. Duchesne.
13. — Blanche et Moncassin ou les Vénitiens, tr. 5 a. par Arnault. 25 vend. an 7.
    Paris an VII. Demonville.
38. — Le Boa ou le Bossu à la mode, com. vaud. en 1 a. par Francis.
    Paris 1831. Barba.
22. — La bonne femme ou le phœnix, parodie d'Alceste, en 2 a. 7 juill. 1776.
    Paris 1776. Vente.
2. — Le Bucheron ou les trois souhaits, n.° 2058-12.
25. — Cadet Roussel ou le café des aveugles, pièce en 2 actes qui n'en font qu'un, en vers et en prose, par les cit. Aude et Tissot. 23 fév. 1793.
    Paris an V. Barba.
5. — Camille ou le souterrain, n.° 2059-10.
6. — Catherine ou la belle Fermière, n.° 2059-5.
32. — Cécile ou la reconnaissance, com. 1 a., par M. Souriguère. 5 niv. an V.
    Paris an V. Barba.
6. — Céphise ou l'erreur de l'esprit, com. en 1 acte. (par Marsollier).
    Neufchâtel 1786.
7. — Le Cercle ou la soirée à la mode, com. ép. 1 a. par Poinsinet. sept. 1764.
    Paris 1770. Duchesne.
1. — Le Chansonnier de la paix, impromptu en 1 acte, par Guilbert de Pixéricourt. 29 pluv. an IX.
    Paris an IX. Huet.
33. — Le Charlatanisme, com. 1 a. par MM. Scribe et Mazère. 10 mai 1825.
    Paris 1825. Pollet.
12. — Charles et Caroline, com. en 5 act. par Pigault-Lebrun. 28 juin 1790.
    Paris 1790. Cailleau.
33. — Charles de France, ou amour et gloire, opéra comique en 2 actes, par MM. Théaulon et Dartois. 18 juin 1816.
    Paris 1816. Barba.
19. — Charles IX, ou l'école des rois, tragédie, (par M. J. de Chénier).
10. — La chaste Suzanne, pièce en 2 actes, (par Radet). 5 janv. 1793.
    Paris 1793. Maret.
16. — Les Châteaux en Espagne, n.° 2059-5.
8. — Le chevalier sans peur et sans reproche ou les amours de Bayard, com. héroïque en quatre chants, par Monvel.
    Bruxelles 1793. Boubers.
14. — Claudine de Florian, com. en 3 a. par Pigault-Lebrun. 27 mess. an V.
    Paris an V. Barba.

4. — Clémentine et Desormes, drame en 5 a. par DE MONVEL. 14 déc. 1780.
   Paris 1781. Duchesne.
2-29. — La Clochette, comédie en 1 acte, par ANSEAUME. 24 juillet 1766.
   Paris 1786 et 1770. Duchesne.
40. — Clotilde, dr. 5 a. par MM. F. SOULIÉ et Ad. BOSSANGE. 11 sept. 1832.
   Paris 1832. Barba.
20. — Le Club des bonnes gens, ou le curé français, folie en vers en 2 actes, par le COUSIN-JACQUES (BEFFROY DE REIGNY). 24 septembre 1791.
   Paris 1791. Froulé.
33. — Le Coiffeur et le Perruquier, vaudeville en 1 acte, par MM. SCRIBE, MAZÈRES et SAINT-LAURENT. 15 janvier 1824.
   Paris 1824. Pollet.
13. — Le Collatéral, ou la diligence à Joigny, c. 5 a., par PICARD. 15 br. an 8.
   Paris an VIII. Huet.
14. — Les Comédiens ambulans, opéra com. 3 a. par M. PICARD. 8 niv. an 7.
   Paris an VII. Huet.
3. — Le comte d'Albert, drame en 2 actes, par SEDAINE. 8 février 1787.
   Paris 1787. Brunet.
38. — Le comte Ory, opéra 2 a., (par MM. SCRIBE et POIRSON). 20 août 1828.
   Paris 1828. Bezou.
8. — Le comte de Waltron, ou la subordination, tragédie en 5 actes, traduite de l'allemand (de H.F. MOLLER par H. J. EBERTS).
   Paris 1788. Collot.
44. — Le comte de Warwick, tragédie par M. DE LA HARPE.
   Paris 1764. Duchesne.
19. — Conaxa ou les gendres dupés, (par le P. DU CERCEAU). 22 août 1710 ?
   Paris 1812. Michaud.
20. — Le concert de la rue Feydeau, ou la folie du jour, comédie en 1 acte, par les cit. PERRIN et CAMMAILLE. 15 pluv. an III.
   Paris an III.
5. — Le concert de la rue Feydeau, ou l'agrément du jour, vaud. en 1 acte, par les cit. CHAUSSIER et MARTAINVILLE. 1 vent. an III.
   Paris an III. Barba.
8. — Le conciliateur, ou l'homme aimable, n.° 2059-5.
10. — Le consentement forcé, c. en 1 a., par GUYOT DE MERVILLE. Nouv. édit.
   Paris 1772. Duchesne.
24. — Constance, parodie de Pénélope, en 1 acte. 6 janv. 1786.
   Paris 1786. Brunet.
29. — La coquette corrigée, comédie en 5 actes, par DE LA NOUE. Nouv. édit.
   Paris 1772. Duchesne.
31. — Le Corsaire, comédie en 3 actes. 7 mars 1783.
   Paris 1783. V.ᶜ Duchesne.
29. — La cour plénière, héroï-trag., n.° 2059-1.

24. — Cosme de Médicis, mélodrame en 3 actes, par M.° BARTHÉLEMY HADOT et R. PERIN. 20 décembre 1808.
Paris 1808. Fages.

2. — La Couronne de Roses, ou la fête de Salency, comédie en 2 actes, par M. D. L. D. E. M. D. A. D. P. E. L. R.
Paris 1770. Merigot.

29. — Les Courtisannes, ou l'école des mœurs, comédie, par l'auteur de la comédie des Philosophes. (PALISSOT).
Paris 1775. Moutard.

36. — Le Couvent de Tonnington ou la Pensionnaire. Drame en 3 actes, par V. DUCANGE et A. BOURGEOIS. 12 mai 1830.
Paris 1330. Boulland.

33. — Les Cuisinières, com. en 1 acte, par BRAZIER et DUMERSAN. 14 av. 1823.
Paris 1823. Barba.

15. — Crispin médecin, comédie en 3 actes, de HAUTEROCHE.
Toulouse 1793. Devers.

28. — Crispin rival de son maître, comédie (par LE SAGE).

38. — Le Dandy, comédie en 2 actes, par MM. ANCELOT et *Léon* (LAYA).
Paris 1832. Dupré père et fils.

17. — Défiance et Malice, ou le prêté rendu. n.° 2059-3.

22. — Le Déménagement du salon, ou le portrait de Giles, comédie-parade en 1 ac., par les cit. LÉGER, CHAZET, DUPATY et DESFOUGERAIS (AUBIN).
Paris an VII.

20. — Le Départ des Volontaires villageois pour les frontières, comédie en 1 acte, par LA VALLÉE.
Lille 1793. Deperne.

39. — Le Dépositaire, comédie en 5 actes, par M. de VOLTAIRE.
Londres 1773.

5. — Les Détenus ou Cange commissionnaire de Lazare, fait historique en 1 acte, paroles de MARSOLLIER. 28 brum. an III.
Paris an III. Maradan.

15. — Les deux Amis ou le négociant de Lyon, drame en 5 actes, par M. DE BEAUMARCHAIS. 13 janv. 1770.
Paris 1770. Duchesne.

20. — Les deux Charbonniers, ou les contrastes, comédie en 2 actes, paroles du COUSIN JACQUES, (BEFFROY DE RÉGNY). 7 fruct. an VII.
Paris an VIII. Moutardier.

18. — Les deux Forçats ou la meunière du Puy-de-Dôme, mélodrame en 3 actes, par MM. BOIRIE, CARMOUCHE et POUJOL. 3 oct. 1822.
Paris 1822. Pollet.

37. — Les deux Nuits, opéra-comique, par MM. BOUILLY et SCRIBE.
Paris 1829. Bezou.

17. — Les deux Gendres, n.° 2059-6.
17. — Les deux Journées, c.-lyr., 3 a., par J.-N. Bouilly. 26 niv. an VIII.
Paris an VIII. André.
7. — Les deux Portraits, comédie en 1 acte, en vers libres, par Desforges
Nantes 1775. Vatar.
7. — Didon, trag. lyr. en 3 actes, par Marmontel. 1 décem. 1783.
Paris 1783. Ballard.
14. — Le Dîner au pré Saint-Gervais, com. en 1 a., par Radet. 29 br. an V.
Paris 1797.
39. — Dinville, ou les catastrophes amoureuses, histoire vraisemblable, par l'auteur du Duo impromptu (L. Moline.)
Amsterdam-Paris 1770. Dufour.
5. — Le Divorce, comédie en 2 actes, par le cit. Demoustier.
Paris an III. Maradan.
34. — Les Docteurs modernes, c. parade en 1 acte, suivie du Baquet de santé, (par Barré et Radet.)
Paris 1784. Brunet.
21. — La Double Epreuve ou Colinette à la cour, com.-lyr. en 3 actes, (par Lourdet de Santerre). 1 janv. 1782.
Paris 1783. Delormel.
35. — La Double Inconstance, com. en 3 act. (par Marivaux). 6 avril 1723.
Paris 1724. Flahault.
10. — Le Dragon de Thionville, fait hist. en 1 a. par Dumaniant. 26 juil. 1786.
Paris 1789. Cailleau.
33. — Le Duel et le Déjeuner, ou les Comédiens joués, comédie en 1 acte, par A. Gouffé et P. Ledoux. 22 sept. 1818.
Paris 1818. Barba.
16. — Dupuis et Deronais, comédie en 3 act., par M. Collé. 17 janv. 1763.
Paris 1763. Duchesne.
23. — Les Eaux minérales, comédie en 2 actes, par Clairville (Nicolaie).
Londres 1778.
30. — L'Ecole des Mères, comédie en 5 a., par M. Nivelle de la Chaussée.
Paris 1745. Prault.
16. — L'Ecole des Pères, c. en 5 act., en vers, par M. Pieyre. 1 juin 1787.
Paris 1788. Cailleau.
18. — Autre édition. Paris 1788. Debure.
31. — L'Ecole de Village, opéra-comique en 1 acte, par Solié.
Paris an II. Vente.
38. — Emma, ou la promesse imprudente, opéra en 3 actes, par Planard.
Paris 1821. Barba.

— 387 —

11. — L'Enfant du malheur, ou les amants muets, com.-féerie en 4 actes, par Cuvelier. 9 germ. an V.
   Paris an V. Barba.

31. — L'Enfant sauvage, mélodrame en 3 actes, par Eymery et Blanchard.
   Paris 1803. Fages.

30. — L'Enfant prodigue, com. en vers dissillabes, par Arouet de Voltaire.
   Paris 1738. Prault.

6. — Epicharis et Néron, n.° 2059-2.

10. — L'Epreuve réciproque, comédie en 1 acte, par M. Legrand. 1711.
   Paris 1785. Duchesne.

34. — Ericie ou la Vestale, n.° 2059-8.

29. — Erosine, pastorale historique, représentés devant Sa Majesté, à Fontainebleau, le 2 nov. 1769 (paroles de Moncrif).
   Paris 1769. Ballard.

4. — Les Etourdis ou le mort supposé, comédie en 3 actes et en vers (par Andrieux). 14 décembre 1787.
   Paris 1788. Bailly.

24. — Les Etrennes de l'amitié, de l'amour et de la nature, com. en 1 acte, par Dorvigny. 1 janv. 1780.
   Paris 1780. Cailleau.

4. — Eugénie, n.° 2058-8.

2. — Les Evénements imprévus, n.° 2059-11.

38. — La Famille improvisée, scène épisod. par H. Monnier. (Duvert, Dupeuty et Brazier.)
   Paris 1831. Barba.

21. — La Famille américaine, c. en 1 acte, paroles de Bouilly. 1 vent. an IV.
   Blois an IV. Billaut.

38. — Faust, drame en 3 actes, imité de *Goethe*, par M. *Antony* Beraud.
   Paris 1828. Barba.

8. — Fanfan et Colas ou les frères de lait, comédie en 1 acte, par M°. de Beaunoir. 7 sept. 1784.
   Paris 1792. Cailleau.

26. — La fausse Apparence ou le jaloux malgré lui, c. en 3 a., par Imbert.
   Paris 1789. Prault.

7. — Félix, ou l'enfant trouvé, com. en 3 act. (par Sedaine). 10 nov. 1777.
   Paris 1777. Ballard.

28-32. La Femme jalouse, comédie en 5 actes, par Desforges. 15 fév. 1785.
   Paris 1785. Prault.

13-28. Les Femmes, com. en 3 act., par Demoustier. 19 avril 1793.
   Paris 1793. Maradan.

25.*

17. — Les Femmes vengées, ou les fausses infidélités, opéra-comique en 1 acte, par SEDAINE.
   Paris 1787. Delalain.
38. — Les Femmes romantiques, com.-vaud., par M. THÉAULON et RAMON DE LA CROISETTE.
   Paris 1825. Pollet.
13-15.—La Fête de campagne ou l'intendant comédien malgré lui, com. épis. en 1 acte, par DORVIGNY. 1 janv. 1784.
   Paris 1789. Cailleau.
29. — La Fête du château, divertissement (par FAVART).
   Paris 1766. Duchesne.
36-37.—La Fiancée. opéra-comique par SCRIBE, 10 janv. 1829, 3.° édit.
   Paris 1729. Bezou.
23. — Le Fils naturel ou les épreuves de la vertu, comédie en 5 actes, avec l'histoire véritable de la pièce, par DIDEROT.
   Avignon 1773. Chambeau.
1. — La Fin du Bail ou le repas des fermiers, divertissement en prose et en vaudeville. 8 mars 1788. Par le c. J. (BEFFROY DE RÉGNY.)
   Paris 1788. Belin.
16. — Les Folies amoureuses, comédie en 3 actes et en vers, par M. REGNARD.
   Avignon 1791. Garrigan.
1-3-8. La Folle journée ou le mariage de Figaro, comédie en 5 actes, par M. CARON DE BEAUMARCHAIS. 27 avril 1784.
   Paris 1785. Ruault.
1-27.—Autre édit. Au Fort de Kell. 1785.
7. — Le Fou raisonnable ou l'Anglais, c. 1 a., par M. PATRAT. 9 juil. 1781.
   Paris 1782. Cailleau.
36. — Fra-Diavolo ou l'hôtellerie de Terracine, op.-c. en 3 ac., par SCRIBE.
   Paris 1830. Bezou.
7. — Le François à Londres, comédie en 1 acte, par M. DE BOISSY.
   Utrecht 1773. Neaulme.
8. — La Gageure imprévue, comédie en 1 acte, par M. SEDAINE.
   Paris 1769. Duchesne.
16. — Géneviève de Brabant, trag. en 3 actes, par le cit. CICILE. 14 b. an VI.
   Paris an VI. Courrier des Spectacles.
25. — Gérard de Nevers et la belle Euriante, scène pantomime équestre en 3 parties, imitée du roman de *Tressan*, par MM. CUVELIER et FRANCONI cadet. 21 fév. 1810.
   Paris 1810. Barba.
20. — M. Girouette ou je suis de votre avis, comédie en 1 acte, par J.B. DUBOIS. 26 vent. an XII.
   Paris an XII. M.° Canavagh.

24. — Griseldis ou la vertu à l'épreuve, mélod. en 3 actes, par P. J. Noel.
Paris an XII. Fages.
22. — Grotius ou le fort de Loevesteen, mél. hist. en 3 act. 20 mars 1810. (Par Dumaniant et Thuring). Imité de *Kotzbue.*
Paris 1810. Barba.
23. — Les Guebres, tragédie, par M. de M. (Voltaire.) 1769.
12. — Guerre ouverte ou ruse contre ruse, com. en 3 act., par Dumaniant.
Paris 1786. Cailleau.
34. — Gustave, tragédie en 5 actes, par M. Piron.
Paris 1733. Breton fils.
19. — Henri IV, dr.-lyr. en 3 act., par M. de Rozoy. 16 déc. 1774.
Paris 1774. Vente.
35. — Hérode et Mariamne, tragédie de M. de Voltaire.
Paris 1725. Pissot.
15. — Heureusement, com. en 1 act. et en vers, par Rochon de Chabannes. 29 novembre 1762.
Avignon an II. Bonnet.
24. — L'heureux Déguisement ou la gouvernante supposée, par M. de Marcouville. 7 août 1758.
Paris 1758. Duchesne.
22. — Les Hommes et les Femmes, com. anacréontique, 3 ac., par Cuvelier.
Paris 1802. Barba.
14. — Honorine ou la femme difficile à vivre, com. en 3 act., par Radet.
Paris an III.
10. — L'Impatient, comédie en 1 acte (par de Lantier). 3 sept. 1778.
Paris 1779. Junior.
24. — L'Inconnue persécutée, com, en 3 actes. par Moline. 25 oct. 1776.
Paris 1776. Ballard.
15. — L'Inconstant, c. en 5 act, par M. Collin (d'Harleville). 13 juin 1786.
Paris 1788. Prault.
2. — L'Indienne, n.° 2058-15.
35. — L'Indiscret, comédie de M. de Voltaire.
Paris 1725. Pissot.
5. — L'Intérieur des Comités révolutionnaires ou les Aristides modernes. Comédie en 3 actes, par le cit. Ducancel. 8 floréal an III.
Paris an III. Barba.
10. — Les Intrigans, n.° 2059-8.
12. — L'Intrigue épistolaire, c. en 5 a., par Fabre d'Eglantine. 15 juin 1791.
Paris 1791. Cercle social.
31. — L'Intrigue impromptu ou il n'y a plus d'enfans, comédie, par MM. Dieulafoy et Gersin.
Paris 1809. Fages.

7-19. Iphigénie en Tauride trag.-lyr. en 4 act., par GUILLARD. 11 mai 1779.
Genève-Paris 1779. Lallemand.

11. — Isabelle et Gertrude, ou les Sylphes supposés, comédie en 1 acte, par N. FAVART. 14 août 1765.
Paris 1766. Duchesne.

4. — Isaure et Gernance ou les réfugiés religionnaires, com. en 3 actes, par DUMANIANT. 16 brumaire an III.
Paris an III. Barba.

23-19. L'Isle de la Mégalantropogénesie, ou les savants de naissance, v. en 1 a., par MM. BARRÉ, RADET, DESFONTAINES et DIEULAFOI. 26 mai 1807.
Paris 1807. Dumas.

21. — L'Isle sonnante, n.° 2059-9.

31. — Jacquot et Colas duellistes, comédie en 1 acte (par DANCOURT).
Paris 1783. Cailleau.

27. — Les Jammabos ou les moines japonais, tragédie dédiée aux mânes d'Henri IV, et suivie de remarques historiques (par FENOUILLOT DE FALBAIRE). 1779.

20. — Janvier et Nivose, étrennes en vaudeville, par MM. SEWRIN et CHAZET. 31 décembre 1805.
Paris 1805. M.° Canavagh.

2. — Le Jardinier de Sidon, tiré des œuvres de M. de *Fontenelle*, comédie en 2 actes. (Par RÉGNARD DE PLEINCHESNE). 13 juillet 1768.
Paris 1770. Hérissant.

{ 2. — Le Jardinier et son Seigneur, n.° 2058-4.

20. — Jean-Baptiste, op.-com. en 1 a., paroles et musiq. du COUSIN JACQUES. (BEFFROY DE RÉGNY). 13 prairial an VI.
Paris an VI. Moutardier.

23. — Jean-sans-Terre ou la clémence de Philippe-Auguste, tragédie.
Londres-Toulouse 1774. Baour.

32. — Je cherche mon père, comédie en 3 actes, par *Hy*. DORVO.
Paris 1797. Barba.

21. — Jérome le porteur de chaise, comédie parade en 2 actes, (paroles de MONVEL). 18 décembre 1778.
Paris 1779. V.° Duchesne.

6. — La jeune hôtesse, com. 3 a. en vers, par CARBON-FLINS. 24 déc. 1779.
Paris an III. Barba.

9. — La jeune Indienne, n.° 2058-12.

14. — La jeunesse du duc de Richelieu ou le Lovelace en Français, comédie en 5 actes, par *Al*. DUVAL et MONVEL. Nivôse an V.
Paris an v. Barba.

32. — La journée difficile ou les femmes rusées, com. 3 a., par DUMANIANT.
Paris 1792. Cailleau.

37. — Une journée d'élection, com. 3 a., par M. DE LA VILLE DE MIRMONT.
   Paris 1829. Dufey.
25. — Le jugement de Paris, ballet en 3 actes, par GARDEL. 5 mars 1793.
   Paris 1806.
25. — La Lanterne, vaud. en 1 a., par MM. SEVESTE frères.
   Paris 1827. Didot.
19. — Léonore ou l'amour conjugal, fait hist. 2 a. par BOUILLY. 1 vent. an VI.
   Paris an VII. Barba.
4. — Lodoiska, com. en 3 actes. (Par de JAURE). 1 août 1791.
   Paris 1791. Brunet.
22. — La loi de Jatab ou le Turc à Paris, comédie en 1 acte, en vers, par DUMANIANT. 22 janvier 1787.
   Paris 1787. Cailleau.
18. — Louis XVI ou l'école des peuples, tr. 5 a. en v. par le Ch. de FONVIELLE.
21. — Lucile, n.° 2058-13-14.
38. — Lucius Junius Brutus, tragédie en 5 actes, par G. S. ANDRIEUX.
   Paris 1830. Breville.
20. — Madame Angot ou la poissarde parvenue, par MAILLOT. (A. F. EVE).
37. — M.° de Ste.-Agnès, com. en 1 a., en vers, par MM. SCRIBE et VARNER.
   Paris 1829. Pollet.
20-24.— Magdelon, com. epis. 1 a., par. et mus. du COUSIN-JACQUES. 10 pr. an 7.
   Paris an VII. Moutardier.
28. — Mahomet ou le fanatisme, trag. en 5 actes, par VOLTAIRE.
   Paris 1806. Fages.
27. — Mahomet, tragédie, par M. de VOLTAIRE. Nouvelle édition.
   Bruxelles 1778.
17. — Maison à vendre, comédie en 1 acte, par Al. DUVAL. 1 br. an IX.
   Paris an IX. Vente.
14. — La Maison de l'oncle, com. en 5 actes, en vers, par Al. PIEYRE.
   Paris an VII. Lazan.
39. — Le Maître au logis, comédie en 1 acte et en vers, imitée de l'Allemand par A. BREUIL.
   Amiens 1844. E. Yvert.
39. — Ma Liberté ou les Artistes convalescens, com. vaud. en 3 actes. (Episode historique), par A. COUPPY.
   Valenciennes 1850. Prignet.
33. — La mansarde des artistes, com. par MM. SCRIBE, DUPIN et VARNER.
   Paris 1824. Pollet.
37. — Ma place et ma femme, com. 3 a. par MM. BAYARD et G. de WAILLY.
   Paris 1830 Bezou.
9. — Le marchand de Smyrne, n.° 2058-15.
31. — Autre édit. Toulouse 1705. Broulhiet.

1. — The suspicious husband ou le Mari soupçonneux, comédie en 5 actes, par le doct. B. Hoadley. (Traduite par la Baronne de Wasse).
33. — Le Mariage de raison, com. en 2 actes, par MM. Scribe et Varner.
Paris 1826. Pollet.
22. — Le Mariage par escalade, opéra comique, à l'occasion de la prise du fort Mahon. 11 septembre 1756. (Par Favart).
Paris 1757. Duchesne.
37. — La Marquise de Brinvilliers, dr. lyr. 3 a., par Scribe et Castil-Blaze.
Paris 1831. Barba.
2. — Mazet, n.° 2059-9. Paris 1776. Duchesne.
11. — Médiocre et rampant ou le moyen de parvenir, comédie en 5 actes, par Picard. 1 thermidor an V.
Paris an V. Huet.
34. — Mélanie, n.° 2058-8.
28. — Merlin bel esprit, comédie en 5 actes, par Dorat.
Londres-Paris 1780. Monory.
9. — La Métromanie ou le poëte, comédie en 5 actes, par Piron.
Paris 1791. Duchesne.
13. — Misanthropie et répentir; n.° 2059-2.
16. — Les mœurs du jour ou l'école des jeunes femmes, comédie en 5 actes, en vers, par Collin d'Harleville. 7 thermidor an VIII.
Paris an VIII. Huet.
5. — Les mœurs ou le divorce, com. en 1 acte, par Pigault-Lebrun.
Paris an III. Barba.
21. — Monsieur Cassandre ou les effets de l'amour et du verd-de-gris, par M. Doucet. (Coquelet de Chaussepierre).
Amsterdam. Paris 1775. Gueffier.
37. — Monsieur Cagnard ou les conspirateurs, com. en 1 acte, par MM. Dumersan et Brazier.
Paris 1831. Barba.
14. — Monsieur de Bièvre ou l'abus de l'esprit, calemb. en 1 a., par les cit. C.
Paris an VII. Charron.
11. — Le mort marié, comédie en 2 actes, par Sedaine.
Paris 1776. Lib. ass.
27. — La mort de Socrate, n.° 2058-6.
31. — La mort de Turenne, pièce hist. et milit. par MM. Bouilly et Cuvelier.
Paris 1802. Barba.
29. — Les muses rivales, com. en 1 a., en vers libres, par M. de la Harpe.
Paris 1779. Pissot.
22. — Le Nain jaune ou la Fée du désert, mélodrame féérie en 3 actes, par MM. Cuvelier et Coffin-Rony. 27 niv. an XII.
Paris 1804. Fages.

39. — Nannan et Nonnor ou l'Hôpital et les funambules, imitation burlesque en 4 actes et en vers de la *Favorite*, par *Eug*. Yvert, représentée pour la première fois sur le théâtre d'Amiens, le 30 mars 1843.
   Amiens 1843. E. Yvert.

7-21. — La Négresse ou le pouvoir de la reconnaissance, comédie en 1 acte, par MM. Radet et Barré. 15 juin 1787.
   Paris 1787. Brunet.

20. — Nicaise, peintre, opéra com. en 1 a., par le cit. Léger. 26 fév. 1793.
   Paris 1793. Cailleau.

20-26. — Nicodème dans la lune ou la révolution pacifique, folie en 3 actes, en prose, par le Cousin-Jacques. 7 novembre 1790. 3.ᵉ édit.
   Paris 1791. Froullé.

15. — La nuit aux aventures ou les deux morts vivants, comédie en 3 actes, par M. Dumaniant. 7 fév. 1787.
   Paris 1788. Cailleau.

35. — OEdipe, n.° 2058-5. **Paris 1719. Ribou.**

19. — OEdipe à Colonne, opéra en 3 actes, par Guillard. 30 janvier 1787.
   Paris 1796.

28. — Olympie, tragédie de M. de Voltaire.
   Paris 1757. Duchesne.

17. — L'Opéra comique, op. com. 1 a. par Ségur et E. Dupaty. 21 mes. an 6.
   Paris an VII. Brunet.

24. — Ophis, tragédie en 5 actes, par L. Lemercier. 2 niv. an VII.
   Paris an II. Fayolle.

10. — L'Original, comédie en 1 acte, en vers, par Hoffmann.
   Paris 1797. Huet.

6. — Paméla ou la vertu récompensée, comédie en 5 actes, en vers, par François de Neufchateau. 1 août 1792.
   Paris an III. Barba.

1. — Les Panaches ou les coeffures à la mode, com. en 1 a., représentée sur le grand théâtre du monde et surtout à Paris ; précédée de recherches sur la coeffure des femmes de l'antiquité et suivie d'un projet d'établissement d'une académie de modes. (Par *J. H.* Marchand).
   Londres-Paris 1778. Desnos.

17. — Parchemin ou le greffier de Vaugirard, vaudeville burlesque en 1 a., par G. Duval. 5 pluv. an X.
   Paris an X. Barba.

38. — Le Parrain, com. en 1 a., par MM. Delestre, Scribe et Mélesville.
   Paris 1821. André.

12. — Paul et Virginie, com. en 3 actes, (par Favières). 15 janvier 1791.
   Bruxelles 1792. De Boubers.

36. — Pauline ou sait-on qui gouverne? comédie en 2 actes par MM. Mélesville et Carmouche.
Paris 1833. Quoy et Barba.
5. — La pauvre femme, comédie en 1 a., par Marsollier. 19 germ. an III.
Paris an III. Barba.
17. — Le père de famille, drame en 5 actes, par Diderot.
Paris 1781. Duchesne.
20. — La petite Nanette, opéra. com. en 1 a., paroles et musique du Cousin-Jacques. 9 décembre 1796.
Paris 1796. Moutardier.
15. — La petite ville, com. en 4 actes, en vers, par Picard. 19 flor. an IX.
Paris an IX. Huet.
13. — Le Philinthe de Molière ou la suite du Misanthrope, comédie en 5 actes, par Fabre d'Eglantine. 22 février 1790.
Paris 1790. Prault.
9. — Philippe et Georgette, comédie en 1 acte, par Monvel.
Bruxelles. Paris 1793. Barba.
29-32.-Philoctète, tragédie trad. du grec de Sophocle, 3 a., par de la Harpe.
Paris 1781. Lambert et Baudouin.
21. — Le Philosophe sans le savoir, n.° 2058-11.
1. — Pierre Bagnolet et Claude Bagnolet son fils, comédie en 1 acte, par M. de V. (de Ville d'Amiens). 27 juillet 1782.
Amsterdam. Paris 1782. Cailleau.
20. — Pizarre ou la conquête du Pérou. Mélodrame historique en 3 actes, par Guilbert-Pixéricourt. 5 vendémiaire an XI.
Paris 1802. Barba.
14. — Ponce de Léon, op. bouff. 3 a., par. et mus. de Lebreton. 25 vent. an 5.
Paris an V. Barba.
1. — Les Préliminaires de paix ou les amans réunis, com. en 3 actes, représentée à Douai, le 12 ventôse an IX. Par le cit. Courtois.
Douai an IX. Carpentier.
11. — Le Prisonnier ou la ressemblance, n.° 2059-8.
15. — Le Procureur arbitre, comédie en 1 acte, en vers, par Poisson.
Paris 1792. Delalain.
39. — Programme des hommes, com. ballet en 1 acte, représentée devant leurs Majestés, à Fontainebleau, le 9 octob. 1764. (Paroles de Saintfoix).
Paris 1764. Ballard.
14. — Les projets de mariage ou les deux militaires, comédie en 1 acte, en vers, par Al. Duval. 18 thermidor an VIII.
Paris an VIII. Migneret.
25. — Prologue pour l'ouverture de la salle des spectacles d'Amiens, n° 2059-7.

25. — Psiché, ballet en 3 actes, par le cit. GARDEL. 14 décembre 1790.
    Neufchatel 1795. Lefébure.
10. — La Pupille, comédie par FAGAN. 5 juin 1734.
    Paris 1762. Duchesne.
35. — Pyrrhus, tragédie, par M. DE CRÉBILLON.
    Paris 1716. A. Urbain.
39. — Raoul, sire de Créquy, com. en 3 a., par MONVEL. 31 octobre 1789.
    Amsterdam. Paris 1798. Barba.
22. — Raton et Rosette, ou la vengeance inutile, parodie de *Thiton* et l'*Aurore*, (par FAVART). 28 mars 1753.
31. — Le retour à Bruxelles, opéra com. en 1 a., par DESPREZ. 5 fruct. an II.
    Paris an III. Les Libraires.
23. — Le retour de tendresse, com. en 1 a., (par FUZELIER). 1 octobre 1774.
    Paris 1774. Duchesne.
2. — Le retour du père Gérard à sa ferme, comédie en 1 acte, (par RAFFARD-BRIENNE). 31 octobre 1791.
    L'Ile 1792. Deperne.
12. — Le réveil d'Epiménide à Paris, com. 1 a., par M. de FLINS. 1 jan. 1790.
    Paris 1790. Maradan.
17. — Les rêveries renouvellées des Grecs, parodie d'*Iphigénie en Tauride*. 26 juin 1779.
    Paris 1779 et 1783. De Lormel.
7. — Ricco, comédie en 2 actes, (par DUMANIANT). 26 novembre 1789.
    Paris 1789. Cailleau.
9. — Richard cœur de lion, com. en 3 actes, par SEDAINE. 25 octobre 1784.
    Paris 1786. Brunet.
34. — Ringois ou le citoyen d'Abbeville, trag. en 3 actes, représentée pour la première fois sur le théâtre d'Abbeville le 27 décembre 1777. (Par DELACOUR DU PERRON).
    Abbeville 1777. Devérité.
5. — Robert, chef de brigands, drame en 5 actes, imité de l'Allemand, par LA MARTELIÈRE.
    Paris 1793. Maradan.
29. — Le Roi et le Fermier, n.° 2058-12.
34. — Le Roi Léar, n.° 2059-7.
29. — Rose et Colas, n.° 2058-13.
39. — Le Roué vertueux, poëme en prose, en 4 chants, propre à faire en cas de besoin un drame à jouer deux fois par semaine, (par COQUELEY DE CHAUSSEPIERRE).
    Lausanne. (Paris) 1770. Grav.
33. — La route de Reims ou Alfred et Louise, à-propos vaudeville en 1 acte,

à l'occasion du sacre de S. M. Charles X, par M. A. J. (D'Olivéra) représenté pour la première fois sur le théâtre d'Amiens, le 6 juin 1825.
Amiens 1825. Caron Berquier.

2. — Les sabots, n.° 2058-4.

36. — Le Sabotier ambitieux, dr. com. 4 a., par MM. Dumersan et Nezel.
Paris 1836. Barba.

11. — Santeuil et Dominique, pièce anecd. en 3 a., par Pus. 20 brum. an V.
Paris an V.

1. — Les Sauvages civilisés ou le roi bienfaisant, opéra 3 a., en vers libres.
Paris 1789. Godefroy.

25. — Les Sauvages de la Floride, ballet 3 a., de L. Henry. (Bourralchion).
Paris 1807. Barba.

11. — Le Secret, comédie en 1 acte, par Hoffmann. 1 floréal an IV.
Paris 1796. Vente.

2. — Le Serrurier, opéra bouffe en 1 a., paroles de Quetant. 20 déc. 1764.
Paris 1770. Duchesne.

34. — Le Siège de Calais, tragédie, par M. de Belloy.
Paris 1765. Duchesne.

37. — Simple histoire, com. vaud. en 1 a., par MM. Scribe et de Courcy.
Paris 1827. Pollet.

27. — Socrate, tragédie en 5 actes, par M. Linguet.
Amsterdam 1764. Roy.

11. — La Soirée orageuse, comédie en 1 acte, par Radet. 29 mai 1790.
Paris-Bruxelles 1792. Deboubers.

9. — Soliman II ou les trois sultanes, com. en 1 acte, en vers, par Favart.
Paris 1770. Duchesne.

25. — La Somnambule ou l'arrivée d'un nouveau seigneur, ballet en 3 actes, par MM. (Scribe) et Aumer. 19 septembre 1827.
Paris 1827. Barba.

7. — Le Somnambule, com. en 1 a., (par Pont de Vesle). 17 fév. 1739.
Paris 1783. Duchesne.

17-19.-Sophie et Moncars, ou l'intrigue portugaise, com. lyrique en 3 actes, par Guy. 30 septembre 1797.
Paris 1797. Tiger.

21. — La Sorcière, parodie. en 1 acte, de *Médée*, par Sewrin. 27 mars 1797.
Paris 1797.

5. — Le Souper des Jacobins, com. 1 a., en v., par *Armand* Charlemagne.
Paris an III. Marchand.

32. — Le Souper imprévu, ou le chanoine de Milan, com. 1 a., par *Al.* Duval.
Paris an V. Barba.

12. — Le Sourd ou l'auberge pleine, com. en 3 actes, par Desforges.
Paris an II. Pain.

16. — Spartacus, tragédie en 5 actes, (par Saurin). 20 février 1760.
 Avignon 1792. Bonnet.
21. — Stratonice, n.° 2059-10.
29. — Sully ou la vengeance d'un grand homme, c. 3 a., par J. Ch. Bailleul.
 Paris 1804. Bailleul.
5. — Les Suspects et les Fédéralistes, vaudeville en 1 acte, par le cit. Alphonse Martinville. 4 floréal an III.
 Paris an III. Barba.
3. — Sydney, comédie, par M. Gresset. 3 mai 1745.
 La Haye 1745.
17. — Sylvain, n.° 2058-13. Paris 1787. Cailleau.
33. — Le tableau parlant, comédie parade, (par Anseaume).
17. — La Tapisserie de la reine Mathilde, comédie, par MM. Barré, Radet et Desfontaines. 14 janvier 1804.
 Paris 1804. Masson.
6. — Tarare, opéra en 5 actes, (par Caron de Beaumarchais). 8 juin 1787.
 Paris 1787. Delormel.
36. — Thérèse ou l'orpheline de Genève, mél. 3 a. par M. *Victor* (Ducange).
 Paris 1827. Barba.
24-29.-Toinon et Toinette, n.° 2059-9.
10-26.-Tom-Jones à Londres, com. en 5 actes en vers, tirée du roman de *Fielding,* par Desforges. 22 octobre 1782.
 Paris 1782 et 1789. Baudouin.
14. — Tom-Jones et Fellamar, suite de Tom-Jones à Londres, comédie en 5 actes, en vers. par Desforges. 17 avril 1787.
 Paris 1788. Prault.
29. — Le Tonnelier, n.° 2058-4.
33. — Le trente août ou l'heureuse journée, à-propos vaudeville en un acte, composé à l'occasion de l'arrivée à Amiens, de S. A. R. Madame Duchesse de Berry, par MM. (Binet, Boileau et Vernant).
 Amiens 1825. Caron Duquesne.
12.-28.-Turcaret, comédie en 5 actes, par M. Le Sage. Nouv. édition.
 Paris 1780. Delalain.
15. — Les Valets maîtres de la maison, comédie, par Rochon de Chabannes. 11 février 1768.
 Paris 1772 Duchesne.
33. — Vatel ou le petit fils d'un grand homme, com. v. 1 a. Scribe et Mazères.
 Paris 1825. Pollet.
16. — Venceslas, trag. 5 a., en vers, par Rotrou, retouchée par Marmontel.
 Avignon 1791. Garrigan.

11. — La Veuve de Cancale, parodie de *la Veuve de Malabar*, en 3 actes, en vers, par M. Parisau. 3 octobre 1780.
>Paris 1780. Vente.

4. — Les Victimes cloîtrées, n.° 2059-5.

37. — Le vieux mari, com. vaud. en 2 actes, par MM. Scribe et Mélesville.
>Paris 1828. Pollet.

5. — Le vieux célibataire, com. en 5 act. en vers, par Collin d'Harleville.
>Paris an II. Maradan.

10. — Les vieux fous ou plus de peur que de mal, opéra comique, par J. Ségur. 20 nivôse an IV.
>Paris 1796. Huet.

1. — Virginie, trag. en 5 actes, en vers, par La Harpe. 9 mai 1792.
>Paris 1793. Tessier.

12. — Les Visitandines, comédie, (par Picard).

17. — Le volage ou le mariage difficile, com. 3 a., par Caignez. 24 sept. 1807.
>Paris 1807. Barba.

24. — Ziméo, opéra en 3 actes, par Lourdet de Santerre. 24 vend. an IX.
>Paris an IX.

2061. — Recueil de pièces de théâtre. D.
>**14 vol. in-8°.**

Contenant :

14. — Abaillard et Héloïse, tragédie en 5 actes, en vers, (par Guys).
>La Haye-Paris 1768. Tabarie.

13. — Alceste, n.° 2060-19.

6. — L'Amant bourru, n.° 2060-8.

8. — L'Andrienne, comédie en 5 actes, en vers, de M. Baron.
>Paris 1778. Didot.

5. — L'Anglomane ou l'orpheline léguée, com. 1 a., (par Saurin). 5 nov. 1772.
>Paris 1772. Cailleau.

9. — Annette et Lubin, n.° 2058-12.

6. — Arlequin roi dans la lune, com. 3 a., (par de Fatouville). 17 déc. 1785.
>Paris 1791. Cailleau.

2. — L'Avocat patelin, com. en 3 a., par MM. de Brueys et Palaprat.
>Toulouse 1783. Broulhiet.

9-12.— Le Barbier de Séville, n.° 2060-3-19.

13. — La Bataille de Fontenoy, n.° 2058-3.

11. — Beverley, n.° 2060-27-34.

3. — Les Bourgeoises à la mode, comédie en 5 actes, par M. D'Ancourt.
>Paris 1761. La C.ᵉ

— 399 —

6. — Les Bourgeoises de qualité ou la fête de village, comédie en 3 actes, en prose, par M. D'Ancourt.
   Toulouse 1788. Broulhiet.

3. — Le Bourru bienfaisant, n.° 2058-15.

7. — Le Bureau d'esprit, n.° 2059-7.

4. — Le Café ou l'Ecossaise, com. 5 a., en prose, par M. Hume (Voltaire). Traduite en françois par *Jérome* Carré. Nouv. édit.
   Paris 1785. Didot l'aîné.

12. — Les Caprices de Proserpine ou les enfers à la moderne, pièce épisodi-comique, en 1 acte, en vers, par M. P. (Pujoulx). 16 juin 1784.
    Paris 1784. Cailleau.

13. — La Caravane du Caire, opéra en 3 actes, (par Morel de Chedeville).
    Paris 1783. Ballard.

13. — Chimène ou le Cid, trag. en 3 actes, (par Guillard).
    Paris 1783. Ballard.

12. — Le Club des dames ou le retour de Descartes, comédie en 1 acte.
    Paris 1784. Grangé.

10. — Le Comte de Warwick, n.° 2060-34.

8. — Le Cercle ou la soirée à la mode, n.° 2060-7.

1-2.— La Coquette corrigée, n.° 2060-29.

4. — La Coquette sans le savoir, op. com. en 1 a., par Favart et Rousseau.
   Paris 1773. Didot l'aîné.

9. — Le Déserteur, n.° 2058-9.

5. — Le Devin du village, intermède par J.-J. Rousseau. 18 oct. 1752.
   Genève 1760. Gosse.

13. — Didon, n.° 2060-7.

12. — Le Dormeur éveillé, opéra com. en 4 a., par Marmontel. 21 juin 1784.
    Paris 1784. Ballard.

7. — Les Druides, tragédie par M. Le Blanc. 7 mars 1772.
   A S. Petersbourg 1783.

2. — La Double Inconstance, n.° 2060-35. N.° édit. **Paris 1762. La Comp.**

1. — L'Ecole des Mères, n.° 2060-30. **Paris 1777. Duchesne.**

4. — L'Egoïsme, comédie en 5 actes, par M. de Cailhava. 19 juin 1777.
   Paris 1778. Duchesne.

2. — Les Epreuves, com. 1 acte, en vers, par M. Forgeot. 29 janvier 1785.
   Paris 1785. Prault.

4. — Esope à la Cour, com. 5 a., en vers, par feu M. Boursault. Nouv. édit.
   Paris 1788. Prault.

6. — Esope aux boulevards, pièce épis. 1 a. par Gabiot de Salins. 15 oc. 1784.
   Paris 1784. Belin.

6. — Esope à la foire, com. épis. en 1 acte, (par Levacher de Charnois et Landrin). 30 juillet 1782.
Paris 1788. Vente.

4. — L'Esprit des mœurs au dix-huitième siècle, ou la petite maison, proverbe en 3 actes, en prose, traduit du Congo. Il fut représenté à la cour du Congo en 1759, s'il faut en croire le manuscrit trouvé à la Bastille le 14 juillet 1789. Par M. d'Unsi-Terma. (Mérard de St.-Just?)
A Lampsaque 1790.

12. — Les Fausses apparences ou l'amant jaloux, com. par d'Hèle. nov. 1778.
Paris 1778. Ballard.

3. — Les Fausses infidélités, n.° 2058-14.

8. — La Feinte par amour, comédie en 3 actes, par M. Dorat.
Paris 1773. Delalain.

1. — La Femme juge et partie, com. 5 a., par de Montfleury père et fils.
Avignon 1761. Garrigan.

3. — Autre édition. **Paris 1760. La Comp.**

2. — Le Fils naturel ou les épreuves de la vertu, n.° 2060-23.

7. — La Folle journée ou le mariage de Figaro, n.° 2060-8.

6. — Le François à Londres, n.° 2060-7. **Paris 1787. Vente.**

11. — Gabrielle de Vergy, n.° 2058-7.

11. — Gaston et Bayard, n.° 2058-7,

1. — Le Glorieux, com. en 5 a., de Nericault-Destouches. 18 janvier 1732.
Paris 1785. Prault.

3. — La Gouvernante, com. 5 a., par Nivelle de la Chaussée. Nouv. édit.
Paris 1760. Prault

8. — Les Graces, comédie en 1 acte, par M. de Sainfoix. 23 juillet 1744.
Paris 1770. V.ᵉ Simon.

1.-2.— Le Grondeur, com. en 3 actes, en prose, de Palaprat. Nouv. édit.
Paris 1789. Brunet.

6. — Guerre ouverte ou ruse contre ruse, n.° 2060-12. **Paris 1787. Brunet.**

11. — Gustave, n.° 2060-34. **Paris 1798. Prault.**

4. — L'Habitant de la Guadeloupe, n.° 2059-1.

2. — L'Homme à bonne fortune, comédie, par M. Baron. Nouv. édit.
Paris 1762. La Comp. des Lib.

2. — L'Homme singulier, com, 5 a., par M. Néricault-Destouches. N.ᵉ éd.
Paris 1759. Prault.

10. — L'Honnête criminel, n.° 2058-9.

1. — L'Impertinent, n.° 2059-4. **Paris 1777. Delalain.**

11. — Inès de Castro, tragédie, par M. Houdart de la Motte. Nouv. édit.
Paris 1771. Duchesne.

11. — Iphigénie en Tauride, trag. par M. Guymond de la Touche. 4 jan. 1757.
Paris 1757. Duchesne.

5. — Le Jaloux, com. en 5 a., par Rochon de Chabannes. 11 mars 1784.
Paris 1785. Duchesne.

6. — Jérome Pointu, com. 5 a., en prose. 13 juin 1781. (Par de Beaunoir).
Paris 1788. Vente.

3. — La Jeune Indienne, n.° 2058-12. Paris 1772. La Compagnie.

1. — Le Joueur, comédie en 5 actes, par M. Regnard.
Paris 1785. Delalain.

1. — Le Légataire universel, comédie en 5 actes, par Regnard. Nouv. édit.
Paris 1788. Delalain.

7. — Lothaire et Valade ou le royaume mis en interdit, tragédie (par M. Gudin de la Brenellerie), brûlée à Rome par les moines inquisiteurs de cette ville, le 28 septembre 1768.
Rome 1777. Impr. du Vatican.

7. — Manco-Capac, premier Ynca du Pérou, tr. par Le Blanc. 12 juin 1763.
Paris 1782. Belin.

4. — Le Marchand de Venise, comédie traduite de l'anglois de Sharkespeare (*sic*) (par Le Tourneur.)
Londres-Paris 1768. Grangé

9. — Le Maréchal ferrant, n.° 2058-4.

11. — Médée, tragédie en 5 actes, en vers, par M. Piron.

5. — Le Mariage secret, com. 3 a. en vers (par Desfaucquerets). 4 nov. 1785.
Paris 1786. V.ᵉ Duchesne.

10. — Mélanie, n.° 2058-8.

4. — Le Menteur, comédie en 5 ac., en vers, du grand Corneille. Nouv. éd.
Toulouse 1789. Broulhiet.

14. — Menzicoff ou les exilés, trag. par M. de la Harpe. Nov. 1775.
Paris 1781. Baudoin.

8. — Les Mœurs du temps, n.° 2058-10.

9. — Les Moissonneurs, n.° 2058-12.

7. — Montrose et Amélie, drame en 4 actes (par M. Faur). 19 sept. 1783.
Paris 1784. Brunet.

6. — Nicodème dans la lune, n.° 2060-20-26
Avignon 1792. Bonnet.

8. — L'Oracle, comédie en 1 acte, par M. Saintfoy. 22 mars 1740.
Paris 1764. Duchesne.

9. — La Partie de chasse d'Henri IV, n.° 2058-10.

13. — Pénélope, tragédie-lyrique (par Marmontel). 2 nov. 1785.
Paris 1785. Ballard.

14. — Philoctète, n.° 2060-29-32.

5. — Les Philosophes, comédie, par M. Palissot. 20 juin 1782.
Paris 1782. Duchesne.

3. — La Physicienne, c. en 1 acte, par M. DE LA MONTAGNE. 16 mars 1786.
Paris 1786. Poinçot.

13. — La Reine de Golconde, opéra en 3 actes (par M. SEDAINE). 2 mai 1782.
Paris 1782. Ballard.

12. — Les Rivaux amis, comédie en 1 acte (par M. FORGEOT). 13 nov. 1782.
Paris 1782. Prault.

14. — Le roi Léar, n.° 2059-7.

2. — Le Séducteur, com. en 5 ac., par M. le marquis DE BIÈVRE. 4 nov. 1784.
Paris 1784. Brunet.

10. — Le Siége de Calais, n.° 2060-34.

5. — Soliman second, n.° 2060-9. Paris 1786. Delalain

4. — Les Solitaires de Normandie, n.° 2059-10.

8. — Le Sorcier, n.° 2058-15.

11. — Sophonisbe, tragédie de MAIRET, réparée à neuf (par VOLTAIRE). 15 janv. 1774.
Paris 1774. Duchesne.

9. — Tom Jones, n.° 2058-10.

1. — Turcaret, comédie en 5 actes. par LE SAGE. Nouv. édit. Avec la critique par le *Diable boiteux*, en deux dialogues.
Paris 1788. Delalain.

10. — La veuve de Malabar, ou l'empire des coutumes, tragédie, par M. LE MIERRE. 30 juill. 1770.
Paris 1780. Duchesne.

6. — Le vieux Garçon, com. en 5 act., par l'auteur de Thamas-Kouli-Kan. (DU BUISSON.) 16 déc. 1782.
Paris 1782. Jombers.

4.-10. Virginie, tragédie en 5 actes, par M. LE BLANC.
Paris 1786. Duchesne.

14. — Les Tombeaux de Vérone, drame en 5 actes, par M. MERCIER.
Neufchâtel 1782.

2062. — Recueil de pièces de théâtre. E.
15 vol. in-12.

Les volumes 5 à 11 sont aux armes du prince de Croy d'Avré; la plupart des pièces portent l'indication des personnages qui les ont jouées sur son théâtre de l'Hermitage; quelques-unes ont reçu les changements nécessaires pour les représentations données par des amateurs.

Contenant :

13. — L'Amant auteur et valet, par CÉRON. Nouv. édit.
Besançon 1764. Fantel.

8. — Autre édition. Paris 1755. Prault.

6 — L'Anglois à Bordeaux, n.° 2058-10.

15. — Astarbé, tragédie par M. Colardeau. 27 fév. 1758.
   Paris 1758. V.ᵉ Bordelet.
7. — Athalie, tragédie tirée de l'Ecriture sainte, suivie de cantiques spirituels, par J. Racine.
9. — L'Avocat Pathelin, n.° 2061-2.
1. — La bonne Femme ou le phénix, parodie d'*Alceste*, en 2 actes, en vers.
   Paris 1774. Chardon.
1. — La Buona figliuola, opéra-comique en 3 actes, parodié en françois, sur la musique du célèbre *Piccini*. 27 juin 1772.
   Paris 1795. Duchesne.
8. — Le Cercle ou la soirée à la mode, n.° 2060-7.
1. — La Colonie, com. en 2 actes, imitée de l'Italien et parodiée sur la musique de *Sacchini*. 26 août 1775. (Par Framery.)
   Paris 1787. V.ᵉ Duchesne.
11. — La Comédie sans titre ou le Mercure galant. 1685. (Par Boursault.)
3. — Le Complaisant, comédie en 5 actes. (Par le comte de Pont de Vesle.)
   Paris 1734. Prault.
9. — Le comte de Warvick, n.° 2060-34.
2. — La comtesse d'Escarbagnac, comédie par Molière. Fév. 1672.
12. — La Coquette corrigée, n.° 2060-29. Paris 1757. Duchesne.
5. — Dupuis et Deronais, n.° 2060-16.
14. — L'Ecole des mères, n.° 2060-30.
3. — L'Ecossoise, comédie en 5 act., traduite de l'anglois et mise en vers par M. de Lagrange. 20 sept. 1760.
   Paris 1761. Duchesne.
5. — L'Ecossaise ou le caffé, comédie en 5 actes et en prose, traduite de l'anglois de Hume. Par M. Voltaire. 26 juill. 1760.
   Genève 1768. Cramer.
3. — L'Enfant prodigue, n.° 2060-30. Paris 1761. Duchesne.
2.-6.-L'Esprit de contradiction, comédie par Dufresny. 27 août 1700.
15. — L'Esprit follet ou la dame invisible, comédie en 5 actes et en vers, d'Hauteroche. 1684.
9. — Les Fausses infidélités, n.° 2058-14.
6. — Le François à Londres, n.° 2060-7. Nouv. édit. Paris 1759. Prault.
13. — La Gageure, comédie en 3 actes et en vers libres, avec un divertissement. Par M. du P. (Procope et La Grange.) 9 fév. 1741.
   Paris 1752. Cailleau.
1. — Hypermnestre, tragédie, par Le Mierre. 20 déc. 1758.
   Paris 1759. Duchesne.
2. — L'Impromptu de campagne, c. en vers 1 ac., par Poisson. 21 déc. 1733.
   Paris 1735. Le Breton.

— 404 —

8. — La jeune Indienne, n.° 2058-12, n.° 2060-9.
5.-11. Le Joueur, n.° 2061-1.
1. — Judith, tragédie, par M. BOYER.
  Paris 1718. C. David.
7. — Le Légataire universel, n.° 2061-1. **Rouen-Paris 1731. Ribou.**
12. — Les Magots, parodie de l'Orphelin de la Chine, en vers, en 1 acte. 17 mars 1756. (Par BOUCHER.)
  Paris 1756. Delormel.
4.-14. Malagrida, tragédie en 3 actes et en vers, traduite du portugais (par *Pierre* DE LONGCHAMPS).
  Lisbonne 1763. Imp. de l'Inquisition.
8. — Le Médecin malgré lui, comédie en 3 actes (de MOLIÈRE). 6 août 1666.
1. — Mélide ou le navigateur, comédie en 2 actes et en vers, mêlée d'ariettes, musique de PHILIDOR.
  Paris 1774. Lib. asoc.
9. — Les Ménechmes, com. avec une épître à M. *Despréaux*, par REGNARD.
  Paris 1709. Ribou.
7. — La Métromanie ou le poëte, comédie en vers et en 5 actes, par PIRON.
  Paris 1756. Duchesne.
8. — Les Mœurs du temps, n.° 2058-10.
11. — Les Moissonneurs, n.° 2058-12.
14. — Momus fabuliste ou les noces de Vulcain, comédie par FUZELIER.
  La Haye 1720. Scheurler.
7. — La Mort de César, tragédie en 3 actes (par VOLTAIRE). 29 août 1743.
3.-10. Nanine ou le préjugé vaincu, comédie en 3 actes et en vers de 10 syllabes (par VOLTAIRE). 14 juin 1749.
15. — Le Nouveau Pathelin. 1748. (Publié par GUEULETTE, et attribué par lui à VILLON.)
  Cette pièce à 3 personnages, et en vers, est de P. BLANCHET.
1. — La Nouveauté, comédie en 1 acte, en prose, par M. LE GRAND. 1727.
  Paris 1786. Ve Duchesne.
1. — L'Orphelin de la Chine, tragédie en 5 actes, par M. de VOLTAIRE.
  Paris 1765. Ve Duchesne.
2. — L'Orpheline léguée, c. en 3 ac. en vers libres, par SAURIN. 5 nov. 1765.
  Paris 1765. Ve Duchesne.
6. — La Partie de chasse d'Henri IV, n.° 2058-10.
12. — Philoctète, tragédie par M. de CHATEAUBRUN.
  Paris 1756. Brunet.
2. — Les Philosophes, com. en 3 act. et en pr., par PALISSOT DE MONTENOY.
  Paris 1760. Ve Duchesne.
8. — Les Plaideurs, comédie (par RACINE).
10. — Le Philosophe sans le savoir, n.° 2058-11. **Paris 1766. Hérissant.**

10. — Les Précieuses ridicules, comédie en 1 acte, par MOLIÈRE. 18 nov. 1659.
15. — Le Préjugé à la mode, comédie en vers, par NIVELLE DE LA CHAUSSÉE.
   Paris 1735. Breton.
6. — Le Procureur arbitre, n,° 2060-15.
8. — Le Retour imprévu, com. en 1 act. en prose, par REGNARD. 11 fév. 1700.
2. — Le Rival par ressemblance, com. en 5 actes, par PALISSOT. 7 juin 1762.
   Paris 1762. V.° Duchesne.
12. — Rome sauvée, par VOLTAIRE.
   Paris 1755. Lambert.
3. — La seconde Surprise de l'Amour, comédie en 3 actes et en prose, par M. DE MARIVAUX. déc. 1727.
5. — Le Siége de Calais, n.° 2060-34.
15. — Socrate, ouvrage dramatique, traduit de l'anglois de feu M. TOMPSON. (VOLTAIRE.)
   Amsterdam 1759.
8. — Le Somnambule, n.° 2060-7. **Paris 1739. Prault.**
2.-10. Le Tambour nocturne ou le mari devin, comédie angloise, accommodée au théat. franç., en 5 actes, par NERICAULT, DESTOUCHE. 16 oct. 1762.
   Paris 1765. Duchesne.
4. — Tancrède, tragédie par M. DE VOLTAIRE.
   Genève 1761.
1. — La Tendresse maternelle, comédie en 1 acte. (Par Mme DE GENLIS.)
15. — Térée, tragédie. (Par GUYS.)
   Paris 1754.
7. — La tragédie de Sémiramis et quelques autres pièces de littérature (par VOLTAIRE).
   Paris 1749. Mercier.
12. — Les Troyennes, tragédie par M. DE CHATEAUBRUN.
   Paris 1756. Brunet.
15. — Venceslas, n.° 2060-16.
3. — Zayre, tragédie de M. DE VOLTAIRE. 13 août 1752. Nouv. édit.
   Paris 1760. Duchesne.
4.- 7. Zelmire, tragédie en 5 actes, par M. DE BELLOY. 6 mai 1762.
   Paris 1762. Duchesne.

2063. — La France dramatique au dix-neuvième siècle.
   Paris 1830 et suiv. Barba. 18 vol. in-8°.
   Contenant :
2. — L'Abbé de l'Epée. Comédie historique en 5 actes, par M. BOUILLY.
10. — Agamemnon, tragédie en 5 actes et en vers, par M. LEMERCIER.
9. — Alix ou les deux mères. Dr. 5 a. en vers, par *Ch.* DESNOYER et *A.* BROT.

18. — Les Amans de Murcie, chronique du xive siècle. Drame en 5 actes et 6 tableaux, par M. *Fr.* Soulié.
16. — A minuit. Drame en 3 actes, par MM. Poujol et Maréchalle.
14-16. L'Amour. Comédie en 3 actes, mêlée de chant, par M. Rosier.
9. — Un Ange au 6.e étage. Com. vaud., par MM. Stéphen (Arnoult) et Théaulon.
6. — Les Anglaises pour rire ou la table et le logement. Comédie en 1 acte, par MM. Sewrin (Ch. A. de Bassompierre) et Dumersan.
17. — Argentine. Comédie en 2 actes, mêlée de couplets, de MM. Gabriel, Dupeuty et *Michel* Delaporte.
1. — L'Auberge des Adrets. Dr. en 3 actes, à spectacle, par MM. *Benjamin* (Antier), Saint-Amand (Lacoste) et Paulyanthe (Chaponnier).—Musique de M. Adrien. — Ballet de M. Maximilien. — Décoration de MM. Joannis et Desfontaines.
2. — L'Assemblée de famille. Com. en 5 actes et en vers, par M. Riboutté.
5. — Avant, pendant et après. Esquisses hist. par MM. Scribe et Rougemont.
11. — Un Bal de Grisettes. Vaudeville, par *Paul* de Kock.
16. — Le Bambocheur. Vaud. 1 acte, par MM. Carmouche et *Ferd.* Laloue.
13. — Les Bayadères de Pithiviers. Vaud. 3 a. par *Paul* de Kock et Valory.
17. — Bélisario ou l'opéra impossible. V. 2 a. par MM. Carmouche et Laloue.
15. — La belle Bourbonnaise. Com. en 3 a. par MM. Dumersan et Carmouche.
16. — La Belle Ecaillère. Drame vaudeville en 3 actes, par Gabriel (et G. Van Nieuwenhuysen).
6. — La Belle-Mère et le Gendre. Com. en 3 actes et en vers, par Samson.
6. — Le Bénéficiaire. Comédie en 5 actes par MM. Théaulon et Etienne.
5. — Bertrand et Raton ou l'art de conspirer. Com. 5 a. en pr. par M Scribe.
14. — Bobêche et Galimafré. Vaudeville parade en 3 actes, par MM. Cognard.
9. — Les Bonnes d'Enfant ou une soirée aux boulevards neufs. Comédie en 1 acte, par Brazier et Dumersan.
10-13.-Le Bourgeois de Gand ou le secrétaire du duc d'Albe. Drame en 5 act., par H. Romand.
8. — Le Bourgmestre de Sardam, ou le prince charpentier. Vaud. en 2 actes, par MM. Mélesville (Duveyrier), Merle et Boirie.
11. — La Boulangère a des écus. Com. vaud. en 2 actes, par MM. Théaulon, Gabriel et Desnoyers.
14. — Les Brodequins de Lise. Comédie vaudeville en 1 acte, par MM. de Laurencin (Fromage-Chapelle), Desvergers (Chapeau) et Vaez. (Van Nieuwenhuysen.
3. — Bruis et Palaprat. Comédie en 1 acte et en vers, par Etienne.
4. — Le Budget d'un jeune ménage. Com. 1 a., par MM. Scribe et Bayard.
1. — Calas. Drame en 3 actes et en prose, par M. *Victor* Ducange.

— 407 —

8. — Le Caleb de Walter Scott. Com. 1 a. par M. *Ach.* d'Artois et *Eugène*.

2. — Le Camarade de lit. Com. en 2 a. mêlée de couplets, par MM. *Eug.* Vander-Burch et *Ferd.* Langlé.

12-14.-Les Camarades du ministre. Com. 1 a. et en vers, par E. Vander-Burch.

11. — La Camaraderie ou la courte échelle. Com. en 5 actes par M. Scribe.

9-13.— La Camargo ou l'opéra en 1750. Comédie en 4 actes par Dupeuty et Toutan. Musique de Doche.

10-11.-Le Camp des Croisés. Drame en 5 actes et en vers, par *Ad.* Dumas.

12. — La Canaille. Com. vaud. en 3 actes, par MM. Dumersan et Dumanoir.

11. — Candidot, roi de Rouen. Vaudeville en 2 actes par Davennes (Dubois), Moreau et Meyer.

13. — Le Capitaine Charlotte. Com. vaud. en 2 a., par Bayard et Dumanoir.

8. — Carlin à Rome ou les amis de collège, par Rochefort et G. Lemoine.

3. — La Carte à payer ou l'aubergiste bourgmestre. Vaudeville en 1 acte, par MM. Merle, Brazier et Carmouche.

15. — Carte blanche. Com. 1 a. en prose, par MM. L. Halévy et P. Duport.

16. — Cartouche. Drame en 3 actes par MM. *Th.* Nézel et *Arm.* Overnay.

9. — Casimir ou le commis voyageur. Com. vaud. en 2 actes, par MM. *Paul* Duport et Laurencin.

6. — Catherine ou la croix d'or. Com. 2 a. par MM. Brazier et Melesville.

7. — Le Célibataire et l'homme marié. Com. 3 a. par Wafflard et Fulgence (de Bury).

6. — C'est encore du bonheur ou le prédestiné. Comédie vaudeville en 3 actes avec épilogue, par Arnoult et Lockroy.

12. — C'est monsieur qui paie. Vaud. en 1 acte, par MM. Bayard et Varner.

7. — Chacun de son côté. Comédie en 3 actes, par Mazères.

7. — Le Chalet. Opéra comique en 1 acte, paroles de MM. Scribe et Mélesville, musique de A. Adam.

3. — Changement d'uniforme. Com. v. 1 a. par M. d'Ennery (E. Philippe).

4. — La Chanoinesse. Com. vaud. 1 a., par MM. Scribe et *Francis* Cornu.

15. — Les Chansons de Béranger ou le tailleur et la fée. Conte fantastique, mêlé de couplets, par E. Vander-Burch et *Ferd.* Langlé.

15. — Chantre et Choriste. Vaudeville en 1 acte. par Warner.

4. — Le Charlatanisme. Com. vaud. en 1 acte, par Scribe et Mazères.

10. — Le Chevalier du Temple. Drame en 5 actes par Albert et Labrousse.

2. — Le Chevreuil ou le fermier anglais. Com. en 3 actes, mêlée de chant, par M. *Léon* H. (Halévy et Jaime).

6. — Le Chiffonnier ou le philosophe nocturne. Com. vaud. en 5 actes, par MM. Théaulon et Etienne.

2. — Le Ci-devant jeune homme. Com. 1 acte, par MM. Merle et Brazier.

9-11.— Clermont ou une femme d'artiste. C. v. 2 a. par Scribe et Vander-Burch.

18. — Clotilde. Drame en 5 actes, par MM. *Fréd.* Soulié et *Ad.* Bossange.
9. — La Cocarde tricolore. Vaudeville en 3 actes, par *Th.* et *Hip.* Cognard.
17. — Le Coiffeur et le Perruquier. Comédie vaudeville en 1 acte, par MM. Scribe, Mazères et Saint-Laurent.
17. — Le Coffre-fort. Com. vaud. 1 a., par G. Vaez.(Van Nieuwenhuysen).
2. — Les Comédiens. Com. en 5 actes et en vers, par M. *Cas.* Delavigne.
17. — La Correctionnelle. Scène épisodique, par MM. Rougemont, Dupeuty et *Maurice* Alboy.
1. — La Courte paille. Drame vaud. en 3 actes par MM. Cogniard frères.
8. — Les Couturières ou cinquième au-dessus de l'entresol. Vaud. en 1 acte, par MM. Desaugiers et Saint-Laurent(et X. Boniface).
8-11.—Le Couvent de Tonnington ou la pensionnaire. Drame en 3 actes, par MM. *Victor* Ducange et A. Bourgeois. Musique de M. Alexandre.
5. — La Dame Blanche. Op. c. 3 a. paroles de Scribe. Mus. de Boyeldieu.
18. — La Dame de Saint-Tropez. Dr. en 5 actes, par MM. *Anicet* Bourgeois et Dennery. (E. Philippe).
8. — La Dame de Laval. Drame en 3 a., par MM. Maillan et Legouyt.
12. — Dagobert ou la culotte à l'envers. Drame historique et drolatique en 3 actes et en vers, par MM. de St.-Georges, de Leuven et Deslandes.
16. — Le Débardeur ou le Gros-Caillou et Alger. Vaudeville en 2 actes, par *Paul* de Kock et Valory (Mourier).
7. — La Démence de Charles VI. Tragédie en 5 actes, par Lemercier.
4. — La Demoiselle à marier ou la première entrevue. Comédie vaudeville en 1 acte, par MM. Scribe et Mélesville.
7. — Les deux Anglais. Comédie en 3 actes, par M. Merville.
9. — Les deux Frères. Com. en 4 actes, traduite de *Kotzebue*, et arrangée par MM. Weis, Jauffret et Patrat.
17. — Les deux Forçats ou la Meunière du Puy-de-Dome. Mélodrame en 3 actes, par MM. Boirie, Carmouche et Poujol.
2. — Les deux Gendres. Com. en 5 actes et en vers. par M. Etienne.
2. — Les deux Maris ou M. Rigaud. Comédie en 1 acte, mêlée de vaudevilles, par MM. Scribe et Varner.
6. — Les deux ménages. Comédie en 3 a., par MM. Picard, Wafflard et Fulgence (de Bury).
10. — Deux vieux garçons. Vaud. 1 acte, par *Em.* Vander-Burch et Mallian.
14. — Le Diamant. Comédie vaudeville en 1 acte, par M. Théaulon.
1. — Dix ans de la vie d'une femme ou les mauvais conseils. Drame en 5 actes et 9 tableaux, par MM. Scribe et Terrier.
6. — Le dîner de Magdelon ou le bourgeois du Marais. Comédie en 1 acte, par Désaugiers.

3. — Dominique ou le possédé. Comédie en 3 actes et en prose, par MM. d'Epagny et Dupin.
8. — Don Juan d'Autriche ou la vocation. Com. 5 a., par *Cas.* Delavigne.
11. — Don Sébastien de Portugal. Tragédie en 5 actes, par P. Foucher.
2. — Le Duel et le déjeuner ou les comédiens joués. Comédie anecdotique en 1 acte, mêlée de couplets, par MM. Ar. Gouffé et Ledoux.
1. — Un Duel sous le cardinal de Richelieu. Drame en 3 actes, mêlé de couplets, par MM. Lockroy (Simon) et *Ed.* Badon.
14. — L'Eau merveilleuse. Opéra bouffon en 2 actes. Paroles de Sauvage, musique de Grisar.
14. — L'Eclair. Opéra comique en 3 actes, paroles de MM. de Planard et de Saint-Georges. Musique de Halévy.
3. — L'Ecole des vieillards. Comédie en 5 actes, par *Cas.* Delavigne.
15. — L'Elève de Saumur. Vaud. en 2 actes, par M. *Em.* Vander-Burch.
2. — Elle est folle. Com. en 2 actes, mêlée de chants, par M. Mélesville.
12. — L'Enfant de Giberne. Drame en 4 actes, mêlé de chant, par MM. Tournemine et Poujol.
7. — L'Enfant trouvé. Comédie en 3 actes, par MM. Picard et Mazères.
17. — L'Espionne Russe. Episode de 1812. Comédie vaudeville en 3 actes, par MM. Mélesville et Carmouche.
3. — Est-ce un Rêve. Comédie vaudeville en 2 actes, par M. de Rougemont.
4. — Estelle ou le père et la fille. Comédie vaud. en un acte, par M. Scribe.
6. — Les Etourdis ou le mort supposé. Com. en 3 a. en vers, par Andrieux.
15-17. — Eustache, folie vaudeville en 1 acte, par MM. Duchatelard et Varez.
7. — Le Facteur ou la justice des hommes. Drame en 5 actes, par MM. Desnoyers, Boulé et Potnier.
7-10. — La Famille de l'Apothicaire ou la petite prude. Vaudeville en 1 acte, par MM. Duvert, Desvergers (Chapeau) et Varin.
2. — La Famille Glinet ou les premiers temps de la ligue. Comédie en 5 actes et en vers, par M. Merville.
17. — La Famille Riquebour ou le mariage mal assorti. Com. v. par M. Scribe.
10. — Farruch le Maure. Drame en 3 actes, par M. V. Escousse.
6. — Faublas. Comédie en 5 actes, mêlée de chant, par MM. Dupeuty, Brunswich et Lhérie.
1. — Une Faute. Drame en 2 actes, mêlé de couplets, par M. Scribe
15. — La Femme jalouse. Drame en 5 actes et en vers, par M. Desforges.
18. — Une femme de 40 ans. Com. vaud. 3 a., par M. Galoppe d'Onquaire.
17. — Fénélon. Tragédie en 5 actes. (Par M. *J.* de Chénier).
7. — La Ferme de Bondy ou les deux réfractaires, épisode de l'Empire, en 4 actes, par MM. Gabriel, de Villeneuve et Masson.
5. — Une Fête de Néron. Trag. en 5 a., par *Alex.* Soumet et Belmontet.

16. — La Fiancée de Lammermoor. Drame en 3 actes, par V. Ducange.
9. — La Fille de Dominique. Comédie vaud. en 1 a., par MM. Devilleneuve et Charles.
14. — Les Filles de l'enfer. Vaudeville fantastique en 4 actes, par MM. Dupeuty et *Ch.* Desnoyers.
6. — La Fille d'honneur. Comédie en 5 actes, en vers, par *Alex.* Duval.
18. — La Fille de Robert Macaire. Mélodrame comédie en 2 actes, par MM. Maillan et Barthélemy (Troin).
10. — Un Fils. Drame en 3 actes, par Montigny (A. Lemoine). Précédé de l'Auberge des Trois-Oliviers.
12. — La Fille d'un voleur. Vaud. en 1 acte, par MM. Théaulon et Stéphen (Arnoult).
9. — La Foire de St.-Laurent ou une représentation en 1780. Comédie par MM. Rochefort et Siraudin.
5. — Fra-Diavolo ou l'hôtellerie de Terracine. Opéra comique en 3 actes, paroles de M. Scribe, musique de M. Auber.
11. — Françoise et Francesca. Comédie en 2 actes, par M. Varner.
9. — Frascati ou le secret d'état. Comédie en 3 actes, par De Forges.
5. — Frédégonde et Brunehaut. Tragédie en 5 actes, par Lemercier.
4. — Le Gardien. Comédie vaudeville en 2 actes, par MM. Scribe et Bayard.
18. — Georges et Thérèse ou les deux orphelins. Comédie vaudeville en 2 actes par M. Auvray (Chapelle).
11. — Le Général et le Jésuite. Drame en 5 actes, par *Ch.* Desnoyers.
14. — Geneviève la blonde. Comédie vaudeville en 2 actes, par MM. Bayard et Bieville (Desnoyers).
8. — Glénarion ou les Puritains de Londres. Dr. 5 a. par M. *Fél.* Malefille.
18. — La Grace de Dieu. Drame en 5 actes, mêlé de chant, par MM. d'Ennery et *Gust.* Lemoine.
13. — Le Grand papa Guerin. Comédie vaudeville en 2 actes, par M. Bayard.
14. — La Grande Dame. Drame en 2 a., mêlé de couplets, par M. Bayard.
9. — Guillaume Colman ou les deux guides. Drame en 5 a. par P. Foucher.
11. — Guillaume-Tell. Opéra en 4 actes, paroles de Jouy et *Hip.* Bis.
5.-8. — Gustave III ou le bal masqué. Opéra historique en 5 actes, paroles de M. Scribe. Musique d'Auber. Ballet de M. Taglioni.
9. — Harnali ou la contrainte par cor. Parodie en 4 actes et en vers par A. de Lauzanne.
13. — Henri Hamelin. Comédie en 3 actes, par *Em.* Souvestre.
1. — Henri III et sa cour. Drame historique en 5 actes, par *Al.* Dumas.
4. — L'Héritière. Comédie vaudeville, par MM. Scribe et Delavigne.
2. — Les Héritiers ou le naufrage. Com. en 1 a. et en prose, par *Al.* Duval.
8. — L'Héroïne de Montpellier. Mélodrame en 5 actes, par Lemercier.

— 411 —

6. — Heur et malheur. Vaudeville en 1 acte, par MM. Duvert, Al. Basset et Lauzanne.
7. — Une heure de mariage. Comédie en 1 acte, par M. Etienne.
1. — L'Homme au masque de fer. Dr. 5 a. par MM. Arnould et Fournier.
4. — Le Hussard de Felsheim. Comédie vaudeville en 3 actes, par MM. de Villeneuve et Ch. Dupeuty.
9. — L'Idiote. Drame en 3 actes, par Ed. Alboize. Musique de Roger.
10. — Il y a 16 ans. Drame en 3 actes, par Victor Ducange.
1. — L'Incendiaire ou la cure et l'archevêché. Drame en 3 actes, à grand spectacle, par MM. Benjamin (Antier) et Alexis.
14. — Industriels et industrieux. Revue de l'exposition de 1839, en 3 tableaux, par MM. Desvergers, Dubourg et Laurencin.
8. — Les Infortunes de Jovial, huissier chansonnier, par MM. Théaulon et de Courcy.
12-14.-L'Intérieur des comités révolutionnaires ou les Aristides modernes. Comédie en 3 actes, par le cit. Ducancel.
22-16.-Jaspin ou le père de l'enfant trouvé. Com. vaud. 1 a., par M. Sauvage.
6. — Jean. Pièce en 3 parties, par Théaulon et Signol.
5. — Jeanne d'Arc à Rouen. Trag. en 5 actes et en vers, par d'Avrigny.
18. — Le Jésuite. Drame en 3 actes et 6 tableaux, par MM. Victor Ducange et Guilbert de Pixéricourt.
2. — La jeune femme colère. Comédie en 1 acte, par M. Etienne.
15. — Un jeune homme charmant. Drame vaudeville en 5 actes, par MM. Paul de Kock et Varin.
3. — Le jeune mari. Comédie en 3 actes, par M. Mazères.
7. — Une journée à Versailles ou le discret malgré lui. Com. 3 a. par G. Duval.
10. — La Juive. Opéra en 5 actes, paroles de Scribe. Musique de Halévy.
16. — Kettly ou le retour en Suisse. Com. vaud. par MM. Duvert et P. Duport.
13. — La Laitière de la forêt. Vaud. 2 a., par MM. Paul de Kock et Valory.
10. — La Laitière de Montfermeil. Vaudeville en 5 années, par Emile, Brazier et R. Perrin.
8. — Le Landaw ou l'hospitalité. Comédie vaudeville par Picard et Mazères.
16. — Léonide ou la vieille de Surenne. Comédie vaudeville en 3 actes, par MM. Dupeuty, de Villeneuve et Saint-Hilaire.
1. — Léontine. Drame en 3 actes, mêlé de couplets, par M. Ancelot.
17. — Lisbeth ou la fille du laboureur. Drame en 5 actes, par M. V. Ducange.
9. — La Liste de mes maitresses. Comédie en 1 acte, par Léon (Pillet) et Régnault (A. Potron).
4. — Le Lorgnon. Comédie vaudeville en 1 acte, par M. Scribe.
5. — Louis XI. Tragédie en 5 actes, par C. Delavigne.

16. — Louise ou la réparation. Comédie vaudeville en 2 act., par MM. SCRIBE, MÉLESVILLE et BAYARD.
18. — Louise de Lignerolles. Dr. en 5 a., par MM. P. DINAUX (P. GOUBAUX) et E. LEGOUVÉ.
16. — La Lune de Miel. Comédie vaudeville en 2 actes par MM. SCRIBE, MÉLESVILLE et CARMOUCHE.
16. — La Lune rousse. Comédie en 1 acte, par M. ROSIER.
2. — Luxe et Indigence ou le ménage parisien. Comédie en 5 actes et en vers, par M. D'EPAGNY.
17. — Les Machabées ou la prise de Jérusalem. Drame sacré en 5 actes, par MM. CUVELIER et LÉOPOLD (CHAUDEZON).
15. — Madame de Brienne. Drame en 2 actes, par MM. SAINT-YVES (DÉADDÉ) et Max. RAOUL (Ch. LETELLIER).
6. — Madame du Barry. Com. en 3 actes, par MM. ANCELOT et E. ARAGO.
5. — Madame Gibou et Madame Pauchet ou le thé chez la ravaudeuse. Pièce grivoise en 3 actes, mêlée de couplets, par M. DUMERSAN.
10. — Madame Lavallette. Drame en 2 actes, par MM. BARTHÉLEMY (TROIN) BRUNSWICK et LUÉRIE.
12. — Mademoiselle Clairon. Comédie vaudeville en 2 actes, par MM. MÉLESVILLE, CARMOUCHE et DE COURCY.
14. — Mademoiselle Desgarcins ou la 3.ᵉ représentation d'Othello. Comédie vaudeville en 1 acte, par M. VANDER-BURCH et Marie AYCARD.
13. — Mademoiselle Nichon. Com. vaud. par DE SAINT-GEORGE et LEUVEN.
10. — Mademoiselle d'Aloigny, lieutenant de dragons. Vaud. par J. ARAGO.
18. — Mademoiselle Rose. Comédie en 3 actes, par MM. Alph. ROGER et Gustave VAEZ (Van NIEUWENHUYSEN).
7. — La Maison en Loterie. Com. en 1 acte, par MM. PICARD et RADET.
9. — Mal noté dans le quartier. Tableau populaire par MM. DESVERGERS et H. LEROUX.
6. — Les Malheurs d'un joli Garçon. Vaudeville en 1 acte, par MM. VARIN, Et. ARAGO et DESVERGERS.
4. — Les malheurs d'un Amant heureux. Com. vaud. 2 act., par M. SCRIBE.
17. — Malvina ou le mariage d'inclination. Com. vaud. 2 act., par M. SCRIBE.
13. — Marguerite. Opéra comique en 3 actes. Paroles de SCRIBE et EUGÈNE. Musique de BOYELDIEU.
10. — Le Mariage d'argent. Comédie en 5 actes, par M. SCRIBE.
4. — Le Mariage extravagant. C. v. 1 a. par MM. DÉSAUGIERS et de (VALORY).
4. — Le Mariage de raison. Com. vaud. en 2 a. par MM. SCRIBE et VARNER.
7. — Le Mariage impossible. Comédie vaudeville en 2 actes, par MM. MÉLESVILLE et CARMOUCHE.
8. — Marie. Opéra com. en 3 a. Paroles de PLANARD. Mus. de M. HÉROLD.

2. — Marie Mignot. Comédie historique, mêlée de couplets, en 3 époques, par MM. Bayard et P. Dupont.
5. — Marie Stuart. Tragédie en 3 actes, par Lebrun.
8-10.—Un Mari charmant. Comédie vaudeville par Dumanoir et Lafargue.
2. — Le Mari de ma femme. Comédie en 3 actes, par M. Rosier.
3. — Le Mari et l'Amant. Comédie en 1 acte, par M. Vial.
12. — Les Maris vengés. Comédie vaudeville en 5 actes, par MM. de Combe-rousse, Et. Arago et Rocher.
3. — Les Maris sans Femmes ou une heure de paternité. Vaudeville en 1 acte, par MM. Désaugiers et Gentil.
5. — Marius à Minturnes. Tragédie en 3 actes, par Arnault.
11. — La Mantille. Opéra comique en 1 acte. Paroles de MM. Planard et Hautefeuille. Musique de Bordèse.
8. — Le Marquis de Brunoy, par MM. Théaulon et Jaime (et Al. Dumas).
18. — Masaniello ou le pécheur Napolitain. Drame historique en 4 actes, par MM. Moreau et Lafortelle. Musique de Carafa.
2. — 1760 ou une matinée de grand seigneur. Comédie en 1 acte et en vers, par Alex. de Longpré.
3. — Le Médisant. Comédie en 3 actes et en vers, par Et. Gosse.
2. — Mémoires d'un colonel de Hussards. Comédie en 1 acte, mêlé de vau-villes, par MM. Scribe et Mélesville.
14. — Un Ménage parisien. Dr. en 2 a., par MM. Laurencin et Ed. Monnais.
6. — La Mère au bal et la fille à la maison. Com. vaud. 2 a., par Théaulon.
4. — Michel et Christine. Comédie vaudeville par MM. Scribe et Dupin.
7. — Michel Perrin. Com. vaud. 2 a., par MM. Mélesville et Duveyrier.
18. — Moiroud et compagnie. Comédie-vaudeville en 1 acte, par MM. Bayard et Devorme (J. de Wailly).
18. — Les Moissonneurs de la Bauce ou le soldat laboureur. Par MM. Francis, Brazier et Dumersan.
6. — Un Moment d'impatience. Comédie en 3 actes, par MM. Wafflard, et Fulgence (de Bury).
9. — Monsieur Chapolard ou le Lovelace dans un grand embarras. Comédie vaudeville, par MM. Duvert, Lauzanne et Paulin.
6. — Monsieur Jovial ou l'huissier chansonnier. Comédie-vaudeville en 2 actes, par MM. Théaulon et Choquart.
10. — La Muette de Portici. Opéra en 5 actes. Paroles de Scribe et G. De-lavigne. Musique de Auber.
12. — Nanon, Ninon et Maintenon ou les 3 boudoirs. Comédie en 3 actes, mêlée de chants, par MM. Théaulon, Dartois et Lesguillon.
1. — Napoléon ou Schœunbrunn et Sainte-Hélène. Drame historique en 9 tableaux, par MM. Dupeuty et Régnier.

17. — Le Naufrage de la Méduse. Opéra en 4 actes. Paroles de MM. Cogniard frères. Musique de MM. Pilati et Flotow.

5. — Ninon chez Madame de Sévigné. Comédie en 1 acte et en vers. Paroles de M. E. Dupaty. Musique de Berton.

8. — Le Nouveau Pourceaugnac. Comédie-vaudeville en 1 acte, par MM. Scribe et Delestre-Poirson.

15. — La Nuit du Meurtre. Drame en 5 actes, par MM. Albert et Labrousse.

3. — L'Ours et le Pacha. Folie-vaud., par MM. Scribe et Xavier (Saintine).

11. — L'Ouverture de la Chasse. Vaud. par MM. Desvergers et G. Albitte.

14. — Les Ouvriers ou les bons Enfants. Comédie grivoise en 1 acte, mêlée de couplets, par MM. Francis, Brazier et Dumersan.

14. — Le Pacte de Famine. Drame historique en 5 actes, par MM. P. Foucher et *Elie* Bertuet.

15. — Le Panier fleuri. Opéra comique en 1 acte. Paroles de MM. de Leuven et Brunswich. Musique de *Amb.* Thomas.

5. — Le Paria. Tragédie en 5 actes, par C. Delavigne.

15. — Passé midi. Folie vaudeville en 1 acte, par MM. Devaux et Dupuis.

15. — Passé minuit. Vaud. en 1 acte, par MM. Lockroy et *Anicet* Bourgeois.

3. — La Passion secrète. Comédie en 3 actes et en prose, par M. Scribe.

13. — Le Pauvre Idiot ou le souterrain d'Heidelberg. Drame en 5 actes par Dupeuty et Fontan.

1. — Le Paysan perverti ou 15 ans de Paris. Dr. en 3 journées par Théaulon.

13. — Peau d'Ane. Féerie en 9 tableaux, par Vander-Burch et Laurencin.

16. — Le Père de famille. Drame en 5 actes, par Diderot.

9. — Le Père de la débutante. Vaud. en 5 a., par MM. Bayard et Théaulon.

12. — Le Père Pascal. Com. vaudev. en 2 act., par MM. Varin et Laurencin.

18. — La Permission de dix heures. Comédie-vaudeville en 1 acte, par MM. Mélesville et Carmouche.

7. — Perrinet le clerc ou Paris en 1418. Drame en 5 actes, par MM. *Anicet* Bourgeois et Lockroy.

10. — Le Perruquier de la Régence. Opéra comique en 3 actes. Paroles de MM. de Planard et P. Duport. Musique de *Amb.* Thomas.

4. — Philippe. Com. vaud. en 1 a., par MM. Scribe, Mélesville et Bayard.

16. — Le Philtre. Opéra en 2 actes. Paroles de Scribe. Musique de Auber.

3. — Le Philtre Champenois. Comédie-vaudeville en 1 acte, par MM. Mélesville et Brazier.

17. — Phœbus ou l'écrivain public. Comédie-parade en 2 actes, par MM. Bayard et Bieville (Desnoyer).

7. — Picaros et Diégo. Opé.-bouff. en 1 acte, par M. E. Dupaty. Musique de Dalayrac.

18. — La Pie voleuse ou la servante de Palaiseau. Mél. hist. en 3 actes, par MM. Coigniez et d'Aubigny (Baudouin). Musique de Piccini.
14. — Le Pied de Mouton. C.-folie, 3 actes, par MM. Ribie et Martainville.
3. — Pinto ou la journée d'une conspiration. C.-hist. 5 a. par M. Lemercier.
9. — Le Pioupiou ou la gloire et l'amour. Com. en 2 actes, par Varner.
12. — Le Planteur. Opé. com. en 1 acte, paroles de Saint-Georges, musique de Maupou.
17. — Le plus beau jour de la vie. Com.-vaud. en 2 actes, par MM. Scribe et Varner.
3.-12.—Une Position délicate. Com.-parad. en 1 acte, par MM. Léonce (Laurençot) et de Bernard.
2.-16. Polder ou le bourreau d'Amsterdam. Drame en 3 actes, par MM. de Pixericourt et V. Ducange.
12. — Le Postillon Franc-Comtois. Coméd.-vaud. en 2 actes, par MM. *Paul* de Kock et Valory.
1.- 8. Les Poletais. Com.-vaud. en 2 actes, par MM. Xavier, de Villeneuve et Dupeuty.
17. — La Poudre de Perlimpinpin. Vaud.-féerie en 4 act., par M. E. Devaux et A. Dupuis.
3. — La Poupée ou l'écolier en bonne fortune. Com. mêlée de couplets, par MM. Fournier et Arnould.
4. — Pourquoi. C.-vaud. en 1 ac., par MM. Lockroy et *Anicet* (Bourgeois).
5. — Le Pré au Clerc. Op.-c., 3 ac., paroles de Planard, musiq. de Auber.
17. — Les Premières Amours ou les souvenirs d'enfance. Comédie-vaudeville, par M. Scribe.
4. — Un Premier Amour. Com.-vaud. en 3 act., par MM. Bayard et Em. Vander-Burch.
7. — La Première affaire. Comédie en 3 actes, par M. Merville.
3. — Une Présentation ou le comte de Saint-Germain. Comédie en 3 actes, par MM. *Alp.* François (Dercy) et Fournier.
10. — Préville et Taconnet ou la comédie sur le boulevard. Vaudeville, par Merle et Brazier.
9. — La Princesse Aurélie. Comédie en 5 actes. par *Casimir* Delavigne.
7. — La Prison d'Edimbourg. Opéra-comique en 3 actes, paroles de MM. Scribe et Planard. Musique de Carafa.
2. — Les Projets de Mariage ou les deux officiers. Comédie en 1 acte et en prose, par M. *Alex.* Duval.
8. — Prosper et Vincent. Vaud. en 2 act., par MM. Duvert et Lauzanne.
16. — Le Protégé. Comédie en 1 acte, mêlée de chant, par Rozier.
17. — Le Quaker et la Danseuse. Com.-vaud. en 1 acte. par MM. Scribe et P. Duport.

9. — Quatre-vingt-dix-neuf Moutons et un Champenois, par E. Vander-Burch
2. — Rabelais ou le presbytère de Meudon. Com.-anecd., mêlée de couplets, par MM. de Léuven (Ribbing) et Charles.
13. — Randal. Drame en 5 actes, par F. Mallefille.
17. — La Reine de seize ans. Comédie en 2 actes, par M. Bayard.
17. — La République, l'Empire et les Cent-Jours. Pièce 4 a. par M. Prosper.
1. — Richard d'Arlington. Drame en 5 act., précédé de la Maison du docteur, prol., par MM. Dinaux (F. Beudin, P. Goubaux) et Al. Dumas.
3. — Rigolette ou le dernier des fous. Vaud. 1 a., par MM. Alboize et Jaime.
3. — Les Rivaux d'eux-mêmes. Com. en 1 act., par M. Pigault-Lebrun.
7. — Robert chef des brigands. Drame en 5 actes. par Lamartellière.
1. — Robert Macaire. Pièce en 4 actes et en 6 tableaux, par MM. Saint-Amand (Lacoste), Antier et Fréd. Lemaitre.
5. — Robert le Diable. Opéra en 5 actes, paroles de MM. Scribe et G. Delavigne. Musique de Mayerbeer.
5. — Robin des Bois ou les trois balles. Opéra fantastique en 3 actes, imité de *Freischutz*, par MM. Castil-Blaze et Sauvage. Musique de Veber.
7. — Le Roman. Com. en 5 a. et en vers, par M. De La Ville de Mirmont.
15. — La Rose jaune. Com. en 1 act., mêlée de couplets, par *Léon* Halevy, (Imitée d'une nouvelle de M. *Ch.* de Bernard.)
9. — Rossignol. Comédie en 1 acte, par Em. Vander-Burch.
13. — Ruy-Brac. Tourte en 5 boulettes, par *Max.* de Redon.
12. — Une Saint-Hubert. Com. en 2 acte en prose, par *Al.* de Longpré.
13. — Samuel le marchand. Dr 5 ac., par Montigny (A. Lemoine) et Meyer.
8. — Sans Tambour ni Trompette. Com.-vaud., par MM. Brazier, Merle et Carmouche.
16. — Un Scandale. Folie-vaudeville en 1 acte, par Duvert et Lauzanne.
10. — Le Sculpteur ou une vision. Com.-vaud., par Théaulon et Bieville.
4. — La Seconde année ou à qui la faute. Comédie en 1 acte, par MM. Scribe et Mélesville.
18. — Les Secondes Noces. Com.-vaud. 2 act, par Mélesville et Carmouche.
7. — Le Secrétaire et le Cuisinier. Coméd.-vaud. en 1 ac., par MM. Scribe et Mélesville.
11. — Sept heures ou Charlotte Corday. Drame en 3 actes, par *Victor* Ducange et *Anicet* Bourgeois. Musique de Piccini.
9. — Le Serment de Collége. Com. en 1 acte, par *Alexis* de Comberousse.
12. — Les Serments. Comédie en 5 actes et en vers, par M. Viennet
10. — Sophie Arnould. C. en 3 act., par de Leuven, de Forges et Dumanoir.
16. — Sujet et Duchesse. Drame en 5 act., par MM. Prosper et Delacroix (*Prosper* Noyer).

15. — Le Susceptible. Com. 1 a. et en vers, par *Am.* de Beauplan (Rousseau).
9. — Suzette. Com.-vaud. en 2 actes, par Bayard, Dumanoir et d'Ennery.
16. — La Symphonie. Op.-com. en 1 acte, paroles de M. de Saint-Georges.
16. — Le Tasse. Drame historique en 5 actes, par *Alex.* Duval.
11. — Un Testament de Dragon ou un inventaire de Pigault-Lebrun. Vaudeville, par Lefebvre et Saint-Amand (Lacoste).
13. — Thérèse. Op.-c. en 2 actes, paroles de E. de Planard et de Leuven. Musique de Carafa.
7. — Thérèse ou l'orpheline de Genève. Mél. 3 act., par *Victor* (Ducange).
4. — Toujours ou l'avenir d'un fils. Com.-vaud. 2 ac. par Scribe et Varner.
1. — La Tour de Nesle. Drame 5 a. et 9 tabl. par F. Gaillardet et Dumas.
15. — Les Treize. Opéra-com. en 3 actes, paroles de MM. Scribe et Duport. Musique de Halevy.
18. — Trente Ans ou la vie d'un joueur. Mélodrame en 3 journées, par MM. Ducange et Dinaux (Beudin et Goubaux). Musique de Piccini.
15. — Le Tribu des cent Vierges. Drame en 5 actes, par Alboize et Lopez.
14. — Les Trois Quartiers. Com. 3 actes et en prose, par Picard et Mazères.
10. — Le Vagabond. Drame par Mallian et Cormon (Piestre).
15. — Valentine. Com.-vaud. en 2 act., par MM. Armand et *Ach.* Dartois.
6. — Valérie. Comédie en 3 actes et en prose, par Scribe et Mélesville.
5. — Les Vêpres siciliennes. Tragédie en 5 actes, par *C.* Delavigne.
3. — Ververt. Coméd.-vaud. en 3 actes, par MM. de Leuven et de Forges.
10. — Victorine ou la nuit porte conseil. Drame en 5 actes, par Dumersan, Gabriel et Dupeuty.
9. — La Vie de Garçon. C.-vaud. en 2 actes, par MM. Duport et Biéville.
11. — La Vie de Château. Com.-vaud. en 1 acte, par Dumersan et Dumanoir.
5. — La Vieille. Opéra-comique en 1 acte, paroles de MM. Scribe et *G.* Delavigne. Musique de M. Fétis.
4. — Les Vieux Péchés. Comédie-vaudeville en 1 act., par MM. Mélesville et *Th.* Dumanoir.
12. — Vingt-six Ans. Comédie en 2 actes et en prose, par MM. Dartois et de Bournonville.
15. — Une Visite nocturne ou Cartouche. Comédie-vaudeville en 1 acte, par MM. Théaulon et *Stéphen* Arnoux.
6. — Le Voyage à Dieppe. Comédie en 3 actes et en prose, par Wafflard et Fulgence (de Bury).
7. — Werther ou les égarements d'un cœur sensible. Drame historique en 1 acte, par MM. *G.* Duval et Rochefort.
17. — Yelva ou l'orpheline russe. Comédie-vaudeville en 2 actes, par MM. Scribe, De Villeneuve et Desvergers.

27.

5. — Zampa ou la fiancée de marbre. Opéra-comique en 3 actes, paroles de MÉLESVILLE. Musique de HÉROLD.

4. — Zoé ou l'amant prêté. Comédie-vaudeville en 1 acte, par MM. SCRIBE et MÉLESVILLE.

2064. — Le Magasin théâtral.

Paris 1830 et suiv. Marchant. 31 vol. in-8°.

Contenant :

29. — L'Abbaye de Castro. Dr. en 5 ac. par MM. P. DINAUX et G. LEMOINE.

22. — A bas les Hommes. Vaudeville en 2 actes, par MM. COGNIARD, JAIME, et DESLANDES.

18. — Absent et présent. Comédie en 1 acte, par DAVRECOURT.

18. — Actéon. Opéra-com. en 1 acte, par M. SCRIBE. Musique de M. AUBER.

15. — A dix-sept ans. Drame en 4 actes, par M. TOURNEMINE. Mus. de ROGER.

7. — L'Agnès de Belleville. Comédie-vaudeville en 3 actes, par MM. *Paul* DE KOCK et COGNIARD frères.

20. — L'Agrafe. Drame en 3 actes, de MM. ANTIER.

8. — L'Aiguillette bleue. Vaud. hist. en 3 actes, par MM. JAIME et MASSON.

31. — Aînée et Cadette. Com. en 2 a., mêlée de couplets, par *Em.* SOUVESTRE.

27. — L'Alchimiste. Dr. 5 ac. et en v., par M. *Al.* DUMAS (et G. LABRUNIE).

9. — Alda. Opéra-comique en 1 acte, par MM. BAYARD et P. DUPORT. Musique de M. THYS.

27. — Amandine, Vaud. en 2 actes, par MM. DE ROUGEMONT et *A.* MONNIER.

15. — Amazampo ou la découverte du quinquina. Drame en 4 actes et 7 tableaux, par MM. LEMOINE-MONTIGNY et MEYER.

18. — L'Ambassadrice. Opéra-comique en 3 actes. Paroles de MM. SCRIBE et de SAINT-GEORGES. Musique de M. AUBER.

5. — L'ambitieux. Comédie en 5 actes et en prose, par M. *Eug.* SCRIBE.

5. — L'Ami Grandet. Com. 3 a., par MM. ANCELOT et *Al.* DE COMBEROUSSE.

3. — L'Amitié d'une jeune Fille. Mélodrame en 3 actes, par MM. VALORY (MOURIER) et SAINT-GERVAIS (M. ALHOY).

4. — Les Amours de Faublas. Ballet pant. en 3 actes, par MM. (LOCKROY) et LÉON. Musique de PICCINI.

7. — Anacharsis ou ma tante Rose. Comédie-vaudeville en 1 acte, par MM. BRAZIER, THÉAULON et DE COURCY.

10. — André. Comédie en 2 actes, par MM. BAYARD et LEMOINE.

27-29.-L'Ange dans le monde et le Diable à la maison. Comédie en 3 actes, par MM. DE COURCY et DUPEUTY.

1. — Angèle. Drame en 5 actes, par M. *Alex.* DUMAS (et *An.* BOURGEOIS).

9. — L'Angélus. Op. com. 1 acte. Paroles de M. ADER. Mus. de M. C. GIDE.

17. — L'Ange Gardien. Comédie en 3 actes, mêlée de chants, par MM. Dupeuty et Deslandes. Musique de J. Doche.

16. — L'Année sur la sellette. Revue en 1 acte, mêlée de couplets, par MM. Bayard et de Courcy. (1 janvier 1837).

1. — Antony. Drame en 5 actes, par M. Alex. Dumas (et Em. Souvestre).

8-18. — L'Apprenti ou l'art de faire une maîtresse. Vaudeville en 1 acte, par MM. Cogniard et Adolphe.

14. — Arriver à propos. Com.-vaud. en 1 ac., par MM. Et. Arago et Lubize.

27. — L'art de ne pas monter sa garde. Comédie en 1 acte, par MM. Barthélemy (Troin) et Lhéry.

10. — L'Art de ne pas payer son terme ou avis aux propriétaires. Vaudeville en 1 acte, par MM. Didier (N. Vosgien) et Deslandes.

27. — L'Article 960 ou la donation. Comédie-vaudeville en 1 acte, par MM. Ancelot et P. Dandré (M. Michel, A. Lefranc et E. Labiche).

6. — Artiste et Artisan ou les deux expositions. Comédie-vaudeville en 1 acte, par MM. Delaboullaye et Et. Jourdan.

9. — L'Aspirant de marine. Opéra-comique en 2 actes. Paroles de MM. Rochefort et Alex. de Combérousse. Musique de M. Labarre.

3. — Atar-Gull. Mélod. en 3 act., par MM. Anicet Bourgeois et Masson.

19. — A trente ans ou une femme raisonnable. Comédie en 3 actes, mêlée de couplets, par M. Rosier. Musique de M. Doche.

29. — Aubray le médecin. Mélodrame en 3 actes, par MM. Ch. Desnoyer et Bernard Lopez.

14. — D'Aubigné. Comédie en 2 actes, par MM. Ancelot et Duport.

8. — Au clair de lune ou les amours du soir. Vaudeville en 3 actes, par MM. Varin, Desvergers et Lubize (Martin).

4. — L'Aumônier du régiment. Comédie en 1 acte, par MM. de Saint-Georges et de Leuven (Ribbing).

12. — Aurélie ou les trois passions. Drame en 4 actes, par M. Dumersan.

16. — Austerlitz, évènement historique en 3 époques et 8 tableaux, par MM. Prosper et Francis Cornu.

4. — L'Autorité dans l'embarras. Comédie-vaudeville en 1 acte, par MM. Alex. de Combérousse et Jaime.

4. — Au Rideau ou les singeries dramatiques. Revu prologue à grand spectacle, par MM. Cogniard frères.

5. — Une Aventure sous Charles IX. Com. 3 a. par MM. F. Soulié et Badon.

8. — Un Bal de domestiques. Vaud. 1 a., par MM. de Villeneuve et Charles.

14. — Le Bal du grand monde. Com-v. 1 a., par MM. Varin et Desvergers.

27. — Balochard ou samedi, dimanche et lundi. Vaudeville en 3 actes, par MM. Dupeuty et Vander-Burch.

14. — Balthasar ou le retour d'Afrique. Vaudeville en 1 acte, par MM. Varin, Desvergers (Chapeau) et Derville (L. Desnoyers).
29. — Les Bamboches de l'année. Revue mêlée de couplets, par MM. Cogniard frères et *Th.* Muret. (29 décembre 1839).
15. — Le Barbier du roi d'Aragon. Drame en 3 actes, par MM. Fontan, Dupeuty et Ader. Musique de Piccini.
20. — Baron le comédien. Anecdote-vaudeville en 1 acte, par MM. *Salvador* T. (Tuffet) et Ferré.
11. — Les Bedouins en voyage. Odyssée africaine en 3 chants, traduite en bas-breton et en vaudevilles, par M. *Anat.* de Beaulieu (Desnoyer).
6. — Les Beignets à la Cour. Comédie en 2 actes, par M. *Benj.* Antier.
27. — Les Belles femmes de Paris. Comédie-vaudeville en 2 actes, par MM. Dumersan, Duvert et Lauzanne.
25. — La Bergère d'Ivry. Drame-vaudeville en 5 actes, par MM. Gabriel et *Michel* Delaporte. Musique de M. Adolphe.
3. — La Berline de l'émigré. Drame en 5 actes, par MM. Mélesville et Hestienne (et Baudouin d'Aubigny). Musique de Piccini.
19. — Bijou ou l'enfant de Paris. Féerie en 4 actes, par MM. de Pixérécourt, Brazier et Duvert.
31. — Bocquet père et fils ou le chemin le plus long. Comédie-vaudeville en 2 actes, par MM. Laurencin, *Marc* Michel et Labiche.
22. — La bonne Vieille. Comédie-vaudeville en 1 acte, par M. Lubize.
18. — Le bon Garçon. Opéra-comique en 1 acte, par MM. *Anicet* Bourgeois et Lockroy. Musique de M. Prévost.
7. — Les bons Maris font les bonnes Femmes. Comédie-vaudeville en 3 actes, par MM. Valory (Mourier), Davenne (Dubois) et Prosper (Manguery).
6. — Le Bouffon du prince. Comédie-Vaudeville en 2 actes, par MM. Mélesville et Xavier (Saintine).
17. — Le Bouquet de bal. Comédie en 1 acte, par M. *Ch.* Desnoyer.
22. — La Bourse de Pezenas, grrrrande spéculation industrielle, mêlée de vaudevilles, par MM. Lubize (Martin) et Léonce (Laurençot).
23. — Le Brasseur de Preston. Opéra-comique en 3 actes, par MM. de Leuven et Brunswick. Musique de *Ad.* Adam.
18. — Bruno le fileur, Comédie-vaudev. en 2 actes, par MM. Cogniard frères.
21. — Le Cabaret de Lustucru. Com. vaud. 1 a., par MM. Jaime et *E.* Arago.
21. — Le Café des Comédiens. Silhouette dramatique, mêlée de chants, par MM. Cogniard frères.
7. — Une Camarade de pension. Comédie-vaudeville en 2 actes, par MM. Ancelot et P. Duport.
27. — Catherine. Comédie-vaud. en 1 acte, par MM. P. Duport et Lubize.

2. — Catherine Hovard. Dr. en 5 a., par M. *Al.* Dumas (et *An.* Bourgeois).

6. — Le Capitaine Roland. Comédie-vaudeville en 1 acte, par MM. Varin, Desvergers et Edouard (Monnais).

9-28. — Un Caprice de femme. Opéra-comique en 1 acte. Paroles de MM. Lesguillon. Musique de M. Paer.

19. — Un Carnaval d'ouvriers. Vaud. en 2 actes, par M. Didier (Vosgien).

8. — Le Capitaine de vaisseau ou la Salamandre. Vaud. nautique en 2 actes, par MM. Mélesville, de Comberousse et Antier ; précédé de la Carotte d'Or, prologue en 1 acte.

21. — Ce bon Monsieur Blandin. Comédie-vaudeville en 1 acte, par MM. P. Duport et Laurencin.

1. — La Chambre ardente. Drame en 5 a., par MM. Mélesville et Bayard.

5. — La Chambre de ma femme. Comédie en 1 acte, par M. Dumersan.

17. — La Champmélé. Comédie anecdotique en 2 actes, mêlée de chant, par MM. Ancelot et P. Duport. Musique nouvelle de Flotteaux.

16. — Les Chaperons blancs. Opéra-comique en 3 actes. par M. Scribe. Musique de M. Auber.

11. — Changée en nourrice, Comédie-vaudeville en 2 actes, par MM. Anicet (Bourgeois), Dumanoir et Brisebarre.

1. — Une Chanson. Drame vaudeville en 3 actes, (imité de l'Allemand), par MM. Cogniard et Montigny (Lemoine).

10. — Les Chansons de Désaugiers. C. 5 a., par MM. Théaulon et de Courcy.

31. — Le Chapitre des informations. Com. 1 a., par MM. Varin et Desvergers.

3. — Charles III ou l'Inquisition. Comédie-drame en 4 actes. par MM. d'Epagny et Deyeux.

3. — Charles VII chez ses grands vassaux. Trag. 5 a., par M. *Alex.* Dumas.

3-12. — Charlotte ou un mariage d'amour. Drame en 4 actes, par M. Ancelot.

5. — Les Charmettes ou une page des confessions. Comédie par MM. Bayard, de Forges et Vander-Burch.

24. — Le Chat noir. Vaudeville en 1 acte, par M. Dupin.

31. — La Chasse royale. Opéra en 2 actes. Paroles de M. V. de Saint-Hilaire. Musique de M. *Jules* Godefroy.

30. — Le Château de St.-Germain. Dr. 5 a., par MM. L. Halévy et F. Cornu.

18. — Le Château de ma nièce. Comédie en 1 acte, par Mme Ancelot.

9. — Le Château d'Urtuby. Opéra-comique en 1 acte. Paroles de MM. de Lurieu et Raoul (Chapais). Musique de Berton fils.

3. — Les Chauffeurs. Mélodrame en 3 actes, précédé de 10 ans avant, par MM. Valory et Cogniard frères.

7. — Une Chaumière et son cœur. Comédie-vaudeville en 2 actes, par MM. Scribe et Alphonse (Cerfbeer).

20. — Le Chemin de fer de Saint-Germain. A-propos vaudeville en 1 acte, par MM. SALVAT et *Ch.* HENRI.
8. — Chérubin ou le page de Napoléon. Comédie-vaudeville en 1 acte, par MM. *Ch.* DESNOYER et ADRIEN.
27. — Les Chevaux du carrousel ou le dernier jour de Venise. Drame en 5 actes, par MM. P. FOUCHÉ *(sic)* et ALBOIZE.
16. — La Chevalière d'Eon. Comédie historique en 2 actes, par MM. DUPEUTY et *A.* DE MALDIGNY. Musique de M. DOCHE.
9. — Le Cheval de bronze. Opéra-comique en 3 actes. Paroles de M. SCRIBE. Musique de M. AUBER.
23. — Les Chiens du Mont-Saint-Bernard. Mélod. 5 a., par M. B. ANTIER.
31. — Le Chevalier de St.-Georges. Comédie mêlée de chants, en 3 actes, par MM. MÉLESVILLE et ROGER DE BEAUVOIR.
30. — Christine à Fontainebleau. Dr. 5 a. et en vers, par M. *Fréd.* SOULIÉ.
15. — Christiern de Danemark ou les masques noirs. Drame en 3 actes, par MM. *Paul* FOUCHER et ALBOIZE.
7-26.—La Cinquantaine. Comédie-vaudeville en 1 acte, par M. LUBIZE.
26. — Claude Stocq. Drame en 4 actes, précédé d'un prologue, par MM. FOURNIER et ARNOULD.
30. — Clémence ou la fille de l'avocat. Comédie en 2 actes, mêlée de chant, par Mme ANCELOT.
11. — Clémentine. Comédie-vaudeville en 1 acte, par MM. ANCELOT et J. CORDIER (DE VAULABELLE).
14. — Un Cœur de mère ou les rivales. Comédie-vaudeville en 2 actes, par MM. FOURNIER et UZANNE.
11. — Coliche ou un pamphlet sous M. de Maurepas. Comédie-vaudeville en 1 acte, par MM. *Paul* DUPORT et *P.* FOUCHER.
15. — Le Comte de Horn ou l'agiotage en 1720. Dr. en 3 a., par M. ANCELOT.
14. — Le Comte de Charolais ou les couvreurs. Comédie en 3 actes, mêlée de couplets, par MM. P. DUPORT et DE FORGES. Musique de M. FLOTOW.
8. — Le Comte de Saint-Germain. Drame en 3 actes, mêlé de chants, par MM. DUPEUTY et FONTAN.
24. — La Comtesse de Chamilly. Drame en 4 actes, par M. ANCELOT.
17. — La Comtesse du Tonneau ou les 2 cousines. C.-v. 2 a. par M. THÉAULON.
8. — Le Commis et la Grisette. Vaudeville en 1 acte, par MM. *Paul* DE KOCK et *Ch.* LABIE.
29. — Le Commissaire extraordinaire. V. 1 a., par MM. DUVERT et LAUZANNE.
11-30.-Le Conseil de révision ou les mauvais numéros. Tableau-vaudeville en 1 acte, par MM. BRUNSWICK, BARTHÉLEMY et LUÉRIE.
6-10.—La Consigne. Com. en 1 a., par MM. ANCELOT et *A.* DE COMBEROUSSE.

10. — Coquelicot. Vaudeville en 3 actes, par MM. Cogniard frères.
8. — Cornaro, tyran pas doux. Traduction en 4 actes et en vers d'*Angelo, tyran de Padoue*, par MM. Dupeuty et Duvert.
20. — Le Corrégidor de Séville. Mélodrame en 3 actes, par M. H. Auger.
9-18.—Cosimo. Opéra-bouffon en 2 actes, par MM. de Saint-Hilaire et P. Duport. Musique de M. Prévost.
26. — Les Coulisses. Tableau vaud. 2 a. par MM. Cogniard frères et T. Muret.
5. — La Croix d'Or. Comédie-vaudeville en 2 actes, par MM. de Rougemont et Dupeuty. Airs nouveaux de M. Pilati.
23. — La Croix de feu ou les pieds noirs d'Irlande. Mélodrame en 3 actes, par MM. Fontan et Mallian.
2. — Cromwel et Charles I. Drame en 5 actes, précédé de un dernier jour de popularité. Par M. Cordellier Delanoue.
6. — Cotillon III ou Louis XV chez Madame Dubarry. Comédie-vaudeville en 1 acte, par MM. *Anicet* Bourgeois et *E*. Vander-Burch.
3. — Le Curé Mérino. Drame en 3 actes, par MM. Mallian, Tournemine et Bernard (Wolf).
22. — La Dame de la Halle. Comédie anecd. en 2 actes, par MM. Dupeuty et E. Vander-Burch.
6. — Une Dame de l'Empire. Com.-v. en 1 a., par MM. Ancelot et Paulin.
20. — La Demoiselle majeure, Com.-v. en 1 a., par MM. Varin et Laurencin.
10. — Le Démon de la nuit. Com.-v. en 2 a., par MM. Bayard et *Et*. Arago.
28. — Le Dépositaire. Comédie-vaudeville en 2 actes, par M. P. Duport.
1. — Les dernières scènes de la Fronde. Dr. en 3 actes, par M. Mallian.
6. — Le dernier de la Famille. Comédie-vaudeville en 1 acte, par MM. Ancelot et *Al*. de Comberousse.
25. — Les deux Pigeons. Comédie-vaudeville en 4 actes, imitée de *La Fontaine*. Par MM. Xavier (Saintine) et *Michel* Masson.
28-30.—Deux jeunes Femmes. Drame en 5 actes, par M. de Saint-Hilaire.
29. — Deux Couronnes. Comédie en 1 acte, par M. *Eug*. Moreau.
31. — Les deux Divorces. Comédie-vaudeville en 1 acte, par MM. Cogniard.
9. — Les deux Reines. Opéra-comique en 1 acte, par MM. *Fréd*. Soulié et Arnould. Musique de H. Monpou.
13. — Les deux Coupables. Comédie-vaudeville en 1 acte, par MM. *Anicet* (Bourgeois) et Dumanoir.
7. — Deux Femmes contre un homme. Comédie-vaudeville, par MM. Dumanoir et Brunswick.
7. — Deux de moins. Comédie-vaudeville en 1 acte, par MM. de Laboullaye et *Eug*. Cormon (Piestre).
7. — Les deux Créoles. Com.-v. 2 a., par MM. Bayard et Vander-Burch.

8. — Les deux Nourrices. Vaud. 1 a., par MM. Bayard et de Comberousse.
8. — Les deux Borgnes. Folie-vaudeville en 1 acte, par MM. Cogniard frères.
18. — Dgenguiz-Kan ou la conquête de la Chine. Pièce en 3 actes et 6 tableaux, par M. *Anicet* Bourgeois.
14. — Le Diable amoureux. Comédie-vaudeville en 1 acte, par MM. Xavier et Masson. Musique de M. Doche.
25-28.-Diane de Chivry. Drame en 5 acte, par M. *Fréd.* Soulié.
25. — Dieu vous bénisse. Com.-vaud. en 1 a., par MM. Ancelot et Duport.
21. — La diligence de Brives-la-Gaillarde. Folie-parade en un relai, par M. *Martin* Pangloss. (Rigot et Tully).
16. — Le Diadesté ou la gageure Arabe. Opéra-comique en 2 actes. par MM. Saint-Hilaire et Léon. Musique de M. Godefroy.
26. — Le Discours de rentrée. Com.-vaud. en 1 acte, par M. de Rougemont.
2. — Le Doigt de Dieu. Drame en 1 acte, par MM. Montigny et Meyer.
15. — Dolores. Drame en 3 actes. par M. Dennery.
21. — Le Domino noir. Op.-com. 3 a., par M. Scribe. Mus. de M. Auber.
6. — Le Domino rose. Comédie-Vaudeville en 2 actes, par MM. Ancelot et *Alex.* de Comberousse.
31. — Don Juan de Marana ou la chute d'un Ange. Mystère en 5 actes et 7 tableaux, par M. *Alex.* Dumas.
18. — La double Echelle. Opéra-comique en 1 acte. Paroles de M. *Eug.* de Planard. Musique de M. *Ambroise* Thomas.
24. — Les droits de la Femme. Com. en 1 acte et en vers par M. *Th.* Muret.
7. — Les Duels ou la famille Darcourt. Comédie-vaudeville en 2 actes, par MM. Mélesville et Carmouche.
15. — La duchesse de la Vaubalière. Dr. en 5 actes, par M. de Rougemont.
26. — Duchesse. Comédie en 2 actes, par M. *Th.* P. Colomb (Pernot).
4. — L'Ecole des ivrognes. Tableau populaire mêlé de couplets, par MM. Deslandes et Didier (*N.* Vosgien).
22. — L'Elève de Saint-Cyr. Drame en 5 actes, précédé d'un prologue, par M. *F.* Cornu.
11. — Elle n'est plus! (suite de Simple Histoire). Comédie-vaudeville en 1 acte, par MM. Duvert et Lauzanne.
31. — Une Emeute au Paradis, ou le voyage de Robert Macaire. Folie-vaud. en 2 actes, par MM. Dupuis et Guillemé.
28. — Emile ou six têtes dans un chapeau. Comédie-vaudeville en 1 acte, par MM. Bayard et Dumanoir.
10. — En attendant. Comédie.vaud. en 2 actes, par MM. Bayard, Arvers et Foucher.
1. — Un Enfant. Drame en 4 actes (imité du roman de M. *Ern. Desprez*), par MM. *Ch.* Desnoyer (et M. de Vaulabelle).

31. — Les Enfants de troupe. Comédie en 2 act., mêlée de chants, par MM. Bayard et Biéville (Desnoyers).
9. — Les Enfants d'Edouard. Trag. en 3 actes, par M. *Casimir* Delavigne.
12. — L'Enfant du Faubourg. Dr. en 3 act., par MM. Deslandes et Didier.
20. — L'Enfant du délire. Tabl. pop, en 1 acte. par MM. Cogniard frères.
13. — L'Epée de mon père. Coméd.-vaud. en 1 acte, par MM. Desnoyer et d'Avrecourt.
4. — Les Enragés. Tabl. villageois en 1 acte, par MM. Brazier et Dartois.
19. — L'Esclave Andréa. Drame en 5 actes, par MM. Maillant et Legoyt.
4. — Estelle ou le père et la fille. Comédie en 1 acte, par M. Scribe.
24. — L'Escroc du grand monde. Drame en 3 actes, par M. Ancelot.
2. — Etienne et Robert. Drame en 1 acte, par MM. Deslandes et Didier.
4. — Être aimé ou mourir ! Comédie-vaudev. en 2 act., par MM. Scribe et Dumanoir.
22. — Les Etrennes de ma barbe. A-propos-vaud. en 1 acte, par MM. Duvert et Lauzanne.
20. — Eulalie Granger. Drame en 5 actes, par M. de Rougemont.
30. — La Famille du fumiste. Comédie-vaud. en 2 actes, par MM. Varner, Duvert et Lauzanne.
2. — La Famille Moronval. Drame en 5 actes. par M. *Ch.* Lafont.
18. — Farceur de soldat. Vaud. en 1 acte, par MM. Lubize et *Eug.* Ronteix.
31. — La Favorite. Opéra en 4 actes, paroles de MM. *Alphonse* Royer et *Gustave* Vaez. Musique de M. Donizetti.
23. — Faute de s'entendre. Comédie en 1 acte, par *Ch.* Duveyrier.
3. — Les Faussaires anglais. Mélodrame en 3 act., par MM. de Laboullaye et *Eug.* Cormon.
5. — Farinelli ou le bouffe du roi. Comédie en 3 actes, par MM. de Saint-Georges, de Forges et de Leuven.
26. — La Femme au salon et le Mari à l'atelier. Com.-vaud. en 2 actes, par MM. Mallian et Cormon.
29. — Une Femme sur les bras. Com.-vaud. en 1 ac., par M. *P.* Tournemine.
4. — La Femme qu'on n'aime plus. Com.-vaud. en 1 a., par M. Fournier.
11. — La Femme qui se venge. Com. vaud. en 1 acte, par M. d'Ennery.
14. — La Femme de l'épicier. Co.-vaud. 1 ac., par MM. Varin et Laurencin.
15. — La Femme du peuple. Dr. en 2 a., par MM. Dumersan et Alexandre.
17. — Femme et Maîtresse. Comédie en 1 acte, par M. *L.* Guillard.
21. — Une Femme de lettres. Folie-vaudeville en 1 acte, par MM. Dennery et *Eug.* Grangé.
20. — La Fiancée de l'Apothicaire ou la nuit terrible. Comédie-vaudeville en 1 acte, par MM. Dupin et Sauvage.

4. — Fich-Tong-Khan ou l'orphelin de la Tartarie. Parade chinoise en 1 acte, par MM. Sauvage et de Lurieu.
20. — Le Fidèle Berger. Opéra-comique en 3 actes, par MM. Scribe et de Saint-Georges.
23. — La Figurante ou l'amour et la danse. Opéra-comique en 5 actes, paroles de MM. Scribe et Dupin. Musique de Clapisson.
6. — La Filature. Comédie-vaud. en 3 act., par MM. Duvert et Lauzanne.
4. — La Fille de l'avare. Comédie-vaud. en 2 actes, par MM. Bayard et P. Duport.
4.-19. La Fille du cocher. Com.-vaud. en 2 actes, par M. de Rougemont.
10. — La Fille de Cromwell. Drame en 1 acte, par M. de Rougemont.
12.-15. La Fille de la favorite. Comédie historique en 3 act., par MM. Duvert et Lauzanne.
7. — La Fille mal élevée. Comédie.vaud. en 2 actes, par MM. d'Epagny et de Combenousse,
18. — La Fille de l'air. Féerie en 4 actes, mêlée de chants et de danses, précédée des Enfants des Génies, prologue, par MM. Cogniard frères et Raymond. Musique de M. Adolphe.
19. — La Fille de l'air dans son ménage. Vaud.-féerie en 1 acte, par MM. Honoré et *Michel* Delaporte.
18. — La Fille d'un militaire. Com.-vaud. en 2 actes, par MM. Laurencin et Meyer.
27. — Le Fils de la Folle. Drame en 5 actes, par M. *F*. Soulié.
1. — Le Fils de Ninon. Drame en 3 actes, par MM. Ancelot et Rimbault.
14. — Le Fils d'un agent de change. Com.-vaud. en 1 acte, par MM. Scribe et Dupin.
4. — Les Finesses de Gribouille. Extravagance en 3 actes et en 6 tableaux, par MM. Rochefort et Dumanoir.
10. — La Fiole de Cagliostro. Vaud. en 1 a., par MM. Anicet (Bourgeois), Dumanoir et Brisebarre.
2. — Fleurette ou le premier amour de Henri IV. Drame en 3 actes, par MM. Albert et Labrousse. Musique de M. Paris.
8. — Flore et Zéphyr. Folie-vaud. en 1 acte, par MM. *A*. Lagrange et *E*. Cormon.
22. — La Folie Baujon ou l'enfant du mystère. Vaud. en 1 acte, par MM. Dupeuty et Rochefort.
12. — La Folle. Dr. en 3 a., par MM. *Ch.* Desnoyer et *H*. Gérau (Auger).
8. — Le For l'Evêque. Vaud. anecd. en 2 actes, par MM. Rochefort et Cogniard frères.
15. — François Jaffier. Drame en 5 actes, par *Ch.* Lafont,

— 427 —

26-28. Françoise de Rimini. Tragédie en 5 actes et en vers, imitée de l'italien (de PELLICO), par M. *Christien* OSTROWSKI.

14. — Le frère de Piron. Co.-vaud. en 1 a., par MM. ARNOULD et LOCKROY.

8. — Frétillon ou la bonne fille. Vaudeville en 5 actes, par MM. BAYARD et DE COMBEROUSSE.

7. — La Frontière de Savoie. C.-vaud. en 1 a., par MM. SCRIBE et BAYARD.

28. — Gabrielle ou les aides de camp. Comédie-vaudev. en 2 actes, par MM. ANCELOT et *P*. DUPORT.

31. — Le Gamin de Paris. Comédie-vaudev. en 2 actes, par MM. BAYARD et VANDER-BURCH.

8. — Les Gants jaunes. Vaudeville en 1 acte, par M. BAYARD.

16. — Le Gars. Drame en 5 actes, par *Antony* BERAUD.

22. — Gaspar Hauser. Dr. en 4 a., par MM. *Anicet* BOURGEOIS et DENNERY.

16. — Gaspardo le pêcheur. Drame en 4 actes, par M. BOUCHARDY.

23. — Génevieve du Brabant. Mélodrame en 4 actes, par MM. *Anicet* BOURGEOIS et VALORY. Musique de M. HOSTIÉ.

6. — Georgette. Comédie-vaudev. en 1 acte, par MM. VARIN, DESVERGERS et LAURENCIN.

13. — Georgine ou la servante du pasteur. Comédie en 1 acte, par MM. DE FORGES et ROCHE.

10. — Gilblas de Santillane. Com. en 3 ac., par MM. SAUVAGE et de LURIEU.

4. — Gillette de Narbonne ou le mari malgré lui. (Anecdote du XV.ᵉ siècle.) Coméd.-vaud. en 3 actes, par MM. FONTAN, DESNOYER et ADER.

19. — La Guerre des servantes. Drame en 5 actes, par MM. THÉAULON, ALBOIZE et HAREL. Musique de M. PARIS.

29. — L'Habit noisette ou une leçon de politesse. Comédie-vaud. en 1 acte, par M. *G*. LEMOINE.

4. — L'Habit ne fait pas le moine. Comédie-vaudev. en 3 actes, de MM. SAINT-HILAIRE et *P*. DUPORT.

21. — Haïdée la pestiférée ou femme, mère et maîtresse, Drame en 3 actes, par l'auteur de *Paravièdes* (DESLANDES).

12. — Héloïse et Abailard. Drame en 5 actes, par MM. *Anicet* BOURGEOIS et *F*. CORNU.

5. — Heureuse comme une princesse. Com. en 2 actes. par MM. ANCELOT et *A*. LABORIE.

13. — L'Homéopathie. Comédie-vaudev. en 1 acte, par MM. FOURNIER et DE BIÉVILLE.

31. — L'Homme blasé. Com.-vaud. en 2 act., par MM. DUVERT et LAUZANNE.

2. — L'Homme du monde. Drame en 5 ac., par MM. ANCELOT et SAINTINE.

4. — L'Homme du siècle. Evénement historique en 4 act., par M. PROSPER.

31. — L'Homme heureux. Co.-v. en 1 a., par MM. Théaulon et Gabriel.
1. — L'Honneur dans le crime. Drame en 5 actes, par M. Mallian.
17. — L'Honneur de ma mère. Dr. en 3 a., par MM. Boulé et H. Rimbaut.
30. — Les Honneurs et les Mœurs ou le même homme. Comédie en 2 actes, par Mme Ancelot.
17. — Huit ans de plus. Drame en 3 actes, par MM. Arnould et Fournier.
21. — Les Hussards et les Lingères. Vaud. en 1 acte, par M. Clairville.
7. — L'If de Croissey. Co.-vaud. en 2 actes, par MM. Varin, Desvergers et Laurencin.
22. — L'Ile de la Folie. Revue en 1 acte, par MM. Cogniard frères.
27.-29. Il était temps. Vaud. 1 a., par MM. Léonce et Moléri (Demolière.)
27. — Il faut que jeunesse se passe. Comédie en 3 actes et en prose, par M. de Rougemont.
6. — L'Idiote. Comédie-vaud. en 1 acte, par MM. Théaulon et Nézel.
4. — Les Immoralités. Pièce en 1 acte, par M. Dumersan.
1. — L'Impératrice et la Juive. Drame en 5 actes et en prose, par MM. Lockroy et Anicet (Bourgeois).
25. — Impressions de voyages. Vaudeville en 2 actes, par MM. Xavier, Duvert et Lauzanne.
12. — Indiana. Drame en 5 actes, par MM. Halévy et Francis.
12. — Les Infidélités de Lisette. Drame-vaud. en 5 actes, par MM. Brazier, De Villeneuve et de Livry.
12. — L'Ingénieur ou la mine de charbon. Mélodrame en 3 actes, par M. Duveyrier.
20. — L'Interdiction. Drame en 2 actes, par M. Em. Souvestre.
6. — L'Interprète. Com.-vaud. en 1 acte, par MM. Arnould et Fournier.
30. — Les Intimes. Comédie-vaudev. en 1 acte, par MM. Xavier, Duvert et Lauzanne.
19. — Isabelle ou deux jours d'expérience. Com. en 3 act., par Me Ancelot.
2. — Jacques II. Drame hist. en 4 actes et en prose, par E. Vander-Burch.
5. — Jacquemin, roi de France. Comédie mêlée de chants, en 2 actes, par MM. Duvert et Lauzanne.
29. — La Jacquerie. Opéra en 4 actes, paroles de Ferd. Langlé et Alboize.
14. — Jean-Jean don Juan. Parade en 5 actes de *Don Juan d'Autriche*, par MM. de Rougemont, Dupeuty et Ach. Dartois.
5. — Jeanne de Flandre. Drame en 4 actes, par MM. Fontan et V. Herbin.
26. — Jeanne Hachette ou le siége de Beauvais. Drame en 3 actes, par MM. Anicet Bourgeois et Dennery.
16. — Jeanne de Naples. Drame en 5 actes, par P. Foucher.
10. — Jeanne Vaubernier ou la cour de Louis XV. Comédie en 3 actes, par MM. de Rougemont, Lafitte et Lagrange.

11. — Jérusalem délivrée. Pièce 4 a., par M. Francis (Cornu et A. Bourgeois).
5. — Je serai comédien. Comédie en 1 acte, par *Ch*. Desnoyer. 2.ᵉ édit.
28. — La Jeunesse de Goethe. Comédie en 1 acte et en vers, par M.ᵐᵉ *Louise* Colet-Revoil.
18. — Un Jour de grandeur. Anecdote hist. en 5 actes, par M. *E*. Deligny.
10. — Les Jours-Gras sous Charles IX. Drame historiq. en 3 actes, par MM. Lockroy et Arnould.
25. — Juana ou le projet de vengeance. Com. en 2 actes, par M.ᵉ Ancelot.
3. — Le Juif-Errant. Drame fantastique en 5 actes, par MM. Merville et Maillan.
17. — Julie ou une séparation. Com. en 5 act. et en prose, par M. Empis.
1. — Juliette. Dr. en 3 a., par MM. Albert (Thierry), Labrousse et Brot.
10. — Le Jugement de Salomon. Vaudeville en 1 acte, par MM. Duvert et Lauzanne.
1. — Karl ou le châtiment. Drame en 4 actes, par MM. Lockroy et *Anicet* Bourgeois. Musique de Piccini.
13. — Kean ou désordre et génie. Comédie en 5 actes, par *Alex*. Dumas (Théaulon et F. de Courcy).
26. — Lady Melvil ou le joaillier de Saint-James. Com. en 3 actes, par MM. de Saint Georges et de Leuven. Musique de Gaisar.
11. — La Laide. Comédie-vaudeville en 3 actes, par M. Ancelot.
16. — La Laitière et les deux Chasseurs, ou l'ours, le ballon, la grenouille et le pot au lait. Chose fort ancienne, imitée de défunt *Duni* et de ci-devant *Anseaume*, par MM. Xavier, Duvert et Lauzanne.
3. — Latude ou trente-cinq ans de captivité. Mélodrame hist. en 3 act., précédé d'une matinée à Trianon, par M. de Pixérécourt et *Anicet* Bourgeois.
27-30.- Laurent de Médicis. Tragédie en 3 actes, par M. L. Bertrand.
7. — La Lectrice ou une folie de jeune homme. Com.-vaud. en 2 actes, par M. Bayard.
26. — Lekain à Draguignan. Com. en 2 actes, par MM. de Forges et P. Vermond (*Eug*. Guinot).
15. — Léon. Drame en 5 actes, en prose, par M. de Rougemont.
24. — Léonce ou propos de jeune homme. Comédie-vaudev. en 3 actes, par MM. Bayard et V. Doucet.
14. — Lestocq ou le retour de Sibérie. Comédie-vaudev. en 1 acte, par MM. Laurencin et Dupuy (Altaroche).
9. — Lestocq ou l'intrigue et l'amour. Opéra-comique en 4 actes, paroles de M. Scribe. Musique de M. Auber.
26. — La Levée de 300,000 hommes. Vaud. en 1 acte, par MM. Xavier et Masson.

2. — Les Liaisons dangereuses. Dr. en 5 act., par MM. ANCELOT et XAVIER.
7. — Lionel ou mon avenir. Com.-vaud. en 3 actes, par MM. DE VILLENEUVE et *Ch.* DE LIVRY.
30. — La Lionne. Comédie en 2 actes, par MM. ANCELOT et LÉON (LAYA).
10. — Une Loi anglaise. Comédie-vaudeville en 2 actes, par MM. FOURNIER et *Th.* TERRIER.
1.-19. Lord Byron à Venise. Drame en 3 actes, en prose. par M. ANCELOT.
22. — Lord Surrey. Dr. en 5 actes, par MM. *Eug.* FILLION et JOUSSERANDOT.
21.-29. Longue-Epée le Normand. Drame en 5 actes, par M. BOUCHARDY.
16. — Le Luthier de Vienne. Opéra-comique en 1 acte, par MM. DE SAINT-GEORGES et DE LEUVEN. Musique de *H.* MANPOU.
29. — Un Loup de mer. Drame en 2 actes, par M. SAUVAGE.
5. — Madame d'Egmont ou sont-elles deux? Com. en 3 actes, par M. ANCELOT et *Alex.* DE COMBEROUSSE.
20.-24. Madame et Monsieur Pinchon. Comédie-vaud. en 1 acte, par MM. BAYARD, DUMANOIR et DENNERY.
14. — Madame Peterhoff. Vaud. en 1 acte, par MM. DE LIVRY, ANTONIN DAVRECOURT et ROCHE.
16. — Madame Favart. Comédie en 3 actes. par MM. XAVIER et MASSON.
31.-24. Mademoiselle de Belle-Isle. Drame en 5 actes, par M. *Alex.* DUMAS.
26. — Mademoiselle. Com.-vaud. en 2 act., par MM. DUPEUTY et LAURENCIN.
8. — Mademoiselle Marguerite. Vaud. en 1 a., par MM. XAVIER et DUVERT.
20. — Mademoiselle Dangeville. Coméd. en 1 acte, par MM. DE VILLENEUVE et DE LIVRY.
4. — Madelon Friquet. Com.-vaud. en 2 actes, par MM. DE ROUGEMONT et DUPEUTY.
30. — La Madone. Drame en 4 actes, par MM. *Léon* HALÉVY et BUY.
8. — Ma Femme et mon Parapluie. Vaud. en 1 acte, par M. LAURENCIN.
4. — Le Magasin pittoresque. Revue en 15 livraisons, par MM. DUPEUTY, DE COURCY et *Maurice* ALHOY. (31 déc. 1833.)
31. — Le Maître d'école. Vaudev. en 4 actes, par MM. LOCKROY et *Anicet* BOURGEOIS.
19. — La Maîtresse de langues. Com. en 1 acte, par MM. DE SAINT-GEORGES, DE LEUVEN et DUMANOIR.
28. — La Maîtresse et la Fiancée. Drame en 2 actes. par M. *Em.* SOUVESTRE.
3. — Les Mal-contents de 1579. Dr. en 5 ac., par MM. D'EPAGNY et JARRY.
21. — Ma Maison du Pec. Vaud. en 1 acte, par MM. MÉLESVILLE et VARNER.
28. — La Mancini ou la famille Mazarin. Com. en 2 actes, par M. ANCELOT.
7. — Manette. Comédie-vaud. en 1 acte, par MM. BAYARD et GABRIEL.
23.-29. Le Manoir de Montlouviers. Drame en 5 actes, par M. ROSIER.

— 431 —

27. — Manon Giroux. Coméd.-vaud. en 2 actes, par MM. De Forges et de Leuven (Rubbing).
8. — Les Marais pontins ou les trois bijoux. Comédie en 2 actes, par MM. Théaulon, Planard et Lange.
20. — Marcel ou l'intérieur d'un ménage. Drame en 4 actes, par M. Auger.
9. — Le Marchand forain. Opéra-comique en 3 actes, de MM. de Planard et P. Duport. Musique de *Marliani.*
28. — Le Marché de Saint-Pierre. Mélod. en 5 actes, par MM. *B.* Antier et de Comberousse.
21. — La Marchesa ou la courtisanne de Rome. Drame en 3 actes, par MM. *Ad.* d'Ennery et Alfred (Tilleul).
31. — La Maréchale d'Ancre. Drame histor. en 5 actes et en vers, par P. L. (Lacroix) Jacob bibliophile.
31. — Marguerite Fortier. Drame en 4 actes, précédé de la veille de Noël, prologue, par MM. Alboize et P. Foucher.
2. — Marguerite de Quélus (24 août 1572). Drame en 3 actes, par MM. Desnoyer, P. Foucher et de Lavergne.
20. — Margot ou les bienfaits de l'éducation. Vaudeville en 1 acte, par MM. Clairville et Milon.
28. — Marguerite d'Yorck. Mélodrame hist. en 3 actes, par MM. Fournier et Dessarsin.
24.-27. Maria. Drame en 2 actes et en vers, par MM. Foucher et Laurencin.
26. — Maria Padilla. Tragédie en 5 actes, par M. Ancelot.
14. — Mariana. Comédie en 3 actes, par MM. Dupeuty et Fontan.
10. — Un Mariage sous l'Empire. Com. 2 ac., par MM. Ancelot et Duport.
13. — Un Mariage raisonnable. Comédie en 1 acte, par M. Ancelot.
19.-26. Le Mariage en capuchon. Com.-vaud. en 1 a. (imitée de l'Espagnol), par MM. Lagrange et Cormon.
19. — Le Mariage d'orgueil. Comédie-vaud. en 2 actes, par MM. Dennery et Saint-Yves (E. Déaddé).
24.-28. Marie Raymond. Dr. en 3 a., par MM. Lockroy et *Anicet* Bourgeois.
13. — Marie ou les trois époques. Comédie en 3 actes, par Mme Ancelot.
18. — Le Mari à la ville et la Femme à la campagne. Com.-vaud. en 3 actes, par M. Varin (Desvergers et El. Arago).
5. — Le Mari de la favorite. Com. en 5 a., par MM. Saintine et M. Masson.
5. — Le Mari de la veuve. Com. en 1 acte, par M. *Alex.* Dumas. *(Anicet* Bourgeois et Durrieu.)
6. — Le Mari d'une muse. C.-vaud. en 1 acte, par MM. Bayard et Varner.
31. — Le Mari de la Dame de chœurs. Vaud. en 1 acte, par MM Bayard et Duvert.
9. — Marino Faliero. Tragédie en 5 actes, par C. Delavigne.

13.-16. Marion carmélite. Com.-vaud. en 1 a., par MM. BAYARD et DUMANOIR.
7. — Marmitons et grands Seigneurs. Comédie-vaud. en 1 acte, par MM. SAUVAGE et DE LURIEU.
25. — Le Marquis en gage. Com.-vaud. t a., par MM. MÉLESVILLE et EUGÈNE.
22. — La Marquise de Senneterre. Comédie en 3 actes, par MM. MÉLESVILLE et *Ch*. DUVEYRIER.
9. — La Marquise. Opéra-comique en 1 acte. Paroles de MM. DE SAINT-GEORGES et de LEUVEN. Musique de M. A. ADAM.
18. — Le Matelot à terre. Croquis de marine en 1 acte, par MM. CHABOT DE BOUIN et ALBOIZE.
25. — Mathias l'invalide. Com.-vaud. 2 a., par MM. BAYARD et *Léon* PICARD.
22. — Mathieu Laensberg est un menteur. Revue en 1 ac., par M. CLAIRVILLE.
5. — Mathilde ou la jalousie. Com. en 3 a., par MM. BAYARD et LAURENCIN.
23. — Maurice. Coméd.-vaud. en 2 actes, par MM. MÉLESVILLE et DUVEYRIER.
31. — Les Mémoires du Diable. Comédie-vaudeville en 3 actes, par MM. *Et*. ARAGO et P. VERMOND.
11. — La Mémoire d'un Père. Com.-vaud. en 1 a., par MM. PETIT et LÉONCE.
6. — Une Mère. Drame en 2 actes, par M. BAYARD.
7. — La Mère et la Fiancée. Comédie-vaudeville en 2 actes, par MM. P. DUPONT, PETIT et LÉONCE (LAURENÇOT).
6. — Un Ménage d'ouvriers. Com.-v. en 1 a., par MM. BAYARD et VARNER.
31. — La Meunière de Marly. Comédie-vaudeville en 1 acte, par MM. MÉLESVILLE et DUVEYRIER.
17. — Michel ou amour et menuiserie. Comédie-vaudeville en 4 actes, par MM. DUVERT, LAUZANNE et JAIME.
9. — Micheline ou l'heure de l'esprit. Opéra-comique en 1 acte, par MM. SAINT-HILAIRE, MASSON et DE VILLENEUVE. Musique de M. A. ADAM.
4. — 1834 et 1835 ou le déménagement de l'année. Revue-épisode en 1 acte, par MM. THÉAULON, DE COURCY et HÉZEL. (28 décembre 1834).
18. — Mina ou la fille du bourgmestre. Comédie-vaudeville en 2 actes, par MM. DUVERT et LAUZANNE.
3. — Les Mineurs. Mélod. en 3 a., par M. FRANCIS. Mus. de M. FRANCASTEL.
14. — Les Misères d'un timbalier. Vaud. 1 a., par MM. LUBIZE et G. ALBITTE.
13. — Mistriss Siddons ou une actrice anglaise. Comédie-vaudeville en 2 actes, par MM. DE LEUVEN et LHÉRIE.
12. — Le Moine. Drame fantastique en 3 actes, par M. FONTAN.
8. — Mon ami Polyte ou un verre de vin. Vaudeville en 1 acte, par MM. DE ROUGEMONT et DE COURVILLE.
7. — Mon Bonnet de nuit. Com.-vaud. 1 a., par MM. G. DUVAL et BARRIÈRE.
21. — Mon Cousin Jacques ou un moyen de s'enrichir. Pièce en 1 acte, par MM. CLAIRVILLE et CHEVALET.

1. — Morin ou la fiancée du proscrit. Drame en 5 actes, par M. LESGUILLON.
11-14.-Monsieur et Madame Galochard. Vaudeville en 1 acte, par MM. XAVIER, DUVERT et LAUZANNE.
24. — Monsieur de Coyllin ou l'homme infiniment poli. Comédie en 1 acte, par MM. MICHEL, A. LEFRANC et *Eug.* LABICHE.
25. — Moustache. Com.-vaud. en 3 actes, par MM. *Paul* DE KOCK et VARIN.
13. — Le Muet d'Ingouville. Comédie-vaudeville en 2 actes, par MM. BAYARD, DAVESNE (H. DUBOIS) et BOUFFÉ.
16. — Le Muet de Saint-Malo ou les grandes émotions. Vaudeville en 1 acte, par MM. VARIN et LUBIZE.
15. — Nabuchodonosor. Dr. en 4 a. par MM. *Anicet* BOURGEOIS et *Fr.* CORNU.
3. — Napoléon Bonaparte. Dr. 6 a., par M. *Alex.* DUMAS (et *C.* DELANOUE).
1. — La Nappe et le torchon. Drame-vaudeville en 3 actes, par MM. VANDER-BURCH et ALBOIZE.
28. — Le Naufrage de la Méduse. Dr. en 5 a., par M. *Ch.* DESNOYER.
2. — La Nonne sanglante. Dr. en 5 a., par MM. *An.* BOURGEOIS et MALLIAN.
30. — La nouvelle Geneviève de Brabant. Drame burlesque, bouffonnerie de la vie intime, en 2 actes, par MM. XAVIER, DUVERT et LAUZANNE.
16. — La nouvelle Héloïse. Drame en 3 actes, par MM. DESNOYER et LABIE.
21. — L'Obstiné ou les Bretons. Com.-vaud. en 1 acte, par M. RENAUD.
8. — L'Octogénaire ou Adèle de Sénanges. Comédie en 1 acte, mêlée de couplets, par M. BAYARD.
13. — L'Oiseau Bleu. Pièce en 3 actes, par MM. BAYARD et VARNER.
18. — L'Officier Bleu. Drame en 3 actes, et en 2 époques, 1785 et 1792, par MM. P. FOUCHER et ALBOIZE.
30. — L'Ombre d'un amant. Com.-v. 1 a., par MM. FOURNIER et CLAIRVILLE.
7. — L'Ombre du mari. Com.-vaud. en 1 a., par MM. DESNOYER et DU PUY.
31. — L'Omelette fantastique. V. 1 a., par MM. DUVERT et BOYER (PARTOUT).
8. — On ne passe pas ou le poste d'honneur. Vaudeville en 1 acte, par MM. DE VILLENEUVE et MASSON.
6. — L'Oraison de Saint-Julien. Comédie-vaudeville en 3 actes, par MM. SAINT-AMAND (LACOSTE) et VILLERAN.
31. — Les Orphelines d'Anvers. Dr. en 5 a. et 6 tableaux, par M. BOUCHARDY.
24. — L'Orphelin du parvis Notre-Dame ou la jeunesse de d'Alembert. Comédie-vaudeville en 1 acte, par *Ad.* GUENÉE.
29. — L'Ouragan. Drame-vaudeville en 3 actes, par MM. COGNIARD frères.
5. — Les Pages de Bassompierre. Comédie en 1 acte, par MM. VARIN, ARAGO et DESVERGERS.
31. — Le Paradis de Mahomet ou la réforme au Harem. Comédie-vaudeville en 1 acte, par M. LAURENCIN.

18. — Un Parent millionnaire. C.-v. 2 a., par MM. Cormon et Delaboullaye.
28. — Les Parens de la fille. Com. en 1 a., par MM. Arvers et Davrecour.
20. — Paraviedes. Drame en 3 actes, tiré du roman de la *Carte jaune* de M. *Eug. Chaput*, par M.ᶜ (Deslandes).
11. — Paris dans la Comète. Revue-vaudeville en 1 acte, par MM. de Rougemont, Dupeuty et Arago.
24. — Pascal et Chambord. Comédie en 2 actes, par MM. *Anicet* Bourgeois et *Ed.* Brisebarre.
14. — Le Passé ou à tout péché miséricorde. Comédie vaudeville en 1 acte, par MM. Cormon et Boulé.
8. — Une Passion. Vaudeville en 1 acte, par MM. Varin, Desvergers et.....
17. — Paul et Pauline. Com.-vaud. en 2 a., par MM. Duvert et Lauzanne.
24. — Paul Jones. Drame en 5 actes, par *Alex.* Dumas (et *Th.* Nezel).
19. — La Pauvre fille. Mélodrame en 5 actes, par M. *An.* Bourgeois.
21. — Pauvre mère. Drame en 5 actes, par MM. *F.* Cornu et *H.* Auger.
6. — Le Pauvre Jacques. Com.-vaud. en 1 acte, par MM. Cogniard frères.
17. — Le Paysan des Alpes. Drame en 5 actes, par M. *T.* Mallefille.
8. — La Paysanne demoiselle. Vaud. en 4 a., par MM. Xavier et Masson.
8. — Pécherel l'empailleur. Vaud. en 1 a., par MM. Duvert et Lauzanne.
17. — Père et Fils. Comédie en 1 acte, par MM. Mélesville et Duport.
2. — Le Père Goriot. Drame vaudeville en 3 actes par MM. Théaulon, de Comberousse et Jaime.
3. — Un Père ou la famille Simon. Drame en 3 actes, par *V.* Roger.
10. — Père et Parrain. Com.-v. en 2 a., par MM. Ancelot et *An.* Bourgeois.
4.-6.— La Périchole. Comédie en 1 acte, par MM. Théaulon et De Forges.
19. — Petit Pierre. Vaudeville en 2 actes, par MM. Auguste (Jouhaud) et Alphonse (*A.* Roger).
19. — La Petite Maison. Comédie en 2 actes, par MM. Ancelot et *P.* Duport.
25. — Philippe III. Tragédie en 5 actes, par M. Andraud.
24. — La Pièce de 24 sous ou la course au million. Comédie-vaudeville en 1 acte, par MM. Mélesville et Xavier.
25. — Les Pilules du Diable. Féerie en 3 actes et 20 tableaux, par MM. *F.* Laloue, *An.* Bourgeois et Laurent.
31. — Pierre le Rouge. Com. 3 a. par MM. de Rougemont, Dupeuty et Antier.
23. — Pierre d'Arezzo (Arétin). Dr. en 3 a., par MM. Dumanoir et Dennery.
21. — Piquillo. Opéra-com. en 3 actes, par *Alex.* Dumas (et *G.* Labrunie).
27. — Le Plastron. Comédie en 2 actes, mêlée de chant, par MM. Xavier, Duvert et Lauzanne.
24. — Plock le Pêcheur. Vaud. en 1 a., par MM. *B.* Antier et *L.* Couailhac.
8. — Plus de Jeudi. Vaud. en 2 a., par feu *Vict.* Ducange et *A.* Bourgeois.
11. — Plus de Loterie. Vaudeville en 1 acte, par MM. Cogniard frères.

17. — Polly. Dr. en 3 a., mêlé de coupl. par MM. Mélesville et Carmouche.
9. — Le Portefaix. Opéra-comique en 3 actes, de M. Scribe.
16. — Les Pontons de Cadix. Op.-com. 1 a., par MM. Ancelot et P. Duport.
17. — Le Portefeuille ou les deux familles. Drame en 5 actes, par MM *An.* Bourgeois et Dennery.
19. — Portier, je veux de tes cheveux. Anecdote historique en 1 acte, par MM. Cogniard, Deslandes et Didier (*N.* Vosgien).
13. — Le Portrait du Diable. Com. 1 a., par MM. de Rougemont et Brazier.
31. — Le Postillon de Longjumeau. Opéra-comique en 3 actes, par MM. de Leuven et Brunswick.
29. — La Première ride. Com.-v. 1 a., par MM. Lockroy et *A.* Bourgeois.
31. — Les Premières armes de Richelieu. Comédie en 2 actes, mêlée de couplets, par MM. Bayard et Dumanoir.
1. — Prêtez-moi cinq francs. Dr. en 3 actes, par MM. Albert et Labrousse.
15. — Le Prévôt de Paris (1369). Drame en 3 a., par MM. Boulé et Cormon.
5. — La Prima donna ou la sœur de lait. Com., par MM. Achille (Dartois) et Jules (de Saint-Georges).
6. — Le Prix de Vertu. C.-v. en 5 tabl., par MM. Brunswich et Barthélemy.
13. — Un Procès criminel ou les femmes impressionnables. Comédie en 3 actes, par M. Rosier.
30. — Le Proscrit. Drame en 5 actes, par MM. *Fréd.* Soulié et *Th.* Dehay.
9. — La Prova d'un opera seria. Op.-buff. 1 a., par MM. Théaulon et Nézel.
25. — Le Puff. Revue en 3 tableaux, par MM. Carmouche, Varin et Huart. orné de Ruy-Blag, parodie en prose rimée de *Ruy-Blas.*
2. — Les Quatres âges du Palais-Royal. Histoire dramatique en 4 époques, par M. Théaulon (et Lesguillon).
26. — Rafaël ou les mauvais conseils. Drame en 3 actes, par MM. Dennery, Cormon (Piestre) et Grangé (Basté).
2. — Le Ramoneur. Dr.-v. 2 a., par MM. Théaulon, Gabriel et De Forges.
23. — Régine ou deux nuits. Opéra-comique en 2 actes, par M. Scribe.
26. — La Reine des blanchisseuses. Vaudeville en 2 actes, par MM. de Rougemont, Dennery et Granger.
10. — Reine, cardinal et page. Comédie en 1 acte, par M. Ancelot.
11. — La Reine d'un jour, chronique mauresque en 2 actes, mêlée de chants, par MM. *B.* Antier et *Alex.* de Comberousse.
23. — Reine de France. Com. 1 a., par MM. Colomb (*Th.* Pernot) et Bellet.
29. — Revue et corrigée. Com.-vaud. en 1 acte, par M. de Saint-Hilaire.
16. — Le Riche et le Pauvre. Drame en 5 actes, par M. E. Souvestre.
28. — Rigobert ou fais-moi rire. Com.-dr. en 3 actes, par M. *Eug.* Deligny.
17. — Riquiqui. Comédie en 3 actes, mêlée de chants, par MM. de Saint-Georges et de Leuven.

— 456 —

7. — La Robe déchirée. Comédie-vaudeville en 1 acte, par M. Ancelot.

13. — Le Roi malgré lui. Comédie en 2 actes, par M. Ancelot.

8. — Un Roi en vacance. Com.-vaud. 3 a., par MM. Charrin et Ménissier.

18. — Le Roi de carreau. Vaud. 1 a., par MM. Cuabot de Bouin et Masselin.

2. — Roger ou le curé de Champaubert. Drame-vaudeville en 2 actes, par MM. Dartois et Mallian.

30. — Roland furieux. Folie-vaudeville en 1 acte, par MM. Cogniard frères.

20-27.-Roquelaure ou l'homme le plus laid de France. Vaudeville en 4 actes, par MM. de Leuven, de Livry et Lhérie.

20. — Rose et Blanche. Vaudeville en 1 acte par M. Arvers.

25. — Rothomago. Revue en 1 acte, par MM. Cogniard frères. (1 janv. 1839).

4. — Les Roués. Com. historique en 3 actes, par MM. Sauvage et Bayard.

4-11.—Le Royaume des femmes ou le monde à l'envers. Pièce fantastique en 2 actes, par MM. Ch. Desnoyer et Cogniard.

11. — Une Saint Barthélemy ou les Huguenots de Touraine. Vaudeville en 1 acte, par MM. Dumanoir et Cogniard frères.

4. — La Salamandre. Comédie-vaudeville en 4 actes, par MM. de Livry, de Forges et de Leuven.

22. — Les Saltimbanques. Com.-parade en 3 a., par MM. Dumersan et Varin.

6. — Salvoisy ou l'amoureux de la Reine. Comédie-vaudeville en 2 actes, par MM. Scribe, de Rougemont et de Comberousse.

18. — Sans Nom! ou drames et romans. Mystère-folie-vaudeville, en 1 acte, par MM. Théaulon et de Biéville (*Edm.* Desnoyers).

18. — Sarah ou l'orpheline de Clencoé. Opéra-com. en 2 actes, par M. Mélesville. Musique de Grisar.

5. — Le Sauveur. Com. en 3 actes, par L. Halevy et Lhérie.

11. — La Savonnette impériale. Coméd.-vaud. en 2 actes, par MM. *Anicet* (Bourgeois) et Dumanoir.

17. — Schubry. Com.-vaud. en 1 acte, par MM. P. Duport et de Forges.

1. — Un Secret de famille. Drame en 4 actes, par MM. Ancelot et *Al.* de Comberousse.

16. — Le Secret de mon oncle. Comédie-vaud. en 1 acte, par M. Varin.

9. — La Sentinelle perdue. Opéra-com. en 1 a., de M. de Saint-Georges.

16. — Les Sept infans de Lara. Drame en 5 actes, par M. Mallefille.

7. — Les Sept Péchés capitaux ou la famille du quaker. Com. vaudev. en 1 acte, par MM. de Leuven et Lhérie.

2. — Le Septuagénaire ou les deux naissances. Drame en 5 actes, par MM. Merville et Albitte.

1. — Le Serf et le Boyard. Drame en 3 actes, par M. Sauvage.

25. — Simon-Terre-Neuve. Vaud. en 1 acte, par M. *Th. P.* Colomb.

28.-29. Simplette la Chevrière. Vaud. en 1 acte. par MM. COGNIARD frères.
13. — Sir Hugues de Guilfort. C.-v. en 2 act., par MM. SCRIBE et BAYARD.
10. — La Sonnette de nuit. Com.-vaud. en 1 acte, par MM. BRUNSWICK, BARTHÉLEMY et LHÉRIE.
23. — Le Sonneur de Saint-Paul. Drame en 4 actes, par M. BOUCHARDY.
6. — Un Soufflet. Com.-vaud. en 1 a., par MM. Ch. DESNOYERS et PHILIPPE.
10. — Sous la Ligne. Scène maritime imitée de *Laurette ou le cachet rouge*, nouvelle de Alf. de Vigny, par MM. DUMERSAN et DE FORGES.
21. — Spectacle à la cour. Comédie-vaudev. en 2 actes, par MM. THÉAULON, LUBIZE et ALBITTE.
16. — Stradella. Comédie mêlée de chants, par MM. DUPORT et DE FORGES.
27. — Les Suites d'une faute. Dr. en 5 ac., par MM. ARNOULD et FOURNIER.
11. — Sur le Pavé. Vaudeville en 1 acte, par M. ROCHEFORT.
22. — Suzanne. Com.-vaud. en 2 act., par MM. MÉLESVILLE et *Eug.* GUINOT.
12. — La Tache de sang. Drame en 3 actes, par MM. MAILLAN et BOULÉ.
31. — La Tante Bazu. Com.-vaud. en 2 actes, par M. LARDENOIS.
5. — Le Tapissier. Com. 3 a., par MM. ANCELOT et *Alex.* DE COMBEROUSSE.
4. — La Tempête ou l'île des Bossus. Folie-vaud. en 1 acte, par MM. DE FORGES, DE LEUVEN et *Charles* (DE LIVRY).
2. — Térésa. Drame en 5 actes, par M. *Alex.* DUMAS (et *An.* BOURGEOIS).
4. — Le Testament de Piron. Com.-vaud. en 1 acte, par MM. F. LANGLÉ et ALBOISE.
13. — Théodore ou heureux quand même. Vaud. en 1 ac., par MM. BAYARD et DESLANDES.
6. — Théophile ou ma vocation. Com.-vaud. en 1 acte, par MM. VARIN, *Et.* ARAGO et DESVERGERS.
29. — Thomas l'Egyptien. Vaud. en 1 acte, par MM. COGNIARD frères.
11. — La Tirelire. Tabl.-vaud. en 1 acte, par MM. COGNIARD frères et JAIME.
7. — La Toque bleue. Com.-vaud. en 1 acte, par MM. DUPIN et DUMANOIR.
12. — Toniotto ou le retour de Sibérie. Drame en 1 acte, par MM. ALBERT (THIERRY) et LABROUSSE.
6. — La Tour de Babel. Revue en 1 acte, par MM. (ADAM, ALBOIZE, AUDÉ, H. BLANCHARD, A. BOURGEOIS, BRAZIER, LHÉRIE, CHABOT DE BOUIN, COGNIARD frères, DE COURCY, *A.* et *Ch.* DARTOIS, DESLANDES et VOGIEN.)
18. — Le Tour de faction. Drame-vaudev. en 1 acte, par MM. DENNERY et *Eug.* GRANGÉ (BASTÉ).
4. — Les Tours de Notre-Dame. Anecdote du temps de Charles VII, par MM. *Benjamin* (ANTIER) et *Alexis* DE COMBEROUSSE.
15. — Tout ou rien. Drame en 3 actes, par M. *Paul* DE KOCK.
2. — La Traite des Noirs. Dr. en 5 a., par MM. Ch. DESNOYER et ALBOIZE.

12. — Le Transfuge. Dr. en 3 actes, par MM. P. Foucher et de Lavergne.
30. — Les Travertissements. Opéra-com. en 1 ac., paroles de M. Deslandes.
29. — Le Tremblement de terre à la Martinique. Drame en 4 actes, précédé d'un prologue, par M. Dennery. Musique de M. *Béancourt*.
6. — Le Triolet bleu. Comédie-vaudev. en 5 actes, par MM. Gabriel, de Villeneuve et Masson.
25. — Les Trois Bals. Vaudeville en 3 actes, par M. Bayard.
30. — Les Trois Beaux-Frères. Com. en 1 ac., par MM. Bayard et Sauvage.
24. — Les Trois dimanches. Com.-vaud. en 3 actes, par MM. Cogniard frères et J. Cordier (de Vaulabelle).
18. — Troisième et quatrième au-dessus de l'entresol. Vaud. en 1 acte, par MM. Varin et Duponchel.
26. — Tronquette la somnambule. Fol.-vaud. 1 a., par MM. Cogniard frères.
17. — Trop heureuse ou un jeune ménage. Com. en 1 ac., par MM. Ancelot et Leroux.
5. — Turiaf le pendu. Com. en 1 ac., mêlée de chants, par MM. Dumanoir et Mallian.
8. — Un de ses frères. Souvenir historique de 1807, mêlé de couplets, par MM. Dumanoir et Mallian.
4. — Un de plus. Com.-vaud. en 3 a., par MM. *Paul* de Kock et Dupeuty.
19. — Valérie mariée, ou aveugle et jalouse. Drame en 3 actes, par MM. Lafitte et Desnoyer.
27.-30. Un Vaudevilliste. Comédie en 1 acte, par MM. Sauvage et *Maurice* Saint-Aguet (*Ch.* Maurice).
17. — La Vendéenne. Comédie en 2 actes, par M. P. Duport.
4. — Le Vendu. Tableau popul. en 1 acte, par MM. Didier et Deslandes.
1. — La Vénitienne. Drame en 5 actes, par M. *Anicet* Bourgeois.
4. — La Vie de Napoléon racontée dans une fête de village. Scène épisodique, par M. *Alcide* Tousez.
6. — La vieille Fille. Com.-v. 1 a., par MM. Bayard et Chabot de Bouin.
17. — La Vieillesse d'un grand Roi. Drame en 3 actes et en prose, par MM. Lockroy et Arnould.
22. — Vingt ans après. Comédie en 1 acte, par MM. P. Duport et *Arsène* de Cey (Chaise de Cahagne).
7. — Vingt ans plus tard. Coméd.-vaudev. en 1 acte, par MM. Bayard et Laurencin.
7. — Le Violon de l'Opéra. Com.-vaudev. en 1 acte, par MM. de Combe- rousse et Lauzanne.
2. — La Visite domiciliaire. Dr. en 1 acte, par MM. Daubigny et A. Poujol.
16. — Vouloir c'est pouvoir. Comédie en 2 actes, par MM. Ancelot et *Al.* de Combebrousse.

11. — Zazezizozu. Féerie-vaudeville en 5 actes, par MM. Daubigny, Poujol et Anatole (Ch. Desnoyer). Ballet de MM. P. Cuzent et Auriol.

21. — Zizine ou l'école de déclamation. Vaud. en 1 acte, par MM. de Lébis et Henry (de Tully).

OEuvres dramatiques rangées chronologiquement.

2065. — Les Tragédies de *Robert* Garnier.
Rouen 1611. Jean Crevel. 1 vol. in-12.

2066. — Les tragédies d'*Anthoine* de Montchrestien. Ed. nouv.
Rouen 1627. Martin de la Motte. 1 vol. in-8°.

** — Voyez œuvres de *Et.* Jodellle, n.° 1636.
** — — de Du Monin, n.° 1646.
** — — de la Vallettrye, n.° 1652.

2067. — Trage-comedie pastoralle, et autres pièces, par *Charles* de Bassecourt, *Haynaunois*.
Anvers 1594. Coninx. 1 vol. in-8°.

2068. — Le théâtre d'*Alexandre* Hardy, *Parisien*.
Paris 1624. Jacques Quesnel. 1 vol. in-8°.

2069. — Tragédies françoises de *Claude* Billard, Seigneur de *Courgenay, Bourbonnois*.
Paris 1610. Den. Langlois. 1 vol. in-8°.

2070. — Alcionée ou le combat de l'Honneur et de l'Amour. Tragédie de P. Du Ryer.
Paris 1641. Anth. de Sommaville. 1 vol. in-8°.

** — Voyez œuvres de Théophile, n.ºs 1666-1667.

2071. — La Sylvie du *Sieur* Mairet. Tragi-Comédie Pastorale.
Caen 1630. Jacq. Mangeant. 1 vol. in-8°.

2072. — L'infidele confidente. Tragi-Comedie par le Sr Pichou.
Paris 1631. F. Targa. 1 vol. in-8°.

2073. — Théâtre de *Jean* Rotrou.
1 vol. in-4°.
Recueil factice contenant :
1. — Agesilan de Colchos. Tragi-comédie.
Paris 1637. Ant. de Sommaville.
2. — La Celiane, tragi-comédie.
Paris 1637. Toussainct-Quinet.

3. — Célie ou le vice-roy de Naples, tragi-comédie.
Paris 1646. Aug. Courbé

4. — Cosroes. Tragédie.
Paris 1649. Ant. de Sommaville.

5. — Dom Bernard de Cabrere, tragi-comédie.
Paris 1647. Ant. de Sommaville.

6. — L'Heureux naufrage, tragi-comédie.
Paris 1637. Ant. de Sommaville.

7. — Iphygenie. Tragédie.
Paris 1641. Ant. de Sommaville.

8. — Laure persécutée. Tragi-comédie.
Paris 1639. Ant. de Sommaville.

9. — Les occasions perdues. Tragi-comédie.
Paris 1636. Ant. de Sommaville.

2074. — OEuvres de *Jean* Rotrou. (Avec une notice sur l'auteur, et des notes historiques et littéraires par M. *Viollet Le Duc*).
Paris 1820-1823. Desoer. 5 vol. in-8°.

2075. — La Bague de l'oubly. Comédie. Par le *Sieur* Rotrou.
Paris 1635. Ferd. Targa. 1 vol. in-8°.

2076. — Le Trompeur puny. Ou l'histoire septentrionale. Tragi-comédie par M. de Scudéry.
Paris 1635. Ant. de Sommaville. 1 vol. in-8°.

2077. — Le prince déguisé. Tragi-comédie par M. de Scudéry.
Paris 1636. Courbé. 1 vol. in-8°.

** — Voyez œuvres spirituelles de Puget de la Serre.

** — — de Martial de Brives, n.° 1678.

2078. — La Niobe de M. Frenicle.
Paris 1632. Dugast. 1 vol. in-8°.

2079. — Le théâtre de P. Corneille. Revu et corr. par l'Autheur.
Rouen-Paris 1664. G. De Luyne. 4 vol. in-8°. Grav.
Le titre gravé des trois premiers volumes porte la date de 1660.

2080. — Le Théâtre de P. Corneille. Nouvelle édition.
Paris 1747. Bordelet. 7 vol. in-12.

2081. — Chefs d'œuvre de P. Corneille, avec les remarques de *Voltaire*.
Paris 1825. V.e Dabo. 4 vol. in-18.

2082. — OEuvres de P. Corneille avec le commentaire de *Voltaire* et les jugemens de *La Harpe*.
Paris 1827. Ladrange. 12 vol. in-8°.
Le 12.e volume a pour titre : Chefs d'œuvre de *Th.* Corneille, avec le Commentaire de *Voltaire*.

2083. — Chefs-d'œuvre de *Th.* Corneille, avec les remarques de *Voltaire*.
>Paris 1825. Ve Dabo. 1 vol. in-18.

** — Voyez œuvres de s.^r Evremont, t. I.

2084. — La belle Esclave, tragicomédie de M. de l'Estoille.
>Paris 1643. Pierre Moreau. 1 vol. in-4°.
>
>Cette pièce est imprimée avec les caractères nouveaux de P. Moreau, ressemblant à ceux qu'on employait pour la gravure des œuvres musicales de cette époque.

** — Voyez œuvres de Scarron, tom. II-XI-XII.

** — — de La Fontaine, n.° 1733, tom IV.

2085. — OEuvres choisies de Quinault, précédées d'une notice sur sa vie et ses ouvrages (par *Crapelet*).
>Paris 1824. Crapelet. 2 vol. in-8°. Port.

2086. — Les œuvres de M. de Molière. Rev., corr. et augm.
>Paris 1682. Denys Thierry. 8 vol. in-8°. Grav.

2087. — OEuvres de J.-B. Poquelin de Molière.
>Paris 1817. l'Ecrivain. 8 vol. in-18. Port.

2088. — OEuvres de Molière, avec un commentaire, un discours préliminaire, et une vie de Molière, par M. *Auger*.
>Paris 1819-1825. Th. Desoer. 9 vol. in-8°. Grav.

2089. — Panégyrique de l'Ecole des femmes, ou conversation comique sur les œuvres de M. de Molière. (Par de Nonantes).
>Paris 1664. Guignard. 1 vol. in-12.

2090. — Zelinde, ou la véritable Critique de l'Escolle des Femmes, et la Critique de la Critique. (Par de Villiers).
>Paris 1662. Ch. de Sarcy. 1 vol. in-12.

2091. — L'Apoticaire dévalisé. Comédie burlesque. Par M. de Villiers.
>Paris 1660. De Sercy. 1 vol. in-12.

2092. — Les Fables d'Esope, comédie. Par M. Boursault.
>Bruxelles 1690. Leonard. 1 vol. in-8°.

2093. — Esope à la cour, comédie héroïque, par feu M. Boursault.
>Paris 1702. Damien Beugnié. 1 vol. in-8°.

2094. — OEuvres de J. Racine. Nouvelle édition.
>Amsterdam et Leipzig. 1763. Arkstée et Merkus. 3 v. in-12.

2095. — OEuvres de *Jean* Racine.
>Paris 1801. P. Didot l'aîné. 3 vol. in-fol. Grav.

2096. — OEuvres de *Jean* Racine, avec des commentaires, par *J. L. Geoffroy*.
>Paris 1808. Le Normant. 7 vol. in-8°. Grav.

2097. — OEuvres de *Jean* Racine.
>Paris 1829. Masson et Yonet. 5 vol. in-18.

2098. — Mithridate. Tragédie par M. Racine. — Mithridates. Ein Trauer-Spiel aus dem Frantzosischen des Herrn Racine ubersetzet von *Johann Jacob* Witter.
>Strasburg 1735. D. Dulszecker. 1 vol. in-12.

** — Voyez œuvres de Mme Desooulières n.ºs 1731-1732.

2099. — Le Martyre de la glorieuse vierge Sainte Reyne, tragédie. Composée par Me *Claude* Ternet. 10.e édit.
>Autun 1671. Simonnot. 1 vol. in-8°.

2100. — Tragédies de M. Campistron. 8.e édition.
>Paris 1715. Ribou. 1 vol. in-12. Fig.

** — Voyez œuvres de Fontenelle, tom. v.
** — — de *J.-B.* Rousseau, n.° 1757, tom iv.

2101. — Les œuvres de M. Regnard. Nouvelle édition.
>La Haye 1729. Moetjens. 2 vol. in-12.

2102. — OEuvres complètes de Regnard, avec des avertissements et des remarques sur chaque pièce, par M. *Garnier*.
>Paris 1820 Haut-Cœur. 6 vol. in-8°. Grav.

2103. — Théâtre du P. Bougeant.
>1 vol. in-12.
>Il comprend :
>1.° La Femme docteur ou la théologie tombée en quenouille, comédie en 5 actes. — 2.° Le Saint déniché ou la banqueroute des marchands de miracles, comédie en 5 actes et en prose.

2104. — Le théâtre de M. de la Grange. 2.e édition.
>Amsterdam 1709. Desbordes. 1 vol. in-12.

** — Voyez œuvres du Chevalier de Saint-Jorry, tom. i.

2105. — OEuvres de M. de Crébillon.
>Paris 1750. Imp. Royale. 2 vol. in-4°. Grav.

2106. — OEuvres de Crébillon, avec les notes de tous les commentateurs. Edition publiée par M. *Parrelle*.
    Paris 1828. Werdet et Lequien. 2 vol. in-8°.
2107. — Théâtre français de Le Sage. Contenant : Crispin, rival de son maître, comédie. — Turcaret, comédie. Critique de la comédie de Turcaret. — La Tontine, comédie. — Le point d'honneur, comédie.
    Amsterdam-Paris 1783. 1 vol. in-8°.
    Ce volume est le tome xi des œuvres choisies.
** — Voyez œuvres de Le Sage, tom. xiii-xiv.
2108. — Turcaret, com. en 5 actes et en prose. Par M. Le Sage.
    Paris 1777. Ruault. 1 vol. in-8°.
2109. — Esope, comédie. Accommodée au théâtre italien. Par M. Le Noble.
    Paris 1691. G. de Luynes. 1 vol. in-12. Grav.
2110. — OEuvres dramatiques de Néricault Destouches.
    Paris 1755. Imp. Royale. 4 vol. in-4°.
2111. — OEuvres dramatiques de N. Destouches, nouv. éd., précédée d'une notice sur la vie et les ouvrages de cet auteur.
    Paris 1820. Haut-Cœur. 6 vol. in-8°. Grav.
** — Voyez œuvres de Marivaux, tom. i à v.
** — — de Du Cerceau, n.° 1755.
** — — de Voltaire, tom. ii à ix.
2112. — Le Caffé, ou l'Ecossaise, comédie, par M. Hume, traduite en français. (Composée par Voltaire).
    Londres (Genève) 1760. 1 vol. in-8°.
2113. — Octave et le jeune Pompée, ou le Triumvirat. Avec des remarques sur les proscriptions.(Tragédie par Voltaire).
    Amsterdam-Paris 1767. Lacombe. 1 vol. in-8°.
2114. — OEdipe, tragédie. Par L. P. F. J. (le Père Follard).
    Paris 1722. Josse. 1 vol. in-8°.
2115. — OEuvres de théâtre de M. Piron.
    Paris 1741. Prault. 1 vol. in-8°.
** — Voyez œuvres de Piron, n.° 1785, tom. i à vi.
** — — de Le Franc de Pompignan, n.° 1788, tom. iii.
2116. — OEuvres de Monsieur de la Chaussée.
    Amsterdam 1757. La Compagnie. 2 vol. in-12.

2117. — Les Amazones révoltées, roman moderne. Comédie en cinq actes. Sur l'Histoire universelle, et la Fable. Avec des notes politiques. Sur les travaux d'Hercule, la Chevalerie-militaire, et la découverte du nouveau Monde, etc. (Par *Don Luis* LE MAINGRE DE BOUCICAULT).
  Rotterdam 1738. 1 vol. in-12.
** — Voyez œuvres du P. BRUMOY, tom. IV.

2118. — L'Impromptu de campagne, comédie en vers et en un acte, par M. POISSON. Nouvelle édition.
  Avignon 1774. Chambeau. 1 vol. in-8°.

2119. — Chef-d'œuvre de GUYOT DE MERVILLE. (Le Consentement forcé. Comédie en un acte et en prose).
  Paris 1785. Bélin et Brunet. 1 vol. in-18.

2120. — Chef-d'œuvres *(sic)* de GRESSET.
  Paris 1787. Bélin et Brunet. 1 vol. in-18.
  Ce volume comprend : Vie de Gresset, Sydney et le Méchant.
** — Voyez œuvres de GRESSET, n.ºs 1779-1780, tom. II.
** —   — de SAINT-FOIX. tom. I-II.
** —   — de R. BOISTEL D'WELLES, n.° 1799.
** —   — de MARMONTEL, tom IX.
** —   — de Mad. DU BOCCAGE, tom. I.

2121. — Les œuvres de M. DESMAHIS. Première édition complète, publiée d'après ses manuscrits, avec son éloge historique, par M. de *Tresséol*.
  Paris 1778. Humblot. 1 vol. in-12.
  Tom II contenant les pièces de théâtre.

2122. — L'Homme dangereux, comédie. Par l'auteur de la Comédie des philosophes (PALISSOT). Avec un petit commentaire à l'usage de ceux qui les aiment.
  Amsterdam 1770. 1 vol. in-8°.
** — Voyez œuvres de PALISSOT DE MONTENOY, tom. I-II.
** —   — de J.-J. ROUSSEAU, tom. XVIII.

2123. — Le Fils naturel ou les épreuves de la vertu. Comédie en cinq actes, et en prose, avec l'histoire véritable de la pièce. (Par DIDEROT).
  Amsterdam (Paris) 1757. 1 vol. in-8°.

2124. — Le Père de Famille, comédie en cinq actes, et en prose, avec un Discours sur la poésie dramatique.(Par Diderot).
Amsterdam (Paris) 1758. 1 vol. in-8°.

** — Voyez œuvres de Diderot, tom. iv.

2125. — Caliste, tragédie. Par M. Colardeau.
Avignon 1764. Chambeau. 1 vol. in-8°.

2126. — Théâtre de M. Favart, ou recueil des Comédies, Parodies et Opéra-Comiques qu'il a donnés jusqu'à ce jour, avec les airs, rondes et vaudevilles notés dans chaque pièce.
Paris 1763. Duchesne. 8 vol. in-8°. Grav.

2127. — La Brouette du Vinaigrier, drame en trois actes et en prose, par M. Mercier. Nouvelle édition.
Paris 1778. Didot l'aîné. 1 vol. in-8°.

2128. — L'Indigent, drame en quatre actes, en prose. Par M. Mercier.
Paris 1772. Lejay. 1 vol. in-8.°

2129. — Jean Hennuyer, évêque de Lizieux. Drame en trois actes. (Par Mercier).
Londres 1773. 1 vol. in-8°.

Dans le même volume :

2130. — Le Juge, drame en trois actes, en prose. Par M. Mercier.
Londres-Paris 1774. Ruault. in-8°.

2131. — La destruction de la ligue, ou la réduction de Paris, pièce nationale en quatre actes. (Par L. S. Mercier).
Amsterdam 1782. 1 vol. in-8°.

Dans le même volume :

2132. — Portrait de Philippe II, roi d'Espagne. (Drame en cinq actes, précédé d'un précis historique, par Mercier).
Amsterdam 1785. in-8°.

2133. — OEuvres de A. M. Le Mierre, précédées d'une notice sur la vie et les ouvrages de cet auteur, par *Réné Perrin*.
Paris 1810. Maugeret. 3 vol. in-8°.

2134. — OEuvres complettes de M. de Belloy, citoyen de Calais.
Paris 1779. Moutard. 6 vol. in-8°.

2135. — Amilka, ou Pierre-le-Grand, tragédie, précédée d'un discours, où se trouvent des fragmens d'un Czarowits,

par le chevalier de Vatan, et suivie d'un extrait de la tragédie d'Alceste, et du discours du Scythe à Alexandre. (Par Dorat).
Paris 1767. Jorry. 1 vol. in-8°.

** — Voyez œuvres de La Harpe, tom, i-ii.
** — — de Chamfort, t. iv.
** — — de Beaumarchais, tom. i-ii.

2136. — OEuvres de J. F. Ducis.
Paris 1818. Nepveu. 6 vol. in-18. Grav.

2137. — Le Jaloux, comédie en cinq actes et en vers libres; par M. Rochon de Chabannes. 11 mars 1784.
Paris 1785. V.° Duchesne. 1 vol. in-8°.

2138. — OEuvres choisies de Marsollier, précédées d'une notice sur sa vie et ses écrits par Mme la C^{se} d'*Hautpoul*, sa nièce.
Paris 1825. Aubrée et Peytieux. 3 vol. in-8°.

2139. — Le Vaporeux, comédie en deux actes et en prose; par M. M. D. (Marsollier).
Paris 1782. Brunet. 1 vol. in-8°.

2140. — Tom Jones et Fellamar, suite de Tom Jones à Londres, comédie en cinq actes et en vers. Par M. Desforges.
Paris-Bruxelles 1788. De Boubers. 1 vol. in-8°.

** — Voyez œuvres de Millevoye, n.ºs 1817-1818, tom. ii-iii.
** — — de Pigault-Lebrun, tom. ix-x-xi.

2141. — Guerre ouverte, ou ruse contre ruse. Comédie en trois actes et en prose, par M. Dumaniant. 4 octobre 1786.
Paris 1787. Cailleau. 1 vol. in-8°.

2142. — Théâtre de M. Ronsin, imprimé au profit de sa belle-mère.
Paris 1786. Cailleau. 1 vol. in-12.

2143. — OEuvres choisies de Collin d'Harleville.
Paris 1820. Ménard et Desenne. 4 vol. in-18. Port.

2144. — Théâtre de *M. J.* de Chénier, précédé d'une analyse, par *M. N. L. Lemercier*.
Paris 1821. Baudouin. 3 vol. in-18. Port.

2145. — OEuvres de *L. B.* Picard.
Paris 1821. Barba. 10 vol. in-8°. Port.

2146. — Théâtre républicain posthume et inédit de *L. B.* Picard, publié par *Ch. Lemesle*.
Paris 1832. Barba. 1 vol. in-8°.

2147. — OEuvres complètes d'*Alexandre* DUVAL.
  Paris 1822-23. Barba. 9 vol. in-8°.
** — Voyez œuvres d'ARNAULT, n.° 1833, tom. I-II-III.
** — — de *Etienne* DE JOUY, tom. XVIII-XIX-XX-XXI.

2148. — OEuvres de *F. G. J. Stanislas* ANDRIEUX.
  Paris 1822. Nepveu. 6 vol. in-18. Port.
  Ce numéro aurait dû être placé à la suite du n.° 1837.

2149. — Le Milicien, comédie en un acte, mêlée d'ariettes, par M. ANSEAUME. 29 décembre 1762.
  Paris 1770. V.ᵉ Duchesne. 1 vol. in-8°.

2150. — Théâtre de M. *C.* DELAVIGNE.
  Paris 1826. Ladvocat. 4 vol. in-8°. Grav.

2151. — Louis XI, tragédie en cinq actes et en vers, par M. *Casimir* DELAVIGNE.
  Paris 1832. Barba. 1 vol. in-8°.

2152. — Les enfants d'Edouard, tragédie en trois actes et en vers, par M. *Casimir* DELAVIGNE.
  Paris 1832. Ladvocat. 1 vol. in-8°.
** — Voyez œuvres de *C.* DELAVIGNE, n.° 1848, tom. I à IV.

2153. — Vautrin, drame en cinq actes, en prose, par M. DE BALZAC.
  Paris 1840. Delloye. 1 vol. in-8°.

2154. — Richard Darlington, drame en trois actes et en prose, précédé de la Maison du Docteur, prologue, par MM. DINAUX, (BEUDIN et P. GOUBAUX).
  Paris 1832. Barba. 1 vol. in-8°.

2155. — Rosemonde, tragédie en cinq actes, par M. *Emile* DE BONNECHOSE. (28 octobre 1826).
  Paris 1826. Lecaudey. 1 vol. in-8°.

2156. — Louis XI à Péronne, comédie historique en cinq actes et en prose, par M. MÉLY-JANIN, (15 février 1827).
  Paris 1827. De la Forest. 1 vol. in-8°.

2157. — Recueil de pièces de M. *Eugène* SCRIBE seul, ou en collaboration.
  1 vol. in-8°. Contenant :
1. — La Camaraderie ou la courte échelle, com. en 5 actes, en prose. 1837.
2. — La Calomnie, comédie en 5 acte et en prose. 1840.

3. — La Grand'mère ou les trois amours, comédie en 3 actes. 1840.
4. — Le Verre d'Eau ou les effets et les causes, com. en 5 a. et en prose. 1840.
5. — Une Chaîne, comédie en 5 actes et en prose. 1841.
6. — Les Huguenots, opéra en 5 actes. Musique de M. MAYERBEER. 1836.
7. — Le Domino noir, opéra-comique en 3 actes. Mus. de M. AUBER. 1837.
8. — La Part du Diable, opéra-com. en 3 actes. Mus. de M. AUBER. 1843.
9. — La Muette de Portici, opéra en 5 actes. Paroles de MM. SCRIBE et G. DELAVIGNE. Musique de M. AUBER. 1828.
10. — La Prison d'Edimbourg, opéra-comique en 3 actes. Paroles de MM. SCRIBE et DE PLANARD. Musique de M. CARAFA. 1833.
11. — L'Ambassadrice, opéra-comique en 3 actes. Paroles de MM. SCRIBE et DE SAINT-GEORGES. Musique de M. AUBER 1836.
12. — Polichinelle, opéra-comique en 1 acte. Paroles de MM. SCRIBE et DUVEYRIER. Musique de M. MONFORT. 1839.
13. — La Reine d'un jour, opéra-comique en 3 actes. Paroles de MM. SCRIBE et DE SAINT-GEORGES. Musique de M. *Ad.* ADAM. 1839.
14. — Les Diamans de la couronne, opéra-comique en 3 actes. Paroles de MM. SCRIBE et DE SAINT-GEORGES. Musique de M. AUBER. 1841.
15. — Le Puits d'Amour, opéra-comique en 3 actes, par MM. SCRIBE et DE LEUVEN. Musique de M. BALFE. 1843.
16. — Le nouveau Pourceaugnac, comédie-vaudeville en 1 acte, par MM. SCRIBE et DELESTRE-POIRSON. 1817.
17. — La Lune de miel, comédie-vaudeville en 2 actes, par MM. SCRIBE, MÉLESVILLE et CARMOUCHE. 1826.
18. — Avant, pendant et après, esquisses historiques, par MM. SCRIBE et DE ROUGEMONT. 1828.
19. — Zoé ou l'amant prêté, comédie-vaudeville en 1 acte, par MM. SCRIBE et MÉLESVILLE. 1830.
20. — Le Quaker et la Danseuse, comédie-vaudeville en 1 acte, par MM. SCRIBE et *Paul* DUPORT. 1831.
21. — Le Gardien, comédie-vaudeville en 2 actes, tirée du roman d'*Indiana*, par MM. SCRIBE et BAYARD. 1832.
22. — Toujours ou l'avenir d'un fils, comédie-vaudeville en 2 actes, par MM. SCRIBE et VARNER. 1832.
23. — La Pensionnaire mariée, comédie-vaudeville en 1 acte, imitée du roman de M.ᵉ de *Flahaut*, par MM. SCRIBE et VARNER. 1835.
24. — L'Etudiant et la grande dame, comédie-vaudeville en 2 actes, par MM. SCRIBE et MÉLESVILLE. 1837.
25. — Clermont ou une femme d'artiste, comédie-vaudeville en 2 actes, par MM. SCRIBE et VANDER-BURCH. 1838.

2158. — Théâtre de M. *P. Ch.* Liadières.
> 1 vol. in-8°.
> Ce volume comprend :
1. — Conradin et Frédéric, tragédie en 5 actes. (22 avril 1820).
> Paris 1826. Barba.
2. — Jean-sans-Peur, tragédie en 5 actes. (15 septembre 1821).
> Paris 1821. Barba.
3. — Jane Shore, tragédie en 5 actes. (2 avril 1824).
> Paris 1824. V.ᵉ Dabo.
4. — Walstein, tragédie en 5 actes. (22 octobre 1828).
> Paris 1829. Vente.
5. — Dioclétien aux catacombes de Rome. (Voyez n.° 1611, tom. 11-10).

2159. — La Marquise de Montalle, comédie en cinq actes, par J. Boucher de Perthes.
> Paris 1820. Barba. 1 vol. in-8°.

2160. — Sujets dramatiques, par M. Boucher de Perthes.
> Paris 1852. Treuttel et Wurtz. 2 vol. in-12.

2161. — Marion Delorme, drame, par *Victor* Hugo.
> Paris 1831. Renduel. 1 vol. in-8°.

2162. — OEuvres complètes de *Victor* Hugo. Cromwell.
> Paris 1836. Renduel. 2 vol. in-8°.

2163. — Théâtre de M. Galoppe d'Onquaire.
> 1 vol. in-8°. Contenant :
1. — Une Femme de quarante ans, comédie en 3 actes. (20 nov. 1844).
> Paris 1845. Tresse.
2. — Jean de Bourgogne, drame en 3 actes, par MM. Galoppe et Pitre-Chevalier. 2.ᵉ édition. (17 février 1846).
> Paris 1846. Tresse.
3. — Comment les femmes se vengent ou la leçon de séduction, comédie en 2 actes. (23 décembre 1848).
> Paris 1849. Mich. Lévy.

2164. — Une Chrétienne et Néron, drame en cinq parties et en vers, par *Alfred* Pourchel (1).
> Paris 1835. Guillaumin. 1 vol. in-8°.

---

(1) Pourchel (*Charles-Alfred-Adéodat*), né à Amiens le 20 février 1813.

Pièce en patois.

2165. — Le Misantrope travesti, comédie en 5 actes et en vers patois. Par le cit. DAUBIAN, homme de loi, de Castres.
Castres 1797. Rodière. 1 vol. in-8º.

Opéras.

2166. — Des représentations en musique anciennes et modernes. (Par le P. MÉNESTRIER).
Paris 1681. René Guignard. 1 vol. in-12.

2167. — Réflexions sur l'Opéra. (Par RÉMOND DE SAINT-MARD).
La Haye 1741. Jean Neaulme. 1 vol. in-12.

2168. — Théâtre lyrique: avec une préface où l'on traite du Poëme de l'Opéra. Et la Réponse à une Epitre satyrique contre ce Spectacle. Par M. LE BR. (LE BRUN).
Paris 1712. P. Ribou. 1 vol. in-12..

2169. — Recueil de Ballets et de mascarades. (Vers de BENSERADE).
Paris 1657-59. Ballard. 1 vol. in-4º.

Contenant:

1. — Amour malade. Ballet du Roy, dansé par Sa Majesté le 17 janv. 1657.
2. — Les Plaisirs troublez. Mascarade. Dansée devant le Roy par M. le duc de Guise.
3. — Ballet royal d'Alcidiane. Dansé par Sa Majesté le 14 février 1658.
4. — Ballet de la Raillerie. Dansé par Sa Majesté le 19 février 1659.

2170. — Recueil des Opéra, des Balets, et des plus belles Pièces en musique, qui ont été représentées depuis dix ou douze ans jusques à présent devant Sa Majesté très chrétienne. (Tom. I.er).
Anvers 1685. H. Van Dunwaldt. 1 vol. in-12.

2171. — Recueil général des Opéra représentez par l'Académie royale de musique, depuis son établissement. (T. 2-3-4-11).
Paris 1703-20. Ballard et Ribou. 4 vol. in-12.

2172. — Recueil des Opéra, représentez par l'Académie royale de musique, depuis son établissement. (Tom. x.e)
La Haye 1714. G. de Voys. 1 vol. in-12.

2173. — Recueil d'opéras et ballets représentés sur le théâtre des petits appartements à Versailles.

Imprimés par exprès commandement de Sa Majesté.
(**Paris 1748-65. Ballard**). **1 vol. in-8°.**

Ce volume comprend :

1. — Fragmens composés du prologue, des Entrées du Feu et de l'Air du ballet des Elémens, et de l'acte de Philémon et Baucis du ballet de la Paix. (Par Roy). 1748.
2. — Fragmens.—Jupiter et Europe, divertissement nouveau.— Les Saturnales, entrée du ballet des Fêtes Grecques et Romaines. — Zélie. (Par Fuselier et Colin de Blamont). 1749.
3. — Acis et Galathée, pastorale précédée du prologue de Phaéton. (Par Quinault et Campistron), 1749.
4. — Les Amours de Ragonde, comédie. (Par de Malesieux). 1749.
5. — Issé, pastorale héroïque. (Par De la Motte). 1749.
6. — La Terre, entrée du ballet des Elémens. (Par Roy). 1749.
7. — Le prince de Noisy, ballet. (Par de La Bruère). 1749.
8. — Le prince de Noisy. (Autre édition). 1750.
9. — Erigone, ballet. (Par de La Bruère). 1750.
10. — Zélie, divertissement. 1750.
11. — Les fêtes de Thétis, ballet. (Par Roy). 1750.
12. — Philémon et Baucis, pastorale. (Par Roy). 1763.
13. — Fragments composés du prologue des Amours des Dieux, de l'acte de l'Amour enjoué, et de celui de la Danse. (Par Fuselier). 1765.

2174. — Thesée, tragédie (par Quinault) mise en musique par M. de Lully. (12 janv. 1675).
Paris 1688. Ballard. 1 vol. in-fol.

2175. — Atys, tragédie (par Quinault) mise en musique par M. de Lully. (10 janv. 1674).
Paris 1689. Ballard. 1 vol. in-fol.

2176. — Même ouvrage. 2.ᵉ édition, gravée par *de Baussen*.
Paris 1709. 1 vol. in-fol.

2177. — Phaëton, tragédie (par Quinault), mise en musique par feu M. de Lully. (27 avril 1683). 2.ᵉ édition.
Paris 1709. 1 vol. in-fol.

2178. — Amadis, tragédie (par Quinault), mise en musique par M. de Lully. (15 janvier 1684).
Paris 1684. Ballard. 1 vol. in-fol.

2179. — Roland, tragédie (par Quinault), mise en musique par M. de Lully. (8 février 1685).
Paris 1685. Ballard. 1 vol. in-fol.

2180. — Même ouvrage. 2.ᵉ édition.
Paris 1709. 1 vol. in-fol.

2181. — Ballet des Saisons (par Pic), mis en musique par M. Collasse. (18 octobre 1695).
Paris 1695. Ballard. 1 vol. in-4.º oblong.

2182. — La naissance de Vénus (par Pic), opéra, mis en musique par M. Collasse. (1.ᵉʳ mai 1695).
Paris 1695. Ballard. 1 vol. in-4.º obl.

2183. — Tancrède, tragédie (de Danchet) mise en musique par M. Campra. (7 novembre 1702).
Paris 1702. Ballard. 1 vol. in-4.º obl.

2184. — Cassandre, tragédie, paroles de M. de la Grange, musique de MM. Bouvard et Bertin. (22 juin 1706).
Paris 1706. Ballard. 1 vol. in-fol.

2185. — Polixène et Pyrrhus, tragédie; les paroles par M. de la Serre, la musique par M. Collasse. (21 oct. 1706).
Paris 1706. Ballard. 1 vol. in-fol.

2186. — Diomède, tragédie (par La Serre) mise en musique par M. Bertin. (27 mars 1710).
Paris 1710. Ballard. 1 vol. in-4.º obl.

2187. — Callirhoé, tragédie (par Roy) mise en musique par M. Destouches. (27 décembre 1712).
Paris 1713. Ballard. 1 vol. in-4º. obl.

2188. — Télèphe, tragédie (par Danchet) mise en musique par M. Campra. (28 novembre 1713).
Paris 1713. Ballard. 1 vol. in-4º. obl.

2189. — La princesse d'Elide, opéra par l'*Abbé* Pellegrin et Villeneuve. (20 juillet 1728).
Paris 1728. Ballard. 1 vol. in-fol.

2190. — Hippolite et Aricie, tragédie (de Pellegrin) mise en musique par M. Rameau. (1.ᵉʳ octobre 1733).
Paris, l'Hauteur (sic). 1 vol. in-fol.

2191. — Castor et Pollux, tragédie (de Bernard) mise en musique par M. Rameau. (24 octobre 1737).
Paris. l'Auteur. 1 vol. in-4.º obl.

2192. — Le Devin du Village, intermède représenté à Fontainebleau devant LL. MM. les 18 et 24 octobre 1752 et à Paris par l'Académie royale de musique le 1.er mars 1753. Par J.-J. Rousseau.
Paris Le Clerc. 1 vol. in fol.

2193. — Les deux Chasseurs et la Laitière, comédie en un acte, par M. Anseaume, musique de M. Duny. (21 juil. 1763).
Paris. Sieber. 1 vol. in-fol.

2194. — Le Sorcier, comédie lyrique en deux actes par M. Poinsinet, mise en mus. par A. D. Philidor (2 janv. 1764).
Paris. Le Clerc. 1 vol. in-fol.

2195. — Rose et Colas, comédie en un acte par M. (Sedaine, musique de Monsigny). (8 mars 1764).
Paris 1764. Hérissant. 1 vol. in-fol.

2196. — Tom-Jones, comédie lyrique en trois actes (par Poinsinet), représentée pour la première fois le 27 février 1765, remise avec des changements le 13 janvier 1766, mise en musique par A. D. Philidor.
Paris. Hue. 1 vol. in-fol.

2197. — Le Tonnelier, opéra-comique en un acte, mis en musique par MM. (Audinot et Quétant). (16 mars 1765).
Paris. Le Clerc. 1 vol. in-fol.

2198. — Isabelle et Gertrude ou les Sylphes supposés, comédie en un acte, par M. Favart; mise en musique par M. Blaise. (... 1765).
Paris. De la Chevardière. 1 vol. in-fol.

2199. — Le Huron, comédie en deux actes et en vers (par Marmontel), mise en mus. par And. Grétry. (20 août 1768).
Paris Beraux. 1 vol. in-fol.

2200. — Le Déserteur, drame en trois actes (par Sedaine). Musique de Monsigny, (6 mars 1769).
Paris. Hérissant. 1 vol. in-fol.

— 454 —

2201. — Silvain, comédie en un acte et en vers (par Marmontel(, mise en musique par M. Grétry. (19 février 1770).
Paris. 1 vol. in-fol.

2202. — L'Amitié à l'épreuve, comédie (de Favart) en deux actes, mêlée d'ariettes, par Grétry. (13 nov. 1770).
Paris. Basset. 1 vol. in-fol.

2203. — Zémire et Azor, comédie-ballet (par Marmontel), mise en musique par M. Grétry. (9 novembre 1771).
Paris. Houbaut. 1 vol. in-fol.

2204. — La belle Arsène, comédie féerie en quatre actes, par M. (Favart, musique de Monsigny). (6 nov. 1773).
Paris. Bailleux. 1 vol in-fol.

2205. — Les Mariages Samnites, drame lyrique en trois actes (par de Rozoy), mis en musique par M. Grétry. (2 juin 1766).
Paris. Houbaut. 1 vol. in-fol.

2206. — Alceste, tragédie-opéra en trois actes (par Du Roullet), mise en musique par M. le Chev. Gluck. (30 avril 1776).
Paris. Bureau d'abonnement musical. 1 vol. in-fol.

2207. — L'Olympiade ou le triomphe de l'Amitié, drame héroïque en trois actes et en vers, imité de l'Italien et parodié sur la musique de Sacchini (par Framery). (1777).
Paris. Leduc. 1 vol. in-fol.

2208. — Roland, opéra en trois actes (par Quinault), mis en musique par M. Piccini. (27 janvier 1778).
Paris. Louis. 1 vol. in-fol.

2209. — Partition de Félix ou l'enfant trouvé, comédie en trois actes, en vers et en prose (par Sedaine), mise en musique par M. M. (Monsigny). (24 novembre 1777).
Paris. Bailleux. 1 vol. in-fol.

2210. — Iphigénie en Tauride, tragédie en quatre actes, par M. Guillard, mise en musique par M. Gluck. (18 mai 1779).
Paris. Boieldieu. 1 vol. in-fol.

2211. — Atys, tragédie lyrique en trois actes, paroles de Quinault, musique de M. Piccini. (22 février 1780).
Paris. Basset. 1 vol. in-fol.

2212. — La Mélomanie, opéra-comique en un acte (par GRENIER), mis en musique par M. S. CHAMPEIN. (23 janv. 1781).
Paris 1781. Des Lauriers. 1 vol. in-fol.

2213. — Chimène ou le Cid, tragédie lyrique en trois actes (par GUILLARD), mise en mus. par M. SACCHINI. (18 nov. 1783).
Paris. Lemoine. 1 vol. in-fol.

2214. — La Caravane du Caire, opéra-ballet en trois actes (par MOREL DE CHEDEVILLE), mis en musique par M. GRÉTRY. (12 janvier 1784).
Paris. Castaud. 1 vol. in-fol.

2215. — Les Danaïdes, tragédie lirique en cinq actes (par DU ROULLET et TSCHOUDI), mise en musique par SALIERI (et GLUCK). (19 avril 1784).
Paris. Des Lauriers. 1 vol. in-fol.

2216. — Dardanus, tragédie lyrique en quatre actes (par GUILLARD), mise en musique par M. SACCHINI. (18 sept. 1784).
Paris. Ribière. 1 vol. in-fol.

2217. — Alexis et Justine, comédie lyrique en deux actes par MONVEL, musique de DESAIDES. (14 janvier 1785).
Paris. 1 vol. in-fol.

2218. — OEdipe à Colonne, opéra en trois actes (par GUILLARD), mis en musique par A. SACCHINI. (1 février 1787).
Paris. Magnian. 1 vol. in-fol.

2219. — Nina ou la folle par amour, comédie en un acte (de MARSOLLIER), mise en musique par M. DAL. (DALEYRAC). (15 mai 1786).
Paris. Le Duc. 1 vol. in-fol.

2220. — Le Roi Théodore à Venise, opéra héroï-comique en trois actes, paroles imitées de l'Italien par M. DUBUISSON (et MOLINE), musique del Signore PAESIELLO. (28 oct. 1786).
Paris. Huguet. 1 vol. in-fol.

2221. — Renaud d'Ast, comédie en deux actes et en prose par MM. RADET et BARRÉ, mise en musique par M. DAL. (DALEYRAC). (19 juillet 1787).
Paris 1787. Le Duc. 1 vol. in-fol.

2222. — Les Dettes, comédie lyrique en deux actes (par FORGEOT, mise en musique) par M. S. CHAMPEIN. (.... 1787).
Paris. Des Lauriers. 1 vol. in-fol.

2223. — Don Giovanni, dramma giocoso in due atti, messo in musica dal Signor W. A. MOZART. (1787).
Paris. J. Frey. 1 vol. in-fol.

2224. — Le bon Maître ou l'esclave par amour, opéra en trois actes, musique par M. PAISIELLO.
Paris 1790 ? Leduc. 1 vol. in-fol.

2225. — Lodoiska, comédie en trois actes et en prose, paroles de M. DE JAURE, musique de M. KREUTZER. (.... 1791).
Paris. L'auteur. 1 vol. in-fol.

2226. — Philippe et Georgette, comédie en un acte et en prose, par MONVEL, mise en mus. par DALAYRAC. (28 déc. 1791).
Paris. Pleyel. 1 vol. in-fol.

2227. — Roméo et Juliette, opéra en trois actes et en prose, mis en musique par D. STEIBELT. (10 janvier 1793).
Paris. Boyer et Nadermann. 1 vol. in-fol.

2228. — Horatius Cocles, acte lyrique, paroles du cit. ARNAULT, mis en musique par le cit. MÉHUL. (18 février 1794).
Paris. Louis. 1 vol. in fol.

2229. — Paul et Virginie (ou le triomphe de la vertu), drame lyrique en trois actes (par DUCONGÉ-DUBREUIL), musique de M. LE SUEUR. (..... 1794).
Paris. Nadermann. 1 vol. in-fol.

2230. — Le petit Matelot, opéra en un acte, paroles de PIGAULT-LE BRUN, par P. GAVEAUX. (7 janvier 1796).
Paris. Gaveaux. 1 vol. in-fol.

2231. — Le Secret, opéra en un acte, paroles d'HOFFMAN mises en musique par SOLIÉ. (20 avril 1796).
Paris. Imbault. 1 vol. in-fol.

2232. — Le vieux Château ou la rencontre, opéra en un acte, paroles du cit. DUVAL, musique du citoyen DOMENICO DELLA MARIA. (16 mars 1798).
Paris. Favrot. 1 vol. in-fol.

2233. — Le Prisonnier ou la ressemblance, opéra en un acte, paroles de Duval, musique de Domenico della Maria. (2 février 1798).
Paris. Des Lauriers. 1 vol. in-fol.

2234. — L'Oncle valet, opéra en un acte, paroles du cit. Duval, musique du cit. Della Maria. (9 décembre 1798).
Paris. Tomeoni. 1 vol. in fol.

2235. — Toberne ou le pécheur Suédois, opéra en deux actes, paroles de M. Patrat, musique de Bruni. (11 frim. an IV).
Paris. Gaveaux freres. 1 vol. in-fol.

2236. — Zoraïme et Zulnar, opéra en trois actes du cit. Saint-Just, musique de Boieldieu. (21 flor. an VI). 2.ᵉ édit.
Paris. Le Duc. 1 vol. in-fol.

2237. — Partition de l'Opéra-Comique, opéra-comique en un acte, paroles des cit. Ségur jeune et *Em.* Dupaty, musique del Signor Domenico della Maria. (21 messidor an VI).
Paris. Lemoine. 1 vol. in-fol.

2238. — Il Matrimonio segreto, drama giocoso in due atti, ou le Mariage secret, opéra-comique en deux actes, musique de Cimarosa, paroles françaises de Moline. (1801).
Paris. Imbault. 1 vol. in-fol.

2239. — L'Irato ou l'emporté, opéra-bouffon en un acte, paroles de *B. J.* Marsollier, musique de Méhul.(18 fév. 1801).
Paris. Pleyel. 1 vol. in-fol.

2240. — Héléna, opéra en trois actes, paroles de *J. N.* Bouilly, mis en musique par Méhul. (.... 1803).
Paris. Leduc. 1 vol. in-fol.

2241. — Ossian ou les Bardes, opéra en cinq actes, paroles de feu Dercis et M. Deschamps, musique de M. Le Sueur. (10 juillet 1804).
Paris. Imbault. 1 vol. in-fol.

** — Voyez encore œuvres de Le Sueur,

2242. — La Vestale, tragédie lyrique en trois actes, de M. Jouy, mise en musique par *Gaspar* Spontini. (15 déc. 1807).
Paris. M ᵉˢ Erard. 1 vol. in fol.

2243. — Un jour à Paris ou la leçon singulière, opéra-comique en trois actes, paroles de M. Etienne, par Nicolo. (1808).
Paris. Momigny. 1 vol. in-fol.

2244. — Fernand Cortez ou la conquête du Mexique, tragédie-lyrique en trois actes, de MM. de Jouy et Esmenard, mise en musique par G. Spontini. (28 nov. 1809).
Paris. M.lles Erard. 1 vol. in-fol.

2245. — Le Diable à Quatre ou la femme accariâtre, opéra en trois actes, paroles de Sedaine, remis au théâtre avec des changemens par M. Auguste, mis en musique par M. Solié. (30 novembre 1809).
Paris 1809. M.e Masson. 1 vol. in-fol.

2246. — Roger de Sicile ou le roi troubadour, opéra en trois actes (par J.H.Guy), mus. de H.M.Berton. (4 mars 1817).
Paris. M.e Benoist. 1 vol. in-fol.

Théâtre des Collèges.

2247. — Recueil de pièces et programmes de pièces jouées sur le théâtre des Collèges des RR. PP. de la Compagnie de Jésus, aux distributions des prix.
1 vol. in-4°. Contenant :

1. — Abimelech, tragédie.
Paris. aoust 1676.

2. — Antigone, tragédie. (Par le P. Cossart).
Paris. août 1654.

3. — La Boëte de Pandore ou la curiosité punie, tragi-comédie représentée par les seconds sur le théâtre du Collège des Pères de la compagnie de Jésus (à Amiens), le 16 février 1689.
Amiens. Le Bel.

4. — Celsus, tragédie. 4 mai 1685.
Amiens 1685. Le Bel.

5. — Le Chasseur guerrier, drame-comique. Février 1689.
Amiens 1689. Le Bel.

6. — Constantin, tragédie représentée au Coll. de Clermont. 6 août.
Paris 1681. Martin.

7. — Daniel, tragédie représentée au Collège des Chanoines réguliers de Sainte-Geneviève de Nanterre. 26 août.
Paris 1705.

8. — Domitille, tragédie représentée sur le théâtre du Collège de la compagnie de Jésus pour la distribution des prix donnez par Messieurs les Premier, Eschevins et Officiers de la ville d'Amiens le 24 août 1691.
    Paris 1691. Robert Hubault.
9. — L'Emporté, drame latin représenté par les Rhétor. du Coll. d'Amiens.
    Amiens 1738. L. Godart.
10. — La Fable victorieuse de la vérité, ballet dansé à Amiens le 19 août 1682.
    Amiens 1682. V.e Robert Hubault.
11. — La France victorieuse sous Louis-le-Grand, ballet dansé au Collège de Clermont à la tragédie d'Erixañe. 21 août.
    Paris 1680. G. Martin.
12. — Geneviève, tragédie chrétienne, pour la réception de Madame de Bar, gouvernante d'Amiens, dans le Coll. de la comp. de Jésus. 15 mai 1657.
    Amiens 1657. V.e Hubault.
13. — Heraclius ou la croix reconquise, tragédie.
    Paris 1683. Martin.
14. — Le ballet de l'Illusion.
    Paris 1672.
15. — Jephté, tragédie en musique pour servir d'intermède à la pièce latine représentée au Collège de Louis-le-Grand.
    Paris 1686. G. Martin.
16. — Justo Ucondono, tragédie. (Par P. Orry).
    Amiens 1626. Le Bel.
17. — Lysimachus, tragédie. 5 août.
    Paris 1677. Benard.
18. — La Métamorphose officieuse, comédie représentée par les cinquièmes, sur le théâtre du Collège des Grassins. 1657.
19. — La Mort de Tyrsis, ou la mort du bon pasteur, tragédie pastorale.
    Reims 1701. Multeau.
20. — Ballet de la paix, dansé à la tragédie de Cyrus. 17 aoust.
    Paris 1709. Martin.
21. — Ballet de la vérité, pour la tragédie de Thésée.
22. — Ballet du temps, pour la tragédie de Gusman.
23. — Perseé, tragédie-ballet.
    Paris 1677. Benard.
24. — Plutus dieu des richesses, ballet dansé à la tragédie de Polydore.
    Paris 1683. Gab. Martin.
25. — Les réjouissances de la France à l'avènement de Philippe V à la couronne d'Espagne. Balet dansé dans la tragédie de saint Quentin martyr.
    Amiens 1701. G. Le Bel.
26. — Romulus, pastorale représentée au Collège royal de la Flèche.
    La Flèche 1683. Griveau.

27. — Le Théâtre de la clémence chrétienne, tragédie (par le P. Dozenne).
   Paris 1660.
28. — Les Travaux d'Hercule, ballet dansé à la tragédie de Clovis.
   Paris 1685. G. Martin.
29. — Le Triomphe de la religion ou l'idolâtrie ruinée, ballet.
   Paris 1681. G. Martin.
30. — Ballet de la jeunesse dansé au Collège de Louis-le-Grand à la tragédie de Posthumus, le 7 août (par le P. Le Jay).
   Paris 1697. Ant. Lambin.
31. — Le Carnaval, ballet dansé à la tragédie de Bérénice au Coll. d'Amiens.
   Amiens 1692. V.e R. Hubault.
32. — Celse, martyr, tragédie en musique (pour servir d'intermède à la tragédie du Père Pattu, vers du Père Bretonneau).
   Paris 1687. Cl. Thiboust.
33. — Comus ou l'origine des Festins, ballet meslé de récits, pour servir d'intermède à la trag. de Joseph reconnaissant ses frères.(Par le P. Le Jay).
   Paris 1685. Ant. Lambin.
34. — David et Jonathas, tragédie en musique (pour servir d'intermède à la tragédie du P. Chamillard; les vers sont du P. Bretonneau).
   Paris 1688. Cl. Thiboust.
35. — Diogène ou les différentes folies des hommes, comédie. 27 fév. 1688.
   Moulins 1688. Vernoy.
36. — Drame spirituel entremêlé d'entr'actes qui sera représenté sur le théâtre du Collège de la communauté de Saveuze. (Par le curé de Saveuse).
   Amiens 1700. Le Bel.
37. — Les Espérances de la paix générale, ballet. 12 août 1697.
   Rouen. Le Boullenger.
38. — Eucharis, comédie. (Par le P. de la Boissière). 1700.
39. — La Ligue d'Ausbourg, ballet dansé au Collège d'Amiens à la tragédie de Domitille, le 21 août 1691.
40. — Patrophile, tragédie représentée par les écoliers de la compagnie de Jésus, dans la grande salle du Collège d'Amiens, le 30 août 1694.
   Douai. Mairesse.
41. — Récits en musique pour servir d'intermèdes à Philochryse ou l'Avare, représentée par les Réth. du Coll. de Louis-le-Grand.(Par le P. Le Jay).
   Paris 1693. Ant. Lambin.
42. — Le Provincial déniaisé à Paris, comédie fr. représentée à Rouen.
   Rouen 1693. J. Le Boullenger.
43. — Saul, tragédie. (Par le P. De Martelles).
   Vannes 1693. De Heuqueville.
44. — Le temple de Janus fermé, ballet mêlé de chant, pour servir d'intermède à la tragédie de Pharaon.
   La Flèche 1608. Griveau.

45. — Tite, tragédie, représ. sur le théâtre du Coll. d'Amiens (Par le P. Orry).
Amiens 1697. N. Caron Hubault.
46. — Le triomphe des beaux arts pendant la paix, ballet dansé à la tragédie de Flavius. (Par le P. de Croixmarre).
Amiens 1698. G. Le Bel.
47. — Le faux sçavant (Par le P. de Croixmarre).
Amiens 1697. Caron Hubault.
48. — L'Homme à la mode, comédie qui servira d'intermède à la tragédie d'Edouard Roy d'Angleterre, martyr. (Par le P. Le Vasseur).
Rouen 1674. N. Lallemant.

2248. — OEuvres complètes de Berquin.
Paris 1802. Le Prieur. 10 vol. in-12.

2249. — Théâtre pour servir à l'éducation. (Par M.ᵉ de Genlis).
Paris 1780. Lambert et Baudouin. 4 vol. in-12.

Proverbes dramatiques et Scènes dialoguées.

2250. — Recueil général des Proverbes dramatiques, en vers et en prose, tant imprimés que manuscrits.
Londres-Paris 1785. 16 vol. in-12.

2251. — Proverbes dramatiques de Carmontelle. Précédés de la vie de Carmontelle, d'une dissertation historique et morale sur les proverbes etc., par M.C. de Méry. N.ᵉ éd.
Paris 1822. Delongchamp. 4 vol. in-8°.

2252. — Recueil de pièces dialoguées ou guenilles dramatiques. Ramassées dans une petite ville de Suisse. Par l'auteur de *Camille, Laure*, etc. (*Samuel* Constant de Rebecque).
Genève-Paris 1787. Moutard. 2 vol. en 1. in-8°.

2253. — Théâtre de ville et de société, précédé de contes moraux, et des novateurs gascons, ou préservatif contre la manie des révolutions, facétie. Par F. Vernes de L. (Luze).
Paris 1820. Mongie. 2 vol. in-8°.

2254. — Proverbes dramatiques, par M. *Théodore* Leclercq.
Paris 1827-28. Sautelet et Comp. 7 vol. in-12.

2255. — Proverbes dramatiques, par *Etienne* Gosse.
Paris 1819. Ladvocat. 2 vol. in-8°.

2256. — Proverbes romantiques, par A. Romieu.
Paris 1827. Ladvocat. 1 vol. in-8°.

2257. — Proverbes anecdotiques, par M. *Stéphen* Arnoult.
Paris 1835. H. Souverain. 1 vol. in-8°.

** — Voyez dans la Revue des deux Mondes plusieurs proverbes de MM. O. Feuillet et A. de Musset.

2258. — La conspiration de Cellamare. Episode de la Régence. Par J. Vatout. 2.ᵉ édition.
Paris 1832. Ladvocat. 2 vol. in-8°.

2259. — Dubois cardinal, proverbe historique. — Une tuerie de Cosaques, scènes d'invasion. Par *Godefroy* Cavaignac. Publié par *Ch. Lemesle.*
Paris 1831. V.ᵉ Ch. Béchet. 1 vol. in-8°.

2260. — La Jaquerie, scènes féodales, suivies de la famille de Carvajal, drame. Par l'auteur du théâtre de *Clara Gazul.* (*Prosper* Mérimée).
Paris 1828. Brissot-Thivars. 1 vol. in-8°.

2261. — Les Septembriseurs. Scènes historiques. (Par *Hyp.* Regnier Destourbet). 3.ᵉ édition.
Paris 1829. Delangle. 1 vol. in-8°.

2262. — L'Assassinat, scènes méridionales de 1815, par Méry.
Paris 1832. Urbain Canel. 1 vol. in-8°.

Théâtres Etrangers.

2263. — Chefs-d'œuvre des théâtres étrangers, Allemand, Anglais, Chinois, Danois, Espagnol, Hollandais, Indien, Italien, Polonais, Portugais, Russe, Suédois; traduits en français par MM. *Aignan, Andrieux, de Barante, Berr, Bertrand, Campenon, B. Constant, Chatelain, Cohen, A. Denis, F. Denis, Esménard, Guizard, Guizot, La Beaumelle, Lebrun, Malte-Brun, Mennéchet, Merville, Nodier, Pichot, A. Rémusat, Ch. de Rémusat, de Saint-Aulaire, de Saint-Priest, Saladin, de Stael, Trognon, Villemain, Vincens de Saint-Laurent, Visconti.*
Paris 1822-29. Ladvocat. 25 vol. in-8°.

Cette collection est composée ainsi qu'il suit :
Théâtre Allemand. — *Goethe, Werner, Mullner, Lessing* et *Kotzbue.* 5 vol.

THÉATRE ANGLAIS.—*Tobin, Sheridan, Cumberlan, Rowe, Otway, Dodsley, Home, Bickerstaff, Beaumont et Flechter, Burgoyne, Thomson, Goldsmith, Johnson, Wicherley* et *Farquhar.* 5 vol.
THÉATRE ESPAGNOL. — *Lope de Vega, Calderon, Moratin, Torres Naharro, Cervantès Saavedra, Guillem de Castro.* 6 vol.
THÉATRE HOLLANDAIS. — *Hooft, Vondel* et *Langendyk.* 1 vol.
THÉATRE ITALIEN. — *V. Monti, Ugo Foscolo, H. Pindemonte, S. Pellico, Al. Manzoni, J. Giraud, de Rossi, Nota, Federici, Goldoni.* 3 vol.
THÉATRE POLONAIS.—*Felinsky, Wenzyk, Niemcowitz, Oginsky, Mowinsky* et *Kochanowsky.* 1 vol.
THÉATRE PORTUGAIS.—*Tomès, Pimenta de Aguiar* et *Jozé.* 1 vol.
THÉATRE RUSSE.—*Ozerof, Jon-Vizine, Krilof, Schakofskoi.* 1 vol.
THÉATRE SUÉDOIS. — *Léopold, Gyllenborg, Lindegren.* 1 vol.
Les théâtres Chinois, Danois, Indien, n'ont point paru.

2264. — Répertoire des théatres étrangers.
Paris 1822-23. Brissot-Thivars. 29 vol. in-18.
Cette collection incomplète comprend :
Tom. 1 à 12 : œuvres de SHAKESPEARE, traduites de l'anglais par LE TOURNEUR. — Tom. 13 à 16 : chefs-d'œuvre des théâtres anglais, OTWAY, ROWE, YOUNG, CONGRÈVE, SHERIDAN, GARRICK. — Tom. 21 à 26 : œuvres dramatiques de SCHILLER (traduction de M. DE BARANTE, arrangée par *Brissot-Thivars*).—Tom 43 : chefs-d'œuvre du théâtre espagnol ; CALDERON, traduit par LINGUET ; tom. 52 : GOROSTIZA, traduit par *Marie Aycard.*— Tom. 53 à 57 ; œuvres dramatiques d'ALFIERI, (traduites par TROGNON).

Théâtre Italien.

2265. — Theatro italiano.
8 vol. in-12. — Contenant :

3. — Gli Affetti ragionamenti famigliari, di M. *Bernardino* PINO DA CAGLI.
Vinetia 1608. Spineda.

1. — L'Alchimista, comedia di M. BERNARDINO.
Venetia 1602. Spineda.

5. — L'Andreuccio del Boccaccio ridotto al rappresentabile per *Franc.* CANALI.
Vicenza 1612. Cescato.

3. — Banchetto de' mal cibati, comedia dell' Academico frusto. Recitata da gli affamati nella Città calamitosa. Alli 15 del mese dell' estrema Miseria, l'anno dell' aspra, e insoportabile Necessità. Opera di *G. C.* CROCE.
Venetia 1608. Combi.

7. — La Cintia, comedia dell'ill. Seg. *G. B.* dalla PORTA.
   Venetia 1628. Combi.
1. — Gl' Inganni, comedia del Sig. N. S. (*Nicolo* SECCHI).
   Venetia 1600. Spineda.
4. — Li diversi linguaggi, comedia del Sig. *Vergilio* VERUCCI.
   Vinegia 1609. Vecchi.
2. — La Donna costante, comedia di *Raffaello* BORGHINI.
   Venetia 1606. Sessa.
2. — La Falsa riputatione della fortuna. Favola morale di *Gio. B.* LEONI.
   Venetia 1606. Ciotti.
4. — Le Ferite felici, favola pastorale di *Angelo* FILARETI.
   Venetia 1609. Bertano.
8. — Il Finto negromante, comedia piacevole, e ridicolosa. Del Sig. *L.* LIVIO.
   Venetia 1629. Salvadori.
6. — Gli Fortunati infortunati, tragicomedia nova di *Cagio* GNAVIO, di Samo.
   Venetia 1623. Pinelli.
8. — Generosita d'amore, comedia nova, et piacevole di *Caio* GNAVIO.
   Venetia 1629. Imberti.
6. — L'Innocente fanciulla, comedia nuova, di *Gabriello* GABRIELLI.
   Venetia 1623. Combi.
7. — L'Interesse, comedia del Sig. *Nicolo* SECCHI.
   Venetia 1628. Combi.
5. — Gl' Irragionevoli amori, comedia di *Francesco* ANGELONI.
   Venetia 1611. Bizzardo.
6. — Gli Pensieri fallaci, com. dilettevole, et essemplare del Sig. *F.* GATTICI.
   Venetia 1624. Combi.
8. — La Prudente moglie, tragicomedia di *Caio* GNAVIO.
   Venetia 1629. Imberti.
5. — Il Sacrificio, comedia de gli Ingannati: celebrato ne i giuochi di uno carnevale in Siena.
   Venetia 1609. Turini.
2. — Gli Schiavi d'Amore, comedia del Sig. *Francesco* PODIANI.
   Venetia 1607. Alberti.
7. — Lo Sciocco, comedia et inventione del Sig. *Cesare* CAPORALI, nuovamente data in luce da *Francesco Buonafede*.
   Venetia 1628. Combi.

2266. — Recueil d'opéras italiens.
   1 vol. in-8°. — Contenant :
1. — Una Cosa rara, ossia Bellezza, ed Onesta, dramma giocoso per musica, in due atti. — Une Chose rare, ou la Beauté et la Sagesse.
   Paris 1791. Couret.

2. — La Pazza per amore commedia in un atto. — La Folle par amour.
   Paris 1791. Couret.
3. — Il Matrimonio secreto, dramma giocoso, in due atti. — Le Mariage secret. Seconde édition.
   Paris an IX (1801). Mestayer.
4. — La Molinarella, dramma giocoso in tre atti. — La Meunière, op.-bouf.
   Paris 1789. Imp. de Monsieur.
5. — Il Ciro riconosciuto. Dramma per musica del Signor Metastasio.
   Varsovia 1762.

** — OEuvres dramatiques de Machiavel. — Voyez ses œuvres, tom. ii, et les œuvres de J. B. Rousseau, n.° 1757. iv.

2267. — Il Pastor fido. Le Berger fidelle. Traduit de l'italien de Guarini, en vers françois. (Par l'*Abbé* de Torches).
   Paris 1664. Gab. Quinet. 1 vol. in-12. Grav.

2268. — Il Pastor fido ou le berger fidelle, comédie du Sieur Guarini. Nouvellement traduit d'italien en françois, par M. de Marandé.
   Paris 1661. Loyson. 1 vol. in-12. Grav.

2269. — Il Pastor fido, tragicomedia pastorale, del Signor cavalier *Battista* Guarini.
   Amsterdam 1678. Elsevier. 1 vol. in-32.

2270. — Der getreue Schaffer. (Le fidèle berger, traduit de Guarini par *Christian ab* Hoffmans Waldau).
   1678. 1 vol. in-8°.

2271. — Il Pastor infido, pastorale. Da *Nic.* di Castelli.
   Lipsia 1696. Tom. Fritsch. 1 vol. in-8°.

2272. — L'Aminte du Tasse. Pastorale, traduite de l'italien en vers françois. (Par l'*Abbé* de Torches).
   Paris 1666. Gab. Quinet. 1 vol. in-12.

2273. — Même ouvrage.
   Paris 1676. Barbin. 1 vol. in-12.

2274. — Angelica, comedia de (*sic*) *Fabritio* de Fornaris *Napolitano*, ditto il Capitano *Coccodrillo*.
   Parigi 1585. L'Angelier. 1 vol. in-12.

2275. — La Servante maîtresse, comédie en deux actes, mêlée d'ariettes, trad. de la *Serva padrona*, interm. Italien.
   Paris 17.. Duchesne. 1 vol. in-12.

2276. — Opere del Signor abate *Pietro* Metastasio.
Londres 1784. 12 vol. in-16.

** — Ercole amante. — Fiamella, n.º 2057-5. — La Mora n.º 455.

Théâtre Espagnol.

2277. — Le théatre espagnol, ou les meilleures comédies des plus fameux Auteurs espagnols. Traduites en François. (Par R. Le Sage).
Paris 1700. Jac. Chry. Remy. 1 vol. in-12.

2278. — Comedias humanas, y divinas, y rimas morales, compuestas por *Diego* Muxet de Solis.
Brusselas 1624. Hocymaker. 1 vol. in-4º.

** — Le Tisserand de Ségovie, drame du xvii.º siècle, par D. J. Ruis de Alarcon y Mendoza. — Voyez n.º 2388.

Théâtre Anglais.

** — Théâtre anglois traduit par M.º Riccoboni.
Voyez *OEuvres*, tom. vii et viii.

Ces deux volumes comprennent: l'Enfant trouvé. (The foundling de Moore). — La façon de le fixer. (The way to keep him, par Murphy.) — Il est possédé. (The deuce is in him par ......,). — La fausse délicatesse. (False delicacy par H. Kelly). — La femme jalouse. (The jealous wife par G. Colman).

2279. — The plays of *William* Shakspeare, accurately printed from the text of the corrected copies left by the late *George Steevens*, esq. and *Edmond Malone* esq. with Mr. *Malone's* various readings; a selection of explanatory and historical notes, from the most eminent commentators; a history of the stage, and a life of Shakspeare; by *Alexander Chalmers*, F.S.A. New. ed.
London 1847. Longman. 8 vol. in-8º. Port.

2280. — OEuvres complètes de Shakspeare, traduites de l'anglais par Le Tourneur. Nouvelle édition, revue et corrigée

par F. *Guizot* et A.P.(*Pichot*) traducteurs de lord Byron; précédées d'une notice biographique et littéraire sur Shakspeare; par F. Guizot.
Paris 1821. Ladvocat. 13 vol. in-8°.

2281. — Le Joueur, tragédie bourgeoise, traduite de l'anglois (de E. Moore, par l'*Abbé* Bruté de Loirelle).
Londres-Paris 1761. Dessain. 1 vol. in-12.

** — Le Bijoutier philosophe, par Dodsley. — Voyez mélanges litt. par M.^e d'*Arconville*.

2282. — OEuvres de *David* Garrick. (Traduites par la Baronne de Wasse).
Paris 1784. 2 vol. in 8°. Port.

** — Le Mariage clandestin, par Garrick et Colman. n.° 2058-13.

2283. — The theatre: or, a selection of easy plays, to facilitate the study of the english language. By *J. H.* Emmert.
Gottingen 1789. J. C. Dieterich. 1 vol. in-8°.

2284. — Venise sauvée, tragédie. Imitée de l'anglais d'Otway. (Par de la Place).
Paris 1747. Clousier. 1 vol. in-8°.

** — Voyez n.° 2058-7-13; 2060-27; 2061-4; 2062-3.
** — Voyez œuvres de *Lord* Byron, n.° 1950-1951-1952.

2285. — The School for Scandal, a comedy, in five acts, by R.B. Sheridan, with a biographical sketch, critical notice, and for the first time explanatory french notes, by J.W. *Lake*.
Paris 1829. Truchy. 1 vol. in-18.

2286. — The Rivals, a comedy, in five acts, by R. B. Sheridan, with an original preface, and, for the first time, explanatory french notes, by J. W. *Lake*.
Paris 1831. Truchy. 1 vol. in-18.

Théâtre Allemand.

** — Voyez œuvres de Gessner, n.° 1957.

2287. — OEuvres dramatiques de F. Schiller traduites de l'allemand; précédées d'une notice biographique et littéraire sur Schiller. (Par M. de Barante).
Paris 1821. Ladvocat. 6 vol. in-8°.

** — Voyez aussi Schillers' Verke II, III, IV, V, VI, VII.

2288. — Etudes allemandes. Guillaume Tell, drame de Schiller, par *Jules* Mulhauser (de Genève).
Paris 1838. Mauron. 1 vol. in-8°.

2289. — Théâtre de Goethe, traduction nouvelle, rev., corr. et augm. de notices et d'une préface, par M. X. Marmier.
Paris 1839. Charpentier. 1 vol. in-8°.

** — Voyez Goethe's Verke i, ii.
** — Voyez aussi n.° 2059-2 et n.° 2060-8-38.

Fables et Apologues.

2290. — Locmani *Sapientis* fabulæ et selecta quædam Arabum adagia. Cum interpret. latina et notis *Thomæ* Erpenii.
Amstelrodami. 1636. Typis J. Janssonii. 1 vol. in-4°.

2291. — Le Pantcha-tantra, ou les cinq ruses, fables du Brahme Vichnou-Sarma ; Aventures de Paramarta, et autres contes, le tout traduit pour la première fois sur les originaux indiens ; par M. l'*Abbé J. A.* Dubois.
Paris 1826. Merlin. 1 vol. in-8°.

2292. — Hitopadesas id est institutio salutaris. Textum codd. Mss. collatis recensuerunt, interpretationem latinam et annotationes criticas adjecerunt *A. G.* à Schlegel et *C.* Lassen.
Bonnæ ad Rhenum 1829. Typis regiis. 1 vol. in-4°.

2293. — Æsopi *Phrygis* fabulæ elegantissimis eiconibus veras animaliū species ad vivū adumbrantes. — Gabriæ *Græci* fabellæ xxxxiiii. — Βατραχομυομαχία Homeri. — Γαλεομυομαχία, hoc est, felium et murium pugna, tragœdia græca. Hæc omnia cum latina interpretatione.
Lugduni 1570. Apud J. Tornaesium. 1 vol. in-32.

2294. — ΑΙΣΩΠΟΥ τοῦ Φρυγὸς Μῦθοι — Æsopi Phrygis Fabulæ, græcè et latinè.
Antuerpiæ 1574. Off. Plantini. 1 vol. in-16.

2295. — Ἐκ τῶν τοῦ ΑΙΣΩΠΟΥ μύθων ἐκλογή. — Fabulæ Æsopi selectiores. — Accessit interpretatio, et vocum omnium explicatio.
Parisiis 1656. Cramoisy. 1 vol in-8°.

2296. — Les fables d'Esope Phrygien. Illustrées de discours moraux, philosophiques, et politiques. Nouv. édit. Où sont adjoustées les fables de Philelphe. Avec des réflexions morales, par J. Baudoin.
Paris 1659. Ant. de Sommaville. 1 vol. in-8°.

** — Voyez n.°⁵ 749, 1086, 1255, 1256, 1257, 1382.

2297. — Fables inédites des xii°, xiii° et xiv° siècles, et fables de La Fontaine rapprochées de celles de tous les auteurs qui avoient, avant lui, traité les mêmes sujets, précédées d'une Notice sur les fabulistes, par A.C.M. Robert.
Paris 1825. Et. Cabin. 2 vol. in-8°. Fig.

2298. — Fables héroïques, comprenant les véritables maximes de la politique chrestienne, et de la morale. Le tout de l'invention du Sieur Audin. 1.ʳᵉ et 2.ᵉ partie.
Paris 1648. Jean Guignard. 2 vol. in-8°.

2299. — Même ouvrage. 2.ᵉ partie.
Paris 1660. J. Guignard. 1 vol. in-8°.

2300. — Fables choisies mises en vers par M. de La Fontaine.
Paris 1709. Henry Charpentier. 5 vol. in-12.

2301. — Fables de La Fontaine. Nouvelle édition précédée de l'éloge de La Fontaine par Chamfort.
Paris 1825. Parmantier. 2 vol. in-8°. Grav.

2302. — Fables de J. de La Fontaine. Edition miniature.
Paris 1850. Fond. de Laurent et Deberny. 1 v. in 64.

** — Fables de Fénélon. — Voyez œuvres, tom. iii.

2303. — Fables nouvelles, dédiées au Roy, par M. De La Motte. Avec un discours sur la Fable.
Paris 1719. Greg. Dupuis. 1 vol. in-4°. Grav.

2304. — Fables et Contes. (Avec un discours sur la littérature allemande. Par Boullenger de Rivery) (1).
Paris 1754. Duchesne. 1 vol. in-12.

2305. — Fables de Florian, illustrées par V. *Adam*, précédées d'une Notice par *Ch. Nodier* et d'un essai sur la Fable.
Paris 1842. Delloye. 1 vol. in-8°.

---

(1) Boullenger de Rivery (*Claude François-Félix*), né à Amiens le 12 juillet 1725, mourut à Paris le 24 décembre 1758.

2306. — Quelques Fables, par J. B. L. DEVILLE.
Paris an VIII. 1 vol. in-8°.

2307. — Fables par A. V. ARNAULT.
Paris 1812. Chaumerot. 1 vol. in-12.

2308. — Fables et Contes en vers, et dédiés à M.ᵉ Lefranc; par un vieil Ermite de la vallée d'Enghien-Montmorency.
Paris 1827. R. Gandon. 1 vol. in-8°.

2309. — Fables nouvelles, dédiées à S. A. R. Madame la Dauphine par M. JAUFFRET. 2.ᵉ édit. rev. et augmentée.
Paris 1826. Béchet ainé. 2 vol. in-8°.

2310. — Fables par *Ernest* PRAROND. — Eaux fortes par *Jules* B.
Paris 1847. V. Magen. (Abbeville. Jeunet). 1 v. in-12.

2311. — Une révolution chez les Macaques, fables politiques, par E. PRAROND.
Abbeville 1849. Jeunet. 1 vol. in-12.

2312. — Discorsi de gli animali di *Agnolo* FIRENZUOLA.
1620. 1 vol. in 8°.

2313. — Fabeln und Erzahlungen von C. F. GELLERT.
Francfurt-Paris 1768. Barrois jeune. 1 vol. in-8°.

2314. — LESSING's fabeln, in versen und prosen.
Paris 1824. T. Barrois. 1 vol. in-12.

2315. — Fables by *John* GAY and by *Edward* MOORE to which is added GRAY's elegy written i a country church-yard.
Paris 1802. A. Renouard. 1 vol. in-18.

5.ᵉ CLASSE.

ROMANS ET CONTES.

Du Roman. — Histoire et Critique.

2316. — Traité de l'origine des romans. Par M. HUET. 8.ᵉ édit. Revue et augmentée d'une Lettre touchant *Honoré d'Urfé*, Auteur de l'*Astrée*.
Paris 1711. Jean Mariette. 1 vol. in-12.

2317. — Lettres amusantes et critiques sur les romans en général Anglois et François, tant anciens que modernes. Adressées à Myledy W. (par DE NEUFVILLE MONTADOR).
Paris 1743. Gissey. 1 vol. in-12.

2318. — Entretiens sur les romans. Ouvrage moral et critique, dans lequel on traite de l'origine des Romans et de leurs différentes espèces, tant par rapport à l'esprit, que par rapport au cœur. Par M. l'*Abbé* JACQUIN.
Paris 1755. Duchesne. 1 vol. in-12.

** — Essai sur les Romans grecs par M. VILLEMAIN.
Voyez *Mélanges hist. et litt.*, tom. II.

Romans Grecs.

** — Voyez Bibliothèque universelle des Dames. — Romans.
** — *Antonii* DIOGENIS incredibilia de Thule insula.
Vide *Photii Bibl.* CLXVI.
** — L'Ane de LUCIUS de *Patras* ou plutôt LUCIEN.
Vide *Luciani Opera*. — Voyez œuvres de Courier, tom. II.
** — IAMBLICHI de rebus Rhodanis et Sinonidis.
Vide *Photii Bibl.* XCIV.

2319. — ΗΛΙΟΔΩΡΟΥ Αἰθιοπικῆς ἱστορίας βιβλία δέκα — HELIODORI Historiæ Æthiopicæ libri decem, nunquam antea in lucem editi.
Basileæ 1534. Off. Hervagiana. 1 vol. in-4°.

2320. — ΗΛΙΟΔΩΡΟΥ Αἰθιοπικῶν βιβλία δέκα. — HELIODORI Æthiopicorum libri X. Collatione MSS. bibl. Palat. et aliorum, emendati et multis in locis aucti, *H. Commelini* opera.
1596. Apud H. Commelinum. 1 vol. in-8°.

2321. — Idem opus.
Lugduni 1611. Apud Vid. de Harsy. 1 vol. in-8.°

2322. — L'histoire Ethiopique de HELIODORE, contenant dix livres, traitant des loyalles et pudiques Amours de Theagenes Thessalien, et Chariclea Ethiopienne. Traduicte de grec en françois, par Maistre I. AMIOT.
Paris 1614. Touss. Du Bray. 1 vol. in-8°.

2323. — Les Amours de Théagènes et de Chariclée, histoire ethiopique, traduite du grec d'HELIODORE. (Par l'*Abbé* F.) (DE FONTENU).
Amsterdam 1727. Uytwerf. 2 vol. in-12.

2324. — ACHILLIS TATII de Clitophontis et Leucippes amoribus lib. VIII. (Interprete *L. Annibale Cruceio*). LONGI *Sophistæ* de Daphnidis et Chloes amoribus lib. IV. PARTHENII *Nicæensis* de amatoriis affectibus lib. I. (Gr. lat.)
Heidelberg 1606. Bibl Commeliano. 1 vol. in-8°.

2325. — LONGI Pastoralia. Græce et latine. Græca ad optimorum librorum fidem emendavit, adnotationes priorum editorum selectas ineditas *R. Fr. Ph. Brunckii, G. H. Schaeferi, F. Boissonadii* et suas adjecit *Er. Ed. Seiler.*
Lipsiæ 1843. In libraria Kuehniana. 1 vol. in-8°.

** — Voyez œuvres de P. L. COURIER, tom. II.

2326. — *Theodori* PRODROMI *Philosophi* Rhodanthes et Dosiclis amorum libri IX. Græcè et Latinè. Interprete *Gilb.* GAULMINO *Molinensi.*
Parisiis 1625. Apud T. Du Bray. 1 vol. in-8°.

2327. — ΕΥΣΤΑΤΙΟΥ καθ'Υσμινιαν κ͵ Υσμινην δραμα. — EUSTATHII de Ismeniæ et Ismenes amoribus, libri XI. — *Gilbertus* GAULMINUS *Molinensis* primus Græcè ex regia bibliotheca edidit, et Latinè vertit.
Lutetiæ-Paris. 1618. Sumptibus H. Drouart. 1 v. in-8°.

Romans Latins, anciens.

2328. — PETRONII ARBITRI Satyricon. Adjecta sunt veterum quorumdam poetarum carmina non dissimilis argumenti : ex quibus nonnulla emendatius, alia nunc primum eduntur. Cum notis doctorum virorum.
Lutetiæ 1587. Apud Mamertum Patissonium. 1 v. in-8°.

2329. — *Titi* PETRONII ARBITRI Eq. Rom. Satyricon, cum Fragmento nuper Tragurii reperto. Accedunt diversorum

Poëtarum lusus in Priapum, Pervigilium Veneris, Ausonii cento nuptalis, Cupido crucifixus, Epistolæ de Cleopatra, et alia nonnulla. Concinnante *M. Hadrianide.*
Amstelodami 1669. Blaeu. 1 vol. in-8°.

2330. — *Tit.* Petronii Arbitri Satyricon. *Jo. Boschius* ad scriptorum exemplarium fidem castigavit et Notas adjecit.
Amstelodami 1677. Apud Gaesbequium. 1 vol. in-32.

2331. — *Titi* Petronii Arbitri Satyricon : cum fragmentis, Albæ Græcæ recuperatis anno 1688.
Parisiis 1693 Apud J. B Langlois. 1 vol. in-12.

2332. — Traduction entière de Pétrone, suivant le nouveau manuscrit trouvé à Bellegrade en 1688. Avec les remarques. (Par F. Nodot).
Cologne 1698. P. Groth. 2 vol. in-12.

2333. — Pétrone latin et françois, traduction entière, suivant le manuscrit trouvé à Belgrade en 1688. Avec plusieurs remarques et additions. (Par Nodot). Nouv. édition.
1713. 2 vol. in-12.

** — Le satyricon de T. Pétrone, traduction nouvelle par C. H. D. G. (Heguin de Guerle). Avec les imitations en vers, et les recherches sceptiques sur le Satyricon et sur son auteur de J. N. M. de Guerle.
Paris 1835. Panckoucke. 2 vol. in-8°.
Voyez *Bibl. lat. fr.*

2334. — L. Apulei Metamorphoseos libri XI, cum notis et amplissimo indice *Joannis Pricæi*. Accessit ejusdem index Alphabeticus scriptorum qui in *Hesychii* Greco Vocabulario laudantur.
Goudæ 1650. G. Vander Hoeve. 1 vol. in-8°.

2335. — Les Métamorphoses ou l'Asne d'or de L. Apulée, philosophe platonicien. (Trad. par J. de Montlyard).
Paris 1648. N. et J. de la Coste. 1 vol. in-8°.

2336. — Les Métamorphoses ou l'Ane d'or d'Apulée, philosophe platonicien, avec le Démon de Socrate, traduites en françois avec des remarques. (Par l'*Abbé* Compain de Saint-Martin).
Paris 1707. Brunet. 2 vol. in-12. Grav.

2337. — L'Ane d'or d'Apulée, précédé du Démon de Socrate. Nouv. traduct., avec le latin en regard, par *J.A.* Maury.
    Paris 1822 Bastien. 2 vol. in-8''. Grav.

** — Voyez encore œuvres d'Apulée. — Apulei opera.

Romans Latins, modernes.

2338. — Les Aventures d'Apollonius de Tyr. Par Mons. le Br. (Le Brun. Traduit du latin de l'ouvrage intitulé *Gesta Romanorum* de Berchorius).
    Rotterdam 1710. J. Hofhout. 1 vol. in-12.

** — F. Petrarchæ de obedientia et fide uxoria Griselidis.
    Vide *Petrarchæ opera*.

2339. — *Joannis* Barclaii Argenis. Editio IIII.
    Parisiis 1625. Nic. Buon. 1 vol. in-8°.

2340. — Idem opus.
    Lugduni-Batav. 1659. Hackius. 1 vol. in 8°.

2341. — Idem opus. Editio noviss. Cum clave, hoc est nominum propriorum elucidatione, hactenus nondum edita.
    Lugd.-Batav. 1630. Off Elzeviriana. 1 vol. in-12.

2342. — Idem opus.
    Amstelodami 1664. Off. Elizei Weyerstraeten. 1 v. in-12.

2343. — Euphormionis Lusinini, sive *Joannis* Barclaii Satyricon partes quinque cum clavi. Accessit conspiratio anglicana.
    Amstelodami 1664. Off. Elizei Weyerstraeten. 1 v. in-12.

2344. — Idem opus.
    Lugduni-Batav. 1667. Hackius. 1 vol. in-12.

2345. — L'œil clairvoyant d'Euphormion dans les actions des hommes, et de son regne parmy les plus grands et signalés de la Cour. Satire de nostre temps, composé en latin par *J.* Barcley et mis en nostre langage par M. Nau.
    Paris 1626. Anth. Estoct. 1 vol. in-8°.

2346. — Alitophili veritatis lacrymæ, sive Euphormionis Lusinini continuatio. (Authore *Claud. Barth.* Morisoto).
    1625. 1 vol. in-12.

2347. — Sæculi Genius. *Petro* Firmiano authore.
Parisiis 1653. Sebas. Cramoisy. 1 vol. in-8°.

2348. — Idem opus.
Parisiis 1659. Thierry. 1 vol. in-12.

2349. — Gyges Gallus. *Petro* Firmiano authore. Accessere Somnia Sapientis.
Parisiis 1658. D. Thierry. 1 vol. in-4°.

2350. — Gyges Gallus. *Petro* Firmiano authore.
Paris 1659. Thierry. 1 vol. in-12.

2351. — Le Gyges Gallus de P. Firmian, traduit par le P. Antoine *de Paris*.
Paris 1663. V.ᵉ Thierry. 1 vol. in-12.

2352. — Somnia Sapientis. *Petro* Firmiano authore.
Parisiis 1669. Thierry. 1 vol. in-12.

Romans Arabes.

2353. — Les Mille et une Nuits, contes arabes traduits en français par M. Galland (1). Nouvelle édition.
Paris 1825. Ledentu. 8 vol. in-18.

** — Mille et une Nuits, contes arabes, traduits en français par Galland. Nouvelle édition augmentée de plusieurs contes, et accompagnée de notes et d'un essai historique sur les Mille et une Nuits, par A. Liseleur Deslongchamps; publiée sous la direction de M. A. *Martin*.
Paris 1838. Desrez. 1 vol. in-8°.
Voyez *Panth. litt.*

2354. — Les Mille et une Nuits, contes arabes traduits par Galland. Edition illustrée, revue et corrigée sur l'édition princeps de 1704; augmentée d'une dissertation sur les Mille et une Nuits, par M. le baron Sylvestre de Sacy.
Paris 1839. Bourdin. 3 vol in-8°.

2355. — Contes du *Cheykh* êl-Mohdy, traduits de l'arabe d'après le manuscrit original par J. J. Marcel, orientaliste.
Paris 1835. Dupuy. 3 vol. in-8°.

---

(1) Galland (*Antoine*) né à Rollot en 1646, mourut à Paris le 17 février 1715.

2356. — Les Mille et un Jours, contes orientaux traduits du turc, du persan et de l'arabe, par Petis de la Croix, Galland, Cardonne, Chawis et Cazotte, etc. Avec une notice, par M. Collin de Plancy.
Paris 1826. Rapilly. 5 vol. in-8.°

Romans Espagnols.

** — Voyez Bibliothèque universelle des Dames. — Romans.

2357. — Le Thrésor des livres d'Amadis de Gaule, à sçavoir les Harangues, Concions, Epistres, Complainctes, et autres choses les plus excellentes. Rev. et corr. de nouveau.
Paris 1567. Vin. Norment. 1 vol. in-12.

2358. — Histoire du vaillant chevalier Tiran le Blanc. Traduite de l'espagnol (de J. Martorell, par le *Comte* de Caylus).
Londres. 2 vol. in-8°.

2359. — Histoire amoureuse, de Flores et Blanchefleur s'amye, avec la Complainte que fait un amant contre amour, et sa dame. Le tout mis d'espagnol en françois, par *Maitre Iaques* Vincent.
Anvers 1561. Jean Waesberghe. 1 vol. in-4°.

2360. — Los siete libros de la Diana de *George* de Monte-Mayor agora nuevamente añadida etc.
Anvers 1580 Bellero. 1 vol. in-12.

2361. — La Diana de Monte-Mayor. Nuevamente compuesta por *Hieronymo* de Texeda. Tercera parte.
Paris 1627. 1 vol. in-8°.

2362. — La Diane de *Georges* de Monte-Maior, divisée en trois parties, et trad. d'espagnol en françois. (Par Chappuis).
Tours 1592. Georg. Drobet. 1 vol. in-16.

2363. — La Vida del picaro Guzman de Alfarache. Compuesta por *Matheo* Aleman, criado del Rey Don Felipe III.
Bruxellas 1600. J. Mommarte. 1 vol. in-8°.

2364. — Le Gueux, ou la vie de Guzman d'Alpharache, image de la vie humaine. En laquelle toutes les fourbes et

toutes les méchancetéz qui se pratiquent dans le monde, sont plaisamment et utilement descouvertes. (Traduit de l'espagnol de *Matheo* ALEMAN. Par J. CHAPELAIN).
Rouen 1645. Berthelin. 1 vol. in-8º.

2365. — La vie de Guzman d'Alfarache. (Trad. par G. BRÉMOND).
Paris 1709. Mic. David. 3 vol. in-12.

2366. — Histoire de Guzman d'Alfarache, nouvellement traduite, et purgée des moralitez superfluës par M. LE SAGE.
Amsterdam 1740. La Comp. 2 vol. in-12.

2367. — El ingenioso Hidalgo Don Quixote de la Mancha. Compuesto por *Miguel* DE CERVANTES SAAVEDRA. Parte prim.
Brusselas 1607. Roger Velpius. 1 vol. in-8º.

2368. — La misma obra.
Brucelas 1611. Roger Velpius. 1 vol. in-8º.

2369. — Vida y hechos del ingenioso Hidalgo Don Quixote de la Mancha. Compuesta por *Miguel* DE CERVANTES SAAVEDRA. Nueva edicion. Parte primera.
En Amberes 1697. J. B. Verdussen. 1 vol. in-8º.

2370. — Parte primera y segunda del ingenioso Hidalgo D. Quixote de la Mancha, compuesta por *Miguel* DE CERVANTES SAAVEDRA.
Madrid 1662. Mat. Fernandez. 1 vol. in-4º.

2371. — La misma. Parte primera y secunda.
En Amberes 1719. H. y C. Verdussen. 2 v. in-8º. Fig.

2372. — Histoire de l'admirable Don Quichotte de la Manche, traduite de l'espagnol de *Michel* DE CERVANTES. (Par FILLEAU DE SAINT-MARTIN). Nouvelle édition.
Paris 1681. Barbin. 4 vol. en 2. in-12.

2373. — Même ouvrage.
Paris 1713. Clousier. 6 vol. in-12. Fig.

2374. — Même ouvrage.
Paris 1825. Salmon. 8 vol. in-12. Fig.

** — Voyez œuvres de FLORIAN, tom. IX, X, XI.

2375. — L'ingénieux Hidalgo Don Quichotte de la Manche, par *Miguel* DE CERVANTÈS SAAVEDRA, traduit et annoté par *Louis* VIARDOT. Vignettes de *Tony Johannot*.
Paris 1836. Dubochet. 2 vol. in-8º.

2376. — Persile et Sigismonde, histoire septentrionale, tirée de l'espagnol de *Miguel* DE CERVANTÈS. Par Mme L. G. D. R. (LE GIVRE DE RICHEBOURG).
Paris 1738. Mich. Gaudouin. 4 vol. in-12.

2377. — Parte primera, segunda y tercera del libro intitulado Noches de Invierno. Compuesto por *Antonio* DE ESLAVA.
Pamplona 1609. De Labayen. 1 vol. in-8°.

2378. — Les visions de Dom *Francisco* DE QUEVEDO VILLEGAS. Augmentées de l'Enfer Réformé, ou Sédition infernale. Traduictes d'espagnol. Par le *Sieur* DE LA GENESTE.
Paris 1636. Pierre Billaine. 1 vol. in-8°.

2379. — Voyages récréatifs du *Chevalier* de QUEVEDO. Ecrits par lui-même. Rédigés et traduits de l'espagnol.(Par l'*Abbé* BÉRAULT-BERCASTEL).
(Paris) 1756. 1 vol. in-12.

2380. — Vida de Lazarillo de Tormes (por *Diego* HURTADO DE MENDOZA), corregida, y emendada por J. *de Luna*.
Paris 1520. Rolet Boutonné. 1 vol. in-16.

2381. — La vie et les aventures de Lazarille de Tormes. Ecrites par lui-même. Traduction nouvelle sur le véritable original espagnol. (Par l'*Abbé* DE CHARNES).
Brusselles 1698. G. de Backer. 1 vol. in-18. Fig.

2382. — Chroniques chevaleresques de l'Espagne et du Portugal, suivies du Tisserand de Ségovie, drame du XVIIe siècle, publiés par *Ferdinand* DENIS.
Paris 1839. Ledoyen. 2 vol. in-8°.

Romans et Contes Italiens.

2383. — Il Decameron di *Messer Giovanni* BOCCACCI, di nuovo ristampato, e riscontrato in Firenze con testi antichi, et alla sua vera lettione ridotto, dal *Cavalier Lionardo Salviati*.
Venetia 1594. Gior. Angelieri. 1 vol. in-4°.

2384. — Il Decameron di *Messer Giovanni* BOCCACCI, si come lo diedero alle stampe gli SS^i. Giunti l'anno 1527.
Amsterdamo 1665. 1 vol. in-12.

2385. — Le Decameron de Bocace, traduit en françois par A. Le Maçon.
Paris 1569. De Harsy. 1 vol. in-12. Part. 2.

2386. — Contes de Bocace; traduction nouvelle, augmentée de divers Contes et Nouvelles en vers imités de ce Poëte célèbre, par La Fontaine, Passerat, Vergier, Perrault, Dorat et autres, etc. Par A. Sabatier de Castres.
Paris an X (1801). Poncelin. 11 vol. in-18.

2387. — L'histoire de Castruccio Castracani, souverain de Luques; contenant les grandes avantures et les bons mots de ce fameux capitaine. Traduite de l'italien de Machiavel. (Par Guillet de Saint-Georges).
Paris 1571. Barbin. 1 vol in-12.

** — Roderic ou le Démon marié, par Machiavel. — Voyez œuvres.

2388. — Il primo, secondo et terzo volume delle novelle del Bandello novamente corretto, et illustrato dal sig. *Alfonso Ulloa*. Con una aggiunta d'alcuni sensi morali del sig. *Ascanio Centorio de gli Hortensi*.
In Venetia 1566. Cam. Franceschini. 1 vol. in-4º.

2389. — La Simplicita ingannata. Di *Galerana* Baratotti.
In Leida 1654. Gio. Sambix. 1 vol. in-12.

2390. — Davide perseguitato del *Marchese Virgilio* Malvezzi.
Geneva 1636. Alberto. 1 vol. in-18.

2391. — Il Romulo del Sig.*M.V.* Malvezzi. Di nuovo ristampato.
Geneva 1635. Alberto. 1 vol. in-18.

2392. — Il Tarquinio superbo del Sig. *Marchese Virg.* Malvezzi.
Venetia 1635. And. Baba. 1 vol. in-18.

2393. — Il Romulo. — Il Tarquinio superbo. — Davide perseguitato. — Il ritratto del privato politico christiano. — Successi principali della monarchia di Spagna nell'anno 1639. Scritti dal Signor *Marchese Virgilio* Malvezzi.
Genevæ 1647. Piet. Auberto. 1 vol. in-16.

2394. — Les Amours de Charles de Gonzague, duc de Mantoüe, et de Marguerite, comtesse de Rovere. Ecrites en italien par le S.ʳ *Giulio* Capocoda, et traduites en françois.
Cologne 1686. Mel. Franx. 1 vol. in-16.

2395. — Romans héroïques de *Jean Ambroise* MARIN, traduits de l'italien, par M. le Comte de CAYLUS et par M. DE SERÉ. (La Caloandre fidèle, les Désespérés. Avec un discours sur les romans de chevalerie, par DELANDINE).
Lyon 1788. Bruysset. 3 vol. in-12.

2396. — Les Fiancés, histoire milanaise du dix-septième siècle; par *Alexandre* MANZONI. Traduit de l'italien par M. G. (GOSSELIN).
Paris 1828. Dauthereau. 4 vol. in-18.

Romans Allemands.

2397. — Les Avantures merveilleuses de Don Sylvio de Rosalva, par l'Auteur de l'Histoire d'Agathon (WIELAND). Traduit de l'allemand.
Dresde 1769. G. Conrad Walther. 2 vol. in-12.

2398. — Contes fantastiques de E. T. A. HOFFMANN, traduits de l'allemand par M. LOÈVE-VEIMARS, et précédés d'une notice historique sur Hoffmann, par WALTER SCOTT.
Paris 1830. Eug. Renduel et J. Lefebvre 8 vol. in-12.

2399. — OEuvres de *Jean-Paul-Frédéric* RICHTER, traduites de l'allemand, par *Philarète* CHASLES. (Titan).
Paris 1834. Abel Ledoux. 4 vol. in-8°.

2400. — Werther, traduction de l'allemand de GOETE, par C. AUBRY.
Paris 1797. Didot jeune. 2 vol. in-18. Fig.

2401. — Nouveau voyage de Robinson Crusoé, faisant suite au nouveau Robinson de M. *Campe*. Ouvrage traduit librement de l'Allemand.
Paris 1804. Cordier et Legros. 3 vol. in-18.

2402. — Soirées de Chamouny, par H. ZSCHOKKE, M.° J. SCHOPENHAUER, etc. Traduit de l'allemand par M. SUCKAU.
Paris 1832. Audin. (Amiens. Boudon Caron) 4 v. en 2. in-12.
Ces volumes comprennent: Mariage d'inclination et Molly par M.° J. SCHOPENHAUER; l'Echo par LAÜN; Philippe Artevelde par TROMLITZ; et Harmonius par ZSCHOKKE, trad. par M. J. LAPIERRE.

2403. — L'Anneau de Luther, scènes du moyen-age et de notre époque, par H. Zschokke, Blumenhagen, Kotzebue etc. Traduit par M. J. Lapierre.
Paris 1833. (Amiens. Boudon Caron). 4 v. en 2. in-12.
Ce recueil contient : l'Anneau de Luther par Blumenhagen ; Hermengarde par Zschokke, le Muet, attribué au même ; on n'aime plus ainsi, par Kotzebue.

2404. — Le Sorcier, par H. Zschokke, suivi de Lichtenstein, par M. W. Hauff. (Traduit par *Jules* Lapierre, et suivi des deux Nonnes, par M. *Ed.* Cassagnaux).
Paris 1834. Audin. (Amiens. Boudon-Caron). 5 v. in-12.

Romans Anglais.

2405. — La vie et les avantures surprenantes de Robinson Crusoe. Le tout écrit par lui-même. Traduit de l'anglois (de *Daniel* de Foé). — Réflexions sérieuses et importantes de Robinson Crusoé faites pendant les avantures surprenantes de sa vie. Avec sa vision du monde angélique. Trad. de l'anglois. (Par Saint-Hyacinthe et Van Effen).
Amsterdam 1720. l'Honoré et Chatelain. 3 v. in-12. Fig.

2406. — Robinson Crusoé, nouvelle imitation de l'anglois, par M. Feutry.
Amsterdam-Paris 1766. Panckoucke. 2 vol. en 1. in-12.

2407. — Aventures de Robinson Crusoé, par *Daniel* de Foé, traduites par M.e A. Tastu, suivies d'une notice sur Foé et sur le matelot Selkirk par L. Reybaud.
Paris 1837. Didier. 2 vol. in-8°. Grav.

2408. — Voyages de Gulliver. 2.e édition, revue et corrigée. (Traduit de l'anglais de Swift, par l'*Abbé* Desfontaines).
Mildendo 1727. Les Frères Pygmeos. 2 vol. in-12. Fig.

2409. — Même ouvrage.
Paris 1813. Genets. 4 vol. in-18.

2410. — Bibliothèque ou choix des meilleurs romans anglais.
OEuvres de M. Fielding — Amélie Booth — Avantures de Jo-

seph Andrews — Jonatham Wild le Grand — Tom Jones, ou l'enfant trouvé — Julien l'Apostat, ou Voyage dans l'autre monde. — Avantures de Roderik Randon (par T. Smollett). — La vie de David Simple (par *Sarah* Fielding). Traduction de MM De La Place, Desfontaines, Picquet et Kauffmann.
Genève 1781-82. Nouffer de Rodon. 14 vol. in-12.

2411. — Tom Jones, ou l'enfant trouvé, imitation de l'anglais de Fielding, par de la Place. Nouvelle édition.
Paris 1823. Parmantier. 4 vol. in-18. Grav.

2412. — Les Avantures de Joseph Andrews, et du ministre Abraham Adams, publiées en anglois en 1742. Par M. Fielding; et traduites par une dame angloise (l'*Abbé* Desfontaines), sur la 3.ᵉ édition.
Londres 1743. A. Millar. 2 vol. in-12.

2413. — Julien l'Apostat, ou voyage dans l'autre monde, traduit de Fielding. Par le Sieur Kauffmann.
Amsterdam-Paris 1768. Le Jay. 2 vol. en 1. in-12.

2414. — L'Orpheline Angloise, ou histoire de Charlotte Summers, imitée de l'anglois de M. N. (Miss *Sarah* Fielding). Par M. de la Place.
Londres-Liège 1761. Bassompierre. 2 vol. in-12.

2415. — Clarisse Harlowe. Traduction nouvelle et seule complète; par M. Le Tourneur. Sur l'édition originale revue par Richardson.
Genève 1785. Paul Barde. 14 vol. in-18. Fig.

2416. — Lettres Angloises, ou histoire de Miss Clarisse Harlove. Augmentée de l'Eloge de *Richardson*, des Lettres posthumes et du Testament de Clarisse. (Par l'*Abbé* Prévost).
Amsterdam-Paris 1784. 6 vol. in-8º. Fig.

** — Paméla. — Grandisson, par Richardson.
** — Sydney Bidulph, par M.ⁱˢ Sheridan.
** — Almoran et Hamet, par Hawkesworth.
Voyez *OEuvres de l'Abbé* Prévost.

2417. — Le Solitaire Anglois, ou Avantures merveilleuses de Philippe Quarll. Par M. Dorrington. Trad. de l'anglois.
Paris 1729. Ganeau. 1 vol. in-12.

2418. — Histoire de Rasselas, prince d'Abissinie, par M. Jhonnson (Johnson), auteur du Rambler, et traduite de l'anglois par Madame B. (Belot).
Amsterdam-Paris 1760. Prault fils. 1 vol. in-12.

2419. — Histoire de Miss Indiana Danby, traduite de l'anglois par M. de L*** G*** (de La Grange).
Amsterdam-Paris. 1767. Panckoucke. 2 vol. in-12.

2420. — Les Aventures de M. Loville, entremêlées de plusieurs intrigues galantes et véritables arrivées parmi les Personnes du Beau Monde. Traduites (de Sir *John* Hill) sur la 2.ᵉ édition angloise. Par M. (Eidous).
Amsterdam-Paris 1765. Robin. 4 vol. in-12.

2421. — La Vie et les Aventures du petit Pompée. Histoire critique traduite de l'anglois (de Coventry) par M. Toussaint.
Londres 1752. 2 vol. en 1. in-12.

2422. — Histoire du petit Pompée, ou la vie et les aventures d'un chien de Dame, imitée de l'anglois. Par S.H.D.B. (Briel).
Londres-Paris 1784. Couturier. 1 vol. in-12.

2423. — Le Vicaire de Wakefield, par Goldsmith, traduit en français avec le texte anglais en regard, par *Charles Nodier*, précédé d'une notice sur la vie et les ouvrages de Goldsmith, et suivi de quelques notes.
Paris 1838. Bourgueleret. 1 vol. in-8º. Grav.

2424. — OEuvres complètes de L. Sterne, traduites de l'anglais; par une société de gens de lettres. (Frenais, Lespinasse, Raynal, Salaville, La Beaume et Mellinet). N.ᵉ éd.
Paris 1818. Ledoux et Tenré. 4 vol. in-8º. Fig.

2425. — Lettres d'Yorick à Eliza, et d'Eliza à Yorick. Traduites de l'anglois, de M. Sterne. Augmentées de l'éloge d'Eliza, par M. l'*Abbé* Raynal.
Londres-Paris 1784. Nyon jeune. 1 vol. in-12.

2426. — La constance dans l'adversité, ou histoire de James Wallace, traduite de l'anglois.
Bruxelles-Paris 1789. Defer de Maisonneuve. 3 v. in-12.

2427. — Mélise et Marcia, ou les deux sœurs. Trad. de l'anglois.
Londres-Paris. 2 vol. in-12.

2428. — OEuvres de *Walter* Scott. Traduction de M. Defauconpret.
Paris 1830-32. Furne. 32 vol. in-8º.

L'Abbé-l'Antiquaire— le Connétable de Chester— les Chroniques de la Canongate— Charles-le-Téméraire— le Chateau périlleux — la Dame du Lac — les Eaux de Saint-Ronan— la Fiancée de Lammermoor — Guy Mannering— Ivanhoe— la Jolie fille de Perth — Histoire d'Ecosse — Histoire de la Démonologie — Kenilworth — le Monastère — Nigel — le Nain — le Pirate — la Prison d'Edimbourg — les Puritains d'Ecosse — Peveril du Pic — Quentin-Durward — Redgauntlet — Rob-Roy — Richard en Palestine — Warverley — Woodstock — Robert, comte de Paris. — Romans poétiques.

2429. — OEuvres complètes de Walter Scott (traduites par A. J. B. Defauconpret).
Paris 1820. Nicolle. 81 vol. en 42. in-12.

2430. — OEuvres de Fenimore Cooper. Traduction de M. Defauconpret.

Précaution — l'Espion — Le Pilote — Lionel Lincoln — le dernier des Mohicans — les Pionniers — la Prairie — Le Corsaire rouge — les Puritains d'Amérique — L'Ecumeur de mer — le Bourreau de Berne — l'Heidenmauer — le Bravo — Les Monikins — le Paquebot Américain — Eve Effingham — le Feu follet — le Lac Ontario — les deux amiraux — A bord et à terre — Lucie Hardinge — Satanstoe — le Porte-chaine— Mercédès de Castille — le Tueur de daims.

Paris 1830-39. Furne. 26 vol. in-8º.

2431. — Trois nouvelles de J. D'Israéli, traduites de l'anglais sur la dernière édition ; par M.e Collet.
Paris 1824. Delaunay. 1 vol. in-8º.

2432. — OEuvres complètes du capitaine Marryat. (Traduites par Defauconpret et *Albert* Montémont).

Jacob fidèle — Japhet— Ratlin le marin— Monsieur le Mishipman aisé — Pierre Simple — Caïn le Pirate — l'Officier de marine —Kings'own, ou il est Roi—Ardent Troughton— Newton Forster — le Pacha — Le vieux Commodore.

Paris 1837. Ollivier, Gosselin etc. 24 vol. in-8º.

2433. — The tale book.-Second series, by the following authors: Mrs. JAMESSON. — LEIGH RITCHIE. — Mrs. SHELLEY. — *Fr.* MANSEL REYNOLDS.—LEIGH HUNT. — Mrs. *Ch.* GORE. — *Th.* HOOK. — *Miss* L. E. LANDON. — *Lord* NUGENT. — SHERIDAN KNOWLES.—Mrs. HALL.—*Lord* NORMANBY. — COLLEY GRATTAN.— A. PICKEN.—R. BERNAL.—*Ch.* MAC FARLANE — D. LYNDSAY.
Paris 1835. Baudry. 1 vol. in-8°.

2434. — La Princesse, par Lady MORGAN. Traduit par Mlle SOBRY.
Paris 1825. Arth. Bertrand. 3 vol. in-8°.

2435. — Arthur Monteith ou les Orphelins Ecossais, traduit de l'anglais de Mistress BLACKFORD. Suivi du petit Créole.
Paris 1825. Bouquin. 3 vol. in-18.

2436. — Histoire de la veuve d'un Marchand et de sa jeune famille, par Mistriss HOFLAND, et traduite de l'anglais par M. PAQUIS.
Paris 1831. Maumus. 2 vol. in-18.

** — Voyez aussi la *Revue Britannique*.

Romans Français.

Romans épiques.

2437. — Les Amours de Psyché et de Cupidon (par LA FONTAINE).
Paris 1825. Castel de Courval. 1 vol. in-18.

2438. — Les Avantures de Télémaque fils d'Ulysse, ou Suite du quatrième livre de l'Odyssée d'Homère. 3.e édition.
La Haye 1699. Ad. Moetjens. 2 vol. in-12.

2439. — Les Avantures de Télémaque, fils d'Ulysse, par feu *Messire François* DE SALIGNAC DE LA MOTTE-FÉNELON. 2.e édition conforme au manuscrit original.
Paris 1720. J. Estienne. 2 vol. in-12. Grav.

2440. — Les Aventures de Télémaque, par FÉNELON.
Paris 1785. Imp. de Monsieur. 2 vol. in-.4°. Grav.

2441. — Les Aventures de Télémaque, fils d'Ulysse. Par M. DE FÉNELON.
Paris an IV. Crapelet. 2 vol. in-8°. Fig.

2442. — Le Avventure di Telemaco figliuolo d'Ulisse. Opera tradotta dal linguaggio francese nell' italiano.
Venezia 1744. Fenzo. 1 vol. in-8°.

2443. — Le Avventure di Telemaco etc. Opera tradotta dal francese nell' italiana favella.
Venezia 1756. Pasquali. 1 vol. in-8°.

2444. — Les Voyages de Cyrus, avec un discours sur la Mythologie. Par M. Ramsay.
Paris 1727. Quillau. 2 vol. in-8°.

2445. — Même ouvrage.
Amsterdam 1728. Du Sauzet. 2 vol. en 1. in-12.

2446. — Même ouvrage.
Paris 1728. V.e Delaulne. 2 vol. en 1. in-12.

2447. — Sethos, histoire ou vie tirée des monumens anecdotes de l'ancienne Egypte. Traduite d'un manuscrit grec. (Par l'*Abbé* Terrasson).
Paris 1731. Jac. Guérin. 3 vol. in-12.

2448. — Le Temple de Gnide. (Par Montesquieu).
Londres 1738. 1 vol. in-12.

2449. — Bélisaire, par M. Marmontel.
Paris 1777. J. Merlin. 1 vol. in-12.

2450. — Hymne au Soleil, suivi de plusieurs morceaux du même genre qui n'ont point encore paru. Par M. l'*Abbé* de Reyrac. 6.e édition.
Paris 1782. Debure. 1 vol. in-8°.

2451. — Joseph, par Bitaubé. Nouvelle édition.
Paris 1819. Lequien. 1 vol. in-18. Grav.

** — Voyez œuvres de Florian. — Numa — Galathée — Estelle.

2452. — Antigone, par M. P. S. Ballanche. Nouvelle édition.
Paris 1839. Jourdan. 1 vol. in-8°. Grav.

2453. — Les Martyrs ou le triomphe de la Religion chrétienne, par M. le Vicomte de Chateaubriand.
Paris 1829. Ladvocat. 3 vol. in-8°.

2454. — Atala.—René.—Les aventures du dernier Abencerage. Par M. le V.te de Chateaubriand.
Paris 1830. Lefèvre. 1 vol. in-8°.

2455. — Les Natchez, par M. le Vicomte DE CHATEAUBRIAND.
Paris 1829. Lefèvre. 2 vol. in-8º.

Contes et Nouvelles.

2456. — Contes et Nouvelles de MARGUERITE DE VALOIS, Reine de Navarre. Nouvelle édition.
Paris 1807. Duprat-Duverger. 8 vol. in-18. Grav.

2457. — Les Serées de *Guillaume* BOUCHET, *Sieur* de BROCOURT, divisées en trois livres. Où sont contenues diverses matières fort récréatives, et sérieuses, utiles et profitables à toutes personnes mélancholiques et joviales.
Lyon 1618. Pierre Rigaud. 1 vol. in-8º.

2458. — Les Contes et Discours d'Eutrapel, par *Noel* DU FAIL, Seigneur DE LA HERISSAYE.
1732. 1 vol. in-12.

2459. — Les Contes aux heures perdues du Sieur D'OUVILLE. Seconde partie. Où sont contenus tous les traits des filous; naïfvetez des nouvelles mariées; leurs disputes en leurs mesnages: subtilitez des hommes et des femmes, etc.
Paris 1644. Touss. Quinet. 1 vol. in-8º.

2460. — Les Contes du tems passé de ma mère l'Oye. Avec des morales. Par M. PERRAULT. Augmentée d'une nouvelle, *viz.* l'Adroite Princesse. 6.ᵉ édit. (l'Anglois en regard).
Londres 1764. J. Melville. 1 vol. in-8º.

2461. — Les Journées amusantes, dédiées au Roy. Par Madame DE GOMEZ. 7.ᵉ édition. revue et corrigée.
Amsterdam 1744. La Comp. 8 vol. en 4. in-12

2462. — La tyrannie des Fées détruite, nouveaux Contes. Par M.ᵐᵉ la Comtesse D. L. (d'AUNEUIL).
Paris 1703. Jean Fournil. 1 vol. in-12.

2463. — Les Mille et une Folies, contes françois, par M. N. (NOUGARET). 2.ᵉ Edition.
Amsterdam-Paris 1776. V.ᵉ Duchesne. 4 vol. in-12.

2464. — Les avantures d'Abdalla fils d'Hanif, envoyé par le Sultan des Indes à la découverte de l'ile de Borico, où est la fontaine merveilleuse dont l'eau fait rajeunir. (Par l'*Abbé* Bignon et L. D. Colson).
   Paris 1714. Pierre Wite. 1 vol. in-12. Tom. 2.

2465. — Les Sultanes de Guzarate, ou les songes des hommes éveillés. Contes Mogols. Par M. G. (Gueullette).
   Paris 1732. J. B. Mazuel. 3 vol. in-12.

2466. — Les Quatre Facardins, conte. Par M. le C. *A.* Hamilton.
   1749. 1 vol. in-12.

2467. — Le Bélier, conte. Par le C. *Antoine* Hamilton.
   1749. 1 vol. in-12.

2468. — Histoire de Fleur d'Epine, conte. Par le C. *A.* Hamilton.
   1749. 1 vol. in-12.

2469. — Contes d'*Antoine* Hamilton, avec la suite des Facardins et de Zénéyde, par M. de Levis.
   Paris 1820. Aug. Renouard. 2 vol. in-16.

2470. — Zénothémis, anecdote Marseilloise.—Sélicourt, nouvelle.—Sidney et Volsan, histoire anglaise. Par M. d'Arnaud.
   Paris 1769-1773. Le Jay. 1 vol. in-8°.

2471. — Nouvelles par M. Boucher de Perthes.
   Paris 1832. Treuttel et Wurtz. 1 vol. in-8°.

2472. — Contes par *Ernest* Prarond.
   Abbeville 1849. Jeunet. 1 vol. in-8°.

Contes moraux.

2473. — Contes moraux. Par M.e le Prince de Beaumont.
   Lyon 1774. Bruyset. 2 vol. in-12.

** — Contes moraux par Marmontel. Voyez œuvres tom. ii, iii, iv.

2474. — Les Soirées récréatives de l'Enfance. par M.e de Flammerang.
   Paris 1825. Boulland. 2 vol. in-18. Grav.

2475. — La Famille Morin, ou les Contes de la grand'mère, par M.lle Desroches.
   Paris 1834. Belin-Leprieur. 1 vol. in-12.

2476. — Contes à mes Enfants, ou historiettes morales, par Mlle Gorsas.
    Limoges 1836. Barbou. 1 vol. in-12.

2477. — Les Contes du bon tuteur ou les jeudis. Ouvrage anecdotique offert à l'adolescence, par Mme *Elisab.* Celnart.
    Paris 1835. Villet. 1 vol. in-18.

2478. — Albert et Rosine ou le beau chateau, par M. et Me Azaïs.
    Paris 1837. Didier. 1 vol. in-18.

2479. — Les deux Familles ou désordre et sagesse, suivies de : Petits fugitifs, etc., par M. et Me Azaïs.
    Paris 1837. Didier. 1 vol. in-18.

2480. — Palmyre ou les soirées d'Auteuil, nouveaux contes dédiés aux jeunes personnes, par M.^e d'Adhémar.
    Paris 1837. Boudon. 1 vol. in-12.

2481. — Caroline ou l'Orpheline du Jurançon, par Me M. G. E.
    Tours 1837. Mame. 1 vol. in-18.

2482. — L'Ecole du Hameau ou le livre du bon Pasteur. Par Me C. Farrenc.
    Tours 1838. Mame. 1 vol. in-18.

2483. — Contes dédiées à la jeunesse.
    Paris. s. d. Caillot. 1 vol. in-18.

2484. — Les Leçons de la sagesse, contes d'une mère à sa fille, traduits de l'anglais de Mis Mathews, par T. P. Bertin.
    Paris. s. d. Caillot. 1 vol. in-18.

2485. — L'Aimable moraliste, ou contes instructifs, propres à l'agrément de la jeunesse; par E. H.
    Paris. s. d. Lavigne. 1 vol. 18.

2486. — Le Miroir de l'enfance, ou petit tableau de ses défauts et de ses qualités, histoires d'une mouche et d'une épingle, racontées par elles-mêmes. Dedié aux enfants par T. P. Bertin. 5.e édition.
    Paris. s. d. Denn. 1 vol. in-18.

Voyages imaginaires et merveilleux.

2487. — Les Avantures de Jacques Sadeur dans la découverte et

le voyage de la terre Australe. Contenant les coutumes et les mœurs des Australiens, leur religion, leurs exercices, leurs études etc., etc. (Par *Gabriel* DE FOIGNY).
Paris 1672. Barbin. 1 vol. in-12.

2488. — Voyages et avantures de Jacques Massé. (Par TYSSOT DE PATOT).
Bourdeaux 1710. Jacq. l'Aveugle. 1 vol. in-12.

2489. — Histoire des Sevarambes, peuples qui habitent une partie du troisième Continent, communément appelé la terre Australe. (Par *Denis* VAIRASSE).
Amsterdam 1716. Est. Roger. 2 vol. in-12.

2490. — Relation d'un voyage du Pole Arctique au Pole Antarctique par le centre du monde. Avec la description de ce périlleux passage, et des choses merveilleuses et étonnantes qu'on a découvertes sous le Pole Antarctique.
Paris 1723. Hortemels. 1 vol. in-12. Grav.

2491. — Les Voyages de Glantzby dans les mers orientales de la Tartarie: avec les avantures surprenantes des rois Loriman et Osmundar, princes orientaux ; traduit de l'original danois ; et la carte de ce pays.
Paris 1729. V.ᵉ Delaulne. 1 vol. in-12.

2492. — Confessions du comte de C. (CAGLIOSTRO). Avec l'histoire de ses voyages en Russie, Turquie, Italie, et dans les Pyramides d'Egypte.
Au Caire et à Paris 1787. Cailleau. 1 vol. in-12.

2493. — Le Voyage forcé de Becafort Hypocondriaque. Qui s'imagine être indispensablement obligé de dire ou d'écrire, et qui dit ou écrit en effet, sans aucun égard, tout ce qu'il pense des autres et de luy-même, sur quelque matière que ce soit. (Par l'*Abbé* BORDELON).
Paris 1709. Musier. 1 vol. in-12.

2494. — Mital ou avantures incroyables, et toutefois, et cætera. Ces avantures contiennent quinze Relations d'un voyage rempli d'un très grand nombre de différentes sortes de Prodiges, de Merveilles, etc. (Par l'*Abbé* BORDELON).
Paris 1708. Le Clerc. 1 vol. in-12.

2495. — Les Femmes militaires. Relation historique d'une isle nouvellement découverte. Par M.le C.D. (Saint-Jorry).
Amsterdam 1736. Ryckhoff. 1 vol. in-12.

2496. — Philoctète, ou voyage instructif et amusant, avec des réflexions politiques, militaires et morales. Par M. Ansart.
Paris 1737. De Poilly. 1 vol. in-12.

2497. — Lamekis, ou les Voyages extraordinaires d'un Egyptien dans la Terre intérieure ; avec la découverte de l'isle des Sylphides. Par M. le *Chevalier* de Mouhy.
La Haye 1738. Neaulme. (Paris. Dupuys). 2 vol. in-12.

2498. — Relation du voyage mystérieux de l'isle de la Vertu.
Paris 1760. Hérissant. 1 vol. in-12.

2499. — Le Voyageur philosophe dans un païs inconnu aux habitans de la terre. Par M. de Listonai. (de Villeneuve).
Amsterdam 1761. 2 vol. in-12.

2500. — L'Isle inconnue, ou mémoires du Chevalier DesGastines, publiés par M. Grivel. Nouvelle édition.
Paris 1784. Moutard. 4 vol. in-12.

2501. — Relation du voyage de l'Isle d'Eutopie.
Delft 1711. H. Van Rhin. 1 vol. in-12.

2502. — Le Voyage de Guibray, ou les Avantures des princes de B. et de C. Pièce comique. Avec l'histoire du fameux Barry, de Tilandre et d'Alison.
1704. 1 vol. in-12.

2503. — Les Avantures provinciales. Le voyage de Falaize. Nouvelle divertissante. Par M. Le Noble.
Paris 1707. Charpentier. 1 vol. in-12.

2504. — Les Voyages d'Arlequin, par *Ernest* Prarond.
Abbeville 1850. Jeunet. 1 vol. in-18.

Romans mystiques.

2505. — Agathonphile, ou les martyrs siciliens, Agathon, Phylargyrippe, Thryphine et leurs Associez. Histoire dévote,

où se descouvre l'*Art de bien aymer*, pour antidote aux deshonnestes affections. Par M.gr l'*Evesque de Belley* (*Jean-Pierre* CAMUS).
Paris 1623. Claude Chappelet. 1 vol. in-8°.

2506. — L'Amphithéatre sanglant ou sont représentées plusieurs actions tragiques de nostre temps. Par *le même*.
Rouen 1640. Jean De la Mare. 1 vol. in-8°.

2507. — Le Banquet d'Assuere. Par J. P. C. *Evesque de Belley*.
Paris 1637. Soubron. 1 vol. in-8°.

2508. — Bouquet d'histoires agréables. Par *Jean-Pierre* CAMUS.
Paris 1640. Gerv. Alliot. 1 vol. in-8°.

2509. — La Caritée, ou le pourtraict de la vraye Charité, histoire dévote tirée de la vie de saint Louys. Par *le même*.
Paris 1641. Gervais Alliot. 1 vol. in-8°.

2510. — Le Cléoreste de Mgr. *de Belley*. Histoire françoise-espagnole. Représentant le tableau d'une perfaitte amitié.
Lyon 1626. Ant. Chard. 2 vol. in-8°.

2511. — Les Decades historiques de *Jean-Pierre* CAMUS.
Douay 1633. V.ᵉ Marc Wyon. 1 vol. in-8°.

2512. — Elise, ou l'innocence coulpable. Evènement tragique de nostre temps. Par M.gr l'*Evesque de Belley*.
Paris 1621. Claude Chappelet. 1 vol. in-8°.

2513. — Les évènemens singuliers de M.gr *de Belley*. Divisez en quatre livres.
Rouen 1659. Louys Dumesnil. 1 vol. in-8°.

2514. — Hermiante, ou les deux Hermites contraires; le Reclus et l'Instable. Histoires tirées de l'Alexis de M. l'*Evesque de Belley*. Esquelles est traitté de la perfection religieuse.
Lyon 1623. Jacq- Gaudion. 1 vol. in-8°.

2515. — L'Hiacinthe de Mgr. *de Belley*. Histoire Catalane. Où se voit la difference d'entre l'Amour et l'Amitié.
Paris 1627. Pierre Billaine. 1 vol. in-8°.

2516. — Les leçons exemplaires. De M. J.P.C. *Evesque de Belley*.
Rouen 1642. Jean Berthelin. 1 vol. in-8°.

2517. — Mémoriaux historiques. Par *Jean-Pierre* CAMUS.
Rouen 1658. Vaultier. 1 vol. in-8°.

2518. — Le Pantagone historique. Monstrant en cinq Facades, autant d'accidens signalez. Par J.P.C. *Evesque de Belley*.
Paris 1631. Anth. de Sommaville. 1 vol. in-8.°

2519. — Pétronille. Accident pitoyable de nos jours, cause d'une vocation religieuse. Par Mgr. l'*Evesque de Belley*.
Paris 1632. Mat. Hénault 1 vol. in-8°.

2520. — La pieuse Jullie. Histoire parisienne. Par *le même*.
Paris 1640. Jacq. Bessin. 1 vol. in-8°.

2521. — Roselis, ou l'histoire de saincte Susanne. Par *le même*.
Paris 1623. Claude Chappelet. 1 vol. in-8°.

2522. — Les Tapisseries historiques. Par *Jean-Pierre* CAMUS.
Paris 1644. V.ᵉ Martin-Durand. 1 vol. in-8°.

2523. — Les trois estats de l'innocence contenant, 1. L'innocence affligée. — 2. L'innocence reconnue. — 3. L'innocence couronnée. Par le *Sieur* DE CERIZIERS.
Rouen 1666. Louis Maurry. 3 vol. en I. in-8°.

2524. — Mélanie, ou la Veuve charitable. Histoire morale. (Par l'*Abbé* F. MACÉ).
Paris 1729. A. Des Hayes. 1 vol. in-12.

2525. — Angélique, ou la religieuse selon le cœur de Dieu. Par le R. P. *Michel-Ange* MARIN.
Avignon 1766. J. Niel. 2 vol. in-12.

2526. — La Marquise de Los Valientes, ou la dame chrétienne. Histoire Castillane. Par le R. P. *Michel-Ange* MARIN.
Avignon 1767. Niel. 2 vol. in-12.

2527. — Adélaïde de Witsbury, ou la pieuse pensionnaire, avec sa retraite spirituelle de huit jours ; par *le même*.
Paris 1825. Boiste 1 vol. in-12.

2528. — Virginie ou la Vierge chrétienne, histoire sicilienne, pour servir de modèle aux filles qui aspirent à la perfection. Par le R. P. *Michel-Ange* MARIN.
Paris 1828. Méquignon-Havard. 2 vol. in-12.

2529. — Le parfait domestique. Par M. B. (BOISTEL) D'EXAUVILLEZ (1).
Paris 1829. Gaume. 1 vol. in-18.

---

(1) BOISTEL D'EXAUVILLEZ (*Philippe-Irène*) né à Amiens le 5 décembre 1786.

Romans écrits par des femmes.

2530. — Artamène, ou le Grand Cyrus. Dédié à Madame la duchesse de Longueville. Par M.ʳ DE SCUDERY (*Madelène* DE SCUDERY). 2.ᵉ édition.
Paris 1550. Courbé. 5 vol. in-8°. Tom. 2-3-5-7-8.

2531. — Ibrahim ou l'illustre Bassa. (Par Mˡˡᵉ DE SCUDERY). Nᵉ éd.
Paris 1723. P. Witte. 4 vol. in-12. Fig.

2532. — Ibrahim dess durchleuchtigen Bassa und der bestandigen Isabellen wunder-geschicht: anfangs in frantzosischer Sprach beschrieben von dem Weltberühmten Hernn *Von* SCUDERY. (Durch *Fil.* ZAESIEN von Fürstenau).
Zweybrucken 1667. J. Frank. 1 vol. in-8°.

2533. — Les avantures ou mémoires de la vie de Henriette Sylvie de Molière. (Par M.ᵉ DE VILLE-DIEU?).
Paris 1672. 1 vol. in-12.

2534. — Cléonice, ou le roman galant. Nouvelle par Madame DE VILLE-DIEU.
Paris 1669. Claude Barbin. 1 vol. in-12.

2535. — Les Exilez. Par Madame de VILLE-DIEU.
Lyon 1696. Jac. Guerrier. 2 vol. in-12.

2536. — Zayde, histoire espagnole. Par M. DE SEGRAIS (M.ᵉ DE LA FAYETTE). Avec un traité de l'origine des romans. Par M. HUET.
Paris 1719. Les Libraires associez. 2 vol. in-12.

2537. — Histoire secrète de Jean de Bourbon, prince de Carency. Par Mademoiselle B. (Madame d'AULNOY).
La Haye 1709. Ad. Moetjens. 2 vol. en 1. in-12.

2538. — Histoire d'Hypolite, Comte de Duglas. (Par *la même*).
La Haye 1726. Jean Swart. 1 vol. in-12. Fig.

2539. — Venda, reine de Pologne, histoire galante. Par Madame DE LA ROCHEGUILHEN.
La Haye 1713. Swart. 1 vol. in-12.

2540. — Mémoire historique, ou anecdote galante et secrète de la duchesse de Bar, sœur d'Henry IV, roy de France.

Avec les intrigues de la Cour pendant les Règnes d'Henry III et Henry IV. (Par M.° De Caumont de la Force).
Amsterdam 1709. Desbordes. 1 vol. in-12.

2541. — Gustave Vasa, histoire de Suède. (Par *la même*).
Paris 1725. La Comp. des Libraires. 1 vol. in-12.

2542. — Histoire secrète d'Henry IV, roy de Castille. (Par *la même*).
Paris 1695. Sim. Bénard. 1 vol. in-12.

2543. — Henry, duc des Vandales. Histoire véritable. Avec un extrait des histoires tragiques de Bandel, traduites par Belleforest : qui contient des circonstances curieuses sur l'origine de ces peuples, et sur cette histoire. Par M. D. Auteur des Belles Grecques. (M.ᵉ Bedacier, née *Catherine* Durand).
Paris 1714. P. Prault. 1 vol. in-12. Fig.

2544. — Mémoires de M. de Poligny, dont le manuscrit s'est trouvé dans un château de M. le marquis de L. V. Dédié à M. de Voltaire, par M.ᵉ de ***
La Haye 1749. Beauregard. 2 vol. en 1. in-12.

2545. — Lettres d'une Péruvienne. Nouvelle édition, augmentée de plusieurs lettres, et d'une introduction à l'histoire (du Pérou). (Par M.ᵉ de Graffigny).
Paris 1752. Duchesne. 2 vol. en 1. in-12. Fig.

2546. — Lettres d'une Péruvienne, par M.ᵉ de Graffigny.
Paris 1826. Werdet et Lequien. 1 vol. in-24.

2547. — Histoire d'Osman premier du nom, xix.ᵉ Empereur des Turcs, et de l'Impératrice Aphendina Ashada. Par M.ᵉ de Gomez.
Paris 1734. Prault père. 2 vol. in-12.

2548. — Crémentine reine de Sanga, histoire indienne. Par *la même*.
Paris 1739. Denis Mouchet. 2 vol. in-12. Fig.

2549. — La voix de la nature, ou les Avantures de Madame la Marquise de *** Par Mad. de R. R. (Robert), auteur de la Paysanne philosophe.
Amsterdam 1770. La Comp. 2 vol. en 1. in-12.

2550. — Mémoires de Miledi B.... par Madame R... Nouvelle édition. (Par Mlle DE LA GUESNERIE).
Amsterdam-Paris 1760. Cuissart. 2 vol. in-12.

2551. — Voyage de Sophie et d'Eulalie, au palais du vrai bonheur ; ouvrage pour servir de Guide dans les Voyes du Salut : par une jeune demoiselle. (Mlle LOQUET).
Paris 1781. Ch. P. Berton. 1 vol. in-12.

2552. — Lettres d'une dame Angloise, et de son amie à Paris, contenant les mémoires de Madame Williams. (Par Me VIGOR).
Londres 1771. 2 vol. en 1. in-12.

2553. — Les erreurs d'une jolie femme, ou l'Aspasie françoise. (Par Me BENOIT).
Paris 1781. Ve Duchesne. 2 vol. en 1. in-12.

2554. — Anecdotes de la Cour de Philippe-Auguste, par Mlle DE LUSSAN (et l'*Abbé* DE BOISMORAND).
Paris 1820. Lebègue. 6 vol. in-12.

2555. — Lettres de Milady Juliette Catesby, à Milady Henriette Campley, son amie. (Par Me RICCOBONI).
Amsterdam 1762. 1 vol. in-12.

** — Voyez œuvres de Me RICCOBONI, t. I-II-III-IV.

2556. — Mémoires de Madame la Baronne de Batteville, ou la veuve parfaite. Par M.^e le PRINCE DE BEAUMONT.
Lyon 1766. Bruyset-Ponthus. 1 vol. in-12.

2557. — Lettres d'Emérance à Lucie. Par *la même*.
Lyon 1765. Bruyset. 4 vol. in-12.

2558. — La nouvelle Clarice, histoire véritable. Par *la même*.
Lyon 1767. Bruyset. 2 vol. in-12.

2559. — OEuvres complètes de *Madame* de SOUZA. Revue et corr.
Paris 1821-22. Eymery. 6 vol. in-8°.

2560. — Le Comte de Soissons et la Duchesse d'Elbeuf, roman historique du siècle de Louis XIII, par M.^e de.... (ZIMMERMANN. Roman refondu de *Isaac Claude*).
Paris an XIII. (1805). Renard. 1 vol. in-12.

2561. — OEuvres de Madame COTTIN.
Paris 1816-18 Michaud. 12 vol. in-12.

2562. — OEuvres de Madame Cottin.
Paris 1820. Tenré. 12 vol. in-18.

2563. — Elisabeth ou les exilés de Sibérie, par M.ᵉ Cottin.
Paris 1829. Werdet et Lequien. 1 vol. in-24.

2564. — Paris en province et la province à Paris, par M.ᵉ G.ᵗᵗᵉ Ducrest; suivi du Château de Coppet en 1807, nouvelle historique, ouvrage posthume de M.ᵉ la *Comtesse* de Genlis. 3.ᵉ édition.
Paris 1831. Ladvocat. 3 vol. in-8º.

2565. — Corinne ou l'Italie. Par M.ᵉ de Staël-Holstein. 5ᵉ édit.
Paris 1812. Mame. 3 vol. in-12.

2566. — Delphine, par M.ᵉ de Staël-Holstein. Nouv. édition.
Paris 1819. Ledentu. 6 vol. in-18.

2567. — La famille du duc de Popoli. Mémoires de M. de Cantelmo son frère; publiés par Lady *Mary* Hamilton.
Paris 1810. P. Didot l'aîné. 2 vol. en 1. in-12.

2568. — La Contemporaine en Egypte. Pour faire suite aux souvenirs d'une femme, sur les principaux personnages de la République, du Consulat, de l'Empire et de la Restauration. (Par Ida Saint-Elme et Saint-Edme, *Elzélina* Van Aylde Jonghe).
Paris 1831. Ladvocat. 6 vol. in-8º.

2569. — Mémoires d'une Contemporaine, ou souvenirs d'une femme sur les principaux personnages de la République, du Consulat, de l'Empire etc. (Par *la même*). 4.ᵉ édition.
Paris 1829. Ladvocat. 8 vol. in-8º.

2570. — L'Amirante de Castille, par M.ᵉ la Duchesse d'Abrantès.
Paris 1832. Mame-Delaunay. 2 vol. in-8.º

2571. — Histoires contemporaines; par M.ᵉ la Duch. d'Abrantès.
Paris 1835. Dumont. 2 vol. in-8º.

2572. — Scènes de la vie espagnole, par M.ᵉ la Duch. d'Abrantès.
Paris 1836. Dumont. 2 vol. in-8.º

2573. — Catherine II, par M.ᵉ d'Abrantès.
Paris 1834. Dumont. 1 vol. in 8.º

Romans écrits par des hommes.

2574. — Nouvelle bibliothèque de campagne, ou les amusemens du cœur et de l'esprit.
Bruxelles-Paris. V.ᵉ Duchesne. 25 vol. in-12.
** — Voyez Bibliothèque universelle des Dames. — Romans.
** — — Mélanges tirés d'une grande Bibliothèque, par DE PAULMY.
** — — Revue des deux Mondes.

2575. — Paris, ou le livre des Cent et un.
Paris 1831-36. Ladvocat. 15 vol. in-8°.

2576. — Le Salmigondis. 2.° édition.
Paris 1837. V. Magnen. 12 vol. in-8°.

2577. — Les œuvres de M. *François* RABELAIS. Augmentées de la vie de l'auteur, et de quelques remarques sur sa vie, et sur l'histoire. Avec l'explication de tous les mots difficiles.
Amsterdam 1663. Elzevir. 2 vol. in-12.

2578. — Même ouvrage.
Bruxelles 1734. Langlois. 2 vol. in-12.

2579. — OEuvres choisies de M. *François* RABELAIS.
Genève 1752. Barillot. 3 vol. in-12.

2580. — OEuvres de *F.* RABELAIS.
Paris 1823. L Janet. 3 vol. in-8°.

2581. — Le Rabelais moderne, ou les œuvres de Maitre *François* RABELAIS, mises à la portée de la plûpart des lecteurs etc. (Par l'*Abbé* DE MARSY).
Amsterdam 1752. Fred. Bernard. 6 vol. in-12.

2582. — L'Astrée de *Messire Honoré* d'URFÉ. Où par plusieurs histoires, et souz personnes de Bergers, et d'autres, sont déduits les divers effets de l'honneste Amitié.
Rouen-Paris 1647. Ant. de Sommaville. 5 v. in-8°. Fig.

2583. — L'Astrée de M. d'URFÉ, pastorale allégorique, avec la clé. Nouv. édit., où, sans toucher au fonds ni aux épisodes, on s'est contenté de corriger le langage et d'abréger la conversation.
Paris 1733. Witte et Didot. 10 vol. in-12 Grav.

2584. — De Treurighe, doch Bly-eyndighende Historie van onsen Tijdt, onder de Namen van *Lysander en Caliste*: eertijds in't Françoys ghestelt door den Heer Daudiguier, ende nu in Nederduyts vertaelt door I. Heerman.
T'Amsterdam (1658). I. Herman. 1 vol. in 16.

2585. — Les amours des Dieux, ensemble celles d'Orphée et sa descente aux Enfers. Composé par le Sieur De la Serre.
Paris 1624. Courbé. 1 vol. in-8°. Fig.

2586. — Les Avantures du Baron de Faeneste. Comprinses en quatre parties. Les trois premières reveues, augmentées et distinguées par chapitre: ensemble la quatriesme partie nouvellement mise en lumière, le tout par le mesme Autheur. (*Th. Agrippa* d'Aubigné).
Au dezert 1630. Aux despens de l'Autheur. 1 v. in-8°.

2587. — Les Amours historiques des Princes. Contenant six narrations véritables, souz ces titres. L'Amour jaloux, furieux, efféminé, désespéré, ambitieux, infidèle. Par M. de Grenaille, S.r de Chateaunières. 2.e édit.
Paris 1643. Jean de la Coste. 1 vol. in-8°.

2588. — Conclusion de l'histoire d'Alcidalis et de Zélide. Commencée par M. de Voiture, et achevée par le Sieur Desbarres.
Paris 1668. V.e Mauger. 1 vol. in-12.

2589. — Les nouvelles œuvres de M. de Cyrano Bergerac. Contenant l'Histoire comique des Estats et Empires du Soleil, plusieurs lettres, et autres pièces divertissantes.
Paris 1662. De Sercy. 1 vol. in-12.

2590. — Les œuvres de M. de Cyrano Bergerac. Nouv. édition.
Amsterdam 1709. Desbordes. 1 vol. in-12. Tom. 2.

2591. — Le Roman comique de M. Scarron.
Paris 1717. David. 2 vol. in-12.

2592. — Macarise, ou la Reine des isles fortunées. Histoire allégorique, contenant la philosophie morale des Stoïques sous le voile de plusieurs aventures agréables en forme de Roman. Par Mess. *Franç.* Hédelin, *Abbé d'Aubignac.*
Paris 1664. Du Brueil. 2 vol. in-8°. Fig.

2593. — Aristandre, ou histoire interrompue. Par M. H. A. d'A. (HÉDELIN, *Abbé d'Aubignac*).
Paris 1664. Jacq. Du Brueil. 1 vol. in-12.

2594. — La Diane des bois. Par le *Sieur* DE PRÉFONTAINE.
Paris 1629. Roulliard. 1 vol. in-8º.

2595. — L'ambitieuse Grenadine. Hist. galante. (Par DE PRÉCHAC).
Paris 1678. La Comp. des Libraires. 1 vol. in-12.

2596. — Cléoltu..., ou les chastes advantures d'un Candien, et d'une jeune Natolienne; histoire dévote, en laquelle on voit les divers effects de l'amour divin. (Par GAFFAREL).
Paris 1624. La Comp. 1 vol. in-8º.

2597. — L'Esprit malin, nouvelle historique et galante. Par Monsieur D*** (le Ch.r de PONTIEU).
Paris 1710. Cl. Prudhomme. 1 vol. in-12.

2598. — Le Roman bourgeois. Par *Antoine* FURETIÈRE. Nouvelle édition, corrigée et augmentée de remarques historiques, d'une Satyre en vers du même Auteur etc.
Amsterdam 1714. D. Mortier. 2 vol. en 1. in-12. Fig.

2599. — Zélotyde, histoire galante. Par M. LE PAYS.
Paris 1665. Ch. de Sercy. 1 vol. in-12.

2600. — Les apparences trompeuses, ou ne pas croire ce qu'on void. Histoire espagnolle. (Par E. BOURSAULT).
Amsterdam 1718. M. le Cène. 1 vol. in-12. Voy. n.º 2539.

2601. — Le Prince de Condé (Louis I.) (Par E. BOURSAULT).
Paris 1675. Jean Guignard. 1 vol. in-12.

2602. — Don Carlos, nouvelle historique. (Par l'*Abbé* DE S.t-RÉAL).
Amsterdam 1673. Gasp. Commelin. 1 vol. in-12.

2603. — Amours des Dames illustres de France. (Par BUSSY-RABUTIN).
Cologne 1717. Jean Lamoureux. 1 vol. in-12.

2604. — Les nouvelles Françoises, ou les divertissemens de la princesse Aurélie, par M. DE SEGRAIS.
Paris 1722. Huart. 1 vol in-12. Tom. 2.

2605. — Le Philosophe amoureux, histoire galante, contenant une dissertation curieuse sur la vie de Pierre Abaillard,

et celle d'Heloyse, avec les intrigues amoureuses des mêmes personnes : ausquelles on a joint plusieurs lettres d'Heloyse à Abaillard, et les Réponses du même à cette Belle. Nouvelle édition.
Au Paraclet 1723. 1 vol. in-12.

2606. — Ildegerte, reyne de Norwège, ou l'amour magnanime. Première nouvelle historique. Par M. D. (Le Noble).
Paris 1694. Guill. de Luyne. 1 vol. in-12.

2607. — Le duc de Guise surnommé le Balafré. (Par DE BRIE).
Paris 1694. Barbin. 1 vol. in-12.

2608. — Rome galante, ou histoire secrette sous les règnes de Jules César et d'Auguste. (Par le Chev. DE MAILLY).
Paris 1695. Jean Guignard. 2 vol. in-12.

2609. — Casimir, roy de Pologne. (Par ROUSSEAU DE LA VALETTE).
Paris 1680. Cl. Barbin. 2 vol. en 1. in-12.

2610. — Les Anecdotes de Pologne, ou Mémoires secrets du règne de Jean Sobieski III du nom. (Par DALERAC).
Paris 1700. P. Aubouyn. 2 vol. in-12.

2611. — Mémoires de Madame la Marquise de Fresne. (Par *Gatien* DE SANDRAS DE COURTILZ).
Amsterdam 1701. Jean Malherbe. 1 vol. in-12. Fig.

2612. — Les apparences trompeuses, ou les amours du Duc de Nemours et de la Marquise de Poyanne.
1715. 1 vol. in-12.

2613. — Diane de Castro. (Par HUET, *Evêque d'Avranches*).
Paris 1728. Guérin. 1 vol. in-12.

** — Voyez œuvres d'A. HAMILTON.

2614. — Les mémoires de la vie du Comte D*** avant sa retraite. Contenant diverses Avantures qui peuvent servir d'instruction à ceux qui ont à vivre dans le grand monde. Rédigez par M. DE SAINT-EVREMONT. (Par l'*Abbé* DE VILLIERS).
Paris 1702. Mich. Brunet. 2 vol. in-12.

2615. — Mahmoud le Gasnevide, histoire orientale. Fragment traduit de l'Arabe, avec des notes. (Par MELON).
Rotterdam 1729. Jean Hofhoudt. 1 vol. in-8°.

2616. — Giphantie. (Par TIPHAIGNE DE LA ROCHE).
Babylone 1760. 1 vol. in-12.

2617. — Mémoires du Comte de Comminville. (Par d'Aubigny).
Paris 1735. J. F. Josse. 1 vol. in-12.

2618. — Les Aventures de M. Robert Chevalier, dit de Beauchéne, capitaine des Flibustiers dans la nouvelle France. Rédigées par M. Le Sage.
Amsterdam-Paris 1783. 1 vol. in-8°.

2619. — Le Bachelier de Salamanque, ou mémoires et aventures de Don Chérubin de la Ronda, par *Alain-René* Le Sage.
1777. 3 vol. in-12.

2620. — Le Diable boiteux. Par M. Le Sage. Nouv. édit., avec les entretiens sérieux, et comiques des cheminées de Madrid, et les Béquilles dudit Diable. Par M*** (Bordelon).
Paris 1737. Prault père. 2 vol. in-12.

2621. — Le Diable boiteux, par Le Sage, illustré par *Tony Johannot*, précédé d'une notice sur *Le Sage*, par J. Janin.
Paris 1840. E. Bourdin. 1 vol. in-8°.

2622. — La Valise trouvée. (Par A. R. Le Sage).
1740. 1 vol. in-12.

2623. — OEuvres de A. *René* Le Sage.—Gil Blas de Santillanne.
Paris 1828. Ledoux. 2 vol. in-8°.

** — Voyez encore œuvres de Le Sage, tom. i à xii.

2624. — Avantures de Don Antonio de Buffalis. Histoire italienne. (Par La Barre de Beaumarchais).
Paris 1724. La Comp. des Libraires. 1 vol. in-12.

2625. — Le Czar Pierre premier en France. Par M. *H.* Le Blanc.
Amsterdam 1741. Pierre Mortier. 2 vol. en 1. in-8°.

2626. — La Fille errante, ou mémoires de Mademoiselle de Paisigni, écrits par elle-même.
Paris-Liège 1741. Kints. 2 vol. in-12.

** — Voyez œuvres de Fontenelle, tom. iv.
** — — de Montesquieu, tom. iv-v-vi.

2627. — Anecdotes, ou histoire secrète de la maison Ottomane. (Par Baudot de Juilly).
Amsterdam 1722. La Comp. 4 vol. en 2. in-12.

2628. — L'infortuné Napolitain, ou les Avantures du Seigneur Rozelli; qui contiennent l'histoire de sa naissance, de son esclavage, de son état monastique, de sa prison dans l'Inquisition, et des différentes figures qu'il a faites tant en Italie, qu'en France et en Hollande. Nouv. édit. (Par l'*Abbé* OLIVIER).
   Amsterdam 1721. Hy. Desbordes. 2 vol. in-12.

2629. — Gaston de Foix, quatrième du nom. Nouvelle historique, galante et tragique. Par M. D. V. (le *Comte* DE VIGNACOURT).
   La Haye 1739. P. Gosse. 2 vol. in-12.

2630. — Anecdotes Vénitiennes et Turques, ou nouveaux mémoires du Comte de Bonneval, depuis son arrivée à Venise jusqu'à son exil dans l'Ile de Chio, au mois de mars 1739. Par M. DE MIRONE. (DE SAUMERY).
   Utrecht 1742. J. Broedelet. 1 vol. in-12.

2631. — Les Aventures de Périphas, descendant de Cécrops, par M. PUGET DE S. PIERRE.
   Amsterdam-Paris 1761. Dufour. 1 vol. in-8º.

2632. — Le Colporteur, histoire morale et critique, par M. DE CHÉVRIER.
   Londres. L'an de Vérité. (1763). Nourse. 1 vol. in-12.

Les amusemens des dames de B. (Bruxelles), histoire honnête et presqu'édifiante, composée par feu le Ch.ʳ de Ch. et publiée par l'auteur du Colporteur.(CHÉVRIER).
   Rouen (1663) P. le Vrai. 1 vol. in-12.

Les trois C., conte métaphysique, imité de l'espagnol, et ajusté sous des noms françois, pour la commodité de ceux qui n'entendent pas le flamand, par l'auteur du Colporteur.—Seconde partie des Amusemens des dame de B.
   Nancy 1763. Gouvert. 1 vol. in-12.

Almanach des gens d'esprit, par un homme qui n'est pas sot, calendrier pour l'année 1763 et le reste de la vie. Publié par l'auteur du Colporteur.
   Toujours à Londres 1763. J. Nourse.

— 504 —

Je m'y attendois bien, histoire bavarde (par CHÉVRIER).
Partout. Chez Maculature, imprimeur ambulant des Bavards sédentaires. L'an des méchancetés. (1763). 1 v. in-12.

2633. — Mémoires pour servir à l'histoire de Malte, ou histoire de la jeunesse du Commandeur de***. Par l'Auteur des mémoires d'un homme de qualité (l'*Abbé* PRÉVOST).
Amsterdam (Paris) 1741. F. Desbordes. 2 vol. in-12.

2634. — Campagnes philosophiques, ou mémoires de M. de Montcal, aide de camp de M. le maréchal de Schomberg, contenans l'histoire de la guerre d'Irlande. Par *le même*.
Amsterdam. (Paris) 1741. Desbordes. 4 vol. en 1. in-12.

2635. — Même ouvrage.
Amsterdam-Paris 1784. 1 vol. in-8°. Fig.

2636. — Histoire d'une Grecque moderne. Par l'*Abbé* PRÉVOST.
Amsterdam-Paris 1784. 1 vol. in-8°. Fig.

2637. — Mémoires d'un honnête homme. Par *le même*.
Amsterdam-Paris 1784. 1 vol. in-8°. Fig.

On trouve à la suite : Tout pour l'amour, et le monde bien perdu, ou la mort d'Antoine et de Cléopâtre, tragédie. Traduite de l'Anglois de DRYDEN, par l'*Abbé* PRÉVOST.

2638. — Histoire de Marguerite d'Anjou, reine d'Angleterre; par l'*Abbé* PRÉVOST.
Amsterdam-Paris 1784. 1 vol. in-8°. Fig.

2639. — Histoire de la jeunesse du Commandeur de... ou Mémoires pour servir à l'histoire de Malte, par *le même*.
Amsterdam-Paris 1784. 1 vol. in-8°. Fig.

2640. — Almoran et Hamet, anecdote orientale, publiée pour l'instruction d'un jeune monarque. Par *le même*.
Amsterdam-Paris 1734. 1 vol. in-8.° Fig.

2641. — OEuvres choisies de *l'Abbé* PRÉVOST.
Paris 1810-1816. Leblanc. 39 vol. in-8°. Fig.

** — Voyez œuvres de POULLAIN DE SAINT-FOIX, t. II. Lettres turques.

2642. — La vie de Marianne, ou les Avantures de Madame la la Comtesse de ***. Par M. DE MARIVAUX.
La Haye 1736. Jean Neaulme. 4 vol. en 2. in-12.

2643. — Le Paysan parvenu, ou les mémoires de M.*** Par M. DE MARIVAUX.
Lyon 1762. P. Derogissard. 2 vol. in-12.

** — Voyez œuvres de MARIVAUX, tom. VI à X.

2644. — Le nouveau Télémaque, ou voyages et avantures du Comte de *** et de son fils ; avec des notes historiques, géographiques et critiques. Par l'auteur des Mémoires d'une Dame de qualité. (l'*Abbé* LAMBERT).
La Haye 1741. Van Cleef. 2 vol. in-12.

2645. — Mémoires et Avantures d'une Dame de qualité, qui s'est retirée du monde. (Par l'*Abbé* LAMBERT).
La Haye 1741. La Comp. 2 vol. in-12.

2646. — Lettres de Thérèse ***, ou mémoires d'une jeune demoiselle de province pendant son séjour à Paris. (Par *Ph.* BRIDARD DE LA GARDE).
La Haye 1740. J. Neaulme. 4 vol. en 2. in-12.

2647. — Les Ames rivales, histoire fabuleuse. (Par DE MONCRIF).
Londres 1738. 1 vol. in-12.   Voyez n.° 2448.

2648. — Mémoires d'une provinciale, écrits par elle même. (Par FENESTRE DE HOTOT).
Amsterdam-Paris 1764. 2 vol. en 1. in-12.

2649. — Féradin et Rozeide. Conte moral, politique et militaire.
Gaznah 1765. Fidèle. 3 vol. in-12.

2650. — Mémoires de Madame la Marquise de Crémy, écrits par elle-même.
Lyon 1766. P. Duplain. 2 vol. in-12.

2651. — Le maréchal de Boucicault. Nouvelle historique. (Par J. B. NÉE DE LA ROCHELLE).
Paris 1714. Damien Beugnié. 1 vol. in-12.

2652. — Histoire du Connétable de Lune, favori de Jean II, roi de Castille et de Léon.
Paris 1720. Jombert. 1 vol. in-12.

2653. — Les Gascons en Hollande, ou Aventures singulières de plusieurs Gascons.
1767. 2 vol. in-8°.

2654. — Rose, ou les effets de la haine, de l'amour et de l'amitié. (Par Desboulmiers).
Londres-Paris 1765. Robin. 2 vol. en 1. in-12.

2655. — Mémoires du Marquis de Solanges. (Par *le même*).
Amsterdam-Paris 1766. V.ᵉ Duchesne. 2 vol. in-12.

2656. — Mémoires de Mademoiselle de Bontems, ou de la Comtesse de Marlou, rédigés par M. Gueullette.
Londres 1781. 2 vol. in-18.

2657. — Romans, et Contes philosophiques, par M. de Voltaire.
Londres 1775. 2 vol. in-12.

2658. — Candide, ou l'optimiste, traduit de l'allemand de M. le docteur Ralph. Par M. de V. (Par Voltaire).
1759. 1 vol. in-12.

2659. — Le Huron, ou l'ingénu. 2.ᵉ édition. (Par Voltaire).
Lausanne 1767. 1 vol. in-8⁰.

2660. — Les deux Frères, histoire morale. (Par J.M.J. de Cursay).
Liège-Paris 1770. Fétil. 1 vol. in-12.

2661. — Zulmis et Zelmaïde, conte. (Par l'*Abbé* de Voisenon).
Amsterdam 1745. 1 vol. in-12.

2662. — Le Sultan Misapouf, et la princesse Grisemine. (*Le même*).
Londres 1748. 1 vol. in-8⁰.

2663. — Le repos de Cyrus, ou l'histoire de sa vie depuis sa seizième jusqu'à sa quarantième année. (Par l'*Abbé* Pernetti).
Paris 1732. Briasson. 2 vol. en 1. in-8⁰. Fig.

2664. — Les écueils du sentiment. (Par Lescalopier de Nourar).
Amsterdam-Paris 1756. V.ᵒ Quillau. 1 vol. in-12.

2665. — Lettres de la Marquise de M*** au Comte de R***. Par M. de Crébillon fils.
1735. 2 vol. in-12.

2666. — Même ouvrage.
La Haye 1738. Sheurleer. 1 vol. in-12.

2667. — Amusemens des eaux de Schwalsbach, des bains de Wisbaden et de Schlangenbad. Avec deux relations curieuses ; l'une de la nouvelle Jérusalem ; et l'autre de la Tartarie indépendante. (Par le Ch.ʳ de Solignac).
Liège 1739. B Kints. 1 vol. in-12. Fig.

2668. — La nouvelle Héloïse, ou lettres de deux amans, habitans d'une petite ville au pied des Alpes; recueillies et publiées par J. J. Rousseau. Nouvelle édition.
   Neufchâtel-Paris 1764. Duchesne. 4 vol. in-12. Fig.

2669. — Histoire et plaisante chronique du petit Jehan de Saintré et de la dame des Belles-Cousines, par le Comte de Tressan.
   Paris 1830. Lequien. 1 vol. in-24.

2670. — Lettres d'Osman. Nouv. édit., augmentée d'un sommaire à chaque lettre, et d'une table. (Par le *Chev.* d'Arcq).
   Constantinople. (Paris) 1756. 1 vol. in-12.

2671. — Lettres et mémoires de Mademoiselle de G. (Gondreville) et du Comte de S. Fl... (Par M. Huerne de la Mothe).
   Paris 1782. Duchesne. 1 vol. in-12.

** — Voyez œuvres de Duclos, tom. i-ii.

2672. — Histoire de Madame de Bellerive, ou principes sur l'amour et sur l'amitié. Par M. le Chevalier D*** (Marquis de Puységur).
   Londres-Paris 1768. Ségault. 1 vol. in-12.

2673. — Les familles de Darius et d'Hidarne, ou Statira et Amestris, histoire persane. (Par Gilbert).
   La Haye-Paris 1770. De Hansy. 2 vol. en 1. in-12.

2674. — Les Orphelins de Perse; histoire orientale, tirée d'un manuscrit persan, et enrichie de notes curieuses et instructives. Par M. M.
   Bruxelles-Paris 1773. Valade. 1 vol. in-12.

2675. — Marie Stuart, reyne d'Escosse. Nouvelle historique. (Par de Bois-Guilbert).
   Paris 1775. Barbin. 2 vol. en 1. in-12.

2676. — Mémoires de M. le Marquis de Fieux, par M. le Chevalier D. M. (de Mouhy).
   Paris 1735. Prault fils. 1 vol. in-12.

2677. — La Paysanne parvenue, ou les mémoires de Madame la Marquise de L. V. Par le *Chevalier* de Mouhy.
   Amsterdam 1738. La Comp. 2 vol. in-12.

2678. — Mémoires d'Anne-Marie de Moras, comtesse de Courbon;

écrits par elle-même et adressés à Mademoiselle de ***
pensionnaire au couvent du Cherche-Midi. (Par *le même*).
La Haye 1740. P. de Hondt. 1 vol. in-12.

2679. — Lettre d'un Génois a son correspondant à Amsterdam, avec des remarques. Par *le même*.
Gènes 1747. 1 vol. in-12.

2680. — L'Ami de la vertu, ou mémoires et aventures de M. d'Argicourt. Par *le même*.
Liège 1764. De Boubers. 2 vol. in-12.

2681. — L'Ecole de l'Amitié. (Par le Marquis de THIBOUVILLE).
Amsterdam 1757. Arkstée et Merkus. 2 v. en 1. in-12.

2682. — Le danger des passions, ou anecdotes Syriennes et Egyptiennes. Traduction nouvelle. Par l'auteur de l'Ecole de l'Amitié. (Marquis DE THIBOUVILLE).
(Paris) 1758. 2 vol. en 1. in-12.

2683. — Lettres de Milord Rodex, pour servir à l'histoire des mœurs du dix-huitième siècle.
Amsterdam-Paris 1768. De Hansy. 2 vol. en 1. in-12.

2684. — La nouvelle Femme, ou histoire de Miss. Jenny Wesbury; imitée de l'anglois.
Paris 1770 Costard. 2 vol. en 1. in-12.

2685. — Histoire d'Arthur de Brandley.
Paris 1770. De Hansy le jeune. 2 vol. en 1. in-12.

2686. — Lettres d'un philosophe sensible, publiées par M. DE LACROIX.
La Haye-Paris 1769. Durand. 1 vol. in-12.

2687. — Mizirida, princesse de Firando. (Par DU HAUTCHAMP).
Paris 1738-43. V. Musier et Rouy. 6 vol. in-12.

2688. — Jacques le fataliste et son maître. Par DIDEROT.
Paris an V. Buisson. 2 vol. en 1. in-8°.

** — Voyez œuvres de DIDEROT, tom. X-XI-XII.

2689. — Hilaire, par un métaphysicien (*J. H.* MARCHAND).
Amsterdam 1767. 1 vol. in-12.

2690. — Guillaume-Tell, ou la Suisse libre, par M. DE FLORIAN. ouvrage posthume, précédé de la vie de l'auteur, par JAUFFRET; de plusieurs fables, poésies fugitives etc.
Paris an X. Guilleminet. 1 vol. in-8°.

** — Voyez œuvres de FLORIAN.

2691. — Mémoires turcs, par un auteur turc, de toutes les Académies Mahométanes, licencié en droit Turc, et maitre es arts de l'Université de Constantinople. Nouv. édition. (Par Godart d'Aucour).
Amsterdam 1777. 1 vol. in-12.

** — Voyez œuvres diverses de Barthélemy, tom. i.

2692. — Dorval, ou mémoires pour servir à l'histoire des mœurs du xviii.ᵉ siècle. (Par Damiens de Gomicourt). (1)
Amsterdam-Paris 1769. Mérigot jeune. 2 vol. in-12.

2693. — Les Amis rivaux, histoire anglaise, par M. de Sacy.
Amsterdam 1767. 1 vol. in-12.

2694. — Toni et Clairette. Par M. de la Dixmerie.
Paris 1773. Didot aîné. 4 vol. en 2. in-12.

2695. — L'histoire des Grecs, ou de ceux qui corrigent la fortune au jeu. (Par le Chev. Gondar).
La Haye 1757. 3 vol. in-12.

2696. — Faustin, ou le siècle philosophique. Par Doray de Longrais.
Amsterdam 1784. 1 vol. in-8º.

2697. — Mémoires d'un prisonnier d'Etat, ou correspondance de M. le Vicomte de B... avec la Marquise de St.-L... et plusieurs autres personnes de distinction.
Londres 1785. 1 vol. in-16.

2698. — L'Homme, ou le tableau de la vie; histoire des passions, des vertus et des évènemens de tous les âges. Trouvée dans les papiers de feu M. l'*Abbé* P. (Par M. Barrett).
Londres-Paris 1764. Cailleau. 3 vol. in-12. Fig.

2699. — Le compère Mathieu, ou les bigarrures de l'esprit humain. (Par l'*Abbé* Dulaurens).
Londres 1775. 3 vol. en 1. in-8º.

2700. — Vie du Chevalier de Faublas, par Louvet de Coupevray.
Paris 1816. Gueffier. 8 vol. in-18. Fig.

2701. — Le Mendiant boiteux, ou les aventures d'Ambroise Gwi-

---

(1) Damiens de Gomicourt (*Auguste-Pierre*) né à Amiens le 7 mars 1723.

2712. — Caroline Stivens, ou les effets de l'impression, anecdote sentimentale, arrivée à Naples en 1782. Par Saint-Désiré.
Paris 1802. Caillot. 1 vol. in-12.

2713. — Les Sires de Beaujeu, ou mémoires historiques sur le monastère de l'Ile Barbe et la tour de la Belle-Allemande, extraits d'une chronique du 14.ᵉ siècle. Par l'auteur de Paris, Versailles et les Provinces au 18.ᵉ siècle (Du Gast de Bois Saint-Just).
Paris 1810. Tournachon-Molin. 2 vol. in-8º.

2714. — Ursula, princesse Britannique, d'après la légende et les peintures d'Hemling; par un ami des Lettres et des Arts. (*Baron* de Keverberg).
Gand 1818. Houdin. 1 vol. in-8.º Grav.

2715. — Le Solitaire; par M. le Vicomte d'Arlincourt. 4.ᵉ édit.
Paris 1821. Béchet aîné. 2 vol. en 1. in-12.

2716. — OEuvres de M. le Comte *Xavier* de Maistre.
Paris 1833. Ledentu. 4 vol. in-24

2717. — OEuvres complètes de *Charles* Nodier. — Souvenirs et portraits. (Tome VIII et IX).
Paris 1833-34. Eug. Renduel. 2 vol. in-8º.

** — Voyez œuvres de Pigault Le Brun.
** — — d'Etienne de Jouy.
** — — de Bernardin de Saint-Pierre, tom. VI-XI-XII.
** — — de Picard, tom. IX-X.

2718. — OEuvres de *Paul* de Kock.
Georgette — Gustave — Frère Jacques — Mon Voisin Raymond — M. Dupont — Sœur Anne — André le Savoyard — l'Enfant de ma femme — le Barbier de Paris — La Laitière de Montfermeil — Jean — la Maison blanche — La Femme, le Mari et l'Amant — l'Homme de la nature et l'Homme civilisé — le Cocu — Magdelaine — un Bon Enfant — la Pucelle de Belleville — Contes et Chansons — Tableaux de mœurs.
Paris 1833-36. Barba. 20 vol. in-8º.

2719. — Le Bonnet vert. Par J. Méry. 3.ᵉ édition.
Paris 1831. (Amiens. Boudon-Caron). 2 vol. en 1. in-12.

nett, balayeur du pavé de Spring Garden. D'après des notes écrites de sa main. Nouvelle édition, revue et corrigée par M. L. CASTILHON.
Bouillon 1771. La Société. 1 vol. in-12.

2702. — L'Homme sauvage. Par M. MERCIER.
Neufchâtel 1784. Soc. Typ. 1 vol. in-8°.

2703. — L'an deux mille quatre cent quarante. Rêve s'il en fut jamais. Par *le même*.
Londres 1772. 1 vol. in-8°.

2704. — Même ouvrage. Suivi de l'Homme de fer. Nouv. édit.
Londres 1767. 3 vol. in-8°. Fig.

** — Voyez œuvres de MARMONTEL, tom. V-VI.

2705. — OEuvres diverses de M. (DE BACULARD) D'ARNAUD.
(Comprenant : les Epreuves du sentiment. — Nouvelles historiques. — Les Epoux malheureux. — Délassements de l'Homme sensible).
Paris 1784 et 1803. 23 vol. in-12.

2706. — Les époux malheureux, ou histoire de M. et de M.ᵉ de la Bedoyere, écrite par un ami. (BACULARD D'ARNAUD).
La Haye 1772. 2 vol. en 1. in-12.

2707. — Le Comte de Valmont, ou les égarements de la raison. (Par l'*Abbé L. P.* GÉRARD). 14.ᵉ édition.
Paris 1821. Masson et fils. 6 vol. in-12.
Le 6.ᵉ volume a pour titre : La Théorie du bonheur, ou l'Art de se rendre heureux.

2708. — Histoire amoureuse de Pierre LELONG, et de sa très honnorée Dame Blanche Bazu. Ecritte par iceluy. La musique de M. *Philidor*. (Par BILLARDON DE SAUVIGNY).
Londres 1765. 1 vol. in-12. Fig.

2709. — Lettres de Sophie et du Chevalier de.... pour servir de supplément aux lettres du Marquis de Roselle. Par M. de... (DESFONTAINES DE LA VALLÉE).
Londres-Paris 1761. L'Esclapart. 2 vol. en 1. in-12.

2710. — Choix de lettres de MIRABEAU à Sophie (de Ruffei).
Paris 1818. De Pélafol. 4 vol. in-18. Port.

2711. — Histoire de quatre Espagnols; par L. F. C. MONTJOYE.
Paris 1810. Le Normant. 4 vol. in-12.

2720. — Descarnado, ou Paris à vol de Diable. Par A. M. DAR-
SIGNY. (*Auguste* MACHART) (1).
Amiens 1837. R. Machart. 2 vol. in-8.°

2721. — Le Siège d'Amiens, roman historique du 16.° siècle.
Par M.ʳ T. (MACHART).
Amiens 1830. R. Machart. 4 vol. in-12.

2722. — Gustave Vasa, ou la Suède au seizième siècle, roman
historique par M. MARDELLE.
Paris 1830. Debay. 5 vol. in-12.

2723. — L'Article 386, ou le vol et l'amour. Par *Aug*. RICARD.
Paris 1827. Boulé. 1 vol. in-8°.

2724. — Mémoires d'un Forban philosophe.
Paris 1829. Moutardier. 1 vol. in-8°.

2725. — Les Aventures de Polydore et d'Honorine, par *Louis-
René* YVETOT.
Paris 1831. Abel Ledoux. 2 vol. in-8°.

2726. — Cazilda; histoire contemporaine, par E. M. DE SAINT-
HILAIRE.
Paris 1832. B. Renault. 5 vol. in-12.

2727. — Don Alonzo, ou l'Espagne, histoire contemporaine, par
N. A. DE SALVANDY. 4.ᵉ édition.
Paris 1828. Baudouin. 4 vol. in-12.

2728. — Jeanne de Naples, par E. M. MASSE.
Paris 1833. Delongchamps. 1 vol. in-8°.

2729. — Le Siège de Toulon ou les six derniers mois de 1793;
par E. M. MASSE.
Paris 1834. Delongchamps. 2 vol. in-8°.

2730. — Cinq-Mars ou une conspiration sous Louis XIII; par
le Comte *Alfred* DE VIGNY. 5.ᵉ édition, précédée de réflexions sur la vérité dans l'art.
Paris 1833. Gosselin. 2 vol. in-8°.

2731. — Marie Touchet, chronique orléanaise. Par M. J. LES-
GUILLON.
Paris 1833. Vimont. 1 vol. in-8°.

---

(1) MACHART (*Edme-Firmin-Auguste*) né à Amiens le 27 septembre 1776.

2732. — Le Prince de Machiavel ou la Romagne en 1502. Par H. Auger.
Paris 1834. Guillaumin. 2 vol. in-8°.

2733. — Galanteries d'une demoiselle du monde, ou souvenirs de M.lle Duthé ; par l'auteur des mémoires de la Comtesse Dubarri. (Le Baron La Mothe Langon). 2.e édit.
Paris 1835. Ménard. 4 vol. in-8°.

2734. — L'Auditeur au conseil d'Etat, histoire de l'Empire. Par M.me la Comtesse O. D. (Le Baron La Mothe-Langon).
Paris 1835. Lachapelle. 2 vol. in-8°.

2735. — Notre-Dame de Paris. Par *Victor* Hugo.
Paris 1836. C. Renduel. 3 vol. in-8°.

2736. — Le Meurtre de la vieille rue du Temple. (Par *Edouard* Cassagnaux). 2.e édition.
Amiens 1832. Boudon-Caron. 1 vol. in-8°.

2737. — Le Pénitent. Par *le même*.
Amiens 1833. Boudon-Caron. 2 vol. in-8°.

2738. — Baltassar. Par *le même*.
Amiens 1835. Boudon-Caron. 1 vol. in-8°.

2739. — Le duc d'Enghien, histoire-drame, par E. d'Anglemont.
Paris 1832. Delaunay. 1 vol. in-8°.

2740. — L'Orphelin et l'Usurpateur, par A. Fresse-Montval.
Paris 1834. Hivert. 2 vol. in-8°.

2741. — Amours secrètes de Napoléon Bonaparte. Par le *Baron de* B. (*Ch.* Doris). 7.e édition, augmentée d'une notice sur les six derniers mois de sa vie à Sainte-Hélène.
Paris 1836. Mathiot. 4 vol. in-12. Grav.

2742. — Le Vendéen, épisode (1793), par A. E. de P. (Potter).
Paris 1840. De Potter. 2 vol. in-8°.

2743. — Aymé Verd, roman inédit de Sir Walter Scott, précédé d'une lettre du Capitaine *Clutterbuck*. (Par MM. Calais et *Théodore* Anne).
Paris 1842-43. W. Coquebert. 3 vol. in-8°.

2744. — Quinze ans d'exil dans les États romains, pendant la

proscription de Lucien Bonaparte. Par M. le Comte DE CHATILLON.
Paris 1842. Berquet et Pétion. 2 vol. in-8°. Grav.

2745. — Emma ou quelques lettres de femme. (Par M. BOUCHER DE PERTHES.)
Paris 1852. Treuttel et Wurtz. 1 vol. in-18.

6.e CLASSE.

PIÈCES PLAISANTES ET BURLESQUES.

Ouvrages Grecs.

2746. — ΛΟΥΚΙΑΝΟΥ περί Παρασίτου ούτοι ότι τέχνη ή Παρασιτικοῦ. LUCIANI Parisitus, ubi artem esse parasiticam astruit.
Parisiis 1536. Off. Ch. Vecheli. 1 vol. in-8°.

Ouvrages Latins.

2747. — *Francisci* VAVASSORIS de ludicra dictione liber, in quo tota jocandi ratio ex veterum scriptis æstimatur.
Lutetiæ Parisiorum 1658. Seb. Cramoisy. 1 vol. in-4°.

2748. — Ludus L. ANNEI SENECÆ de morte Claudii Cæsaris, nuper in Germania repertus, cum scholiis *Beati Rhenani*. — SYNESIUS *Cyrenensis* de laudibus Calvitii, *Joanne* PHREA *Britanno* interprete, cum scholiis *Beati Rhenani*. — ERASMI *Rot*. Moriæ encomium, cum commentariis *Gerhardi Listrii*, trium linguarum periti. — *Martini* DORPII ad Erasmum epistola, de Moriæ encomio, deque novi testamenti ad græcos codices emendatione. — Epistola apologetica ERASMI, ad M. Dorpium.
Lutetiæ-Paris. 1519. In ædibus Badii. 1 vol. in-4°.

2749. — Dissertationum ludicrarum et amænitatum scriptores varii. Editio nova et aucta.
Lugduni Batav. 1644. Apud. Fr. Hegerum. 1 v. in-16.

2750. — Nugæ venales, sive thesaurus ridendi et jocandi. Ad gravissimos severissimosque viros, Patres Melancholicorum conscriptos. —
   Apud neminem; sed tamen ubique. 1648. 1 vol. in-16.
2751. — Idem opus. Editio ultima, auctior et correctior.
   Londini 1741. Sumptibus societatis. 1 vol. in-16.
2752. — Facetiarum *Heinrici* Bebelii libri tres.—His accesserunt selectæ quædam Pogii facetiæ. His additæ sunt et Alphonsi Regis Arragonum, et Adelphi facetiæ. Item prognosticon in omne ævum durans, *Jacobi* Heinrichmanni, facetiis Bebelianis non illepidè additum.
   Tubingæ. 1570. 1 vol. in-12.
2753. — Aresta amorum (Martialis *Arverni*). Cum erudita *Benedicti Curtii Symphoriani* explanatione.
   Lugduni 1538. Apud Seb. Gryphium. 1 vol. in-4°.
2754. — (D. Erasmi) Moriæ encomium, nunc postremum ab ipso autore religiose recognitum, doctissimiq; *Gerardi Listrij* commentariis illustratum.
   Coloniæ 1526. Eucharius Cervicornus. 1 vol. in-8°.
2755. — Moriæ encomium, id est, stultitiæ laudatio, ludicra declamatione tractata per *Des*. Erasmum.
   Basileæ 1540. Froben. 1 vol. in-8°.
2756. — La loüange de la sotise. Déclamation d'Erasme de *Roterdam*. Mise en françois
   La Haye 1642. Maire. 1 vol. in-12.
2757. — L'éloge de la Folie, composé en forme de déclamation, par Erasme, et traduit par M. Gueudeville. Avec les notes de *Gérard Listre*, et les belles figures de *Holbein*: le tout sur l'original de l'Académie de Bâle. Nouv. édit.
   Amsterdam 1728. L'Honoré. 1 vol. in-12. Fig.
2758. — Même ouvrage. Nouvelle édition.
   Amsterdam 1728. l'Honoré. 1 vol. in 8°. Fig.
2759. — Lingua per *Des*. Erasmum. Cui accessit Plutarchi *Chæronei* de immodica verecundia libellus.
   Lugduni 1538. Apud S. Gryphium. 1 vol. in-8°.

2760. — Dyalogus lingue et ventris.
Parisiis.... Cl. Jaumar. 1 vol. in-4°.

2761. — Satyra diætetes, sive arbiter rerum per *Joan.* DE MANIBUS.
Parisiis 1514. D. Langlæus. 1 vol. in-18.

2762. — Hippolytus redivivus id est remedium contemnendi sexum muliebrem. Autore S.I.E.D.V.M.W.A.S.
Anno 1644. 1 vol. in-18.

2763. — Joci *Andreæ* ARNAUDI plenè et plané quartùm editi.
Parisiis 1609. Apud J. Richerium. 1 vol. in-18.

* * — POGGII facetiæ. Vide POGGII opera.

* * — Sibylla Trig-Andriana. — Voyez : *Médecine.* N.° 687.

2764. — *Joannis* MEURSII (*Nicolai* CHORIER) elegantiæ latini sermonis seu Aloisia Sigæa toletana de arcanis Amoris et Veneris. Adjunctis fragmentis quibusdam eroticis. — Nova editio emendatior.
Londini 1781.   2 vol. in-18.

Ouvrages Français.

2765. — Les touches du Seigneur *des Accords* (*Et.*TABOUROT.)
Paris 1585. Richer. 1 vol. in-12.

2766. — Les bigarrures du Seigneur *des Accords*. Quatriesme livre. (Avec les Apophthegmes du Seigneur GAULARD.)
Paris 1586. Jean Richer. 1 vol. in-12.

2767. — Les bigarrures et touches du Seigneur *des Accords*. Avec les Apophtegmes du sieur GAULART et les Escraignes dijonnoises. Dernière édition.
Rouen 1640. Louis Du Mesnil. 1 vol. in-8°.

2768. — Les fantaisies de Bruscambille. Contenant plusieurs discours, paradoxe, harangues et prologues facecieux. Faits par le Sr DES LAURIERS, comédien françois.
Troyes 1620. Oudot. 1 vol. in-12.

2769. — Les gymnopodes, ou de la nudité des pieds, disputée de part et d'autre : par M°. *Sebastien* ROUILLARD.
Paris 1624. A l'Olivier. 1 vol. in-4°.

2770. — L'éloge de l'ivresse. (Par M. DE SALLENGRE.)
   La Haye 1714. Pierre Gosse. 1 vol. in-12.
2771. — L'Asne. (Par COQUELET.) (1)
   Paris 1737. A. De Heuqueville. 1 vol. in-12.
   L'éloge de quelque chose dédié à quelqu'un. Avec une préface chantante. Seconde édition, augmentée de l'Apologie des brochures. (Par COQUELET.)
   Paris 1730. De Heuqueville. in-12.
   L'éloge de rien dédié à personne. Avec une post face. Troisième édition, peu revue, nullement corrigée, et augmentée de plusieurs riens. (Par COQUELET.)
   Paris 1730. De Heuqueville. in-12.
   L'éloge de Car. Dédié à la langue françoise. Avec une préface pour tous ceux qui la voudront lire. Le tout à l'usage des personnes qui se servent de Car, et qui s'intéressent aux beautez de la langue. (Par COQUELET.)
   Paris 1731. De Heuqueville. in-12.
2772. — Le moyen de parvenir. (Par BÉROALDE DE VERVILLE.) Nouvelle édition.
   Londres 1786. 3 vol. in-18.
2773. — Amusemens sérieux et comiques. (Par DU FRESNY.) 2ᵉ é.
   Paris 1707. V.ᵉ Barbin. 1 vol. in-12.
2774. — Les malades de belle humeur : ou lettres divertissantes écrites de Chaudray. On trouvera dans ces lettres un très-grand nombre de bons mots, de dialogues, d'épigrammes, de remarques, de choses difficiles à croire, de coutûmes, et autres traits d'érudition. (Par l'*Abbé* BORDELON.)
   Lyon 1698. Guerrier. 1 vol. in-12.
2775. — La coterie des anti-façonniers, établie dans L.C.J.D.B. L.S. (Par BORDELON.) Première relation, où l'on traite de l'établissement de cette coterie.
   Amsterdam 1741. La Compagnie. 1 vol. in-16.

---

(1) COQUELET (*Louis*), né à Péronne en 1676, mourut à Paris le 26 mars 1754.

2776. — Lucien en belle humeur, ou nouvelles conversations des morts. N° éd. (Par Bruslé de Montpleinchamp.)
Amsterdam 1701. Ant. Michiels. 2 vol. in-12.

2777. — Mémoires pour servir à l'histoire de la Calotte. Nouv. édit. augmentée d'une troisième et quatrième partie. (Par De Margon, Desfontaines, Aymon, Gacon, etc.)
Moropolis 1735. Chez le libraire de Momus. 1 v. in-12.

2778. — Les étrennes de la Saint-Jean. 4ᵉ édition, corrigée et augmentée par les auteurs de plusieurs morceaux d'esprit qui n'ont point encore paru. (Par Maurepas, Caylus, Moncrif, Crébillon fils, Sallé, La Chaussée, Duclos, d'Armenonville, et Voisenon.)
Troyes 1757. V.ᵉ Oudot. 1 vol. in-12.

2779. — Diogène conteur ou les lunettes de vérité, suivies de la Bibliotèque naturèle (où le berger philosophe) et d'un Recueil de contes et de poésies.
1764. 1 vol. in-12.

2780. — Le livre à la mode. (Par Caraccioli).
A Vertefeuille, de l'imprimerie du Printems. Au Perroquet. L'année nouvelle. 1 vol. in-8.°

Le livre à la mode. Nouvelle édition, marquetée, polie et vernissée.
En Europe, chez les libraires. 100070060. 1 vol. in-8°.

Le livre de quatre couleurs. (Par Caraccioli.)
Aux Quatre-Éléments, de l'imprimerie des Quatre-Saisons. 4444. 1 vol. in-8°.

2781. — L'art de désopiler la rate, sive de modo C. prudenter. En prenant chaque feuille pour se T. le D. Entremelé de quelques bonnes choses. (Par Panckoucke.)
A Gallipoli de Calabre. L'an des folies. 175886. 1 v. in-12.

2782. — L'esclavage rompu; ou la société des Francs-Peteurs. (Par Le Corvaisier.)
A Pordé-Polis. 1756. A l'enseigne du Zéphire-Artillerie. 1 vol. in-12.

2783. — Mémoires de l'académie des sciences, inscriptions, bel-

les-lettres, beaux-arts, etc., nouvellement établie à Troyes en Champagne. (Par Grosley et Le Fèvre.)
Troyes-Paris 1756. Duchesne. 2 en 1 vol. in-12.

2784 — Même ouvrage. 3.ᵉ édit.
1768. 1 vol. in-12.

2785. — La pile de Volta, recueil d'anecdotes violentes, publiées par un partisan de la littérature galvanique.
Paris 1831. Ledoux. 1 vol. in-18.

2786. — La correctionnelle, petites causes célèbres, études de mœurs populaires du dix-neuvième siècle, accompagnées de cent dessins par Gavarny.
Paris 1840. Martinon. 1 vol. in-4º.

2787. — Muséum parisien, histoire physiologique, pittoresque, philosophique et grotesque de toutes les bêtes curieuses de Paris et de la banlieue, pour faire suite à toutes les éditions des OEuvres de M. de Buffon. Texte par *Louis* Huart (*Alfred* Letellier.) 350 vignettes par MM. *Grandville,Gavarny, Daumier, Traviès,Lécurieux,* et *H. Monnier.*
Paris 1841. Beauger et C.ⁱᵉ 1 vol. in-8º.

2788. — *Alphonse* Karr. Les Guêpes. (Mai et Octobre 1841.)
Paris 1841. Lange-Lévi. 2 vol. in-18.

2789. — Physiologie des Amoureux, par *Etienne* de Neufville. Illustrations de Gavarni.
Paris 1841. Jules Laisné. 1 vol. in-18.

2790. — Physiologie du Bourgeois, texte et dessins par *Henri* Monnier.
Paris 1840. Aubert et C.ⁱᵉ 1 vol. in-18.

2791. — Physiologie historique, politique et descriptive du chateau des Tuileries. Par l'auteur des Mémoires d'une femme de qualité. (La Mothe-Langon.)
Paris 1842. Lachapelle. 1 vol. in-18.

2792. — Physiologie du Créancier et du Débiteur, par *Maurice* Alhoy, vignettes de Janet-Lange.
Paris 1840. Aubert et C.ⁱᵉ 1 vol. in-18.

2793. — Physiologie du Député, par P. BERNARD. Dessins de *Henri* EMY.
Paris 1841. Raymond-Bocquet. 1 vol. in-18.

2794. — Physiologie de l'Ecolier, par *Edouard* OURLIAC. Vignettes de GAVARNI.
Paris 1848. Aubert et C.ie 1 vol. in-18.

2795. — Physiologie du Gamin de Paris, galopin industriel, par E. BOURGET, illustrations de MARKL.
Paris 1840. Jules Laisné. 1 vol. in-18.

2796. — Physiologie du goût ou méditations de gastronomie transcendante; ouvrage théorique, historique et à l'ordre du jour, dédié aux gastronomes parisiens, par un Professeur (BRILLAT-SAVARIN). Nouv. édit., ornée de gravures et précédée d'une notice par M. *Eug.* BARESTE.
Paris 1841. Lavigne. 2 vol. in-18.

2797. — Physiologie de l'Homme à bonnes fortunes, par *Edouard* LEMOINE. Vignettes de MM. ALOPHE et JANET-LANGE.
Paris 1840. Aubert et C.ie 1 vol. in-18.

2798. — Physiologie du Franc-maçon, par PLUCHONNEAU aîné. Dessins de JOSQUIN, gravés par MAURISSET.
Paris 1840. Warée. 1 vol. in-18.

2799. — Physiologie du Médecin, par *Louis* HUART. Vignettes de TRIMOLET.
Paris 1840. Aubert et C.ie 1 vol. in-18.

2800. — Physiologie du Musicien, par *Alb.* CLER. Vignettes de DAUMIER, GAVARNI, JANET-LANGE et VALENTIN.
Paris 1840. Aubert et C.ie 1 vol. in-18.

2801. — Physiologie du Poète, par SYLVIUS (*Edmond* TEXIER), illustrations de DAUMIER.
Paris 1842. Jules Laisné. 1 vol. in-18.

2802. — Physiologie de la Portière, par *James* ROUSSEAU (de la *Gazette des Tribunaux*). Vignettes par DAUMIER.
Paris 1841. Aubert et C.ie 1 vol. in-18.

2803. — Physiologie du Théâtre, par un Journaliste (L. COUAILHAC), vignettes de MM. H. EMY et BIROUSTE.
Paris 1841. Laisné. 1 vol. in-18.

2804. — Physiologie du Troupier, par *Emile* Marco de St.-Hilaire. Vignettes par *Jules* Vernier.
Paris 1841. Aubert et C.ie 1 vol. in-18.

2805. — Physiologie du Voyageur, par *Maurice* Alhoy, vignettes de Daumier et Janet-Lange.
Paris 1840. Aubert et C.ie 1 vol. in-18.

2806. — Code de l'amour ou corps complet de définitions, lois, règles et maximes applicables à l'art d'aimer ou de se faire aimer; suivi du Code pénal de l'amour, rédigé par H. de Molière.
Paris 1829. Froment. 1 vol. in-18.

2807. — Code civil, manuel complet de la politesse, du bon ton, des manières de la bonne compagnie, etc., par l'Auteur du code gourmand. (*Horace* Raisson, *J.* Rousseau et *Aug.* Romieu.) 3.e édit.
Paris 1828. Roret. 1 vol. in-18.

2808. — Code de commerce. Manuel complet d'industrie commerciale, etc., par l'auteur du code de la conversation. (de Saint-Maurice.)
Paris 1829. Roret. 1 vol. in-18.

2809. — Code conjugal, contenant les lois, règles, applications et exemples de l'art de se bien marier et d'être heureux en ménage; par *Horace* Raisson.
Paris 1829. Roret. 1 vol. in-18.

2810. — Code de la conversation, manuel complet du langage élégant et poli, etc. Par *Horace* Raisson et *Aug.* Romieu.
Paris 1829. Roret. 1 vol. in-18.

2811. — Code gourmand, manuel complet de gastronomie. (Par *Horace* Raisson et *Aug.* Romieu.) 4.e édit.
Paris 1829. Roret. 1 vol. in-18.

2812. — Code pénal, manuel complet des honnêtes gens, contenant les lois, règles, applications et exemples de l'art de mettre sa fortune, sa bourse et sa réputation à l'abri

de toutes les tentatives. (Par *Horace* RAISSON et DE BAL-
ZAC.) 3.º édition.
Paris 1829. Roret. 1 vol. in-18.

2813. — Code théâtral, physiologie des théâtres, manuel complet de l'auteur, du directeur, de l'acteur et de l'amateur, etc., par *J.* ROUSSEAU.
Paris 1829. Roret. 1 vol. in-18.

2814. — Code de la toilette, manuel complet d'élégance et d'hygiène. (Par *Horace* RAISSON.) 4.º édit.
Paris 1829. Roret. 1 vol. in-18.

2815. — Code galant, ou art de conter fleurette. Par *Horace* RAISSON.
Paris 1829. Charpentier. 1 vol. in-18.

2816. — De l'égalité des deux sexes, discours physique et moral, où l'on voit l'importance de se défaire des préjugez. (Par POULLAIN DE LA BARRE et FRÉLIN.)
Paris 1673. Du Puis. 1 vol. in-12.

2817. — Même ouvrage. 2.º édit.
Paris 1676. J. Du Puis. 1 vol. in-12.

2818. — Le triomphe du sexe. Ouvrage dans lequel on démontre que les femmes sont en tout égales aux hommes. On y examine les avantages de leur commerce, et quel doit être l'amour réciproque des deux sexes. Par M. D. (L'*Abbé* DINOUART.) (1).
Amsterdam 1749. Racon. 1 vol. in-12.

Ouvrages Italiens.

2819. — Quattro libri de dubbi con le solutioni a ciascun dubbio accommodate. La materia del primo è amorosa, del secundo è naturale, del terzo è mista, ben che per lo piu sia morale, et del quarto è religiosa.
Vinegia 1556. Giolito. 1 vol. in-8º.

---

(1) DINOUART (*Joseph-Antoine-Toussaint*) né à Amiens le 1er novembre 1716, mourut à Paris le 23 avril 1786.

2820. — Due lezzioni di M. *Benedetto* VARCHI : l'una d'amore, et l'altra della gelosia.
Lione 1560. G. Rovillio. 1 vol. in-8°.

2821. — Le théâtre des divers cerveaux du monde. Traduit de l'italien (de GARZONI). Par G.C.D.F. (*Gabriel* CHAPUIS.)
Paris 1586. F. Le Mangnier. 1 vol. in-18.

2822. — Facetie, motti, et burle, di diversi signori et persone private. Raccolte per M. *Lodovico* DOMENICHI. Con una nuova aggiunta di motti, raccolte da M. T. PORCACCHI.
Venetia 1588. Giac. Cornetti. 1 vol. in-8°.

2823. — Les louanges de la Folie, traicté fort plaisant en forme de paradoxe, traduict d'italien (d'*Ascanio* PERSIO) en françois, par feu Messire *Jehan* DU THIER.
Paris 1566. Barbé. 1 vol. in-8°.

2824. — Opere scelte di FERRANTE PALLAVICINO, cioè, la pudicitia schernita. La rettorica delle puttane. Il divortio celeste. Il corriero sualigiato. La baccinata. Dialogo tra due soldati del duca di Parma. La disgratia del conte d'Olivarez. La rete di Vulcano. L'anima. Vigilia 1ª et 2ª.
Villafranca 1673. 1 vol. in-12.

Ouvrages Espagnols.

2825. — Tratado en loor de los mugeres, y de la castidad, onestidad, constancia, silencio, y justicia : con otras muchas particularides, y varias historias. Por *Christoval* ACOSTA.
Venetia 1592. G. Cornetti. 1 vol. in-4°.

Ouvrages Anglais.

2826. — Essai satirique et amusant sur les vieilles filles. Traduit de l'anglois (de W. HAYLEY) par M. SIBILLE.
Paris 1788. Le Tellier. 2 en 1 vol. in-12.

Ouvrages en Allemand.

2827. — Der Rollwagen. Ein hupsch-lustig-und kurtzweilig Buch-

lin, darinn viel guter Schwenck und Historien, von allerhandt frolichem Gesprach etc.
Franckfort 1597. 1 vol. in-8º.

2828. — Neuaussgebutzter Kurtzweiliger Zeitvertreiber, durch E. A. M. von W.
1685. 1 vol. in-8º.

7.ᵉ CLASSE.

DIALOGUES ET ENTRETIENS.

Dialogues Grecs.

2829. — LUCIANI selecti mortuorum dialogi. Cum interpretatione latina, et grammatica singularum vocum explanatione.
Parisiis 1646. Cramoisy. 1 vol. in-8º.

2830. — Mythologie dramatique de LUCIEN, traduite en français, et accompagnée du texte grec et d'une version latine; par le C. GAIL.
Paris 1798. Eberhart. 1 vol. in-4º.
Voyez encore les œuvres de PLATON, XENOPHON et LUCIEN.

Dialogues Latins.

2831. — Familiarium colloquiorum opus. *Des.* ERASMO autore.
Lugduni 1536. Apud S. Gryphium. 1 vol. in-8º.

2832. — Idem opus, postrema Autoris manu locupletatum et recognitum.
Antuerpiæ 1541. Dumæus. 1 vol. in-8º.

2833. — *Des.* ERASMI *Rot.* colloquia cum notis selectis variorum. Addito indice novo. Curante *Corn.* SCHREVELIO.
Lugd-Bat. et Rot. 1664. Off. Hackiana. 1 vol. in-8º.

2834. — Idem opus.
Delphis, Lugd-Bat. 1729. A. Beman. 1 vol. in-8º.

2835. — Familiarium colloquiorum *Des.* Erasmi opus per eundem exquisitiore quàm antehac unq̃ cura recognitum.
Lugduni 1542. Fr. Gryphius. 1 vol. in-16.

2836. — *Desiderii* Erasmi colloquia familiaria repurgata. Cum notis accuratioribus M. *Nicol.* Mercier. Ed. nov.
Parisiis 1674. Thiboust. 1 vol. in-12.

2837. — *Desiderii* Erasmi selecta colloquia familiaria.
Lemovicis 1734. Barbou. 1 vol. in-16.

2838. — Dialogorum sacrorum ad linguam simul et mores puerorum formandos libri quatuor : *Sebastiano* Castalione autore, nunc postremum ab eodem recogniti et aucti.
Basileæ 1559. J. Oporinus. 1 vol. in-16.

2839. — Puerorum privatæ collocutiones. *Joanne* Sylvio authore.
Ypris 1554. Destresius. 1 vol. in-8°.

2840. — *Jacobi* Pontani *è soc. Jesu* Progymnasmatum latinitatis, sive dialogorum volumina tria, cum annotationibus.
Ingolstadii 1606. Sartorius. 3 vol. in-8°.

2841. — Dialogi omnes *Hadriani* Barlandi. Una cum dialogo *Aug.* Reymarii *Mechliniensis* de chartarum ludo, ac Barlandi opusculo de insignibus oppidis Germaniæ inferioris.
Parisiis 1535. Off. Ch. Wecheli. 1 vol. in-8°.

2842. — Fratris *Baptistæ* Mantuani ad Ptolemeum Gonza, contra detractores dialogus.
Lugduni 1516. B. Lesouyer. 1 vol. in-8°.

2843. — Centuria colloquiorum *Maturini* Corderii, cum vernacula interpretatione et constructione grammatica in meliorem puerorum captum edita. — Een hondert t'Samen Spreeckingen van *Mat.* Corderius etc.
Amstelodami 1645. Wachter. 1 vol. in-8°.

2844. — Dialogi selecti ad usum scholæ regio-militaris.
Lutetiæ 1761. Didot. 1 vol. in-16.

Voyez encore Petrarchæ, Poggii, *L.* Vallæ et *L.* Vivis Opera.

Dialogues Français.

2845. — Cymbalum mundi, ou dialogues satyriques sur differens sujets, par *Bonaventure* Des Perriers. Avec une lettre critique dans laquelle on fait l'histoire, l'analyse et l'apologie de cet ouvrage, par *Prosper* Marchand.
Amsterdam 1711. Prosp. Marchand. 1 vol. in-16. Fig.

2846. — Même ouvrage. Nouv. édit.
Amsterdam et Leipsick 1753. 1 vol. in-8°. Fig.

2847. — Hexameron rustique, ou les six journées passées à la campagne entre des personnes studieuses. (Par La Mothe Le Vayer.) 7ᵉ édit.
Cologne. 1698. P. Brenussen. 1 vol. in-12.

2848. — Neuf dialogues faits à l'imitation des anciens, par Oratius Tubero. (La Mothe Le Vayer.)
Francfort 1716. J. Savius. 2 vol. in-12.

2849. — Les entretiens de feu M. de Balzac.
Paris 1660. Courbé. 1 vol. in-12.

2850. — Conversations sur divers sujets. (Par M.ˡˡᵉ De Scudéry).
Paris 1680. Billaine et Barbin. 2 vol. in-12.

2851. — Conversations nouvelles sur divers sujets, dédiées au Roy. (Par M.ˡˡᵉ de Scudéry.)
Amsterdam 1685. Wetstein. 1 vol. in-18.

2852. — Les entretiens d'Ariste et d'Eugène. (Par le P. Bouhours.)
Paris 1671. Seb. Cramoisy. 1 vol. in-4.°

2853. — Les entretiens d'Ariste et d'Eugène. 2.ᵉ édit.
Paris 1671. Seb. Cramoisy. 1 vol. in-12.

2854. — Même ouvrage. 5ᵉ édition, où les mots des devises sont expliquez.
Paris 1683. Seb. Mabre-Cramoisy. 1 vol. in-12.

2855. — Sentimens de Cléante sur les entretiens d'Ariste et d'Eugène. (Par Barbier d'Aucour.) 2ᵉ édit.
Paris 1671. P. Le Monnier. 2 vol. in-12.

2856. — Sentimens de Cléante sur les entretiens d'Ariste et d'Eugène. Par M. Barbier d'Aucour. 4ᵉ édition où l'on

a joint les deux factums du même auteur, pour *Jacques Le Brun*. (Edition publiée par l'*Abbé Granet*.)
>> **Paris 1730. V.ᵉ Delaulne. 1 vol. in-12.**

2857. — La manière de bien penser dans les ouvrage d'esprit. Dialogues. (Par le P. Bouhours.) 2ᵉ édit.
>> **Paris 1688. Vᵉ. Mabre-Cramoisy. 1 vol. in-12.**

2858. — Même ouvrage. Nouv. édit.
>> **Paris 1735. Vᵉ. Delaulne. 1 vol. in-12.**

2859. — Lettres à une dame de province sur les dialogues d'Eudoxe et de Philanthe. (Par le P. Bouhours.)
>> **Paris 1688. V.ᵉ Mab. Cramoisy. 1 vol. in-12.**

2860. — Sentimens de Cléarque sur les dialogues d'Eudoxe et de Philanthe, et sur les lettres à une dame de province. (Par Andry de Boisregard.)
>> **Paris 1688. D'Houry. 1 vol. in-12.**

2861. — Théâtre philosophique sur lequel on représente par des dialogues dans les Champs Elisées les philosophes anciens et modernes. Par M. Bordelon.
>> **Paris 1692. Cl. Barbin. 1 vol. in-12.**

2862. — Dialogues des vivans. (Par l'*Abbé* Bordelon.)
>> **Paris 1717. P. Prault. 1 vol. in-12.**

2863. — Dialogues de M. Le Noble :
1. — La fable du rossignol et du coucou. Avec la lettre de maître Pasquin à maître Jacquemar. — Midas ou le combat de Pan contre Apollon, sur la prise de Namur. — Le Renard pris au trebuchet. — Traduction de l'ode latine du P. Commire sur la bataille de Steinkerke. — Dialogue de la Samaritaine avec le grenier à sel, ou la fable du sapin et du buisson. — Le paroli à la Samaritaine ou le censeur savetier. — Le renard démasqué. — Le Cibisme, premier dialogue entre Pasquin et Marforio sur les affaires du temps. — L'esprit d'Esope. 3ᵉ et 4ᵉ dialogue. — Les ombres de Turenne et de Montecuculli aux bords du Rhin. — Le festin de Guillemot, 4ᵉ dialogue de Pasquin et de Marforio.
>> **1689-1694. 1 vol. in-12.**

2. — L'Ecole des sages, premier et second dialogue par M. L... (Le Noble) Tennelière, baron de S.-George.
>> **Paris 1692. Jouvenel. 1 vol. in-12.**

3. — La pierre de touche politique. Par *Eustache* Lenoble.
>> **1690-1691. 4 vol. in-4°.**

Volumes rassortis contenant les dialogues de janvier 1690 à novembre 1691. Chaque dialogue porte une pagination spéciale et un lieu fictif d'impression différent et plus ou moins bizarre.

4. — Les travaux d'Hercule. Estrennes au Roy. (Par M. LE NOBLE.)
Ce Recueil comprend les dialogues I à XXI.
Paris 1693-1694. Mazuel. 2 vol. in-12.

5. — Nouveaux entretiens politiques par M. LE NOBLE.
Paris 1702-1708. Jean Moreau. 10 vol. in-12.
Cette collection, formée de volumes dépareillés, comprend les entretiens 1 à 80, qui ont paru de juillet 1702 à décembre 1708, moins les suivants : 13 à 19. 22 à 26. 28 à 37. 58, 59 et 62.

6. — L'école du monde, entretiens 11, 12, 13, 14, 15, 16. Par M. LE NOBLE.
Paris 1695. Jouvenel. 1 vol. in-12.

2864. — Le monde renversé, ou dialogues des génies différens qui renversent le monde. Par le Chevalier ***.
Villefranche 1712. 1 vol. in-12.

2865. — Dialogues sur les plaisirs, sur les passions; sur le mérite des femmes, et sur leur sensibilité pour l'honneur. Par M. DU PUY.
Paris 1717. J. Estienne. 1 vol. in-12.

2866. — Dialogues des morts anciens et modernes, avec quelques fables, composez pour l'éducation d'un prince. Par feu Messire *François* DE SALIGNAC DE LA MOTTE-FÉNÉLON.
Paris 1718. J. Estienne. 1 vol. in-12. Tom. 2.

2867. — Nouveaux Dialogues des morts. (Par FONTENELLE.) 2e é.
Paris 1683. Blageart. 2 vol. in-12.

2868. — Jugement de Pluton, sur les deux parties des nouveaux dialogues des morts. (Par FONTENELLE.)
Paris 1684. G. Quinet. 1 vol. in-12.

2869. — Modelles de conversations pour les personnes polies. Par M. l'*Abbé* de BELLEGARDE. 7e édit.
La Haye 1734. Van Dole. 1 vol. in-12.

2870. — Le miroir fidèle, ou entretiens d'Ariste et de Philindor. Avec un plan abrégé d'éducation opposé aux principes du citoyen de Genève, par M. le chevalier de C.*** de la B.*** (DE CHINIAC DE LA BASTIDE.)
Londres-Paris 1766. 1 vol. in-12.

2871. — Vérités satiriques en dialogues. (Par M. Villiers.)
Paris 1725. Etienne. 1 vol. in-12.

Voyez aussi quelques dialogues dans les œuvres de Bayle, Boileau, La Harpe, Montesquieu, St.-Réal et Théophile.

Dialogues Espagnols.

2872. — Dialogos familiares, en los quales se contien en los discursos, modos de hablar, probervios y palabras españolas mas comunes etc. Compuestos y corregidos, par J. de Luna. — Dialogues familiers, où sont contenus les discours, façons de parler, proverbes et mots espagnols les plus communs, etc. — composez et corrigez par *Jean* de la Lune.
Paris 1621. Sam. Thiboust. 1 vol. in-16.

2873. — Jardin de flores curiosas, en que se tratan algunas materias de humanidad, philosophia, theologia y geographia : con otras cosas curiosas, y apazibles : compuesto por *Antonio* de Torquemada.
Salamanca 1570. J. B. de Terra nova. 1 vol. in-8°.

2874. — Histoires en formes de dialogues serieux, de trois philosophes, contenant plusieurs doctes discours en diverses sciences, aussi admirables que memorables, qui n'ont encore esté mises en lumière. Le tout réduit en six journées. Nouvellement traduictes d'espagnol en françois (d'*Ant.* de Torquemada). Par G. C. T. (G. Chapuis.)
Rouen 1625. J. Roger. 1 vol. in-8°.

Dialogues Anglais.

2875. — Dialogues des morts : composés par Mylord Lyttleton; et traduits de l'anglois, par *Jean* des Champs. Nouv. éd.
Londres 1760. Seyffert. 1 vol. in-8°.

8.ᵉ CLASSE.

ÉPISTOLAIRES.

ART ÉPISTOLAIRE.

2876. — *Joannis Ludovici* Vivis *Valentini* de conscribendis epistolis, libellus verè aureus. — Eiusdem argumenti D. Erasmi *Rot.* compendium.
Basileæ 1536. Lasius. 1 vol. in-8º.

2877. — D. Erasmi *Roterodami* opus de conscribendis epistolis, quod quidã et mēdosum, et mutilum ædiderāt, recognitum ab autore, et locupletatum.
Parisiis. 1523. Apud. S. Colinæum. 1 vol. in-8º.

2878. — Idem opus.
Parisiis 1539. Apud. S. Colinæum. 1 vol. in-8º.

2879. — De conscribendis epistolis opus *Des.* Eras. *Rot.*
Lugduni 1557. Apud Th. Paganum. 1 vol. in-8º.

2880. — Valentini *Erythraei* de ratione legendi, explicandi, et scribendi epistolas. Libri tres. Cum præfatione J. Sturmii.
Argentorati 1576. Bern. Iobinus. I vol. in-8º.

2881. — *Simonis* Verepæi de epistolis latine conscribendis libri V. Denuo exactiore methodo, schematismis et scholiis illustrati, et accessione nova postremùm aucti.
Parisiis 1619. Buon. 1 vol. in-12.

·· — J. Lipsii epistolica institutio. *Vide* J. Lipsii opera, et n.º 2949.

2882. — Le parfait secretaire, ou la manière d'escrire et de respondre à toute sorte de lettres, par Préceptes et par Exemples.
Paris 1647. Toussaint Quinet. 1 vol. in-8.º

2883. — Lettres sur toutes sortes de sujets, avec des avis sur la manière de les écrire. (Par de Vaumorière.) Seconde éd.
Paris 1695. J. Guignard. 2 vol. in-12.

2884. — Traité sur le commerce des lettres, et sur le cérémonial :

avec un Discours sur ce qu'on appelle, usage, dans la langue françoise. Par M. DE GRIMAREST.
Paris 1708. Jac. Estienne. 1 vol. in-12.

2885. — Le nouveau secretaire de la cour, contenant des lettres familières sur toutes sortes de sujets, avec des reponses. Une instruction pour se former dans le stile épistolaire: le cérémonial, etc. (Par *René* MILLERAN.)
Paris 1723. Le Gras. 1 vol. in-12.

2886. — Même ouvrage. Nouv. édit.
Paris 1742. Le Gras. 1 vol. in-12.

2887. — Même ouvrage.
Paris 1774. Le Gras. 1 vol. in-12.

2888. — Lettres familières, galantes et autres, sur toutes sortes de sujets, avec leurs réponses; divisées en IV parties. Par *René* MILLERAN. 2.ᵉ édit.
Lion 1690. Th. Amaulri. 1 vol. in-12. Port.

2889. — Le nouveau secretaire du cabinet, contenant des lettres sur différens sujets, avec la manière de les bien dresser. Les complimens de la langue françoise, les maximes et conseils pour plaire et se conduire dans le monde. Nouv. édit. (Par PUJET DE LA SERRE.)
Paris 1759. Samson. 1 vol. in-12.

2890. — Manuel épistolaire à l'usage de la jeunesse, ou instructions générales et particulières sur les différents genres de correspondance; par L. PHILIPON DE LA MADELAINE.
Paris 1838. Ferra. 1 vol. in-12.

2891. — Code épistolaire contenant les règles, les principes et le cérémonial du style épistolaire, avec des modèles de lettres sur toute espèce de sujets. Par J. BERNIER.
Paris 1828. Froment. 1 vol. in-12.

2892. — Del secretario di M. *Francesco* SANSOVINO libri VII. Nel qual si mostra et insegna il modo di scrivere lettere in qual si voglia sogetto.
Pavia 1590. Viani. 1 vol. in-8°.

2893. — Dell'arte delle lettere missive del Conte, e Cavalier Gran Croce *D. Emmanuele* Tesauro, vindicata dall'oblivione dal Conte *D. L. Fr.* Morozzo.
 Venetia 1681. Paolo Baglioni. 1 vol. in-12.

Auteurs Grecs.

2894. — Socratis, Antisthenis, et aliorum Socraticorum epistolæ. Leo allatius hactenus non editas primus græcè vulgavit; latine vertit; notas adjecit; dialogum, de scriptis Socratis, præfixit.
 Parisiis 1637. Seb. Cramoisy. 1 vol. in-4º.

2895. — Phalaridis *Agrigentinorum tyranni* epistolæ doctissimæ, Gæcè ac Latinè. *Thoma* Naogeorgo interprete.
 Basileæ 1558. Per L. Oporinum. 1 vol. in-8º.

** — Voyez aussi dans leurs œuvres les lettres de Démosthènes, d'Eschine, de Julien, d'Isocrate, de Platon, et de Plutarque.

2896. — ΙΔΕΡΜΟΥ ΒΟΥΔΑΙΟΥ ἐπιστολαί ἑλληνικαί.
 Parisiis 1567. Apud 1. Benenatum. 1 vol. in-4º.

2897. — ΒΟΥΔΑΙΟΥ ἐπιστολαί ἑλληνικαί. — Budaei epistolæ græcæ, per *Ant.* Pichonium latinæ factæ.
 Parisiis 1574. Apud I. Benenatum. 1 vol. in-4º.

** — Nous ne parlons point ici des nombreuses lettres des Pères de l'Eglise; comme elles ont un objet spécial, elles ont nécessairement leur place dans un autre volume.

Auteurs Latins anciens.

2898. — *Mar. Tullii* Ciceronis epistolarum familiarium libri xvi, cum annotationibus et scholiis doctissimorum virorum.
 Parisiis 1557. J. de Roigny? 1 vol. in-fol.

2899. — M. *Tullii* Ciceronis epistolæ familiares. *Pauli Manutii* annotationes breves in margine adscriptæ. *Dyonysii Lambini Monstroliensis* emendationes, et earum rationes. *Gulielmi Canteri* locorum aliquot explicationes.
 Antuerpiæ 1577. Off. Plantini. 1 vol. in-8º.

2900. — M. T. Ciceronis epistolarum volumen, earum quæ familiares olim dictæ, nunc rectius ad familiares appellantur. Librorum xvi octavus Cœlii epistolas habet.
    Duaci 1613. Off. I. Bogardi. 1 vol. in-12.

2901. — *M. Tullii* Ciceronis epistolæ ad familiares librorum xvi ad usum scholarum. Editio nova.
    Lutetiæ 1718. Brocas. 1 vol. in-12.

2902. — Annotationes doctiss. virorum in omnes M. T. Ciceronis epistolas, quas vocant familiares.
    Lugduni 1542. Apud Seb. Gryphium. 1 vol. in-8°.

2903. — In epistolas M. *Tullii* Ciceronis quæ familiares vocantur, *Paulli* Manutii commentarius : cum duplici rerum et verborum indice. Cui additus est alter ejusdem commentarius in epistolas ad M. Brutum et Quinctum fratrem.
    Francofurti 1580. Apud A. Wechelum. 2 vol. in-8°.

2904. — M. T. Ciceronis epistolarum familiarium liber secundus. Aliquot item epistolæ ex cæteris libris : tum ad Atticum, tum ad alios, selectæ. Cum latina et gallica interpretatione. *Maturino* Corderio authore.
    Lutetiæ 1553. Mich. David. 1 vol. in-8°.

2905. — Epistolarum selectarum Ciceronis libri tres, quæ ob perspicuitatem sententiarum et rerum varietatem, literariis ludis congestæ sunt, et distinctæ.
    Parisiis 1542. Apud c. Wechelum. 1 vol. in-8°.

2906. — IV livres des epistres familières de Ciceron. Traduits en françois. (Par J. Godouin.) Tom. 1.
    Paris 1661. Ant. de Sommaville. 1 vol. in-12.

2907. — Lettres de Ciceron, qu'on nomme vulgairement familières; traduites en françois sur les éditions de *Grævius* et de M. l'Abbé *D'Olivet*. Par M. l'*Abbé* Prevost.
    Paris 1745. Didot. 4 vol. in-12.

2908. — M. T. Ciceronis epistolarum ad Atticum, ad Brutum, ad Quintum fratrem, libri xx. Latina interpretatio eorum,

quæ in ipsis epistolis græce scripta sunt, ubi multa et mutata, et addita sunt.
Venetiis 1513. In ædibus Aldi. 1 en 2 vol. in-12.

2909. — M. T. Ciceronis epistolarum ad Atticum, libri XVI. Ejusdem epistolarum ad Q. fratrem, libri III. Incerti auctoris epistola ad Octavium, non est enim Ciceronis. T. Pomponii Attici vita, per *Cornelium* Nepotem. Ex emendatione *D. Lambini.*
Lutetiæ 1573. Apud. I. Benenatum. 1 vol. in-8°.

2910. — Les lettres de Ciceron à Atticus (traduites en françois avec des remarques, par le Sieur de Saint-Réal). 3ᵉ éd.
Paris 1702. La comp. des libraires. 2 vol. in-12.

2911. — Lettres de Ciceron à Atticus. Avec des remarques, et le texte latin de l'édition de *Grævius.* Par M. l'*Abbé* Mongault. Nouv. édit.
Paris 1738. Vᵉ Delaulne. 6 vol. in-12.

2912. — Lettres de Ciceron à M. Brutus, et de M. Brutus à Ciceron, avec une préface critique, des notes, et diverses pièces choisies. Pour servir de supplément à l'histoire et au caractère de Cicéron. (Par M. l'*Abbé* Prevost.)
Paris 1744. Didot. 1 vol. in-12.

2913. — Epistres choisies de Ciceron, latines et françoises.
Rouen 1703. Lallemant. 1 vol. in-18.

2914. — Billets que Ciceron a écrits tant à ses amis communs, qu'à Attique son amy particulier. (Par Le Bachelier.)
Paris 1725. Cl. Thiboust. 1 vol. in-12.

2915. — C. Plinii *Secundi Novocomensis*, epistolarum libri X. — Panegyricus Traiano principi dictus. — De viris illustribus in re militari, et in administranda Rep. — Item Suetonii Tranquilli de claris Grammaticis et Rhetoribus. — Julii Obsequentis prodigiorum liber.
Basileæ 1526. Per A. Cratandrum. 1 vol. in-8°.

2916. — C. Plinii *Cæcilii Secundi Novocomensis* (quem et juniorem vocant) epistolarum libri X, unà cum ejusdē Panegyrica oratione Traiano Imperatori Aug. dicta : quæ omnia doctiss. ac loculentiss. *Joannis Mariæ Catanæi* commentariis, explicata sunt. Ejusdem de viris in re militari et administranda republica illustribus liber, *Conradi Lycosthenis* enarrationibus illustratus.

Basileæ 1552. Froben. 1 vol. in-fol.

2917. — C. Plinii epistolarum libri x. Ejusdem panegyricus Trajano dictus. Cum commentariis *Jo. Mariæ Catanæi*. Adjecti sunt alii, ad alios Cæsares Panegyrici.

Genevæ 1625. Chouet. 1 vol. in-4°.

2918. — C. Plinii *Cæcilii Secundi* epistolarum libri x. et Panegyricus. Accedunt variantes lectiones.

Lug. Batavorum 1640. Off. Elseviriorum. 1 vol. in-16.

* * — C. Plinii *Cæcilii Secundi* epistolarum libri decem et panegyricus, cum varietate lectionum ac integris adnotationibus editionis Shefferianæ quibus suas addidit N. E. Lemaire.

Parisiis 1822-1823. F. Didot. 2 vol. in-8.°

Voyez *Lemaire. Bibl. class. lat.*

2919. — Les lettres de Pline *le jeune* (traduites par *L.* de Sacy). N^e éd. rev. et corr.

Paris 1721. La comp. des libraires. 3 vol in-12..

2920. — Lettres de Pline *le jeune*. (Trad. par de Sacy.)

Riom et Clermont 1799. Landriot et Rousset. 2 v. in-12.

* * — Lettres de Pline *le jeune*, traduites par de Sacy. Nouvelle édition revue et corrigée par *Jules* Pierrot.

Paris 1826. Panckoucke. 3 vol. in-8.°

Voyez *Bibl. lat. fr.*

2921. — *L. Annæi* Senecæ *Philosophi* epistolæ, quæ extant, ex recensione *J. Lipsii*.

Lugd. Batav. 1639. Off. Elseviriana. 1 vol. in-16.

2922. — *Luc. Annæi* Senecæ ad Lucilium epistolarum liber. M. *Ant. Mureti* notis, *Ferd. Pinciani* castigationibus, *Erasmi* annotationibus, *Joan. Obsopoei* collectaneis, *Jani Gruteri* et *Fr. Iureti* animadversionibus illustratus.

Parisiis 1602. Apud. Ol. Varennœum. 1 vol. in-8°.

2923. — Les epistres de Seneque, traduites par M.° *François* de Malherbe.
    Paris 1637. Ant. de Sommaville. 1 vol. in-4°. Port.

2924. — Même ouvrage.
    Paris 1658. Ant. de Sommaville. 2 vol. in-16. Port.

2925. — Le Seneque expliqué, ou paraphrase sur ses Epistres, avec les plus beaux ornemens de sa langue. Divisé en quatre parties. Par *Fr. Simon* Roger.
    Rouen 1651. Est. Vereul. 1 vol. in-16.

2926. — Suitte des epistres de Seneque, traduittes par P. Du Ryer.
    Paris 1654. Ant. de Sommaville. 1 vol. in-16.

Voyez les collections de *Lemaire* et de *Panckoucke*. Consultez aussi les Pères de l'Eglise, pour les lettres de Symmaque, Ausone, Sidoine-Apollinaire, St.-Paulin, etc. etc.

Auteurs Latins modernes.

2927. — Illustrium virorum epistolæ ab *Angelo* Politiano partim scriptæ, partim collectæ : cum Sylvianis commentariis et Ascensianis scholiis : non parum auctis et rursum diligenter repositis, cumque vocularum minus idonearum aut minus rite usurpatarum adnotatione.
    Parisiis 1526. Jehan Petit. 1 vol. in-4°.

2928. — Idem opus.
    Parisiis. 1526. Prelum Ascensianum. 1 vol. in-4°.

2929. — *Angeli* Politiani epistolarum libri xii. Miscellaneorum centuria 1.
    Antuerpiæ 1567. Apud Phil. Nutium. 1 vol. in-8°.

2930. — Epistolæ consolatoriæ regum, principum, comitum, baronum, nobilium, aliorumque clarissimorum et doctissimorum virorum, opera et studio M. *Georg. Lud.* Frobenii collectæ.
    (Wittenberg) 1593. Typis Christ. Axini. 1 vol. in-4°.

2931. — Lettres d'Abailard et d'Héloïse, traduites sur les ma-

nuscrits de la bibliothèque royale, par E. Oddoul; précédées d'un essai historique par M. et M° Guizot.
Paris 1839. Houdaille. 2 vol. in-8°. Fig.

2932. — M. *Antonii* Sabellici epistolarum libri duodecim summa cum diligentia impressi.
Paris. Jehan Petit. 1 vol. in-4°.

2933. — *Caroli* Vituli familiares epistolæ juvenibus qui latine scribere cupiunt multum utiles et necessariæ : acriori diligentia a lituris prope omnibus quas vicio temporum contraxerant per *Jo. Finetium* nuper vindicate.
Parisiis 1511. Denis Roce. 1 vol. in-8°.

2934. — Epistolarum *Francisci* Philelphi libri sedecim qui castigatissimi in mediū prodeūt. Cum oratione divi *Ambrosii* Vignati et Alani *Aurigæ* de bello gallico et de miseria curialium et de egressu Caroli regis ex urbe Parrhisia literis grecis suo nitori restitutis.
Parisiis 1513. Denis Roce. 1 vol. in-8°.

2935. — Opus epistolarum *Des.* Erasmi *Rot.* per autorem diligenter recognitum, et adjectis innumeris novis, ferè ad trientem auctum.
Basileæ 1529. Off. Frobeniana. 1 vol. in-fol.
Des. Erasmi *Rot.* Epistolarum floridarum liber unus antehac nunquam excusus.
Basileæ 1531. Off. Hervagii. 1 vol. in-fol.

2936. — Epistolarum D. Erasmi *Rot.* libri xxxi et P. Melancthonis libri iv. Quibus adjiciuntur *Th.* Mori et *Lud.* Vivis epistolæ.
Londini 1642. Flesher et Young. 1 vol. in-fol.

2937. — *Des.* Eras. *Rot.* breviores aliquot epistolæ, studiosis juvenibus admodum utiles.
Parisiis 1524. Apud Simonem Colinæum. 1 vol. in-8°.

2938. — Epistolarum *Philippi* Melancthonis libri iv. Quibus, auctarii loco, accesserunt, *Thomæ* Mori et *Ludovici* Vivis epistolæ. Cum indicibus locupletissimis.
Londini 1542. Flesher et Young. 1 vol. in-fol.

2939. — *Petri* Bembi epistolarum *Leonis decimi Pont. Max.* nomine scriptarum libri xvi. Placuit præterea ejusdem autoris epistolas aliquot sanè quàm doctas adnectere.
Lugduni 1538. Hæred. Sim. Vincentii. 1 vol. in-8º.

2940. — *Jacobi* Sadoleti epistolarum libri sexdecim. Ejusdem ad *Paulum Sadoletum* epistolarum liber unus. Vita ejusdem autoris per *Antonium* Florebellum.
Lugduni 1550. Apud Gryphium. 1 vol. in-8º.

2941. — *Joan.* Sturmii classicarum epistolarum lib. iii. Sive scholæ Argentinenses restitutæ.— Academicæ epistolæ urbanæ. *Joan.* Sturmii rectoris. Liber I.
Argentorati 1573. Josias Rihelius. 1 vol. in-8º.

2942. — Epistolarum *Pauli* Manutii libri v. Quincto nuper addito. Ejusdem quæ præfationes appellantur.
Coloniæ 1568. Pet. Horst. 1 vol. in-8º.

2943. — Epistolarum *Pauli* Manutii libri xii. Duobus nuper additis. Ejusdem quæ præfationes appellantur.
Coloniæ. Agrip. 1591. Horst. 1 vol. in-8º.

2944. — Idem opus.
Duaci. 1615. Apud Jo. Bogardum. 1 vol. in-8º.

2945. — Delle epistole di *Paolo* Manutio, libri tre. Tradotti in lingua vulgare da *Ludovico* Paolini da Udine.
Venetia 1590. Somascho. 1 vol. in-8º.

2946. — De quæsitis per epistolam libri iii *Aldi* Manutii.
Venetiis 1576. Aldi. 1 vol. in-8º.

2947. — Opus epistolarum *Petri* Martyris, cui accesserunt epistolæ *Ferdinandi* de Pulgar.
Amstelodami 1670. Typis Elzevirianis. 1 vol. in-fol.

2948. — *Justi* Lipsi epistolarum centuriæ duæ : quarum prior innovata, altera nova.
Lugd. Batav. 1590. Off. Plantiniana. 1 vol. in-4º.

2949. — *Justi* Lipsi epistolarum selectarum iii centuriæ. E quibus tertia nunc primum in lucem emissa.— Centuria miscellanea. — Centuria singularis ad Germanos et Gallos. — Centuria singularis ad Italos et Hispanos, quive

in iis locis.—Centuria prima, secunda, tertia ad Belgas. — Epistolica institutio.
Antuerpiæ 1601-1602. Off. Plantiniana. 1 vol. in-4º.

2950. — A *Gislenii* Busbequii omnia quæ extant.
Amstelodami 1660. Off. Elzeviriana. 1 vol. in-18.

2951. — Lettres de *Jaques* DE Bongars, resident et ambassadeur du roy Henry IV vers les Électeurs, Princes, et États protestans d'Allemagne. En latin et en françois. (Traduites par DE Brianville.)
La Haye 1695. A. Moetjens. 2 vol. in-12.

2952. — *Dominici* Baudii epistolarum centuriæ duæ. Accedunt epistolæ clarorum virorum ad. D. *Baudium*, et prolixa *Dan.* Heinsii inter Baudianas reperta, in qua agitur : an, et qualis literato viro uxor sit ducenda. Item ejusdem Baudii commentariolus de fœnore.
Lugd. Batav. 1615. Basson. 1 vol. in-8º.

2953. — *Hugonis* Grotii epistolæ quotquot reperiri potuerunt; in quibus præter hactenus editas, plurimæ theologici, juridici, philologici, historici, et politici argumenti occurrunt.
Amstelodami 1687. P. et I. Blaeu. 1 vol. in-fol.

2954. — *Rolandi* Maresii epistolarum philologicarum liber primus.
Parisiis 1650. Le Gras. 1 vol. in-18.

2955. — *Claudii* Sarravii epistolæ. Opus posthumum.
Arausioni 1654. 1 vol. in-8º.

2956. — M. *Antonii* Mureti epistolæ, hymni sacri et poemata omnia.
Lugduni 1604. Pilhotte. 1 vol. in-18.

2957. — *Dionysii* Petavii è societate Jesu epistolarum libri tres.
Parisiis 1652. Sebas. Cramoisy. 1 vol. in-8º.

Voyez aussi Buchanani, Calcagnini, Codri, Leibnitzii, *Bern.* et *Leon.* Justiniani, Petrarchæ, Pici-Mirandulæ, Poggii, Scaligeri et *Lud.* Vivis opera, et les collections de *Sirmond* et de Dom. *Martenne*. — Quand aux lettres spéciales, elles trouveront leur place dans la section à laquelle elles appartiennent.

Lettres en Italien.

2958. — La secretaria di Apollo.
    S. l. n. d. 1 vol. in-32.

2959. — Epistres des princes, lesquelles, ou sont addressées aux princes, ou traittent des affaires des princes, ou parlent des princes. Recueillies d'italien par *Hieronyme* Ruscelli, et mises en françois par F. de Belle-Forest.
    Paris 1572. Jean Ruelle. 1 vol. in-4°.

2960. — Libri iv delle lettere amorose di M. *Girolamo* Parabosco. Con alcune altre di nuovo aggiunte.
    Venetia 1581. Dom. Farri. 1 vol. in-8°.

2961. — Libri sei de le lettere di M. *Pietro* Aretino.
    Parigi 1609. Matteo il Maestro. 6 en 3 vol. in-8°.

2962. — Lettere del signor *Gio. Fr.* Peranda, divise in due parti.
    Venetia 1610. 1 vol. in-8°.

2963. — Lettere della signora *Isabella* Andreini *Padovana*. Aggiuntovi di nuovo li Ragionamenti piacevoli dell'istessa.
    Venetia 1638. Bat. Combi. 1 vol. in-8°.

2964. — Delle lettere del signor *Gio. Francesco* Loredano, racolte da *Henrico Giblet*. Parte seconda e terza.
    Venetia 1687. Stef. Curti. 1 vol. in-12..

2965. — Lettres de Loredano, sur diverses matières de politique, et autres importants sujets : écrites aux premiers princes de l'Europe et à plusieurs personnes considérables par leur savoir et par leurs emplois. Traduites en françois, avec l'italien à costé. Par le sieur de Veneroni.
    Bruxelles 1708. T' Serstevens. 1 vol. in-12.

2966. — Ultime lettere di *Jacobo* Ortis, tratte dagli autographi.
    Parigi 1825. Dufour. 1 vol. in-12. Port.

Lettres en Espagnol.

2967. — Epistolas familiares de don *Antonio* de Guevara, en las quales ay cosas notables, y razonamientos muy altos y

curiosos, con exposiciones de figuras, authoridades, medallas, letreros, epitaphios de sepulturas, leyes y costrambres antiguas, doctrinas y exemplos para todo estado de gente al estilo de Marco Aurelio, porque el author estodo uno.
Anvers 1578. Bellero. 2 en 1 vol. in-8°

2968. — Les Epistres dorées, et discours salutaires de Don *Anthoine* DE GUEVARE. Traduit d'espagnol en françois par le *Seigneur* de GUTERRY. Ensemble la révolte que les Espagnolz firent contre leur jeune Prince, l'an 1520. Et l'issue d'icelle. Avec un traité des travaux et privilèges des Galères, le tout du mesme autheur. Traduit d'italien en françois.
Paris 1688. Rigaud. 2 vol. in-8°

Lettres en Anglais.

2969. — Familiar letters written by the right honourable JOHN late Earl of ROCHESTER, and several other persons of honour and quality. With letters written by the most ingenious M. *Thomas* OTWAY, and *Mrs. K.* PHILIPS. With other modern letters, by *Tho.* CHEEK, M. DENNIS, and M. BROWN.
London 1697. Onley. 1 vol. in-12.

2970. — Lettres athéniennes, ou correspondance d'un agent du roi de Perse, résidant à Athènes, pendant la guerre du Péloponnèse. Traduites de l'anglais par *Mat.* CHRISTOPHE.
Paris 1803. Ouvrier. 4 vol. in-12.

2971. — Letters of the right honouralle Lady M-y W-y M-e (*Mary* WORTLEY MONTAGUE). Written during her travels in Europe, Asia, and Africa; to which are added poems by the same author.
Paris 1801. Didot. 1 vol. in-18.

Lettres en Allemand.

2972. — *Sam.* Butschky hochdeutsche Kantzeley : zu finden in seinem habendenn Perfertischen Buchladen.
Breszl und Leiptz 1651. 1 vol. in-18.

2973. — Nouveau receuil de lettres et billets galands, avec leurs réponses sur divers sujets.— Neuer Bund allerhand zierlicher Briefe und zedelgen nebst ihrer Antwort auf unterschiedliche Gelegenhei.
Frankfurt 1681. Geo. Drullmann. 1 vol. in-12.

Lettres en Français.

a. — Recueils.

2974. — Commerce de lettres curieuses et savantes. Par Grimarest
Paris 1700. A. Cramoisy. 1 vol. in-12.

2975. — Nouvelles lettres familières et autres sur toutes sortes de sujets; avec leurs réponses, choisies de MM. Bussy de Rabutin, de Furetière, de Boursault, de Fléchier, de Bouthillier de Rancé, de l'Académie françoise, et des plus célèbres auteurs du tems. Par *René* Milleran. — Et les lettres curieuses de littérature et de morale de l'*Abbé* de Bellegarde.
Bruxelles 1719. Léonard. 1 vol. in-12.

2976. — Les plus belles lettres françoises, sur toutes sortes de sujets, tirées des meilleurs auteurs, avec des notes. Par P. Richelet. Huitième édit. rev. et aug. avec des observations sur l'art d'écrire des lettres, par M. B. L. M. (Bruzen la Martinière.)
Basle 1752. Tourneisen. 2 vol. in-12. Port.

2977. — Recueil de lettres choisies, pour servir de suite aux lettres de Madame de Sévigné à madame de Grignan, sa fille.
Paris 1751. Rollin. 1 vol. in-12.

C'est un recueil de lettres de MM. DE RETZ, DE LA ROCHEFOU-
CAULD, DE COULANGE et de mesdames DE LA FAYETTE, DE COU-
LANGE, DE SÉVIGNÉ et DE GRIGNAN.

2978. — Lettres inédites de BUFFON, J.-J. ROUSSEAU, VOLTAIRE, PIRON, DE LALANDE, LARCHER, et autres personnages célèbres, adressées à l'académie de Dijon; accompagnées de notes explicatives, et des fac simile de leur écriture et de leur signature; publiées par C. X. GIRAULT.
Paris 1819. Delaunay. 1 vol. in-8°.

b. — *Lettres des Rois, Reines, Princes et hommes d'État.*

** — Lettres des Rois, Reines et autres personnages des cours de France et d'Angleterre, depuis Louis VII jusqu'à Henri IV, tirées des archives de Londres par *Bréquigny*, et publiées par M. CHAMPOLLION-FIGEAC.
Paris 1839-47. Imp. roy. 2 vol. in-4°.

**. — Recueil des lettres missives de HENRI IV, publiées par M. BERGER DE XIVREY.
Paris 1843-50. Imp. roy. 5 vol. in-4°.
Voyez *Collect. de doc. inéd. sur l'hist. de France.*

2979. — Les lettres d'*Estienne* PASQUIER. Contenans plusieurs belles matières et discours sur les affaires d'Estat de France, et touchant les guerres civiles.
Paris 1619. Sonnius. 2 vol. in-8°.

2980. — Lettres de l'illustre et révérendiss. cardinal d'OSSAT, évesque de Bayeux, au Roy Henry le Grand, et à monseigneur de Villeroy. Depuis l'année 1594 jusques à l'année 1604.
Paris 1627. Philippe Gaultier. 1 vol. in-fol.

2981. — Même ouvrage. Dernière édition.
Paris 1641. Blageart. 1 vol. in-fol.

2982. — Lettres du cardinal MAZARIN à la Reine, à la princesse Palatine, etc., écrites pendant sa retraite hors de France, en 1651 et 1652; avec notes et explications, par M. RAVENEL.
Paris 1836. Renouard. 1 vol. in-8°.

c. — *Lettres d'hommes célèbres dans les Lettres, les Sciences et les Arts.*

2983. — Les epistres morales et amoureuses de Messire Honoré d'Urfé.
Paris 1619. Gil. Robinot. 1 vol. in-8°.

2984. — Lettres de M. Arnauld d'Andilly.
Paris 1666. Mich. Bobin. 1 vol. in-12.

2985. — Même ouvrage. Edition nouvelle.
Paris 1662. P. Le Petit. 1 vol. in-16.

2986. — Même ouvrage. Nouvelle édition.
Paris 1694. N. Le Gras. 1 vol. in-12.

2987. — Lettres de M. Descartes. Où sont traitées les plus belles questions de morale, physique, médecine et des mathématiques.
Paris 1657-1659. Charles Angot et Le Gras. 2 vol. in-4°.

2988. — Les œuvres de M. de Balzac. 10.° édit.
Paris 1642. P. Rocolet. 1 vol. in-8°. Port.

2989. — Lettres choisies du s^r. de Balzac.
Leiden 1652. Les Elseviers. 1 vol. in-12.

2990. — Lettres familières de M. de Balzac à M. Chapelain.
Paris 1659. Courbé. 1 vol. in-12.

2991. — Les lettres diverses de M. de Balzac. Dernière édition.
Paris 1663. Guignard. 1 vol. in-12.

2992. — Lettres de Gombauld.
Paris 1647. Aug. Courbé. 1 vol. in-8°.

2993. — Les lettres de M. de Voiture.
Nimmegue 1663. Hogenhuyse. 1 vol. in-16.

2994. — Lettres choisies de feu M. *Guy* Patin. Dans lesquelles sont contenues plusieurs particularités historiques sur la vie et la mort des scavans de ce siècle, sur leurs écrits, et plusieurs autres choses curieuses depuis l'an 1645 jusqu'en 1672.
Cologne 1691-1692. P. du Laurens. 3 vol. in-12. Port.

2995. — Nouveau recueil de lettres choisies de feu M. *Gui* Patin. (Tom. 4 et 5 de la collection précédente.)
Roterdam 1725. R. Leers. 2 vol. in-12.

2996. — Nouvelles lettres de feu M. *Gui* Patin, tirées du cabinet de M. *Charles Spon,* contenant l'histoire du tems, et des particularités sur la vie et sur les écrits des savans de son siècle. (Publiées par *Mahudel.*)
Amsterdam 1718. Steenhouwer et Uytwerf. 2 v. in-12.

2997. — Lettres de *Gui* Patin, nouvelle édition augmentée de lettres inédites, précédée d'une notice biographique, accompagnée de remarques scientifiques, historiques, philosophiques et littéraires, par J. H. *Reveillé-Parise.*
Paris 1846. J. B. Baillière. 3 vol. in-8°. Port.

2998. — Amitiez, amours et amourettes. Par M. Le Pays.
Paris 1667. De Sercy. 1 vol. in-12.

2999. — Lettres de M. Godeau, évêque de Vence.
Paris 1713. Ganeau. 1 vol. in-12.

3000. — Recueil des épistres, lettres et préfaces de M. de la Chambre.
Paris 1664. Barbin. 1 vol. in-12.

3001. — Lettres panegyriques. Par le *Sieur* de Rangouze.
Paris 1650. 1 vol. in-8°.

3002. — Lettres missives du Sieur de Rangouse.
1 vol. in-8°.

3003. — Lettres de Messire *Roger* de Rabutin, comte de Bussy. Avec les réponses. Nouvelle édition.
Amsterdam 1731. Zach. Chatelain. 6 vol. in-12.

3004. — Lettres nouvelles de feu M. Boursault, accompagnées de fables, de contes, d'épigrammes, de remarques, de bons mots, et d'autres particularités aussi agréables qu'utiles. Avec treize lettres amoureuses d'une dame à un cavalier. Nouv. édit.
Paris 1738. David. 3 vol. in-12.

3005. — Lettres choisies de M. Bayle, avec des remarques. (Par P. *Marchand.*)
Rotterdam 1714. Fritsch et Böhm. 3 vol. in-12.

3006. — Collection de lettres de *Nicolas* Poussin. (Publiées par M. *Quatremère de Quincy.*)
Paris 1824. Firmin Didot. 1 vol. in-8°.

3007. — Lettres de M. DE LA BEAUMELLE, à M. *de Voltaire*.
Londres 1763. Nourse. 1 vol. in-12.

3008. — Lettres inédites des FEUQUIÈRES, tirées des papiers de famille de madame la duchesse Decazes et publiées par *Etienne* GALLOIS.
Paris 1845-1846. Leleux. 5 vol. in-8°.

3009. — Correspondance inédite et secrète du docteur B. FRANKLIN. Publiée, pour la première fois, en France.
Paris 1817. Janet. 2 vol. in-8°.

3010. — Correspondance de J. H. BERNARDIN DE ST.-PIERRE, précédée d'un supplément aux mémoires de sa vie. Par *L. Aimé* MARTIN.
Paris 1826. Ladvocat. 3 vol. in-8°.

e. — *Correspondances littéraires et critiques.*

3011. — Lettres curieuses de littérature, et de morale. Par M. l'*Abbé* DE BELLEGARDE.
La Haye 1761. Gosse. 1 vol. in-16.

3012. — Caprices d'imagination, ou Lettres sur différens sujets d'histoire, de morale, de critique, d'histoire naturelle, etc. (Par BRUHIER D'ABLAINCOURT.)
Paris 1740. Briasson. 1 vol. in-12.

3013. — Lettres choisies de M. SIMON. Où l'on trouve un grand nombre de faits anecdotes de littérature. Nouvelle édition, rev. cor. et augmentée de la vie de l'auteur par M. BRUZEN LA MARTINIÈRE.
Amsterdam 1730. P. Mortier. 4 vol. in-12.

3014. — Lettres écrites de Londres sur les Anglois et autres sujets. Par M. D. V. (VOLTAIRE.)
Basle 1734. 1 vol. in-8°.

3015. — Lettres juives, ou correspondance philosophique, historique et critique, entre un juif voyageur en différens états de l'Europe, et ses correspondans en divers endroits. (Par le *Marquis* d'Argens.) Nouv. édit.

La Haye 1738. P. Paupie. 6 vol. in-8°. fig.

3016. — Lettres morales et critiques sur les différens états, et les diverses occupations des hommes, par M. le *Marquis* d'Argens. Nouv. édit.

Amsterdam 1750 Chareau. 1. vol. in-16.

3017. — Lettres sur les Anglois et les François, et sur les voïages. (Par L. de Muralt.)

1726. 2 vol. in-12

3018. — Lettres sur les Anglois, les François, et les voyages; avec la Lettre sur l'esprit fort, l'Instinct divin recommandé aux hommes, et l'Apologie du caractère des Anglois et des François, etc. (Par Desfontaines et Brumoy.)

La Haye-Paris. 1747. David. 2 vol. in-12.

3019. — Lettres françoises et germaniques, ou réflexions militaires, littéraires, et critiques sur les François et les Allemans. Ouvrage utile aux Officiers et aux Beaux-Esprits de l'une et de l'autre nation. (Par Mauvillon.)

Londres 1740. Allemand. 1 vol. in-12

3020. — Lettres de M. l'*Abbé* Le Blanc. Nouv. édit.

Amsterdam 1751. 3 vol. in-12.

3021. — Petites lettres sur de grands philosophes. (Par Palissot de Montenoy.)

Paris 1757. 1 vol. in-12.

3022. — Lettres intéressantes du pape Clément XIV (Ganganelli); traduites de l'italien et du latin. (Composées en français par Caraccioli). Nouv. édit.

Paris 1776. Lottin le jeune. 4 vol. in-12. Fig.

3023. — Lettres d'un voyageur anglois. — Nouvelles lettres d'un voyageur anglois; par M. Sherlock.

Londres 1779. Paris 1780. Esprit. 1 vol. in-8°.

3024. — Correspondance littéraire, philosophique et critique

adressée à un souverain d'Allemagne, depuis 1753 jusqu'en 1769, par le *Baron* DE GRIMM et par DIDEROT.
Paris 1813. Longchamp. 16 vol. in-8°.

5025. — Correspondance littéraire, philosophique et critique de GRIMM et de DIDEROT, depuis 1753 jusqu'en 1790. Nouvelle édition revue et mise dans un meilleur ordre, avec des notes et des éclaircissemens et où se trouvent rétablies pour la première fois les phrases supprimées par la censure impériale.
Paris 1829. Furne. 15 vol. in-8°.

5026. — Correspondance inédite de GRIMM et de DIDEROT, et recueil de lettres, poésies, morceaux et fragmens retranchés par la censure impériale en 1812 et 1813.
Paris 1829. Furne. 1 vol. in-8°.

5027. — Lettres d'un mameluck, ou tableau moral et critique de quelques parties des mœurs de Paris. Par *Jh.* LAVALLÉE.
Paris 1803. Capelle. 1 vol. in-8°.

5028. — Lettres normandes ou petit tableau moral, politique et littéraire. (Par *Léon* THIEISÉ.)
Paris 1818-1820. Foulon et C.ⁱᵉ 10 vol. in-8°.

5029. — Lettres vendéennes ou correspondance de trois amis en 1823. Par M. le *Vicomte* WALSH.
Paris 1829. Hivert. 2 vol. in-8°.

f. — *Lettres de femmes.*

5030. — Lettres inédites de *Marie* STUART, accompagnées de diverses dépêches et instructions. 1558-1587. Publiées par le Prince *Alex.* LABANOFF.
Paris 1839. Merlin. 1 vol. in-8°.

5031. — Lettres, opuscules et mémoires de Madame PERIER et de JACQUELINE, sœurs de Pascal, et de *Marguerite* PERIER, sa nièce, publiés sur les manuscrits originaux par M. P. FAUGÈRE.
Paris 1845. Aug. Vaton. 1 vol. in-8°.

3032. — Lettres de Madame de Sévigné, de sa famille et de ses amis. Avec portraits, vues et fac simile.
Paris 1820. J. J. Blaise. 10 vol. in-8°.

3033. — Lettres de Madame DE SÉVIGNÉ à sa fille et à ses amis; nouvelle édition, mise dans un meilleur ordre; par *Ph. A. Grouvelle.*
Paris 1819. Dabo et C.ie 13 vol. in-12.

Le 13e volume a pour titre : *Lettres inéd. de M.me De Sévigné.*

3034. — Lettres de Madame DE SÉVIGNÉ au comte de Bussy-Rabutin, tirées du Recueil des lettres de ce dernier. Pour servir de suite au Recueil des lettres de madame de Sévigné à Madame de Grignan, sa fille.
Amsterdam-Paris 1775. Delalain. 1 vol. in-12.

3035. — Lettres historiques et galantes, de deux dames de condition, dont l'une était à Paris, et l'autre en province. Ouvrage curieux. Nouvelle édition, revue et corrigée, par Madame de C... (DU NOYER.)
Amsterdam 1720. Brunel. 6 vol. in-12. fig.

3036. — Lettres historiques et galantes de Madame DU NOYER, contenant différentes histoires, avantures, anecdotes curieuses et singulières. Nouv. édit.
Londres 1741. Nourse. 6 vol. in-12. fig.

Le dernier volume de ces deux collections a pour titre : *Mémoires de M.me Du Noyer.*

3037. — Lettres de Madame *Du Montier,* recueillies par Madame LE PRINCE DE BEAUMONT.
Lyon 1767. P. Bruyset-Ponthus. 2 vol. in-12.

3038. — Lettres originales de madame la comtesse DU BARRY; avec celles des princes, seigneurs, ministres et autres, qui lui ont écrit, et qu'on a pu recueillir. On y a joint une grande quantité de notes amusantes et instructives, propres à donner les éclaircissemens les plus curieux sur les causes des principaux évènemens de la fin du règne de Louis XV. (Par PIDANSAT DE MAIROBERT.)
Londres 1779. 1 vol. in-12.

3039. — Lettres inédites de M.lle PHILIPON, M.me ROLAND, adressées aux demoiselles Cannet, de 1772 à 1780, publiées par *Aug. Breuil.*
   Amiens 1841. E. Yvert. 2 vol. in-8°.

On trouvera aussi des lettres dans les œuvres de D'ALEMBERT, ARNAULT, BARTHÉLEMY, BAYLE, BOILEAU, CHÉNIER, DUBOCAGE, DUCLOS, DU PERRON, FÉNÉLON, FRÉDÉRIC II, GIRODRT, HAMILTON, LA HARPE, LA MOTHE LE VAYER, MABLY, MALHERBE, MIRABEAU, MONTESQUIEU, MONTREUIL, PALISSOT, J. et L. RACINE, RABELAIS, ROLLIN, J.-B. et J.-J. ROUSSEAU, ST.-EVREMOND, ST.-MARD, THÉOPHILE, THOMAS, VOLTAIRE, etc.

9.e CLASSE.

MÉLANGES LITTÉRAIRES.

Œuvres diverses en Latin.

3040. — Hoc in volumine continentur. *Bernardi* JUSTINIANI oratoris clarissimi orationes. Ejusdem nonnullæ epistolæ. Ejusdem traductio in Isocratis libellum ad Nicoclem regem. *Leonardi* JUSTINIANI Epistolæ.
   Venetiis 149... Bern. Benalius. 1 vol. in-fol.

3041. — In hoc CODRI volumine hec continentur, Orationes, seu sermones ut ipse appellabat. Epistole, silve, satyre, egloge, epigrammata.
   Venetiis 1506. Liechtensteyn. 1 vol. in-fol.

3042. — *Andreae* NAUGERII orationes duæ, carminaque nonnulla.
   Venetiis 1530. Jo. Tacuini. 1 vol. in-fol.

3043. — *Petri* CRINITI de honesta disciplina lib. xxv. De poetis latinis lib. v. et poematum lib. II.
   Parisiis 1518. De la Barre. 1 vol. in-fol.

3044. — Idem opus.
   Parisiis 1518. Gandoul. 1 vol. in-fol.

3045. — Idem opus.
>Lugduni. 1554. Gryphius. 1 vol. in-8°.

3046. — *Francisci* Bencii è soc. Jesu orationes et carmina, cum disputatione de stylo et scriptione. Editio secunda. Cui præter multa poemata, accessit oratio de morte et rebus gestis illustriss. Princip. Alexandri Farnesii.
>Ingolstadii. 1595. D. Sartorius. 1 vol. in-8.°

3047. — *Francisci* Remondi Epigrammata, Elegia et Orationes.
>Rothomagi 1606. J. Osmont. 1 vol. in-12.

3048. — *Francisci* Remondi carmina et orationes. 2.ª editio.
>Flexiæ 1616. Jac. Rezé. 1 vol. in-8.°

3049. — *Scævolæ* Sammarthani poemata et elogia.
>Augustoriti Pictonum 1606. V.° Blanceti. 2 vol. in-8°.

3050. — Noctes Mormantinæ, sive *Joannis* Bachotii opuscula. Novissima fœturà, et typographicà τῇ Παλιγγενεσίᾳ felicius renata.
>Parisiis 1651. D. Thierry. 1 vol. in-4°.

3051. — *Gabrielis* Cossartii, è soc. Jesu, orationes et carmina.
>Parisiis 1675. Cramoisy. 1 vol. in-12.

3052. — Idem opus. Nova editio.
>Parisiis 1723. Barbou. 1 vol. in-12.

Œuvres diverses en Latin et en Français.

3053. — *Thomæ* Bicartonis miscellanea.
>Pictavii 1588. Off. Bochetorum. 1 vol. in-8°.

3054. — *Scævolæ* et *Abelii* Sammarthanorum opera latina et Gallica, tum ea quæ soluta oratione, tum ea, quæ versu scripta sunt. Quibus accessit *Scævolæ* ipsius tumulus.
>Lutetiæ 1633. Jac. Villery. 1 vol. in-4°.

3055. — Nobiliss. virginis *Annæ Mariæ* à Schurman opuscula hebræa, græca, latina, gallica. Prosaïca et metrica.
>Lugd. Batav. 1648. Off. Elseviriorum. 1 vol. in-8°.

3056. — *Ægidii* Menagii miscellanea.
>Parisiis 1652. Aug. Courbé. 1 vol. in-4.°

3057. — *Pauli* Colomesii opuscula.
    Parisiis 1668. Seb. Mabre Cramoisy. 1 vol. in-16.

3058. — OEuvres diverses du P. du Baudory.
    Paris 1750. Marc Bordelet. 1 vol. in-12.

3059. — Recueil de divers ouvrages en prose et en vers. Par le P. Br. (Brumoy) de la C. de J.
    Paris 1741. Rollin fils. 4 vol. in-12.

3060. — Opuscules de feu M. Rollin, contenant diverses lettres qu'il a écrites ou reçues, ses harangues, discours, complimens, mandemens, etc. et ses poésies; avec son éloge, historique par M. de Boze.
    Paris 1771. Les frères Estienne. 2 vol. in-12. Port.

OEuvres diverses en Français.

3061. — Les œuvres de *François* Malherbe, avec les observations de M. *Ménage* et les remarques de M. *Chevreau* sur les poésies.
    Paris 1723. Barbou. 3 vol. in-12.

3062. — L'ombre de la damoiselle de Gournay. OEuvre composé de meslanges.
    Paris 1627. Jean Libert. 1 vol. in-8°.

3063. — Les œuvres de Monsieur de Voiture.
    Paris 1650. Courbé. 1 vol. in-4°.

3064. — Les œuvres de M. de Voiture. 5.ᵉ édit.
    Paris 1656. Courbé. 1 vol. in-4°.

3065. — Les œuvres de M. de Voiture. Nouv. édit. corrigée.
    Paris 1691. V.ᵉ Mauger. 2 en 1 vol. in-12.

3066. — Les œuvres de M. de Voiture. Nouv. édit.
    Paris 1672. Jolly. 2 en 1 vol. in-12.

3067. — Les œuvres diverses du sieur de Balzac.
    Paris 1644. P. Rocolet. 1 vol. in-4°.

3068. — Les œuvres diverses du sieur de Balzac.
    Paris 1664-1677. 5 vol. assortis in-12.

3069. — OEuvres de Scarron. Nouv. édit.
    Paris 1752. David. 12 v. in-12. (*Les tom. 7 et 8 manquent.*)

3070. — Les œuvres de M. le chevalier DE MERÉ.
Amsterdam 1692. P. Mortier. 2 vol. in-12.

3071. — Les œuvres de M. DE MONTREUIL.
Paris 1666. Louis Billaine. 1 vol. in-12.

3072. — Les lettres et poésies de madame la comtesse de B. (DE BRÉGY.)
Leyde 1666. Ant. Du Val. 1 vol. in-16.

3073. — OEuvres meslées de M. CHEVREAU.
La Haye 1697. Ad. Moetjens. 1 vol. in-12.

3074. — L'esprit du grand *Corneille* ou extrait raisonné de ceux des ouvrages de P. CORNEILLE qui ne font pas partie du recueil de ses chefs-d'œuvre dramatiques ; pour servir de supplément à ce recueil et au commentaire de *Voltaire*. Par M. le comte FRANÇOIS DE NEUFCHATEAU. Suivi des chefs-d'œuvre de Th. CORNEILLE.
Paris 1819. Didot. 2 vol. in-8°.

3075. — OEuvres de M. DE SAINT-EVREMOND, publiées sur les manuscrits de l'auteur. Nouv. édit. revue corrigée et augmentée de la vie de l'auteur (par *Desmaizeaux*).
Londres 1711. Tonson. 7 vol. in-12.

3076. — Ouvrages de prose et de poésie des Sieurs DE MAUCROY et DE LA FONTAINE.
Amsterdam 1688. P. Mortier. 2 en 1 vol. in-12.

3077. — OEuvres du *Comte* HAMILTON, précédées d'une notice historique sur sa vie et ses ouvrages, par *Champagnac* ; et augmentée d'une suite des Quatre Facardins et de Zeneyde.
Paris 1825. Salmon. 2 vol. in-8°.

3078. — OEuvres complètes de LE SAGE.
Paris 1818-1821. Genets jeune. 14 vol. in-12.

3079. — OEuvres mélées de M. le chevalier de S.-J. (SAINT-JORY.)
Amsterdam 1735. Z. Chatelain. 2 vol. in-12.

3080. — Les OEuvres mélées de M. DE REMOND DE SAINT-MARD.
La Haye 1742. Jean Neaulme. 3 en 2 vol. in-12.

3081. — OEuvres diverses de M. DE FONTENELLE. Nouv. édition augmentée et enrichie de figures gravées par *B. Picart*.
La Haye 1728. Gosse et Neaulme. 3 vol. in-4°.

3082. — OEuvres diverses de M. DE FONTENELLE. Nouv. édit.
Paris 1724. Brunet. 3 vol. in-12.

3083. — OEuvres de FONTENELLE, précédées d'une notice historique sur sa vie et ses ouvrages (par *Champagnac*).
Paris 1825. Salmon. 5 vol. in-8°. Port.

3084. — OEuvres de *Louis* RACINE.
Paris 1747. Desaint et Saillant. 4 vol. in-12.

3085. — OEuvres de L. RACINE.
Paris 1808. Lenormant. 6 vol. in-8°.

3086. — Discours académiques et poésies de M... (SEGUY.)
La Haye 1736. Neaume l'ainé. 1 vol. in-12.

3087. — OEuvres complètes de MARIVAUX. Nouv. édit. avec une notice historique sur la vie et le caractère du talent de l'auteur, des jugements littéraires et des notes, par M. *Duviquet* (et M. *P. Duport.*)
Paris 1825-1830. Gayet jeune. 10 vol. in-8°. P.

3088. — OEuvres complètes d'*Alexis* PIRON, publiées par *Rigoley de Juvigny*.
Amsterdam 1776. M. Rey. 8 vol. in-16.

3089. — OEuvres posthumes de D'ALEMBERT. (Pub. par *Pougens*.)
Paris 1799. Ch. Pougens. 2 vol. in-12.

3090. — OEuvres complètes de THOMAS.
Paris 1802. Desessarts. 5 vol. in-8°.

3091. — OEuvres posthumes de THOMAS.
Paris 1802. Desessarts. 2 vol. in-8°.

3092. — OEuvres complètes de THOMAS, précédées d'une notice sur la vie et sur les ouvrages de l'auteur, par M. *Garat*.
Paris 1822. F. Didot. 6 vol. in-8°.

3093. — OEuvres complètes de Madame RICCOBONI. Nouv. édit.
Paris 1786. Volland. 8 vol. in-8°.

3094. — OEuvres anciennes d'*André* CHÉNIER, rev., corr. et mises en ordre par *D. Ch. Robert*.
Paris 1826. Guillaume. 1 vol. in-8°.

3095. — OEuvres posthumes d'*André* Chénier, augmentées d'une notice historique par M. H. *De Latouche*. rev., corr. et mises en ordre par *D. Ch. Robert*.
Paris 1826. Guillaume. 1 vol. in-8°.

3096. — OEuvres de Florian, nouvelle édition.
Paris 1823. Briand. 13 vol. in-8°. Port. Gr.

3097. — OEuvres de Florian.
Paris 1810. Briand. 12 vol. in-18. Fig.

3098. — OEuvres complètes de Beaumarchais (publ. par *Gudin*).
Paris 1821. Ledoux. 6 vol. in-8°.

3099. — OEuvres complètes de Beaumarchais, précédées d'une notice sur sa vie et ses ouvrages.
Paris 1832. Lebigre. 6 vol. in-8°.

3100. — OEuvres de Marmontel.
Paris 1828. Ledoux. 15 vol. in-8°.

3101. — OEuvres posthumes de Marmontel. (Publiées par M. *Alissan de Chazet*.)
Paris 1820. Verdière. 1 vol. in-8°. Fig.

3102. — OEuvres de madame Dubocage.
Lyon 1762-64-74. Périsse. 3 vol. in-8°.

3103. — OEuvres complètes de M. Palissot, nouv. édit. rev. cor.
Paris 1809. Collin. 6 vol. in-8°.

3104. — OEuvres posthumes de Girodet-Trioson, suivies de sa correspondance; précédées d'une notice historique, et mises en ordre par P. A. *Coupin*.
Paris 1829. Renouard. 2 vol. in-8°. Fig.

3105. — Les nuits de la conciergerie, rêveries mélancoliques et poésies d'un proscrit. Fragmens échappés au vandalisme. (Par *Cl. F. X.* Mercier, de Compiègne.)
Paris 1795. V.e Girouard. 1 vol. in-16.

3106. — Pas grand chose ou loisirs d'un Picard. Par M. de V. t. de Fr. (De Ville, trésorier de France.)
Paris 1789. Cailleau. 1 vol. in-12.

3107. — Les œuvres de M. de Fontanes, recueillies pour la première fois et complétées d'après les manuscrits origi-

naux; précédées d'une lettre de M. DE CHATEAUBRIAND; avec une notice biographique par M. ROGER, et une autre par M. SAINTE-BEUVE.
Paris 1839. 2 vol. in-8°. L. Hachette.

3108. — OEuvres complètes de P. L. COURIER. Nouv. édit. augmentée d'un grand nombre de morceaux inédits, précédée d'un essai sur la vie et les écrits de l'auteur, par *Armand* CARREL.
Paris 1836. Paulin et Perrotin. 4 vol. in-8°. Port.

3109. — OEuvres de A. V. ARNAULT, de l'ancien Institut.
Paris 1826-1827. Bossange. 3 vol. in-8°.

3110. — Mélanges. Recueil de divers essais littéraires de M. *Aymar* DE BELLOY. (1)
Doullens 1848. Vion. 1 vol. in-8°.

3111. — Mélanges historiques et littéraires, par M. VILLEMAIN.
Paris 1837-1838. Didier. 3 vol. in-8°.

3112. — Fragments oratoires et littéraires; par *Saint-Albin* BERVILLE. (2)
Paris 1845. Joubert. 1 vol. in-8°.

3113. — Feuilles volantes, par M. *Cléon* GALOPPE DONQUAIRE.
Amiens 1839. Duval et Herment. 1 vol. in-8°.

3114. — Mosaïque par M. *Cléon* GALOPPE D'ONQUAIRE.
Amiens 1844. Duval et Herment. 1 vol. in-8°.

3115. — Mélanges littéraires. Par M. *Julien* BARROIS.
Lille 1848. Bracke. 1 vol. in-18.

Pensées détachées, Mélanges, Extraits.

3116. — Pensées ingénieuses des anciens et des modernes. (Par le P. BOUHOURS.)
Paris 1689. Seb. M. Cramoisy. 1 vol. in-12.

---

(1) DE ROUSSEL DE BELLOY *(Alfred-Claude-Rodolphe-Gédéon-Aymar)*, né à Dromesnil, le 28 avril 1822, mort à Metz le 23 décembre 1847.

(2) BERVILLE *(Albin)*, naquit à Amiens le 22 octobre 1788.

3117. — Remarques ou réflexions critiques, morales et historiques, sur les plus belles et les plus agréables pensées, qui se trouvent dans les ouvrages des auteurs anciens et modernes. (Par *Laurent* BORDELON.)
Paris 1690. Arn. Seneuse. 1 vol. in-12.

3118. — Diversitez curieuses, pour servir de récréation à l'esprit. Par l'*Abbé* BORDELON. 5.e, 6.e et 10.e partie.
Amsterdam-Paris 1696. Coutelier. 2 vol. in-12.

3119. — Recueil des bons mots des anciens et des modernes.
Paris 1702. Brunet. 1 vol. in-12.

3120. — Le sublime des auteurs, ou pensées choisies, rédigées par matières suivant l'ordre alphabétique. Dédié aux beaux esprits. (Par l'*Abbé* de BELLEGARDE.)
Paris 1705. Guignard. 1 vol. in-12.

3121. — Bibliothèque des gens de cour, ou mélange curieux des bons mots d'Henri IV, de Louis XIV, de plusieurs princes et seigneurs de la Cour, et autres personnes illustres. Par M. GAYOT DE PITAVAL. 2e édit.
Paris 1723-1732. Le Gras. 6 vol. in-12.

3122. — Amusement curieux et divertissant, propre à egayer l'esprit, ou fleurs de bons mots, contes à rire, valeur héroique, etc. le tout sans obscènité, afin que les personnes de tous états puissent en faire leurs récréations, recueillies par D... (DUCRY) jadis imprimeur de l'escadre du Roi à l'expédition de Minorque.
Lille 1782. Le Houcq. 1 vol. in-12.

3123. — Esprit des conversations agréables, ou nouveau mélange de pensées choisies, en vers et en prose, sérieuses et enjouées, et de plusieurs traits d'histoire curieux, intéressans etc. (Par M. GAYOT DE PITAVAL.)
Paris 1731. Le Gras. 1 vol. in-12. Tom. 1er.

3124. — Elite de bons mots, pensées choisies, histoires singulières, et autres petites pièces, tant en prose qu'en vers;

recueillies des meilleurs auteurs, et particulièrement des livres en *Ana.* Nouvelle édition.
Amsterdam 1745. P. Mortier. 2 vol. in-12.

3125. — Esprit des meilleurs écrivains françois, ou recueil de pensées les plus ingénieuses, tant en prose qu'en vers, tirées de leurs ouvrages et rangées par ordre alphabétique. (Par Pelée de Chenouteau.)
Paris 1777. Nyon ainé. 2 vol. in-8°.

3126. — Encyclopediana, ou dictionnaire encyclopédique des *Ana.* Contenant ce qu'on a pu recueillir de moins connu ou de plus curieux parmi les saillies de l'esprit, les écarts brillants de l'imagination, etc.
Paris 1791. Panckoucke. 1 vol. in-4°.

3127. — Chevræana. (Publié par U. Chevreau lui-même.)
Paris 1697-1700. Delaulne. 2 vol. in-12.

3128. — Furetiriana, ou les bons mots, et les remarques, histoires de morale, de critique, de plaisanterie, et d'érudition, de M. Furetier. (Par *Guy* Marais.)
Paris 1686. Thom. Guillain. 1 vol. in-12.

3129. — Huetiana, ou pensées diverses de M. Huet, evesque d'Avranches. (Rédigées par Huet lui-même, et publiées par l'*Abbé* d'Olivet.)
Paris 1722. Jac. Estienne. 1 vol. in-12.

3130. — Maintenoniana, ou choix d'anecdotes intéressantes, de portraits, de pensées ingénieuses, de bons mots, de maximes morales, politiques, etc., tirées des lettres de madame de Maintenon; avec des notes historiques et critiques, etc. Par M. B** de B** (Bosselman de Bellemont.)
Amsterdam 1773. 1 vol. in-8°.

3131. — Menagiana ou les bons mots et remarques critiques, historiques, morales et d'érudition de M. Ménage, recueillies par ses amis. (Publiées par Galland et Goulley, avec les augmentations de Faydit et celles de La Monnoye.) 3.ᵉ édition.
Paris 1715. Delaulne. 4 vol. in-12. (Le tom. 2 manque.)

3132. — Naudæana et Patiniana, ou singularités remarquables, prises des conversations de MM. NAUDÉ et PATIN. (Par LANCELOT, publié par BAYLE.)
   Paris 1701. Delaulne. 1 vol. in-12.

3133. — Parrhasiana, ou pensées diverses sur des matières de critique, d'histoire, de morale et de politique. Avec la defense de divers ouvrages de M. L. C. Par *Théodore* PARRHASE. (*Jean* LECLERC.) 2.e édition.
   Amsterdam 1701. Schelte. 2 vol. in-12.

3134. — Perroniana et Thuana. Editio tertia. (Alphabeticè disposuit DAILLÉ.)
   Coloniæ 1691. Ger. Scagen. 1 vol. in-12.

3135. — Perroniana sive excerpta ex ore cardinalis Perronii per F. F. P. P. (J. et P. DU PUY.)
   Genevæ 1705. Pet. Columesius. 1 vol. in-8º.

3136. — Scaligeriana sive excerpta ex ore *Josephi Scaligeri*. Per F. F. P. P. (Fratres PUTEANOS.) Editio secunda.
   Lugduni-Batav. 1672. Lopez de Haro. 1 vol. in-12.

3137. — Scaligeriana ou bon mots, rencontres agréables, et remarques judicieuses et savantes de J. SCALIGER. Avec des notes de M. *Lefèvre* et de M. *de Colomies*.
   Cologne 1695.   1 vol. in-12.

3138. — Sorberiana sive excerpta ex ore *Samuelis Sorbière*. Prodeunt ex museo *Fr.* GRAVEROL. Accedunt ejusdem, tum Epistola de vita et scriptis *Sam. Sorbière* et J. B. *Cotelier*, tum epulæ ferales, sive fragmenta marmoris Nemausii explanatio.
   Tolosæ 1694. Colomyez. 1 vol. in-12.

3139. — Valesiana ou les pensées-critiques, historiques et morales, et les poésies latines de M. DE VALOIS. Recueillies par M. DE VALOIS son fils.
   Paris 1694. Fl. et P. Delaulne. 1 vol. in-12.

3140. — L'esprit de *La Mothe-le-Vayer*. Par M. de M.C.D.S.P.D.L. (DE MONTLINOT.)
   1763. 1 vol. in-12.

3141. — L'esprit de *Bourdaloue*, tiré de ses sermons et de ses pensées. (Par l'*Abbé* De la Porte.)
Paris 1762. Bauche. 1 vol. in-12.

3142. — L'esprit de Bossuet, ou choix des pensées tirées de ses meilleurs ouvrages.
Bouillon. 1771. La Soc. Typographique. 1 vol. in-12.

3143. — Maximes et pensées diverses. (Par la *Marquise* de Sablé.)
Paris 1678. S. Cramoisy. 1 vol. in-12.

3144. — Pensées de M. *Rollin* sur plusieurs points importants de littérature, de politique et de religion; recueillies de son Histoire ancienne et de son Traité des études, par l'*Abbé* Lucet.
Paris 1780. Estienne. 1 vol. in-12.

3145. — Le génie de Montesquieu. (Par Deleyre.)
Amsterdam 1758. Arkstée el Merkus. 1 vol. in-12.

3146. — Mes pensées, avec le supplément, nouvelle édition. (Par La Beaumelle.)
Berlin 1755. 1 vol. in-12.

3147. — Mes loisirs (par le *Ch.* d'Arcq). Nouv. édit.
Paris 1756. Desaint et Saillant. 1 vol. in-12.

3148. — Esprit, saillies et singularités du P. *Castel*. (Par l'*Abbé* De la Porte.)
Amsterdam-Paris 1763. Vincent. 1 vol. in-12.

3149. — L'esprit de l'abbé *Desfontaines*, ou réflexions sur differens genres de science et de littérature; avec des jugemens sur quelques auteurs, et sur quelques ouvrages tant anciens que modernes (Par l'*Abbé* De Laporte.)
Paris 1757. Duchesne. 4 vol. in-12.

3150. — L'esprit de *Fontenelle*, ou recueil de pensées tirées de ses ouvrages. (Par de Prémontval.)
La Haye 1753. Gosse. 1 vol. in-12.

3151. — Esprit de *Leibnitz*, ou recueil de pensées choisies, sur la philosophie, la religion, la morale, l'histoire, etc. extraites de toutes ses œuvres latines et françoises. (Par Emery.)
Lyon. 1772. Bruyset. 2 vol. in-12.

3152. — Les pensées de J.-J. *Rousseau*, citoyen de Genève. (Recueillies par Prault, avec une préface par l'*Abbé* De la Porte.)
Amsterdam 1764.   1 vol. in-12.

3153. — Les pensées de Monsieur *de Voltaire.*
1765.   2 en 1 vol. in-12.

3154. — L'esprit de M. *de Voltaire.* (Par Villaret.)
1760. 1 vol. in-8°.

3155. — Esprit et génie de M. l'*Abbé Reynal.* (Par l'*Abbé* Hédouin.)
Genève 1782. Léonard. 1 vol. in-8°.

3156. — Esprit, pensées et maximes de M. l'*Abbé Maury.* (Rédigé par M. Chas.)
Paris 1791. Cuchet. 1 vol. in-8°.

3157. — Beautés de Tacite, ou choix des morceaux et des pensées les plus remarquables de cet historien, sur la morale, la philosophie et la politique; par M. Boinvilliers.
Paris 1825. Eymery. 1 vol. in-12.

3158. — Beautés de Bossuet, ou extrait des ouvrages les plus remarquables de cet illustre écrivain, tant sous le rapport des pensées que sous celui du style; par M.e Dufresnoy; précédées de l'éloge de Bossuet, par M. Patin.
Paris 1829. Boulland. 2 vol. in-12.

3159. — Beautés de Lord *Byron* ou choix des pensées et des morceaux les plus remarquables extraits de ses écrits et traduits en français par *Ch. Ed.* de Léonville.
Paris 1825. Eymery. 1 vol. in-12.

Recueils de Pièces détachées.

3160. — Mélanges de littérature orientale, traduits de différens manuscrits turcs, arabes et persans de la bibliothèque du Roi. Par M. Cardonne. On y a joint les paroles remarquables, et les bons mots des Orientaux, suivant la traduction de M. Galand.

La Haye 1771. 1 vol. in-8°.

3161. — Cours de littérature grecque, ou recueil des plus beaux passages de tous les auteurs grecs les plus célèbres dans la prose et dans la poésie. Avec la traduction française en regard, et une note historique et littéraire sur chaque auteur. Par M. Planche.

Paris 1827-1828. Gauthier fr. 7 vol. in-8°.

3162. — Latini sermonis vetustioris reliquiæ selectæ. Recueil publié par A. E. Egger.

Paris 1843. Hachette. 1 vol. in-8°.

3163. — Recueil de plusieurs pièces d'éloquence et de poésie présentées à l'Académie françoise pour les prix de l'année. (1673-75-77-79-81-85-89-91-93-99-1709-11-13-14-15-17-19-22-23.)

Paris 1673-1724.   19 vol. in-12.

3164. — Recueil de plusieurs pièces d'éloquence et de poésie, présentées à l'Académie des jeux floraux de Toulouse pour les prix de l'année, en 1697.

Toulouse 1697. Colomiez. 1 vol. in-8°.

3165. — Bibliothèque volante, ou élite de pièces fugitives. Par le S.r J. G. J. D. M. (Jolli.)

Amsterdam 1700. Daniel Pain. 1 vol. in-12.

3166. — Nouveau porte-feuille historique et littéraire. Ouvrage posthume de M. Brusen de la Martinière.

Amsterdam 1755. Mortier. 1 vol. in-12.

3167. — Passe-temps poétiques, historiques et critiques. Contenant l'esprit de Malherbe, et le portefeuille de M. de la Martinière. (Publié par Lefort de la Morinière.)

Paris 1757. Duchesne. 1 vol. in-12.

3168. — Recueil d'opuscules littéraires, avec un discours de

Louis xiv à Monseigneur le Dauphin, tirés d'un cabinet d'Orléans, et publiés par un anonime (l'*Abbé* d'Olivet.)
Amsterdam 1767. Van Harrevelt. 1 vol. in-12.

3169. — L'art de peindre à l'esprit; ouvrage dans lequel les préceptes sont confirmés par les exemples tirés des meilleurs orateurs et poëtes françois. (Par Sansaric.)
Paris 1758. M. Lottin. 3 vol. in-8º.

3170. — L'art oratoire réduit en exemples, ou choix de morceaux d'éloquence, tirés des plus célèbres orateurs du siècle de Louis xiv et du siècle de Louis xv. Par M. de Gérard de Benat.
Amsterdam-Paris. 1760. Desaint et Saillant. 4 v. in-12.

3171. — Chefs-d'œuvre du siècle de Louis xiv.
Paris 1820. Egron. 1 vol. in-8º.

3172. — Choix de jolis morceaux des plus célèbres poètes et prosateurs français.
Paris 1836. Lefuel. 1 vol. in-18.

3173. — Leçons et modèles de littérature française ancienne et moderne. Par P. F. Tissot.
Paris 1835-1836. L'Henry. 2 vol. in-8º.

10.ᵉ CLASSE.

PHILOLOGIE OU CRITIQUE.

Traités de la Critique.

3174. — De philologia libri ii. *Gulielmi* Budaei.
Parisiis 1536. Michael Vascosanus. 1 vol. in-fol.

3175. — *Joannis* Clerici ars critica, in qua ad studia linguarum latinæ, græcæ, et hebraicæ via munitur; veterumque emendandorum, et spuriorum scriptorum a genuinis dignoscendorum ratio traditur.
Amstelædami 1699. Georg. Gallet. 2 vol. in-8º.

3176. — Projet et fragmens d'un dictionnaire critique. (Par Bayle.)
   Rotterdam 1692. R. Leers. 1 vol. in-8°.

3177. — Essai sur l'histoire de la critique chez les Grecs, suivi de la poétique d'Aristote et d'extraits de ses problêmes avec traduction française et commentaire par M. E. Egger.
   Paris 1849. Durand. 1 vol. in-8°.

Critiques Grecs.

3178. — ATHENAUS. ΑΘΗΝΑΙΟΥ Δειπνοσοφιστοῦ την πολυμαθεστάτην πραγματείαν νυν έξεστί σοι φιλολόγω μικροῦ πριαμένω.... ἐσ γνῶσιν ἐλθεῖν.
   Venetiis 1514. Aldus. 1 vol. in-fol.

Athenaei dipnosophistarum sive cænæ sapientium libri xv. *Natale* de Comitibus *Veneto* nunc primum è græca in latinam linguam vertente.
   Venetiis 1572. Ziletto.

3179. — ΑΘΗΝΑΙΟΥ Δειπνοσοφιστῶν βιβλία πεντεκαίδεκα. Athenai dipnosophistarum, hoc est argutè scitèque in convivio disserentum lib xv. (Cum indicibus J. *Bedroti.*)
   Basileæ 1535. Valderus. 1 vol. in-fol.

3180. — Athenaei *Naucratitis* luculentissimi elegantissimique scriptoris, deipnosophistarum libri quindecim, quanta maxima fieri potuit cura, diligentia, fide, in latinum sermonem versi à *Jacobo* Dalechampio.
   Lugduni 1583. De Harsy. 1 vol. in-fol.

3181. — ΑΘΗΝΑΙΟΥ Δειπνοσοφιστῶν βιβλία πεντεκαίδεκα. Athenæi Deipnosophistarum libri quindecim. *Isaacus Casaubonus* recensuit. Adjecti sunt ejusdem Casauboni in eumdem scriptorem animadversionum libri xv. Addita est et *Jacobi* Dalechampii latina interpretatio, etc.
   (Heidelbergæ) 1597. Commelinus. 1 vol. in-fol.

3182. — Idem opus, cum J. Dalechampii latina interpretatione, ultimùm ab auctore recognita; et notis ejusdem. Editio postrema: in qua ultra ea quæ antè Is. *Casaubonus* recensuit, et ex antiquis membranis supplevit, auxitque, adjectæ sunt ex ejusdem *Casauboni* in Auctorem animadversionum libri xv variæ lectiones, et conjecturæ, etc.
Lugduni 1612. De Harsy. 1 vol. in-fol.

3183. — *Isaaci* Casauboni animadversionum in Athenæi dipnosophistas libri xv. Opus nunc primum in lucem editum.
Lugduni 1600. De Harsy. 1 vol. in-fol.

3184. — Idem opus. Secunda editio.
Lugduni 1621. De Harsy. 1 vol. in-fol.

Critiques Latins anciens.

3185. — Auli-Gellii Noctium atticarum libri undeviginti, (nam octavus præter capita desideratur) pluribus locis restitutis quam antehac integriores. Cum Ascensianis scholiis collectis fere ex annotatis sane docti hominis *Aegidii* Maserii.
Parisiis 1532. Badius. 1 vol. in-fol.

Annotationes *Petri* Mosellani in clarissimas Auli Gellii noctes atticas.
Prelum Ascensianum. 1534. 1 vol. in-fol.

3186. — Auli Gellii Noctium atticarum libri xix. Cum Ascensianis scholiis, collectis ferè ex annotatis sanè doctorum hominum *Æg. Maserii* et P. *Mosellani.*
Parisiis 1536. J. Roigny. 1 vol. in-fol.

3187. — Auli-Gellii Noctes atticæ, seu vigiliæ atticæ. Quas nunc primùm à magno mendorum numero magnus veterum exemplarium numerus repurgavit. *Hen.* Stephani Noctes aliquot Parisinæ, atticis A. Gellii noctibus seu vigiliis invigilatæ.
Parisiis 1585. 1 vol. in-8°.

3188. — *Petri* Lambecii Prodromus lucubrationum criticarum in Auli Gellii noctes atticas : Ejusdem Lambecii dissertatio de vita et nomine A. *Gellii.*
    Parisiis 1647. Seb. Cramoisy. 1 vol. in-8°.

3189. — Les nuits attiques d'Aulu-Gelle, traduites en français, avec le texte en regard, et accompagnées de remarques, par *Victor* Verger. 2.° édit.
    Paris 1830. Bruno-Labbe. 3 vol. in-8°.

* * — Les nuits attiques de Aulu-Gelle. Traduction nouvelle par MM. E. de Chaumont, *Félix* Flambart, E. Buisson.
    Paris 1845-47. Panckouke. 3 vol. in-8.°

Voyez : *Bibl. lat. clas. fr.* 2.ᵉ série.

3190. — *Aur. Theodosii* Macrobii opera. *Joh. Isacius Pontanus* recensuit, et Saturnaliorum libros M.S. ope auxit, ordinavit, et castigationes sive notas adjecit. Accedunt Meursii breviores notæ.
    Lug-Bat. 1697. Off. Plantiniana. 1 vol. in-8°.

3191. — Macrobii *Aurelii Theodosii* in somnium Scipionis lib. ii. Saturnaliorum lib. vii. Nunc denuo recogniti, et multis in locis aucti.
    Lugduni 1538. Seb. Gryphius. 1 vol. in-8°.

3192. — OEuvres de Macrobe, traduites par *Ch.* de Rosoy.
    Paris 1827. Firmin Didot. 2 vol. in-8°.

* * — OEuvres de Macrobe. Traduction nouvelle par MM. *Henri* Descamps, N. A. Dubois, Laas d'Aguen, A. Ubicini Martelli.
    Paris 1845-47. Panckouke. 3 vol. in-8.°

Voyez : *Bibl. lat. fr.* 2.ᵉ série.

Critiques Latins modernes.

3193. — *Alexandri* ab Alexandro Genialium dierum libri sex, varia ac recondita eruditione referti.
    Paris 1549. J. Roigny. 1 vol. in-fol.

3194. — Idem opus.
    Parisiis 1575. C. Gautier. 1 vol. in-8°.

3195. — Idem opus.
Parisiis 1579. 1 vol. in-8°.

3196. — Idem opus. Ultima editio.
Lugduni 1608. Frellon. 1 vol. in-8°.

3197. — *Alexandri* ab ALEXANDRO genialium dierum libri sex. Illustrati et locupletati, *semestribus*, eruditissimis, et planè jucundis *Andreæ* TIRAQUELLI. Cui accessit Auctuarium variarum notarum atque observationum et pensiculata recognitio *Christ.* COLERI *Franci.*
Francofurti 1594. N. Bassæus. 1 vol. in-fol.

3198. — *Andreæ* TIRAQUELLI Semestria in genialium dierum *Alexandri ab Alexandro* libros VI.
Lugduni 1586. Rovillius. 1 vol. in-fol.

3199. — Sicuti antiquarum lectionum commentarios concinnarat olim vindex *Ceselius*, ita nunc eosdem per incuriam interceptos reparavit *Lodovicus Cælius* RHODIGINUS, in corporis unam velut molem aggestis primum linguæ utriusque floribus, mox advocato ad partes Platone item, ac Platonicis omnibus, necnon Aristotele ac hæreseos eiusdem viris aliis, sed et theologorum plerisque ac jureconsultorum, ut medicos taceam, et mathesim professos, ex qua velut lectionis farragine explicantur linguæ latinæ loca, quadringentis haud pauciora ferè, vel aliis intacta, vel pensiculate parum excussa.
Venetiis 1516. Aldus. 1 vol. in-fol.

3200. — *Lodovici Cælii* RHODIGINI lectionum antiquarum libri XXX
Lugduni 1560. Hæredes Juntæ. 3 vol. in-8°.

3201. — *L. C.* RHODIGINI lectionum antiquarum libri XXX. Recogniti ab auctore, atque ita locupletati etc. ut meritò Cornucopiæ, seu Thesaurus utriusque linguæ appellabuntur.
Basileæ 1566. Froben. 1 vol. in-fol.

3202. — Idem opus. Postrema editio.
Genevæ 1620. Ph. Albertus. 1 vol. in-fol.

3203. — *Adriani* Turnebi adversariorum libri trigenta, in tres tomos divisi.
Parisiis 1580. Martinus. 1 vol. in-fol.

3204. — *Adriani* Turnebi adversariorum tomi III.
Argentinæ 1599. Zetzner. 1 vol. in-fol.

3205. — *Adriani* Turnebi adversariorum libri xxx.
Aureliopoli 1604. Quercetanus. 1 vol. in-4º.

3206. — *Jacobi* Durantii *Casellii* variarum libri duo. In quibus præter veterum ritus, varii autores, vel emendantur, vel illustrantur.
Lutetiæ 1582. Perier. 1 vol. in-8º.

3207. — *Jani* Gulielmii verisimilium libri tres.
Antuerpiæ. 1582. Plantinus. 1 vol. in-8º.

Ludovici Carrionis antiquarum lectionum commentarii III. In quibus varia scriptorum veterum loca supplentur, corriguntur et illustrantur.
Antuerpiæ 1586. C. Plantinus. 1 vol. in-8º.

3208. — *Joannis* Brodæi Miscellaneorum libri sex. In quibus præter alia scitu dignissima, plurimi optimorum autorum tam latinorum quam græcorum loci, vel depravati hactenus restituuntur, vel rectius explicantur.
Basileæ 1555. Oporinus. 1 vol. in-8º.

3209. — *Casperii* Gevarth electorum libri III. In quibus plurima veterum scriptorum loca obscura et controversa explicantur, illustrantur et emendantur.
Lutetiæ Parisiorum 1619. Seb. Cramoisy. 1 v. in-4º.

3210. — Lampas, sive fax artium liberalium, hoc est, thesaurus criticus, in quo infinitis locis theologorum, jurisconsultorum, medicorum, philosophorum, oratorum, historicorum, poetarum, grammaticorum scripta supplentur, corriguntur, illustrantur, notantur. Ex otiosa bibliothecarum custodia erutus et foras prodire jussus a *Jano* Grutero.
Francofurti 1602-1606. Jonas Rhodius. 6 vol. in-8º.

3211. — Philologicarum epistolarum centuria una diversorum arenatis literis doctissimorum virorum, in qua veterum theologorum, jurisconsultorum, medicorum, philosophorum, historicorum, poetarum, grammaticorum libri difficillimis locis vel emendantur vel illustrantur : insuper *Richardi* DE BURI *Philobiblion* et BESSARIONIS epistola ad senatum Venetum. Omnia nunc primum edita ex bibliotheca *Melchioris Haiminsfeldii* GOLDASTI.
Francofurti 1618. E. Emmelius. 1 vol. in-8°.

3212. — *Samuelis* PETITI observationum libri III. In quibus varia veterum scriptorum loca, quæ ad philologiam, jurisprudentiam, et utriusque ecclesiæ judaicæ atque christianæ historiam pertinent, illustrantur, aut emendantur.
Parisiis 1641. Apud Ægid. Morellum. 1 vol. in-4°.

3213. — *Petri* PETITI miscellanearum observationum libri quatuor, nunquam antehac editi.
Trajecti ad Rhenum 1682. Rud. a Zyll. 1 vol. in-8°.

3214. — *Gerardi Joannis* VOSSII de Veterum Poetarum temporibus libri duo, qui sunt de Poetis græcis et latinis.
Amstelodami 1696. Blaeu. 1 vol. in-fol. N.° 732.

3215. — Censura celebriorum authorum sive tractatus in quo varia virorum doctorum de clarissimis cujusque sæculi scriptoribus judicia traduntur Omnia digessit etc. *Thomas* etc. *Pope* BLOUNT.
Genevæ 1710. De Tournes. 1 vol. in-4°.

3216. — De Frontonianis reliquiis. Parisiensi litterarum facultati hanc commentationem subjecit examinandam A. PHILIBERT-SOUPÉ.
Ambiani 1853. Lenoel-Herouart. 1 vol. in-8°.

3217. — *Hercules tuam fidem*, sive *Munsterus hypobolimæus*. Id est, satyra Menippea, de vita, origine, et moribus *Gasperis Scioppii*. Editio 2.ᵃ — Accessit huic accurata fabulæ Burdoniæ confutatio. — (Auctore *Dan.* HEINSIO.)
Lugduni Batav. 1608. Joan. Patius. 1 vol. in-8°.

3218. — GASPARIS SCIOPPII *Comitis Claræ Vallæ* infamia Famiani, cui adjectum est ejusdem SCIOPPII de styli historici virtutibus ac vitiis judicium, ejusdemque de natura historiæ et historici officio diatriba, edita cura J. FABRI.
   Amstelodami **1663**. Valkenier. 1 vol. in-16.

3219. — *Antonius Godellus* utrùm poëta. C.H.Ad.P.R. [*Candidus* HESYCHIUS (*Fr*. VAVASSOR.) ad Paulum Romanum].
   Veronae **1647**. Officina liberiana. 1 vol. in-8°.

3220. — Cacocephalus, sive de plagiis opusculum. In quo varia plagiariorum vitia produntur, et ingenuorum operum jura, ex prophanis sacrisque authoribus vindicantur. Authore R. P. J. S. (*Isaaco* SALLIER.)
   Mastiscone **1694**. S. Ad. Desaint. 1 vol. in-12.

Critiques Italiens.

3221. — De' ragguagli di Parnaso del signor *Trajano* BOCCALINI centuria secunda.
   Amsterdam **1669**. Blaeu. 1 vol. in-12.

3222. — Pietra del paragone politico, di *Trajano* BOCCALINI.
   Cosmopoli **1651**.   1 vol. in-32.

3223. — Discours sur la satyre; ouvrage traduit de l'italien (de P. C. ROMOLINI, par GIRARD.)
   Amsterdam **1763**.   1 vol. in-12.

Critiques Espagnols.

3224. — Republica litteraria. Escriviola don *Diego* de SAAVEDRA y FAJARDO.
   Alcala **1677**. M. Fernandez. 1 vol. in-12.

Critiques Français.

a. — *Généralités*.

3225. — De la délicatesse. (Cinq dialogues par l'*Abbé* DE VILLARS.)
   Paris **1671**. Cl. Barbin. 1 vol. in-12.

5226. — Demeslé de l'esprit et du jugement. (Par Le Pays.)
Paris 1688. Rob. Pepie. 1 vol. in-12.

5227. — Des causes de la corruption du goust. Par madame Dacier.
Paris 1714. Rigaud. 1 vol. in-12.

5228. — Essai historique et philosophique sur le gout. Par M. Cartaud de la Vilate.
Paris 1736. Maudouyt. 1 vol. in-12.

5229. — L'art de sentir et de juger en matière de gout. (Par l'*Abbé* Seran de Latour.)
Paris 1762. Pissot. 2 vol. in-12.

5230. — Reflexions sur le comique-larmoyant, par M. *M. D. C.* (de Chassiron) de l'Académie de La Rochelle, adressées à MM. *Arcère* et *Thylorier*, de la même Académie.
Paris 1749. Durand et Pissot. 1 vol. in-8°.

5231. — De l'influence des mœurs sur la comédie. Discours suivi de deux études sur les rôles du Misanthrope et du Tartufe. Par *Adrien* Perlet.
Paris 1848. Dauvin et Fontaine. 1 vol. in-8°.

5232. — Des satyres personnelles. Traité historique et critique de celles qui portent le titre d'*Anti*. (Par *Alb.* Lainier de Verton.)
Paris 1689. A. Desallier. 2 vol. in-12.

5233. — Des bons mots et des bons contes. De leur usage, de la raillerie des anciens, de la raillerie et des railleurs de notre temps. (Par de Callières.)
Paris 1692. V.ᵉ Barbin. 1 vol. in-12.

b. — *Cours de littérature générale.*

5234. — Paralelle des anciens et des modernes, en ce qui regarde les arts, les sciences et l'éloquence. Dialogues. Avec le poëme du siècle de Louis-le-Grand. Par M. Perrault.
Paris 1690. Coignard. 2 vol. in-12.

5235. — Les comparaisons des grands hommes de l'antiquité qui ont excellé dans les belles lettres. — Les réflexions sur

l'éloquence, la poétique, l'histoire, et la philosophie. Avec le jugement qu'on doit faire des auteurs qui se sont signalez, dans ces quatre parties des belles lettres. Par le P. *René* RAPIN, jésuite.
Paris 1684. Muguet. 1 vol. in-4º.

3236. — OEuvres du P. RAPIN, qui contiennent les comparaisons des grands hommes de l'antiquité, qui ont le plus excellé dans les belles lettres. Dernière édition, augmentée du Poëme des jardins.
La Haye 1725. Gosse. 2 vol. in-12.

3237. — Lycée, ou cours de littérature ancienne et moderne, par J. F. LAHARPE.
Paris 1816. Crapelet. 15 vol. in-8º.

3238. — Même ouvrage.
Paris 1825. De Pelafol.   14 vol. in-8º.

3239. — Cours de littérature, faisant suite au Lycée de *La Harpe*; par J. L. BOUCHARLAT.
Paris 1826. Bruno Labbe. 2 vol. in-8º.

3240. — Cours analytique de littérature générale, tel qu'il a été professé à l'Athénée de Paris; par N. L. LEMERCIER.
Paris 1817. Nepveu. 3 vol. in-8º

c. — *Etudes critiques sur les écrivains latins.*

3241. — La Méthode d'étudier et d'enseigner chrétiennement et solidement les poètes. Par le P. THOMASSIN.
Paris 1681. Mignet. 3 vol. in-8º.

3242. — Connoissance des poëtes les plus cèlèbres, ou moyen facile de prendre une teinture des humanités, contenant la vie de chaque poëte, le sentiment des sçavans sur le mérite de chaque auteur etc. (Par ALLETZ.)
Paris 1752. Didot. 2 vol. in-12.

3243. — Etudes de mœurs et de critique sur les poètes latins de la décadence; par M. D. NISARD.
Paris 1834. Ch. Gosselin. 2 vol. in-8º.

3244. — Observations sur les poèmes d'Homère et de Virgile. (Par le P. Rapin.)
Paris 1669. Thom. Jolly. 1 vol. in-12.

3245. — Remarques sur Virgile et sur Homère, et sur le style poëtique de l'Écriture sainte; où l'on réfute les inductions pernicieuses que Spinosa, Grotius, et M. Le Clerc en ont tirées. Et quelques opinions du P. Mallebranche, du sieur l'Elevel, et de M. Simon. (Par P. V. Faydit.)
Paris 1705. Pierre Cot. 1 vol. in-12.

3246. — Nouvelles remarques sur Virgile et sur Homère, et sur le prétendu style poétique de l'Écriture Sainte, où les sopho-mories et les folies des sages et des savans. Dans lequel on réfute les erreurs des Spinosistes, Sociniens et Arminiens, et les opinions particulières et hetérodoxes des plus célèbres auteurs, tant anciens que modernes. (Par Faydit.)
1710. 1 vol. in-12.

3247. — Etudes de l'Enéide de Virgile, à l'usage des lycées et des colléges, publiées par F. H. Paillet.
Paris 1810. Lebel et Guitel. 1 vol. in-12.

3248. — Etude sur le caractère national et religieux de l'épopée latine. Thèse de doctorat, présentée à la faculté des lettres de Paris par A. Philibert-Soupé.
Amiens 1852. Lenoel-Herouart. 1 vol. in-8°.

3249. — Térence justifié, ou deux dissertations concernant l'art du théâtre, dont la première est un discours sur la troisiesme comédie de Térence intitulé Heautontimorumenos pour montrer qu'elle est dans les règles des anciens poëtes. Et la seconde une apologie de ce même discours etc. Par Messire *François* Hédelin, abbé d'Aubignac.
Paris 1656. Guil. De Luynes. 1 vol. in-4°.

3250. — Discours sur la comparaison de l'éloquence de Démosthène et de Cicéron. (Par le P. Rapin.)
Paris 1670. Sim. Benard. 1 vol. in-12.

3251. — Observations sur le Pétrone trouvé à Belgrade en 1688 et imprimé à Paris en 1693. Avec une lettre sur l'ouvrage et la personne de Pétrone. (Par C.I.G. Breugière de Barante.)
Paris 1694. V°. D. Hortemels. 1 vol. in-12.

3252. — La contre-critique de Pétrône, ou réponse aux observations sur les fragmens trouvez à Belgrade en 1688. Avec la réponse à la lettre sur *l'ouvrage et la personne de Pétrone.* (Par Nodot.)
Paris 1700. J. B. Cusson. 1 vol. in-8°.

3253. — Études grammaticales et études littéraires de quelques morceaux de poésie latine, avec les traductions en vers et en prose de différens auteurs; par *F. T.* Rivillon. (1)
Amiens. 1834. Allo Poiré. 1 vol. in-8°.

3254. — Réponse de M. l'abbé Valart aux deux derniéres apologies de la latinité du P. Jouvenci, l'une par M. de Querlon, et l'autre par le P. Desbillons, jésuite; avec l'examen de plusieurs fables latines de ce dernier, et une entre autre de vingt-huit vers, où l'on montre jusqu'à quatre-vingt-trois fautes.
1767. 1 vol. in-12.

d. — *Etudes sur la littérature anglaise.*

3255. — Essai sur la littérature angloise, et considérations sur le génie des hommes, des temps et des révolutions, par M. de Chateaubriand.
Paris 1836. Gosselin. 2 vol. in-8°.

3256. — Essai sur la littérature anglaise. Par M. le V.te de Chateaubriand. (Tom. 32 et 34 des œuvres complètes.)
Paris 1837. Pourrat Fr. 2 vol. in-8°.

3257. — La critique du théâtre anglois, comparé au théâtre

---

(1) Rivillon (*François-Toussaint*) naquit à Amiens le 9 février 1788.

d'Athènes, de Rome et de France, et l'opinion des auteurs tant profanes que sacrez, touchant les spectacles. Traduit de l'anglois de M. COLLIER (par le P. DE COURBEVILLE).
Paris 1715, Nic. Simart. 1 vol. in-12.

3258. — Shakspeare et son temps, étude littéraire par M. GUIZOT.
Paris 1852. Didier. 1 vol. in-8.°

3259. — Esquisses morales et littéraires, ou observations sur les mœurs, les usages et la littérature des Anglois et des Américains; par WASHINGTON IRVING. Traduites de l'anglois sur la 4.ᵉ édition, par MM. DELPEUX et VILLETARD.
Paris 1827. Letellier. 2 vol. in-8°.

e. — *Etudes sur les écrivains français.*

* * — Fragments du cours de littérature fait à l'Athenée de Paris en 1806 et 1807. Par M. J. CHÉNIER.
Voyez : OEuvres de M. J. CHÉNIER, IV.

3260. — Cours de littérature française, par M. VILLEMAIN.
Paris 1828-1830. Pichon et Didier. 7 vol. in-8°.
Ce Cours comprend : Littérature du moyen-âge en France, en Italie, en Espagne et en Angleterre. Cours de 1830. 2 vol. — Tableau du dix-huitième siècle. (Cours de 1827, 1828 et 1829.) 5 vol.

3261. — Histoire de la littérature française, par D. NISARD.
Paris 1844-1849. F. Didot. 3 vol. in-8°.

3262. — Appel d'un chrétien aux gens de lettres. Par G. DE FÉLICE.
Paris 1841. Delay. 1 vol. in-18.

3263. — Essai sur la littérature romantique.
Paris 1825. Lenormant. 1 vol. in-8°.

3264. — Réponse à la lettre de M. *Michelet*, sur les épopées du moyen-âge, insérée dans la Revue des deux mondes, du 18 juillet dernier (1831). (Par *Paulin* PARIS.)
Paris 1831. Techener. 1 vol. in-8°.

3265. — Rapport à M. le Ministre des travaux publics sur les épopées françaises du xii° siècle restées jusqu'à ce jour en manuscrits dans les bibliothèques du roi et de l'arsenal. Par M. *Edgar* Quinet.
Paris 1831. Levrault. 1 vol. in-8°.

3266. — La poésie des troubadours par *Frédéric* Diez, études traduites de l'Allemand et annotées par le *Baron Ferdinand* de Roisin.
Lille 1845. Vanackere. 1 vol. in-8°.

3267. — Études sur les mystères, monumens historiques et littéraires, la plupart inconnus, et sur divers manuscrits de Gerson, y compris le texte primitif français de l'Imitation de J.-C. récemment découvert par *Onésime* Leroy.
Paris 1837. Hachette. 1 vol. in-8°.

3268. — Tableau historique et critique de la poésie française et du théâtre français au seizième siècle, par *C.A.* Sainte-Beuve. 2.e édit.
Paris 1838. R. Bocquet. 2 vol. in-8°.

3269. — Etudes sur les orateurs parlementaires, par Timon. (M. de Cormenin.) 6.e édit.
Paris 1838. Pagnerre. 1 vol. in-18.

3270. — Corneille et son temps, étude littéraire par M. Guizot.
Paris 1852. Didier. 1 vol. in-8°.

3271. — Lettre sur la comédie de l'imposteur. (Par de Vizé.)
1667. 1 vol. in-12.

3272. — Letres de Phyllarque à Ariste. Où il est traité de l'éloquence françoise. (Par le P. Goullu.)
Paris 1627. N. Buon. 2 vol. in-8°.

3273. — Conférence académique sur le différent des belles-lettres de Narcisse et de Phyllarque. Par le sieur de Musac.
Paris 1630. Jos. Cottereau. 1 vol. in-8°.

3274. — L'anti-phyllarque, ou réfutation de lettres de Phyllarque à Ariste. (Par le P. André.)
Lyon 1630. Pierre Drobet. 1 vol. in-8°.

3275. — Discours d'Aristarque à Nicandre, sur le jugement des esprits de ce temps, et sur les fautes de Phyllarque. (Par N. de Javersac.)
Lion 1640. P. Bailly. 1 vol. in-8°.

3276. — Apologie pour M. de Balzac. (Par F. Ogier.)
Paris 1627. Morlot. 1 vol. in-4°.

3277. — Apologie de M. Costar à M. Ménage.
Paris 1657. Aug. Courbé. 1 vol. in-4°.

3278. — Défense des ouvrages de M. de Voiture, à M. de Balzac. (Par Costar). Nouvelle édition augmentée de la dissertation latine de M. de Girac.
Paris 1664. Thom. Jolly. 1 vol. in-4°.

3279. — Réplique de M. de Girac à M. Costar, où sont examinées les bévues et les invectives du livre intitulé, Suite de la défense de M. de Voiture etc.
Paris 1664. Thom. Jolly. 1 vol. in-4°.

3280. — La pompe funèbre de Voiture. (Par Sarrazin.)
Paris 1650. Toussaint Quinet. 1 vol. in-4°.

3281. — Discours sur Voiture. Par *Alexandre* Gresse.
Amiens 1846. Yvert. 1 vol. in-8°.

3282. — Conversations sur la critique de la princesse de Clèves. (Par l'*Abbé* de Charnes.)
Paris 1679. Claude Barbin. 1 vol. in-12.

3283. — La télémacomanie, ou la censure et critique du roman intitulé : les *Avantures de Télémaque fils d'Ulysse, ou suite du quatrième livre de l'Odyssée d'Homère.* (Par Faydit.)
Eleutérople 1700. Pierre Philalèthe. 1 vol. in-12.

3284. — Lettre à M. Rousseau, citoyen de Genève par M. M.... citoyen de Paris.
Paris 1756. 1 vol. in-12.

3285. — Lettre de M. d'Alembert à J.-J. Rousseau, sur l'article *Genève* tiré du septième volume de l'Encyclopédie, avec quelques autres pièces qui y sont relatives.
Amsterdam 1759. Chatelain. 1 vol. in-8°.

3286. — Lettres à M. *** relatives à J.-J. Rousseau (Par Dupeyrou). A Goa, aux dépens du St-Ofice, MDCCLXV, avec la réfutation de ce libelle, par le professeur DE MONTMOLLIN.
1765. 1 vol. in-8°.

3287. — Seconde et troisième lettre relative à M. J.-J. Rousseau, adressée à mylord comte de Wemys baron d'Elcho, pair d'Ecosse.
1765. 1 vol. in-8°.

3288. — Rousseau vengé, ou observations sur la critique qu'en a faite M. De la Harpe, et en général sur les critiques qu'on fait des grands écrivains. Par M. l'A. D. G. (l'*Abbé* de GOURCY.)
Paris 1772. Delalain. 1 vol. in-8°.

3289. — Jean-Jacques Rousseau vengé par son amie, ou morale pratico-philosophico-encyclopédique des coryphées de la secte. (Par M.ᵉ LATOUR DE FRANQUEVILLE.)
1779. Au temple de la vérité. 1 vol. in-8°.

3290. — Relation de la maladie, confession et fin de M. de Voltaire, par *Joseph* DUBOIS. Nouvelle édition, avec un testament trouvé parmi ses papiers.
Genève 1763. 1 vol. in-12

3291. — Tableau philosophique de l'esprit de M. de Voltaire, pour servir de suite à ses ouvrages et de mémoires à l'histoire de sa vie. (Par l'*Abbé* SABATIER de CASTRES.)
Genève 1771. Les frères Crammer. 1 vol. in-8°.

3292. — Commentaire historique sur les œuvres de l'auteur de la Henriade ; avec les pièces originales et les preuves. (Par WAGNIÈRE, revu par VOLTAIRE.)
Neuchatel 1776. 1 vol. in-8°.

3293. — Septième lettre à M. de Voltaire, ou entretiens sur le poème épique, relativement à la Henriade. Par M. CLÉMENT.
La Haye-Paris 1775. Moutard. 1 vol. in-8°.

3294. — Huitième lettre à M. de Voltaire, ou second entretien

sur les beautés de détail essentielles à la poésie épique, et qui manquent à la Henriade; par M. CLÉMENT.
La Haye-Paris 1775. Moutard. 1 vol. in-8º.

f. — *Mélanges de critique littéraire.*

3295. — Le Parnasse ou la critique des poètes. Par DE LA PINELIERE.
Paris 1635. T. Quinet. 1 vol. in-12.

3296. — Nouvelle allégorique, ou histoire des derniers troubles arrivez au royaume d'éloquence. Par A. FURETIÈRE.
Paris 1658. Pierre Lancy. 1 vol. in-8º.

3297. — Le Parnasse réformé. (Par *Gab.* GUÉRET.) Nouv. édit.
Paris 1671. Thom. Jolly. 1 vol. in-12.

3298. — La guerre des auteurs anciens et modernes. Par *Gabriel* GUÉRET.
Paris 1671. Girard. 1 vol. in-12.

3299. — Plan et dessein du poème allégorique et tragico-burlesque, intitulé les couches de l'Académie. Par M. A. FURETIÈRE.
Amsterdam 1687. P. Brunel. 1 vol. in-12.

3300. — Second factum pour M. A. Furetière, appellant tant comme de juges incompétans qu'autrement, d'une prétendue sentence rendue au bureau de l'Académie françoise, le... janvier 1685. (Par FURETIÈRE.)
S. l. n. d. in-4º.

3301. — L'Apothéose du dictionnaire de l'Académie et son expulsion de la région céleste. Ouvrage contenant cinquante remarques critiques sur ce dictionnaire. Ausquelles on en a joint cinquante autres sur divers auteurs célèbres.
La Haye. 1696. A. Leers. 1 vol. in-12.

Plan et dessein du poème etc., n.º 3299.

Factum pour M.ᵉ A. Furetière. Contre quelques-uns de l'Académie Françoise. (Par FURETIÈRE.)
Amsterdam 1685. Desbordes. in-12.

Le voyage de Mercure. Satyre. 4.ᵉ éd. (Par Furetière.)
Paris 1662. Billaine. in-12.

3302. — Réponse à une critique satyrique intitulée l'*Apothéose du dictionnnaire de l'Académie françoise*. Par M. Mallement de Messange.
Paris s. d. Ballard. 1 vol. in-12.

3303. — L'Enterrement du dictionnaire de l'Académie. Ouvrage contenant la réfutation de la Réponse de M. de M. Et deux cents quinze remarques critiques tant sur l'épître et la préface, que sur les trois premières lettres du dictionnaire, A. B. C.
1697.   1 vol. in-12.

3304. — Le chef-d'œuvre d'un inconnu. Poème heureusement découvert et mis au jour avec des remarques savantes et recherchées. Par M. le docteur Mathanasius. (Themiseuil de Saint-Hyacinthe.) On trouvera dans ce volume une lettre à Mg. le Duc. Une dissertation sur Homère et sur Chapelain. (Par J. Van-Effen.)
La Haye 1728. La Compagnie. 1 vol. in-12.

3305. — Le joli recueil ou l'histoire de la querelle littéraire, ou les auteurs s'amusent en amusant le public.
Genève 1760. 1 vol. in-12.

Ce Recueil contient :
1. — Lettre à Messieurs les Parisiens par *Jérome* Carré. (Voltaire.)
2. — Le Plaidoyer de Ramponneau. (Par Voltaire.)
3. — Le Russe à Paris. Par *Ivan* Alethof. (Voltaire.)
4. — La Vanité (par Voltaire).
5. — Le pauvre diable, ouvrage en vers aisés de feu M. Vadé. (Par Voltaire.)
6. — Les *Quand* (de Voltaire), les *Si* et les *Pourquoi* (de l'*Abbé* Morellet).
7. — Réponse aux *Quand*, aux *Si* et aux *Pourquoi*.

3306. — Le pot pourri. Etrennes aux gens de lettres.
Londres 1777.   1 vol. in-12.

3307. — Sentimens sur les lettres, et sur l'histoire, avec des scrupules sur le stile. (Par Duplaisir.)
Paris 1683. Blageart. 1 vol. in-12.

3308. — Mélange critique de littérature recueilli par M.***(l'*Abbé* DE LA MORLIÈRE.)
Amsterdam 1701. P. Brunel. 1 vol. in-12.

3309. — Essays de littérature pour la connoissance des livres. (Par l'*Abbé Anth.* DE TRICAUD.)
Paris 1702. Moreau. 1 vol. in-12.

3310. — Mélange critique de littérature. Recueilli par M. LECLERC.
Amsterdam 1707. P. Brunel. 1 vol. in-12.

3311. — Bibliothèque critique, ou recueil de diverses pièces critiques, dont la plupart ne sont point imprimées, ou ne se trouvent que très-difficilement, publiées par M. DE SAINJORE. (*Richard* SIMON.)
Amsterdam 1708. De Lormes. 4 vol. in-12.

3312. — Mémoires de littérature. (Par A. H. SALLENGRE.)
La Haye 1715. H. du Sauzet. 2 vol. in-12.

3313. — Continuation des Mémoires de littérature et d'histoire de M. *de Salengre*. (Par DESMOLETS et GOUJET.)
Paris 1726-1728. Simart. 5 vol. in-12.

3314. — Mémoires littéraires. S. D. L. R. G.
La Haye 1716. Ch. Le Vier. 2 vol. in-12.

3315. — Nouveautés dédiées à gens de différens états, depuis la charrue jusqu'au sceptre. (Par l'*Abbé* BORDELON.)
1724. 2 vol. in-12.

3316. — Mélanges d'histoire et de littérature, par M. DE VIGNEUL-MARVILLE. (*Bonav.* D'ARGONNE.) 4.ᵉ édition. rev. corr. et aug. par M.*** (l'*Abbé Banier*.)
Paris 1725. Prudhomme. 3 vol. in-12.

3317. — Recueil de littérature, de philosophie, et d'histoire. (Par JORDAN.)
Amsterdam 1730. L'Honoré. 1 vol. in-12.

3318. — Le Nouvelliste du Parnasse, ou réflexions sur les ouvrages nouveaux. 2.ᵉ édit. (Par DESFONTAINES et GRANET.)
Paris 1734. Chaubert. 2 vol. in-12.

3319. — Productions d'esprit; contenant tout ce que les arts et les sciences ont de rare et de merveilleux. Ouvrage cri-

tique et sublime, composé par le docteur Swift, et autres personnes remplies d'une érudition profonde. Traduit (arrangé) par M... (l'*Abbé* Saunier.)
Paris 1736. G. A. Dupuis. 2 en 1 vol. in-12.

3320. — Essais sur divers sujets de littérature et de morale. Par M. l'*Abbé* Trublet. Seconde édition, rev., cor. et aug.
Paris 1737. Briasson. 1 vol. in-12.

3321. — Amusemens littéraires, ou correspondance politique, historique, philosophique, critique, et galante. Par M. de la Barre de Beaumarchais.
La Haye 1741. Van Duren. 3 vol. in-12.

3322. — Nouveaux mémoires d'histoire, de critique et de littérature. Par M. l'*Abbé* D'Artigny.
Paris 1749-1756. Debure l'ainé. 7 vol. in-12.

3323. — Mélanges historiques et philologiques; par M. Michault.
Paris 1754. N. Tilliard. 2 vol. in-12.

3324. — Variététés philosophiques et littéraires. (Par l'*Abbé* Ansker ou Ansquer.)
Londres-Paris 1763. Duchesne. 1 vol. in-12.

3325. — Mélange curieux et intéressant, ou le Je ne sai quoi, par M. Cartier de St.-Philip. Nouvelle édition augmentée de xxxi articles nouveaux par M. de Mirone.
Amsterdam, 1767. Ulam. 2 vol. in-12.

3326. — Temple de mémoire, ou visions d'un solitaire. (Par *Cl. M.* Giraud.)
Basle 1775. Ruault. 1 vol. in-8º.

3327. — L'ami des arts ou justification de plusieurs grands hommes. (Par L. P. Decroix.)
Amsterdam 1776. 1 vol. in-12.

3328. — De la littérature et des littérateurs. Suivi d'un nouvel examen de la tragédie françoise. (Par Mercier.)
Yverdon. 1778. 1 vol. in-8º.

3329. — Examen impartial de plusieurs observations sur la littérature; ouvrage où l'on fait l'éloge ou la critique des auteurs latins, et des auteurs françois, dont la lecture

pourrait contribuer à former ou à dépraver le goût des jeunes gens. (Par l'*Abbé* Le Noir du Parc.) — On a joint à ce premier ouvrage une harangue latine sur l'art militaire. — La harangue a été traduite en françois par M. l'*Abbé* Creyssent de la Moseille.
Paris 1779. Berton. 1 vol. in-8°.

3330. — Correspondance littéraire, critique et secrète, ou supplément aux trois siècles de la littérature françoise de M. l'*Abbé* S*** (Sabatier de Castres.) 5.e édition.
Londres 1782. 1 vol. in-12.

3331. — Mélanges de critique et de philologie; par S. Chardon de la Rochette.
Paris 1812. D'Hautel. 3 vol. in-8°.

3332. — Mélanges de littérature et de philosophie du 18e siècle. Par M. l'*Abbé* Morellet.
Paris 1818. V.e Le Petit. 3 vol. in-8°.

3333. — Mélanges tirés d'une petite bibliothèque, ou variétés littéraires et philosophiques. Par *Charles* Nodier.
Paris 1829. Crapelet. 1 vol. in-8°.

3334. — Etudes littéraires par *Ch.* Labitte, avec une notice, par M. Sainte-Beuve.
Paris 1847. Joubert. 2 vol. in-8°.

3335. — Littérature et voyages par J.J. Ampère.
Paris 1833. Paulin. 1 vol. in-8°.

3336. — OEuvres complètes de *Victor* Hugo. — 1819-1834. — Littérature et philosophie mélées.
Paris 1834. Renduel. 2 en 1 vol. in-8°.

TABLE ALPHABETIQUE

DES NOMS DES AUTEURS.

(Les chiffres indiquent les numéros d'ordre du Catalogue.)

A.

Abailard, 2934.
Abdel-Caher-Aldjordjany, 119.
Abeille, 1610.
Abguerbe (d'), 2039.
Abou' lkasim Firdousi, 1965.
Abram, n. 835.
Abrantès (M^e d'), 2570-2571-2572-2573.
Accarias de Serionne, 1220.
Accords, (Le seigneur des) Voyez Et. Tabourot.
Achaintre, 1240-1284.
Achille, Voyez Dartois.
Ackermann, p. 503.
Acosta, Ch. 2825.
Acron, 1194.
Adam Billaut, 1689.
Adam, 2064.
Addisson, 1935.
Ader, 2064.
Adhemar (M^e d'), 2480.
Adolphe, 2064.
Adrianus ou Hadrianus, card. 321-322.

Adrien, 2064.
Adry, 700-701.
Ærodius Andegavensis, 847.
Æstienne, Fr. 962.
Affichard (Th. L'), 2059.
Agay (Le Cte d'), 999.
Agnensis, J.B. 1347.
Agricola, Rod. 698.
Agustini, Nic. di. 1240.
Aguyar, Voyez Pimenta.
Aignan, 2059-2263.
Aigneaux, Voyez Chevalier.
Aigrefeuille (Ch. d'), 938.
Alain de Lille, 1328.
Alamay, L. 903.
Alanus Auriga, 2934.
Albert, 2063-2064.
Albitte, G. 2063-2064.
Alboize, 2063-2064.
Alcée, 1032.
Alcidamas, 789-790-795.
Alcimus Avitus, 1323.
Alcman, 1032.
Aleaume, 938.

Aleman, M. 2363-2364-2365-2366.
Alemand, 578.
Alembert, (L. d') 568-992-906-3089-3285.
Alenus, A. 1349.
Aler (Le R.P.), 1132-1133-1134.
Alessandro Alessandri, 3193-3194-3195-3196-3197-3198.
Alethof Yvan, Voyez Voltaire, 3305.
Alexander grammaticus, 266.
Alexander ab Alexandro, Voyez Alessandro.
Alexandre VII, 1467.
Alexandre, C. 238-239.
Alexandre, 2064.
Alexis, 2063.
Alfieri, 2264.
Alfred, 2064.
Alhoy, M. 2064-2792-2805.
Alletz, 357-3242.
Allou, C.N. 499.
Alphonse, Voyez Cerfbeer.
Altaroche, 2063-2064.
Alvares, Em. 286.
Amar, J. 1757.
Ambertanus, H. 1350.
Amerot, Had. 186-199-226.
Ammonius, 228.
Amont (P. d'), 945.
Ampère, J.J. 3335.
Amyot, J. 1347-2322.
Anacréon, 1032-1033-1070-1071-1072-1073-1074.
Anatole, Voyez Desnoyers Ch.
Anau, B. 1235.
Ancelot, 1866-2060-2063-2064.
Ancelot, M⁰. 2064.
Ancourt, (F.C. d') Voyez Dancourt.
Andocide, 821-822.

Andraud, 2064.
André (Le P.), 3274.
Andreini Isabella, 2963.
Andrelini, P.F. 1351.
Andrieux, Stan. 1837-2047-2060-2063-2148-2263.
Andry de Bois Regard, 2860.
Angeloni, Fr. 2265.
Angelus, à. s. Joseph. 131.
Angeriano, H. 1329-1460-1461.
Anglemont (Ed. d'), 2739.
Anguillara, 1241.
Anicet, Voyez Bourgeois.
Anne, Th. 2743.
Ansart, 2496.
Anseaume, 2058-2059-2060-2149-2193.
Anselin, E. 1832.
Anselme, 933-938.
Ansker ou Ansquer (L'abbé), 3324.
Anson, 1072.
Antesignan, P. 160-164-167-168.
Antier, B. 2063-2064.
Antiphon, 795.
Antisthène, 795-2894.
Antoine (Le P.), 2351.
Antoine de Lebrisca, Voyez Antonius Nebr.
Antonini, A. 478-1560.
Antonius Nebrissensis, 271.
Aphthonius, 670-671-672-673-674-675.
Apollonius de Rhodes, 1094-1095.
Apulée, 2334-2335-2336-2337.
Aquin (Ph. d'), 88-103.
Arago, Fr. 918.
Arago, Et. 2063-2064.
Arago, J. 2063.
Arator, 1327.

Aratus, 1031-1088.
Archambaud, 905.
Arcq (Le Ch^r d'), 2670-3147.
Arena (Ant. d'), 1546-1547.
Aretino, P. 2961.
Argens (Le Marq. d'), 3045-3046.
Argonne (Bon. d'), 3316.
Arias Montanus, 1526.
Arioste, 1554-1555-1556-1557-1558-1820.
Ariosti, Ovid. 1561.
Aristide, 789-790-810-811.
Aristophane, 1984-1985-1986.
Aristote, 662-663-664-665-666-667-668-669-1011-1012-3177.
Arlincourt (Le Vte d'), 2715.
Armand, 2058.
Armenonville, (d') 2778.
Arnaud, André, 2763.
Arnaud (J. M. Baculard d'), 2060-2470-2705-2706.
Arnauld, Ant. 29-30-172-289-290-291-780.
Arnauld d'Andilly, 1725-1726-1727-1728-2984-2985-2986.
Arnault, A. V. 1833-2060-2063-2228-2307-3109.
Arnould et Arnoult, 2063-2064-2257
Arnoux, Voyez Arnould.
Arrien, 825.
Arsy, (J. L. d') 640.
Artaud, 1550-2058.
Arthuis, 1337.
Artigny (L'Abbé d'), 3322.
Artisius, J. 2764.
Arvers, 2064.
Asconius, Q. P. 833.
Asselin, 1610.
Assoucy (C. C. d'), 1610.

Astrampsychus, 1101-1102.
Athénée, 3178-3179-3180-3181-3182-3183-3184.
Aubert, G. 918.
Aubert, P. 593.
Aubert, Esp. 401.
Aubery de Bourgoing, 1624.
Aubigné (Agrippa d'), 2586.
Aubigny (d'), 2617.
Aubigny (B. d'), Voyez Baudouin.
Aubin, 2060.
Aubry, C. 2400.
Aucourt, Voyez Godard.
Aude, 2060.
Audé, 2064.
Audiguier (Vital d'), 2584.
Audin, 2298-2299.
Audinot, 2058-2060-2197.
Audry, N. 1337.
Auger (L'abbé A.), 787-788-794-795-802-821-822-823-824-1002.
Auger, H. 2064-2732.
Auger, L. S. 2088.
Auguis, P. R. 1597-1634.
Auguste, 2245.
Auguste, Voyez Jouhaud.
Augustin de St.-Nicolas, 938.
Augustinus, Ant. 260.
Aulnoy (M^e d'), 2537-2538.
Aulu-Gelle, 3185-3186-3187-3188-3189.
Aumer, 2060-2062.
Auneuil (M^e d'), 2462.
Aunillon, 938.
Auratus, J. Voyez Dorat, J.
Ausone, 1315-1316-1317-1318.
Auvray, 1670.
Avallon (Le P. J. d'), 954.
Avienus, R. 1088.

Avity, (d') 1598.
Avrigny, (L. d') 2063.
Aycard Marie, 2063-2264.

Aymon, 2779.
Azaïs, 2478-2479.

B.

Babrius, 1086.
Baccellini, 1574.
Bacchylide, 1032.
Bacher, P. 1330.
Bachot, J. 3050.
Baculard, Voyez Arnaud.
Badius Ascensius, 330-368-839-1155- 1156-1157-1158-1191-1242-1259- 1307-1474-1511-1512-1514-2009.
Badon, Ed. 2063-2064.
Baduelle, Cl. 831.
Baïf (J.A. de), 1347.
Bailleul, J. Ch. 2060.
Baillius, Guil. 188.
Bailly (De), 1337.
Balbi ou de Balbis, 374-375-376-377.
Balde, J. 1495.
Balestrier de Canilhac, L. S. 917.
Balinghem (A. de), 1332.
Ballanche, P.S. 2452.
Ballard, Ch. 1906-1907-1908.
Balzac (Guez de), 2849-2988-2989- 2990-2991-3067-3068.
Balzac (H. de), 2153-2812.
Bandello, 2388.
Banier (L'abbé), 3316.
Banneret, J. 907.
Baour-Lormian, 1611-1844-2059.
Baralis, 1602.
Barante (C.J.G. Breugière de), 3251.
Barante (A.G.P. de), 2263-2264-2287.
Baratotti, G. 2389.
Barbaro Ermolao, 664.
Barbaro, Dan. 664.

Barbatus, N.A. 4496.
Barbazan, 1595.
Barberi, J. Ph. 466-479.
Barberini, 1333-1462-1463-1464.
Barbeyrac, J. 1006.
Barbier, J.B.G. 918.
Barbier d'Aucour, 2855-2856.
Barclay, J. 2339-2340-2341-2342- 2343-2344-2345.
Bardou, 1602.
Bardou-Duhamel, 7.
Bareste, Eug. 2796.
Barland, Ad. 1162-2841.
Baron, J. 2064.
Baron, M. 2064.
Barozai, Guy, Voyez B. La Monnoye.
Barptholemæus, N. 1353.
Barré, 2059-2060-2221.
Barrett, 1234-2697.
Barrière, 2047-2064.
Barrois, J. 1882-1883-1884-3145.
Barruel (L'abbé de), 1466.
Bartelon, P. 1107.
Barthe, N. Th. 1610-2058-2061-2062.
Barthélemy, A. 1184-1611-1851- 1852-1853-1854.
Barthélemy, Voyez Troin.
Bartoli, Dan. 2.
Bary, R. 760-761.
Basile (Saint), 151.
Basnage de Beauval, 595-596.
Bassecourt (Ch. de), 2067.
Basset, Al. 2063.
Bassompière (A. de), Voyez Sewrin.

Bassonville, 1354.
Basté, 2064.
Basti, 479.
Batteux (L'abbé), 11-12-13-14-15-564-1209-1210.
Baudius, D. 2952.
Baudoin, J. 2296.
Baudot de Juilly, 2627.
Baudouin d'Aubigny, 2063-2064.
Bauduyn de la Neuville, 759.
Bauhusius, B. 1513.
Baumier. 1802.
Baunoir, Voyez Beaunoir.
Bauyn, 938.
Baxius, N. 162.
Bayard, 2060-2063-2064-2157.
Bayle, 3005-3176-3222.
Bazin, 1980.
Beauchamp (F. de), 1611.
Beaufils, V. 1709.
Beaujeu, Voyez Quiquerant.
Beaulne, Voyez Renauld.
Beaumarchais (Caron de), 2058-2060-2061-3098-3099.
Beaumarchais (La Barre de), 3321.
Beaumont, 2263.
Beaunoir (Mᵉ de), 2060-2061.
Beauplan (A. de), 2063.
Beaurieu (Guillard de), 2059.
Beauvais, 771.
Beauvais (Ch. M. de), 938-943.
Beauveset, Voyez Robbé.
Beauzée, 565-568.
Bebel, H. 2752.
Becan, J. 1524.
Becquerelle, E. 1888.
Bedacier, Mᵉ. 2543.
Bédrot. J. 3179.
Beffroy de Régny, 2060 2061.

Behours, J. 279.
Belin de Ballu, 1090-1094.
Bellarmin, R. 67-74-75.
Belleau, R. 1347-1637.
Belleforest (Fr. de), 908-2959.
Bellegarde (L'abbé de), 2869-2975-3011-3110.
Bellegueulle, J. 938.
Belle-Isle (Le Mar. de), 996.
Bellet, 2064.
Belloy (P.L. Buirette de), 2058-2060-2061-2062-2134.
Belloy (Aymar de), 3110.
Belmisser, P. 1465.
Belmontet, 2063.
Belot, Mᵉ. 2418.
Belsunce (H. de), 1337.
Bembus, P. 743-865-1333-2939.
Benary, F. 1966.
Bénaï, Voyez Gérard.
Bence, Fr. 3046.
Benevent (H. de), 1611.
Benjamin, Voyez Antier.
Benoimont, D. 1723.
Benoit ou Benoist, Mᵉ F.A. 2058-2553
Bense du Puis, 624.
Benserade (Is. de), 1347-1604-2057-2169.
Bentinus, M. 254-255.
Béranger (P.J. de), 1913.
Beraud, A. 2060-2064.
Berault Bercastel, 2379.
Berchet, Jus. 160.
Berchorius, 2338.
Berchoux, J. 1819.
Bergeret (J.L. de), 996.
Bergier, 27.
Berland, 1456.
Bernal, R. 2433.

Bernard, le P. 938.
Bernard, s^r d'Haumont, 1610.
Bernard p. j. (Gentil), 1783-2057-2058-2191.
Bernard, p. 2793.
Bernard, Voyez Wolf.
Bernard (Ch. de), 2063.
Bernardino, 2265.
Bernier, j. 2891.
Bernis (L'abbé, j. p. de), 996.
Beroaldo, Ph. 839-1155-1156-1157-1162-1259.
Beroalde de Verville, 2772.
Béronie, n. 619.
Berquin, 2248.
Berr, 2263.
Berriat Saint-Prix, 1749.
Berruyer, 1337.
Bersmann, g. 1092.
Bertault, p. 1339-1355-1598.
Bertaut, 1659.
Berthet, j. 1347.
Berthet, e. 2063.
Berthevin, 2059.
Bertin, t. p. 2484-2486.
Bertin, Mus. 2184-2186.
Bertin (Ant. de), 1793.
Bertin d'Antilly, 2058.
Berton, h.m. 2246.
Bertrand, j. 1947.
Bertrand, l. 2064.
Bertrand de Molleville, 2263.
Berville, 918-3112.
Bescher, 559.
Bescherelle, 611.
Besnier (Le R. P.), 558.
Besplas, Voyez Gros.
Bessarion, 3211.
Beudin, Voyez Dinaux.

Beys, 2057.
Bèze (Th. de), 1356.
Biagioli, 1552-1572.
Bianchi, t.x. 132.
Biber, 639.
Bicarton, Th. 3053.
Bickerstaff, 2263.
Biderman, j. 1334-1497.
Bienvenu, 1212.
Biéville, Voyez Desnoyers.
Bièvre (Le Mis de), 2061.
Bignon (L'abbé), 996-2464.
Billard, Cl. 1649-2069.
Billardon de Sauvigny, 2058-2060-2708.
Billaut, Voyez Adam.
Billecocq, 551.
Billius, j. 211.
Billy (j. de), 1674.
Binart, j. 1249.
Binet, 2060.
Binnart, m. 635.
Bion, 1031-1033.
Biot, 918.
Biroat, j. 938.
Bis, h. 2063.
Biset, Od. 1984.
Bissy (de), 996.
Bitaubé, 1053-2451.
Blackford, Miss. 2435.
Blainville (j. de), 1610.
Blair, h. 785.
Blaise, 2198.
Blamont, Voyez Colin.
Blanchard, h. 2060-2064.
Blanchet, p. 2062.
Blancus, g. 1357.
Blondeau, 434-435-436-437.
Blondin, a. 1337.

Blot (Le P. de), 1610.
Blount, Th. P. 3245.
Blumenhagen, 2403.
Blumerel, J. 1127.
Bobé, 938.
Boccace, 2383-2384-2385-2386.
Boccalini, 2958-3221-3222.
Bochtor Ellious, 123-125-126.
Bodin, F. 2047.
Boèce, A.M.T.S. 693-703-704-705-706-707-1620.
Boieldieu, 2236.
Boileau, 1610-1611-1742-1743-1744 1745-1746-1747-1748-1749-2060.
Boindin. 2043.
Boinvilliers, 568-4256-3457.
Boirie, 2060-2063.
Boisgelin de Cussé (R. de), 938.
Boisguilbert (P. de), 2675.
Boismont (N. Thyrel de), 938.
Boismorand (L'abbé de), 2554.
Bois, Pierre, 10.
Boispreaux (Dujardin de), 1955.
Bois Robert (Metel de), 1600-1604-1610-1688.
Bois-Saint-Just (Dugast de), 2713.
Boissière, 1602.
Boissonade, 2325.
Boissy (L. de), 996-2058-2060-2061-2062.
Boiste, P.C.V. 608-609.
Boistel d'Exauvillez, 2529.
Boistel d'Welles, 1799.
Bolla, B. 1546-1547.
Bolzani, U. 153-156.
Bolzani, Val. Pierius, 1158-1159.
Bonaventure (Saint), 1718.
Bond, J. 1199.
Bonfini, 1162-1191.

Bongars, (J. de) 2951.
Boniface, Al. 655.
Boniface, Voyez Saint Laurent.
Bonneau, 304-537.
Bonnechose (E. de), 2155.
Bonnecorse (B. de), 1741.
Bonnefons, J. 1347-1358.
Bonnet, 1347.
Borde, 2058.
Bordelon, 2493-2494-2620-2774-2775-2864-2862-3417-3418-3315.
Bordier, 1610-2057.
Borée, P. 1610.
Borel, 589.
Borghini, 2265.
Bornius, H. 907.
Boscovich, 1466.
Bosquillon, 605.
Bossange, 2060-2063.
Bosselmann de Bellemont, 3430.
Bossuet, 934-935-937-938-953-3142 3158.
Bouchard (L'abbé), 971.
Bouchard, 2059-2060.
Bouchardy, 2064.
Boucharlat, J.L. 3239.
Boucher, 2062.
Boucher (Le P.), 907-2038.
Boucher, Jehan, 949.
Boucher d'Argis, A.G. 918.
Boucher de Perthes, 1003-1004-1867 1868-1869-2159-2471-2745.
Bouchet, G 2457.
Bouchet, J. 1632.
Boucicault, Voyez Le Maingre.
Boudot, J. 434-435-436-437.
Boudot, P. 950.
Bouette de Blemur, 905.
Bouffé, 2064.

Bougainville(J.P.de), 996-1428-1429
Bougeant (Le P.), 2103.
Bouhours(Le P.),574-575-2852-2853
2854-2857-2858-2859-3116.
Bouilly, 2059-2060-2063-2240.
Boulé, 2063-2064.
Boullenger de Rivery, 2304.
Boulogne (L'abbé), 994.
Bourbon, N. 1359-1360-1361.
Bourdaloue, 938-3141.
Bourgeois, P. P. 651-652.
Bourgeois, Anicet, 2060-2063-2064.
Bourget, E. 2795.
Bourgoing de Villefore, 846.
Bourguignon, 1337.
Bourlier, J. 2018.
Bournonville, Voyez Dartois.
Bourralchion, Voyez Henry, L.
Boursault (E. de), 2061-2062-2092-
2093-2600-2601-2975-3004.
Boussuet, Fr. 1362.
Bouteroue, A. 1610.
Bouthillier de Rancé, 2975.
Bouthors, Al. 1874.
Bouvard, 2184.
Boyer Abel, 543-646.
Boyer, Paul. 612.
Boyer, Cl. 1610.
Boyer, T. 2064, Voyez Partout.
Boze (Cl. Gros de), 918-996-3060.
Bracciolini, 1573.
Brandt, Seb. 1505.
Brazier, 2060-2063-2064.
Brébeuf, 1265-1266-1604-1682.
Bregy (Me de), 3072.
Brémond, G. 2365.
Brerewood, 23-24.
Bressius, M. 906.
Bretagne, 2038.

Breton (L'abbé), 768.
Bretonneau (Le P.), 288-938-2247.
Bretteville (L'abbé de), 757.
Breugière, Voyez Barante.
Breuil, A. 1887-2060-3039.
Bréval (Le Mis de), 1610.
Brianville, 2954.
Bridard de la Garde. 2646.
Brie, de 2607.
Briel, S.H.D. 2422.
Briet (Le R. P.), 1129.
Brillat Savarin, 2796.
Brisacier (L'abbé de), 938.
Brisebarre, Ed. 2064.
Brissæus, N. 263.
Brissot Thivars, 2264.
Britannicus, J. 1279.
Britannus, R. 717-804.
Britonio, G. 1559.
Brodæus, J. 1037-1038-3208.
Brooke, H. 2058.
Brossard, 938.
Brosse, 2057.
Brosses (Ch. de), 26.
Brossette, 1744.
Brot, A. 2063-2064
Brown, 2969.
Brucher, J. 1363-1474.
Brueys, 918-2061-2062.
Bruhier d'Ablaincourt, 3012.
Bruix (Le Ch^r de), 2059
Brumoy (Le P),1610-1981-1982-3048
3059.
Brunck, P. 2325.
Brunet, J. 1610.
Bruni, 2235.
Brunswich, 2063-2064.
Bruslé de Montplainchamp, 2776
Brulé de Loirelle, 1957-2281.

Bruzen de la Martinière, 17-1605-2976-3013-3166-3167.
Buchanan, g. 273-274-1333-1538-1539-1540-1999.
Budée, g. 200-201-225-226-2896-2897-3174.
Buffier (Le P.), 522-1610.
Buffon, 2978.
Bugnot, g. 1364-1365.
Buhot, c. 939.
Buisine (Ph. de), 907.
Bulæus, Eg. Voyez Du Boulay.
Bullet, j.b. 508.
Bullet (m.c. de), 1648.
Buonafede, f. 2265.
Buonarroti, 1572.
Buray, p. 1337.
Burgoyne, 2263.

Buri (R. Ch. de), 3211.
Burmann, 1186.
Burnouf, j.l. 178-179-310.
Burnouf, Eug. 1968.
Burry, p. 1514-1515.
Bursay, 2059-2060.
Bury (r. de), 2063-2064.
Busbèque, g. 2950.
Bush, h. 1268.
Bussières (j. de), 1366.
Bussy de Rabutin, 996-2063-2975-3003.
Butschky, s. 2972.
Buttler, s. 1939.
Buxtorf, j. 79-80-81-105-106-107-113-115-638.
Buy, 2064.
Byron, 1950-1951-1952-3159.

C.

Cæsar, Ger. 1088.
Cæsar, j. 709-1089.
Cagliostro, 2492.
Cahusac, 2057.
Caignez, l.c. 2059-2060.
Cailhava (j.f. de), 2061.
Cajetan, Pal. 47.
Calais, 2743.
Calderinus, d. 1155-1156-1157-1242-1277-1278.
Calderon, 2263-2264.
Calentius, e. 1061.
Calepin, Amb. 378-391-392-393-394-395-396-397.
Calidasa, 1966-1967-1978-1979.
Callières (f. de), 996-3233.
Callimaque, 1031-1087.
Calphurnius, 2008.

Calpurnius, Voyez Flaccus.
Calvidius Letus, 1432.
Camaille, 2060.
Camart, 906.
Cambertan, 2263.
Cambier, e. 1367.
Cambronne, Voyez Gerault.
Camerarius, Joach. 202-698-1092-1498.
Camoens, 1584.
Campe, 2401.
Campenon, 2263.
Campinius, d. 1046.
Campistron, 2400-2173.
Campra, 2483-2488.
Camus, j.p. 2505-2506 à 2522.
Camus, n. 1337.
Camus dit Merville, 2046.

38.

— 594 —

Canale, p. 470-471-472-473.
Canali, Fr. 2265.
Candeille, Julie, 2059-2060.
Canithac, Voyez Balestrier, 917.
Caninius, Ang. 208.
Canterus, g. 811-1093-2899.
Capella, m. 366.
Capocoda, 2394.
Caporali, c. 1568-2265.
Cappavelle, c. 1774.
Capperonnier, 700-701.
Caraccioli, 989-2780-3022.
Carbon Flins, 2060.
Cardonne, 2356-3160.
Carmontelle, 2251.
Carmouche, 2060-2063-2064-2157.
Carneau, 1611.
Caro, Am. 1187.
Caron de Beaumarchais, Voyez Beaumarchais.
Carpentier, d.p. 449-450.
Carré, Jérome, Voyez Voltaire.
Carrel, a. 3108.
Carrière (Le Vte de), 1175.
Carrion, l. 3207.
Cartaud de la Vilate, 3228.
Cartier de St.-Philip, 3325.
Casaubon, Is. 1272-3181-3182-3183-3184.
Caseneuve, (p. de) 588.
Cassagnaux, Ed, 2404-2736-2737-2738.
Cassagne, 682-683-938-1711.
Cassander, g. 711-1093.
Cassel, 1611.
Castalion, Seb. 1048-1049-1099-2838.
Castel (Le P.), 3148.
Castel, l. 1911.

Castelet, p. 2038.
Castelli, Ed. 49.
Castelli, n. 2271.
Casti, j.b. 1575-1576.
Castil-Blaze, 2060-2063.
Castilhon, l. 2701.
Castilion, 1333.
Castro (g. de), Voyez Guillem.
Catanæus, j.m. 670-672-673-675-2916-2917.
Catanusi, p. 460.
Cathalan (Le P.), 938.
Caton, 287-1307-1308-1309-1340-1328.
Catrou, 1170-1171.
Cats, j. 1960.
Catulle, 1146-1148-1149-1150-1153.
Catullus, And. 1516.
Cauchemer (Le P.), 969.
Caudebec (f. de), 938.
Caulerius, s. 726.
Caumont de la Force (M^e de), 2540-2541-2542.
Caussin, n. 729-730-1028-2029.
Caussin de Perceval, 125-1095.
Caustier, l. 1368.
Cauvet, g. 907.
Cauvin, 1611.
Cavaignac, God. 2259.
Cavaillon, 1557.
Cavallus, f.l. 1109-1110.
Cayet, Voyez Cajetan.
Caylus (Le Cte de), 2358-2395-2778.
Cazotte, 2058-2060-2356.
Cebes, 153-1640.
Cellot, l. 897-1369.
Celnart, Elise, 2477.
Centorio de gli Hortensi, 2388.
Cerati, 479.

Ceratinus, J. 147.
Cerfbeer, 2064.
Ceriziers (Le P. R. de), 2523.
Céron, 2060-2062.
Certain, M.lle 1694.
Cervantes, 2263-2367-2368-2369-2370-2371-2372-2373-2374-2375-2376.
Cey (Al. de), 2064.
Chabannes (M. de), 918.
Chabannes (Rochon de), Voyez Rochon.
Chabot, G. 1195.
Chabot de Boin, 2064.
Chæradamus, J. 223.
Chaise de Cahagne, Voyez de Cey.
Chalecz Chalecki, 726.
Challopin (Le P.), 938.
Chalmers, Al. 2279-
Chambaud, 653-659.
Chamfort, 603-2058-2060-2061-2062 2301.
Chamillart (Le P.), 996-2038.
Chamoux, 2059.
Champein, 2212-2222.
Champion, Fr. 1338.
Champion, P. 1337.
Chapais, 2064.
Chapeau, Voyez Desvergers.
Chapelain, J. 1705-1706-2364.
Chaponnier, 2063.
Chappe de Ligny, 1610.
Chappuis, Voyez Chapuis.
Chappusot, M. 1258.
Chapsal, 610.
Chapuis, Gab. 2362-2821-2874.
Charaud (L'abbé), 971.
Chardon de la Rochette, 3331.
Charlemagne, A. 2060.

Charles, 2063-2064.
Charleval, 1337.
Charnes (L'abbé de), 2381-3282.
Charpentier Fr. 498-996.
Charrin, 2064.
Chas, 3156.
Chasles, Phil. 2399.
Chassiron (M. de), 3230.
Chastain, J. 1610.
Chastelain (L'abbé), 588.
Chastillon, 1337.
Chateaubriand (Le Vte de), 1936-1937-2453-2454-2455-3107-3255-3256.
Chateaubrun (V. de), 2062.
Chatelain, 2263.
Chatillon (Le Cte de), 2744.
Chaudezon, Voyez Léopold, 2063.
Chaulieu (L'abbé de), 1750-1751-1752.
Chaulmer, C. 1430.
Chaumont, 2058
Chaussard, P. 1824.
Chaussier, 2060.
Chawis, 2356.
Chazet (A. de), 2060-3101.
Cheek, Th. 2969.
Chénier, J. M. 1808-2059-2060-2063-2144.
Chénier, And. 1804-3094-3095.
Chenouteau (P. de), 3125.
Cherrier, 558.
Chesneau, N. 1347.
Chevalet, 2064.
Chevalier d'Aigneaux, 1202.
Chevreau, U. 1604-3073-3127.
Chevrier, 2632.
Chézy, A.L. 1979.
Chifflet, J. 54-517-518.

38.

Chigi, f. 1467.
Chiniac de la Bastide, 2870.
Chivot, 1046.
Chœroboscus, 226.
Choiseul (G. de), 938.
Chomel, 1347.
Choquart, 2063.
Chrétien de Troyes, 1623.
Christine de Pisan, 1620.
Christophe, M. 2970.
Chrysoloras, Em. 152.
Chytræus, N. 1347.
Cianculo, N. 1562.
Cicéron, 678 à 693-705-806-827 à 846-1254-1316-2898 à 2914.
Cicile, 2060.
Cimarosa, 2238.
Cinquarbres, J. 63-64-65-66-67-68.
Cirbied, J. Ch. 130.
Clairé, 1370-1371.
Clairville, 2060-2064.
Clarke, J. 360-361.
Claude, Isaac, 2560.
Claudien, 1311-1312-1313-1314.
Clément XIV, 3022.
Clément (L'abbé), 938.
Clément, J.M.B. 2042-3293-3294.
Clément, n. 1877.
Clénard, N. 62-63-64-157-158-159-160-161-162-163-164-165.
Cler, Al. 2800.
Clericus, J. Voyez Le Clerc, J.
Clermont Tonnerre (Fr. de), 938-996
Clesse, A. 1918.
Clignet, 1337.
Cobbett, W. 653.
Cocaius ou Cocalius Merlinus, Voyez Folengo.
Coddæus, Gul. 73.

Codret, Ann. 287.
Codrus, 3041.
Coeffeteau, 716.
Coffin, C. 1372.
Coffin, R. 2060.
Cognard ou Coignard, 2063-2064.
Cohen, 2263.
Coignard, Voyez Cognard.
Coignez, 2063.
Colardeau, 2062-2125.
Colasse, 2181-2182-2185.
Coler, Chr. 3197.
Coles, E. 658.
Colet Revoil (M.e), 2064.
Colin de Blamont, 2057-2173.
Colin (L'abbé), 684.
Collé, 2058-2059-2060-2061-2062.
Collet (M.e), 2431.
Colletet, 1024-1484-1485-1584.
Colley Grattan, 2433.
Collier, 2357.
Collin d'Harleville, 2059-2060-2143.
Collin de Plancy, 2356.
Collot d'Herbois, 2058-2060.
Colman, 2058.
Colomb, Th. P. 2064.
Colomiès, P. 3057-3137.
Colson, L.D. 2464.
Coluthus, 1031-1075.
Comans (H. de), 938.
Combart, A.L. 1337.
Comberousse (A. de), 2063-2064.
Comenius, J.A. 140-141-142-143.
Comitibus (Natalis de), 3178.
Commire, J. 907-1337-1347-1373-1610.
Commodianus, 1321.
Compain de St.-Martin, 2336.
Congreve, 2264.

Conrad, Oliv. 1374.
Conradin, 2038.
Conrart, 783.
Constant de Rebecque, 2252.
Constant, Benj. 2263.
Constantinus, B. 226-227.
Contemporaine (La), 2568-2569.
Conti, Noel, Voyez Comitibus.
Cooper Feminore, 2430.
Coquelet, 2771.
Coqueley de Chaussepierre, 2060.
Coquillart, G. 1622.
Coray, 798.
Corblet, J. 621.
Cordelier de la Noue, 2064.
Cordier, J. 2064.
Cordier, Mat. 325-2843-2904.
Cordier, R.P. 1610.
Cordier de Vaulabelles, 2064.
Cordus, E. 1499.
Corinthus, 186-199-226-228.
Corippus, Afr. 1322.
Cormenin, 3269.
Cormon, 2063-2064.
Corneille, père, 2057.
Corneille, P. 1348-1714-1715-1716-1717-1718-2064-2079-2080-2081-2082-2083-3074.
Corneille, Th. 571-600-996-1238-2057-2082-3074.
Cornelius Nepos, 1050-1541.
Cornette, F.M. 1611.
Cornu, Francis, 2063-2064.
Cornutus, 1274.
Corrozet, G. 1640.
Corso, R. 452.
Corsy, Em. 938.
Cosme de St.-Michel, 938.
Cosme (Le P.), 938.

Cospeau, Th. 948.
Cossart (Le P.), 860-877-1337-2038-2247-3051-3052.
Costalius, P. 1347.
Costar, 3277-3278.
Cotelier, J.B. 3138.
Cotin, 938-1602-1604-1611-1710.
Cotta, C.A. 1375.
Cottin (M.e), 2561-2562-2563.
Couailhac, 2064-2803.
Coulange (P.E. de), 2977.
Coulon, L. 240.
Coulon, N. 1347.
Coupé de St.-Donat, 1836.
Coupevray, Voyez Louvet.
Coupey. G. 938.
Coupin, P.A. 3104.
Couppy, A. 2060.
Courbeville (J. de), 1337-3257.
Courcelles (Et. de), 140.
Courcy (F. de), 2060-2063-2064.
Courier, P.L. 3108.
Court de Gebelin, 28.
Courtin, 639.
Courtois, 2060.
Courval (Sonnet de), 1668-1669.
Courville, (de) 2064.
Courvoisier, J.J. 964.
Cousin, Jacques, Voyez Beffroy de Regny.
Couture, V. 1337.
Coutures, P. B.on de Coutures, Voyez Parrain.
Coventry, 2421-2422.
Crébillon (Jolyot de), 996-2060-2105-2106.
Crébillon fils, 2665-2666-2778.
Cresol, L. 677-743.
Creyssent de la Moselle, 3329.

Creuzé de Lesser, 1831-2059.
Crevier, J.B.L. 1337.
Crinesius, Chr. 21.
Crinitus, P. 1296-3043-3044-3045.
Crispin, J. 230.
Croce, G.C. 2265.
Crocus, Can. 336.
Croft (Le chev.), 1249.
Croft Herbert, 1640.
Croixmarre (Le P. de), 948-1644.
Cruceius, Ann. 2324.
Cruceus, Em. 1304.
Cubières, 1822-1823.

Cuny, L.H. 938.
Curcellæus, Voyez Courcelles.
Curion, C.S. 831-841-1279-1284.
Cursay (J.M.J. de), 2660.
Curterius, J. 1347.
Cusset, P. 912.
Cuvelier, 2060-2063.
Cuvier, G. 918.
Cuyck, H. 864.
Cyrano de Bergerac, 2589-2590.
Cyrille (Saint), 4360.
Cyrille, 222-224-226-228.

D.

Dacier, A. 1011-1204-1205.
Dacier (M.ᵉ), 3227.
Daillé, 3434.
Dailly, 1337.
Daire, 563.
Dalechamps, J. 3180-3182-3183.
Dalerac, 2610.
Daleyrac, 2219-2221-2226.
Dalla Porta, 2265.
Damiens de Gomicourt, 1692.
Danchet, 2057-2183-2188.
Dancourt et d'Ancourt, 2060-2064.
Dandré, P. 2064.
Danet, P. 426-427-428-429-430.
Dante, 1548-1549-1550.
Dares Phrygius, 1050-1541.
Darsigny, A.M. Voyez Machart.
Dartois, 2060-2063-2064.
Dathus, A. 327-328-1155-1156-1157-1158.
Daubian, 2165.
Daudiguier, 2584.
Dausqueius, 1269.

Davennes, 2063-2064.
David (Le P.), 938.
David de Pomis, 97.
David, Jul. 249.
David, Jehaias, 1027.
Davies, 653.
Davonius, J. 1544.
Davrecourt, 2064.
Deaddé, 2063-2064.
Decaix Chardon, 1611.
Dechamps, J. 907.
Decroix, L.P. 3327.
Defauconpret. A.J.B. 2428-2429-2430-2432.
Defauconpret, Ch. 239.
Deforges, 2063-2064.
Dehay, 2064.
Dehaynin, 649.
Deimier (P. de), 1583.
Dejaure, 2060-2225.
Delachambre (L'abbé), 996.
Delacroix, 2063.
De la Grange, 2419.

Delaistre, 152.
Delandine, 2395.
De la Place, 2284-2410-2411-2414.
Delaporte, M. 2063-2064.
Delaquerière, 553.
Delaribeaudière, 2058.
De la Rue (Le P.), 894-907-932-938-939-1167-1168-1337-1347-1376-1377-1378-2038.
Delaunay, 523.
Delavigne, Cas. 1848-1849-2150-2151-2152-2063-2064.
Delavigne, Germ. 2157-2063.
Delestre-Poirson, 2060-2063-2175.
Deleville, 1379-1380-1381.
Deleyre, 3145.
Delfaut, H. 1338.
Deligny, E. 2064.
Delille, J. 1610-1813-1814-1815-1816.
Delisle Du Gast, 2038.
Delivoy (Le P.), 2.
Della Maria, 2232-2233-2234-2237.
Delongchamps, 1152.
Delpeux, 3259.
Delrius, A. 2022.
Demade, 821-822.
Demanne, 123.
Demautort, 2059.
Demoustier, 2059-2060.
Démosthène, 795-800-801-802-803-804-805-806-807-807.
Denis, A. 2263.
Denis, F. 2263-2382.
Denis, avoc. 994.
Denise, 938.
Dennery et d'Ennery, 2063-2064.
Dennis, 2969.
Denoix (M.e Fanny), 1875-1876.

Denys d'Halicarnasse, 13.
Dercis, 2241.
Dercy, 2063.
Derville, 2064.
Desaides, 2217.
Desaugiers, 2063.
Desbarres, 2588.
Desbillons, F.J. 1382-3254.
Desbordes Valmore (M.e), 1855.
Desboulmiers, 2059-2060-2654-2655
Descartes, 2987.
Descaurres, J. 1347-1361.
Deschamps, Eust. 1626.
Deschamps, J. 2875.
Deschamps, J.M. 2241.
Descuret, 20.
Desfancherets, 2064.
Desfontaines (L'abbé), 613-614-1944-2408-2409-2410-2412-2777-3018-3149-3318.
Desfontaines de la Vallée, 2058-2059-2060-2709.
Desforges, 2059-2060-2063-2140.
Desfougerais, Voyez Aubin.
Desfriches, 1347.
Deshoulières (M.e), 1610-1731-1732.
Desjardins, N. 829.
Deslandes, 1337.
Deslandes, 2063-2064.
Deslauriers, 2768.
Deslions, 1383.
Deslyons, 938.
Desmahis, 2059-2064-2121.
Desmarets de St.-Sorlin, 1707-1708.
Desmolets (Le P.), 3313.
Desnoyers, Ch. 2063-2064.
Desoule, B. 554.
Despautère, J. 278-279-280-282-283-284-1113-1115.

Des Pepliers, 548.
Des Perriers, B. 2845-2846.
Des Portes, 1658.
Des Près, J.B.D. 2047.
Desprez, C.A. 2060.
Desqueux, 938.
Desroches (M.elle), 2475.
Dessarsin, 2064.
Destouches Néricault, 2061-2062-2110.
Destouches, A.C. 2187.
Destul, 1347.
De Suere Duplan, 347.
Des Varennes, 981.
Desvergers, 2063-2064.
Devaux, 2063.
Deville, J.B.L. 1611-2306-3106.
Devineau, 2059.
Devorme, 2063.
De Wailly, N.F. 305-361-528-529-604-605-846.
De Wailly, Alfr. 440-441-442-443.
De Wailly, E.A. 1231.
De Wailly, G. 2060.
De Wailly, J. Voyez Devorme.
Deyeux, 2064.
Dhuez, N. 141-545-546-631.
Diderot, 1957-2060-2061-2063-2123 2124-2688-3024-3025-3026.
Didier, 2064.
Didot, F. 1083.
Didyme, 1063.
Dieulafoy, 2059-2060.
Diez, Fréd. 3266.
Diez, P. 2038.
Dinarque, 821-822.
Dinaux, P. 2063-2064-2154.
Dinner, C. 245.
Dinouart, 422-2818.

Diogène Laerce, 1145.
Dion Chrysostome, 809.
Dionysius, Alex, 1031-1098.
Dodsley, 2263.
Dolce, L. 1555-1556.
Dolet, Et. 380-1384.
Domenichi, L. 2822.
Domenico della Maria, 2232-2233-2234-2237.
Domergue, 531.
Dominici, B. 941.
Domitius Marsus, 1135.
Donat, R.P.A. 1015.
Donat, Æl. 267-268-2008-2009-2011
Donat, L. 145.
Donatus Servius, 1155-1156-1157-1158-1162.
Dorat, J. 1347-1351-1352.
Dorat, Cl. J. 1790-2059-2060-2061-2135-2386.
Doray de Longrais, 2696.
Doris, Ch. 2741.
Dorrington, 2417.
Dorvigny, 2059-2060.
Dorvo, H. 2060.
Doucet, 2060.
Douet, L. 454.
Doufrère, 938.
Doujat, J. 486-907.
Dourlens (Le Chr de), 1611.
Douza de Noortwyck, 1517.
Dovet, J. 1610.
Doviath, J. 907.
Dozenne (Le P.), 2247.
Drouineau, G. 1873.
Droulin, A. 1385-1386.
Du Barry (M.e), 3038.
Du Bartas, G. 1594-1650-1651.
Du Baudory (Le P.), 3058.

Du Bellay, j. 496-1185-1633-1634.
Du Beuil, Voyez Racan.
Du Bocage (M.e), 1800-1940-3102.
Du Bois (Le card.), 996.
Du Bois (Le P.), 1337-1347.
Dubois (L'abbé j.a.), 2291.
Dubois Fontanelle, 1232-1233-2059-2060.
Dubois, Césaire, 1856.
Dubois, Fréd. (d'Amiens), 993.
Dubois, j.b. 2060.
Dubois, h. Voyez Davennes.
Dubois, Joseph, 3290.
Du Boys, e. 1347.
Du Boulay, Eg. 745-1140-1337.
Dubourg, 2063.
Dubreuil, Voyez Du Congé.
Du Bueil, Voyez Racan.
Du Buisson, 2061-2220.
Ducancel, 2060-2063.
Du Cange du Fresne, 247-446-447-448-449-450.
Ducange, Victor, 2060-2063-2064.
Ducerceau (Le P.), 938-1337-1755-1756-2060.
Du Chastel, a. 1656-1657.
Duchat, j. 1047.
Duchatelard, 2063.
Duchemin de la Chenaye, 603.
Duchemin, Et. 938.
Duchesne (Le P.), 938.
Duchesne, l. 1347.
Ducis, 2059-2060-2061-2136.
Duclairon, 2058.
Duclos, 568-996-2778.
Du Congé Dubreuil, 2229.
Du Contant de la Molette, 48.
Du Coudray, 2058.
Ducry, 3122.

Du Cygne, m. 637-836.
Dudoyer, 2060.
Duez, Nath. Voyez Dhuez.
Du Fail, Noël, 2458.
Du Faur, Ch. 940.
Dufour, Th. 82.
Du Fresne, 1594.
Du Fresnoy, c.a. 1387.
Dufresnoy (M.e), 3158.
Du Fresny, 2062-2773.
Dugas Montbel, 1054-1055-1056-1057.
Du Gast, Voyez Delisle.
Du Gast de Bois St.-Just, 2713.
Du Gazon, 2059.
Du Halde, 1337.
Du Hautchamp, 2684.
Dujardin de Boispréaux, 1955.
Du Jarry (L'abbé), 767-923.
Dulaurens, 1611-1797-2699.
Du Leyris, 1611-1914-1915-1916-1917-2064.
Dumaniant, 2059-2060-2061-2141.
Dumanoir, 2063-2064.
Dumarsais, 564.
Dumas, Ad, 2063.
Dumas, Al. 2063-2064.
Dumas, Ph. 35.
Du Mersan, 2060-2063-2064.
Du Mesnil, 1337.
Dumolard, 994.
Du Monin, j.e. 1414-1646-1647.
Du Mons, f.i. 1337.
Du Montier (M.e), 3037.
Dumoulin, e. 2047.
Du Noyer (M.e), 3035-3036.
Duny, 2193.
Du Parc, Voyez Lenoir.
Dupaty, 2059-2060-2063-2237.

Du Perier, c. 1337.
Du Perron (Le card.), 1598-3134-3135.
Du Perron de la Cour, 2060.
Du Perron de Castéra, 1581.
Dupeuty, Ch. 2060-2063-2064.
Du Peyrat, g. 929.
Dupeyrou, 3286.
Du Pille (L'abbé), 938.
Dupin, A.M.J J. 991.
Dupin, H. 2060-2063-2064.
Duplaisir, 3307.
Duplan (L'abbé de Suere), 347.
Duponceau, Steph. 138.
Duponchel, 2064.
Dupont, H.A. 538.
Dupont, P. 2063-2064-2157.
Duport, P. 3087.
Duprat, 984.
Duprat (L'abbé), 1803.
Dupré de Saint-Maur, 1611-1935.
Du Puget (Mlle), 1962.
Dupuis, J. 1337.
Dupuis, Voyez Altaroche.
Du Puy, J. 3135-3136.
Du Puy, P. 3135-3136.
Du Puy, J.B. 2064.
Du Puy, N. 2865.
Du Quesnoy, 907.

Durand, Catherine, 2543.
Durand, G. 1338.
Durant, J. Cas. 3206.
Dureau de la Malle, 1850.
Du Resnel (L'abbé), 996-1940-1941.
Duret, Cl. 22.
Du Rollet et du Roullet, 2057-2060-2061-2206-2245.
Durrieu, 2064.
Du Ryer, P. 840-842-843-844-1230-1231-1604-2070-2926.
Dussault, 937-2047.
Dusaulx, J. 1284.
Du Tertre, 512.
Duthé (Mlle), 2733.
Du Theil, 850.
Du Thier, J. 2823.
Du Tremblay, Frain, 31.
Du Val, And. 1610.
Duval, Am. 2000.
Duval, Alex, 2000-2059-2060-2063-2147-2232-2233-2234.
Duval, G. 2060-2063-2064.
Duvert, 2060-2063-2064.
Duveyrier, 2059-2060-2063-2064-2157.
Duvigneau, 1610.
Duviquet, 3087.
Dyche, T. 645.

E.

Eberts, J. 2060.
Egenolph, 1043.
Egerton, Fr. 1067-1997.
Egger, A.E. 3162-3177.
Egnatius, J.B. 1243.
Eichhoff, F.G. 45.
Eidous, 2420.

Elias Levita, 56-58-59-112.
Ellain, N. 1337.
Ellinger, A. 1500.
Ellious Bocthor, Voyez Bocthor.
El-Modhy, 2355.
Emery, 3151.
Emile, 2063.

Emmert, J.H. 2283.
Empis, 2064.
Enguerrant, 938.
Ennery, (A. d') Voyez Dennery.
Ennius, Q. 1142.
Eobanus, H. 1082-1496.
Epagny, (v. d') 2063-2064.
Erasme, 182-183-184-319-336-337-
  338-339-340-341-342-343-675-
  1307-1308-2008-2837-2877-2878-
  2879-2922-2935-2936-2937.
Erondelle, P. 541.
Erpen, Th. 119-120-2290.
Erythrée, N. 1165.
Eschenbach, 1069.
Eschine, 800-801.
Eschyle, 1983-1987-1988.
Esclassan, 363.
Escousse, v. 2063.

Eslava (A. de), 2377.
Esménard, 2244-2263.
Esope, 1328-2293-2294-2295-2296.
Espinelle, (d') 1599.
Esprit (L'abbé), 854.
Estienne, Ch. 386.
Estienne, H. 228-229-232-346-347-
  348-497-1038-1041-1043-1051-
  1069-1070-1196-3187.
Estienne, R. 379-400-412-666.
Etienne, 2047-2059-2060-2063-2243.
Eucher, Lugd. 1307.
Eugène, 2063-2064.
Euripide, 1983-1995-1996-1997-1998.
Eustathe. 1062-2327.
Eutechnius, 1090.
Eve, A.F. Voyez Maillot.
Everts, J. Voyez Jean Second.
Eymery, 2060.

F.

Faber, J. 3218.
Fabre d'Eglantine, 2059-2060.
Fabre d'Olivet, 87.
Fabri, P. 750-751.
Fabricius, G. 1162-1163.
Fabricius, J. 1963.
Fabricius, V. 1501.
Fagan, 2060.
Fagus, B. 1347.
Fain, 653.
Fallet, 2059.
Fallot, G. 503.
Fardeau, 2059.
Farnabe, Th. 1225-1262-1288-1289-
  1299-1300-2023-2024-2025.
Farquhar, 2263.
Farrenc (M.e), 2482.

Fatouville (N. de), 2061.
Faugère, P. 3031.
Faur, 2059-2061.
Faure, Fr. 965-966-979.
Faure (Le Prés.), 1638-1639.
Favart, 2058-2059-2060-2061-2062-
  2126-2198-2202-2204.
Faverelle, J. 1337.
Faverolle (Le P. de), 938.
Favier (L'abbé), 938.
Favières, 2060.
Faydit, P.V. 3131-3245-3246-3283.
Febvé (L'abbé), 1005.
Federici, 2263.
Féjacq (Le P.), 938.
Félice (G. de), 3262.
Felinsky, 2263.

— 604 —

Feller, L J. 1200.
Fénélon, 2438-2439-2440-2441-2442 2443-2866.
Fenestre de Hotot, 2648.
Fenimore Cooper, Voyez Cooper.
Fenoillet (P. de), 946-1005.
Fenouillot de Falbaire de Quingey, 2058-2060-2061.
Féraud (L'abbé), 583.
Fernandez, 145.
Fernier, 938.
Ferrarius, H. 834.
Ferré, 2064.
Ferretti, L. 475.
Festus Pompeius, 254-255-256-257-261.
Feuquières, 3008.
Feutry, 2406.
Fielding, 2410-2411-2412-2413.
Fielding, Miss Sarah, 2410-2414.
Filareti, A. 2265.
Filesacus, J. 907.
Filhol, 1388.
Filleau de St.-Martin: 2372-2373-2374.
Fillion, E. 2064.
Filz, 294.
Finet, J. 2933.
Firenzuola, 2312.
Firmian, P. 2347-2348-2349-2350-2351-2352.
Fix, Th. 229.
Flaccus Calphurnius, 849.
Flaccus Valerius, 1270.
Flaminius, 1333.
Flammerang (M.e de), 2474.
Fléchier, 931-937-938-942-1347-2975.
Flechter, 2263.

Fleming, 659.
Fleury, Cl. 5-6.
Flins (c. de), Voyez Carbon.
Florebelle, Ant. 2940.
Florens Septimius, 1986.
Florian, 2059-2305-2690-3096-3097
Foclin, 752.
Folengo, Th. 1544-1545.
Foé (Daniel de), 2405-2406-2407.
Foigny (Gab. de), 2487.
Follard (Le P.), 2114.
Foncemagne (E.L. de), 996.
Fontallard (J.F. de), 938.
Fontan, 2063-2064.
Fontanes (L. de), 1829-3107.
Fontenailles (De Pierres de), 1795.
Fontenelle (L. de), 996-1347-1764-2057-2058-2060-2867-2868-3081-3082-3083-3150.
Fontenu (L'abbé de), 2323.
Fonvieille (Le Chev. de), 2060.
Foquelin, Ant. 1273.
Forcadel, 1635.
Forcellini, 390.
Forgeot, 2061-2222.
Forget, P. 1675.
Fornaris (Fab. de), 2274.
Fornari, S. 1555.
Fortunatianus, C.C. 740.
Fortunio, Fr. 451.
Foscolo, Ugo, 2263.
Foucher (L'abbé), 938.
Foucher, P. 2063-2064.
Fougeret de Montbron, 1925.
Fougeron, 1347.
Fourneaux, 1798.
Fournier, 2063-2064.
Fracastor, 1333-1468.
Fraguier, 996-1336.

Frain du Tremblay, 31.
Framery, 2058-2060-2062-2207.
Franciosino, L. 456.
Francis, 2060-2063-2064.
François (L'abbé), 994.
François de Neufchateau, 1611-2060-3074.
François, Voyez Dercy.
Franconi, 2060.
Franquetot, 1337.
Franqueville (M.ᵉ), Voyez Latour.
Franklin, B. 3010.
Frédéric II, 1775-1776.
Freigius, J.S. 828.
Frélin, 2816-2817.
Frénais, 2424.
Frenicle, N. 1611-2078.
Fréron, 938
Fresse Montval, 2740.

Frizon, 1389.
Froben, G.L. 2930.
Fromage Chapelle, Voyez Laurencin.
Fromentières (L'abbé de), 938.
Fromentin, P. 1337.
Fronton, J. 905.
Frusius, And. 1390.
Fuiron, A. 938.
Fulgence, Voyez de Bury.
Fulgentius Plantiades, 256-257.
Fundanus, M. 1125.
Funger, J. 367-368.
Furetière, 594-595-596-1724-2598-2975-3128-3296-3299-3300-3301.
Furgault, 175.
Furlanetto, 390.
Fuselier ou Fuzelier, 2057-2058-2060-2062-2173.

G.

Gabiot de Salins, 2064.
Gabrias, 2293.
Gabriel, 2063-2064.
Gabrielli, 2265.
Gacon, Fr. 1759-1760-2777.
Gail, J.B. 176-177-206-799-1033-2830.
Gail, J.F. 180.
Gaillard (Le P.), 938.
Gaillard, G.H. 769-770-1337.
Gaillardet, Fr. 2063-2064.
Gaffarel, 2596.
Gallaeus, Sev. 1102.
Galanus, Cl. 129.
Galiczon, 1337.
Galand et Galland, Ant. 2353-2354-2356-3134-3160.

Galland, P. 698.
Galien, 228.
Gallois, A. 938.
Gallois, Et. 3009.
Gallot, 938.
Gallus, C. 1148-1150.
Gallutius (Galluzzi), 905.
Galoppe d'Onquaire, 1885-1886-2063 2163-3113-3114.
Ganganelli, Voyez Clément XIV.
Garasse, Fr. 1391.
Garat, 3092.
Gardel, 2060.
Gardy, J.A. 2059.
Garlande (J. de), 1328-1392-1393.
Garnier, Ph. 145-540.
Garnier, J.J. 1.

Garnier, R. 2065.
Garnier, C.G.T. 2102.
Garrick, 2058-2264-2282.
Garzoni, 2821.
Gasteanx, 969.
Gassot, J. 1347.
Gastel, 2058-2060.
Gattel, 465.
Gattici, R. 2265.
Gaudin (L'abbé), 938.
Gaudin, J. 297-405-432.
Gaulart, 2766-2767.
Gaullyer, 295-296.
Gaulmin, G. 2326-2327.
Gaultier, J. 344.
Gaultier de Montdorge, 2057.
Gaveaux, P. 2230.
Gay, J. 2315.
Gayot de Pitaval, 3121-3123.
Gaza, Th. 154.
Gazée, A. 1518-1519.
Gedoyn (L'abbé), 700-701-996.
Gellert, C.F. 2313.
Génebrard, Gilb. 67-941-1027.
Genest, 1610.
Génin, Fr. 504-1613.
Genlis (M.e de), 2062-2249-2564.
Gentil, 2063.
Gentili, 1562.
Genuensis, Joannes, Voyez Balbi.
Geoffroy, J.L. 1976-2096.
Geoffroy (Le P.), 915.
Geoffroy, E.L. 1396.
Georges d'Amiens (Le P.), 939.
Gérard (L'abbé L.P.), 2707.
Gérard de Bénat, 3170.
Gérau, H. Voyez Auger, H.
Gerault de Cambronne, 938.
Gerdil, 1005.

Germano, G. 480.
German, An. 250.
Gersin, 2060.
Gervais de Tournay, 805.
Gery (L'abbé de), 938.
Gesenius, G. 110.
Gesner, J.M. 1069.
Gessner, Conrad, 42-226-393.
Gessner, Sal. 1611-1957-1958.
Gesvres (L'abbé de), 1347.
Geuffrin, 1664.
Gevart, G. 3209.
Gianni, F. 1577.
Gibert, B. 765.
Gibbesius, J.A. 907.
Giblet, A. 2964.
Gigas, Ant. 1338.
Gilbaut, 909-910-911.
Gilbert, Fr. 1337.
Gilbert, N.J.L. 1787-2673.
Gillet, 2057.
Gin, 782.
Girac, 3278-3279.
Girard (L'abbé), 565-568-996.
Girard, Bart. 3223.
Girard (Melle), 1611.
Giraud, Cl. M. 3326.
Giraud, Al. 1610.
Giraud, J. 2263.
Giraudeau de St.-Gervais, 1854.
Girault, C.X. 2978.
Girault Duvivier, 534.
Girodet Trioson, 3104.
Glaire, J.B. 109.
Glareanus, H. 1191.
Glemona (Bas. de), 135.
Gley, G. 661.
Glover, R. 1947.
Gluck, 2206-2210-2215.

Gnaphæus, G. 2032.
Gnavio, C. 2265.
Gobert, Th. 1701.
Godart d'Aucour, 2691.
Godeau, A. 938-958-1610-4700-4701-
    4702-4703-4704-2999.
Godefroy, Denis, 256-257.
Godefroy de Laigny, 1623.
Godouin, J. 2906.
Goethe, 2060-2263-2289-2400.
Goldast, M.H. 3211.
Goldoni, 2058-2059-2061-2263.
Goldsmith, Ol. 1949-2263-2423.
Golius, Th. 212.
Gombaud, 1690-2992.
Gomez (M.e de), 2461-2547-2548.
Gondar, 2695.
Gondy (P. de), 971.
Gongora (L. de), 1578.
Gontier, 938.
Gore, Mrs. Ch. 2433.
Gorgias, 789-790-795.
Gorostiza, 2264.
Gorsas (M.elle), 2476.
Gorsse, L. 1835.
Gossart, J.B. 1023.
Gosse, Et. 1005-1976-2063-2255.
Gosselin, G. 2396.
Gosset, Z. 938.
Gossin, 1610.
Gothofredus, D. Voyez Godefroy.
Gottsched, 625-626-627.
Goubeaux, P. Voyez Dinaux, P.
Goudelin, P. 1933.
Gouffé, A. 2060-2063.
Gouges (M.e de), 2059.
Gougnon, 1347.
Gouille (P. de), 1337.
Goujet, 3313.

Goulley, 3131.
Goullu (Le P.), 3272.
Gourcy (L'abbé de), 994-3288.
Gourdin, D.M. 938.
Gournay (M.elle de), 3062.
Gouvéa (Ant. de), Voyez Goveanus.
Gouyn (Le P.), 938.
Goveanus, A. 2014.
Graaf (J. de), 550.
Grævius, J.G. 371.
Graffigny (M.e de), 2545-2546.
Gramain (Le P.), 938.
Grandmont (Sc. de), 1337.
Granet (L'abbé), 3318.
Grangé, Voyez Basté.
Granger, 2064.
Grangeret de la Grange, 1964.
Granval, 2059.
Graverol, F. 3138.
Grécourt (Villart de), 1761.
Grégoire d'Issigny, 620.
Grégoire de Nazianze, 1096.
Grenaille (de), 2587.
Grenan, B. 1337.
Grenier, 2212.
Gresse, Alex. 3281.
Gresset, 996-1610-1777-1778-1779-
    1780-1781-1782-2060-2120.
Grétry, 2199-2201-2202-2203-2205-
    2214.
Gretser, J. 169-170.
Griffet (Le P.), 971.
Grifolus, J. 834.
Grignan (M.e de), 2977
Grille, F. 1611.
Grillié, N. 940.
Grimarest, 2884-2974.
Grimm (Le B.on), 3024-3025-3026.
Grivel, 2500.

Grolleau, 1610.
Gros de Besplas, 1002.
Gros de Boze, Voyez Boze.
Grotius, H. 1262-1520-2783-2784-2953.
Grotto, 1008.
Grouber de Groubental, 1611.
Gruter, J. 857-1521-2922-3210.
Grynæus, S. 219.
Guarin, P. 101-108.
Guarini, 2267-2268-2269-2270.
Gualther, R. 220-221.
Gudin de la Brenellerie, 2064-3098.
Guedan, F. 453.
Guellius, G.V. 1161.
Gueneau, 9.
Guenée, A. 2064.
Guenée, N. 907.
Guérapin de Veauréal, 996.
Guérard, B. 503.
Guéret, Gab. 3297-3298.
Guérin (Le P. G.), 938.
Guérin, Fr. 1337.
Guérin, N. 905.
Guerrier de Haupt, 535-536.
Guersent, J. 1347.
Guessard, F. 1613.
Gueudeville, 2757.
Gueullette, 2062-2465-2656.
Guevara (Ant. de), 2967-2968.
Guibert (Le C.te de), 988-994.
Guichard, Et. 43.

Guichart, 2058-2060.
Guiet, 2011.
Guignes (J. de), 134-135.
Guilbert de Pixerécourt, 2060-2063-2064.
Guillard, N.F. 2060-2061-2210-2213-2216-2218.
Guillard, L. 2064.
Guillem de Castro, 2263.
Guillemé, 2064.
Guillenborg, 2263.
Guillet de Saint-Georges, 2387.
Guillois, M. 1337.
Guillon, R. 155-158-159-187-202.
Guillon, M.N.S. 994.
Guimond, Voyez Guymond.
Guinisius, V. 1469.
Guinot, Eug. 2064.
Guiraud, J. 1577.
Guizot, Fr. 639-2931-2263-2280-3258-3270.
Guizot (M.e), 2931.
Gulielmus, J. 3207.
Guy, J.H. 2060-2246.
Guyard, B. 940.
Guymond de la Touche, 2061.
Guyot, P.J.J.G. 603.
Guyot dit Merville 2060-2119.
Guys, 2061-2062.
Guizard, 2263.
Guterry, 2968.

H.

Habert, Fr. 1214-1236.
Hadamarius, 671.
Hadot, B 2060.
Hadrianus, Card. 321-322.

Hæmus, Fr. 1394.
Haguenier, 1337.
Halevy, L. 2063-2064.
Hall, Miss. 2433.

Hallé, P. 906.
Halley, P. 1337.
Hallez d'Arros, 241.
Halloix, P. 1044.
Hamilton, Ant, 2466-2467-2468-2469-3077.
Hamilton (Lady M.), 2567.
Happellius, V. 69.
Hardion, 996.
Hardouin (Le P. J), 819.
Hardouin, J.E. 1074.
Hardy, Al, 2068.
Harel, 2041-2064.
Hariri, 1040.
Harny, 2058.
Harovys (N. de), 907.
Harpocration, 790.
Harris, J. 37.
Hartung, J. 226-1094-1162.
Hase, C.B. 229.
Hauboesius, C. 208.
Hauff, W. 2404.
Haumont, 1395.
Hautefeuille, 2063.
Hanteroche (N.L. de), 2060-2062.
Hauteville (N. de), 756.
Hautpoul (M.e d'), 2138.
Haxo, 994.
Hayley, W. 2826.
Heauville (L.L. d'), 1730.
Hebenstreit, 1502.
Hebert, 924-1337.
Hédelin, abbé d'Aubignac, 918-938-1971-1972-2592-2593-3249.
Hédouin (L'abbé), 3135.
Heerman, J. 2584.
Hegendorph, Ch. 693.
Heine, 1186.
Heinrichmann, J, 2752.

Heinsius, D. 862-1198-1333-1522-1523-2952-3247.
Heinsius, N. 1313.
Héle (Th. d'), 2059-2060-2061.
Héliodore, 2319-2320-2321-2322-3223.
Héloïse, 2931.
Helvetius, 1771.
Helvius Cinna, 1135.
Hémeré, Cl. 1347-1396.
Hennot (Ch. de), 907.
Henri, Ch. 2064.
Henri, L. 2060, Voyez Bourralchion.
Henry, 2064.
Henschel, 450.
Herbert Croft, 1640.
Herbin, V. 2064.
Hering, F. 1338.
Hermann, G. 1069.
Hérodien, 228-825.
Hérodote, 824-825.
Hérouville (J. d'), 1337.
Hersan, A. 742-905-1337.
Hersent, Ch. 963.
Hertoghe (P. de), 905.
Hervieu, 1337.
Hésiode, 1031-1064-1065-1066.
Hesteau (Clovis de), 1347.
Hestienne, 2064.
Hesychius, 218.
Hezel, 2064.
Hill, J. 236-2420.
Hippocrate, 1500.
Hoadley, 2060.
Hoelder, 639.
Hoeschelius, D. 244.
Hoffmann, E.T.A. 2398.
Hoffmann, F.B. 2057-2059-2060-2231.

39.

Hoffmans ou Hofmans Valdau, 1954-2270.
Hofland, Miss. 2436.
Holliband, 541-542.
Holtrop, 641.
Home, 2263.
Homère, 1031-1048 à 1063-1820-2293.
Honiger, N. 1194.
Honoratus Servius, 1154-1158-1162.
Honoré, 2064.
Honter, J. 1503.
Hooft, 2263.
Hook, Th. 2433.
Hopper, M. 226.
Horace, 1141-1191 à 1219.
Horologgi, G. 1241.
Hortensius, L. 1260.
Hortibon, 1034.
Hoschotte, 2038.
Hosschius, S. 1524.
Hostius, 1135.

Hotoman, F. 830-833.
Hotonius, G. 2033.
Houbigant, 90.
Houdart de la Motte, 943-996-1059-1610-2057-2058-2061-2473-2303.
Houdetot (de), 2038.
Hougnant (Le P.), 1046.
Houwaert, J, 1959.
Howell, J. 660.
Huart, L. 2064-2787-2799.
Huber, M. 1953-1957-1958.
Hubert, Ch. J. 191-775.
Huerne de la Mothe, 2671.
Huet, D. 365-1336-1398-2316-2536-2613-3129.
Hugo, H. 1334.
Hugo, Victor, 1863-1864-1865-2461 2172-2735-3336.
Hume, 2061-2062-2112.
Huré, Ch. 53-1337.
Hurtado de Mendoza, 2380-2381.
Hutenus, H. 1504.

I.

Ibycus, 1032.
Iehaias, David, 1027.
Imbert, B. 1611-2060.
Impius de Salcedo, 977.
Ines, A. 1543.
Ingoult, 1610.
Inville (Ph. d'), 1337.
Irson, Cl. 514.

Isaac, J. 63-64-70.
Iscanus, 1541.
Isée, 821-822.
Isidore, 256-257-366-395-396.
Isocrate, 789-790-791-792-793-794-795-796-797-798-799-1307.
Israeli (J. d'), 2341.

J.

Jacob, bibliophile, Voyez Lacroix, P.L
Jacob, R.P. 588.
Jacobus à s. Dominico, 738.

Jacques, Jacques, 1919.
Jacquier, 555.
Jacquin (L'abbé), 2318.

Jaime, 2063-2064.
Jalabert, 2060.
Jamesson, 2433.
Jamin, 1347.
Jamot, F. 1399.
Janin, J. 2621.
Jansson ab Almeloveen, 371.
Jante, L. 1337.
Jarry, 2064.
Jauffret, 2063-2309.
Jault, A.P. 588.
Jaure (J.C.B. de), 2060-2225.
Javersac (N.J. de), 3275.
Jean Chrysostome, 317.
Jean le géomètre, 1104.
Jean Second, Voyez Everts.
Jehan de Meung, 1618-1619.
Joannes de Janua ou Januensis ou Genuensis, Voyez Balbi.
Joannes Grammaticus, 153-186-199-224-226-228.
Joannes a Meyen, 1160.
Joannes de Manibus, 2761.
Joannet, 1588.
Jodelle, 1636.
Johanneau, E. 582-1994.
Johnson, Ben. 2263.
Johnson, Sam. 2418.
Joliveau, 2058.
Jolli, J.G. 3165.
Joly (de), 1257.
Joly, Cl. 1655.
Jonas Philologus, 702.

Jon-Vizine, 2263.
Jordan, A. 907.
Jordan, Ch. E. 3317.
Jouanneaux, 436-437.
Jouhaud, 2064.
Joulet de Chastillon, 685.
Jourdan, E. 2064.
Jousserandot, 2064.
Jouvancy et Jouvency, 4-408-740-744-863-864-878-879-880-881-882-883-884-1168-1204-1226-1280-1290-1337-1347-2038-3254.
Jouy (Et. de), 2063-2242-2244.
Jozé, 2263.
Juglaris, Al. 1471.
Jules, Voyez de Saint-Georges.
Julien, Empereur, 848-849.
Julien, Stan. 1075.
Julien de Scopon, 1794.
Julius Obsequens, 2915.
Jullard du Jarry, 938.
Jump, 653.
Junianus Maius, 348.
Junius, Ad. 398-399.
Junius, Fr. 72.
Junius, H. 226-591.
Junquières (J.B.R. de), 2058.
Juret, Fr. 2922.
Justinianus, B. 3040.
Justinianus, L. 3040.
Juvenal, 1277 à 1294.
Juvenal, Guid. 334-335-2089.
Juvencus, C. 1327.

K.

Kao-Tong-Kia, 1980.
Karr, Alp. 2788.
Kauffmann, 2410-2413.

Keverberg (Le B.on de), 2714.
Kieffer, J.D. 132.
Kimhi, D. 94.

39.

Kircher, Ath. 137.
Klairwal, 2059.
Klaproth, J. 135.
Kochanowsky, 2263.
Kock (Paul de), 2718-2063-2064.

Kotzbue (A.F.N. de), 2059-2060-2062-2263-2264.
Krilof, 2263.
Kreutzer, 2225.

L.

Labanoff, Al. 3030.
La Barre (Le P. de), 938.
La Barre (P. de), Voyez Poullain.
La Barre de Beaumarchais, 2624-3321.
La Baune (J. de), 858-907-1337.
Labbe, Ph. 181-189-190-193-194-344-315-905-1113-1114-1333-1334-1337-1347.
Labbe, c. 222.
L'Abbé, P. 1337.
La Beaume, 2424.
La Beaumelle (A. de), 2263-3007-3148.
Labiche, E. 2064.
Labie, 2064.
Labitte, Ch. 3334.
La Boissière (Le P. de), 2247.
Laborie, 2064.
Laboullaye (de), 2064.
La Brenellerie Voyez Gudin.
La Bretonnière (Ant. de), 1337-1347-1610.
La Broue (P. de), 938.
Labrousse, 2063-2064.
La Bruère (Le Clerc de), 2057-2058-2173.
Labrunie, G. 2064.
La Cerda (L. de) 395-396.
La Chabeaussière (P. de), Voyez Poisson.

La Chambre (c. de), 3000.
La Chambre (L'abbé de), 938.
La Chaussée (Nivelle de), 2060-2061-2062-2116-2778.
La Chenaye (Duchemin de), 603.
Lacombe, 1468.
Lacoste, J.B. 994.
Lacoste, Voyez Saint-Amand.
Lacour, Voyez Du Perron.
Lacroix, P.L. 2064.
Lacroix (Le sr de), 1586.
Lacroix (P.F. de), 2686.
Lacroix du Maine, 1337.
Lacroix Marron (Le sr de), 1672.
Lactance, Plac. 1303.
La Dixmerie (N.B. de), 2044-2694.
Ladorée, J. 1400.
Ladvocat (L'abbé), 86.
Laevius, 1135.
Lafargue, 2063.
La Fayette (M.e de), 2536-2977.
La Ferté (Le M.is de), 1347.
Laffemas (Is. de), 1602.
L'Affichard, Voyez Affichard.
Lafitte, 2064.
Lafont, Ch. 2064.
Lafont (J. de), 2057.
Lafontaine (J. de), 1733-1734-1735-1736-1737-1738-2297-2300-2301-2302-2386-2437-3076.
La Fortelle, A.M. 2060-2063.

La Fosse (A. de), 2057.
Lagausie, 1078.
La Geneste, 2378.
La Granche, 1610.
Lagrange (Ch. de), 2104-2184.
Lagrange, 1147.
Lagrange, Nic. 2062.
Lagrange, 2064.
Lagrange (Grangeret de), Voyez Grangeret.
La Guesnerie (M.^{cllo} de), 2550.
Laguille, 938.
La Harpe (J.F. de), 994-1005-2058-2059-2060-2061-2062-2082- 3237-3238.
Laigny (Godefroy de), Voyez Godefroy.
Lainier de Verton, 3232.
Lair, J. 1337.
Lair, 1720.
Lake, W. 1949-1950.
Lalande (Le s^{r} de), 938.
Lalande (J. de), 2978.
Lalandelle de Saint-Remy, 1172.
Lallemant (L'abbé), 846.
Lallemant, R. 438.
Lallemant, N. 438-1172.
Lallemant, P. 938.
Laloue, 2063.
La Luzerne (G. de), 943.
Lamaignère, 308.
Lamar, 1611.
La Marre (L'abbé de), 2058.
La Martelière, 2060-2063.
Lamartine, 1858-1859-1860-1861-1862.
Lambecius, P. 3188.
Lambert (L'abbé), 2644-2645.
Lambert, L.T. 2059.

Lambin, D. 1144-1192-1196-1347-2003-2879-2909.
La Ménardière, 1604-2057.
Lamoignon de Malesherbes, 996.
La Monnoye (D. de), 1610-1754-1934-3131.
La Montagne (J. de), 23-24.
La Montagne (P. de), 2064.
La Morinière (Lefort de), 3167.
La Morlière (Adrien de), 1673.
La Morlière (L'abbé de), 3398.
Lamothe Langon, 2733-2734-2791.
La Mothe Le Vayer, 777-2847-2848 3140.
Lamotte Houdart, Voyez Houdart.
Lamy (Le P.), 762-763-764-765-1018.
Lancelot, Cl. 29-30-172-173-195-196 197-198-289-290-291-292-293-458 487-1139.
Lancelot, Ant. 3132.
Lancival (Voyez Luce de).
Landin, Ch. 1180-1549.
Landon, Miss. 2433.
Landrin, 2064.
Lanfredini, 462.
Langeac (Le Ch. de), 1821.
Lange, 2064.
L'Ange, N. 938.
Langendyk, 2263.
Langlé, F. 2063-2064.
Langlès, 122.
Langlet, P. 742-1337-1339-1404.
Langlois, 1970.
Languedoc (Le P. de), 1610.
Languet de Gergy, archev. de Sens, 996
La Noue (Odet de), 1662.
La Noue (P. de), 1591.
La Noue (J. Sauvé de), 2060-2061-2062.

La Noue (Cordelier de), 2064.
Lantier, 2060.
La Pause (p. de), Voyez Margon.
La Picardière, 1598.
Lapierre, 2402-2403 2404.
La Pineliére, 3295.
La Place, Voyez De la Place, A.
La Porte (L'abbé J. de), 16-1607-2042-3141-3148-3149.
La Porte du Theil, 1087.
La Ramée, P. Voyez Ramus.
Larcher, P.H. 1939-2978.
Lardenois, 2064.
Lardiani, J.B. 461.
La Rivière, Voyez Poncet.
La Roche (Le P. de), 938-942.
La Roche (J. de), 1337.
La Roche (Tiphaigne de), 2616.
La Rochefoucault, 2977.
La Roche Guillem (M.e de), 2539.
La Rochette, Voyez Chardon.
L'Arrivé, 1337.
Lartigue, 669.
La Salle (Le M.is de), 2058.
La Sante (Le P. x. de), 905-1337-1345.
Lascaris, Const. 153.
Lascaris, J. 147.
Las Casas (Ch. de), 494.
Lascous, L. 1348.
Lassen, c. 2292.
La Serre (L'abbé J.A. de), 983.
La Serre (J.L.I. de), 2185-2186.
La Serre (Pujet de), 2585-2889.
Latomus, B 693.
La Touche, 521.
La Touche (Guimond de), 2064.
Latour de Franqueville (M.e) 3289.
Latrécey, D. 947.

La Trémoille (Le duc de), 996.
Laubegeois, A. 192.
Laubrussel (L'abbé de), 938.
Laujon, P. 2057-2058-2059.
Laün, 2402.
Launay (M. de), 252.
Lauragais (Le C.te de), 2058.
Laurencin, 2063-2064.
Laurençot, 2063-2064.
Laurent (Le S.r), 1610.
Laurent, 2064.
Laurentius, J. 444.
Laurus, J.B. 1472.
Lauzanne, 2063-2064.
La Vallée, Jos. 2060-3027.
La Valterie, 1052.
La Vallettrye (de), 1652.
Laveaux (Thiebault de), 607.
La Vergne, 2064.
La Vilate, Voyez Cartaud.
La Ville (L'abbé de), 996.
La Ville de Mirmont (J. de), 2060-2063.
La Voiepierre, 938.
Laya, 2060-2064.
Le Bachelier, 2914.
Le Bailly, 776.
Le Bas, 630.
Le Bègue, 1347.
Le Blan, Cl. s. 25.
Le Blanc de Guillet, A. 2061.
Le Blanc, H. 2625.
Le Blanc (L'abbé), 3020.
Le Bossu (Le P.), 938-1021-1022.
Le Boucq, 927.
Lebreton, 2060.
Le Brun (Le P. D.), 967.
Le Brun (Le P.L.), 1017-1128-1337-1401.

Le Brun (Le P. Guil.), 433.
Le Brun, Ch. Fr., duc de Plaisance, 1566.
Le Brun (P.D. Ecouchard), 1807.
Le Brun, F.A. 1840-2059-2063-2263
Le Brun, A.L. 2168-2338.
Le Camus, 885-1337.
Le Caron, Em. 885-905-1337-1347.
Lecat, 994.
Leclerc, J. 374-1347-1602-3133-3175 3310.
Le Clerc de la Bruère, Voyez La Bruère.
Le Clerc de Montlinot, 3140.
Leclercq, Th. 2254.
Lecoedic, 1337.
Le Corvaisier, 2782.
Le Cousturier, 971-972.
Ledebuhrius, C. 57.
Le Derel, 1347.
Ledoux, P. 2060-2063.
Leduc, J. 1337.
Le Faucheur, 783.
Le Febvre, 2063.
Le Fèvre, A. 2783-2784-3137.
Le Fèvre de Saint-Marc, 994.
Le Fort de la Morinière, 3167.
Le Franc de Pompignan, 1788-1789-1975-1987-2057.
Le Franc, A. 2064.
Le Gendre (Le P.), 938.
Leger, 2060.
Le Givre de Richebourg (M.ᶜ), 2376.
Legouvé, 1809-2059-2060.
Legoyt, 2063-2064.
Legrand, M.A. 2060-2062.
Legrand d'Aussy, 1596.
Legras, 758.
Legros, 2059.

Leibnitz, 3154.
Leigh Ritchie, 2433.
Leigh Hunt, 2433.
Le Jay (Le P.), 749-1337-1338-2038-2247.
Le Jey, 1611.
Le Jolle, P. 1920.
Le Kain, 2058-2060.
Le Letier, L. 1337.
Lelio, Voyez Riccoboni.
Lelong (Le P.), 400.
Le Maçon, A. 2385.
Le Maingre de Boucicault, M. 2117.
Lemaire, P.A. 1402-1403-1610.
Lemaistre de Sacy, 1324-1325-1326 1712.
Lemaistre, N. 907.
Lemaistre, Ant. 948.
Lemaître, Fr. 2063.
Lemare, 532.
Lemercier, N.L. 2059-2060-2063-3240.
Le Mesl, 500.
Lemesle, 2259.
Le Metel d'Ouville, 2459.
Lemierre, 2058-2061-2062-2133.
Lemire, Aubert, 889-890.
Lemoine, A. Voyez Montigny.
Lemoine, G. 2063-2064.
Le Moine ou Le Moyne, P. 938-1347-1610-1696-1697-1698-1699.
Lemoine, Ed. 2797.
Lemonnier (L'abbé), 2000.
Lemonnier, P.R. 2058-2059.
Lenet (Le P.), 938.
Le Noble, 1347-2503-2606-2863-2109.
Lenoir du Parc, 916-3329.
Le Normand, 1337.

Lenz, R. 1978.
Leo Allatius, 2894.
Léon (Le P.), 512-579.
Léon, Voyez Laya.
Léon, Voyez Pillet.
Léonard, N.G. 1794.
Léonard, G. 1337.
Léonce, Voyez Laurençot.
Léonce, 2064.
Léoni, G.B. 2265.
Léonville (C.E. de), 3159.
Léopold, Voyez Chaudezon, 2063.
Le Paige, 938.
Le Pays, 2599-2998-3226.
Lepeintre, 2053-2054.
Lepelletier (Le P.), 938.
Le Picard, Fr. 1347-1610-1796.
Le Prévost (L'abbé), 938.
Le Prince de Beaumont (M.e), 2473-2556-2557-2558-3037.
Lequenne-Cousin; 1393.
Lequet, 2038.
Leroux, H. 2063-2064.
Le Roux, Ph. J. 616.
Le Roux de Lincy, 1617.
Le Roy, Charles, 556-557.
Le Roy, Chrét. 1337.
Le Roy, 1610.
Le Roy, Onésime, 3267.
Le Sage, 2058-2060-2064-2108-2277-2366-2618-2619-2620-2621-2622-2623-3078.
Lescalopier de Nourar, 2664.
Lescarbot, M. 1611.
Les Fargues, 1679.
Lesguillon, J. 2063-2064-2731.
Lespinasse, 2424.
L'Espinay (de), 1337.
L'Espine (de), 1598.

Lessing, 2263-2314.
L'Estang (Le S.r de), 362.
Lestocq (de), 2038.
L'Estoile, 1601-1602-2084.
L'Estoille (P. de), Voyez Ponssemothe.
Le Sueur, 2229-2241.
Lesur, 1825-2059.
Le Tellier, 1337.
Le Tellier, Al. Voyez Huart.
Le Tellier, Ch. Voyez Raoul.
Le Tourneur, 1945-1946-2064-2264-2280-2415.
Letrosne, J.B. 907.
Leudière, 309.
Leusden, J. 116-243.
Leustre (J. de), 2038.
Leuven (A. de), 2157-2063-2064.
Levacher de Charnois, 1977-2064.
Le Vasseur (Le P.), 2247.
Le Vasseur, J. 957.
Le Vavasseur, 1602.
Le Vavasseur, Fr. 1026.
Le Vavasseur, M.B.F. 1830.
Le Vavasseur, G. 1889.
Levée, J.B. 2000.
Leven de Templery, 580.
Levesque, P. Ch. 1553.
Levesque, Catherine, 1739.
Levita, Elias, 56-58-59-112.
Lévis (Le duc de), 2469.
Le Waitte, 886.
Lhéry, 2063-2064.
Lhomond, 307-533.
L'Hospital (M. de), 1397-1655.
Liadières, P. Ch. 1611-2458.
Libanius, 675-805-812-813-814-815-816-817.
Licinius Calvus, 1135.
Lignières (C. de), 1337-2030-2031.

— 617 —

Ligniers (de), 1602.
Limoges (de), 1337.
Limojon de Saint-Didier, 1763.
Linacre, Th. 273-274-323-324.
Lindegren, 2263.
Lingendes (J. de), 940-1598-1601.
Linguet, 2060-2264.
Lippius, L. 1089.
Lipse, J. 2921-2948-2949.
Lisle du Gast (P. de), 2038.
Lissene (Le P.), 938.
Listonay (de), 2499.
Listre, G. 2748-2754-2757-2758.
Livineius, J. 857.
Livio, L. 2265.
Livoy (P. de), 566.
Livry (A. de), 2064.
Loaisel Tréogate, 2059.
Locher, J. 1505.
Lockroy, 2063-2064.
Locman, 2290.
Loève-Veimars, 2398.
Loménie de Brienne (E.C. de), 938.
Longchamps (P. de), 2062.
Longepierre, 1071.
Longpré (Al. de), 2063.
Longuet de Préfontaine, 1337.
Longueterre (de), 956.
Longueval, J. 1337.
Longueville, E.P.M. 180.
Longuolius, Ch. 865-887.
Longus, 2324-2325.
Lope de Vega, 1579-2263.
Lopez, B. 2063-2064.
Loquet (Melle), 2551.

Loraux, 2059.
Loredano, Fr. 2964-2965.
Lorich, R. 672-673.
Lorris (Guillaume de), 1618-1619.
Losme de Montchenay, 1610.
Louis de Saint-François, 71.
Lourdet de Santerre, 2060.
Louvencourt, Sr de Vauchelles, 1610
 1697.
Louvet de Coupevray, 2700.
Lubin, E. 1040.
Lubize, 2064.
Lucain, 1258-1259-1260-1261-1262-
 1263-1264-1265-1266.
Lucan, 537.
Lucas, J. 907-1337-1405.
Lucas, P. 2038.
Luce de Lancival, 1611-2059.
Lucet (L'abbé), 3145.
Lucien, 2746-2829-2830.
Lucrèce, 1143-1144-1145-1146-1147
Luna (J. de), 2872.
Lurieu (G. de), 2064.
Luscus, A. 832.
Lully, 2174-2175-2176-2177-2178-
 2179-2180.
Lussan (Melle de), 2554.
Lycophron, 1093.
Lycosthène, C. 384-385-2916.
Lycurgue, 821-822.
Lyndsay, 2433.
Lyonnard, 888.
Lysias, 787-788-795.
Lyttleton, 2875.

M.

Maboul, 938.
Macé, F. 2524.

Macé, J. 512.
Mac Farlane, 2433.

Machart, A. 2720-2721.
Machault (G. de), 1625.
Machiavel, 2387.
Macquer, 1468.
Macrin, s. 1406-1407.
Macrobe, 3190-3191-3192.
Magniez de Woimont, 298-431.
Magnin, A. 1610.
Maillan et Mallian, 2063-2064.
Maillot, 2060.
Mailly (Le Ch^r de), 2608.
Maintenon (M.^{e} de), 3130.
Mairet, 2057-2061-2071.
Mairobert (P. de), Voyez Pidansat.
Maistre (x. de), 2716.
Majel, Ch. 939.
Major, G. 1138.
Majoragius, 667-686-687-688.
Malapert, C. 1334-1525.
Maldigny (C.A. de), 2064.
Malesieux, 2173.
Maleville, 1602.
Malfilâtre, 1784-2058.
Malherbe (Fr. de), 1598-1601-1611-1671-2923-2924-3061-3167.
Malefille, F. 2063-2064.
Mallement de Messange, 3302.
Malleolus, P. 2009.
Mallet (L'abbé), 1019.
Mallet Dufresne, 560.
Mallian, 2063-2064.
Malmedianus Symo, 1347.
Maltebrun, 2263.
Malvezzi, V. 2390-2391-2392-2393.
Malvoisine (Pseud. Grille), 1611.
Mambrun, P. 1337-1409.
Mancinelli, A. 334-678-1138-1155-1156-1157-1158-1191.
Manilius, 1252-1253-1254.

Mansel Reynolds, 2433.
Mantouan, J.B. 1473-1474-2842.
Manuce, P. 1163-2899-2903-2942-2943-2944-2945.
Manuce, Al. 344-1191-1222-2946.
Manzini, 786.
Manzoli, 1475-1476.
Manzoni, A. 2263-2396.
Mao-tseu, 1980.
Mappheus, v. 1158.
Marais, L. 918.
Marais, G. 3128.
Marandé (de), 2268.
Marcel, G. 1337.
Marcel, J.J. 2355.
Marcellini, Ayr. 687-688.
Marcellus Nonnius, 254-255-256-257.
Marcellus (Le Cte de), 1838-1839.
Marchand, J.H. 1610-2060-2689.
Marchand, P. 2845-2846.
Marchand, M. 2038.
Marcilius, Th. 1193-1274-1338.
Marco de Saint-Hilaire, 2804.
Marconville (de), 1610.
Marcossius, G.P. 2032.
Marcouville (P.L. de), 2060.
Mardelle, 2722.
Maréchalle, 2063.
Mareschal, L. 1576.
Mareschaulx, 938.
Maresius, R. 2954.
Mareuil (Le P.), 1935.
Margat, 1337.
Margon (De la Pause), 974-2777.
Marguerite de Valois, 2456.
Marguery, 2064.
Maria, J. 906.
Marie, J. 1337.

Marigny (J. de), 1602.
Marin, Michel-Ange, 2525-2526-2527-2528.
Marin, J.A. 2395.
Marin, L. 1337.
Marin, P. 644.
Marino, 1569-1570.
Marius Calasius, P. 98.
Marivaux, 996-2060-2061-2062-2642-2643-3087.
Marmier, X. 2289.
Marmontel, 918-1940-2058-2059-2060-2061-2199-2201-2203-2449-3100-3101.
Marolles (M. de), 1145-1149-1169-1251-1264-1294-1610-2019-2027.
Marot, Cl. 1235-1628-1629-1630-1631.
Marryat, 2432.
Marsollier, 2058-2059-2060-2138-2139-2219-2239.
Marsus, P. 1267.
Marsy (L'abbé de), 2581.
Martainville, A. 2060-2063.
Martel (Le P.), 938.
Martelles (Le P. de), 2247.
Martial. M.V. 1295-1296-1297-1298-1299-1300-1301-1302.
Martial d'Auvergne, 2753.
Martial de Brives, 1678.
Martignac (A. de), 1203-2020.
Martin, Aimé. 3040.
Martin, Cl. 938.
Martin, D. 631-632.
Martin, Voyez Lubize.
Martine, J. 1337.
Martineau, Is. 938.
Martinius, M. 369-370-371.
Martinius, P. 73.

Martorell, J. 2358.
Martyr, P. 2947.
Marullus, 1329.
Mascaron. 936-938.
Masclef, 84-85-102.
Maser, G. 1270-3185-3186.
Masius, A. 114.
Massac, C. 1337.
Massac, R. 1337-1338.
Masse, E.M. 2728-2729.
Masselin, 2064.
Masset, J. 509.
Massillon, 938.
Masson (L'abbé), 938-943.
Masson, Michel, 2063-2064.
Mathanasius, Voyez Themiseuil.
Mather Flint, 646-656.
Mathews, Miss. 2484.
Mathieu, P. 1348-1638-1639.
Mathieu de Vendôme, 1328.
Matthæus, L. 1338.
Mattzell, 938.
Maturantius, 839.
Maucroy, 806-3076.
Mauge, A. 1841.
Maugendre, 994.
Mauger, Cl. 644.
Maumenet, 1610.
Maunoir, J. 648.
Maupas, Ch. 510.
Maupas du Tour, H. 959.
Maupeou (P. de), 942.
Maupertuis (M. de), 925.
Maupoint, 2040.
Maurepas, 2778.
Maurice, 2064.
Mauroy (Testu de), 996.
Maurus Terentius, 263-264.
Maury, Jean, 1410-1411.

Maury (L'abbé J.S.), 781-928-996-3156.
Maury, J.A. 2337.
Maury, L.S. 781.
Mauvillon, 766-1610-3049.
Maynard, 1601-1602-1676.
Mayr, G. 77-78.
Mazarin, 2982.
Mazères, 2060-2063.
Mazure, 938.
Meaulx (Fr. de), 986.
Méhégan (G.A. de), 1005.
Méhul, 2228-2239-2240.
Meidinger, 628.
Meister, 1957.
Melanchthon, Ph. 272-675-693-718-722-1043-2936-2938.
Mélesville, 2060-2063-2064-2157.
Melissus, 1506.
Mellinet, 2424.
Melon, 2615.
Mely-Janin, 2156.
Ménage, 577-587-588-1412-3056-3131.
Ménandre, 1985.
Mendoza, Voyez Hurtado.
Ménestrier (Le P.), 938-2057-2166.
Menissier, 2064.
Méon, 1614-1619.
Mennechet, 2263.
Mérard de Saint-Just, 2064-2236.
Mercier, Nic. 33-34-35-1015-2836.
Mercier, J. 93.
Mercier, 1347.
Mercier, L.S. 2059-2061-2127-2128-2129-2130-2131-2132-2702-2703-2704-3328.
Mercier, C.F.X. 3105.
Méré (Le Ch. de), 3070.

Merillius, 1347.
Merimée, P. 2260.
Merle, 2047-2063.
Mertrus de Saint-Ouain, 938.
Merula, G. 1242.
Merula, P. 1142.
Merville, 2263.
Merville, Voyez Camus.
Méry, J. 1611-1853-2262-2719.
Méry (M.C. de), 2251.
Mesemacre (Ph. de), 907.
Meurdrac, 1347.
Meursius, J. 246-3190.
Meursius, Voyez Chorier, N.
Meusnier de Querlon, 938.
Métastase, 2266-2276.
Meyer, 2063-2064.
Michaud, 537.
Michault, 3323.
Michel (L'abbé), 938.
Michel, Fr. 1642.
Michel, Voyez Masson.
Micyllus, J. 1013-1221.
Miege, G. 643-646.
Milleran, B. 2885-2886-2887-2888-2975.
Milesius, Ph. 1347.
Millet, J.B. 1608.
Millevoye, 1610-1611-1817-1818.
Millieus, A. 1413.
Millot, 856-996.
Milon, 2064.
Milton, 1800-1820-1935-1936-1937.
Min-Ellius, 1200.
Mirabaud, 1565.
Mirabeau, 1151-2710.
Miræus, Aub. Voyez Lemire.
Mirandula, Oct. 1136-1137.
Mirone, Voyez Saumery.

Mizaldus, 1347.
Modène (Le Cte de), 1347.
Moenne, P. 938.
Mohl, J. 1965.
Molé (M.^e), 2059-2060.
Moléry, Voyez De Molière.
Molière, J B. 2062-2086-2087-2088-2089-2090.
Molière (H. de), 2064-2806.
Moline, 2060-2220-2238.
Moller, H.F. 2060.
Mollevaut, 1183.
Monchenay (Losme de), 1610.
Moncrif (Paradis de), 2058-2060-2647-2778.
Mondelot, 1842.
Mondonville, 2057.
Mondorge (Gaultier de), 2057.
Mongault (L'abbé), 2914.
Mongin (L'abbé), 938-971-996.
Monistrol, 938.
Monlinot ou Montlinot (Le Clerc de), 3140.
Monnais. Ed. 2063-2064.
Monnet, Ph. 282-354-413.
Monnier, H. 2060-2790.
Monnier, A. 2064.
Mons (Cl de), 1684-1685-1686.
Mons (J. de), 1683.
Monsigny, 2195-2200-2204-2209.
Montague (Lady Wortley), 2971.
Montaigu, P.L. 1611.
Montalan, 1857.
Montbron, Voyez Fougeret.
Montchrétien (A. de), 2066.
Montelet, 971.
Montemayor, 2360-2361-2362.
Montémont, Alb. 40-2432.
Montereuil, 1602.

Montéreal (J. de), 955.
Montesquieu, 2448-3446.
Montfleury, A. Jacob. 2001.
Montfort (P. de), 1348.
Montfort, L.H. 1180.
Montfuron, 1604.
Montgaillard (B. de), 951.
Monti, V. 2263.
Montigny, 2063-2064.
Montjoye, 2711.
Montlyard, 2335.
Montmollin, 3286.
Montmorency (F. de), 1415.
Montreuil (M. de), 3074.
Monvel (Boutet de), 2059-2060-2064-2217-2226.
Moore, E. 2281-2315.
Moore, Th. 1952.
Moquot, 163.
Moratin, 2263.
Moreau, P. 1337.
Moreau, C.F.J.B. 2047-2063-2064.
Moreau, Elise, 1843.
Morel, G. 204-401-402.
Morel, F. 403-404-812-813-814-815-816-817-1103-1104-1105-1416.
Morel (L'abbé), 938.
Morel de Chédeville, 2061-2214.
Morellet (L'abbé), 3305-3332.
Morgan (Lady), 2434.
Morgues (Le P.), 1585.
Morillon, G. 1243.
Morinus, J. 99.
Morisot, C.B. 1337-2346.
Morozzo, F. 2893.
Morus, H. 1347.
Morus, Th. 2936-2938.
Mosant, J. 1447.
Mosche Kimhi, 58.

Moschus, 1031-1033.
Moschopulus, 186-676.
Mosellanus, p. 675-698-722-3185-3186.
Motin, 1598-1601.
Mouhy (Le Ch. de), 2497-2676-2677-2678-2679-2680.
Mounot, 891.
Mourier, 2063-2064.
Moustalon, 18-19.
Mouturier, 302.
Mowinsky, 2263.
Mozart, 2223.
Mozin, 639.
Muisius, 75.

Mulhauser, 2288.
Mullner, 2263.
Munster, s. 56-58-59-91-111.
Muralt (l. de), 3017-3018.
Muret, Ant. 866-867-868-905-2922-2956.
Muret, Th. 2064.
Musac (de), 3273.
Musée, 1031-1098.
Mussonius, p. 2034.
Musurus, 213.
Muxet de Solis, 2278.
Mylander, c. 1507.
Mynoïde Minas, 185-248.

N.

Naevius, Cn. 1142.
Nannius, p. 710-907-1197.
Naogeorgus, Th. 2895.
Natalis de Comitibus, Voyez Comitibus.
Nau, 2058-2345.
Naudé, Gab. 3132.
Naudet, j. 772.
Nauger, a. 1333-3042.
Navius, r. 859.
Nebrissensis, Voyez Antonius, n.
Needham, 1939.
Née de la Rochelle, 2651.
Neez, 1337.
Neoportus, m. 1542.
Neretti, r. 476.
Néricault Destouches, Voyez Destouches.
Nesmond (h. de), 926.
Neufville Montador, 1610-2347.
Neufville (Et. de), 2789.

Neuville (Le R. P. de), 938.
Nezel, 2060-2063-2064.
Nicandre, 1031.
Nicod, 414.
Nicolai, 918.
Nicolaie, Voyez Clairville.
Nicole, p. 172-289-290-291-1139.
Nicolo, 2243.
Nicot, j. 561.
Niemcowitz, 2263.
Niphus, Aug. 668.
Nisard, d. 3243-3261.
Nivelle de La Chaussée, Voyez La Chaussée.
Nivernois (Le duc de), 996.
Nizol, m. 387.
Noailles (Le duc de), 990.
Nodier, Ch. 41-584-609-617-2263-2305-2423-2717-3333.
Nodot, Fr. 2332-2333-3252.
Noel, p.j. 2060.

Noel, Fr. 439-610-1150.
Noet, j. 892.
Nomesseius, Nic. 1126.
Nonantes (de), 2089.
Nonius Marcellus, 269.
Nonnus, Pan. 1097.
Normanby, 2433.
Norvins (m. de), 1834.

Nostradamus, 1641.
Nota, 2263.
Nouet (Le P.), 938.
Nougaret, 2463.
Noyer, p. Voyez Delacroix.
Nugent, 2433.
Nunnes, p. Voyez Pincianus.

O.

Obrizius, r. 1418.
Obry, j.b.v. 46-133-561.
Obrynski, 893.
Obsequens, Julius, 2915.
Obsopoeus, j. 1038-1099-1100-1101 2922.
Oddoul, 2931.
Oger, c. 1337.
Ogier, Fr. 938-952-3276.
Ogier, r. 569.
Oginsky, 2263.
Olivera (de), 2060.
Olivet (L'abbé d'), 565-584-996-1336-3168.
Olivier, p. 739.
Olivier (L'abbé), 2628.
Omphalius, j. 713-714-715.
Oppien, 1089-1090-1091.
Opsopoeus, Voyez Obsopoeus.
Orbicius, 224-228.
Orléans (Le P. d'), 907-1610.
Ormesson (Le P. d'), 318-938.

Orneval (d'), 2058.
Orphée, 1031-1068-1069.
Orry (Le P.), 2247.
Ortis, j. 2966.
Osiander, 92.
Ossat (Le card. d'), 2980-2981.
Ostrowski, Ch. 2064.
Ottius, h. 502.
Otway, Th. 2263-2264-2284-2969.
Oudin (Le P. f.), 1347.
Oudin, Cés. 459-484-485-493-494.
Oudin, Ant. 459-468-469-475-485-511.
Ourliac, e. 2794.
Ourry, 1611-2047.
Ouville, Voyez Le Metel.
Ouvrard, r. 1337.
Ouvray, 943.
Oven, j. 1543.
Overnay, 2063.
Ovide, 1140-1141-1221 à 1251.
Ozerof, 2263.

P.

Paesiello, 2220-2224.
Paganel, 1575.
Pagnini, g.m. 1009.

Pagnino Sante, 93-94-95-96.
Paillet, f.h
Pain, p.h.a. 552.

Pajot, c. 203-283-406-415-416-417-731-1119.
Palaprat, 2061-2062.
Palet, j. 492.
Palingène, m. Voyez Manzoli.
Palissot de Montenoy, 2060-2061-2062-2122-3021-3103.
Pallavicino, f. 2824.
Palma Cajetanus, 47.
Panckoucke, h. 615-1611-2781.
Pangloss, m. 2064.
Paolini, l. 2945.
Papius, And. 1098.
Papus, r.p. 1337-1347.
Paquis, 2436.
Parabosco, g. 2960.
Pareus, d. 697.
Parfaict (Les Frères), 2039.
Paris, j. 938.
Paris, Paulin, 590-1952-3264.
Parisau, 2060.
Pariset, 993.
Parmentier, f. 1337.
Parmindo, 1186.
Parny, Evar. 1810-1811-1812.
Parrain, B^{on} des Coutures, 1146.
Parrelle, 2106.
Parrhase, a.j. 1242.
Parrhase, Th. Voyez j. Le Clerc.
Parseval Grandmaison, 1820.
Parthenius de Nicée, 2324.
Partout, Voyez Boyer.
Pascal, Jacqueline, 3031.
Paschasius, St. 1337.
Pasor, g. 242-243-1066.
Pasquier, Et. 2979.
Passerat, j. 394-395-869-1337-1347-1348-2386.
Patenatius, Ph. 1419.

Patin, g. 2994-2995-2996-2997-3132.
Patin, h. 20-3158.
Patot (Tyssot de), 2488.
Patrat, 2060-1063-2235.
Patru, 6-918.
Paul de Kock, Voyez Kock.
Paulin, 2063.
Paulinus, f. 687.
Paulinus, p. 1316.
Paulinus à S.-Josepho, 870.
Paulmy (Le Mis de), 996.
Paulyanthe, Voyez Chaponnier.
Pélée de Chenouteau, 3125.
Pellegrin, 1211-1893-1894-1895-1896-1897-2057-2189-2190.
Pelletier, g. 747-748.
Pellico, s. 2263.
Pellisson, j. 281-1107.
Pellisson Fontanier, p. 918.
Penon, f. 1420.
Peranda, g.f. 2962.
Perger, a. 547.
Periander, g. 1527.
Périer, 3031.
Périon. j. 501-1088.
Perlet, Ad. 3231.
Pernetti (L'abbé), 2663.
Pernot, 2064.
Perotti, n. 254-270-1347.
Perpinien, j.p. 871-872.
Perrault, Ch. 2386-2460-3234.
Perreau, p.j. 938.
Perrin (L'abbé Ch.), 1337.
Perrin, j. 653.
Perrin, p. 1182-1421-1719.
Perrin ou Perin, René, 2059-2060-2063-2133.
Perse, 1271-1272-1273-1274-1275-1276-1284 à 1294.

Persio, As. 2823.
Personne, 976.
Peschier, 639.
Pesselier, 1610.
Pestel, 1337.
Pétau, D. 818-819-813-874-875-1337 1422-1423-2957.
Pétiot, 906.
Pétis de la Croix, 2356.
Petit, P. 1347-1424-3213.
Petit, A. 2064.
Petit, Sam. 3212.
Pétrarque, 1477-1551-1552-1553.
Pétrone, 2328-2329-2330-2331-2332 2323-3251-3252.
Petrucci, J. 1339.
Peyrard, J. 1047.
Peyton, W. 647-648.
Phalaride, A. 2895.
Phèdre, 1141-1255-1256-1257.
Phelippe (Le P.), 938.
Phile, 1092.
Philelphe, 2296-2934.
Philémon, 1985.
Philibert Soupé, 3215-3248.
Philidor, 2062-2194-2196.
Philipon (M.elle), Voyez M.e Roland.
Philippe, E.A. 845.
Philippe, Et. Voyez Dennery.
Philippe de St.-Jacques, 918.
Philippe de Sainte-Thérèse, 938.
Philipon de la Madelaine, 2890.
Philips, K. 2969.
Philomathus, Voyez Chigi.
Philoponus, J. 186-199-228.
Philoxène, 222.
Phocylide, 253-1031.
Phrea, J. 2748.
Pibrac, V F. 1434-1638-1639.

Pic, 2181-2182.
Pic de la Mirandole, 713-1900.
Picard, 2047-2059-2060-2063-2145-2146.
Piccini, 2208-2211.
Pichot, A. 1951-2263-2280.
Pichon, A. 2897.
Pichou, 2072.
Picken, 2433.
Picou (H. de), 1610.
Picquigny (Augustin de), 938.
Pidansat de Mairobert, 3038.
Pierius Valerianus, 1158-1159.
Pierres de Fontenailles (Le Ch. de), 1795.
Piestre, Voyez Cormon.
Pieyre, 2060.
Pigault Le Brun, 2059-2060-2063-2230.
Piis (Le Chev. de), 2059-2060-2061.
Pillet, 2063.
Pillon, 2059.
Pimenta de Aguyar, 2263.
Pincianus, F. 2922.
Pincierus, J. 1528.
Pindare, 1032-1050-1076-1077-1078-1079.
Pindemonte, H. 2263.
Pingré, A.G. 1254.
Pino da Cagli, 2265.
Pintheau, 1347.
Pinus, A. 698.
Piquet, 2410.
Piron, 1610-1786-2060-2064-2062-2145-2978-3088.
Pirot, E. 907.
Pisides, G. 1403.
Pithou, P. 1274-1279-1303.
Pitra, 2057.

Pitre Chevalier, 2163.
Pius, J.B. 1143-1259.
Pixerécourt, Voyez Guilbert.
Planard (E. de), 2060-2063-2064-2157.
Planche, J. 237-239-802-3161.
Platel, 938.
Platon, 795-806.
Plats, Ph. 549-633.
Plaute, 1141-2001-2002-2003-2004-2005-2006.
Pleinchesne (B. de), Voyez Regnard.
Plethon, 1100.
Pleuræus. N. 1425.
Pline, l'ancien, 1089.
Pline le jeune, 851-852-853-854-2915-2916-2917-2918-2919-2920.
Pluchonneau, 2798.
Pluquet, F. 1615.
Plutarque, 186-199-226-228-2759.
Podesta, 467.
Podiani, F. 2265.
Pogge, 2752.
Poilly (And. de), 1121.
Poinsinet, A.A.H. 2057-2058-2060-2061-2062-2194-2196.
Poinsinet de Sivry, L. 1985.
Poirié Saint-Aurèle, 1680.
Poirson, 2060.
Poisson (Le P.), 938.
Poisson de la Chabeaussière, 2059-2060-2062-2118.
Polignac (Le card. M. de), 1426-1427-1428-1429.
Politien, A. 1333-1478-2927-2928-2929.
Pollux, 219-220.
Polybe, 825.
Pomey, F. 407-421-423-674-1117.

Pomis (David de), 97.
Pompeius Festus, 254-255-256-257-261.
Pompignan, Voyez Le Franc.
Pomponius, J. 1162-1188.
Poncet de la Rivière, 938.
Poussemothe de L'Estoille, 938.
Pontanus, J. 1164-1479-2840-3190.
Ponthieu (Le Ch. de), 2597.
Pont de Vesle, 2058-2060-2062.
Pope, 1060-1940-1941-1942-1943-1944.
Poppleton, 655.
Porcacchi, 1555-1556-2822.
Porée, Ch. 905-938.
Porphyrion, 1191.
Portes, 1610.
Porti, Em. 217.
Portius, S. 411.
Portus, Fr. 1430.
Possel, J. 209-210.
Possevin, A. 723.
Postel, G. 139.
Potier, 2063.
Potron, A. Voyez Regnault.
Potter (A.E. de), 2742.
Poubeau, T. 904.
Pouchot, 1611.
Poujol, 2060-2063-2064.
Poulain de la Barre, 364-2816-2847.
Poupée, E. 562.
Pourchel, Alf. 2164.
Poussin, N. 3006.
Pradschnacari, 1966.
Prarond, E. 1889-2310-2314-2472-2504.
Préchac (de), 2595.
Préfontaine (Longuet de), 1337.

Préfontaine (Le S.ʳ de), 2594.
Prémare (Le P.), 1610.
Prémontval (L.ɢ. de), 3150.
Presteau, Cl. 1337.
Prévost (L'abbé), 904-1431-2416-2633 à 2644-2907-2912.
Prevosteau, J. 1347.
Prilleux, 1611.
Priscien, 262.
Procope, 2062.
Probus, 1155-1156-1157-1158-1162
Prodome, Th. 2326.
Prompsault, 1621.
Properce, 1140-1152-1153.
Prosper (Saint), 1324-1325-1326.

Prosper, 2063-2064.
Prudence, A. Cl. 1319-1320.
Psellus, 1400.
Publianus, 1307.
Pulgar (F. de), 2947.
Pujet de la Serre, Voyez La Serre.
Pujet de St.-Pierre, 994-2631.
Pujoulx, 2061.
Pulcharelli, 1480.
Pulman, T. 1137-1279-1312.
Pure (M. de), 699.
Puységur (M.ⁱˢ de), 2672.
Pylades, Br. 1064.
Pyrrhus, ɢ. 1314.
Pythagore, 153-1031.

Q.

Quatremère de Quincy, 3006.
Quennes (Le S.ʳ de), 1721.
Quénot, J.P. 785.
Querculus, N. Voyez Chesneau.
Quétant, 2058-2059-2060-2061-2197
Quevedo de Villega, 2378-2379.
Quicherat, L. 1122-1590.
Quillet, Cl. 1432.
Quinault, 2057-2058-2085-2173-
2174-2175-2276-2177-2178-2179-2180-2208-2211.
Quinet, Edg. 3265.
Quinquarboreus, J. 63-64-65-66-67-68.
Quinte-Curce, 855.
Quintilien, 694-695-696-697-698-699-700-701-702-847-848-849-850.

R.

Radonvillers (L. de), 996.
Rabelais, 2577-2578-2579-2580-2581.
Rabener, 1955-1956.
Rabirius, J. 349.
Racan, 1601-1694-1695.
Racine, J. 996-1975-2058-2060-2062-2094-2095-2096-2097-2098.
Racine, L. 1765-1766-1767-1768-
1769-1770-3084-3085.
Rader, M. 1297-1298.
Radet, 2060-2063-2221.
Rænereus, J. 333.
Raffart de Brienne, 2060.
Raisson, H. 2807-2809-2810-2811-2812-2814-2815.
Rameau, 2190-2191.
Ramon de la Croisette, 2060.

Rampalle, 920-1001-1602-1604.
Ramponneau, Voyez Voltaire, 3305.
Ramsay, 2444-2445-2446.
Ramus, p. 166-285-1064.
Ranconnet (H. de), 594.
Rangouse et Rangouze, 3001-3002.
Raoul, L.v. 1216-1276-1282-1283.
Raoul, Max. 2063.
Raoul, Voyez Chapais.
Rapheleng, F. 95-96-124.
Rapin (Le P.), 778-918-1012-1337-1347-3235-3236-3244-3250.
Rapine de Ste-Marie, 968.
Rappolt, F. 1200.
Ratallerus, G. 1992.
Ratouyn, 938.
Ravaud, Ab. Voyez Remi.
Ravenel, 2982.
Raverinus, k. 332.
Ravisius Textor, 381-382-383-384-385-1124.
Raymond, 2064.
Raynal (L'abbé), 2424-2425-3155.
Raynouard, 506-1616-2059.
Razins de St-Marc, 2057.
Real, a. 50.
Rebatu, 1337.
Redon (M. de), 2063.
Regnard, 2060-2061-2062-2101-2102
Regnard de Pleinchène, 2060.
Regnault, 2063.
Régnier, M. 1660-1661.
Regnier Desmarais (L'abbé), 519-520-521-996-1337.
Regnier, Ad. 630.
Regnier, F.J.F. 907.
Regnier Destourbet, 2063-2264.
Remi, Abr. 1337-1433-1434.
Rémond, Fr. 1334-3047-3048.

Rémond de Saint-Albine, 1974.
Rémond de Saint-Mard, 2167-3080.
Remmius, Voyez Remi.
Remus, G. 820.
Remusat, Abel, 136-2263.
Remusat (Ch. de), 2263.
Renard (M.e), 1610.
Renaud, 2064.
Renauld de Beaulne (Le P.), 939.
Rendu, Amb. 9.
Renier, Léon, 1084.
Renou, J. 100.
Renouard, A. 2038.
Renouard, M. 1228-1229.
Restaut, 524-525-526-556-557.
Retz (Le card. de), 2977.
Reuchlin, A. 92.
Reveillé Parise, 2997.
Reybaud, L. 2408.
Reymar, A. 2841.
Reyrac (L'abbé de), 2450.
Rhodiginus, L.C. (Ricchieri), 3199-3200-3201-3202.
Ribbing, Voyez de Leuven.
Ribie, 2063.
Riboutté, 2060-2063.
Ricard, A. 2723.
Riccoboni, Ant. 662-663-665-2060.
Riccoboni, L. 1973-2060.
Riccoboni, A.F. 2058.
Riccoboni (M.e), 2058-2555-3093.
Richardson, 2415-2416.
Richebourg, Voyez Le Givre.
Richelet, P. 592-593-1592-1593-2976.
Richelieu (Le duc de), 996.
Richeome, 944-974-975.
Richer, Ed. 3-724.
Richery (L'abbé de), 938.

Richter, J.P.F. 2399.
Rigoley de Juvigny, 3088.
Rigord, 1337.
Rigot, 2064.
Rimbault, 2064.
Rimbaut, H. 2064.
Ringelberg, J.P. 708-721.
Ripaut, M. 1347.
Riquetti (L'abbé de), 971.
Riquier, J.F. 1347.
Rivard, 253.
Rivillon, F.T. 3253.
Robbé de Beauveset, 1792.
Roberdeau, 533.
Robert (M.ᵉ), 2549.
Robert, A.C.M. 2297.
Robert, D C. 3094-3095.
Robert, P.H. 1845.
Robin, F. 1988.
Robinet, 649.
Robles (L.de), 481.
Robynet, 1610.
Roche, E. 2064.
Rochefort (c. de), 586.
Rochefort (G. Dubois de), 1993.
Rochefort, Ed. 2063-2064.
Roche-Maillet, M. 1438.
Rocher, 2063.
Rochester (J. of), 2969.
Rochette, R. 1982.
Rochon de Chabannes, 2059-2060-2064-2137.
Roger, Al. 2063.
Roger, V. 2064.
Roger, F.S. 2925.
Roger, J.F. 3107.
Roger de Beauvoir, 2064.
Roguenant, J. 1435.
Rohan (L. de), 996.

Rohault, Cl. 1722.
Roillet, Cl. 1347.
Roisin (Le B.ᵒⁿ F.), 3266.
Roland (M.ᵉ), 3039.
Rolland (Le prés.), 1000.
Rollin, 8-9-10-742-1337-3060-3144.
Romand, H. 2063.
Romieu, A. 2256-2807-2810-2811.
Romolini, 3223.
Rondeau, P. 548-638.
Rondet, L.E. 435-436-437.
Rongol (de), 1610.
Ronsard (P. de), 1347-1642-1643-1644-1645.
Ronsin, 2142.
Ronteix, E. 2064.
Roquette (G. de), 938.
Roquette (H.E. de), 938.
Rosen, F. 1969.
Roset, 2058.
Rosier, 2063-2064.
Rosoy (Ch. de), 3192.
Rosset (F. de), 1598.
Rosset, P. 1436.
Rossi (G. de), 2263.
Rossi, B. 2057.
Rothelin (L'abbé de), 996.
Rotrou, J. 1604-2073-2074-2075.
Roubaud, 567-568.
Roucher, 1611.
Rougemont (B. de), 2063-2064-2457
Rouillard, S. 2769.
Roullé, J. 530.
Rousseau, J.B. 1757-1758-2064-2192.
Rousseau, J.J. 2668-2978-3152.
Rousseau de la Valette, 2609.
Rousseau, James, 2061-2802-2807-2813.
Rousseau, A. Voyez de Beauplan.

Rousselet, 1610.
Routh (Le P.), 1935.
Row, J. 79-89.
Rowe, 2263-2264.
Roy, P.C. 2057-2058-2173-2187.
Roger, Al. 2064.
Rozier, 2063.
Rozoi ou Rozoy (B.F. de ou du), 2058-2060-2250.
Ruæus, Voyez De la Rue.

Ruben, C 960.
Rufus, G. 1437.
Ruland, M. 244.
Rupe Mallæus, M. 1438.
Ruscelli, H. 2959.
Ruscelli, J. 1554.
Rutlidge (Le chev. de), 2059-2061.
Ruxius, Ph. 1047.
Rycquius ou de Rycke, J. 1347-1529.
Rywocki, 893.

S.

Saavedra y Fajardo, 3224.
Sabatier, A.J. 784.
Sabatier de Castres, 2386-3294-3320.
Sabbagh, M. 1964.
Sabellicus, Ant. 875-1259-1482-2932.
Sabinus, A. 1244.
Sablé (La M.se de), 3143.
Sablon, 1564.
Sacchini, 2207-2213-2216-2218.
Sachy (J. de), 2038.
Sacombe, 1826-1827-1828.
Sacy (L. de), 853-854-2919-2920.
Sacy (Silvestre de), 1040-1091-2354.
Sacy (Le P. de), 1337.
Sacy (Cl. L.M. de), 2693.
Sadolet, J. 865-1333-2940.
Saemund le Sage, 1962.
Sainjore, Voyez R. Simon.
Saint-Aguest, Voyez Maurice.
Saint-Aignan (Le duc de), 996.
Saint-Albine, B. Voyez Rémond.
Saint-Amant, 1680-1681-1921-1922.
Saint-Amand (Amand Lacoste), 2063-2064.
Saint-Ange (F. de), 1239-1247-1248.

Saint-Aulaire (Le M.is de), 996.
Saint-Aulaire (de), 2263.
Saint-Desiré, 2712.
Saint-Donat, Voyez Coupé.
Saint-Edme ou Saint-Elme, Ida, Voyez La Contemporaine.
Saint-Evremond, 2614-3075.
Saint-Foix (P. de), 2060-2061.
Saint-Georges (H. de), 2157-2063-2064.
Saint-Georges (Guillet de), Voyez Guillet.
Saint-Gervais, Voyez Alhoy.
St.-Gilles (Robert de), 938.
St.-Hilaire (E. Marco de). 2063-2064-2726-2804.
St.-Hyacinthe, 2405-3304.
St.-Jean (de), 1337.
St.-Jory (Le Ch.r R. de), 2495-3079.
St.-Laurent, 2060-2063.
St.-Lambert, 1805-1806.
St.-Laurent (Vincens), 2263.
Ste-Malachie (L. de), 1548.
St.-Marc (Razins de), Voyez Razins
St.-Marc (Lefèvre de), Voyez Lefèvre

St.-Mars (L'abbé de), 938.
St.-Martin (Le S.r de), 1740.
St.-Martin (Filleau de), Voyez Filleau.
St.-Maur (Dupré de), Voyez Dupré.
St.-Maurice (A. de), 576.
St.-Maurice (c. de), 2808.
St.-Michel (Cosme de), Voyez Cosme.
St.-Paul (Ch. de), 753.
St.-Philip, Voyez Cartier.
St.-Pierre (Pujet de), Voyez Pujet.
St.-Pierre (Bernardin de), 3011.
St.-Priest (Le C.te de), 2263.
St.-Réal (L'abbé de), 918-2602-2910.
St.-Remy (La Landelle de), Voyez La Landelle.
St.-Surin, 1748.
St.-Yves, Voyez Deaddé.
Sainte-Beuve, C. A. 3107-3268-3334.
Sainte-Marie (B. de), Voyez Rapine.
Sainte Marthe (Sc. de), 895-1333-1338-1439-1663-3049-3054.
Sainte-Marthe (c. Ab. de), 895-3054.
Saintine, 2063-2064.
Salabert, 754.
Saladin, 2263.
Salazar (A. de), 483.
Salcedo, Voyez Impius.
Salel, H. 1058.
Salerno, 457.
Sales (Ch. A. de), 938.
Salieri, 2215.
Salle (E. de), 1951
Sallé, 2778.
Sallengre, 1754-2770-3312.
Sallier, I. 3220.
Salluste, c.c. 827-855.
Saluste, G. Voyez Du Bartas.
Salvandy, N.A. 2727.

Salvat, 2064.
Salverte, E. 1611.
Salviati, 2383.
Sammarthanus, Voyez Sainte-Marthe
Samson, 2063.
Sanadon (Le P.), 1207-1208-1440.
Sander, 1347.
Sandras de Courtilz, 2644.
Sanlecque, 1610.
Sannazar, 1333-1483-1484-1485.
Sansaric, 3169.
Sansovino, F. 1549-2892.
Santerre (L. de), Voyez Lourdet.
Santeuil, Cl. 1445.
Santeuil, J. 1337-1338-1347-1441-1442-1443-1444-1898.
Santeul (E.N.F. de), 994.
Sanvitale, F. 1570.
Sappho, 1032-1067.
Sarbievi, C. 1509.
Sarrazin, 3280.
Sarrau, Cl. Voyez Sarravius.
Sarravius, Cl. 2955.
Saumery, 2630-3325.
Saunier (L'abbé), 3319.
Saurin (L'abbé), 1898.
Saurin, B.J. 2058-2060-2061-2062.
Sautel, 1446-1447-1448.
Sautreau de Marsy, 1910.
Sauvage, 2063-2064.
Sauvigny (E. de), 1045.
Sauvigny (Billardon de), 2058-2060.
Savary, 122.
Scaliger, J. 259-260-261-1014-1404-1161-1186-1252-1253-1486-1487-1488-3136-3137.
Scapula, 231-232-233-234.
Scarron, P. 919-1604-1923-1924-2594-3069.

Schaaf, G. 147.
Schaefer, 2325.
Schakofskoi, 2263.
Scheffer, s. 1510.
Schickard, w. 52.
Schiller, 2264-2287-2288.
Schlegel, A.G. 2292.
Schmid, E. 1077.
Schneider, J.G. 1068.
Schœbel, c. 622.
Schoof, 313.
Schopenhauer (M.e), 2402.
Schopp, Voyez Scioppius.
Schorus, A. 349.
Schott, A. 350.
Schrevelius, 235-256-1066-1286-1300-2011-2833.
Schurman (A.M. de), 3055.
Sciarra, 1347.
Scioppius, G. 3217-3218.
Scobarius, v. 674.
Scopon, J. Voyez Julien.
Scoppa, A. 1020-1589.
Scot, Alex. 167-168-388-389.
Scott, Walter, 2743.
Scoto, L. 1570.
Scribe, Eug. 2060-2062-2063-2064-2157.
Scudery (M.lle), 2530-2531-2532-2850-2851.
Scudery, G. 921-1007-1692-2057-2077.
Secchi, N. 2265.
Second, Jean, 1151-1329.
Sedaine, 2057-2058-2060-2061-2062-2195-2200-2209-2245.
Sedulius, C. 1327.
Ségaud (Le P. G. de), 1337.
Ségla (J. de), dame de Montegut 1777

Segrais (J.R. de), 1173-1178-1604-2536-2604.
Ségui et Séguy (L'abbé), 971-3086.
Séguier de St.-Brisson, 207.
Ségur, jeune (Le V.te de), 2060-2237.
Seiler, 2325.
Séjournant (N. de), 495.
Sélis, 1611.
Semet, L.T. 1881-1882-1883-1884.
Senaud, J.A. 938.
Senault, J F. 938-940.
Senèque, 697-2021-2022-2023-2024-2025-2026-2027-2748-2921-2922-2923-2924-2925-2926.
Séran de la Tour, 3229.
Serionne, Voyez Accarias.
Serré et Seré (J. de), 1762-1943-2395.
Serrony, H. 938
Servien, 1640.
Servilius, J. 409-410.
Severus, P.C. 1220.
Seveste, 2060.
Sévigné (M.e de), 2977-3032-3033-3034.
Sewrin, 2060-2063.
Shakspeare, 2061-2264-2279-2280-3258.
Shelley, Miss. 2433.
Sheridan, R.B. 2263-2264-2285-2286.
Sheridan Knowles, 2433.
Sherlock, 3023.
Sherwood, 657.
Sibilet, 1582.
Sibille, 2826.
Sicard, 38.
Sidelmann, E. 245.
Sidetas, M. 1030.

Signol, 2063.
Sigonio, Ch. 866-867-876.
Silhouette (e. de), 1942.
Silius Italicus, 1267-1268-1269.
Silvestre de Sacy, 1010-1091.
Silvestre, A.F. 994.
Simon, J.F. 39-629-3013.
Simon, Richard, 3013-3341.
Simon, J. 2035.
Simon de Colines, 275.
Simon de Doncourt, 1899.
Simonide, 1032.
Simonin, St. 1449.
Sinner (L. de), 129.
Siraudin, 2063.
Siret, 650-655.
Sirijanis (v. de), 736.
Sirmond, J. 1337.
Sivry (M.e), Voyez Vannoz.
Slaughter, 83.
Smetius, H. 1111-1112.
Smollet, 2410.
Snorre Sturleson, 1962.
Sobrino, F. 488.
Socrate, 2894.
Solié, 2060-2231-2245.
Solignac (Le Ch. de), 2667.
Sophocle, 1983-1989-1990-1991-1992-1993-1994-2060-2061.
Sorbière, s. 3138.
Sorbin de Ste.-Foy, 941.
Soter, J. 1036.
Soucanye, 1337.
Souchay (L'abbé), 1747.
Soulié, Fr. 2060-2063-2064.
Soumet, Al. 1847-2063.
Soupé, Philibert, 3215-3248.
Souriguères, 2860.
Souvestre, Em. 2063-2064.

Souza (M.c de), 2559.
Spagnuoli, Voyez Mantouan.
Spelmann, H. 445.
Spencer, 1186.
Spondanus, J. 1050.
Spontini, 2242-2244.
Stace, 1303-1304-1305-1306.
Staël (Le B.on de), 2263.
Staël Holstein (M.e de), 2565-2566.
Stancar, F. 61.
Starter, 1961.
Steibelt, 2227.
Stenzler, A.F. 1967.
Stephen, Voyez Arnoult.
Stephonius, B. 2036-2037.
Sterne, 2424.
Stésichore, 1032
Stoa, J.F.Q. 1481.
Strada, Fam. 744.
Stuart, Marie, 3030.
Sturm, J. 349-2880-2941.
Suares, J. 939.
Subligny, 1693.
Suckau, 2402.
Suckling, J. 1938.
Suere du Plan, 317-825.
Suétone, 2915.
Suidas, 215-216-217.
Sulpice, 265.
Sulpicia, 1285-1346.
Surin (Le R. P.), 1892.
Surius, J. 1450.
Suzemain, 2059.
Swift, 3319.
Sylburg, F. 161.
Sylvius, F. 837-838-1106-1296-1318
Sylvius, J. 2839.
Sylvius, Voyez Texier.
Syméon de Malmedy, 1347.

Symmaque, 1316.
Synesius, c. 2748.

Syrus, Pub. 1120-1253.

T.

Tabary (Le P.), 938.
Tabourot, Et, 2765-2766-2767.
Tachart, 424-425.
Tacite, 855-3157.
Taillon, 1347.
Talæus, a. 679-712.
Talairat (g. de), 1610.
Talbert (L'abbé), 973.
Tallemant (Le P.), 938-978.
Tallier, 1347.
Talma, 2047.
Talois, p. 961.
Tarbé, p. 1905.
Tarillon, f. 1047-1337.
Tarini, 793.
Tarteron (Le P.), 1206-1292-1293-1294.
Tasse, 1561-1562-1563-1564-1565-1566-1567-1611-2272-2273.
Tassoni, 1571.
Tassy (h.f. de), 938.
Tastu (M.e Amable), 1870-1871-1872-2407.
Tatius Achilles, 2324.
Taurapis, 2009.
Tavernier, n. 905-1337.
Taviaud, 20.
Techeide (h. de), Voyez Texeda.
Teissier, 1713.
Tende, (g. de) 362.
Térence, 1141-2007 à 2020.
Terentius, Joh. 80.
Terentius Maurus, 263-264.
Ternet, Cl. 2099.

Terrasson (L'abbé), 2447.
Terrier, 2063.
Tesauro, Em. 1337-1490-1491-2893.
Testu (L'abbé), 1729.
Testu de Mauroy, 996.
Texeda (h. de), 481-2361.
Texier, Ed. 2801.
Textor, Voyez Ravisius.
Théaulon, 2060-2063-2064.
Theil, n. 241.
Thémiseul de St.-Hyacinthe, 3304.
Thémiste, 820.
Théocrite, 1031-1033-1080-1081-1082-1083-1084-1085.
Théodorite, 156.
Théodoricus (j. Bellov.), 331.
Theodulus, 1489.
Théognis, 1031.
Théophile, 1665-1666-1667.
Théry, 937.
Thiberge, n. 1337.
Thiboust, l. 1258-1337.
Thibault, Dieudonné, 774.
Thibouville (Le M.is de), 2681-2682.
Thierry, 994.
Thierry, a. Voyez Albert.
Thiers, 2047.
Thiessé, Léon, 2047-3028.
Thomas, a.l. 943-987-994-996-3000-3091-3092.
Thomassin (Le P.), 44-3241.
Thompson, w. 1048-2263.
Thou (j.a. de), 1451-1452-3134.
Thucydide, 795-824-825.

Thuring, 2060.
Thurot, Fr. 37.
Tibbins, 659.
Tibulle, 1140-1151-1153.
Tiliobroga, Fr. 1303.
Tilleul, Alfred, 2064.
Timon, 3269.
Timonneville, 1347.
Timpius, M. 746.
Tiphaigne de la Roche, 2646.
Tiraquelle, And. 3197-3198.
Tissot, C.L. 2060.
Tissot, P.F. 3173.
Tite-Live, 855.
Tixier de Ravisi, Voyez Ravisius.
Tobin, J. 2263.
Tomès, 2263.
Tonwlay, J. 1939.
Torches (L'abbé de), 2267-2272-2273.
Tornorupæus, J. 1274.
Torquemada (A. de), 2873.
Torres Naharro, 2263.
Tortellius, J. 316.
Tourlet, R. 1079.
Tournay, 1184.
Tourné, P. 2038.
Tournebelle, pseud. Grille, 1611.
Tournemine, 2063-2064.
Tournon (Fr. de), 980.
Tousez, Alcide, 2064.
Toussaint, 2421.
Toutan, 2063.

Touvan, 1601.
Trapezuntius, G. 832-839.
Trelon (Cl. de), 1653-1654.
Treneuil, 1829.
Tressan (Le C.te de), 1558-2669.
Tresséol (R. de), 2421.
Tricaud (Ant. de), 3309.
Tricot, 306.
Trigny, Voyez Lancelot, Cl.
Trissino, G. 1560.
Tristan l'Hermite, 1677-2057.
Trognon, 2263-2264.
Troin, 2063-2064.
Tromlitz, 2402.
Trublet (L'abbé), 777-3320.
Tryphiodore, 1031.
Tryphon, 156-202-226-228.
Tscharner, 994.
Tschoudi, 2215.
Tuccius, St. 905.
Tuet (L'abbé), 1123.
Tuffé, 2064.
Tully (H. de), 2064.
Turcelin et Turselin, H. 320-569.
Turchi, 1241.
Turgot, 1957.
Turnèbe, Ad. 1193-1347-3203-3204-3205.
Turold, 1612.
Tusanus, L. 226.
Tyrwhitt, Th. 1069.
Tyssot de Patot, 2488.
Tzetzès, Is. 1093.

U.

Ubaye (P. d'), 939.
Ubertinus, Cres. 1242.
Ulpien, 800-801.

Unsi-Terma (d'), pseud. de Mérard de St.-Just, 2061.
Urbain VIII. 1337.

Urbanus, Voyez Bolzani.
Urfé (h. d'), 2582-2583-2983.

Ursinus, Ful. 256-260.
Uzanne, 2064.

V.

Vadé, 1926-2059.
Vadé, Voyez Voltaire, 3305.
Vaez, Voyez Van Nieuwenhuysen.
Vaillant, h. 1347-1453.
Vairasse, 2489.
Valart, Voyez Vallart.
Valentin, Ery. 2880.
Valerand de la Varanne, 1454.
Valerius Flaccus, 1270.
Valgius Rufus, 1135.
Valhebert (s. de), 588.
Valincourt (de), 996.
Valla, g. 1278.
Valla, l. 329-330-331-332-333-334-335.
Valla, n. 1065.
Valladerius, And. 727.
Vallart (L'abbé), 299-300-301-527-1120-3254.
Vallier, 1611.
Vallongnes (p. de), 907-1347.
Valois (a. de), 1337-3139.
Valois (Ch. de), 3139.
Valory (Le C.te h. de), 1186.
Valory, Voyez Mourier.
Van Aylde Jonghe, El. 2568-2569.
Vanderburck et Vanderburch, 2060-2063-2064-2157.
Van Effen, 2405-3304.
Vanière, j. 1131-1338-1455-1456.
Van Nieuwenhuysen, 2063.
Vannoz (M.e de), 1829.
Varchi, b. 2820.
Varennius, j. 186-202.

Varez, 2063-2064.
Varin, 2063-2064.
Varner, 2060-2063-2064-2157.
Varron, Ter. 254-255-256-257-258-259.
Vatan (Le Chr de), 2135.
Valette, j. 1474.
Vatout, j. 2258.
Vaubert, l. 1337.
Vaubert, p. 2038.
Vaugelas (c.f. de), 570-571.
Vaulabelle, Voyez Cordier.
Vaumorière (p.d. de), 922-923-2883.
Vauréal, Voyez Guérapin.
Vavassseur, Fr. 1026-1337-1347-1457-2747-3219.
Vega (Gab. de), 1580.
Vellutello, Al. 1549-1551.
Veltkirch. 338.
Veneroni, 463-464-465-476-467-2965.
Vente, 2045.
Venuti, f. 474.
Verepée, 1108-2881.
Vergara, f. 157.
Verger, v. 3189.
Vergier, 1753-2386.
Vergilius, 1088.
Verinus, m. 1338-1492.
Verjus, a. 1337.
Vermond (L'abbé de), Voyez Duveyrier.
Vermond, p. 2064.
Vernant, 2060.

Vernes de Luze, 2253.
Verreius Flaccus, 256-257-260-261.
Versellanus, G. 1259.
Versilli (de), 1610.
Verton (Lainier de), Voyez Lainier.
Vertranius, M. 258.
Verucci, V. 2265.
Verulan, s. 1258-1259-1261.
Vial, 2059-2063.
Vialle, 619.
Viardot, L. 2375.
Vias (B. de), 1458.
Viaud, Voyez Théophile.
Vichnou Sarma, 2291.
Victorinus, M.F. 264-678
Vida, 1333-1493-1494.
Vien (M.ᵉ) 1073.
Viennet, 2063.
Viette (B. de), 1008.
Vieyra, 948.
Viger, Fr. 205.
Vignacourt (Le C.ᵗᵉ de), 2629.
Vignal, F. 67.
Vignat, Ab. 2934.
Vigneul de Marville, Voyez Argonne.
Vigenère (Bl. de), 1563.
Vigny (Alf. de), 2730.
Vigor (M.ᵉ), 941-2552.
Vilbonius, 282.
Villaret, 3154.
Villars (L'abbé de), 3225.
Ville (J.B. de), Voyez Deville.
Villedieu (M.ᵉ de), 2533-2534-2535.
Villemain et Willemain d'Abancourt, 1801.
Villemain, A.F. 2263-3111-3260.
Villeneuve (Vallou de), 2063-2064-2489.
Villeneuve, Voyez Listonay, 2499.

Villepreux, 904.
Villeran, 2064.
Villetard, 3259.
Villette, 938.
Villiers (P. de), 1337-1347-1611-2090-2094-2871-2614.
Villiers du Terrage (Le V.ᵗᵉ de), 1846.
Villon, Fr. 1621-2062.
Vincart, J. 1530.
Vincens St.-Laurent, 2263.
Vincent, J. 2359.
Vincent, 127.
Vinet, El. 1274-1316.
Viollet d'Epagny, Voyez Epagny.
Viollet Le Duc, 2074.
Virgile, 1141-1154 à 1190.
Virdoux (Le P.), 938.
Visconti, 2263.
Vitulus, C. 2933.
Vitry (Fr. de), 985.
Vitry (Ph. de), 1627.
Vivis, Lud. 719-1162-2876-2936-2938.
Vizé (de), 1347-3271.
Vladeraccus, Ch. 352-353-354.
Vogien ou Vosgien, Voyez Didier.
Voisenon (L'abbé de), 2661-2662-2778.
Voisin, 939.
Voiture, 2588-2993-3063-3064-3065-3066.
Volney, C F. 118.
Volscus, Ant. 1242.
Voltaire, 996-1587-1610-1611-1772-1773-1774-2058-2059-2060-2061-2062-2081-2082-2083-2112-2113-2657-2658-2659-2978-3014-3153-3154-3292-3305.
Vondel, 2263.

Vossius, G.J. 326-372-373-732-733-734-735-1016-3214.
Vuidius, R. 1407.

Vuillich, J. 725.
Vulcanius, B. 366.

W.

Wace, Rob. 1615-1616-1617.
Wadring, 1339.
Wafflard, 2063.
Waghenare (P. de), 1532-1533-1534.
Wagnière, 3292.
Walckenaer, 1733-1738-1997.
Wallius, J. 1535-1536.
Walsh (Le V.te), 3029.
Walter-Scott, 2398-2428-2429.
Warmé, w. 994.
Warner, Voyez Varner.
Waser, C. 114.
Washington Irving, 3259.
Wasmuth, Mat. 121.

Wasse (M.me de), 2060-2282.
Weichert, A. 1135.
Weis, 2063.
Wenzyk, 2263.
Werner, 2263.
Wey, Fr. 505.
Wicherley, 2263.
Wielan, 2397.
Willich, J. 1162-1218-2016.
Witter, J. 2098.
Woimont, Voyez Magniez.
Wolf, H. 216-791-792-796-800-801.
Wolf, B. 2064.
Woss, 1486.

X.

Xavier (Le P. Fr.), 36.
Xavier, Voyez Saintine.

Xénophon, 795-824-825.
Xylander, G. 226.

Y.

Young, A. 1945-1946-2264.
Yvert, Eug. 1878-1879-2060.

Yvetot, R. 2724.

Z.

Zaesien Von Furstenau, 2532.
Zarot, Ch. 1242.
Zeisberger, D. 138.
Zevecot, J. 1537.

Zimmermann (M.e), 2560.
Zoccoly, 907.
Zschokke, H. 2402-2403-2404.
Zuinger, J. 234.

TABLE DES MATIÈRES.

BELLES-LETTRES.

Introduction à l'étude des Belles-lettres. — Traités Généraux. 1-20.

1.re CLASSE.

LINGUISTIQUE.

1. — Origine et formation des langues. 21-28.
2. — Grammaires générales et mélanges. 29-41.
3. — Comparaison des langues. 42-46.

SECTION I.

LANGUES ORIENTALES.

Introduction à l'étude de ces langues. — Grammaires et dictionnaires polyglottes. 47-49.

1. — Langue hébraïque.
   Introduction. — Alphabet. — Accents. 50-57.
   Grammaires. 58-87.
   Racines hébraïques. 88-90.
   Dictionnaires. 91-98.
2. — Langues Hébraïque, Chaldéenne, Syriaque, Araméenne. 99-117.
3. — Langue Arabe. 118-128.
4. — Langue Arménienne. 129-130.
5. — Langues Persanes. 131.
6. — Langue Turque. 132.
7. — Langues de l'Inde. 133.
8. — Langue Chinoise. 134-135.
9. — Langues Tartares. 136.

SECTION II.
LANGUES AFRICAINES. 137.
SECTION III.
LANGUES AMÉRICAINES. 138.
SECTION IV.
LANGUES EUROPÉENNES.

Comparaison des langues. 139-146.

1. — **Langue Grecque.**
   Alphabet. 147-150.
   Grammaires anciennes. 151-154.
   Grammaires modernes. 155-180.
   Accents. — Prononciation. — Prosodie. 181-191.
   Racines grecques. 192-198.
   Dialectes. 199.
   Syntaxe. — Verbes. — Idiotismes. — Particules. — Elégances. — Exercices. 200-212.
   Lexiques généraux. 213-239.
   Dictionnaires spéciaux pour l'intelligence de certains auteurs. 240-243.
   Dictionnaires de synonymes et d'épithètes. 244-245.
   Grec du moyen-âge. 246-247.
   Grec moderne. 248-249.

2. — **Langue Latine.**
   Excellence de cette langue. — Méthodes d'enseignement. 250-257.
   Grammaires anciennes. 258-269.
   Grammaires modernes. 270-313.
   Prononciation. — Orthographe. 314-316.
   Racines. — Propriétés des mots. 317-318.
   Syntaxe. — Style. — Recueils de phrases. 319-361.
   Règles pour la traduction. 362-365.
   Dictionnaires étymologiques. 366-373.
   Glossaires latins. 374-390.
   Dictionnaires latins polyglottes. 391-411.
   Dictionnaires latins-français et français-latins. 412-443.
   Dictionnaires de la moyenne et de la basse latinité. 444-450.

3. — **Langue Italienne.**
  Grammaires. — Recueils de phrases. 451-469.
  Dictionnaires. 470-480.
4. — **Langue Espagnole.**
  Grammaires. 481-490.
  Dictionnaires. 491-495.
5. — **Langue française.**
  Excellence de la langue française. 496-500.
  Histoire et origine de la langue. — Langue celtique et romane. 501-508.
  Grammaires. 509-538.
  Traités généraux ou particuliers en différentes langues. 539-550.
  Prononciation. — Orthographe. 551-562.
  Epithètes. — Tropes. — Synonymes. 563-568.
  Remarques et observations critiques. 569-584.
  Dictionnaires étymologiques. 585-589.
  Dictionnaires généraux. 590-611.
  Dictionnaires spéciaux. 612-617.
  Idiomes et patois de France. 618-621.
6. — **Langue Allemande.**
  Grammaires. 622-633.
  Dictionnaires. 634-639.
7. — **Langue Flamande et Hollandaise.** 640-641.
8. — **Langue Anglaise.**
  Grammaires. 642-656.
  Dictionnaires. 657-660.
9. — **Langue Slave.**
10. — **Langue Francique.** 661.

2.ᵉ CLASSE.

RHETORIQUE.

1. — **Rhéteurs.**
  Rhéteurs grecs. 662-677.
  Rhéteurs latins anciens. 678-707.
  Rhéteurs latins modernes. 708-749.

Rhéteurs français. 750-784.

Rhéteurs étrangers. 785-786.

2. — **Orateurs.**

Orateurs grecs. 787-820.

Recueils de discours grecs. 821-826.

Orateurs latins anciens. 827-854.

Recueils de discours latins anciens. 855-859.

Orateurs latins modernes. 860-876.

Discours sur divers sujets. 877-896.

Recueils de discours. 897-907.

Orateurs français.

Collections et recueils de discours sur divers sujets et par divers auteurs. 908-918.

Recueils de discours d'un même auteur. 919-928.

Oraisons funèbres. 929-970.

Panégyriques. 971-986.

Éloges historiques. 987-994.

Discours prononcés dans les Académies. 995-1000.

Discours académiques sur divers sujets. 1001-1005.

Orateurs étrangers. 1006-1010.

3.ᵉ CLASSE.

POÉSIE.

Art poétique.

Traités généraux. 1011-1020.

Traités des différentes sortes de poèmes. 1021-1026.

Traités de la poésie hébraïque. 1027.

Poésie grecque.

Traités de la poésie grecque. 1028-1030.

Collections et extraits de poètes grecs. 1031-1047.

Poètes grecs. 1048-1105.

Poésie latine.

Traités de la poésie latine. 1106-1134.

Collections et extraits de poètes latins anciens. 1135-1141.

Poètes latins anciens. 1142-1318.

Poètes chrétiens. 1319-1327.

Poètes latins modernes. — Collections et extraits. 1328-1340.
Recueils de poésies latines, grecques et françaises. 1341-1344.
Recueils de poésies latines et françaises. 1345-1348.
Poètes latins modernes, français de nation. 1349-1459.
Poètes latins modernes, italiens et espagnols. 1460-1494.
Poètes latins modernes, allemands. 1495-1510.
Poètes latins modernes, belges et hollandais. 1511-1537.
Poètes latins modernes, anglais. 1538-1543.
Poètes macaroniques. 1544-1547.

Poésie italienne. 1548-1577.
Poésie espagnole. 1578-1580.
Poésie portugaise. 1581.
Poésie française.

Traités sur la poésie française. 1582-1594.
Collections et extraits. 1595-1611.
Poètes français : 1.er âge, jusqu'à Clément Marot. 1612-1627.
2.º âge, depuis Cl. Marot jusqu'à Malherbe. 1628-1670.
3.e âge, depuis Malherbe jusqu'au xviiiº siècle. 1671-1749.
xviiiº siècle jusqu'à nos jours. 1750-1889.
Cantiques, noels et chansons. 1890-1918.
Poésies gaillardes et burlesques. 1919-1926.
Poésies en patois de diverses provinces de France. 1927-1934.

Poésies anglaises. 1935-1952.
Poésies allemandes. 1953-1958.
Poésies hollandaises. 1959-1961.
Poésies scandinaves. 1962.
Poésies arabes. 1963-1965.
Poésies sanscrites. 1966-1970.

4.e CLASSE.

ART DRAMATIQUE.

Traités sur l'art dramatique et sur l'art du comédien. 1971-1977.

Théâtre indien. 1978-1979.
Théâtre chinois. 1980.
Théâtre grec. 1981-1999.
Théâtre latin. 2000-2027.

Théâtre latin moderne. 2028-2038.
Théâtre français.

Histoire du théâtre. 2039-2048.

Recueils de pièces. 2049-2064.

OEuvres dramatiques rangées chronologiquement. 2065-2164.

Pièces en patois. 2165.

Opéras. 2166-2246.

Théâtre des colléges. 2247-2249.

Proverbes dramatiques et Scènes dialoguées. 2250-2262.

Théâtres étrangers. 2263-2264.
Théâtre italien. 2265-2276.
Théâtre espagnol. 2277-2278.
Théâtre anglais. 2279-2286.
Théâtre allemand. 2287-2289.
Fables et apologues. 2290-2315.

5.ᵉ CLASSE.

ROMANS ET CONTES.

Du Roman. — Histoire et critique. 2316-2318.

Romans grecs. 2319-2327.
Romans latins, anciens. 2328-2337.
Romans latins, modernes. 2338-2352.
Romans arabes. 2353-2356.
Romans espagnols. 2357-2382.
Romans et contes italiens. 2383-2396.
Romans allemands. 2397-2404.
Romans anglais. 2405-2436.
Romans français.

Romans épiques. 2437-2455.

Contes et nouvelles. 2456-2472.

Contes moraux. 2473-2486.

Voyages imaginaires et merveilleux. 2487-2504.

Romans mystiques. 2505-2529.

Romans écrits par des femmes. 2530-2573,

Romans écrits par des hommes. 2574-2745.

6.ᵉ CLASSE.

PIÈCES PLAISANTES ET BURLESQUES.

Ouvrages grecs. 2746.
Ouvrages latins. 2747-2764.
Ouvrages français. 2765-2818.
Ouvrages italiens. 2819-2824.
Ouvrages espagnols. 2825.
Ouvrages anglais. 2826.
Ouvrages allemands. 2827-2828.

7.ᵉ CLASSE.

DIALOGUES ET ENTRETIENS.

Dialogues grecs. 2829-2830.
Dialogues latins. 2831-2844.
Dialogues français. 2845-2871.
Dialogues espagnols. 2872-2874.
Dialogues anglais. 2875.

8.ᵉ CLASSE.

EPISTOLAIRES.

Art épistolaire. 2876-2893.
Auteurs grecs. 2894-2897.
Auteurs latins anciens. 2898-2926.
Auteurs latins modernes. 2927-2957.
Lettres en italien. 2958-2966.
Lettres en espagnol. 2967-2968.
Lettres en anglais. 2969-2971.
Lettres en allemand. 2972-2973.
Lettres en français.

a. — Recueils. 2974-2978.
b. — Lettres de rois, reines, princes et hommes d'État. 2979-2982.
c. — Lettres d'hommes célèbres dans les sciences, les lettres et les arts. 2983-3010.
d. — Correspondances littéraires et critiques, 3011-3029.
e. — Lettres de femmes. 3030-3039.

9.ᵉ CLASSE.

MÉLANGES LITTÉRAIRES.

Œuvres diverses en latin. 3040-3052.
Œuvres diverses en latin et en français. 3053-3060.
Œuvres diverses en français. 3061-3115.
Pensées détachées, mélanges, extraits. 3116-3159.
Recueils de pièces détachées. 3160-3173.

10.ᵉ CLASSE.

PHILOLOGIE OU CRITIQUE.

Traités de la critique. 3174-3177.
Critiques grecs. 3178-3184.
Critiques latins anciens. 3185-3192.
Critiques latins modernes. 3193-3220.
Critiques italiens. 3221-3223.
Critiques espagnols. 3224.
Critiques français.
  a. — Généralités. 3225-3233.
  b. — Cours de littérature générale. 3234-3240.
  c. — Études critiques sur les écrivains latins. 3241-3254.
  d. — Études sur la littérature anglaise. 3255-3259.
  e. — Études sur les écrivains français. 3260-3294.
  f. — Mélanges de critique. 3295-3336.

Table alphabétique des noms des auteurs, pag. 585.
Table des matières, pag. 639.

FIN.

Amiens. — Imp. de DUVAL et HERMENT, Place Périgord, 3.

www.ingramcontent.com/pod-product-compliance
Lightning Source LLC
Chambersburg PA
CBHW050325240426
43673CB00042B/1530